韧性增长

消费企业智胜未来的新质生产力

毛健 ◎ 著

机械工业出版社
CHINA MACHINE PRESS

在 VUCA 时代，消费企业在复杂多变的市场环境中正面临前所未有的机遇和挑战，如何保持既快又稳的"双速"增长是对每个消费企业的时代拷问。新质生产力对消费产业深度转型和企业高质量发展具有历史性意义，是企业在新时代的新增长动能，是企业应对不确定性、实现韧性增长的必由之路。

本书对新质生产力的理论逻辑进行了解读，并提出了消费企业构建新质生产力的方法论和应用框架——新质生产力魔方，为消费企业探索和构建新增长动能提供了全新视角。

本书共分为 6 篇，第 1 篇"势"（第 1 章）分析了消费者需求演化和数字化技术发展驱动的消费产业分化趋势；第 2 篇"道"（第 2 章）从组织韧性角度提出企业韧性增长的方式和特征；第 3 篇"法"（第 3 章）从新质生产力和全要素生产率提升角度分析了数字化技术对消费企业发展新质生产力的驱动作用和数据要素的赋能价值；第 4 篇"术"（第 4 章）从增长悖论和困局入手提出消费企业新质生产力魔方，按新质生产力的三大核心要素（新质劳动对象、新质劳动资料和新质劳动者）逐层解构出具体目标、评价指标、策略和方法。第 5 篇"器"（第 5～8 章）基于 9 个细分行业的业务驱动力、10 个数字化运营能力和 4 个组织变革要素详细剖析了消费行业的新质生产力三大核心要素的建设内容和阶段目标，以及适应新质生产力发展的新质生产关系，提供了构建新质生产力的可操作的行动步骤。第 6 篇"用"（第 9～10 章）梳理了新质生产力落地的 8 对辩证心法，解构了 7 家消费行业标杆企业的实践案例。

无论您是零售消费企业的当家人、管理者和从业者，还是行业研究者、学者，或者是投资机构、数字化技术服务者，本书都可成为您学习、借鉴的案头指南。

图书在版编目（CIP）数据

韧性增长：消费企业智胜未来的新质生产力 / 毛健著. -- 北京：机械工业出版社，2024.9. -- ISBN 978-7-111-76515-8

Ⅰ. F279.2

中国国家版本馆 CIP 数据核字第 2024QP9724 号

机械工业出版社（北京市百万庄大街22号　邮政编码100037）
策划编辑：刘　洁　　　　　责任编辑：刘　洁
责任校对：韩佳欣　张　薇　责任印制：任维东
唐山楠萍印务有限公司印刷
2025年6月第1版第1次印刷
170mm×230mm · 26.5印张 · 5插页 · 545千字
标准书号：ISBN 978-7-111-76515-8
定价：138.00元

电话服务　　　　　　　　　　网络服务
客服电话：010-88361066　　　机　工　官　网：www.cmpbook.com
　　　　　010-88379833　　　机　工　官　博：weibo.com/cmp1952
　　　　　010-68326294　　　金　书　网：www.golden-book.com
封底无防伪标均为盗版　　　　机工教育服务网：www.cmpedu.com

推荐序一

纵横交错、知行合一

在当今全球经济高度不确定的环境中，消费企业正面临前所未有的挑战和机遇。快速变化的市场需求、技术革新，以及全球化带来的复杂竞争格局，都要求企业保持既快又稳的"双速"增长。韧性增长作为一种战略选择，是应对不确定性的关键。《韧性增长：消费企业智胜未来的新质生产力》（以下简称《韧性增长》）一书正是基于这一背景，提出了系统性的理论框架和实践指导，为消费企业的未来发展提供了宝贵的智慧和策略。

本书不仅深入分析了企业案例，更提供了对消费行业的深刻洞察，探索了在行业层面实现韧性增长的路径。以行业为主线的研究范式是上海交通大学安泰经济与管理学院（以下简称安泰经管学院）的重要探索之一。自2018年陈方若院长上任以来，便提出了"纵横交错、知行合一"的发展战略，并牵头成立了行业研究院。在以学科为主线的横向研究的基础之上，建立起以行业为主线的纵向研究，大力推动行业研究，回归商学院发展的本源，形成实践、学术、教学之间的良性循环。秉承"扎根中国管理实践，推动社会经济发展，完善经济管理理论"的发展方针，安泰经管学院的行业研究从宏观和微观两个层面、从多个学科角度出发，深入分析行业现状和未来趋势，致力于将中国优秀的管理理论与实践推向世界。

理论是实践的指导，而实践是理论的验证。管理和经济学理论为我们提供了对复杂商业现象的深刻洞察和系统思考，而实践中的应用和反馈则进一步验证和丰富了这些理论。尤其在复杂多变的市场环境中，行业和企业均面临更加深层多维的管理问题，只有将理论和实践有机结合，才能为企业的实际管理提供科学指导，才能真正推动企业的发展和行业的变革。消费企业在市场中不断演化，其增长路径、业务模式和运营模式更时刻受到消费者需求变化以及外部市场环境的深刻影响。从供需关系变化到技术创新冲击，从消费者行为转变到政策法规调整，消费企业面临的挑战是多维度且动态的，在这个过程中，企业可以将行业研究这一系统化、可落地的方法论应用到企业实际战略、业务和运营管理中，融合各学科理论的框架和工具，结合实际行业和企业实践，从更长周期、更全面、更深层次视角洞察市场环境、竞争态势和消费者需求，制定更加科学有效的战略目标、行动路径和实施步骤，提升应对市场变化的能力。

毛健先生是上海交通大学经济与管理学院2002级MBA校友，也是行业研究院2021年新零售社群班一期班的学生，我欣喜地看到毛健先生近20年扎根消费行业战略运营、信息化与数字化的深入实践和持续成长。毛健先生敏锐地捕捉到国家推进新质生产力的决心，以及新质生产力的构建对消费行业深度转型和高质量发展的历史意义，通过《韧性增长》这本书，基于

韧性增长： 消费企业智胜未来的新质生产力

坚实的理论研究梳理、实践策略建议和丰富的案例分析，系统地探讨了消费企业在复杂多变的市场环境中实现韧性增长的必要性，以及消费企业构建新质生产力的路径和方法。这不仅是理论层面的创新，更是对丰富实践经验的提炼总结，充分体现了行业研究"纵横交错、知行合一"的学术精神。

新质生产力理论深入消费行业应用，提供了全局化增长视角

书中对"新质生产力"的理论逻辑进行解读，并提出了消费行业"新质生产力"的应用框架，为我们理解消费企业的新增长动力提供了全新视角。传统的生产力理论主要关注资源的有效利用和生产效率，而"新质生产力"则强调在科技创新时代，企业通过新质劳动对象、新质劳动资料和新质劳动者跃升，提升整体竞争力和市场响应能力，为消费企业在实际操作中提供了具体的实施路径。书中提出了消费行业新质生产力魔方，结合对消费行业增长悖论和困局的深刻洞察，进一步推动新质劳动对象、新质劳动资料和新质劳动者经由消费行业的增长业务驱动力、增长数字化运营力和增长组织变革力等三个维度的增长力实现落地，分别解决资源要素的投入方向、产出效率和价值变现问题，这些维度又相互关联和相互驱动，共同构成了消费企业面向未来的系统的增长体系，为企业提供了全局化增长视角。通过对这些维度的深度挖掘和有机组合，企业可以找到适合自身的发展路径，提升在动态市场环境中的适应能力和竞争力。

消费行业可操作的增长路径，对传统管理理论提供了有益补充

书中深入分析了增长业务驱动力、增长数字化运营力和增长组织变革力在实际消费行业中的应用场景和未来目标，即具备消费行业特色的DTC模式、数字化运营体系、数字化敏捷组织等，并对消费行业不同品类的核心业务驱动力、不同发展阶段的业务模式变迁、数字化运营能力的不同成熟度阶段的重点内容、数字化敏捷组织的人才结构和文化机制进行了深入分析。本书是传统管理学理论如战略管理、运营管理和组织行为学等在消费行业的深入应用，对传统管理理论构成了有益的补充。书中还特别深入分析了运营管理在传统消费企业（尤其是红利依赖型企业）中的能力缺失问题，提出了构建数字化运营力的必要性。本书深入分析了实际消费企业中基于数据分析的销售政策制定、渠道管理等方面，以及提高销售效率、差异化管理水平、资源投放精准度及风险预警的数据决策能力的多个场景，比如营销投放、销售策略、渠道经营和货品周转等。通过对营销投放场景的洞察分析，提出了边际成本对于提升营销资源效率的价值，以及经销商运营分析的数据模型，这些都可以为消费企业应用数据赋能实际运营提供有益的指导。

深入的行业和企业实践分析，为理论提供了坚实的基础和验证

书中包含了9个行业趋势研究和7个标杆企业实践分析，作者通过对多个细分消费行业的趋势洞察、增长底层逻辑分析、未来竞争格局判断以及业务驱动力分析，为企业的战略制定和业务创新提供了有价值的输入，为企业基于业务驱动力的变迁进行战略和模式创新思考提供了路径，也为战略理论提供了坚实的研究基础和实践验证。另外通过对多个企业在构建新质生产

推荐序一 纵横交错、知行合一

力方面的深入调研和案例分析，本书揭示了不同行业企业在不同市场环境和发展阶段中如何利用科技驱动的新质生产力构建理论实现成功转型。这些案例不仅涵盖了高端品牌零售企业，还包含了传统农牧消费产品企业，展示了理论在多种情境下的适用性和有效性。

从理论梳理入手洞察管理本质，为策略建议提供扎实的理论依据

本书最值得推荐的是作者对于产业和企业管理现象背后的经济学和管理学理论的溯源研究，比如古典经济学中的供需理论、动态均衡理论等，现代经济学中数据技术的通用目的技术特征（GPT）、劳动者多样性特征等，以及资源配置经济学视角下边际成本、生产可能性边界理论、帕累托最优、梅特卡夫定律等，并将理论结合行业实践，比如从数据技术的通用目的技术特征决定的范围经济效益，以及从数据突破生产可能性边界的可能性，深入探讨数据赋能作用。此外，根据由通用目的技术特征决定的双轨产权和双轨交易需求，提出了制度创新的必要性，并将数据要素的多样性特征与劳动者多样性特征相结合，分析了提升劳动要素收入在新一轮工业革命中的重要性，为策略建议提供了扎实的理论依据。

《韧性增长》不仅对消费企业的管理者和从业人员具有重要的参考价值，还为学术研究者和学生提供了探索和研究消费市场的新思路、新方法和新工具。本书能帮助管理者更加系统地理解企业增长能力现状，明确在动态环境中的增长目标、增长策略，制定更加灵活和有效的管理措施和实施路径。书中系统的理论框架、成果梳理和溯源研究及翔实的案例分析，为行业研究提供了丰富素材和深刻洞见。希望这本书能够帮助更多企业在面对挑战时找到适合自身的高质量发展路径，实现韧性增长，智胜未来。

期待更多行业专家、企业管理者、从业人员以及理论学者加入行业研究中来，以"纵横交错、知行合一"的精神，在大变局时代下为行业模式跃迁和转型发展贡献更多有价值的洞见。

田新民

上海交通大学安泰经济与管理学院副院长

上海交通大学行业研究院副院长

上海交通大学深圳研究院执行院长

2024 年 6 月

推荐序二

在不确定性中寻找确定性

在全球经济风云变幻的当下，中国零售消费行业正面临前所未有的机遇与挑战。作为中国零售行业的长期观察者，我深知行业在数字化转型、消费升级以及全球供应链重塑等多重因素影响下，正经历着深刻的变革，同时，我对行业未来发展的广阔前景充满了信心和期待。在这一背景下，《韧性增长：消费企业智胜未来的新质生产力》（以下简称《韧性增长》）一书的出版恰逢其时，为行业提供了前瞻性的思考与实用的解决方案，值得每一位从业者细读和借鉴。

纵观中国零售连锁经营行业的发展历程，尤其是改革开放以来的数十年，行业经历了从无到有、从小到大的飞跃，如今，中国已经成为世界第二大市场，从国家统计局发布的最新数据来看，整个消费市场态势向好，各业态均呈现出显著的发展潜力和韧性。整个市场也出现了一些新特点。2023年，百货行业迎来了恢复性增长，增长了8.8%；超市行业下降了0.4%；便利店、专业店、专卖店分别增长了7.5%、4.9%和14.5%。总体来说，连锁经营市场在恢复，不同业态表现各异。

跳出2023年的具体情况，分析影响零售行业发展的因素，我们发现一个国家所处的经济发展周期对零售行业的影响最大。当一个国家处于经济上行周期时，总体会呈现消费升级趋势，从而带动零售业态整体升级；新冠病毒流行之前，尤其是在2018年之前，中国呈现出全面消费升级的态势。当国家经济增速趋缓时，服务不同消费阶层的各种新零售业态都会获得发展空间。从2020年开始，消费分级的趋势日趋显著，伴随人们消费生活方式的变化，新的业态会有很大的发展机会，很多零售企业持续发力线上业务，海外尤其是东南亚市场开始获取增量，比如，即时零售在过去几年里，每年都以大约超过50%的速度增长，现在的市场规模达到8 000亿元左右，很快就会达到万亿级别。另外，除了物质消费之外，精神消费也是未来要关注的重点。

消费分级的大环境下，零售消费行业的传统增长模式已难以为继，特别是近年来，受多重因素影响，行业面临的挑战更加复杂多样。面对未来，如何在不确定性中寻求确定性、在变局中谋新局，成为每一个零售企业必须思考的问题。《韧性增长》重点讨论了消费行业新质生产力的三个核心要素，即新质劳动对象、新质劳动资料和新质劳动者，为零售消费企业实现韧性增长提供了系统性、实操性的解决方案，既有理论高度，又有实践深度，不仅为行业提供了科学的理论指导，还具有很强的现实意义和前瞻价值。

如何从传统增长模式跃升为韧性增长模式？从新质劳动对象、新质劳动资料和新质劳动者三个角度梳理和解读零售消费行业在不确定性中的确定性因素，包含以下三个方面：1）新质劳动对象：更深入地洞察消费者，基于目标消费者的企业定位、模式创新和商品力提升才是首要任务；2）新质劳动资料：加强科学决策，只有科学决策才能让企业在一定规模上实现科学运营；3）新质劳动对象：完善现代企业制度，激发组织活力，构建"家"文化基础上的现代企业制度才能够让企业长远可持续发展。

锻造商品运营内核，满足多元客户需求

消费者需求的多样化和个性化趋势愈发明显。传统的标准化、规模化经营模式已无法满足现代消费者的期望，在当前的经济周期下，对于全国性发展企业来说，仅仅依靠单一业态，以单一的商品和服务试图满足所有的消费者已经行不通了。企业一定要通过差异化定位，回归"商品运营"本质，把"好货"放到用户面前，为自己的特定消费者提供差异化的商品和服务，提升商品和服务的丰富度与精准度，以满足不同群体的需求，基于优势商品力的小而美、可持续发展的企业也是不错的选择。相对而言，商品力最重要，其他因素是放大器。不论外在形式如何变化，消费者和零售企业最根本的连接在于商品和服务，而服务是附着在商品之上的，因此商品是根本中的根本。商品力的建设，除了需要零售企业自己长时间不断努力外，也需要和品牌商以及批发商或经销商一起，建立一个合理的商流路径，建立起各环节合理的加价制度和分配机制。

20年以前，大多数企业会将重点放在扩张上。协会这两年观察到，越来越多的企业逐渐将重点转向内功修炼。以商超为例，商超过去会侧重跑马圈地、占领市场，但是现在非常注重商品力的建设。百货购物中心也不例外，它们过去的侧重点在招商，把好的品牌引进来，但从去年开始特别注重品牌的深度运营，以及如何服务好消费者群体。另外，零售商和消费品企业的合作也在加深，通过定制品牌、持有自有品牌，共同提升运营能力，更好地服务目标消费者。这两年，我们看到无论是高端百货SKP，还是山姆、开市客，以及主打极致性价比的零食折扣，包括线上的拼多多，发展得都很快。这说明，如果能定位精准，并为目标消费者提供他们所需的商品和服务，就能够获得目标消费者的信任。

推进科学运营决策，实现持续价值创造

从行业观察者的角度来看，企业发展迅速的时候，决策相对比较简单，因为只要业绩增长就可以掩盖很多问题。但现在企业慢慢认识到科学决策的重要性。所谓科学决策，就是用数据来做决策的依据，通过数字化的手段真正实现降本增效。在经济上行周期，扩大规模、抢占市场是很多企业的战略选择；当经济发展进入相对平稳的中低速发展周期时，更重要的是降低成本、提升效率。因此，企业需要科学决策工具和精细化管理手段，尤其是在供应链和品类管理能力的构建上。

科学运营决策体现在推动零售数字科技应用重点从前端"建渠道、构触点"转向中后端

韧性增长： 消费企业智胜未来的新质生产力

"精运营、提效率"，在数据、科技、系统等方面修炼"内功"，合理地运用零售科技和高级数据分析工具，大胆推动全价值链业务运营的数据化、智能化和自动化，驱动门店、商品、供应链的精益运营，实现降本增效，为企业实现持续的价值创造，如门店选址、用户偏好洞察、组货和定价优化、一线人员运营升级等。在全球化背景下，供应链的稳定性和效率对企业的运营至关重要，供应链管理成为零售企业提升竞争力的关键所在。全球供应链的不确定性增加，对企业的供应链管理能力提出了更高的要求。受新冠病毒流行、大国博弈、环保法规等因素影响，供应链的稳定性和韧性成为企业生存和发展的关键。供应链管理可以帮助企业在不确定的市场环境中保持稳定运营，快速响应市场需求。传统的粗放式管理模式已经无法适应新时代的要求，通过引入物联网、区块链等先进技术，企业可以实现供应链全流程的透明化和智能化管理，从而提升供应链的反应速度和灵活性。同时，企业还应加强供应链合作伙伴的协同，构建一个互信、互利的生态系统，以应对可能的风险和挑战。通过大数据分析、智能化工具等手段，精准把握消费者的购买行为和偏好，进行科学的品类规划和优化，不仅能够提升销售业绩，还能优化库存管理并降低运营成本，从而提升客户满意度和忠诚度。很多零售企业（如美宜佳、来伊份）就充分利用数字化技术实现了供应链端到端的数字化运营及门店的数字化运营。

完善现代企业制度，重塑新型商业文明

过去中国零售企业比较看重"家"文化，强调忠诚，看重打胜仗，这一点非常重要，同样必不可少的是完善的现代企业制度，这二者能帮助企业实现质的飞跃。协会希望商业文明建设能为连锁企业带来新的发展动力。在连锁经营业态里，做得比较好的企业大多数都建立了现代企业制度，通过信息化和数字化手段推进透明化管理、协同化合作和合理化授权等，企业内部治理愈发符合现代企业制度。

在零售消费企业中，以数字化赋能员工、以人工智能代替人从事重复操作和繁重体力劳动是主流方向。基于商品力构建"商品品质—消费者体验—企业利润—员工收入—现场服务—人才结构"的正向循环机制，调整和优化收入分配机制，激发组织活力和提升服务体验是关键，配套以工作条件改善和积极企业文化营造、有效沟通机制和透明管理、福利保障完善等措施来激发员工的积极性，提升员工的收入和幸福感，推动企业可持续性发展。其中，多样化和理性的消费特征对一线门店从业人员的专业技能和知识结构提出了新的要求，企业应通过系统性的持续培训和学习机制，提升员工的综合素质和专业技能，增强员工的创新能力和执行力，从而为企业的可持续性发展提供坚实的人才保障，发挥"金牌店长"的标杆作用，带动员工技能整体提升。

新型商业文明还体现在对环境、社会长远利益、内部科学治理的关注。越来越多的企业意识到ESG（环境、社会和治理）不是简单的社会责任，更将ESG融合到企业可持续性发展的能力建设中，坚持绿色发展、健康发展和生态发展道路。

《韧性增长》为我们提供了系统性的思考框架、路径和方法，基于系统性的思考框架，各个零售连锁和消费品企业可以根据各自业态特色、发展阶段找出各自面向未来的发展路径和操

推荐序二　在不确定性中寻找确定性

作方法。其中增长业务驱动力的演化分析和连锁经营行业分析为企业提供了全面的视角，数字化运营力中的连锁门店运营、供应链运营、全渠道订单运营等能力不同阶段的演化目标为零售消费企业提供了不同建设阶段的路径参考，增长组织变革力为企业思考如何激发组织活力、构建新型人才结构和人才体系提供了有价值的借鉴。另外，书中的经济学和管理学理论分析可以帮助企业更好地理解管理和运营策略背后的理论根据，让决策更加有依据、有底气。

我向广大零售和消费品企业所有者、管理者和从业人员推荐本书，相信各位都能从中有所收益，并能借鉴书中思路和方法，在激烈多变的市场竞争中脱颖而出，在不确定性中找出具备自己特色的确定性因素，推动行业的转型升级和可持续性发展，实现韧性增长，智胜未来。

衷心感谢本书的作者，为行业带来了如此深刻而具有指导意义的作品。希望这本书能够为广大零售企业提供有益的借鉴和参考，助力企业在消费市场未来广阔的前景中砥砺前行、创新超越，携手推动中国零售成为世界零售新高地。

彭建真

中国连锁经营协会会长

2024 年 6 月

推荐序三

唯有创新变革　才能创造企业未来

在当今的全球市场中，零售消费行业正经历着前所未有的变革。技术的飞速发展、消费者需求的不断变化以及全球经济环境的不确定性使得企业必须具备异常强大的韧性和适应能力才能在激烈的竞争中脱颖而出。《韧性增长：消费企业智胜未来的新质生产力》（以下简称《韧性增长》）一书，恰如其分地捕捉到了这一时代的脉搏，提供了深刻洞见和实用方法，帮助零售消费企业在复杂多变的市场环境中实现高质量发展。我深感此书对中国零售行业的重大意义，并愿在此分享我的一些思考。

中国零售行业在过去几十年中经历了巨大的变革。从传统的线下零售到电子商务的崛起，再到如今线上线下融合的新零售模式，每一次变革都伴随着巨大的挑战和机遇。当前，中国零售行业正处在一个新的十字路口，面对消费升级、技术革新和全球化竞争的多重压力，如何构建新质生产力、提升企业的核心竞争力，成为所有零售企业必须直面的课题。

当前，中国零售行业呈现出多元化、数字化和个性化的趋势。消费者的需求日益多样化，他们不仅关注产品的质量和价格，更加注重购物体验和服务质量。同时，数字化技术的迅猛发展，尤其是大数据、人工智能和物联网技术的应用使零售企业能够更加精准地把握消费者需求，提供个性化的产品和服务。新零售的概念应运而生，线上线下的边界逐渐模糊，零售企业通过全渠道布局，实现了更高效的运营和更优质的用户体验。然而，随着市场竞争的加剧，零售企业也面临着一系列挑战。首先是成本压力的增加：无论是原材料成本、劳动力成本还是物流成本都在不断攀升；其次是市场环境的不确定性增加：全球贸易摩擦、新冠病毒流行的影响等，都对行业的稳定性构成威胁；最后，消费者品牌忠诚度的下降和市场需求的快速变化也使企业必须保持高度的灵活性和快速反应能力。

在这样的背景下，零售企业需要明确未来的目标，制定清晰的发展战略。《韧性增长》一书提出了高质量发展的未来目标，我认为可以从以下几个方面进行阐述：

1）顾客优先：顾客是企业发展的根本。要始终把顾客放在首位，了解他们的需求，超越他们的期望。通过提供高质量的产品和服务，建立长期的顾客关系，提升顾客满意度和忠诚度。

2）创新驱动：创新是企业持续发展的动力。要不断推动业务模式创新、产品和服务创新，在保持市场的竞争优势的同时，带动整合产业生态的创新发展。同时，在企业内部要建立完善的创新机制，鼓励员工大胆创新，支持他们将创意转化为现实。

3）可持续性发展：可持续性发展是企业的社会责任。要注重环境保护，减少资源消耗和污染排放，推动绿色供应链建设。同时，要积极参与社会公益事业，回馈社会，实现经济效益、社会效益和环境效益的协调统一。

4）全球视野：在全球化的背景下，零售企业在深耕本土市场的基础上，要具备全球视野，积极开拓国际市场。要了解不同市场的需求和文化，制定本地化的营销策略，提升品牌的国际影响力。同时，要建立全球化的供应链体系，提高供应链的效率和稳定性。

构建新质生产力已成为企业实现高质量发展、提升企业长期竞争力的关键。《韧性增长》一书提出了消费行业新质生产力的思考框架，强调通过业务创新、管理变革、科技驱动和文化塑造，实现企业的高质量发展。在我看来，新质生产力的核心在于以下几个方面：

1）业务模式创新：业务模式创新是零售企业高质量发展的核心动力。注重新时代的品牌形象塑造、品牌故事传播；注重独特的品类创新，实现差异化竞争，根据不同消费者需求研发和迭代独特品类和服务；实施全渠道零售模式，整合线上线下资源，提供无缝购物体验；推进精准营销，提升客户满意度和黏性；注重服务质量，提升对经销商、代理商和终端门店的服务体验，打造高质量门店。

2）管理变革：管理变革是零售企业高质量发展的有力保障。零售企业需要建立扁平化的组织结构，提升决策的敏捷性和灵活性。同时，要注重员工的培养和激励，打造一支高素质、富有创新精神的团队。管理变革还包括流程的优化，通过精益管理减少浪费、提高效率，实现持续改进。

3）科技驱动：技术是驱动零售企业高质量发展的加速器。通过大数据分析，企业可以深入了解消费者的需求和行为，制定更加精准的营销策略。人工智能技术的应用可以提高品类管理的效益、供应链管理的效率，优化库存和物流，降低运营成本。物联网技术的广泛应用可以实现产品和服务的智能化，提高用户体验。

4）文化塑造：企业文化是零售企业高质量发展的底盘。零售企业要建立以顾客为中心的文化，始终关注和满足顾客的需求。要鼓励创新，营造宽松的创新氛围，支持员工大胆尝试和不断学习。同时，要注重企业的社会责任，树立良好的品牌形象，赢得消费者的信任和支持。

在激烈的市场竞争中，只有具备持续创新变革能力的韧性企业才能立于不败之地。《韧性增长》为零售企业提供了全面的思考框架、系统的增长策略、清晰的发展路径，通过构建新质生产力，提升企业的核心竞争力，实现高质量发展。我深知企业在发展过程中面临着挑战和机遇，也坚信通过不断的创新和变革，我们一定能够迎接未来的挑战，创造更加辉煌的明天！

希望这本书能够为所有零售消费企业提供有益的启示和指导，助力他们在激烈的市场竞争中脱颖而出，实现可持续的高质量发展。

周宗文
周大生珠宝股份有限公司董事长
2024年6月

前　言

新质生产力是中国消费企业韧性增长的必由之路

中国消费行业经过 40 年的快速发展，很多消费领域的企业得益于人口、政策或资源要素红利取得成功。当红利不复存在，而不确定、复杂和模糊为特征的乌卡（VUCA）时代未走，以脆弱、焦虑、非线性和费解为特征的巴尼（BANI）时代已来，在这样的大变局时代，我们将会面对什么样的市场？什么样的增长形态才能适应市场发展？企业未来的增长动力在哪里？如何构建支撑增长的内生动力？组织如何适应越来越剧烈的变化？这五个问题是这个时代对中国消费行业的每个企业的"五大时代拷问"，也是每位企业家每天在思考的问题，本书尝试逐一回答这五个问题，希望能对新时代的消费行业发展及企业对增长的思考提供新的更全面、更深入的视角。"五大时代拷问"没有标准答案，本书更期望的是起抛砖引玉的作用，为读者提供多个看待问题的视角和我理解的答案，引发大家的共鸣和思考。

我们将会面对什么样的市场？总体上判断，中国消费产业正处于深度转型的前夜，经过 40 年的发展，形成了具有鲜明特色的消费大市场，同时也奠定了非常坚实的韧性基本盘。从消费者需求角度看，消费者的衣食住行等基本生活需要得到极大满足，消费需求也在发生深刻变化，基本生活消费与体验性需求复合；从消费企业看，大量传统消费品已经呈现出明显的存量竞争状态，而高品质服务和产品还没有得到充分挖掘和发展，大量消费企业将面临传统产业深度改造、业务模式和产品创新的双重压力；从整个消费产业角度看，规模龙头企业和大量中小企业具有的生产要素资源条件和品牌势能存在巨大差异，整个产业也将面临做大做强的规模化、绿色发展和高效率高质量发展的双重压力。以往的需求和供给之间单一、线性、单向、单体的匹配关系将被深度改造，被复杂、网状、双向、生态的匹配关系代替。

互联网、物联网、大数据和人工智能等数字科技的进步与中国消费市场的发展互生互荣，不同程度地驱动消费者的多样化体验以及生产供给端的创新发展，促进了消费市场蓬勃发展的同时，催生了新型消费裂缝，供需差异震荡幅度更大、变化速度更快、方向更不确定，这加剧了整体消费市场的复杂性、不确定性和迅猛变化，预示着消费产业将进入强烈的分化时代，消费结构分化、供给结构分化、竞争格局分化是未来市场的关键主题。这将是一场没有发令枪和没有终点的分化耐力赛——没有人告诉参赛者比赛什么时候开始，随时以及每天都会有新的竞争对手加入赛道，而且永远不会知道明天新的竞争对手会是谁；每天都会遇到新问题，市场打法也越来越多样化且不可预测；也没有人会告诉我们终点在哪里，因为我们传统上用规模来定义企业成功的单一标准已经不再适用，在数字化技术的加持下，互联网业务模式创新带来的规模增长及其增长速度已经远远超过很多实体企业，发展质量已经成为另一个重要标准，这是当下所有企业必须面对的问题。

什么样的增长形态才能适应市场发展？在消费前端压力越来越大，生产成本降低速度没有赶上时，企业利润率必然下降，可使用、再投入的资源要素有限，约束条件会越来越多，企业会越来越谨慎地面对每项资源的投入；而有限资源投入的产出效率越来越低，因为人口和政策红利逐渐消失，市场费用资源投入促进渠道销售增长的时代以及资金、土地和设备投资促进供给增长的时代已经过去，单一市场费用投入的边际收益越来越低，而资金、土地和设备这些单一要素资源投入推动快速增长的边际成本越来越高，不适销对路、没有功能创新、没有附加价值的单一产品只会让毛利陷入低位竞争态势。非常多的企业不适应这种转变，就会出现几种状态：①过去因红利或资本驱动的企业，竞争力弱，现实状况下面临倒闭；②已经积累起一定的市场地位和内生能力的企业，看不清未来，选择"躺平"，用一种对未来的"战略懒惰"逐步消耗掉那点仅有的市场竞争地位和内生能力；③已经积累一定市场地位，但内生能力弱的企业，看不清未来，美其名曰要"活着"，实际上是为过去没有注重内生能力建设寻找"以战术勤快代替战略虚无"的借口，采取各种短视行为，精简降本、饮鸩止渴。这些状态多多少少会在很多不适应转变的企业身上找到影子。

奋起直追，不计较过去的过错得失，重新上路才是正确的状态。企业在资源有限、约束条件越来越多的条件下，需要面对双重压力（存量挖掘、增量培育），在多个二元目标（预防、抵抗、恢复、发展和成长）之间进行灵活调整和平衡，就必须清晰地认识到质量提升是存量挖掘、增量培育的必由之路，也就是说，高质量发展才是驱动新一轮增长必须具备的特征，而高质量是建立在全资源要素生产率最大基础上，包括新要素的加入、与原有要素的融合、技术创新和管理创新驱动要素效率最大化、要素结构最合理化和要素组合最优化，以驱动要素价值的最大化，体现在财务数据上就是投入最小的资源实现同等的收入，或投入相等的资源实现更高的收入。以整体资源要素效率和运营效率为基础，淬炼企业应对不确定市场的敏捷、灵活的适应迭代能力，奠定高质量发展的韧性增长能力是企业实现增长的必答题。韧性增长是未来消费企业的永恒底色。重点考虑以增量型增长取代消耗型增长、内生型增长取代外部红利增长、知识型增长取代经验型增长、有机增长取代物理型增长、边际型增长取代线性增长、创新驱动增长取代效率驱动增长、数字化增长取代传统增长、运营型增长取代管理型增长、闭环式增长取代单线性增长、消费者增长取代产品增长、共赢增长取代竞争增长、组织机制型增长取代领导依赖型增长、多样性增长取代单一增长、可持续性增长取代非可持续性增长。使增长具备创新性、知识密集性、可持续性、适应性、高效性和生态性。

消费企业未来的增长动力在哪里？科技驱动的新质生产力是消费企业未来增长的核心动力，也是实现韧性增长的必由之路，包括科技驱动的新质劳动对象、新质劳动资料和新质劳动者，包含管理创新、产品创新、业务模式创新等。以资源要素范围来看，数据要素是除传统生产要素之外的第七项要素，而数字化技术与工业技术、能源技术最大的不同是其通用目的的技术特征，其高复用性、高使用价值、范围经济特性决定了对数据要素的治理手段的巨大差异，将数据要素与乘数效应赋能到管理、产品和业务模式创新中，发挥人、场、货、财等资源效率的最大化。

韧性增长： 消费企业智胜未来的新质生产力

2023年9月，习近平总书记在黑龙江考察时首次提到"新质生产力"，提出要"整合科技创新资源，引领发展战略性新兴产业和未来产业，加快形成新质生产力"。在2024年3月5日十四届全国人大二次会议江苏代表团审议时，习近平总书记强调，要牢牢把握高质量发展这个首要任务，因地制宜发展新质生产力。

新质生产力为中国消费企业未来的增长打开了全新思路，新质生产力是推动韧性增长的关键因素，而韧性增长又为新质生产力的持续创新和发展提供了有利的环境和条件。两者相互作用，共同提升消费企业在复杂市场环境中的竞争力和抵御风险的能力。

新质生产力通过引入创新技术、优化生产流程和提升产品质量，为企业创造了独特的竞争优势。这种竞争优势是消费企业实现韧性增长的关键，因为它使企业能够在市场中脱颖而出，吸引更多客户，从而保持持续增长。韧性增长意味着企业能够在经济波动、市场竞争等压力下保持稳定增长。这种稳定性为企业提供了足够的资源要素和时间来持续投入新质生产力的研发和创新。换句话说，韧性增长为企业创造了一个有利于新质生产力发展的环境。市场环境是不断变化的，企业需要不断调整和优化自身的新质生产力以适应这些变化。韧性增长正是这种灵活性和适应性的体现，它要求企业迅速响应市场变化，通过调整新质生产力的方向和重点来保持竞争优势。

数字科技的作用在新质生产力的三个要素上，对韧性增长形成了推动作用，相较于传统信息化时代，短期生产效率和创新能力得以提升，以实现更高效、智能的生产方式，更重要的是在数字科技作用下，三要素相互正向驱动的"飞轮效应"进一步放大了单个生产要素的"边际生产力"的同时，在整体上将效率和创新能力提升的边际效应逐步放大。

新质生产力从根本上解决了供需裂缝问题，使供需系统结构重回均衡，或使动态均衡处于有序可控状态。发挥科技创新的正向均衡作用，以科技创新之矛解决科技创新之盾。新质生产力强调增量价值创造，创新体现的是供给方面的新质，即创造更多的"新质供给"，体验代表的是需求方面的新质，即创造更多的"新质需求"；新质生产力强调低成本高效率的双边多样化，随着市场规模的扩大，专业化和分工的程度也会增加，因为有更多的消费者和需求，生产者可以更好地分工合作，提高生产效率、降低生产成本和增加产品质量。而多样化是企业通过生产多种不同的产品来降低风险并满足多样化的消费者需求，是数据要素区别于专用技术、大量一线劳动者区别于资本主导的专业能力所具备的特有特征。

如何构建支撑增长的内生动力？ 在过往40年的红利增长时代，交易模式以传统经销交易模式为主，效率导向的组织具有刚性效率，而运营职能缺失。进入数字化时代，增长悖论和困境马上出现，这种依赖业务驱动、运营职能缺失、完全效率导向型的组织形态无法适应新时代的发展，体现在存量资源要素推动效用降低、迷信单一管理手段效果、要素效率运营手段错位、运营职能缺位、运营基础薄弱等方面。生产集约化已经基本完成的背景下，我们重点考虑营销端的增长内生动力构建问题。从新质生产力三个核心要素角度构建中国消费企业未来增长的内生动力，从增长业务驱动力、增长数字化运营力和增长组织变革力三个角度分别落实新质劳动

前言 新质生产力是中国消费企业韧性增长的必由之路

对象、新质劳动资料和新质劳动者的构建。

增长业务驱动力支撑新质劳动对象构建，解决"资源要素投向哪里？不同阶段的增长驱动力是什么？"的问题。消费企业通过创新业务模式、开发新产品和服务、开拓新市场等方式，推动企业实现业务扩展和收入增长的内在力量。它主要关注如何满足和创造市场需求，提升客户价值，从而推动企业的可持续发展。

增长数字化运营力支撑新质劳动资料构建，解决"如何提升增长资源要素效率和稳健性？"的问题。消费企业通过运用先进的数字化技术和工具（如大数据分析、人工智能、物联网等），提升运营效率、优化资源要素配置、改善决策过程，以实现业务运营的数字化转型和效能提升。它强调通过技术手段提高生产力和反应速度，增强企业的竞争力。

增长组织变革力支撑新质劳动者构建，解决"谁在面对一线碎片细分市场需求，基于自驱式增长需求，拉动资源要素的最优组合实现要素价值最大化？"的问题。企业通过组织架构、管理模式和企业文化的变革，提升内部灵活性和适应性，以应对市场环境变化和未来发展需求的能力。它包括优化组织结构、促进多元化和跨职能合作、推动创新文化等，以激发员工潜力和提高组织的整体绩效。

因此，积极推动企业形态的转型是必由之路，选准品类赛道，而非行业赛道，回归到产业生态和品类自身未来增长的核心底层逻辑，抓住核心业务驱动力，获得比赛门票，理顺核心驱动力和短期驱动力的关系，保持比赛节奏；坚持增长归核心态，回归到支撑未来韧性增长的数字化运营基础能力上，针对性地快速推动落实组织变革、数字化建设，有足够资源要素效率保持比赛耐力，通过驱动力的不断系统化增强和单项深化，使自己跑得既快又稳，成为行业龙头或者单项冠军。

组织如何适应越来越剧烈的变化？数据要素的作用在不同时代中发挥的价值和驱动作用完全不同，数据要素是数字化时代的核心生产要素，什么样的制度体系能够适应数字化时代的生产力方式和生产过程，很大程度上取决于什么样的制度体系能够适应数据要素的价值发挥。科层制的传统消费企业，企业形态是正金字塔形的模式，直接面向消费者的一线和消费者在企业架构的最低端，企业关注的是命令下发和执行到位状态，企业作为一个专业能力者的刚性整体面向多样化消费者提供专业能力，只能解决简单任务，而专业能力的深度运营缺失，无处安放也无法落实全要素生产率提升的目标。这也是导致产品同质化、库存高启、消费者满意度下降等一系列问题的原因所在。企业当家人需要思考新时代的生产关系如何适应新质生产力的构建，以消费者为导向，以多样化劳动者收入提升为基准，重塑满足敏捷组织的创新性、知识密集性、可持续性、高适应性、高效性和生态型特性的新质企业架构。

把提高一线多样化劳动者素质和劳动要素收入摆在首位，释放多样性红利，培育适应新质生产力发展的新型劳动者。在企业内全面激活科技创新与市场创新，把高度依赖研究投入的产品创新与内部政策环境创新结合起来，创造适应新质生产力发展的企业内循环生态环境。从企

韧性增长：消费企业智胜未来的新质生产力

业视角和领域视角补齐专业领域的运营能力短板，支持要素资源的效率和组合最优化。构建适应新质生产力发展的数字化资源运营平台和产品创新研发、智能生产制造平台，推进"连接＋算力"基础设施高质量发展。深化以数据要素所有权与使用权分离为核心的内部虚拟产权机制改革，探索建立数据资产管理新制度，培育生产要素供给新方式，把数据受益者的角色也融合进去，激发其数据贡献的积极性，真正发挥生产关系飞轮和数据价值飞轮的双轮驱动效益。参与适应数据要素市场化的国内外开放体系建设，促进资本、数据等关键生产要素外循环充分流动，参与数据要素的生态体系下的交易机制，在参与构建网络空间命运共同体面向生态贡献数据的同时补充自身的数据缺项，享受数据要素乘数效应和数据交易机制改革的红利。

本书尝试去回答时代对中国消费行业每个企业的五个拷问，希望对行业和企业有所贡献。但回答的过程非常艰难，一方面因为自身经验有限，很多优秀的企业家、学术机构、协会和高校已经在相关领域进行了深入研究，很担心自己会班门弄斧；另一方面源自研究对象的复杂性，中国消费行业已经发展了40年，沉淀了太多优秀的经验，数字化、智能化时代到来时，消费行业其实没有做好充分准备，问题就会变得更加多维，问题之间的因果关系就会更加纠缠，更难理出头绪。我对中国消费行业"韧性增长"的课题酝酿和思考了近四年之久，却也感到无从下手，直到2023年底国家提出"新质生产力"的全新理论体系，给我点亮了指路明灯——新质生产力就是实现企业韧性增长的必由之路，但对于这个全新的理论体系，很多产业和企业还没有开始着手研究，这个紧迫性驱使我调整思路、加快研究进程，从2024年开始着手攻克这些难题。

笔者发现与"五个时代拷问""韧性增长"相关的书籍，通常有几种类型：①以一家企业为研究标的，提炼出企业的管理思想和工具；②关注企业家面对新时代的心性淬炼，强调企业家修炼；③以数字化为切入点，专注谈新时代下企业数字化转型和数据赋能；④着重于某个领域，比如数字化供应链或数字化营销，提供了很多很好的思路和做法；⑤以案例和故事为主，尝试从中提炼新时代的做法；⑥通用类教科书专辑，关注在理论框架体系的介绍和分析。这些类型为很多企业打开了思路，提供了很多很好的参考和借鉴价值。

本书想跳开这些研究方法，尝试从更高维、更全面、更底层逻辑的角度来研究和分析这些问题，因为在这个大变局时代，企业要注意以下几点：

1）**更应该关注决策的背后逻辑，而不是单个企业的表象故事**。单个企业，尤其是行业龙头企业的经验只代表过去，从表象延伸出来的管理精细度值得很多企业借鉴，但因资源限制和约束条件、产业上下游形态、客户或者消费者形态这些背后的条件往往制约了企业能否在合适的时间点做出正确的转型选择，表象上我们看到的是成功，但很多不成功的决策背后的原因是什么？成功的决策背后的思考逻辑是什么？我想这些是企业更想看到的内容。龙头企业的发展成功是基于其本身特色，在每一个合适的时间做了合适的选择，笔者认为不能成为整个行业或者细分行业的标志和标签，而大量细分行业的非典型、中小型规模企业面临的问题和默默前行的道路才是具有典型意义的，它们是一群市场、人才、资金和技术资源有限，而又不具备足够大的品牌势能的企业，往往每次决策都是在"非生即死"的状态下进行的，没有试错的机会，这些企业家的认知和思考的背后逻辑才是更值得学习和借鉴的。

2）**更应该关注企业目标，而不是问题短板本身**。很多企业觉得企业技术系统有问题，就赶快上数字化，而没有弄清楚企业上数字化的目标是什么。数字化只是企业的一个方面，而业务本身没有足够变革的决心，或者是想通过数字化来推动企业变革，是舍本求末，虽然很多企业天天把"数字化战略是企业战略"挂在嘴边，但落实到具体行动中，企业一把手不推动组织变革，企业高管层不推动业务变革，"成是业务的功、败是技术的锅"，笔者认为这是以数字化的勤快掩盖了战略的懒惰，以技术的演进掩盖了业务的盲动。当然笔者不是否认数字化的价值，数字化战略确实应该是企业战略，但很多企业还没到时候，基本的信息化工作还没有完成，大量的数据孤岛还没消除，业务一体化还没有实现，就期望数字化作为灵丹妙药"三步并着一步走"似的解决问题，可以说，这是一场"豪赌"，更是天方夜谭。

3）**更应该关注全局协同，而不仅是纵向深化**。在没有看清楚全局的时候，单纯从某个领域深入解决问题，只会"压了葫芦起了瓢"，因为当企业达到一个规模（比如家电企业达到50亿元，每个行业有差异）后，企业内部各个职能的价值冲突性会越来越强，我们仍然在资源有限约束下考虑问题，具体表现之一就是产销协同，细化表现就是如消费者运营，如果不考虑细分商品匹配性以及基于商品的内容持续运营，以及后续转化交易履约的问题，单纯考虑投放、互动，其效果一定会大打折扣，运营手段一定很空泛且缺乏根基；再比如考虑供应链问题，如果不考虑消费者细分群体的差异，区分渠道的差异，只考虑单纯的货品库存共享、流通周转效率最优等问题，效果会适得其反，大大制约业务的发展。这是个需要全局视角的时代，需要考虑清楚各个要素之间的相互驱动关系、相互制约关系，才能事半功倍，而这个问题不是单个领域的负责人考虑的，应该是企业一把手需要思考的问题，具体落地时可以一步步来，但需要多问几个问题"然后呢？""下一步做什么？"没想清第三步，没看清第二步，就别迈出第一步。

4）**更应该关注背后原理，而不仅是管理应用**。现代管理学是20世纪初期产生的，它是在吸收其他学科营养的基础上建立的，其中包括经济学、心理学、社会学等多个学科的理论和方法。经济学为管理学提供了许多基本理论和方法。例如供求关系、技术经济性特征、生产可能性边界、边际效益、劳动者多样性、生态平台经济模式等经济学的基本原理在管理学中也有广泛的应用。这些理论为管理学提供了基本模型和理论基础，帮助管理学更好地进行管理实践。管理学也贯彻经济学的思想来实现组织的目标，将经济学的原理应用于实际管理实践，并尝试寻求更加有效的组织和管理方式。我们很多企业对企业高质量发展、技术创新、数字化赋能、韧性增长和制度创新、组织活力等方面的讨论更多停留在应用层面，对于其背后的理论依据和逻辑关系没有深究，就导致了很多管理动作变形、顾此失彼、人云亦云。建议或希望我们的企业管理者更多地关注管理应用背后的理论依据，从企业管理者成长为企业管理研究者，知其然且知其所以然，这样才会游刃有余、保持战略和举措定力。

因此，**本书在研究韧性增长、数据赋能、生产力、生产关系、制度创新这些对企业熟悉而又陌生的管理应用时，秉承的核心原则就是"勿着本相、知行合一"。**

韧性增长： 消费企业智胜未来的新质生产力

第一步，解决"体"的问题，即底层逻辑关系问题，从梳理理论研究入手，期望帮助读者了解每个应用背后的理论源头，再来看在传统时代和数字化时代的差异化，进一步落实到中国消费行业里的具体应用方式和表现形式，因此在本书中前3章和第8章，读者不会看到太多的案例分析和企业故事，因为这部分重点在于梳理清楚企业面向未来的目标，以及实现目标的必答题，并梳理逻辑背后的关系，而不是具体的应用方式。

第二步，解决"面"的问题，从企业级视角看到新质生产力构建的全貌，以及每个层次的定位、价值和相互之间的驱动关系。

第三步，解决"线"的问题，第5～7章具体在消费行业应用时，从企业业务创新的全视角、企业运营的全场景、组织变革的全要素角度梳理相互发展和演化轨迹、成熟度阶段的重点内容、组织变革的时代差异和核心内容。

第四步，解决"点"的问题，对一个具体细分行业（如白酒行业等）、细分领域应用（如渠道终端运营等）、细分组织要素和人才层次（如创新创业领军人才等）进行分析和深入探讨。

本书撰写的过程中，笔者阅读了50多篇管理学和经济学论文、20多本经典管理学和经济学专著，尝试从经济学理论源头寻找答案，以下是笔者在本书应用到的几个经济学理论和模式，还有其他一些原理，在此不作枚举，读者可以在本书阅读过程中逐步去理解。

1）**数字化技术的通用目的技术（General Purpose Technology）特征**。数字化技术作为区别于工业技术的通用目的技术，具备明显的特征差别。将数据要素作为消费企业发展核心生产要素时，需要首先理解治理方式需要有区别于工业技术的明显差异，以及生产可能性边界问题。需要首先解决数据要素流通性、双轨产权和双轨交易问题，以及基于数据要素的增长方式的差异化，发挥多样性特性决定的范围经济效应，以及突破资源配置约束条件下的生产可能性边界问题，而不是工业技术的规模经济效应和有限配置约束。这就决定了企业需要将在工业技术下作为要素核心的"做大做强"的规模追求让位给以数据要素为核心的"做质"的质量追求。

2）**劳动者多样性特性（Labor Diversity）**。一线劳动者（店员、导购等）和专业能力劳动者（营销、产品等）具备明显的特征差异化，一线劳动者具有明显的多样化特征，数字化技术驱动了多样化体验，形成了新质需求，细分消费群体和市场区域的创新团队以及一线劳动者的多样化特征是满足多样化体验的最佳范式，他们是掌握专业能力的专业能力劳动者要素的组合配置体，结合数据要素三权分置体系，重点需要考虑一线劳动者的收入分配机制，这就决定了企业需要将传统正向金字塔形的企业架构倒置，推动充分授权和生产关系重塑。

3）**生态平台模式（Ecological Platform Model）**。生态平台模式是指一种商业模式，其中不同的参与者（如供应商、用户、开发者等）在一个共享的平台上互动，共同创造价值。这种平台模式强调生态系统内的协同合作，旨在促进各参与者之间的互补性和共生关系，以实现整个生态系统的繁荣和发展。在中国实体消费企业中，平台模式在一定程度被误解了，很多人认为这是互联网电商平台的专属。其实生态平台是一种有效发挥网络效应的模式，有效解决资源要素高效配置问题，从需求端的人、场、货到供给端的研发、生产交付角度，通过同边网络效应和跨边网络效应充分发挥资源要素的最佳配置，通过三个要素的交叉效应降低交易成本，通过三个要素自驱效应降低边际成本。

4）飞轮效应（Flywheel Effect）。飞轮效应是一个形象化的比喻，是经济学和管理学的一个重要概念，描述了一个系统或组织在初始阶段需要投入大量努力来启动和推动，但随着时间的推移和持续的努力，这个系统或组织会变得越来越容易推动，甚至能够自我维持运转。摒弃了单线思维方式，从更高维度思考各个因素之间的相互驱动效应，是当下有限资源约束下必须明晰的战略资源配置理论，本书中讨论的飞轮效应包括新质生产力三个要素之间的飞轮效应、增长力三个层次之间的飞轮效应、市场要素人场货的飞轮效应、生产关系飞轮效应、数据价值飞轮效应等。

5）边际成本（Marginal Cost）。边际成本是经济学中的核心概念之一，也是企业决策的重要依据之一，指当生产或销售一个额外单位的产品或服务时，所带来的总成本的增加。这包括增加的劳动力成本、原材料和任何其他相关费用。这是在精益管理中，尤其对有限要素投入状态中必须要考虑的问题，而不是就长时间周期的业务和预算任务目标的完成状态计算的平均成本，这当然需要企业基于数据分析进行更短时间窗口内的分析和洞察，及时找到边际成本为零的时间点，及时变换市场和投入策略。

过去的成功只代表过去，当消费行业的增长不再依赖于同质的生产制造资源要素时，推动规模快速增长的红利逐渐消失，新生力量层出不穷，竞争对手将不再是我们以往定义的、熟悉的竞争对手，各个行业、企业和品类的差异性越来越大，我们没有成功经验可以借鉴，我们将面临一场没有发令枪、没有终点的分化耐力赛，我们的消费企业唯有转型才有出路，首先要解决的是认知转型的问题，在这场耐力赛中需要"双速"的既快又稳的跑姿和节奏，比拼的是"体力＋耐力＋思考力"，企业需要丢掉以往成功的固有逻辑和思路，丢掉以往成功的经验和路径依赖，丢掉对表象和"想当然"的迷恋，多探求其本质底层逻辑，多分析其内在理论源头，才能有出路。

未来已来，只是分布得不够均匀，但不行动，那只是未来。唯有选准赛道、定好目标、快速启动、稳健节奏、保持耐力，进化为"变形金刚"，才能保持韧性增长。

希望消费行业企业所有者、掌舵人、高级管理层、研究学者、管理和技术服务机构、投资机构的读者，均可从这本书中获得面向未来韧性增长、构建新质生产力的思路、方法和措施。

各位同仁，我们一起携手共进，快速启动韧性增长引擎、构建新质生产力，全速智胜数字未来！跑赢这场韧性增长耐力赛。

毛健

2024 年 6 月

本书内容框架和阅读指南

本书的内容基本框架如下：

本书按照势、道、法、术、器、用共分为 6 篇，有不同需求的读者可以进行选择性阅读。

第 1 篇 "势"（第 1 章）：从消费行业过去 40 年发展入手，预判未来 15 年的发展趋势，分析消费者变化和数字化技术发展驱动的产业分化趋势，提出中国消费产业处于深度转型前夜的判断。

第 2 篇 "道"（第 2 章）：从组织韧性角度，提出韧性增长是消费行业在不确定环境下的唯一可选增长方式以及永恒底色。

第 3 篇 "法"（第 3 章）：从新质生产力和全要素生产率提升角度，分析数字化技术在新质生产力中的核心作用，指出新质生产力是中国消费企业实现韧性增长的必由之路。

第 4 篇 "术"（第 4 章）：从消费行业增长悖论和困局入手，分析建设新质生产力、实现韧性增长的新质生产力方法论，提出了新质生产力魔方，并按照新质生产力核心要素逐层解构具体目标、策略和方法。

第 5 篇 "器"（第 5～8 章）：依照新质生产力魔方，以消费行业为研究对象，通过典型行业分析解构新质劳动对象，分析新质劳动资料、新质劳动者，以及适应新质生产力发展的新质生产关系，将新质生产力落实到消费行业中，成为可操作的手段和措施。

第 6 篇 "用"（第 9～10 章）：解析落地新质生产力时需要的辩证心法，解构消费行业内标杆企业推进新质生产力的实践，供读者参考。

本书各章基本内容如下：

第 1 章：我们所处的消费产业未来将呈现什么样的形态？

本章分析了中国消费产业过去 40 年及奠定的韧性增长基础，并对未来 15 年经济社会发展趋势进行基本判断，洞察了消费者的 6 个变化，提出技术因素在消费产业发展的同时，催生了新型消费供需裂缝，也进一步导致出现消费产业的 3 个分化。

第 2 章：我们应该打造什么样的增长模式以应对未来的行业趋势？

本章从韧性的基础理论研究开始入手，从组织韧性角度分析了组织韧性的核心特征和内涵，以及和企业核心竞争力的关系，提出韧性增长是消费行业面向未来的必答题和应该具有的永恒底色，并给出韧性增长与非韧性增长的 14 对差异点及 6 个特征。

第 3 章：我们应该如何实现韧性增长？

本章从生产力的基础理论研究入手，分析了新质生产力对企业韧性增长的必然推动作用，以及对于消费产业新型消费供需裂缝的动态均衡价值，以及全要素生产率的提升重点。从数据要素的通用目的技术特征（区别于工业技术专用目的技术的本质差别）入手分析了数字化技术驱动作用所能发挥的高复用性和高使用价值特征，以及范围经济递增的效应（非专用目的技术的规模效应），由此引发的资本和治理方式的差别，以及触发了新质生产力核心要素之间的飞轮效应，据此提出在数字经济时代下数字化技术驱动的中国消费企业新质生产力公式，并提出中国消费企业新质生产力核心要素的基本构建原则以及变革方向。

第 4 章：中国消费企业如何构建新质生产力？

本章从中国消费企业在目前企业内部生产关系形态下面临的增长悖论和困境入手，分析了构建新质生产力的底层逻辑，提出了中国消费企业新质生产力逻辑关系，并提出了中国消费企业新质生产力方法总论——新质生产力魔方，指出了资源要素价值最大化基础的高质量发展的目标。本章还深入分析了新质生产力魔方的"新质劳动对象、新质劳动资料、新质劳动者"3个核心要素的具体落地形式——增长业务驱动力、增长数字化运营力和增长组织变革力（即3个增长力），以及3个增长力在短、中、长3个阶段的价值，还有相互之间的飞轮效应，据此提出了新质生产力"一核三层四梁八柱"的思考框架和全景图。通过从业务驱动力、数字化运营力和组织变革力分别面临的转型困境、一体化困境和生产关系困境入手，对3个增长力的定位、价值及评价指标、建设方向、细分能力、演化阶段进行详细解读和场景举例分析，提出了在数字科技创新驱动下消费行业业务模式的终极目标——DTC 模式、新质劳动资料的建构方向——数字化增长运营平台，以及组织变革的未来方向——数字化敏捷组织。

第 5 章：未来消费企业的新质劳动对象是什么？

本章以白酒、牛奶乳制品、精酿啤酒、复合调味品、创新家电、预制菜、美妆、品牌连锁和现制饮品9个行业为例，分析了每个行业的未来增长空间、增长底层逻辑、竞争格局判断和核心业务驱动力，重点是从每个行业的核心业务驱动力分析中，区分出每个行业4个业务驱动力（商品力、渠道力、触点力和营销力）的核心和辅助关系，从分析结果可以看出细分品类之间的巨大差异性，企业需要面对劳动对象，一方面回归到核心业务驱动力驱动的业务模式创新，另一方面对原有生意基本盘进行深度提质改造，这才构成了企业要面对的新质劳动对象的真正全貌。

第 6 章：未来消费企业的新质劳动资料是什么？

本章从数字化运营能力的4个成熟度阶段分别分析：①3个领域级一体化运营体系，包括经销商到终端（经销商运营、渠道终端运营、连锁门店运营）、营销到订单（营销活动运营、全渠道消费者运营、bC 融合运营）、订单到履约（全渠道订单运营、全渠道供应链运营）的8个数字化运营能力。②2个企业级一体化运营体系，包括从需求到供应（全链路产销协同）和从预算到产出（全渠道费用运营）的2个数字化运营力，从每个阶段的目标、核心重点内容以及针对性解决的问题出发，形成了 40 张能力建设卡片。10 个数字化运营力分别对应 4 个增长业务驱动力，从而使数字化运营力的构建支撑增长驱动力，即通过新质劳动资料落地新质劳动对象的转型。

第 7 章：未来消费企业的新质劳动者是什么？

本章分析了组织变革力的 4 个要素，包括工具生产力、数字化人才、数据驱动文化和数字化生产关系，重点讨论了新质生产力建设要求下数字化人才、数据驱动文化的内容、构建思路和方法，提出了两类组织和三类人才结构、未来技术和业务之间的融合关系，以及数字化卓越领导者的角色定位和能力需求，并指出了数字化技术部门未来的转型方向。

第 8 章：未来什么样的生产关系才能适应新质生产力的发展？

本章从生产关系源头开始梳理，分析不同时代下生产方式和生产过程的差异，研究制度创新对新质生产力的必要性，基于数据要素的贡献者、使用权和收益权的三权分置特性，以及数据要素的外部性决定的有形和无形特征差异，分析了数据要素流通形态的双轨产权和交易体系机制需求，支撑数据要素流通效率最大化。而在劳动者多样性的条件下，需要考虑如何放大劳动者要素收入，以促进数据要素价值得到有效发挥。基于此，本章提出消费企业适应外部生态系统、企业内循环生态系统的新质企业架构，并基于此新质企业架构，提出了消费企业必须构建的适应新质生产力的新质生产关系形态。

第 9 章：在新质生产力构建中需要遵循什么样的辩证心法？

本章分析了未来和现实、做大做强和高质量、授权和强控、持续小赢和长期制胜、成本和边际成本、生产关系和生产力、数据驱动和业务融合、同行借鉴和自身特色这 8 对在新质生产力构建过程中绕不开的纠缠关系，提醒企业在构建新质生产力以及推进业务驱动力、数字化运营力和组织变革力构建过程中需要遵循"勿着本相、知行合一"的基本原则，处理好这 8 对既矛盾又统一的辩证关系。

第 10 章：在新质生产力构建方面标杆企业都有哪些实践？

本书精选 7 个非行业规模龙头企业，从企业发展背景、新质生产力角度洞察它们的特色思考，从新质生产力的新质劳动对象、新质劳动资料和新质劳动者三个角度解构它们的优秀实践经验，希望它们默默前行、奋力探索的道路能给各位读者一定的参考价值。

本书的阅读指南如下：

如果您对新质生产力的内涵和意义感兴趣，想了解产生背景，及其背后的经济学和管理学理论原理，想知其然且知其所以然，建议您从第 1 章开始读起，重点研读第 1～4 章和第 8 章。

如果您在企业经营过程中遇到增长乏力、竞争加剧、转型受挫等难题，想直接"拿来就用"或者找到解决办法，建议您可以重点阅读第 4～7 章、第 9 章。

如果您想借鉴同行经验，建议您可以重点阅读第 10 章。

目 录

推荐序一　纵横交错、知行合一
推荐序二　在不确定性中寻找确定性
推荐序三　唯有创新变革　才能创造企业未来
前言　新质生产力是中国消费企业韧性增长的必由之路
本书内容框架和阅读指南

第1章
两大引擎　驱动发展
中国消费产业处于深度转型的前夜

1.1 中国消费产业昨日辉煌和奠定的韧性增长基础 / 2
　　1.1.1 快速发展的40年 / 2
　　1.1.2 中国特色的韧性增长基础 / 3
1.2 对中国经济社会未来15年发展趋势的基本判断 / 4
1.3 中国消费者愈发理性且日趋成熟 / 6
　　1.3.1 消费心理和决策理性升级 / 7
　　1.3.2 消费群体结构立体分化 / 8
　　1.3.3 消费区域梯度扩散 / 9
　　1.3.4 消费价格和价值反向分化 / 10
　　1.3.5 消费场景多元融合 / 11
　　1.3.6 消费品类丰富扩展 / 12
1.4 数字化技术与中国消费产业同频共振 / 14
　　1.4.1 消费产业发展中的科技创新应用 / 14
　　1.4.2 消费产业数字化技术分类 / 16
1.5 中国消费产业未来将面临深度转型 / 19
　　1.5.1 科技创新深入应用加速了供需裂缝演化 / 19
　　1.5.2 消费产业的未来主题：分化 / 21

第2章
长期主义　功在平时
韧性增长是未来中国消费企业的永恒目标

2.1 关于韧性的基础研究 / 33
　　2.1.1 研究韧性的现实意义 / 33
　　2.1.2 关于韧性的基本概念 / 35
2.2 组织韧性的内涵 / 39
2.3 组织韧性的核心特征 / 42
　　2.3.1 核心特征 / 42

XXIII

2.3.2　组织韧性研究在企业层面的应用 / 44
2.4　组织韧性和核心竞争力的关系 / 48
2.5　数字经济时代的韧性增长 / 49

第 3 章
回归本源　高质发展
新质生产力是中国消费企业韧性增长的必由之路

3.1　关于生产力的基础研究 / 55
3.2　新质生产力推动高质量发展 / 56
3.3　新质生产力促进动态均衡有序可控 / 61
3.4　全要素生产率提升的重点 / 64
　　3.4.1　全要素生产率提升的意义 / 64
　　3.4.2　全要素生产率测量方法 / 66
3.5　中国消费企业新质生产力公式 / 68
3.6　数字科技创新赋能企业新质生产力 / 69
　　3.6.1　关于数字科技与竞争力的研究 / 69
　　3.6.2　数字经济催生新质生产力 / 72
　　3.6.3　数据要素赋能新质生产力 / 73
　　3.6.4　新质生产力三要素的飞轮效应 / 78
3.7　新质生产力驱动韧性增长 / 79
3.8　淬炼中国消费企业新质生产力的核心要素 / 81
　　3.8.1　新质劳动对象：企业增长核心业务驱动力变迁带来更广泛的劳动对象 / 81
　　3.8.2　新质劳动资料：企业增长数字化运营体系支撑更高效的劳动资料 / 83
　　3.8.3　新质劳动者：企业增长组织变革力驱动更高素质的劳动者 / 86

第 4 章
循道而行　重新上路
新质生产力的建设方法总论

4.1　中国消费企业新质生产力 / 91
　　4.1.1　中国消费企业当前的增长悖论和困局 / 91
　　4.1.2　中国消费企业新质生产力构建的底层逻辑 / 94
　　4.1.3　新质生产力魔方：全要素生产率提升标志下的高质量发展 / 98
　　4.1.4　全要素生产率提升评价指标 / 101
　　4.1.5　新质生产力三个层次的短期、中期和长期价值 / 102
　　4.1.6　新质生产力三个层次的飞轮效应 / 103
　　4.1.7　新质生产力思考框架：一核三层四梁八柱 / 106
　　4.1.8　企业新质生产力全景图 / 108
4.2　新质劳动对象：增长业务驱动力 / 108

目录

  4.2.1 消费产业链的深度转型 / 108
  4.2.2 平台模式的全要素配置网络效应 / 114
  4.2.3 消费产业要素和要素配置的演化过程 / 117
  4.2.4 核心业务驱动力建设评价指标体系 / 121
  4.2.5 细分品类的核心驱动力分解 / 122
  4.2.6 消费业务细分品类核心驱动力综述 / 124
 4.3 新质劳动资料：增长数字化运营体系 / 128
  4.3.1 提升增长资源要素的效率和稳健性 / 128
  4.3.2 数据驱动业务运营 / 129
  4.3.3 数字化运营体系构建的现实问题 / 135
  4.3.4 数字化运营体系十大能力 / 138
  4.3.5 数字化运营体系建设评价指标体系 / 138
  4.3.6 数字化运营体系建设四个阶段 / 141
  4.3.7 数字化运营体系建设的终极目标：新一代一体化增长运营平台 / 143
  4.3.8 企业增长运营平台的价值 / 145
 4.4 新质劳动者：增长组织变革力 / 149
  4.4.1 适应市场变化的组织变革 / 149
  4.4.2 扩大生态伙伴组织主体范畴 / 152
  4.4.3 韧性增长组织变革力构建指标体系 / 153
  4.4.4 生产关系飞轮和数据价值飞轮"双轮驱动"效益 / 154
  4.4.5 增长组织变革力构建的四个阶段 / 161
  4.4.6 消费行业组织变革力建设的终极目标：数字化敏捷组织 / 163
 4.5 新质生产力构建路径 / 168
  4.5.1 新质生产力构建的必备条件 / 168
  4.5.2 新质生产力构建的"八定"法 / 178
  4.5.3 新质生产力构建的思考路径 / 183
  4.5.4 新质生产力的建设标准和评价体系（自测量表）/ 184

第 5 章 回归初心　固本求变
新质劳动对象：增长业务驱动力的系统转型

 5.1 白酒篇：存量竞争时代的数字化突围之战 / 191
  5.1.1 未来增长空间预测 / 191
  5.1.2 增长底层逻辑洞察 / 192
  5.1.3 未来竞争格局判断 / 195
  5.1.4 核心业务驱动力分析 / 197
 5.2 牛奶乳制品篇：借力数字化，在消费升级时代下乘势扬帆 / 199

　　　　5.2.1　未来增长空间预测 / 199
　　　　5.2.2　增长底层逻辑洞察 / 200
　　　　5.2.3　未来竞争格局判断 / 203
　　　　5.2.4　核心业务驱动力分析 / 204
　　5.3　精酿啤酒篇：消费新势力时代的产品升级与价值链重塑 / 206
　　　　5.3.1　未来增长空间预测 / 206
　　　　5.3.2　增长底层逻辑洞察 / 207
　　　　5.3.3　未来竞争格局判断 / 209
　　　　5.3.4　核心业务驱动力分析 / 210
　　5.4　复合调味品篇：深挖产品内容数字化潜力，做好自己最重要 / 212
　　　　5.4.1　未来增长空间预测 / 212
　　　　5.4.2　增长底层逻辑洞察 / 213
　　　　5.4.3　未来竞争格局判断 / 216
　　　　5.4.4　核心业务驱动力分析 / 217
　　5.5　预制菜篇：把握数字化机遇，以高品质产品服务大众百姓生活 / 219
　　　　5.5.1　未来增长空间预测 / 219
　　　　5.5.2　增长底层逻辑洞察 / 221
　　　　5.5.3　未来竞争格局判断 / 224
　　　　5.5.4　核心业务驱动力分析 / 226
　　5.6　创新家电篇：数字智能场景下的产品创新价值飞跃 / 228
　　　　5.6.1　未来增长空间预测 / 228
　　　　5.6.2　增长底层逻辑洞察 / 228
　　　　5.6.3　未来竞争格局判断 / 231
　　　　5.6.4　核心业务驱动力分析 / 232
　　5.7　美妆篇：数字化驱动产品创新，为"她"创造美丽与颜值 / 234
　　　　5.7.1　未来增长空间预测 / 234
　　　　5.7.2　增长底层逻辑洞察 / 235
　　　　5.7.3　未来竞争格局判断 / 239
　　　　5.7.4　核心业务驱动力分析 / 241
　　5.8　连锁经营篇：绿色智能时代下，挖掘中国市场潜力 / 243
　　　　5.8.1　未来增长空间预测 / 243
　　　　5.8.2　增长底层逻辑洞察 / 244
　　　　5.8.3　未来竞争格局判断 / 246
　　　　5.8.4　核心业务驱动力分析 / 248

目录

5.9 现制饮品篇：数字化引领新消费体验 / 251
 5.9.1 未来增长空间预测 / 251
 5.9.2 增长底层逻辑洞察 / 252
 5.9.3 未来竞争格局判断 / 256
 5.9.4 核心业务驱动力分析 / 257

第6章
深踩油门　借数加速
新质劳动资料：增长数字化运营力的建设路径

6.1 经销商到终端 / 262
 6.1.1 经销商运营：与"千商千面"的渠道伙伴携手拥抱数字化转型 / 262
 6.1.2 渠道终端运营：赋能"千军万马"增长源头释放活力 / 266
 6.1.3 连锁门店运营："千挑万选"获得规模扩张和效益增长的最佳平衡 / 270

6.2 营销到订单 / 274
 6.2.1 营销活动运营：搭建品牌与消费者"千丝万缕"的数字化新桥梁 / 274
 6.2.2 全渠道消费者运营：深化"千人千面"的消费者运营，把握增长根本源头 / 278
 6.2.3 bC融合运营：品牌商自有的"千姿百态"线下私域运营阵地 / 282

6.3 订单到履约 / 286
 6.3.1 全渠道订单运营：协同全渠道订单业务，满足"千家万户"的差异化运营需求 / 286
 6.3.2 全渠道供应链运营：数字化供应链敏捷应对"千变万化"的不确定性 / 290

6.4 需求到供给 / 294
 全渠道产销协同：全链路推动供需平衡获取现金流最大化 / 294

6.5 预算到产出 / 298
 全渠道费用运营：全渠道优化费用资源配置赋能业务发展 / 298

第7章
结构优化　人才当先
新质劳动者：增长组织变革力的锻造思路

7.1 组织变革力对增长的价值 / 305
7.2 组织变革经典管理理论的局限性 / 307
7.3 数字化时代下的组织变革力 / 308
7.4 数字化组织变革力四大核心组织要素 / 311
 7.4.1 数字化人才 / 311

XXVII

　　　　　　　　　7.4.2　数据驱动文化 / 319
　　　　　　　7.5　卓越数字化领导者 / 324
　　　　　　　7.6　数字化技术部门转型 / 328

第 8 章
创新求变　激发活力
新质生产关系：适应新质生产力发展需要

8.1　生产关系理论研究回顾 / 331
8.2　不同时代生产方式和生产过程的差异 / 333
8.3　制度创新适应新质生产力发展 / 334
　　8.3.1　双轨产权模式创新促进数据要素价值的发挥 / 334
　　8.3.2　双轨交易模式创新强化数据要素的主导地位 / 334
　　8.3.3　不断调整生产关系增加劳动要素收入 / 336
8.4　在外循环生态系统中适应新质生产力的构建 / 338
8.5　在内循环生态系统中适应新质生产力的新质企业架构 / 339
8.6　消费企业适应新质生产力的新质生产关系 / 344

第 9 章
勿着本相　知行合一
新质生产力构建的八大辩证心法

9.1　未来目标与现实行动 / 350
9.2　做大做强与高质量发展 / 352
9.3　授权与强控 / 353
9.4　持续小赢与长期制胜 / 355
9.5　成本与边际成本 / 357
9.6　生产关系与生产力 / 358
9.7　数据驱动与业务融合 / 359
9.8　同行借鉴与自身特色 / 361

第 10 章
锐意改革　勇立潮头
灯塔企业新质生产力构建实践解构

10.1　舍得酒业：数智增长赋能老酒焕发新质增长动能 / 365
10.2　天友乳业：新鲜战略驱动新质增长 / 370
10.3　泰山啤酒：生态化模式为消费者提供新质产品和服务 / 374
10.4　自然堂：产品科技、数字科技双引擎 / 378
10.5　竹叶青：传统茶叶产业走出品牌化发展新思路 / 382
10.6　万和新电气："产品驱动、效率增长、数智升级"构建新质生产力 / 386
10.7　高金食品：传统农牧制造业通过数字化转型焕发新质增长动能 / 390

后记　不忘初心　砥砺前行 / 395

第1章
两大引擎 驱动发展
中国消费产业处于深度转型的前夜

"The future is already here – it's just not very evenly distributed."
"未来已来，只是分布得还不太均匀。"

——William Gibson, *Navigating the Rapids*
美国科幻作家威廉·吉布森《驾驭急流》

1.1 中国消费产业昨日辉煌和奠定的韧性增长基础

1.1.1 快速发展的 40 年

伴随着中国式现代化推进，中国消费行业经过 40 年现代化发展，经历了生活必需品消费、家庭消费、个人消费三个阶段（见图 1-1），很多消费行业企业依靠改革红利、开放红利、人口红利等取得成功，我们把过去的时代定义为红利时代。

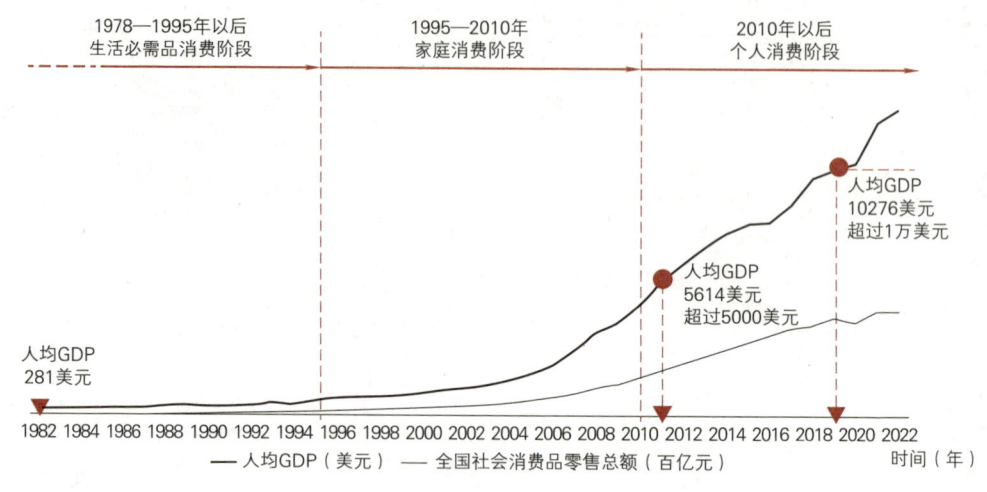

图 1-1 中国消费行业 40 年发展历程 ⊖

阶段一：生活必需品消费阶段

<u>1978—1995 年</u>为必需品/非耐用品消费时代，人们<u>为了改善生活而消费</u>。

1982 年人均 GDP（国内生产总值）为 281 美元。对粮食等生活必需品的需求降低，比较典型的消费品类体现为"老三样"，洗衣机、冰箱、彩色电视机等家电快速渗透，典型的消费业态体现为现代零售业（如超市、百货商场等）迅速发展。1993 年粮食总产量创历史最高纪录，各省放开粮食购销价格。"社会主义市场经济"首次得到正式承认。

阶段二：家庭消费阶段

<u>1995—2010 年</u>为家庭消费/耐用品时代，人们<u>为了提升生活质量而消费</u>。

随着 2001 年我国加入 WTO（世界贸易组织），我国消费正式进入起飞阶段，智

⊖ 数据来源：国家统计局。

能手机和移动互联网开始普及，2009年淘宝创立"双十一购物节"，线上业务开始蓬勃发展，比较典型的消费品类体现为彩电、空调、热水器、微波炉、汽车、商用房渗透率的提升，典型的消费业态体现为现代零售业（如大型商超、家电卖场、购物中心等）迅速发展。

阶段三：个人消费阶段

2010年以后，个人/个性化消费时代崛起，人们为了创造自己的生活方式而消费。

2011年人均GDP为5 614美元，超过5 000美元。2019年人均GDP为10 276美元，首次超过1万美元。比较典型的消费品类体现为精神类、品牌消费、奢侈品增长，典型的消费业态体现为线上渠道（如购物电商、社交电商等）高速发展。可类比的是20世纪60年代的美国、20世纪80年代日本的"第四消费"时代。

当红利削减，外部环境出现变化、不确定、复杂和模糊，甚至变得脆弱、焦虑、非线性和费解，并且2019年人均GDP超过1万美元后，消费业何去何从？以下几点为我国消费行业面临的环境：

- 我国初步完成了从计划经济到市场经济转型，经济体制改革潜力已不如过去那么大；
- 随着全球化进程的改变，开放带来的经济机会和挑战也在变化；
- 人口结构正在发生深刻的变化，生育率下降、老龄化、低欲望社会情形已经显现；
- 全球安全格局变化的背景下，西方针对我国各领域施压带来的安全形势不容乐观。

1.1.2 中国特色的韧性增长基础

经过40年的发展，追求美好生活的中国特色消费、追求持续卓越的中国企业家精神、幅员辽阔的中国特色地理区域分布基础、丰富多彩的中国特色消费场景等因素共同奠定了中国消费市场的韧性增长基础，但同时也加剧了消费产业的加速分化。

首先，追求美好生活的中国特色消费推动了中国消费产业链条宽泛化。中国消费产业纵向产业链条长、单节点横向模式差异大，协同参与方多；大部分生存型消费品类生产集约化已经完成，为消费端创新提供了基础；基于区域、消费群体、品类系列等维度的深度经营均会产生单项冠军；行业头部企业对产业整合具有的产业话语权逐步丧失；每个赛道均面临新品牌的冲击，而每个新品牌都有机会活下来。

其次，追求持续卓越的中国企业家精神推动产业链条的整合纵深化。资本促使创新品牌和技术的发展和整合；有潜力的品牌和技术成为资本焦土，没有潜力的创新品牌和技术没有资本关注；中型腰部企业出现（横向）规模、（纵向）领域/市场/品类的深度护城河的双短板焦虑；行业结构形态由金字塔形结构转变成图钉形结构（见图1-5）；由于行业特性不一样，图钉形头部竞争格局会出现"少量寡头"或"多头分饼"状态。

再次，幅员辽阔的中国特色地理区域分布基础造就了消费产业地理区域的差异化。伴随着消费产业的发展，中国地理区域差异红利逐步消失；各区域竞争滞后时间窗口缩短；区域品牌和全国品牌发展路线和策略存在天壤之别；成型模式跨区失灵、原有追求的区域规模效应失灵；受商品新鲜度/品质和整体供应链成本制约的行业和区域品牌利用这些优势，将得到很大的发展空间和可观的时间窗口。

最后，丰富多彩的中国特色消费场景为消费数字化技术和消费工业技术的进步加速提供了丰富的土壤。伴随着数字化的进程，企业数字化技术认知"剪刀差"加大；技术促使社会资源要素配置的速度加速，需求和供给端的供需裂缝加大、更动态化、变化更快；大部分企业已经基本完成线上和线下交易触点、消费者互动触点的构建；全链路的业务闭环性和数据贯通性成为迈向数据驱动运营的最大制约瓶颈；数据驱动的文化还没有形成；数字化人才一将难求。

1.2 对中国经济社会未来15年发展趋势的基本判断

基于国家统计局和商务部公开发布的从1982年到2022年的40多年数据，我们进行了洞察分析，提出对中国经济社会发展趋势的5个基本判断。

第一个趋势，全要素生产率继续增速发展。我国在改革开放的前30年完成了工业化进程，得益于全要素生产率基本保持在4%以上。2010年以后，全要素生产率数值降到2.1%甚至以下，那么，中国要保持可持续、高质量、健康的发展，按照2035年基本实现社会主义现代化的目标倒推，中国未来15年要达到2.5%~3%的全要素生产率增速。中国保持比较高的全要素生产率增速，有如下四个有利因素：

第一，工业化的完成：进入互联网的下半场之后，中国经济产业有了非常大的数字化转型的机会，可能带来全要素生产率的增速。

第二，新基建：为产业数字化转型所配套的基础设施建设，能为全要素生产率带来强劲的上升空间。

第三，大国工业：由于全球化的逆转、国际关系的微妙变化，中国可能有必要也有内生的动力去保持比较完整的产业链。制造业比例基本可能保持在 20% 以上，为未来的全要素生产率提升、技术创新带来很大的空间，这是中国特有的优势。

第四，资源要素配置效率的提升：全要素生产率主要有两个来源，一是技术本身，二是生产组织形式、体制机制建设。中国的提升空间非常开阔，提升资源要素配置效率，可以给全要素生产率的提升带来极大的改善。

第二个趋势，中国在全球价值链的位置向上游迈进。目前，我国的位置还比较偏中下游，在大量的关键领域、高科技中间产品和零部件方面还需要进口，供应链对外依赖度很高。国家自己能够生产的中间产品减掉需要进口的中间产品，净差占出口的比值，中国在 2018 年是 1% 左右，美国是 29%，开放经济体平均是 4%。关键产品和零部件必须有替代性的来源，要么自主创新，要么有更安全的替代性的来源，跨国企业在思考中国未来发展战略时，如果能够帮助中国完成价值链向上游迈进，则会更符合未来的发展趋势。

第三个趋势，强大的国内市场与消费发挥基础作用。"十四五"规划特别提及消费者的基础作用和投资的关键作用。人均 GDP 与对外贸的依赖度呈负相关，一个国家人均 GDP 在不断提升的过程中，进出口占 GDP 的比重应该是逐渐下降的。2006 年，中国 GDP 中的 36% 是靠出口，2019 年这个数字已经降低到 18%。以大国经济演进的规律来看，国内市场越来越重要。这本身也是提出以国内大循环为主体、国内国际双循环相互促进的新发展格局的大背景。

"十四五"规划中有一个新的表述方式，叫"需求侧改革"，就是让消费、新需求的崛起成为经济增长重要的动能或者发挥经济发展的基础作用。当下，居民消费大概占 GDP 的 39%，如果需要在 2035 年基本达到 60%，谁来消费？有没有这个能力和意愿消费？这个问题是关注中国未来经济发展很重要的需要回答的问题。

此外，有 60% 以上的消费将会变成服务消费。2018 年服务消费的比例是 44.2%。如果未来 100 元钱的消费里面有 60 元钱不是买具体的手机、计算机，而是购买服务，那人们购买什么样的服务？要购买的是养老服务、理财服务、文化娱乐等。中国完成现代化国家建设需要完成消费结构的变迁，这对理解中国消费未来在什么市场、什么行业出现会提供一些启发。

第四个趋势，有效市场、资源要素优化配置与提升投资收益率形成新动能。中国未来还有很大的投资增长空间，修更多的房子、基础设施、公路铁路。城镇化也是推动投资的重要发动机。目前我国的城镇化率是 60.6%，到 2035 年可能达到 75%，未来还有将近 15% 的人口将会移居到城市，他们会带来庞大的投资需求。我们已经结束了规模驱动的增长模式，进入强调资本投资收益率的阶段。如果未来坚持"一刀切"的投资方式，可能造成巨大的浪费。在未来 15 年里，政府会反复强调提高投资效率，关注投资去向。最好的手段其实是形成市场化的价格，让价格信号引导资源要素有效配置。中国需要一个公募的不动产投资信托基金（REITs）市场，以基础设施作为底层资产，它是有效市场的一部分，引导资源要素更好地配置，更好地带动创新。

第五个趋势，提高居民收入占比，消除城乡二元结构，这也是需求侧改革的核心点。首先，目前的 GDP 分配里面，给居民个人的大概占 43%，也就是个人大概可以支配 3 万元。未来让消费发挥基础作用，就需要提高居民收入占比，从 43% 提高到 50% 或者 60%。现在金融市场财产性收入或者养老，怎么形成财产性的收入，或者能对劳动力有一些倾斜，都是未来 5 到 15 年政府政策话语体系里面会经常关注的重点。

其次，我国现在有 2.8 亿农民工，还将有 15% 的人口随着城镇化进程来到城市。这意味着，到 2035 年会实现跨地区、跨行业的重新配置。我们怎么完成史无前例的大规模劳动力的创新配置？这里涉及的数字化或者教育职业培训方法，本身是一个巨大的挑战，也会从另一个角度提供非常庞大的商业可能性。

1.3 中国消费者愈发理性且日趋成熟

中国消费者逐渐成熟、与数字化技术深度融合是消费产业转型和增长的核心两大动力引擎。在当前经济形势下，中国消费者的消费行为正经历着深刻升级与分化。其特征概述如表 1-1 所示。

表 1-1 中国消费者的消费行为的升级与分化

维 度	特征及说明
消费心理和决策习惯	对品质、个性化及体验日益重视，在不同群体中展现出差异化趋势
消费群体结构	年龄、性别、职业等多元因素塑造了多样化消费群体，在消费选择上既存在普遍追求，又凸显个性化需求
消费区域	一线城市引领消费升级，二、三、四线城市表现出追赶态势，区域消费结构呈现阶梯式发展
消费价格和价值	对价格的关注度逐渐让位于对价值的追求，这一转变反映在消费选择的多元化和对品牌、服务的更高期待上
消费场景	线上消费场景的崛起与线下实体店的融合，塑造了立体消费空间，消费者在不同场景中寻求便利与体验的平衡
消费品类	消费品类的升级与分化尤为显著，日常用品消费趋于品质化，服务消费、情感消费和情绪价值消费日益凸显，折射出消费者对生活品质和精神满足的更高要求

下面从六大维度具体介绍消费行为的变迁。

1.3.1 消费心理和决策理性升级

在当前经济环境下，中国消费者的消费心理和决策习惯正经历着深刻的变化，这些变化既体现了消费者对传统物质需求的升级，又反映了对精神满足和生活品质的追求。消费者在做出购买决定时，已不再仅仅局限于价格和功能的考量，而是更加注重产品的附加价值，如品牌、服务、体验和绿色理念，这标志着中国消费者在心理和决策习惯上的显著升级。

随着社会经济的迅速发展和居民收入水平的提高，消费者对品质的追求日益增强。他们更倾向于选择质量上乘、设计独特且具有品牌故事的产品，这不仅仅是因为产品的功能满足需求，更是为了满足个人身份和品位的象征。此外，消费者对于定制化和个性化服务的需求也日益增长，他们愿意为能满足个人特殊需求或展现个人风格的产品付出高价，这体现了消费者在消费心理上的差异化和细分化。

健康和环保意识的提升正在重塑消费者的决策习惯。在食品安全问题时而被曝光的背景下，消费者对于健康、绿色和有机产品的偏好逐渐增强，他们愿意为此支付更高的价格。同时，随着科技的发展，消费者越来越重视产品的智能化和便捷性，这在很大程度上影响了他们的购买决策。例如，智能家电和移动支付的普及，不仅方便了消费者生活，也改变了他们的消费习惯。

在科技驱动的消费环境中，消费者的信息获取方式从传统的广告和口碑传播转向了网络和社交媒体。他们通过互联网和移动设备获取产品信息，通过在线社区分享消费体验，这对他们的决策过程产生了深远影响。消费者更倾向于听取"意见领袖"或"网红"的推荐，而非仅仅依赖传统广告，这在某种程度上反映了消费者决策习惯的社交化和网络化。

消费者的消费预期也因经济形势的波动而分化。面对经济不确定性，一部分消费者倾向于保守消费，注重储蓄和投资，以应对可能的经济风险。而另一部分消费者可能受到乐观预期的驱动，更愿意在提升生活品质和追求兴趣爱好上投入。这反映出消费者在心理预期上的多元化，以及消费决策在面对压力时的弹性。

在消费心理和决策习惯的升级和分化中，"Z世代"（1995年以后出生的人群）、一线富裕银发族等群体因其独特的消费观念和行为，成为消费者行为研究的重点。例如，"Z世代"消费者追求个性化和创新，更愿意尝试新鲜事物，而一线富裕银发族则更注重健康和高品质生活。这些群体的消费心理和决策习惯的演变，不仅影响了消费市场的结构，也对企业的市场定位和产品设计提出了新的挑战。

当今中国消费者的消费心理和决策习惯正经历着从物质满足到精神追求，从单一需求到多元化选择的升级和分化。随着社会经济文化的进步，消费者的期望值不断提升，消费决策过程越来越复杂。企业要想在激烈的市场竞争中脱颖而出，就必须深刻理解消费者的心理变化，灵活调整策略，以满足不同消费群体的个性化需求。同时，品牌应积极倡导绿色消费，提升产品附加值，以适应消费者对高品质生活的新追求。

1.3.2 消费群体结构立体分化

随着中国经济的高速发展和城市化进程的加速，消费群体结构呈现出显著的升级与分化。这一变化主要受到年龄、性别、职业、地域等多元因素的影响，使得消费者在消费选择和价值观上表现出异彩纷呈的面貌。

首先，以年龄为划分依据，中国消费市场形成了多个显著的消费代际。以"Z世代"为例，他们成长于互联网普及的时代，信息获取能力强，追求个性化和创新，对新鲜事物的接受度高，这使得他们在消费行为上更倾向于在线购物、体验消费和兴趣驱动的消费。他们对品质和服务的追求，以及对环保和可持续性的关注，也塑造了他们独特的消费取向。

此外，中青年群体（包括新中产和"白领"）在经济能力提升的同时，更加注重生活品质和家庭幸福，他们在教育、健康、旅游和绿色消费上的投入不断增加。而银发一族，特别是富裕银发族的消费观念则偏向于健康和享受，他们对养老、医疗和高品质生活服务的需求日益增长。

其次，性别差异也在消费市场中起到了关键作用。女性消费者在经济独立和自我实现上展现出更强的消费力量。她们对于时尚、美容、健康和教育的投资，不仅推动了相关行业的发展，也体现了女性消费的升级。同时，男性消费者在家庭消费中的角色也日益凸显，他们对科技产品、汽车和理财服务的需求，反映了男性消费在实用性和投资性方面的偏好。

再次，职业身份同样影响着消费者的消费行为。都市白领和自由职业者更倾向于线上消费，追求便利快捷，他们对品质生活和精神满足的追求，以及对科技产品的接纳，推动了新型消费模式的发展。而"蓝领"和农民消费者则在满足基本生活需求的同时，逐步过渡到追求生活质量的消费阶段，他们在家电升级、汽车购买等领域的增长，体现了消费结构的阶梯式提升。

最后，地域和城市等级也对消费群体的分化产生了显著影响。一线城市作为消费升级的引领力量，其消费者对高端品牌和体验式消费有着更高的接受度。二线和三、四线城市以及农村地区在追赶消费升级的同时，也展现出消费潜力的释放，其消费者对价格敏感，但同时也追求品质和性价比。

中国消费者群体在年龄、性别、职业和地域等方面的升级与分化，使得消费市场呈现出多元且动态的结构。企业应关注这些消费群体的特性，精细化市场定位，设计出符合不同需求的产品和服务，以适应并引领消费趋势。同时，政府在政策引导上，也应关注这些消费群体的差异，通过促进公平消费、支持消费创新和优化消费环境，来推动消费市场的健康发展。

1.3.3 消费区域梯度扩散

在当前经济环境下，中国消费者的消费行为在不同城市等级间呈现出显著的升级与分化。一线城市以北京、上海、广州和深圳为代表，凭借其经济发达、开放度高、信息流通快的优势，引领着全国的消费升级趋势。消费者在一线城市更倾向于追求高端品牌、个性化服务和优质的消费体验。他们对价格的敏感度逐渐降低，转而更关注产品所能提供的价值，这反映在他们对品质生活的追求上，如高品质食品、健康服务、文化娱乐和环保产品。同时，移动互联网和新零售模式的迅速发展，使得一线城市消费者能够便捷地接触到国内外各种新兴品牌和消费模式，这进一步刺激了他们的消费欲望和创新消费行为。

二线和三线城市，如杭州、南京、成都和西安等，以及广大三、四线城市和农村地区也在逐步追赶消费升级的步伐。这些城市的消费者在满足基本生活需求后，开始关注消费品质的提升，如购买中高端家电、汽车，以及在教育、旅游和健康领域增加投入。他们的消费选择不再局限于本地市场，通过电商和移动互联网，他们可以购买到与一线城市相似甚至更丰富的产品和服务。这种能够接触到多元消费选择的情况，使得二线及以下城市的消费者开始追求个性化和差异化，同时对性价比有着更高的要求。

值得注意的是，区域间的消费结构呈现出阶梯式发展，一线城市作为消费引领力量，其消费水平和偏好直接影响着二线城市的消费趋势，而二线城市的消费升级则进一步推动三、四线城市的消费结构升级。这种梯度效应，反映了中国消费市场由核心向外围扩散的规律，也预示着未来消费市场具有巨大的增长潜力。

政策层面，政府通过推动城乡一体化，改善基础设施，以及支持电子商务进农村等措施，旨在缩小城乡消费差距，推动消费市场的均衡发展。同时，政府鼓励线上、线下融合，新型消费业态的涌现（如社交电商、直播带货等）都为消费者提供了更为便捷和个性化的购物体验，促进了消费的升级和分化。

在区域消费结构升级和分化的进程中，企业需要关注不同城市等级的消费者特性，制定差异化的市场策略。一线城市的企业应聚焦品牌创新、个性化服务和高端体验，二线及以下城市的企业则应注重提升产品质量，提供高性价比的商品和服务，以满足消费者对品质生活日益增长的需求。通过精准定位，企业可以更好地抓住市场机遇，挖掘潜在消费潜力，从而在激烈的竞争中脱颖而出。同时，政府的政策支持和市场环境的优化，将为消费市场的升级和分化提供有利条件，推动中国经济持续稳健增长。

1.3.4 消费价格和价值反向分化

在当前经济形势下，中国消费者对于消费价格的关注度逐渐让位于对价值的追求，这一转变不仅体现在消费选择的多元化上，还反映在对品牌、服务的更高期待上。这种价值导向的消费观念体现为消费者对品质、个性化、体验和服务的日益重视，表明中国消费者越发成熟。

首先，消费者对价值的追求体现在对品质的高要求上。随着收入水平的提升，消费者不再仅仅满足于产品的基本功能，而是追求更高的使用体验和耐用性。他们愿意为经过精心设计、具有优良性能和可靠质量的产品支付更高的价格。从日常消费品（如家电、服装）到高端产品（如奢侈品和汽车），消费者对品质的追求已经成为消费决策的重要考虑因素。这一趋势推动了国内企业提升产品品质，催生了更多高端国产品牌，同时也促使进口品牌调整策略，以适应中国消费者对品质的挑剔眼光。

其次，消费者对个性化和体验的重视，也体现了他们对消费价值的追求。在信息爆炸的时代，消费者可以通过网络和社交媒体获取丰富的商品信息，这使得他们能够更加精准地找到符合个人风格和兴趣的产品。他们愿意为定制化、独一无二的产品买单，甚至为此支付溢价。此外，消费者也越来越关注消费过程中的体验，如购物环境、售后服务、品牌故事等，这些元素共同构成了商品的附加价值，影响消费者的购买决策。

再次，服务价值在消费者决策中的权重也在不断提升。消费者对健康、教育、旅游等服务类消费的投入不断增加，反映出他们对生活质量的追求以及精神需求。他们愿意投资在能够提升生活品质、满足个人兴趣或实现个人发展的服务上，如私人健身教练、在线教育课程、个性化旅行规划等。这些服务不仅提供直接的使用价值，还满足了消费者的情感需求和自我实现的需求。

最后，线上消费的崛起进一步推动了消费者对价值的追求。互联网购物平台为消费者提供了无与伦比的便利性和选择性，使消费者可以轻松比较不同产品的价格和性能，从而做出更加理性和价值导向的购买决策。同时，即时配送、虚拟试穿、社交电商等功能的出现，让线上消费体验更加丰富，消费者在享受便利的同时，也在追求价值的最大化。

然而，消费者对价值的追求并不意味着他们完全忽视价格。在面临经济压力或购买大宗产品时，消费者仍会对价格保持敏感，寻求性价比最高的选项。这种理性消费观念的崛起，一方面体现了消费者消费观念的成熟，另一方面也对企业和市场提出了更高的要求，即在提供高品质、个性化和优质服务的同时，要保持价格的合理亲民，以满足不同消费者群体的需求。

在政府层面，为了适应消费者对价值的追求，政策引导也逐渐向鼓励消费品质升级、服务创新倾斜。政策鼓励线上、线下融合，支持新兴消费模式，以满足消费者对便利与体验的追求。此外，政府通过推动绿色消费，引导消费者关注产品对环境和社会的影响，使消费者在追求价值的同时，也关注消费的社会责任。

综上，中国消费者在消费价格和价值的升级与分化中，逐渐由价格敏感型转变为价值导向型，这种转变不仅仅反映出对物质需求的提升，更反映出对精神满足、个性化和体验的深层次追求。这不仅为消费者提供了更丰富、更个性化的消费选择，也对企业的产品创新、服务提升以及政府的政策制定提出了新的挑战与机遇。企业需要紧跟消费者的价值观念变化，提供更具价值感的产品和服务，以适应市场趋势，而政府则需通过政策引导，创造一个有利于价值导向型消费观念发展的市场环境。

1.3.5 消费场景多元融合

随着科技的发展和消费者需求的多样化，消费场景的升级与分化在中国市场尤为显著。线上消费的崛起与线下实体店的融合，塑造了一种多元、立体的消费空间，消费者在不同场景中寻求便利与体验的平衡。

线上消费场景，以电商平台和移动应用为主导，已经成为消费者日常生活中不可或缺的一部分。移动互联网的普及和5G（第五代移动通信技术）的推广，使得消费者可以在任何时间、任何地点进行购物，这种便捷性极大地推动了线上消费的增长。从日常用品的快速购买，到全球商品的比价选购，线上购物为消费者提供了更广泛的选择和更优惠的价格。同时，直播带货、社交电商、即时零售等新兴模式的兴起，更丰富了消费者的购物体验，使其在享受购物的过程中，还能参与互动、获取信息，甚至通过分享和社交网络实现消费的社交化。消费者在这些线上场景中，体验到前所未有的消费便利和娱乐性。

线下实体店并未因此消亡，反而在与线上消费场景的融合中找到了新的生存空间。实体零售店通过数字化改造，引入虚拟试衣间、增强现实（AR）技术等，为消费者提供了更具沉浸感的购物体验。此外，线下门店提供的即时性、实物体验和个性化服务，如专业咨询、试用体验、快速配送等，是线上购物难以完全替代的。消费者在实体店中可以触摸产品，亲身试用，享受专业的售后服务，这些体验是线上场景无法复制的。线下实体店逐渐转型为体验中心、服务空间和品牌展示的场所，与线上消费形成互补。

消费场景的升级也体现在场景间的融合上，例如，O2O（线上到线下）模式，使消费者可以在线上浏览、下单，然后在实体店取货或享受服务，这种无缝对接的消费体验，为消费者提供了极大的便利。此外，新零售模式的兴起，如无人便利店、社区团购等，打破了传统零售的界限，将消费场景延伸至消费者的日常生活空间，如社区、办公室，进一步提高了消费的便捷性。

消费场景的升级和分化，也催生了新的消费需求和消费习惯。例如，随着宅家生活方式的普及，即时配送和上门服务的需求大幅增加，消费者更愿意在家中享受便捷的购物体验。随着消费者环保意识的提高，二手市场、租赁服务等共享消费场景也逐渐兴起，这些新兴消费场景提供了更加可持续的消费选择。

政府在推动消费场景升级方面发挥了重要作用，通过鼓励线上和线下融合、支持新型消费业态发展，以及优化城市基础设施（如构建智慧商圈、完善快递物流网络），旨在提升消费体验，满足消费者对便利性和个性化的需求。同时，政府也在保护消费者隐私、规范市场秩序等方面加强监管，以保障消费者的合法权益。

中国消费者在消费升级和分化的进程中，消费场景经历了从单一转向多元，从线下转为线上和线下融合的深刻变化。企业要想在激烈的市场竞争中保持竞争力，就需要深入理解消费者在不同场景下的需求，创新消费模式，提供无缝衔接的消费体验，同时兼顾线上和线下的优点，以满足消费者对便捷、体验和个性化的要求。政府则需通过持续的政策支持和市场环境优化，促进消费场景的持续升级，推动中国消费市场的健康发展。

1.3.6 消费品类丰富扩展

在全球化和科技发展的背景下，中国消费者对消费品的期待与需求升级，消费品类的升级和分化趋势日益明显。这一趋势不仅体现为日常用品的品质提升，还扩展到服务消费、情感消费以及情绪价值消费等更深层次的领域。这些变化不仅影响了消费者的购物习惯，也对企业的市场策略和产品设计提出了新的挑战。

日常用品的消费升级主要表现在对质量和环保的重视。在快节奏的现代生活中，消费者越来越注重日常用品的品质与耐用性，不再仅仅满足于基础功能的满足。例如，环保材料制成的家居用品、有机食品和智能家电等，都成为消费者追求品质生活的象征。此外，随着消费者对环境问题的关注度提升，绿色消费理念深入人心，消费者愿意为环保产品支付额外费用，这在一定程度上引领了日常用品市场的绿色化转型。

服务消费的升级则体现在消费者对生活便利性与个人发展的追求。现代消费者越来越注重时间效率，线上服务平台如餐饮外卖、家政服务、在线教育等，为消费者提供了便捷的生活解决方案。同时，消费者对个人成长和兴趣爱好的投资也日益增加，如健身课程、心理咨询、艺术教育等，反映出消费者在追求物质满足的同时，对精神生活品质的重视。

情感消费和情绪价值消费的崛起，显示出消费者在消费过程中对情感体验的日益看重。在物质需求得到满足后，消费者开始追求消费带来的愉悦感和归属感，这表现为对个性化、情绪性商品和服务的钟爱，如定制珠宝、主题旅游和情感咨询服务。社交媒体的普及也推动了情感消费的发展，消费者在购买过程中越来越注重与品牌的情感连接，以及消费带来的社交价值。

线上与线下的融合，为消费者提供了多维度的消费体验。线上平台的便捷性与丰富选择，与线下实体店的直观体验和优质服务相结合，打造出满足不同需求的消费场景。例如，消费者可以在线上比较价格、阅读评价，然后在实体店试用体验后购买，这种结合了便利与体验的消费模式，让线上与线下不再是简单的竞争关系，而是相辅相成的消费生态。

政策层面，政府积极倡导消费升级，鼓励新型消费模式的发展，如促进线上线下融合、支持社区团购、推动绿色消费等，以适应消费者需求的变化。

中国消费者在消费品类的升级和分化中，从关注基础功能转向追求品质、环保、情感体验和个性化服务。企业应敏锐捕捉这些变化，通过创新产品设计、优化服务和构建情感连接，满足消费者日益多元化的需求。同时，政府在政策引导和市场规范上，应继续推动消费市场的健康发展，促进消费结构的优化升级。在这个动态变化的过程中，消费者、企业与政策相互作用，共同促进了中国消费市场的繁荣与进步。

1.4 数字化技术与中国消费产业同频共振

1.4.1 消费产业发展中的科技创新应用

中国消费产业蓬勃发展的 40 年与科技创新发展息息相关，这两者相互影响和促进。

第一，消费产业发展为科技创新应用发展提供了丰富场景

1）需求多样化和个性化推动技术创新：消费者对产品和服务的需求日益多样化和个性化，促使数字化技术开发者设计出更加灵活、智能和可定制的技术解决方案。例如，为满足不同消费者的个性化需求，电商平台开发了智能推荐系统，这些系统通过机器学习算法分析用户行为，提供个性化的购物体验。

2）消费场景的拓展推动技术融合：随着消费场景从线下转移到线上，再到线上线下融合的 O2O，消费产业的这些变化为各种数字化技术的集成和融合提供了实践场景。比如，虚拟现实（VR）和增强现实技术被用于提供沉浸式的购物体验，而物联网（IoT）技术使智能家居设备得以普及。

第二，科技创新应用发展推动消费产业的消费端革新

1）数字营销和社交媒体：数字化技术的进步特别是社交媒体的崛起，彻底改变了消费品牌与消费者之间的互动方式。品牌可以直接通过社交网络与消费者沟通，倾听反馈，以及运用数据分析来优化营销战略和提升用户参与度。

2）电子商务和移动支付：数字化技术的发展使得在线购物变得更加便捷，并促进了移动支付的广泛应用。消费者可以通过智能手机随时随地浏览商品、比价以及完成购买，这些都极大地推动了消费产业的发展。

3）最后一公里配送：先进的数字化技术，如大数据、云计算和物联网等，使得企业能够更加精准地进行库存管理、需求预测和物流优化。这些技术的应用减少了供应链中的浪费，提高了效率，降低了成本，同时为消费者提供了更高效的配送服务。

4）新零售模式的出现：数字化技术的革新催生了新零售模式的出现，将线上线下购物体验无缝整合，提供更为智能和便捷的消费体验。例如，使用手机应用扫码购物、智能货架、自助结账等技术的应用在零售店中越来越常见。

5）消费者需求预测与个性化服务：利用大数据和人工智能技术，企业可以更准确地预测消费需求，为消费者提供个性化的产品和服务。这不仅提升了消费者满意度，也帮助企业减少了库存风险和运营成本。

第三，数字化技术发展对消费产业流通端的数字化升级起到显著的推动作用

1）流通效率的提升：数字化技术，特别是物联网和大数据分析技术的应用，使得消费品的流通更加高效。企业可以通过实时跟踪货物的运输情况优化物流路径，减少不必要的转运和等待时间，从而大大提升流通效率。

2）智能化仓储管理：借助数字化技术，仓库管理实现了智能化。通过 RFID（射频识别）标签、传感器等技术手段，可以实时监控库存状态，自动进行库存预警和补货提示，有效避免了库存积压和缺货现象。

3）供应链协同优化：数字化技术促进了供应链各环节的紧密协同。供应链管理系统能够整合各环节的数据，实现信息共享和协同决策，提高了供应链的响应速度和灵活性。

4）透明化与可追溯性：数字化技术使得消费品流通过程更加透明化，消费者可以通过扫描产品上的二维码或条形码，了解产品的生产、流通等详细信息，增强了产品的可追溯性，提升了消费安全。

5）经销渠道数字化升级：通过数字化技术收集和分析销售数据，企业能够更精准地了解哪些经销渠道表现优秀，哪些需要改进，借助大数据分析优化渠道策略，提高销售效率和市场占有率。采用先进的经销商运营平台，实现经销商订单交易、折扣返利和信用政策管理，提升与经销商的沟通和协作效率。应用物联网技术，实时监控渠道库存，避免缺货或积压现象。

6）智能化门店运营：引入智能 POS（销售终端）系统、电子货架标签等技术，提升门店的运营效率和顾客购物体验。通过大数据分析和预测，优化商品陈列和库存管理，减少成本浪费。利用 AR/VR 技术，提供虚拟试衣、虚拟场景体验等创新服务，吸引消费者。

第四，科技创新应用发展驱动了消费产业的制造端智能化升级

1）智能化生产流程：通过引入数字化技术，消费企业可以优化和自动化其生产流程。例如，使用物联网技术来监控生产线上的设备状态，实时收集生产数据，以及预测维护需求。利用人工智能（AI）和机器学习技术对生产数据进行深入分析，以实现更精准的生产计划和调度，从而提高生产效率和减少浪费。

2）高度自动化的生产线：数字化技术推动生产线的高度自动化，通过工业机器人和自动化设备替代人工进行重复性和高强度的作业，降低人工成本，提高生产效率和产品质量。自动化还减少了人为错误，使生产更为精准和可靠。

3）智能制造管理系统：引入智能制造管理系统［如制造执行系统（MES）、高级计划与排程系统（APS）等］，实现生产过程的可视化、可控制和智能化。这些系统能够整合生产现场的数据，提供实时的生产进度、设备状态、产品质量等信息，帮助企业做出更明智的决策。

4）原材料供应端优化：利用数字化技术，特别是大数据和预测分析等工具，消费企业可以优化其原材料供应链管理，预测市场需求，管理库存，并确保及时交货。通过与供应商和客户的信息共享，实现供应链的透明化和协同工作，提高整体供应链的响应速度和灵活性。

5）定制化生产：数字化技术使得消费企业能够根据消费者的个性化需求进行定制化生产。通过收集和分析消费者数据，企业可以生产出更符合市场需求的产品。柔性生产线和智能制造技术使得定制化生产成为可能，且不会显著增加生产成本或时间。

6）远程监控与维护：借助物联网和云计算技术，消费企业可以实现对生产设备的远程监控和维护，及时发现并解决问题，减少设备停机时间。这种远程管理能力提高了生产设备的利用率和维护效率。

7）增强产品创新：数字化技术为产品创新提供了新的可能性。通过引入智能传感器、嵌入式系统等先进技术，消费企业可以开发出更智能、更互联的产品，提升产品竞争力。

1.4.2　消费产业数字化技术分类

我们可以把消费产业的数字化技术分为消费数字化技术和工业数字化技术两个方面。

消费数字化技术是指那些用于支持消费者级别的在线服务和应用程序的技术。这些技术通常旨在提升用户体验、促进服务的个性化，以及增加在线交互的便利性。以下是一些主要的消费数字化技术：

- 移动技术：包括智能手机和平板计算机等移动设备上应用程序（APP）的开发与运行环境。
- Web 开发技术：包含 HTML（超文本标记语言）、CSS（层叠样式表）、JavaScript

等语言和框架，用于构建网站和 Web 应用程序。
- 云计算服务：使数据存储和处理可以在远端服务器上进行，用户可以通过网络访问相关服务。
- 大数据与分析：分析用户数据，帮助企业洞察消费者行为，以优化产品和服务。
- 人工智能与机器学习：用于增强用户体验和服务个性化，如推荐系统、语音助手等。
- API（应用程序编程接口）和微服务：允许软件和服务以模块化的方式进行交互，便于开发和维护。
- 电子商务平台：技术支持在线购物，包括支付网关、购物车系统、库存管理等。
- 社交媒体平台：提供用户创建内容、社交互动和网络扩展的工具和平台。
- 内容管理系统（CMS）：便于非技术人员创建、管理和发布内容。
- 搜索引擎优化（SEO）和搜索引擎营销（SEM）：帮助企业提高在线可见性，吸引更多潜在顾客。
- 网络安全：包括加密、身份验证以及其他保护用户数据和隐私的技术。
- 即时通信和协作工具：使得用户能够即时交流和协作。
- 流媒体技术：提供音乐、视频等数字媒体的在线播放和下载。
- 物联网：使得日常设备能够通过互联网进行数据交换和通信。
- 增强现实和虚拟现实：为用户提供沉浸式体验。
- 营销应用软件：如 CRM（Customer Relationship Management，客户关系管理）、CDP（Customer Data Platform，客户数据平台）、MAP（Marketing Automation Platform，营销自动化平台）等消费者运营应用。
- 交易应用软件，如 DMS（Dealer Management System，经销商管理系统）、TPM（Trade Promotion Management，营销费用管理系统）、OMS（Order Management System，订单管理系统）等渠道、促销管理和订单交易流程应用。

这些技术的共同特点是强调用户中心化设计和易用性，它们支持现代消费者所期待的无缝、个性化以及随时随地的服务体验。随着技术的不断进步和创新，消费互联网技术将继续发展，为用户带来更加丰富和便捷的在线体验。

工业数字化技术是一个集成先进的物理工程技术、网络技术和分析技术的技术组合或技术系统，旨在提升工业生产的效率、可靠性和安全性。以下是一些主要的工业数字化技术：

- 物联网：通过传感器和执行器将生产设备连接至网络，实现设备的远程监测和管理。
- 机器学习和人工智能：用以分析生产数据，预测和优化工业过程，提升决策质量。
- 工业以太网：为工业环境设计的网络技术，保证数据在严苛的工业环境中的实时、可靠传输。
- 边缘计算：将数据处理和分析推向网络边缘，即接近数据源的地方，减少数据传输时间，提高响应速度。
- 云计算和云服务：提供弹性计算资源和数据存储，支持大规模数据处理和分析。
- 大数据分析：处理和分析巨量的工业数据，从中提取有价值的信息，用于优化生产。
- 数字孪生：创建物理资产的数字副本，用于模拟分析和故障诊断。
- 工业网络安全：保护工业控制系统和网络免受攻击，维护数据完整性和系统稳定性。
- 工业控制系统：包括监控和控制工业生产的各类系统，如 PLC（Programmable Logic Controller，可编程逻辑控制器）、SCADA（Supervisory Control And Data Acquisition，数据采集与监视控制）系统、DCS（Distributed Control System，集散控制系统）等。
- 自动化和机器人技术：实现生产过程的自动化，提高生产效率和一致性。
- 增强现实和虚拟现实：用于培训、维护和远程协作，提供与现实世界结合的互动体验。
- 无线通信技术：支持移动设备和无线传感器在工业环境中的通信。
- 区块链技术：用于供应链管理和确保生产数据的完整性和不可篡改性。
- 标准和协议：确保设备间的互操作性，如 OPC UA（Open Platform Communications Unified Architecture，开放式产品通信统一架构）等。
- 研发应用软件：如 PLM（Product Lifecycle Management，产品生命周期管理）等，用于产品全生命周期管理。
- 生产应用软件：如 ERP（Enterprise Resource Planning，企业资源计划）、MES（Manufacturing Execution System，生产执行系统）等，用于管理和优化生产流程。
- 供应链应用软件：如 WMS（Warehouse Management System，仓储管理系统）、TMS（Transportation Management System，运输管理系统）等，用于仓储管理和物流管理过程。

工业数字化技术的目标是通过这些技术实现智能制造，即通过深度的数据集成和分析，自动调整和优化生产过程，以实现更高效、更可持续的生产方式。

1.5 中国消费产业未来将面临深度转型

1.5.1 科技创新深入应用加速了供需裂缝演化

技术进步日益加速，促使消费产业需求和供给端都不断推陈出新，产生了新型供需裂缝。相较于以往天然存在的供需裂缝，新型供需裂缝具有以下特点：

1）新技术供需裂缝震荡幅度会加大。

2）需求和供给端的震荡规律性更难把握、震荡速度更快，震荡方向不确定性加大。

主要原因如下：

1）消费技术加速了个性化、丰富化、碎片化需求，加宽了裂缝，但其精准预测和快速履约的能力提高了需求满足效能，又会缩窄裂缝，这样叠加后就产生了新型需求裂缝，即发展型、服务型、个性化需求等未被满足的需求。

2）工业技术源于专业化效率，注重规模经济，提高可预测/定义的商品和附加服务产出和供给效率，缩窄了裂缝，但其产品生产/供给效率加快，过量无效库存加大，又加宽了裂缝，这样叠加后就产生了新型供给裂缝，即生存型大众类消费、不符合新需求的产品供给溢出。

新型供需裂缝导致在消费端呈现了需求结构分化，在供给端出现了供给结构分化，推动连接需求和供给的消费产业最终出现竞争格局分化，如图1-2所示。

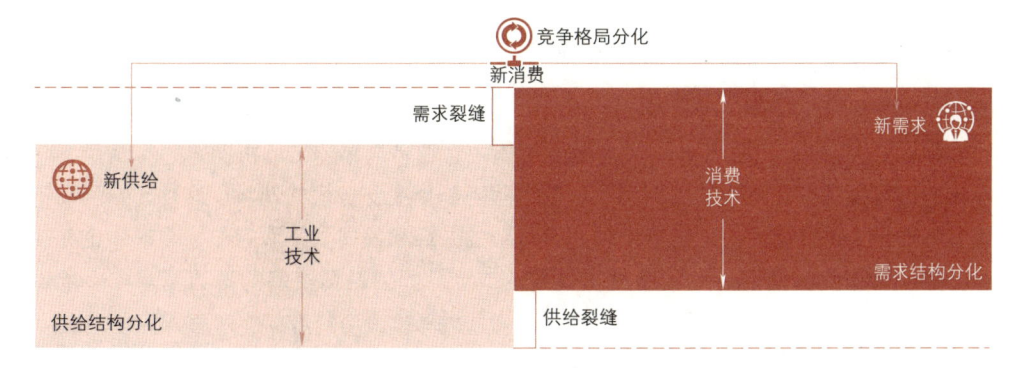

图1-2 消费产业供需裂缝产生的分化

消费产业供需裂缝导致的分化对产业链系统的影响具有双重性，既有导致系统失衡的反向作用，又有促进系统均衡的正向作用。

1. 导致系统失衡

1）供需裂缝导致资源要素浪费：供需裂缝意味着需求和供应之间存在不平衡。当供应远大于需求时，会造成库存积压、资源要素浪费，甚至可能导致企业破产；反之，当需求远大于供应时，会导致消费者需求得不到满足，市场出现恐慌和不稳定。供需裂缝导致的分化可能使资源要素更多地流向热门、高利润的商品或服务领域，而冷门或低利润的领域则可能得不到足够的资源要素支持。这种资源要素配置的扭曲会加剧系统内部的不均衡。

2）价格波动与市场不稳定：供需裂缝会引发市场价格的大幅波动。供应过剩时，价格可能大幅下跌，影响生产者的利润和积极性；而供应不足时，价格又会飙升，增加消费者的负担。这种价格波动不利于市场的稳定发展，甚至可能引发市场恐慌和投机行为。

3）产业链中断与风险增加：供需裂缝引发的分化可能使产业链中的某些环节过于依赖特定供应商或客户，可能导致产业链中的某些环节出现中断，如原材料供应不足、生产受阻或销售渠道不畅等。这种中断会增加整个产业链的风险，甚至可能引发连锁反应，从而影响整个经济系统的稳定运行。

2. 促进系统均衡

1）驱动市场调整与优化：供需裂缝的存在会促使市场进行自我调整。供应过剩时，企业会减少生产或转向其他更有市场需求的产品；需求大于供应时，企业则会增加生产以满足市场需求。这种市场调整有助于优化资源要素配置，提高经济效率。供需裂缝导致的分化可能激发企业的创新意识。在竞争激烈的市场环境下，为了满足消费者日益多样化的需求，企业需要不断推出新产品或服务来填补市场空白。这种创新行为有助于推动整个消费产业的升级和转型。

2）激励创新与产业升级：供需裂缝可能为企业带来新的市场机遇。为了满足不断变化的市场需求，企业需要进行产品创新、服务创新或业务模式创新。这种创新活动不仅有助于企业提升竞争力，还能推动整个产业的升级和发展。不适应市场需求的企业或产品会逐渐被淘汰，而适应市场需求的企业或产品则会得到更多的资源要素和市场份额。这种优胜劣汰的机制有助于优化产业结构，提高整个消费产业的效率和竞争力。

3）引导政策制定与宏观调控：供需裂缝的存在也为政府提供了宏观调控的依据。

政府可以通过制定相关政策来引导市场供需平衡，如调整税收政策、提供财政补贴、制定行业标准等。这些政策措施有助于促进系统的均衡与稳定发展。虽然短期内供需裂缝导致的分化可能引发资源要素配置的扭曲，但从长期来看，市场力量会引导资源要素向更具潜力的领域流动。这种资源要素配置的调整有助于实现系统的动态均衡。

1.5.2 消费产业的未来主题：分化

未来总体趋势走向哪里？人均 GDP 超过 1 万美元后，可以参考美国和日本第四消费时代的发展轨迹。

1）类美国消费发展路径：由新消费需求和新消费主张主导新消费时代，服务型消费逐渐占据主导地位。

2）类日本消费发展路径：低欲望消费时代，在生活必需品上追求极致性价比。

无论是哪种可能性，一个明确的方向是中国消费产业将一定是消费驱动发展，高端品质化和极致性价比同时并存，进入充满不确定性的快速分化时代。迈入消费驱动发展阶段，比较典型的反应在基础生存型消费（如衣食住行）的品质要求提升；发展型消费（如教育、医疗）和享受型消费（如娱乐）增加；服务型消费占比会扩大，更注重品质和感受，而逐渐淡化消费的价格。

如前文所述，新型供需裂缝导致消费端需求结构分化、供给端供给结构分化，以及竞争格局分化的出现。因此对于未来趋势的基本判断的关键词是"分化"。下面将围绕图 1-2 具体分析三个方面的分化。

1. 需求结构分化

从新需求角度看，我们"抽丝剥茧"地研究消费需求和结构演化趋势发现，中国消费市场未来形态的核心是收入、地区、年龄和产品分化等综合因素导致的消费分化，以及伴生的消费转型和消费升级，从需求角度定义分化，就体现在需求结构分化。

首先，在收入、地区、年龄和产品层面消费分化。

1）收入分化：2022 年中国城镇居民人均可支配收入为 49 283[⊖]元，而农村居民人均可支配收入为 20 133 元，城乡收入差距持续扩大且达到峰值；近 10 年我国基尼系数基本保持在 0.47 左右的较高水平。

2）地区分化：2019 年全国网上零售额达 11.8 万亿元，其中东部地区占比最大，

⊖ 数据来源：商务部、中国人民银行。

达 66.9%，而西部地区的占比只有 7.2%。从社会消费品零售总额数据来看，东西部均在持续增长，但差距也呈现逐渐扩大趋势。

3）年龄分化："Z 世代"的消费需求更加个性化和多元化，更注重品牌和质量；而"60 后"和"70 后"的消费需求较为传统，更注重实用和性价比，更倾向于到实体店购买商品。逐渐老龄化的人口结构也使消费分化呈现进一步加强的趋势，2021 年达到 14.2%，中年人的消费压力持续扩大。

4）产品分化：豪华车、高档酒店、高端餐饮、私人医疗等高端服务业迅速增长，传统经济型燃油车、传统服务行业则面临越来越大的挑战，市场面临着越来越激烈的竞争。

其次，在消费品类、方式、共享经济和绿色消费等方面消费转型。

1）品类转型：从 GDP 增长的行业构成来看，农、林、牧、渔和工业产业在 GDP 增长中的比例逐渐缩小，但餐饮住宿、金融投资、交通运输等服务业及其他新兴产业在 GDP 增长中的作用日趋明显。

2）方式转型：越来越多中国消费者开始采用线上购物的方式。据国家统计局数据显示，2022 年全国网上零售额为 13.79 万亿元⊖，同比增长 4%。其中，实物商品网上零售额为 11.96 万亿元，同比增长 6.2%，占社会消费品零售总额的比重为 27.2%。

3）共享经济：共享经济是一种新型的消费模式，在中国得到了广泛的应用。例如，共享单车、汽车、住宿、办公室和家庭服务等领域。2022 年，共享经济市场规模保持 3.83 万亿元。

4）绿色消费：健康意识增强和绿色消费理念。新冠病毒流行期间，化妆品市场一直保持稳中有进，电影市场虽然受到巨大限制，空调、汽车等传统制造业的消费比较疲乏且明显有下降趋势。

最后，在食品、服装、旅游和数字消费等方面消费升级。

1）食品消费：中国食品消费已从仅满足温饱转向追求健康、品质和多元化。消费者更关注食品来源、生产过程和成分，对营养、健康和环保价值的认识越来越深，对食品品牌、包装、服务等开始更加关注。

2）服装消费：中国服装消费结构正从低价位、低品质向高品质、高品位、高附加值的消费转变。随着生活方式多元化和科技进步，消费者对服装的功能需求也在不断增加。中国市场对于运动、户外和休闲服装的需求快速增加。

⊖ 数据来源：国家统计局。

第 1 章 两大引擎 驱动发展 中国消费产业处于深度转型的前夜

3）旅游消费：随着收入水平提高和生活水平改善，消费者更加关注旅游体验和品质、个性化和定制化的旅游产品和服务、健康、环保和可持续的旅游方式，如生态旅游、户外旅游、文化旅游等。

4）数字消费：消费者对数字化、智能化和个性化消费的需求逐渐增强，推动消费市场变革和升级，数字消费升级已经成为经济增长的重要动力之一。截至 2022 年底，中国智能手机用户已经超过 9.5 亿人。数字化为中国消费者提供了更多的购物渠道和更加便捷的消费体验。

综上，消费市场的两极化特征越发明显，追求高质高值的"精品式"消费和追求高性价比的"量贩式"消费所占的比例不断上升，不同行业、同行业不同品类，行业内各细分品类以及不同消费因素均出现了结构分化。

首先，从不同行业、同行业不同品类的消费结构分化角度来看（见表1-2），2022 年，在服饰、食品、住房、生活用品及服务、交通通信、教育娱乐和医疗保健这 7 个典型消费行业，中国居民人均消费支出各品类占比分别为 5.6%、30.5%、24%、5.8%、13%、10.1%、8.6%⊖，但我们分析各行业从 2013 年到 2019 年的年化增长率发现，前四个品类的结构占比全部下降，而后三个品类的结构占比上升，服饰和食品的年化增长率分别是 -3.7% 和 -1.7%，而交通通信、教育娱乐和医疗保健的年化增长率分别是 1.3%、1.6% 和 4.2%。从各行业的总量角度看已经出现了行业结构分化。

表 1-2 中国居民人均消费支出品类

消费行业	2022 年结构占比（%）	2013—2019 年年化增长率（%）	2013—2019 年结构占比
服饰	5.6	-3.7	下降
食品	30.5	-1.7	下降
住房	24	8.5	下降
生活用品及服务	5.8	/	下降
交通通信	13	1.3	上升
教育娱乐	10.1	1.6	上升
医疗保健	8.6	4.2	上升

其次，我们再分析各个行业内部各细分品类的结构分化（见表1-3）发现，前四

⊖ 数据来源：国家统计局、商务部。
⊖ 数据来源：国家统计局、商务部。

个总量下降的行业内部也有上涨的细分品类，后四个总量上升的行业内部也有下降的细分品类。品类结构的分化就沿着两个方向进行，一是关注产品性能，消费过程回归理性专业，关注可量化、可比性强的产品价格因素，二是关注产品调性，消费过程追求匹配体验，关注不可量化、可比性弱的体验价值因素。

表1-3　行业内细分品类的结构分化

消费行业	追求性价比的品类	追求体验感的品类
服饰	通勤、配饰、童装和男装	高定、女装
食品	蔬菜、肉类、酒类、谷物、水果和鱼类海鲜等	熟食、饮料、外卖、甜品、调味品和乳制品
住房	购房和租房	原材料、修缮服务和定制家居等
生活用品及服务	电视机、冰箱等传统耐用消费品	扫地机器人等家居可选消耗品
交通通信	公共交通、燃油汽车、基础通信服务等	智能汽车、智能通信服务等
教育娱乐	基础教育等	可选型素质教育、动漫游戏、精品IP（知识产权）娱乐、网络视频、旅游、书籍、户外、休闲耐用品等
医疗保健	基础医疗药品、大众医疗服务等	保健品、保健、预防、营养、体检、康复、养老等健康管理、口腔、眼科专科医疗服务等

最后，我们分析不同消费因素的结构分析。消费因素包括产品品牌、消费形式、附加情感和拥有权这四个方面。

1）在产品品牌方面，消费者在去品牌化、排斥品牌教育、追求高性价比的同时，更多关注的是"我的品牌"、品牌与我平等对话，以及品牌对品质的承诺。

2）在消费形式方面，消费者不喜欢繁重的仪式感、多人聚餐集会、冗长的产品挑选和履约过程，更多体现在个人化、快餐化、简约化和定制化的。

3）在附加情感方面，消费者拒绝品牌轰炸、情感绑架和炫耀型情感消费，更多关注治愈系和"小确幸"、情感陪伴和自我舒适感。

4）在拥有权方面，消费者从关注拥有权、关注购买结果、买新品和独自拥有产品，转向关注使用权、关注使用过程、接受二手商品和产品共享。

由此衍生出有未来潜力的新消费经济形态。比如按照消费细分人群衍生出的"银发经济""她经济""单身经济"，按照消费形态/区域人群衍生出的"小镇经济""私域经济"，按照消费内容衍生出的健康经济、休闲经济、宠物经济，按照消费因素衍生出的省钱经济、共享经济等。

2. 供给结构分化

从新供给角度来看，外部环境稳定性不足，当前外部技术变革、新冠病毒流行、全球化和 ESG［Environmental（环境）、Social（社会）、Governance（治理）］理念等都在正向和负向影响品牌企业的供给，使总体结构性调整需求、挑战和机会越发凸显。

第一，技术变革冲击消费模式

1）正向影响：人工智能和大数据应用也为消费者提供了更个性化的服务；物联网应用使消费者的生活方式更加智能化和便利化；云计算应用为消费者带来更加便捷、安全和可靠的云服务；移动互联网改变了消费者的消费行为和方式，消费购物更灵活和方便。

2）负向影响：有些企业利用数字化技术不良竞争和采取不当行为，使虚假宣传和低质量产品传播加快；大型平台企业的数据垄断使得中小企业获取数据的难度和成本加大；智慧营销带来的"信息茧房"、大数据"杀熟"、隐私侵犯等问题也日益成为消费者关心、政府关注的重大问题。

第二，新冠病毒流行阻断消费供给

1）正向影响：企业对整体供应链的重视度提上日程，既关注消费市场，又开始关注供给能力的连续性；国内内需市场的巨大潜力进一步挖掘为很多出口型企业带来机会；缺乏核心竞争力的企业退出竞争，市场竞争秩序的短期不稳定、市场出清行为给具备充足现金流和核心竞争力的留存企业带来市场机会。

2）负向影响：全球供应链中断和延迟导致部分进口商品短缺和价格上涨，给消费者带来经济负担和更低购买便利性；新冠病毒流行给中国出口市场带来巨大的不确定性和压力，对旅游、餐饮、零售等行业带来巨大压力，部分企业收缩倒闭、消费者收入下降导致消费信心不足。

第三，全球化影响消费文化

1）正向影响：全球化产品消费过程和国产品牌做对比，使得国产品牌有机会讲好中国品牌故事；全球化给中国企业对产品品质提升、产品消费体验提升提供参考样板；知识的全球化传播，使得先进管理理念的输入、技术的引入、人才的输入各方面更加通畅，提升企业管理和运营水平。

2）负向影响：全球化使得中国消费市场面临更多的选择，同时也有助于提高消费者的生活质量；全球化也给中国企业带来激烈竞争和本土产品的文化冲击；国际交流常态化，消费外流增加给消费持续增长带来挑战。

第四，ESG 理念提升消费理念

ESG 的概念最早是在 1968 年由美国社会投资论坛（Social Investment Forum, SIF）的前身提出，并在 2004 年作为一个明确的术语和评估体系，由联合国全球契约组织首次明确提出。

随着全球人口增长、老龄化加剧及环境问题的日益突出，社会对企业在环境、社会和治理方面的表现提出了更高要求。同时，投资思潮也在发生变化，越来越多的投资机构开始重视企业在这些方面的表现，将其纳入投资决策中。

2008 年，ESG 理念正式进入我国市场，并随着我国政府对可持续发展和绿色金融的重视而得到广泛推广。特别是"双碳"（碳达峰和碳中和）目标与 ESG 投资理念高度契合，进一步推动了 ESG 理念在我国的发展。

对企业而言，ESG 的意义主要表现在以下方面：

1）环境层面：ESG 引导企业关注环境保护，通过减少污染、提高能源效率等措施降低对环境的负面影响，有助于应对全球气候变化和环境恶化的挑战。

2）社会层面：ESG 要求企业承担社会责任，关注员工福利、社区发展和消费者权益等，有助于构建和谐社会并提升企业形象。

3）治理层面：ESG 强调完善公司治理结构、提高透明度和反腐败措施，这能够提升企业的运营效率和管理水平，并降低企业风险。

4）投资层面：对于投资者而言，ESG 提供了一种新的投资策略和理念，帮助他们发现具有长期可持续发展潜力的企业并获取更好的投资回报。同时，这也促使企业更加重视自身在 ESG 方面的表现以吸引投资者关注。

同样 ESG 对于企业的正向影响和负向影响体现在以下方面：

1）正向影响：随着健康意识的增强，越来越多中国消费者选择有机和天然食品以及健康和环保的化妆品；企业的产品设计和生产更加关注 ESG，影响消费者购买行为；透明财务报告、高效治理结构、平等的品牌对话视角获取消费者更多的信任感和忠诚度，以及投资者投资，从而推动企业更好地履行社会责任，提高企业价值。

2）负向影响：对产品环保属性的要求在产品设计和生产方面提高了企业运营成本；ESG 对公司治理的要求越来越高，消费者在购买产品时，越来越注重企业社会责

第 1 章　两大引擎　驱动发展　中国消费产业处于深度转型的前夜

任和相关报告的披露情况，对企业经营透明性提出高要求，公司治理的成本升高。

在上述 4 种因素的共同影响下，中国消费品行业结构性调整的挑战凸显。传统大众品类产能过剩，已经全面进入存量竞争时代，很多行业基于原有传统品类进行品类升级，在同一个企业内也出现多层次、多元化经营的态势，技术进步推动消费产业链供给端全方位变革，如图 1-3 所示。

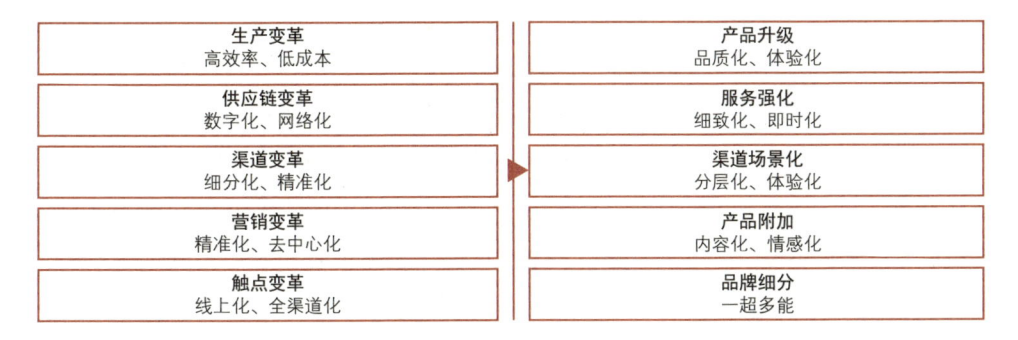

生产变革 高效率、低成本	产品升级 品质化、体验化
供应链变革 数字化、网络化	服务强化 细致化、即时化
渠道变革 细分化、精准化	渠道场景化 分层化、体验化
营销变革 精准化、去中心化	产品附加 内容化、情感化
触点变革 线上化、全渠道化	品牌细分 一超多能

图 1-3　技术进步推动消费产业链供给端全方位变革

大量关注市占率和规模化的传统大众品类升级到关注市占率和毛利率及升级新消费品类，在同一细分行业内出现了传统大众品类和新消费品类（升级品类）并存的状态（见表 1-4）。

表 1-4　细分行业内品类升级

行　　业	传统大众品类 （市占率保底、规模化挣钱）	产品和服务模式升级的新消费品类 （市占率保底、毛利率挣钱）
食品酒饮	普通白酒 / 低价白酒	次高端 / 高端白酒 / 洋酒
	工业啤酒	精酿啤酒
	常温奶	奶酪 / 低温奶
	奶粉	低脂奶粉 / 老人奶粉
	单一调味料	复合调味料 / 酱料 / 饮料
	茶馆 / 餐厅	新式茶饮 / 特色餐厅 / 预制菜 / 茶叶连锁
生活用品	日化 / 日清	美妆
	美妆品牌商	美妆连锁经营集合店 / 轻医美 / 护理
	"白电" / "黑电"	创新小家电 / 3C 电子 / 智能家电
	家居品牌商	家居定制 / 家居连锁经营
	家装涂料	艺术涂料

（续）

行业	传统大众品类 （市占率保底、规模化挣钱）	产品和服务模式升级的新消费品类 （市占率保底、毛利率挣钱）
医疗健康	西药 / 中药	预防诊疗 / 营养调理 / 保健品 / 健康护理
	眼药 / 口腔用品	眼科 / 牙科 / 电动牙刷 / 义齿诊所医院
住宅房产	商业地产	地产商业 / 超大型购物中心（mall）/ 社区商业 / 特色街区
	民用地产	物业生态
交通通信	燃油车	新能源车
	汽车4S店	汽车泛售后生态服务

消费品各细分行业的发展也冷热不均，空间消费品（如物质功能产品）均具有中低速或稳健增长趋势；而时间消费品（如帮助消费者消耗时间、帮助消费者延长寿命或提高时间质量节省时间的产品和服务），以及情感消费品（如帮助消费者获得健康、快乐的产品和服务，如医疗、保健品、旅游、娱乐等）均具有中速和高速发展趋势，如表1-5所示。

表1-5　细分行业未来五年发展预测

行业	增长趋势	预测未来五年年均增长率（%）	说明	类型
个人护理用品	中低速增长	6~8	—	空间消费
化妆品	稳健增长	8~10	—	空间消费
企业定制家居 / 家具服务	稳健增长	8~10	受房地产因素影响较大	空间消费
集中式连锁服务	稳健增长	8~10	如全家和7-11便利店	空间消费
连锁咖啡 / 奶茶服务	稳健增长	8~12	上市政策对加盟模式不支持	空间消费 时间消费
连锁中餐	稳健增长	8~10	—	空间消费 时间消费
户外产品及服务	稳健增长	8~10	受新冠病毒流行影响	空间消费
高端电子消费品	稳健增长	8~10	如手机、音响等	空间消费 时间消费 情感消费
教育玩具 / 书籍	中速增长	~10	受政策影响	时间消费 情感消费
奢侈品	中速增长	12~15	受汇率影响	情感消费

第 1 章　两大引擎　驱动发展　中国消费产业处于深度转型的前夜

（续）

行　业	增长趋势	预测未来五年年均增长率（%）	说　明	类　型
高端白酒	中速增长	10～15	类似奢侈品，偶受政策影响	情感消费
家庭寝具/品牌睡枕	中速增长	10～15	—	情感消费
宠物食品及服务	中高速增长	15～20	—	时间消费 情感消费
保健食品/功能食品	中高速增长	15～20	细分赛道增速有较大差异/维生素膳食增速低/益生菌蛋白粉高达15%～20%	情感消费
新能源汽车	中高速增长	15～25	受政策补贴影响	情感消费
品牌运动鞋服	中高速增长	15～20	头部品牌增长偏高	情感消费
智能家居/家具	中高速增长	15～20	受房地产因素影响较大	时间消费 情感消费
智能高端家电	中高速增长	15～20	如智能冰箱、干洗机/洗碗机、洗地机等	时间消费 情感消费
中医大健康服务	中高速增长	15～20	受政策影响，网络中医诊断服务增速较快	情感消费
轻医美	快速增长	18～25	受政策局部影响	情感消费
预制菜品	高速	20～25	受政策影响	时间消费

资料来源：麦肯锡研究、德勤咨询、wind、上市公司公告等。

3. 竞争格局分化

新消费满足新需求和新供给之间的精准匹配，其中酝酿的巨大的机会对每个企业是均等的，把握供需裂缝的变化规律、努力缩小裂缝是本质。机会在于把握年轻化、价值化和科技化，对传统消费品类进行提质升级，或把握差异化、精细化和区域化，打造以新兴消费蓬勃兴起为主要内容的新消费品类，把握供需裂缝的变化规律，努力缩小裂缝（见图1-4）。

面对新锐品牌的全方位冲击，传统成熟品牌需要同时思考原有基本盘业务的提质增效和业务创新两个方面的问题，回归到消费驱动发展的基本思路，结合自身产业和业务特点，通过产业、业务、运营和组织升级，完成自身的新消费转型是必由之路（见表1-6）。转型创新成功与否直接决定了企业能否存活下来及新一轮增长空间，行业竞争格局会出现快速分化，升级创新的速度和成效决定了企业能否成功，而不是用企业营收规模单一指标来衡量企业能否具备面向未来的韧性增长能力。

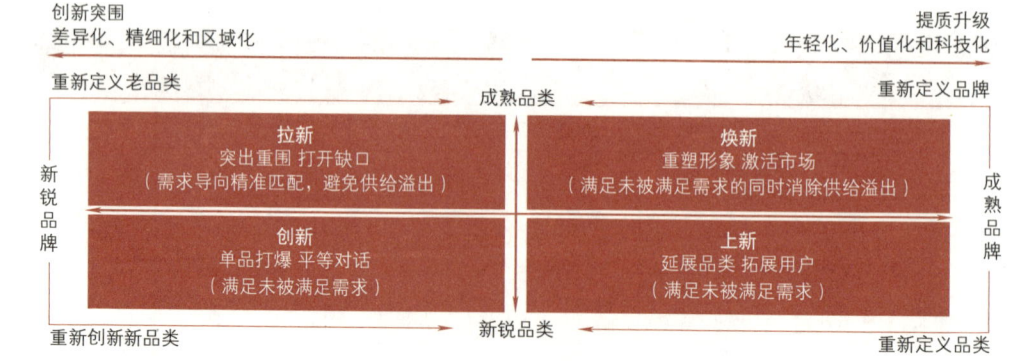

韧性增长： 消费企业智胜未来的新质生产力

```
创新突围                                                      提质升级
差异化、精细化和区域化                                          年轻化、价值化和科技化

         重新定义老品类          成熟品类          重新定义品牌
      ┌──────────────────────┬──────────────────────┐
      │        拉新          │        焕新          │
新     │    突出重围 打开缺口  │    重塑形象 激活市场  │      成
锐     │  （需求导向精准匹配， │ （满足未被满足需求的  │      熟
品     │    避免供给溢出）    │  同时消除供给溢出）   │      品
牌     ├──────────────────────┼──────────────────────┤      牌
      │        创新          │        上新          │
      │    单品打爆 平等对话  │    延展品类 拓展用户  │
      │  （满足未被满足需求） │  （满足未被满足需求） │
      └──────────────────────┴──────────────────────┘
       重新创新新品类          新锐品类           重新定义品类
```

图 1-4　品牌和品类创新矩阵

表 1-6　企业面向不同的消费群体的升级方向

升级方向		满足全国市场/大众品类/全部人群的极致性价比需求	满足区域市场/升级品类/特定人群的独特体验需求
产业升级		向产业链上游延伸，提高资源要素控制性，提高产业链毛利和灵活定价权	向产业链下游延伸，提高产业附加值
业务升级	产品升级	针对大众品类，标准化产品功能和服务，形成标准化服务，通过产销协同、费用运营提高整体供应链效率	针对消费群体分层运营，升级产品功能、社交属性和服务体验，逐步形成品牌壁垒和涨价溢价能力
	营销升级	将运营触角、费用资源要素投放下沉到产生交易的线上和线下点位，通过控盘分利等释放渠道终端动销动力	布局全域消费者运营，打造品牌独特体验，引领价值主张，构建品牌信任，赢得品牌认同
	渠道升级	配合线下连锁化率提升及下沉电商，进一步提升规模效益。走出国门，通过高性价比攻占欧美传统市场	基于高毛利基础，在社交电商、兴趣电商实现私域引流的高效经营
运营升级		通过数字化手段支撑全链路业务链路、渠道通路、业务和财务数据贯通性，提高资源要素投放效率和渠道定价权	通过数字化手段支撑产品高端化、私域渠道运营，通过数据支撑快速决策
组织升级		引进人才，以资源要素效率、快速规模化和业务效率为导向重塑流程和组织	引进产品设计、体验和服务设计、数据人才，以体验为导向重塑流程和组织

在原有红利驱动的普涨时代中，**行业结构以金字塔形为主**（见图 1-5a），在支撑中国消费行业现代化的改革红利、开放红利、人口红利期，按照营收规模比较清晰地区分出**头部企业**、**腰部企业**和**尾部企业**，不同行业的集中度体现不同，不同层次的企业相比较而言，均有比较明显的优劣势。头部企业规模化、全品类运营、具备品牌优势，但有组织架构和管理复杂、转型困难、市场反应速度慢等比较明显的劣势；腰部企业相对规模化，全品类经营，多点布局导致资源要素分散，品牌优势、细分市场

第 1 章 两大引擎 驱动发展 中国消费产业处于深度转型的前夜

和品类优势不突出；尾部企业市场反应速度快、扎根本地区域市场，有区域市场供应链，但全品类单一或有较少品类经营，在市场区域上有一定局限性，品牌优势不突出，没有突出优势品类。在此轮产业、业务、运营和组织升级中，不同企业均有机会获得持续增长，但也均有较大的风险被市场出清，其中市场出清风险较高的是资源要素分散的腰部企业，因其品类经营宽度、市场区域广度和头部企业基本类似，资源要素分散，但同时又面临尾部企业的竞争。不具备盈利能力的尾部企业在此轮分化中，也会被市场出清。

创新和技术驱动的分化时代的行业结构呈现比较典型的图钉形结构（见图 1-5b），只存在两类企业，一类是具备横向规模优势的"大而强"的全能冠军企业，它们系统化竞争能力强，专注在大众品类市场以规模化优势、品牌优势掌控产业链，获取整体成本优势，并获取灵活的市场定价权，或在升级品类方面以品牌优势占领消费者心智，获取市场定价权；另一类是具备纵向深度优势的"专而美"的单项冠军企业，它们专注在产品品类、区域、消费群体的其中一个要素，具备独到的专业经营能力，在传统大众品类市场以本地渠道和供应链深耕优势获取产品品类溢价和定价权，或升级品类以细分客群，深度洞察区域品牌优势，占领客群心智，获取本地化资源要素优势。

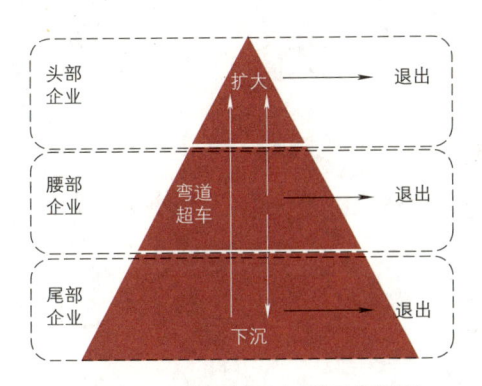

a）红利驱动的普涨时代的金字塔形产业结构 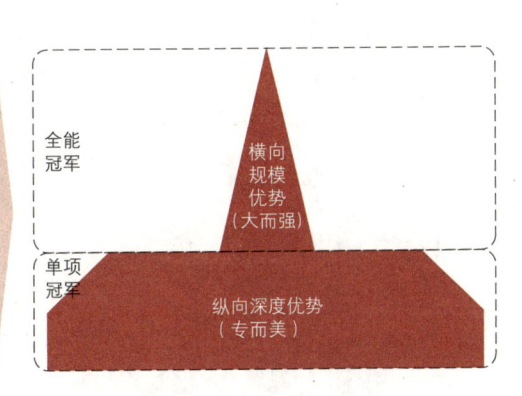　　b）创新和技术驱动的分化时代的图钉形产业结构

图 1-5 市场竞争结构的分化

第 2 章
长期主义　功在平时
韧性增长是未来中国消费企业的永恒目标

"Go confidently in the direction of your dreams. Live the life you have imagined."
"自信地朝着你的梦想前进，过你想象中的生活。"

——Henry David Thoreau, *Walden*
亨利·戴维·梭罗，《瓦尔登湖》（1854 年）

第 2 章　长期主义　功在平时　韧性增长是未来中国消费企业的永恒目标

2.1　关于韧性的基础研究

2.1.1　研究韧性的现实意义

根据 1.1、1.2 节的分析，中国消费企业处于不确定时代背景下，分化将是永恒底色，新型供需裂缝以及带来的需求结构分化、供给结构分化和竞争格局分化，对产业的系统平衡是把双刃剑，导致传统产业系统失衡的同时又促进产业形成更高层次的系统均衡。这种系统失衡和均衡的交替过程，与新型裂缝的特点相同，震荡幅度会加大、规律性更难把握、方向更不确定性，将每个消费企业都卷入快速分化的通道中，未来将是一场没有发令枪、没有终点的分化耐力赛。

一方面，几乎所有企业的业务预算和目标将以增长为唯一刚性目标，增长不仅是发展的目标，更是生存的必要条件。另一方面，所有企业的资源要素投入将越加谨慎，财务费用和成本预算从适量粗放的宽松状态进入有限约束的紧缩状态。

以往支撑高速增长的"不促不销、大促大销"的资金费用红利期、消费者"用肚子投票"的需求红利期、城镇化带来的人口红利期已经过去，如何将有限资源要素效率最大化，且能实现增长的目标，是企业目前需要核心关注的问题。

"面向未来，企业成功的标准是什么？"这应该是整个消费产业、每个消费企业都需要重新定义的命题。对这一个命题的思考，要从帕累托最优、系统均衡、韧性三者的相互联系入手。

从企业微观经济学角度看，帕累托最优（Pareto Optimality）是一种资源要素分配的理想状态，也称为帕累托效率（Pareto Efficiency）、帕累托最佳配置，是博弈论中的重要概念，并且在经济学、工程学和社会科学中有着广泛的应用。这个概念是意大利经济学家维尔弗雷多·帕累托（Vilfredo Pareto）在他关于经济效率和收入分配的研究中提出并使用的。他提出了一个资源要素配置的标准，即要求在没有使任何人的境况变坏的前提下，至少使一个人变得更好。这种状态的实现需要充分考虑资源要素的有限性以及配置的合理性和公平性，以确保整体效益的最大化。

对于企业而言，影响帕累托效率的因素主要包括以下几点：

1）资源要素分配的合理性：帕累托效率强调的是资源要素分配的最优状态，因此，资源要素是否能够被合理分配是影响帕累托效率的关键因素。如果资源要素分配不均或者存在浪费，那么就无法达到帕累托效率。而资源要素分配合理性的前提是识别并优化关键因素，如关键业务领域、关键客户、关键供应链能力、关键核心员工、关键质量因素等。

2）技术水平和生产效率：技术水平和生产效率的提高可以使得资源要素得到更有效的利用，从而有助于实现帕累托效率。先进的技术和生产方法能够降低生产成本，提高产出质量，使得资源要素在同样的投入下获得更大的效益。

3）决策经济行为的理性程度：企业整体作为决策个体，员工作为经济个体，其行为选择也会影响帕累托效率。如果个体能够基于自身利益最大化做出理性决策，那么整个经济系统的资源要素配置就更有可能接近帕累托最优状态。然而，如果决策行为存在盲目性或者短视性，就可能导致资源要素配置的低效和浪费。

4）持续改进与反馈机制：帕累托效率不是一劳永逸的状态，而是一个持续改进的过程。因此，企业需要建立有效的反馈机制来不断监测和评估各项改进措施的效果。根据反馈结果调整优化策略，确保企业始终保持在高效的运营状态。

系统均衡是指系统内部与外界的交换达到均衡状态，以及系统内部各个要素之间的制约关系达到动态平衡。在这种状态下，系统的总体规模基本上已经接近最大，且各个要素之间的相对关系也基本稳定。然而，在现实生活中，由于存在许多复杂的干扰因素，系统往往会呈现出非稳定性和即时的非均衡性。

系统均衡的愿景是主流经济学家的"殿堂级梦想"，是实现帕累托效率的奠基石。在系统达到均衡状态时，资源要素的配置更加合理和高效，从而有助于实现帕累托效率。追求帕累托效率的过程中需要保持系统的均衡。为了实现资源要素的最优配置，必须确保系统的各个部分之间保持协调和平衡，避免出现资源要素浪费或配置不公的情况。

韧性是新的系统均衡状态的助推器。只有在系统达到均衡状态时，韧性才能有效地应对突发事件和不确定性，因为此时系统的结构和功能处于相对稳定的状态。而在生态韧性前提下，企业在变化中不可能回到原有均衡状态，一定需要达到另一个系统均衡状态。当系统受到冲击而偏离均衡状态时，韧性较强的系统能够更快地调整自身结构和功能，有助于系统更快地到达到新的均衡状态。

韧性是也是提高帕累托效率的重要保障。一个具有韧性的系统在面对挑战和变化时能够迅速适应并恢复，从而确保资源要素的持续高效利用，实现帕累托效率。追求帕累托效率的同时需要增强系统的韧性。为了实现长期的效率和效益最大化，必须不断提升系统的适应能力和恢复力，以应对可能出现的各种挑战和变化。

而韧性表示系统在面对动荡变化时的适应能力和恢复力。一个具有韧性的系统能够在受到冲击后迅速恢复到稳定状态，并继续发挥其功能。韧性好的系统能够更好地应对不确定性，减少因突发事件导致的损失，并保持高效运转。

系统均衡、韧性和帕累托效率之间存在着密切的联系，它们相互依存、相互促进，共同构成了系统稳定运行和高效资源要素配置的基石，形成对于增长的协同促进作用。

2.1.2 关于韧性的基本概念

韧性这一概念起源于物理学，并从拉丁语 Resilire 演变而来，意指"回到以前的位置"，即具有恢复原始状态的能力。随着时间的推移，韧性这一概念从物理学和心理学扩展到生态学、工程学、管理学等多个领域，展现了其广泛的应用价值。

在物理学中，韧性是衡量弹簧或其他弹性材料在受到外力作用时能够恢复到原始状态的能力，或者说能够承受的最大压力。这种物理性质的研究为其他学科提供了理论基础，使得韧性的概念得以扩展到更广泛的领域。

心理学领域对韧性的研究则侧重于个体或团队在逆境中的心理过程和表征。韧性在这里被看作个体或团队在面对困难时的心理恢复和适应能力，这种能力的强弱直接影响到个体或团队在逆境中的表现。美国心理学家艾米·维尔纳（Emmy Werner）在 1989 年发表了一项长达 32 年的纵向研究成果，该研究跟踪了夏威夷考爱岛的 698 个孩子，监测他们从小到大的多种压力源，如母体环境、贫困、同辈关系、家庭问题等。通过这项研究，她发现，并非所有面临风险的儿童都会陷入困境，有些孩子能够克服早期的不利条件，发展为有能力、自信和有爱心的年轻人。这进一步强调了韧性在应对生活中的挑战和压力时的重要性。

生态学领域引入韧性概念后，将其用来描述生态系统在面对外界干扰时的稳定性和恢复能力。这种生态系统的韧性对于保护生物多样性和维持生态平衡具有重要意义。加拿大著名生态学家克劳福德·斯坦利·霍林（Crawford Stanley Holling）在 1973 年将韧性概念引入生态系统中，用来描述森林和其他生态系统在受到持续威胁的情况下如何仍能长期存在。他对工程韧性和生态韧性进行了划分，这一创新性的研究为生态学带来了新的视角。霍林将工程韧性定义为系统在受到扰动后恢复平衡或稳定状态的能力，这种扰动可以是如洪水、地震这类自然灾害，也可以是如银行危机、战争或革命等社会动荡。从这个角度看，抗干扰和系统恢复平衡的速度是韧性的衡量标准。生态韧性则被定义为"在系统改变结构之前可以吸收干扰的程度"。这一定义不仅是根据系统在受到冲击后需要多长时间恢复，还考虑了到达临界阈值所能承受的干扰程度。英国环境学者和研究者 W. 尼尔－阿杰（W.Neil Adger）提出了生态韧性（ecological resilience）的概念，他在 2003 年[一]指出生态韧性更注重"持续力和适应力"。与工程韧性之间最大的不同是，生态韧性否定单一的稳定平衡状态的存在，而是认可存在多重均衡，以及系统可以切换到可替代稳定状态的可能性。尽管两者的差异与各自强调的事实根植于不同学科，但两种观点都认为*不论是在韧性系统恢复到之前的状态（工程角度）还是前进到下一个状态（生态学角度），系统的平衡状态是存在的*。

随着韧性概念的不断扩展，学者们开始以不同的系统为载体来探究承压能力，从而提出了*组织韧性、社区韧性、城市韧性和经济韧性*等概念。如希腊学者玛丽亚-齐亚帕（Maria Tsiapa）和 I. 巴齐奥拉斯（I. Batsiolas）在 2019 年[二]将韧性定义为复杂系统在面对动荡变化时生存、适应、进化和成长的能力。越南学者黄隆阮（Hoang Long Nguyen）和印度学者拉金德拉-阿克尔卡尔（Rajendra Akerkar）在 2020 年[三]提出了社区韧性（community resilience）的概念；美国的城市规划学者劳伦斯·J. 维尔（Lawrence J. Vale）和托马斯·J. 坎帕内拉（Thomas J. Campanella）在 2005 年[四]将城市韧性定义为"城市从毁灭中恢复的能力"，这些概念的提出，不仅丰富了韧性的内涵，也为各个领域的研究提供了新的视角和方法。

总体来说，韧性这一概念已经从物理学领域扩展到多个学科领域，并在实践中得到了广泛的应用。通过研究和提升各种系统的韧性，我们可以更好地应对挑战和干扰，保持系统的稳定性和可持续发展，以及从一种状态的系统均衡达到另一种状态的系统均衡，无论这种系统均衡状态是以往历史状态还是新的均衡状态。

此外，*韧性还包括个体、组织、系统这三个层面在面对重大干扰事件时的反应能力，以及如何从中恢复以实现对各层面稳定性影响的最小化*。这种全面的韧性观念有助于我们更好地理解和应对复杂系统中的不确定性和干扰。

悉尼科学大学教授玛蒂娜·K. 林能卢克（Martina K Linnenluecke）在 2015 年的定义[五]，认为指出韧性包括个体、组织、系统这三个层面在面对重大干扰事件的反应并描述如何从中恢复对各层面的稳定性影响最小。

[一] Social Capital, Collective Action, and Adaptation to Climate Change.
[二] Firm resilience in regions of Eastern Europe during the period 2007-2011.
[三] Modelling, Measuring, and Visualising Community Resilience: A Systematic Review.
[四] The resilient city : how modern cities recover from disaster.
[五] Resilience in business and management research: A review of influential publications and a research agenda.

1. 个体韧性

对个体韧性的了解大多来自心理学。

美国心理学家艾米·R. 蒙恩（Amy R. Monn）和安·S. 马斯滕（Ann S. Masten）在 2015 年[一]将个体韧性描述为在充满挑战或威胁的情况下，个体能够成功适应的过程、能力或结果。这个定义突出了韧性在应对困难和挑战时的重要性，强调了个体的适应能力和应对挑战的结果。

美国心理学家乔治·A. 博南诺（George A.Bonanno）在 2004 年[二]更具体地描述了韧性的应用场景和表现。个体韧性是成年人在面对孤立和潜在的高度破坏性事件（如近亲死亡或暴力威胁等）时，能够保持心理和生理功能相对稳定和健康的能力。这个定义强调了韧性在应对极端压力事件中的作用。

美国心理学家安东尼·D. 王（Anthony D.Ong）在 2006 年[三]将心理韧性定义为一种相对稳定的人格特质，这种特质使个体能够克服日常的逆境和挑战，表现出驾驭和反弹的能力。这个定义将韧性视为一种持久且稳定的个性特征，而不仅仅是应对特定压力事件的反应。

美国管理学教授艾伦·恩斯特·科塞克（Ellen Ernst Kossek）及组织行为学家和心理学家马修·B. 佩里吉诺（Matthew B.Perrigino）在 2016 年[四]认为韧性反映了个体获取各种弹性资源要素（如特质、能力、评估和适应过程以及资源要素获取）的多种方式，以应对消极和积极的压力触发因素，从而适应个体的表现。这个观点提供了对韧性更全面的理解，将其视为一个包含多种资源要素和应对策略的复杂系统。

综上所述，这些定义共同揭示了个体韧性的多个层面：它既是一种应对挑战和压力的能力，又是一种相对稳定的人格特质，同时还是一种可以获取和利用多种资源要素的复杂系统。这些定义相互补充，共同构建了对个体韧性的全面理解。

2. 组织韧性

美国加州大学尔湾分校（University of California, Irvine）社会生态学院（School of Social Ecology）组织学教授阿兰·D. 梅耶（Alan D. Meyer）在 1982 年[五]首次将韧

[一] Child and family resilience: A call for integrated science, practice, and professional training.
[二] Loss, Trauma, and Human Resilience: Have We Underestimated the Human Capacity to Thrive After Extremely Aversive Events?
[三] Psychological resilience, positive emotions, and successful adaptation to stress in later life.
[四] Resilience: A review using a grounded integrated occupational approach.
[五] Adapting to environmental jolts.

性引入工商管理领域，这标志着组织韧性研究的开端。他指出，韧性是一个组织在经历冲击后恢复原有秩序的能力。这个定义强调了组织在面临逆境时的恢复能力。

美国密歇根大学（University of Michigan）斯蒂芬·M. 罗斯商学院（Stephen M. Ross School of Business）著名组织理论学家和管理学教授卡尔·维克（Karl E. Weick）在 1993 年㊀通过分析具体的灾难案例——美国蒙大拿州曼恩峡谷火灾，维克探讨了组织瓦解的原因以及如何增强组织的韧性。他的研究不仅关注了组织韧性的重要性，还深入探讨了如何在实际操作中提升组织的韧性。

美国布兰迪斯大学（Brandeis University）的社会学教授乔迪·霍弗·吉特尔（Jody Hoffer Gittell）、密歇根大学斯莱罗斯商学院的管理学教授金·卡梅隆（Kim Cameron）在 2016 年㊁通过分析 9·11 事件后美国西南航空公司的成功案例，指出韧性是动态组织的适应能力，并且这种能力会随着时间的推移而增长和发展。这个观点强调了韧性的动态性和可发展性，说明韧性不仅仅是一种固有的特性，而是可以通过经验和学习不断提升的。

美国德克萨斯大学圣安东尼奥分校研究员辛西娅·A. 伦尼克−霍尔（Cynthia A. Lengnick-Hall）、塔米·贝克（Tammy E. Beck）和马克·L. 伦尼克−霍尔（Mark L. Lengnick-Hall）在 2011 年㊂将韧性定义为组织有效吸收、适应并发展情景的能力，并最终能够参与变革性活动。这个定义扩展了韧性的范畴，不仅包括恢复能力，还涵盖了组织在变革中的主动性和适应性。

综上所述，组织韧性的概念已经从单纯的恢复能力发展到包含适应性、动态性和文化特性的复杂理念。这些学者的研究不仅丰富了我们对组织韧性的理解，还为实践中的组织管理提供了宝贵的指导和启示。

3. 系统韧性

在将组织韧性的概念推广到更广泛的系统时，不同学者从多个角度对韧性进行了深入的探讨。

澳大利亚生态学家布莱恩·沃克（Brian Walker）、加拿大生态学家克劳福德·斯坦利·霍林、美国威斯康星大学麦迪逊分校生态学家斯蒂芬·R. 卡彭特（Stephen R. Carpenter）在 2004 年㊃认为，在考虑系统韧性时，需要根据控制系统动态的属性来

㊀ *The collapse of sensemaking in organizations: The Mann Gulch disaster.*
㊁ *Relationships, Layoffs, and Organizational Resilience: Airline Industry Responses to September 11.*
㊂ *Developing a capacity for organizational resilience through strategic human resource management.*
㊃ *Resilience, Adaptability and Transformability in Social-ecological Systems.*

进行。这意味着，一个系统的韧性不仅仅取决于其恢复能力，还与系统内部的动态特性和控制机制紧密相关。

美国马里兰大学（University of Maryland）公共管理和政策学教授路易斯·K. 康福特（Louise K. Comfort）、荷兰乌得勒支大学（Utrecht University）公共管理学教授阿让·博因（Arjen Boin）、美国海军战争学院（Naval War College）网络战和国家安全领域学教授克里斯·C. 德姆查克（Chris C. Demchak）在 2010 年[1]将韧性定义为"社会系统"（如组织、城市或社会）的能力，这种能力使系统能够主动适应并从超出正常和预期范围的干扰中恢复。这个定义强调了社会系统的主动适应性和恢复能力，而不仅仅是被动地应对干扰。

美国哈佛大学（Harvard University）政治学系学者彼得·霍尔（Peter A.Hall）和社会学学者米歇尔·拉蒙特（Michèle Lamont）在 2013 年[2]认为韧性系统（如社会、社区）提供某些特征，这些特征能够增强组织和个人"对挑战做出集体反应"的能力。换句话说，系统内的某些特征（如文化、社会关系等）在影响系统参与者如何经历和应对逆境方面发挥着重要作用。

这些学者的观点共同强调了一个核心思想：韧性是一个动态过程，它涉及多个方面和特征。系统的韧性不仅指其恢复原始状态的能力，还包括主动适应、学习和发展的能力。这种多维度的理解有助于我们更全面地认识韧性在复杂系统中的作用和价值。此外，这些观点也提醒我们，在提升系统韧性时，需要综合考虑多个因素，包括系统的内部动态、社会文化因素以及参与者的行为和反应等。通过综合这些因素，我们可以更有效地增强系统的韧性，以应对不断变化和不确定的环境。

2.2 组织韧性的内涵

组织韧性不是新的概念，国外学术界已经研究了近 30 年，只是中国企业家在过去支撑中国式现代化的红利时期顺风顺水，外部经济环境比较确定，各类成本相对可控，以快速攫取市场份额为唯一目标就可以获得收入和盈利，而忽视了组织韧性的存在意义，甚至认为组织韧性就是组织在遇到危机之后的迅速反应、东山再起、反败为胜的能力。但事实是，这种典型的"事后诸葛亮"视角除了能够给我们提供一些热血的励志故事之外，对于构建组织韧性的"营养"非常有限。

国内对于组织韧性的研究相对较少。主要采用定性研究方法，对国外文献进行梳

---

[1] *Designing Resilience, Preparing for Extreme Events.*
[2] *Social Resilience in the Neoliberal Era.*

理。新冠病毒流行发生后，围绕组织韧性的思辨性研究开始增加。国外的相关研究更为丰富。研究内容涵盖组织韧性的内涵、影响因素、测量等多个方面。

关于组织韧性的研究情境，危机事件或重大风险威胁等逆境事件常被视为组织韧性的前因。然而，组织韧性的形成并非仅限于这些特殊情境，常规情境下的渐进式和非意外式逆境事件对组织韧性的形成也具有广泛影响。

关于组织韧性内涵的研究，国外文献中，"恢复论"和"超越论"两大派别已经形成。"恢复论"派将组织韧性看作组织应对逆境的适应与复原能力，而"超越论"派强调面临逆境时，除了适应与复原，真正的组织韧性还应包括反思和改进的能力。

关于特殊情境下组织韧性的形成已经受到部分学者的关注。如逆全球化情境下，组织在已有韧性的基础上，还需通过培养风险意识、增强灵活性、增加冗余性来激活和提升韧性。

哈佛商学院教授兰杰·古拉蒂（Ranjay Gulati）在 Reorganize for Resilience: Putting Customers at the Center of Your Organization（《重塑韧性：将客户置于组织中心》）一书中揭示了有组织韧性的公司是如何在顺境和逆境中繁荣发展的，他们通过深入客户生产和生活过程来推动增长和提高盈利。这些公司不是把自家的产品强加给客户，而是从外部入手，发现当前和潜在客户的问题，然后提供无缝衔接、一体化的产品和服务来解决这些问题。

兰杰·古拉蒂在对多个行业进行十多年的研究后，结合思科系统公司（Cisco Systems）、拉法基（La Farge）、星巴克（Starbucks）、百思买（Best Buy）和仲量联行（Jones Lang LaSalle）等公司的案例，提出了不同组织的韧性可以从低至高分成以下五个层次：

- 第一层，协同（Coordination）：连接、消除或重组孤岛，以便迅速响应。
- 第二层，合作（Cooperation）：培养一种文化，使所有员工围绕客户解决方案的共同目标保持一致。
- 第三层，影响力（Clout）：将权力重新分配给"桥梁建设者"和客户冠军。
- 第四层，能力（Capability）：培养员工应对不断变化的客户需求的能力。
- 第五层，联系（Connection）：将合作伙伴的产品与您的产品相结合，以提供独特的客户解决方案。具体解释为：能够围绕客户需求，整合内部和外部伙伴的资源要素，并能够提出解决方案，而非简单的产品和服务，甚至能够根据客户需求重新进行自我定义。

第 2 章　长期主义　功在平时　韧性增长是未来中国消费企业的永恒目标

桑德尔·苏布拉曼尼亚（Sundar Subramanian）和阿南德·饶（Anand Rao）在"How to Build Disruptive Strategic Flywheels"（《如何打造颠覆性战略飞轮》）一文中提出了韧性组织所需的三种特性：

1）不断感知和适应市场的变化，并通过清晰的思考模型，不断进行尝试，甚至做出赌注，让企业能够应对不同策略决定下可能出现的场景和可期待的结果。

2）发展强化的因果反馈机制，并不断根据该框架测试、放弃或修改想法。在颠覆性的市场趋势出现时，这种机制能够提供巨大的优势。

3）关注 WTP（Way to Play，即"打法"），通过一套能力驱动的战略，扩展与其相关的能力体系，并根据动态反馈的需求来扩展和完善业务模型。

英国标准协会（British Standards Institution, BSI）在 2021 年发布的《组织韧性报告》（Organizational Resilience Report）中定义，组织韧性是指一个组织为了生存和持续发展乃至繁荣而不断预测、准备、应对和适应日益加剧的变化和突发破坏性干扰的能力。该报告给出一个组织韧性持续改进模型，模型包括了六个重要部分，首先是三个核心要素：产品、服务的卓越性；工艺、流程的可靠性；人才、行为的可塑性。其次，在三个核心要素的基础上，组织韧性商业模型还包括三个核心功能领域：一是运营的韧性，包括产品、工艺流程和企业自身管理等方面的迭代升级；二是供应链的韧性，2021 年发布的一项《全球组织韧性研究》中提到，受新冠病毒流行影响，全球 88% 的企业或多或少经历过供应链中断的危机，这将是未来企业面对不确定性时打造组织韧性很关键的元素；三是信息韧性，包括实体信息、知识产权信息和电子信息的安全管理等。

综合以上研究成果，我们发现，组织韧性应该被理解为一种产出韧性结果的过程，是一种事前预测、事中反应、事后学习和迭代的系统适应能力，它包括组织的环境敏感度和面对危机降低组织动荡、恢复效能的能力，主要由企业的变革能力、学习能力和重构资源要素的能力决定。

组织韧性的内涵复杂且多元，它涉及组织在面临挑战和危机时的应对、恢复和发展能力，涉及组织资产、组织承诺、组织领导和组织学习等多个重要方面，可以拆解成战略韧性、资本韧性、生态韧性、关系韧性、领导力韧性和文化韧性等多个维度。

在当今充满不确定性的商业环境中，组织韧性显得尤为重要，它能够帮助企业在遭遇危机时快速恢复，甚至实现逆势增长。例如，全球经济政策的不确定性上升，为企业生存和发展带来了巨大挑战，而具备韧性的组织能够更好地应对这些挑战。

2.3 组织韧性的核心特征

2.3.1 核心特征

组织韧性是一个复杂且多维度的概念,在组织韧性维度划分与维度测量指标选择问题上,学术界并没有形成统一认知,还处于探索阶段。现有研究主要从能力视角、过程视角、结果视角及特质视角来探究组织韧性的核心特征。

1)**能力视角**:将组织韧性看作一种化危机为机遇的能力,强调组织在逆境中的应对和转化能力。

2)**过程视角**:关注组织从危机中恢复的过程,包括响应、恢复和适应等动态行为。

3)**结果视角**:分析韧性为组织带来的积极结果,如更好地适应环境和更高的绩效表现。

4)**特质视角**:探讨具备哪些特质的组织会展现出更高的韧性,如灵活的组织结构、强大的领导力和积极的组织文化等。

英国标准协会将组织韧性分解为 4 个维度的 16 个衡量因素,包括领导力维度(愿景、使命、价值观,战略与目标,财务管理,资源要素管理,声誉风险管理)、人的维度(认知与能力培养,文化认同,信息一致性,企业责任与社会责任)、流程维度(治理和责任,信息和知识管理,供应链管理,业务可持续性)和产品维度(市场扫描:变化与机遇,适应能力,创新)。其他从能力视角和特质视角做研究的情况如表 2-1、表 2-2 所示。

表 2-1 基于能力视角的组织韧性测量量表研究

时间(年)	作 者	背 景	组织韧性测量量表维度	说 明
1993	卡尔·维克 (Karl E.Weick)[①]	美国密歇根大学斯莱罗斯商学院组织理论学家和管理学教授	修复能力、判断能力和角色系统三个维度	Weick 在研究美国蒙大拿州曼恩峡谷森林火灾事件时,将修复能力视为组织韧性中的重要因素,并据此发展了量表
1996	帕特里夏·海因特 (Patricia Hind) 马克斯·弗罗斯特 (Max Frost) 史蒂夫·罗利 (Steve Rowley)[②]		组织韧性可以通过"变革能力、组织承诺、社会关系、团队凝聚力和情景意识"等因素进行直接测量	

第 2 章 长期主义 功在平时 韧性增长是未来中国消费企业的永恒目标

（续）

时间（年）	作　者	背　景	组织韧性测量量表维度	说　明
1998	L.A. 马拉克（L. A.Mallak）[3]		包括策略搜寻、规避策略、危机认知、角色依赖、弹性资源要素、资源要素可利用性共六个因子	Mallak 运用 Weick 的量表对护理部门的组织韧性进行了测量，并通过验证性因子分析方法提取出六个因子。该研究在个体韧性基础上测量组织韧性，并且并不是建立在大量的组织研究文献基础上
2007	凯瑟琳·蒂埃尼（Kathleen Tierney）米歇尔·布鲁诺（Michel Bruneau）[4]	美国的纽约大学（New York University）公共政策学教授	组织韧性与"稳健性、冗余性、充足性和敏捷性"直接相关	
2009	斯科特·萨默斯（Scott Somers）[5]	加拿大多伦多大学（University of Toronto）社会学教授	组织韧性潜能量表包括"决策机制、关联性、持续性、授权"四个维度	运用了 Mallak 的六个因子测量工具对 142 个非营利性组织韧性潜能进行了测量，并在此基础上发展了量表
2013	T.J. 佩蒂特（T.J. Pettit）		预期能力、适应能力和恢复能力	
2014	汉斯·洛夫斯滕（Hans Löfsten）和安德斯·里希特内尔（Anders Richtnér）[6]	瑞典查尔姆斯理工大学（Chalmers University of Technology）	从资源要素角度指出企业韧性与"结构资源要素、认知资源要素、关系资源要素和情感资源要素"相关	
2015	纳塔利娅·奥尔蒂斯·罗多亚纳（Natalia Ortiz-de-Mandojana）等[7]	西班牙 IE 大学（Instituto de Empresa Universidad）可持续发展学教授	财务波动性、销售增长率和存活率	
2017	约瑟夫·菲克塞尔（Joseph Fiksel）[8]	美国俄亥俄州立大学（Ohio State University）环境学教授	从组织角度提出韧性与"领导力与文化、网络及变革准备力"相关	
2019	马克·德雅尔丁（Mark R. Desjardine）[9]	加拿大伦敦西方大学（Western University）艾维商学院（Ivey Business School）管理学教授	股价下跌幅度、下跌持续时间及股价恢复程度	

43

（续）

时间（年）	作　者	背　景	组织韧性测量量表维度	说　明
2021	张秀娥、滕欣宇[10]	吉林大学商学院教授、研究生	适应能力、预期能力和情景意识	

① The collapse of sensemaking in organizations: The Mann Gulch disaster.
② The resilience audit and the psychological contract.
③ Measuring resilience in health care provider organizations: Health Manpower Management.
④ Conceptualizing and measuring resilience: A key to disaster loss reduction.
⑤ Measuring resilience potential: An adaptive strategy for organizational crisis planning.
⑥ Managing in turbulence: how the capacity for resilience influences creativity.
⑦ The long-term benefits of organizational resilience through sustainable business practices.
⑧ Sustainability and resilience: toward a systems approach.
⑨ Building Resilience through Social and Environmental Practices in the Context of the 2008 Global Financial Crisis.
⑩《组织韧性内涵、维度及测量》。

表 2-2　基于特质视角的组织韧性测量量表研究

时间（年）	作　者	组织韧性测量量表维度	说　明
2003	米歇尔·布鲁诺（Michel Bruneau）等[1]	鲁棒性、冗余性、资源丰富性、恢复快速性	"韧性4R"模型：鲁棒性反应系统承受冲击而不失效的能力；冗余性反应备用资源或替代路径设计；资源丰富性反应在危机中快速调动资源、协调响应的能力；快速性反应系统恢复的速度
2011	凯文·伯纳德（Kevin Burnard）、兰·巴姆拉（Ran Bhamra）[2]	资源冗余、组织文化、学习能力	组织韧性四阶段动态模型：感知、应对、适应、恢复
2012	丹尼斯·坎特（Deniz Kantur）、阿尔祖·伊塞里·赛（Arzu Iseri Say）[3]	内部因素：领导力、文化开放性、员工能力；外部因素：行业竞争、利益相关者协作	组织韧性"抗逆-适应-变革"三维整合框架：组织需在抗逆（抵御冲击）、适应（灵活调整）与变革（主动创新）间动态平衡

① A Framework to Quantitatively Assess and Enhance the Seismic Resilience of Communities
② Organisational Resilience: Development of a Conceptual Framework for Organisational Responses
③ Organizational Resilience: A Conceptual Integrative Framework

综合以上研究成果，研究者们主要从能力视角与特质视角对组织韧性开发出不同的量表，已经取得了丰富成果，但缺点在于研究样本并不是随机抽样的样本，导致量表不具备通用性和普适性，或许并不能完全视为可靠的组织韧性测量工具，但其研究的不同维度可以作为企业研究和发展组织韧性的基本参考框架。

2.3.2　组织韧性研究在企业层面的应用

企业作为社会组织形式中的一种类型，组织韧性研究成果可以被具体应用到企业层面。20世纪七八十年代政治学学术领域著名人物亚伦·维尔德夫斯基（Aaron

Wildavsky）博士在 1988 年[⊖]首次将韧性概念用到企业层面，他认为企业韧性有助于企业识别并应对环境不确定性带来的机遇与挑战，化危为安、借机成势。学术界对于"什么是企业韧性"仍缺乏明确统一的界定，<u>主要原因在于对企业韧性的范畴缺乏共识，导致了研究视角存在很大差异。而企业又是一个复杂适应系统（Complex Adaptive Systems，CAS），是由相互关联、相互依存的要素组成，共同应对环境的变化。</u>下面从复杂适应系统视角看组织韧性特征，如表 2-3 所示。

表 2-3 基于复杂适应系统视角的组织韧性特征

特征	解释	企业实例
吸收和恢复 （Absorption and Recovery）	系统在受到冲击或干扰时能够吸收并从中恢复，保持其基本特征不变。这种能力使得系统能够迅速回到平衡状态，而无须根本性改变其核心属性或功能	消费者需求发生变化时，应对市场冲击而不改变核心业务模式，通过调整市场策略或产品快速迭代来快速恢复并保持核心价值
适应和进化 （Adaption and Evolution）	系统在受到干扰后不会简单恢复到原状，而是通过适应或进化来应对变化。系统根据新条件调整以保持功能，这种适应性是韧性关键组成部分	传统零售商开发网上购物平台以适应电子商务的兴起，且与线下门店进行充分融合，进行销售和互动方式的进化，而不是简单物理叠加。而这种进化的进程、目标也伴随消费者需求变化而设定
冗余与多样性 （Redundancy and Diversity）	韧性通常依赖于冗余性（多种方式实现同一功能）和多样性（有不同元素或代理以不同方式贡献）支持。这些因素提供备用选择和多样应对策略，增强系统对挑战的适应能力	拥有多样化收入来源和服务方式，使单一产品线或市场的失败不致毁灭公司，因为还有其他资源要素可以进行缓冲
相互关联和相互依存 （Interconnectivity and Interdependency）	韧性受各组成部分之间联系和依赖性的影响。适度连通性维持系统凝聚力和应对能力，过低导致孤立脆弱，过高则可能导致连锁故障	部门间协同性影响企业整体效益，过度孤立导致协同困难，无法实现整体企业目标，过度依赖单一资源要素或流程则威胁整个企业
自组织和涌现 （Self-organization and Emergence）	自组织是复杂适应系统的特征，指系统各部分之间的局部互动产生秩序和一致性，不需要中央系统控制。这种新行为能够根据当地情况自适应，增强系统韧性	充分授权，鼓励企业各层面创新和解决问题，如员工组建团队解决市场、产品等各类挑战，可以产生高层管理层可能无法预见的新解决方案
混沌边缘 （Edge of Chaos）	复杂适应系统在"混沌边缘"运行，平衡僵化和流动性。有韧性的系统在此区域找到结构和灵活性平衡，保持连贯性与适应变化	坚定总体战略目标的前提下，允许一门店、督导、区域团队采取适应市场的方式实现，促进稳定性和适应性
反馈回路 （Feedback Loop）	复杂适应系统的韧性常源于复杂反馈回路，系统输出影响未来行为。正反馈加速变化，负反馈促进稳定，这些反馈回路有助于系统识别问题、调整行为并学习适应	建立有效、快速的市场反馈机制帮助管理者了解员工需求和市场变化，及时调整策略和措施，增强组织韧性

⊖ *Searching for Safety*.

（续）

特征	解释	企业实例
可扩展性和特定环境（Scalability and Context-specificity）	适用于从生物系统到社会和经济系统等不同规模和类型的系统。基本原则的具体应用会因系统的具体情况而出现明显差异化	小型企业更依赖于灵活角色和员工多任务处理，大规模企业更侧重于多样化和稳健的风险管理流程，但基本原则是相同的，都是保持企业弹性的充分性

企业韧性具有很强的情境性，从狭义上说，是指韧性的研究情境呈现短期、突发的特征，主要包括突发事件、危机管理以及自然灾害，往往由难以预测、短而剧烈的小概率事件构成。从广义上说，随着时代进步、产业深度变革，企业环境变化的不确定性因素和内部日常管理的出乎意料事件必将长期存在，企业韧性的研究情景不仅包括意外的、偶发的甚至是灾难式的事件，还需要涵盖更广义的动态环境，需要选取预防能力、抵抗能力、恢复能力、发展能力和成长能力作为企业韧性的评价维度。无论学术界有无定论，企业经营的长期性一定是确定无疑的，我们也无须纠结于究竟应该用哪个维度去测量企业韧性，从企业长期战略和实际运营视角，我们必须从广义情境去研究和探索企业韧性，强调"于变局中开新局，在危机中觅新机"，企业当下的任何行为不仅关乎短期风险防范，更需要为下一阶段的防御能力、发展能力做好能力储备。组织韧性的构建目的不仅仅是能抵御冲击，还要能抓住这些变化经常带来的机遇，使自己企业成为所在领域的领导者和创新者。

《孙子·谋攻篇》有云："是故百战百胜，非善之善者也；不战而屈人之兵，善之善者也。"㊀孙子认为，战争一般以两种形态出现：一是以谋略胜敌，二是以武力攻敌。以武力攻敌者，虽然取得了胜利，自己也必然遭受损失，不是最理想的结果。最理想的结果是不用战争手段，使敌人完全屈服，既取得"全胜"，自己又不受一点损失。两者相较，"全胜"为上，"破敌"次之。所以，"全胜"是孙子兵法的一条核心原则，是"谋攻"的出发点和重要内容，也是其军事谋略中一种高的境界和高的层次，它所追求的是战略战术的完美。

结合以上研究分析，我们用孙子兵法"上兵伐谋，其次伐交，其次伐兵，其下攻城"㊁将具备组织韧性的企业的9个特征做分解，如表2-4所示。

㊀ 此句释义：虽然连续不断地打仗并且每次都取得胜利是一件好事，但这并不是最好的策略。真正高明的策略是不需要通过战斗就能使敌人屈服。

㊁ 此句释义：用兵的最高境界是通过智谋来取得胜利；其次是通过外交手段来战胜敌人；再次是通过武力来打击敌人；最后才是直接攻打敌方的城池。

第 2 章 长期主义 功在平时 韧性增长是未来中国消费企业的永恒目标

表 2-4 孙子兵法在企业韧性中的应用

谋　　略	特　　征	说　　明
上兵伐谋	1）战略定力：秉持初心，坚持清晰坚定的经营战略目标，不会受商业潮流影响而摇摆； 2）前瞻洞察：学习洞察和预测未来的变化趋势，以未来逆向思考现在，为未来而投资； 3）主动变革：预知变化，快速推动业务延伸、产品和方案迭代和市场策略变革； 4）资源要素积累：预备多样性方案或重要资源要素的备份，保持财务及供应链的稳定； 5）底线思维：规划企业最危险的场景，准备预案和预备战备资金	常态化动作
其次伐交	6）生态融合：融入包容和共生共赢的商业生态系统，面向市场整合外部能力和资源要素； 7）弱化管理：角色、职能和岗位分离，松散耦合且紧密协同的模块型自组织机制	常态化动作 + 面临冲击的恢复动作
其次伐兵	8）赋能团队：充分授权到各个增长单元，职权利对等，建立强大团队和人才储备	常态化动作 + 面临冲击的恢复动作
其下攻城	9）顾客优先：时刻深度洞察和预判消费者需求变化，寻求突破和创新机会	常态化动作 + 面临冲击的恢复动作

需要注意的是，在日常经营市场冲击未来临时，需要对变化进行日常性预判和战备能力储备，第 1 至 9 项均应该是韧性建设的常态化动作，所谓"修身齐家"，未雨绸缪；在面对突发市场变化和冲击时，系统均衡被打破，第 6 至 9 项可以快速组建团队、利用外部生态能力，正面对消费者需求，快速恢复并找到新的增长机会，"治国平天下"，更上一层楼，达到新的均衡状态。

综上，组织韧性建设不是危机管理，组织韧性也不是在逆境将至或在逆境当中突然形成的；而韧性建设是对整个周期的主动与灵活管理，一定是在平时打造形成的，如同晴天的雨伞；组织韧性建设不是暴风骤雨式的革命运动，而是需要长期、常态化、默默无闻的战略定力坚守；组织韧性建设不是终点，也不是目标，而是一种持续迭代的状态；组织韧性建设不是领导者的个人心理素质修炼，而是组织能力的锻造；组织韧性建设不是精简提效和成本节降，而是精简和储备两手都要硬，企业不仅需要精简，还应该储备能够带动增长的模式（如进入新业务领域）和能力（如强化营销和供应链能力）。

在组织韧性的特征要求下，企业会永远在当下和未来的二元目标之间进行系统均衡选择，强调整体性和平衡性，注重同一个时间窗口企业系统内各个部分的和谐与协调，达到整体功能的优化，以及跨时间窗口的新的系统均衡性状态思考，达到整体功能的更优。需要杜绝与系统均衡思维相反的思维方式，主要包括局部思维、非均衡思维、零和思维和静态思维，这些思维方式都可能在某种程度上阻碍系统的整体发展和优化。

2.4 组织韧性和核心竞争力的关系

1990年，C.K.普拉哈拉德（C.K. Prahalad）与加里·哈默尔（Gary Hamel）[一]在《哈佛商业评论》（Harvard Business Review）上首次提出了"核心竞争力"（core competencies）的概念，指出"核心竞争力是组织内的集体学习能力，尤其是如何协调各种生产技能并且把多种技术整合在一起的能力"，强调了组织在发展战略时应该在特定领域或行业内专注于发挥和利用自身独特的核心能力和优势，使其能够在市场上脱颖而出。这种核心竞争力可以成为组织在面临挑战和压力时的支撑，帮助其保持竞争力，而不是简单地追随市场趋势或竞争对手。

这个概念强调了组织内部的核心能力和专长，认为这些能力是组织长期成功的基础，并且可以为组织创造持续的竞争优势。核心竞争力不仅涉及技术或产品方面的能力，还包括组织文化、管理系统等方面的独特优势。美国管理学者杰伊·巴尼（Jay Barney）[二]于1991年提出核心竞争力的四个判断标准：有价值的、独特的、难以模仿复制的、不可替代的。

在过往40年的消费市场的竞争环境里，资金、技术、土地、政策、品牌、人才等这些单一要素都是发展壮大到表象的企业的核心竞争力，但回到核心竞争力的本质和评价标准上，面向未来的消费市场竞争，这些单一要素都不能成为企业的核心竞争力。

组织韧性和核心竞争力之间有着千丝万缕的联系，二者相互影响并相辅相成。

首先，组织韧性和核心竞争力不是彼此对立的概念：组织韧性更加强调长期性和内核性，核心竞争力更强调相对比较性，核心竞争力是组织韧性的外在体现，而组织韧性是核心竞争力的内核驱动。

其次，组织韧性和核心竞争力发展相互促进：具有高韧性的组织能够更好地应对不确定性和变化，灵活地适应市场需求的变化。这种灵活性和适应能力可以帮助企业更好地把握机遇，提高市场竞争力，并保持竞争力的不断迭代。核心竞争力也可以促进组织韧性的发展，在激烈的市场竞争中，企业需要不断优化自身的资源要素配置和

[一] *The Core Competence of the Corporation.*
[二] *Firm Resources and Sustained Competitive Advantage.*

管理方式，提高效率和创新能力，这些都是提升组织韧性的重要因素，具有较强核心竞争力的企业也更有可能在面对挑战和危机时展现出韧性。

最后，组织韧性和核心竞争力之间需平衡发展：组织在追求核心竞争力的同时，也需要注重发展韧性。过分追求短期竞争力或者与竞争对手的比较优势，可能导致组织资源要素在短期内被耗散，在长期面临危机时无法有效应对；而过分强调韧性又可能导致企业在市场上失去竞争力。

我们应该专注核心竞争力还是关注组织韧性？在当下市场环境中，当企业之间的资源要素禀赋越来越相似时，企业应该更加关注组织韧性的打造，没有组织韧性，核心竞争力就是昙花一现，甚至是无本之木，在竞争厮杀愈加激烈的短兵相接的战场环境、信息高度透明且快速传播的信息环境，短期建立的市场竞争力会迅速被竞争对手复制和超越。在一定程度上，具备一定规模的企业需要考虑将组织韧性代替或者超越核心竞争力去考虑其重要性，因为穿越周期的唯一道路就是高质量发展，而高质量发展的核心驱动力是组织韧性。

2.5 数字经济时代的韧性增长

改革开放以来，我国经济发展经历了一个高速增长阶段，但迈入高质量发展阶段后，过去主要依靠传统资源要素投入推动经济增长的方式已经行不通了。

无论是数字化技术进步（尤其是人工智能技术）、经济周期变化、地缘政治变革，还是极端气候挑战，这些因素都在影响企业的寿命、存在方式和发展模式。而我们重点讨论的数字化技术加速了未来的到来，也加剧了分布的不均衡性，促使供需裂缝变动幅度和速度进一步加剧，这些对于企业的预防能力、抵抗能力、恢复能力、发展能力和成长能力的构建提出了更高要求，企业必须能够在以上多个二元目标（预防、抵抗、恢复、发展和成长）之间进行灵活的调整和平衡，而不是简单地进行取舍。面对越来越看不清的未来，企业原有的增长思考方式、资源要素配置方式也在被挑战，非常多的企业不适应，就会出现以下四种状态：

1）过去因红利或资本驱动的企业竞争力弱，在现实状况下**面临倒闭**。

2）已经积累起一定市场地位和内生能力的企业看不清未来，因"**战略懒惰**"选择"躺平"，逐步消耗掉仅有的市场竞争地位和内生能力。

3）已经积累起一定市场地位但内生能力弱的企业看不清未来，美其名曰"**要活着**"，实际上是为过去没有注重内生能力建设寻找"以战术勤快代替战略虚无"的借口，开始各种短视行为，精简降本，饮鸩止渴。

4）奋起直追，不计较过去过错得失的企业重新上路。

正如鲍勃·迪伦（Bob Dylan）的歌曲 Hurricane（《猛虎出山》）中的歌词："你可以随时转身，但绝对不可以后退。"增长是在任何时代企业不可回避、必须勇敢直面的必答题，企业想穿越周期必须保证高质量增长。而在当前消费产业加剧分化的不确定时代，在数字化情境下，企业韧性高低直接决定了增长方式的差异，韧性增长（Resilient Growth）则是高韧性企业、高质量发展企业的增长方式。

面对模糊的看不清楚的未来，与其坐而论道，不如起而行之；与其裹足不前，不如探索前行。既然没有答案，那就共识未来、逆向思考、淬炼现实。

企业要面对的数字化技术带来的几种现实情况如下：

1）数字化情境下，数字化技术对于组织韧性的形成起重要作用。数据资产化与数字化技术的运用改变了组织赖以保持竞争力的价值创造路径。

2）催生了新的经济模式，比如定制模式、共享模式的出现，使得从消费者需求视角出发反向拉动企业组织资源要素，让生态资源要素重新组合的解决方案式服务成为可能。

3）催生新的数字化工具，比如大数据和云计算的高速发展，使得消费者洞察、产品研发迭代、生产制造精益化、敏捷化和柔性化、供应链增强、消费者服务等精细化运营、精准决策和市场快速响应成为可能，而数据资产化又创造了更大的边际效益，改变了原有的线性发展模式。

4）催生了新的组织结构形态，网络组织、扁平化组织、平台组织和生态组织等跨边界组织不断涌现，激发了组织活力，个体对组织的依赖性下降，组织资源要素的流动性加速，组织按照市场需求重新分配等，驱动企业经营管理场景的变革与重塑，通过其敏捷性、灵活性等特征影响组织韧性。

数字化技术在企业组织韧性打造上成为"双刃剑"，一方面，使得具备组织韧性的中小企业具有逆袭的机会，对大型企业形成威胁；另一方面，使得没有组织韧性的中小企业加速倒闭和退出市场，给予大型企业资本并购和产业整合的机会。这在一定程度上也说明数字化技术对市场竞争架构分化的加速作用。

我们在英国标准协会（BSI）定义的基础上，对数字化时代组织韧性进行重新定义。**数字化时代组织韧性是指一个组织为了生存和持续发展乃至繁荣，基于数字科技**

构建的不断预测、准备、应对和适应日益加剧的变化和突发破坏性干扰的能力，而这些变化和干扰在一定程度上也受数字科技驱动而产生。换言之，要以数字化技术之盾应对数字化技术之矛。

数字化时代下的韧性增长，是指企业、经济体或社会在面对各种挑战和冲击时，能够利用数字化技术赋能，保持稳定增长，甚至在逆境中找到新的增长机会的增长方式，强调的是在变化和不确定的环境中保持增长的前瞻性、稳健性和可持续性。

传统的增长方式是单利型增长，源自企业的传统业务模式、市场份额的维持或单一产品线的销售，增长幅度相对较稳定且速度较慢。而韧性增长方式是复利型增长，指企业能够通过不断创新、扩大市场、开发新产品或服务等方式实现盈利，且运营能力、组织能力获得持续积累和锻造的指数级增长，从一场胜利到另一场胜利，积累小赢以成大胜。这种增长源自企业的战略转型、市场占有率的提升、新产品的推出以及业务模式的不断改进，意味着企业在盈利方面不断积累优势，以之前的成功和盈利为基础，实现更快速的增长。

在企业层面，复利增长通常被认为是更有吸引力和持久的增长方式，因为它可以帮助企业实现更快速、更稳定的盈利增长，同时提高企业的市场竞争力和可持续性。韧性增长与非韧性增长在增长方式和增长特性方面的区别如表2-5、表2-6所示。

表2-5 增长方式区别

维度	韧性增长 共识未来、逆向思考、淬炼现实	非韧性增长 基于现实、正向思考、假设未来
增长动力	增量增长：更加注重创新、技术、知识产权和人才等新型生产要素，强调知识密集型、技术驱动型的生产方式	消耗增长：人力资源、资本和土地等传统生产要素，重点在于提高生产效率和降低成本
	内生增长：获取消费者需求的深度洞察和产品持续创新，不断锻炼自身持续满足需求的机制	红利增长：依靠消费者人口红利、政策红利等获得同样增长机会，与竞争对手没有明显差异
	知识增长：基于知识和信息积累和不断资产化效果驱动增长	经验增长：由过往经验驱动增长，在新的发展时期不一定适用，且和竞争对手没有明显差别
	有机增长：基于现有业务链上下游延伸、新模式创新实现增长，如经销渠道向终端和消费者延伸，线上线下全渠道融合发展等	物理增长：通过收购、合并、联盟等外部方式实现增长，以快速扩大规模或进入新市场
增长速度	指数速度增长：基于数据科技，通过资源要素配置结构优化、数据资产效用、人员专业度提升带来持续边际成本效用，获得指数级增长速度	线性增长：依赖成本和费用持续等比例投入获得销售收入增长，成本费用资源要素投入没有边际效益

（续）

维度	韧性增长 共识未来、逆向思考、淬炼现实	非韧性增长 基于现实、正向思考、假设未来
增长模式	**创新驱动增长**：通过业务创新、渠道创新、产品创新、服务创新等实现增长，不断满足市场需求并创造新需求	**效率驱动增长**：在既有业务和运营模式范畴内通过提高生产效率、优化流程等方式实现增长，以降低成本或提高利润率为目标
	数字增长：利用数字化技术和数据驱动的方法实现增长，如数字营销、全渠道融合、供应链运营、智能制造等	**传统增长**：侧重于传统业务模式和市场推广手段实现增长，如实体店销售、传统广告、传统生产等
	运营增长：依赖精细化的消费者运营、资源要素运营驱动增长，依靠一线面向和处理差异化消费者需求，并获取资源要素运营需求	**管理增长**：满足通用市场需求，靠总部管理驱动一线的执行力和执行效率提升
	敏捷增长：组织机制直接传导市场压力和新要求，创造支撑产品快速创新和市场策略调整的机制，对组织增长绩效完成形成更好支撑	**闭环增长**：依靠对结果管理，从任务目标下发到任务完成的结果对比差距，以管理手段驱动增长
增长主体	**消费者增长**：依据消费者需求持续研发或整合生态和产品，为消费者提供生活解决方案	**产品增长**：依据已有的产品销售或产品组合获得增长，依赖品牌、价格和高市场份额取得竞争优势
	共赢增长：依靠生态系统的能力协同实现共同增长	**竞争增长**：依靠竞争零和博弈攫取市场份额、抢占供应商利益获得自身现金流
	组织机制增长：依靠组织机制激发增长，激发组织活力，成立多个增源源头，在责任闭环的基础上充分授权到直接面向消费者交易的产品业务线和交易终端	**人治增长**：依靠领导人"个人英雄"能力、个人魅力或者个人关系带领组织完成增长
	多样性增长：拥有多样化的收入来源和多种服务客户的方式，相互之间形成互补、隔离、缓冲和资源要素竞争机制，保持整体收入的弹性	**单一增长**：长期依靠单一市场、单一产品线、单一团队、单一服务方式来获取收入
增长目标	**可持续增长**：注重长期规划和可持续性，追求稳定增长和长期价值创造。注重企业效益、环境效益、社会效益的高度融合	**非可持续增长**：更侧重于短期获利或快速增长，缺乏长期规划和战略

表 2-6　增长特性区别

特性	韧性增长	非韧性增长
创新性	基于市场信息的快速反馈，以创新为驱动，以产品创新、供应链创新、商业模式创新等驱动增长	不具备创新性，组织被固化的科层制组织架构、僵化思维模式主导
知识密集性	以数据、技术、知识产权和人才等新型生产要素为增长来源，基于知识和信息积累和不断资产化效果驱动增长	人力资源、资本和土地等传统生产要素，重点在于提高生产效率和降低成本，知识密度远低于经验密度

第 2 章　长期主义　功在平时　韧性增长是未来中国消费企业的永恒目标

（续）

特　性	韧性增长	非韧性增长
可持续性	组织弹性和业务多样性使企业在面对不断变化和挑战时能够持续增长并保持稳定，不受外部环境波动的影响	不关注长期持续性和稳定性，容易受到市场波动和竞争压力的影响
适应性	企业具有适应变化的能力，能够灵活应对市场需求和竞争挑战，通过持续变革和创新实现增长	更依赖外部因素和市场情况，响应速度可能较慢，缺乏自主创新和变革的能力
高效性	可以通过技术创新、管理优化和产业升级等途径实现以更少的资源要素消耗实现更高的产出，提高资源要素的利用效率，且通过运营机制不断提高资源要素效率及资源要素边际效益	成本、费用资源要素浪费、低效，且没有监控相应的资源要素效率优化机制和不断迭代资源要素效率
竞争性	融入生态系统竞争，不断基于消费者需求处于迭代状态，产品和服务更具备竞争性	单体对抗性零和博弈竞争，且产品迭代慢、竞争性弱

在宏观经济层面，韧性增长意味着一个国家或地区经济在全球经济波动、自然灾害或其他外部力量冲击下表现出的稳定性、恢复力和发展力。在企业层面，韧性增长意味着企业不仅能在经济繁荣期间增长，也能在市场分化和不确定环境下有效应对和管理风险，突破和创新业务的连续性和盈利能力。

第3章
回归本源　高质发展
新质生产力是中国消费企业韧性增长的必由之路

"The best time to plant a tree was 10 years ago. The second best time is now."
"种一棵树最好的时间是十年前，其次是现在。"

Dambisa Moyo, *Dead Aid*
——丹比萨·莫约，《援助的死亡》

第3章　回归本源　高质发展　新质生产力是中国消费企业韧性增长的必由之路

3.1　关于生产力的基础研究

生产力是指单位时间内生产的产品或服务数量，或者在生产过程中所创造的价值，关注的是整体生产过程的效率和成果，即如何以更少的资源要素生产更多的产品或提供更多的服务。生产力通常通过比较产出与投入之间的关系来衡量常见的生产力指标包括单位劳动力产出、单位资本产出等。生产力更侧重于生产过程的整体效率和成果。

生产力三要素（劳动者、劳动资料、劳动对象）由19世纪英国古典经济学派的重要代表之一经济学家约翰·斯图尔特·密尔（John Stuart Mill）在其1848年出版的著作《政治经济学原理》（Principles of Political Economy）中提出。这本书是密尔在经济学领域的重要著作之一，他对经济学和生产力的研究对后来的经济学理论产生了深远影响。

约翰·贝茨·克拉克（John Bates Clark）在其1899年出版的著作《财富的分配》（The Distribution of Wealth）中对生产力三要素（劳动者、劳动资料、劳动对象）进行了重要的探讨。克拉克在这本书中强调了生产要素对价值创造的贡献，并提出了"边际生产力理论"。根据克拉克的理论，劳动者、劳动资料和劳动对象在生产中的价值贡献是由它们的边际生产力（Marginal Productivity）决定的。边际生产力是指增加一个单位的生产要素对总产出的增加量。克拉克认为，生产要素的边际生产力决定了它们在生产过程中所创造的价值，并应当反映在其所获得的报酬上。具体来说，如果一个生产要素的边际生产力很高，那么它对总产出的贡献也会很高，从而应当获得较高的报酬；反之，如果一个生产要素的边际生产力较低，那么它对总产出的贡献也相对较低，应当获得相应的报酬。这种基于边际生产力的分配原则被称为"边际生产力理论"。

克拉克的"边际生产力理论"在经济学中具有重要意义，特别是在解释资源要素分配和收入分配方面。根据这一理论，克拉克认为凭生产要素在市场经济中获得的收入应当与其边际生产力成正比。换句话说，生产要素应当获得与其对总产出的贡献相符合的报酬。克拉克的这一观点对经济学理论的发展产生了深远影响，尤其是在关于劳动力市场和资本市场的研究中。他强调了生产要素间的相互关系和价值贡献，为后来的经济学家提供了一种理论框架来分析资源要素配置和收入分配的问题。

美国经济学家弗雷德里克·泰勒（Frederick Taylor）在他的著作《科学管理原理》（The Principles of Scientific Management）中提出了科学管理的理念。这本书于

1911 年首次出版，泰勒在书中强调通过研究和优化劳动者、劳动对象和劳动资料之间的关系来提高生产效率和生产力。泰勒的科学管理理论对后来工业工程和管理学领域产生了深远的影响，成为现代管理学的基石之一。

保罗·A. 萨缪尔森（Paul A. Samuelson）在其 1957 年出版的著作《生产经济学》(The Economics of Production)中论述了"劳动者、劳动对象和劳动资料的相互作用"；N. 格里高利·曼昆（N. Gregory Mankiw）在其 1998 年著作《经济学原理》(Principles of Economics)中论述了"劳动者、劳动对象和劳动资料的互动关系"，都不同程度地探讨了劳动者、劳动对象和劳动资料之间的相互影响和作用，揭示了它们在生产过程中的重要性和相互关联。这些研究为理解和优化生产力的三个关键要素之间的复杂关系提供了重要的理论基础。

3.2 新质生产力推动高质量发展

2023 年 9 月，习近平总书记在黑龙江考察期间首次提到"新质生产力"，强调整合科技创新资源，引领发展战略性新兴产业和未来产业，加快形成新质生产力。

2023 年 12 月，中央经济工作会议强调"要以科技创新推动产业创新，特别是以颠覆性技术和前沿技术催生新产业、新模式、新动能，发展新质生产力"。

2024 年 1 月 31 日，中央政治局第十一次集体学习会议，更是把新质生产力推向了全新的高度。习近平总书记在主持学习时强调"必须牢记高质量发展是新时代的硬道理"，"高质量发展需要新的生产力理论来指导，而新质生产力已经在实践中形成并展示出对高质量发展的强劲推动力、支撑力，需要我们从理论上进行总结、概括，用以指导新的发展实践"，并指出"科技创新能够催生新产业、新模式、新动能，是发展新质生产力的核心要素"。

2024 年全国两会传递出以新质生产力更好推动高质量发展的强烈信号，新质生产力首次写入政府工作报告。2024 年 3 月 5 日，在参加十四届全国人大二次会议江苏代表团审议时，习近平总书记再次强调："要牢牢把握高质量发展这个首要任务，因地制宜发展新质生产力。"

2023 年 12 月 17 日中央财办有关负责同志详解 2023 年中央经济工作会议精神，对新质生产力做了明确定义：

"新质生产力是由技术革命性突破、生产要素创新性配置、产业深度转型升级而催生的当代先进生产力，它以劳动者、劳动资料、劳动对象及其优化组合的质变为基本内涵，以全要素生产率提升为核心标志。"加快培育新质生产力要把握好三点。

1）打造新型劳动者队伍。包括能够创造新质生产力的战略人才和能够熟练掌握新质生产资料的应用型人才。

2）用好新型生产工具。特别是掌握关键核心技术，赋能发展新兴产业。技术层面要补短板、筑长板、重视通用技术。产业层面要巩固战略性新兴产业、提前布局未来产业、改造提升传统产业。

3）塑造适应新质生产力的生产关系。通过改革开放着力打通束缚新质生产力发展的堵点卡点，让各类先进优质生产要素向发展新质生产力顺畅流动和高效配置。

生产力是经济增长和社会繁荣的基础，它代表了人类社会对自然资源的利用方式和效率。在历史唯物主义的观点下，人类社会的演进可以通过生产力水平的改变来划分不同的发展阶段，每个阶段都对应着特定的社会制度和阶级结构。从狩猎社会（社会1.0）开始，人类经历了农耕社会（社会2.0）、工业社会（社会3.0）、信息社会（社会4.0），并逐渐演进至人工智能社会（社会5.0）。每一次社会跃迁都是由新的生产力形式的涌现引发的。

新的生产力形式是新时代中国在发展新阶段对生产力运动规律进行的重要定义。新质生产力，是生产力质的跃迁，是以"科技创新发挥主导作用"的生产力，是摆脱了传统增长路径，符合我国经济高质量发展要求的生产力，也是数字时代更具融合性、更体现新内涵的生产力。正如马克思认为"生产力里面也包含科学的力量"，邓小平同志进一步指出"科学技术是第一生产力"。中国科学技术发展战略研究院副院长郭戎认为"新质生产力的提出进一步增添了生产力的科技内涵，也让创新这个第一动力的指征更加具体"。新质生产力有别于传统生产力，涉及领域新、技术含量高，依靠创新驱动是其中关键。新质生产力的三要素逻辑关系图如图3-1所示。

生产力是在物质生产过程中人类与自然的互动关系的体现。生产力的要素包括劳动者、劳动资料和劳动对象。在这其中，人类是最为活跃的生产力要素，劳动者的素质水平直接影响着生产力的发展水平。新质生产力的形成，还需要不断调整生产关系。全面深化改革的内在逻辑之一就是不断调整生产关系，以激发社会生产力发展活力。所以，新质生产力带来的是发展命题，也是改革命题，围绕创新驱动的体制机制变革至关重要。

新质生产力的重大历史意义是"告别传统的曾经，奔赴新质的未来"。传统生产力与新质生产力的发展特征对比如表3-1所示。

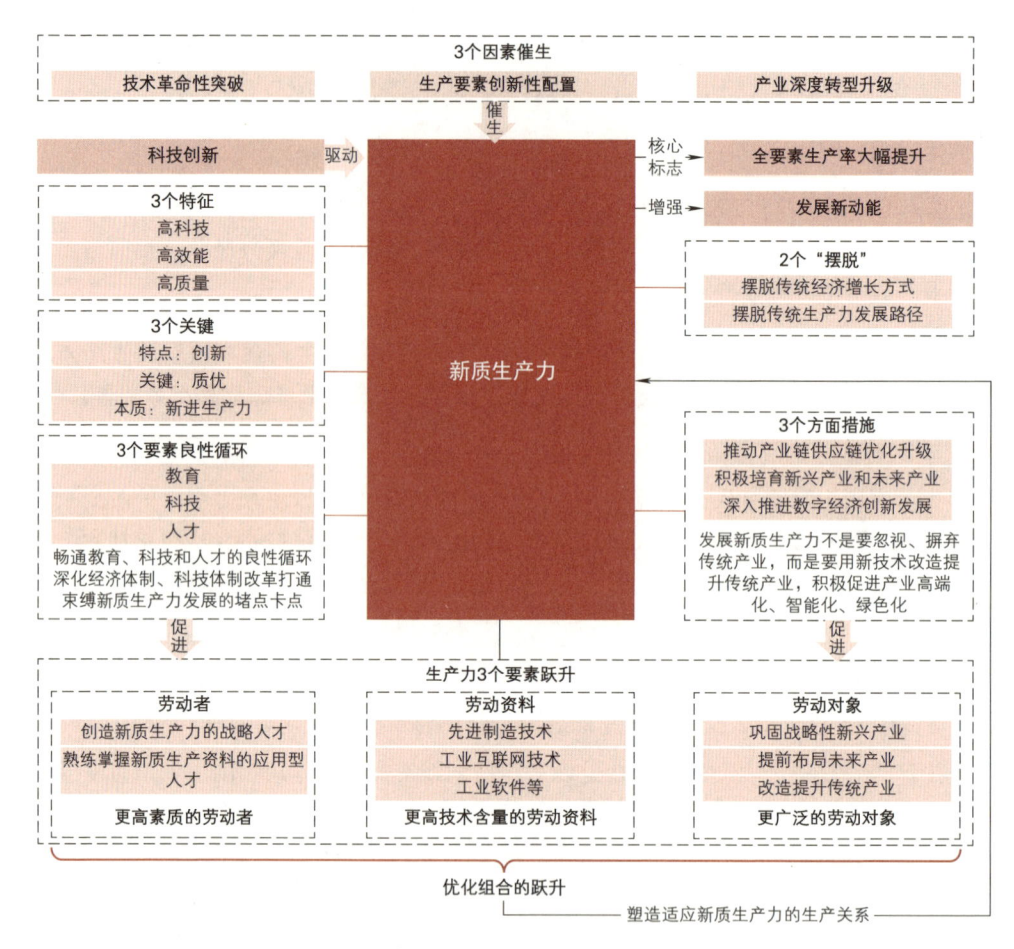

韧性增长： 消费企业智胜未来的新质生产力

```
┌──────────────────── 3个因素催生 ────────────────────┐
│   技术革命性突破    生产要素创新性配置    产业深度转型升级   │
└─────────────────────────┬───────────────────────────┘
                          │催生
┌─────────────────┐ 驱动              核心标志  ┌─────────────────┐
│   科技创新      │──────┐            ────────→│ 全要素生产率大幅提升 │
└─────────────────┘      │              增强    ├─────────────────┤
┌─────────────────┐      │            ────────→│    发展新动能    │
│   3个特征       │      │                     └─────────────────┘
│   高科技        │──────┤                     ┌─────────────────┐
│   高效能        │      │                     │  2个"摆脱"      │
│   高质量        │      │                     │ 摆脱传统经济增长方式│
└─────────────────┘      │                     │ 摆脱传统生产力发展路径│
┌─────────────────┐      │    ┌──────────┐    └─────────────────┘
│   3个关键       │      │    │          │
│   特点：创新    │──────┤    │ 新质生产力│
│   关键：质优    │      │    │          │
│   本质：新进生产力│    │    └──────────┘    ┌─────────────────┐
└─────────────────┘      │                     │  3个方面措施     │
┌─────────────────┐      │                     │ 推动产业链供应链优化升级│
│  3个要素良性循环 │      │                     │ 积极培育新兴产业和未来产业│
│   教育          │──────┘                     │ 深入推进数字经济创新发展│
│   科技          │                             ├─────────────────┤
│   人才          │                             │发展新质生产力不是要忽视、摒弃│
├─────────────────┤                             │传统产业，而是要用新技术改造提│
│畅通教育、科技和人才的良性循环                   │升传统产业，积极促进产业高端│
│深化经济体制、科技体制改革打通                   │化、智能化、绿色化│
│束缚新质生产力发展的堵点卡点                     └─────────────────┘
└─────────────────┘
        │促进                                        │促进
        ↓          生产力3个要素跃升                  ↓
┌─────────────────┬─────────────────┬─────────────────┐
│   劳动者        │   劳动资料      │   劳动对象      │
│创造新质生产力的战略人才│ 先进制造技术    │ 巩固战略性新兴产业│
│熟练掌握新质生产资料的应用型│ 工业互联网技术  │ 提前布局未来产业 │
│人才             │ 工业软件等      │ 改造提升传统产业 │
├─────────────────┼─────────────────┼─────────────────┤
│ 更高素质的劳动者 │更高技术含量的劳动资料│ 更广泛的劳动对象 │
└─────────────────┴─────────────────┴─────────────────┘
              优化组合的跃升
                              塑造适应新质生产力的生产关系
```

图 3-1　新质生产力的三要素逻辑关系图

表 3-1　传统生产力和新质生产力的发展特征对比

特征	传统生产力（工业时代）	新质生产力（数字时代）
发展动力	人力资源、资本、土地、工业技术等传统生产要素，重点在于提高专业效率（主要是生产效率）和降低成本	更加注重创新、数字化技术、知识产权和人才等新型生产要素，强调创新驱动、知识密集型、技术驱动型的生产方式，注重数据技术带来的多样化效率
发展逻辑	专业化导致市场规模的扩大。基于专业化的规模效益，追求量的扩张	多样化导致市场范围的增加。基于多样化的范围经济，追求质的扩展。降低选择多样化的成本，提高选择多样化的效率。多样化是指人的个性选择范围（体验）、供给选项范围（创新）的多样化扩张

58

第3章 回归本源 高质发展 新质生产力是中国消费企业韧性增长的必由之路

（续）

特征	传统生产力（工业时代）	新质生产力（数字时代）
发展速度	受限于传统生产方式和市场需求的稳定性，改变和创新较为困难，发展缓慢	随着现代数字科技的进步速度，实现跳跃式、跨越式且有序的稳定发展
发展模式	消耗大量的资源要素和能源	防止对资源要素和能源的过度使用，减少对生态环境的过度干扰，走资源能源节约型和环境友好型的可持续发展道理
发展组织	传统销售方式，基于科层制组织的命令式管理，外部以零和博弈竞争模式发展	基于外部生态共赢发展，基于统一机制和平台赋能，内部鼓励多样性业务和灵活组织形态
发展目标	基于专业效率基础的"做大做强"，发挥效率的效益目标是规模报酬递增，追求经济规模的扩大	实现当前利益和长远利益的协调和均衡，经济效益、社会效益和生态效益相统一的高质量发展，追求"做大做强"的同时要做优，发挥效率的效益目标是范围报酬递增

下面就图3-1涉及的内容做简要说明。

1. 新质生产力的本质是生产力

生产力即社会生产力，也称"物质生产力"，其核心特征包括创新性、知识密集性、可持续性、适应性、高效性、竞争力6个方面（也是韧性增长特性的6个方面），共同推动经济社会的可持续发展。

1）**创新性**：采用新技术、新管理方法、新运营机制和新商业模式，提高生产效率和产品质量，共同推动新质生产力的发展。

2）**知识密集性**：知识和技能的投入比重逐渐增加，劳动力和资本的投入比重相对降低，提高生产率和经济增长质量。

3）**可持续性**：注重环境保护和资源节约，采用绿色技术减少环境污染，提高资源要素循环利用效率，实现经济、社会和环境的协调发展。

4）**适应性**：在经济全球化和市场变化的背景下，能迅速适应外部环境的变化，调整生产和经营策略，保持竞争优势。

5）**高效性**：通过技术创新、管理优化和产业升级等途径，以更少资源要素消耗实现更高产出。

6）**竞争力**：创新能力、管理效率和市场反应速度驱动的产品具有高质量、低成本和优质品牌形象，产品和服务能够抵御竞争对手的挑战，赢得市场份额。

2. 新质生产力的特点是创新

1）在新兴技术应用方面：涵盖了边缘计算、5G/6G 通信技术、物联网、数字孪生、空间转录组学和精准基因编辑等领域的广泛应用。这些技术的应用对于推动生产力发展和创新具有重要意义。

2）在新兴产业形态方面：出现了战略性新兴产业，如人形机器人、新能源汽车、生物技术、高端装备制造、元宇宙和脑机接口等领域。这些产业具有高增长性、高附加值和技术密集的特点，代表了技术的前沿方向，为经济注入新动力。

3）在新业态和新模式方面：共享经济、平台经济、跨境电商、在线教育等新商业模式的出现改变了传统的生产、消费和交易方式，提高了资源要素配置效率，为经济社会发展注入了新的活力，创造了新的经济增长点。

4）在新的创新机制方面：新质生产力鼓励采用自组织、开放式创新和协同创新等机制。这些机制有助于整合创新资源要素，提高创新效率，促进科技成果的转化。这些方面共同推动着经济社会的持续发展。

3. 新质生产力的关键是质优

1）优质要素效率：新质生产力的"质"，从技术角度看主要是指效率性质。数字时代新质生产力与工业时代新质生产力相比，全要素生产率中的技术以往通常只有工业技术，而效率本身也一直被默认为专业化效率，是属于规模经济范畴，是"做大做强"的效率基础。与专业化效率并列的还有多样化效率，是属于范围经济范畴，即"做优"效率。在数据赋能的基点上考虑，效率发力点是在"做大做强"基础上升级为"做优"。

2）优质增长模式：新质生产力的高质量发展理念强调提高全要素生产率和资源要素利用效率，旨在实现经济增长的质量和效益提升，而非仅仅追求增长速度。这种发展方式注重提升生产过程中的质量和价值创造，符合当代生产力发展的趋势。

3）优质生活水平：新质生产力的发展旨在解决发展中存在的不平衡和不充分问题，以满足人民不断增长的美好生活需求为目标。传统需求以物质需求为主，传统产业发展主要为了满足生存发展需求。而新质需求增加了对美好生活的向往，包括文化、精神、个性化自我实现等方面。数字科技驱动的新质生产力强调以消费者多样化体验为中心，而不是以生产者为中心，推动发展的未来产业往往是物质含量低而意义含量高的产业，通过提高生产效率、改善产品质量，创造新的产业，促进以多样化为基础的新质供给，提升人民的生活水平和幸福感，促进社会全面进步，并造福全人类。

4）优质全要素生产率：新质生产力强调非传统生产要素（如知识、技术和创新）对生产力发展的关键作用，通过技术进步和管理创新提高全要素生产率，并扩展到全部生产要素的整合，实现资源要素利用的高效化和生产效率的提升，推动经济向更加可持续的方向发展。

5）优质环境和社会效益：新质生产力在追求经济效益的同时，重视生态效益和社会效益，致力于建立环境友好、可持续发展的生产和消费方式。通过减少资源要素的消耗和环境污染，实现经济增长与环境保护的协调。

6）优质人才结构：随着产业结构调整和科技创新的推动，新质生产力的发展反映在人才结构的优化升级上，以适应新经济时代对高素质人才和专业技能人才的更高要求，推动劳动力素质的提升。

3.3 新质生产力促进动态均衡有序可控

如前文分析，科技创新应用加剧了供需裂缝，使得动态均衡震荡幅度加大、速度加快、方向不明确性加强，供需关系始终在"结构均衡——结构失衡——结构再均衡"之间变化。要使供需系统结构重回均衡或使动态均衡处于有序可控状态的办法只有回到根因上，发挥科技创新的正向均衡作用，以科技创新之矛解决科技创新之盾。

第一，新质生产力强调以新质需求为导向，推动新质供给

现代化产业体系是发展到较高阶段的产业体系，而传统需求以物质需求为主，传统产业发展主要为了满足生存发展需求，单纯温饱需求，已经不足以支撑产业体系的现代化升级。

从需求端看，如第1章所述，随着我国人均收入的提高，已经引发了从弹性较低的衣食住行等刚性需求向弹性较高的差异化个性需求的转型。从供给端看，新质生产力推动发展的未来产业往往是物质含量低而意义含量高的产业。

因此，发展新质生产力，首先要改变的是以往以生产者为中心的供需逻辑，要以需求的质驱动供给的质，即以新质需求为前提和导向，发掘未来市场，推动新质供给，避免产学研用脱节（见图3-2）。其次改变对"质"的认知，新质的质是价值上的质，意味着价值重心发生变化，从以物体价值（功能价值）、交换价值（钱的价值）为质的重心，渐渐转向以意义价值（人的价值）为质的重心，"以人为本"地发展新质生产力。

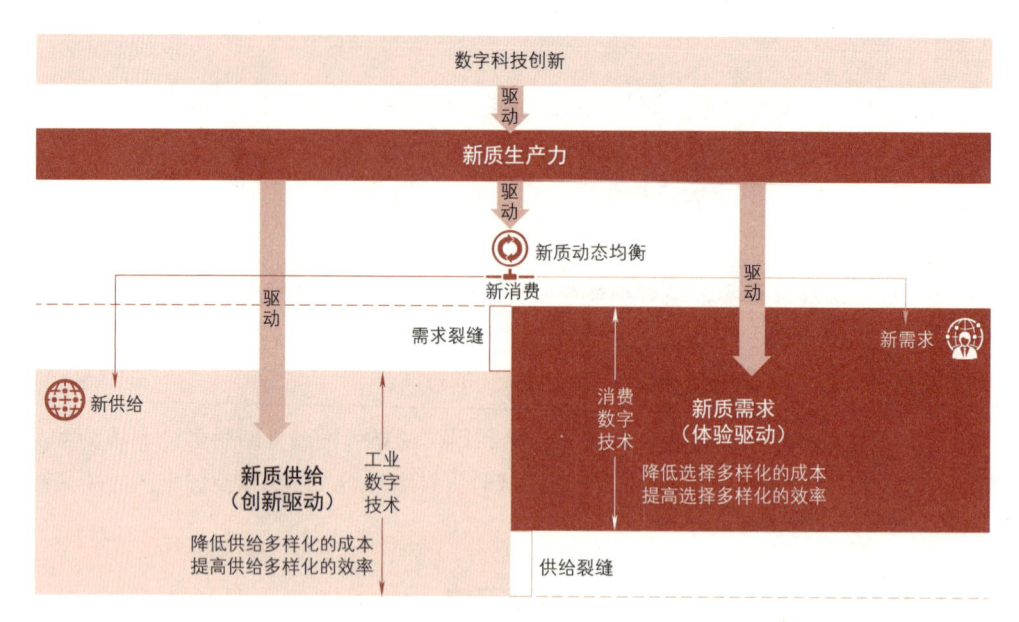

图 3-2　新质生产力驱动供需裂缝的新质动态均衡

第二，新质生产力强调增量价值创造

美国经济学家约瑟夫·熊彼特（Joseph Schumpeter）在 1911 年出版的《经济发展理论》（*The Theory of Economic Development*）中提出了创新和创造性破坏理论，他认为一个没有创新的静态经济体系，即"循环流转"（Circular Flow），描述了在一个没有创新和发展的静态经济体中企业和家庭之间的生产和消费活动的持续流动，资源和生产的稳定状态。在这种静态模型中，生产和消费的过程是重复和循环的，经济体保持在一个稳定的均衡状态，没有经济增长或衰退。企业生产商品和服务，家庭提供劳动力并消费企业生产的商品和服务，形成一个闭环的经济循环。企业从生产中获得收入，用于支付家庭的工资和购买生产要素，家庭则用所得收入购买商品和服务。他同时强调，真正的经济发展来源于"创新"（Innovation），包括新产品、新技术、新市场和新组织形式的引入。

从政治经济学的价值和使用价值来看，传统工业技术的"质"主要表现为同质化，其增量价值主要指同质的价值的量增加，就是属于熊彼特所述的静态经济体的"循环流转"。而与之不同是，新质生产力的"质"对应的是价值本身。数字科技创新启动的新质生产力，除了上文提到的产品和服务价值重点转移外，还体现在创造增量价值，而不是关注存量价值的再分配或者存量价值创造效率的提升问题。创新体现的是供给方面的新质，即创造更多的"新质供给"，体验代表的是需求方面的新质，即创造更多的"新质需求",新质供给和新质需求在迭代中达到新一轮的动态均衡,即"新质动态均衡",就是抽象意义上的"质量",即上节所述新质生产力促进高质量发展的结论,即熊彼特所述的创新或创造性破坏理论。

第三,新质生产力强调低成本高效率的双边多样化

英国经济学家亚当·斯密(Adam Smith)在其 1776 年出版的《国富论》(*The Wealth of Nations*)中就讨论了专业化(或称分工,Division of Labor)和市场规模扩大的关系。分工的程度受限于市场规模。换句话说,只有当市场足够大时,才有可能实现高度的专业化。一个小市场可能不足以支持多样化的专业化劳动,因为需求不足以维持专门化的生产线。随着市场规模的扩大,专业化和分工的程度也会增加,因为有更多的消费者和需求,生产者可以更好地分工合作,提高生产效率、降低生产成本和增加产品质量。而多样化(Diversification)是企业通过生产多种不同的产品来降低风险并满足多样化的消费者需求。

由此,专业化导致市场规模扩大,多样化导致市场范围增加,即分别对应了规模经济与范围经济,其扩张形式表现为量的扩张和质的提升。而在供需市场中,多样化可以理解为消费者个性选择范围扩大,即体验需求的多层次化、多元化"新质需求"创造了多样性带来的增量价值的同时,又降低了多样性选择的成本,提高了多样性选择的效率。多样化还可以理解为供给选项范围的扩张,即创新驱动的供给的多层次化、多元化。"新质供给"既创造了多样性带来的增量价值的同时,又降低了多样性创新供给的成本,提高了多样性创新供给的效率。

综上所述,新质生产力驱动的供需市场动态均衡状态与传统意义上的供需市场动态均衡状态的差别如表 3-2 所示。

表 3-2　供需市场动态均衡状态的区别

维　　度	传统意义上的动态均衡	新质生产力驱动的动态均衡
失衡根因	供给超量、需求未被满足	需求未被满足和未被充分挖掘
均衡形态	单一需求对单一产品	多样化需求对应多样化供给
均衡驱动	以生产者为中心,供给驱动	以消费者为中心,新质需求驱动
均衡价值	存量价值流动	增量价值主导,满足潜力需求,创造新需求
需求	基本物质需求为主	个性化意义价值加大
供给	有形商品为主	无形商品比重加大
均衡区域	局部区域	全国化甚至全球化
周期性	从失衡到均衡再到失衡需要较长时间周期	短周期快速均衡

3.4 全要素生产率提升的重点
3.4.1 全要素生产率提升的意义

全要素生产率（Total Factor Productivity，TFP）是一个经济学概念，用以衡量一个经济体在给定投入要素（如资本、劳动、土地等）的情况下，其生产系统所能实现的最大产出效率。它反映了生产过程中除了有形投入要素以外的所有因素的综合效率，这些因素包括但不限于技术创新、管理优化、资源要素配置效率、制度改进等。全要素生产率是用来衡量生产效率的指标，它有三个来源：一是效率的改善，二是技术进步，三是规模效应；具体包括技术进步、组织创新、专业化和生产创新等。全要素生产率的提高意味着在同等投入下，能够获得更多的产出，或者实现同样的产出所需的投入更少。

从经济增长的角度看，生产率与资本、劳动等要素投入都贡献于经济的增长。从效率角度看，生产率等同于一定时间内国民经济中产出与各种资源要素总投入的比值。从本质上讲，它反映的是国家（地区）为了摆脱贫困、落后和发展经济在一定时期里表现出来的能力和努力程度，是技术进步对经济发展作用的综合反映。对全要素生产率的研究对经济发展具有重要性和深远的意义，是实现经济高质量发展的重要途径之一。

全要素生产率的提升是经济增长的关键驱动和标志。新古典经济增长理论认为，要素投入受边际递减规律的制约，要维持经济的高速增长，只能依赖全要素生产率的提高。通过技术进步、管理创新和资源要素优化配置等手段，提高全要素生产率，可以增加经济的总产出，促进经济的持续发展。

全要素生产率的提升有助于推动经济结构的优化升级。在经济发展过程中，通过提高全要素生产率，可以降低生产成本，提高企业的竞争力，促进产业的升级换代。这对于实现经济的高质量发展，提升经济发展的效益和质量具有重要意义。

对全要素生产率的研究对于制定经济发展战略和政策具有重要的指导作用。通过对全要素生产率的分析和研究，可以揭示经济发展中存在的问题和瓶颈，为制定更有针对性、更有效的经济政策提供依据。

全要素生产率的提升对于改善民生、实现可持续发展具有积极的影响。通过提高全要素生产率，可以提高资源要素利用效率，减少环境污染和资源要素浪费，实现经济的可持续发展。同时，全要素生产率的提升也有助于提高劳动生产率，增加居民收

第3章 回归本源 高质发展 新质生产力是中国消费企业韧性增长的必由之路

入，改善人民生活水平。

区别于要素生产率（如技术生产率），全要素是指全方位、全过程要素。全要素生产率是指生产系统（主要为企业）作为系统中的各个要素的综合生产率，是全部生产要素⊖（包括资本、劳动、土地，但通常分析时都略去土地不计）的投入量在都不变时，生产量仍能增加的部分，即各要素（如资本和劳动等）投入之外的由技术进步和能力实现等导致的产出增加，是剔除要素投入贡献后所得到的残差，因此在计算上它是除去劳动、资本、土地等要素投入之后的"余值"。由于"余值"还可能源于没有识别带来增长的因素、概念上的差异以及度量上的误差，它只能相对衡量效益改善中技术进步的程度。全要素生产率事实上是企业生产率的一种，是企业技术升级、管理模式改进、产品质量提高、企业结构升级的综合功能反映。全要素生产率也可以称为系统生产率，全要素生产率的提高就是产业升级与生产力的发展。

全要素生产率 = 总产量 – 有形生产要素总投入贡献产出

全要素生产率的增长率是产出增长率超出要素投入增长率的部分，常常被视为科技进步的指标。比如，一个企业如果在生产中投入劳动、资本、土地等有形的生产要素共计100万元，而生产出来的总产量为150万元。那么，这150万元的产量是由两个方面的贡献构成的，其中100万元是由投入的100万元有形的生产要素所带来的，其余50万元则是全要素生产率（管理、技术等无形生产要素）的贡献。如果本年度的产量比上年度增长15%，而其中有形的生产要素投入量带来的增长为10%，则其余5%就是全要素生产率贡献的增长。

国外部分学者在全要素生产率研究方面具有较高的水平和丰富的经验，他们不仅关注全要素生产率的测算方法，还深入探讨了其背后的影响因素和机制，并在理论上进行了大量的创新，提出了许多具有指导意义的理论模型。同时，国外研究还注重实证分析的严谨性和数据的可靠性，为全要素生产率的研究提供了坚实的支撑。

展望未来，我们对全要素生产率的研究将继续深入发展。一方面，随着新技术的不断涌现和数据资源要素的日益丰富，全要素生产率的测算方法将更加精确和多样化；另一方面，对全要素生产率影响因素的研究将更加全面和深入，尤其是在制度、文化影响管理等非经济因素方面的研究将取得更多突破。同时，全球范围内的合作与交流也将推动全要素生产率研究的国际化发展，为各国经济增长提供有益的借鉴和启示。

⊖ 2019年，党的十九届四中全会提出"健全劳动、资本、土地、知识、技术、管理、数据等生产要素由市场评价贡献，按贡献决定报酬的机制"——生产要素由之前的四项（劳动、资本、技术、管理）变为七项（增加了土地、知识和数据）。

3.4.2　全要素生产率测量方法

全要素生产率的测算方法主要分为参数法和非参数法。本小节对全要素生产率的测量方法仅做简要介绍，旨在帮助读者理解全要素的基本概念和要求，在此对全要素的测量方法不做深入解读、探讨和比较，感兴趣的读者可以通过其他专业书籍进行深入研究。

1. 参数法

参数法主要通过建立生产函数模型，估算模型的参数，从而得到全要素生产率的值。

全要素生产率又称为"索洛余值"，1987年诺贝尔经济学奖得主美国经济学家罗伯特·索洛（Robert Solow）在1957年提出了具有规模报酬不变特性的总量生产函数和增长方程，基本思路是估算出总量生产函数后，采用产出增长率扣除各投入要素增长率后的余值来测算全要素生产率增长，形成了现在通常所说的生产率（全要素生产率）含义，并把它归结为是由技术进步而产生的。这种方法也称为生产函数法，简单且合乎经济学原理，被国内外许多学者用于对全要素生产率的测算。

生产函数模型是研究全要素生产率的基础，它描述了产出与生产要素（如资本和劳动）之间的关系。常见的生产函数模型包括柯布-道格拉斯生产函数（Cobb Douglas Production Function）、超越对数（Translog）生产函数等。这些模型通过设定不同的函数形式和参数，来捕捉生产过程中的技术进步、规模效应等因素对产出的影响。

参数估计是生产函数模型应用的关键步骤。常用的参数估计方法包括最小二乘法（Ordinary Least Squares，OLS）、最大似然法（Maximum Likelihood Estimation，MLE）等。这些方法通过拟合模型与实际数据之间的差异，来估计模型中的未知参数。参数估计的准确性直接影响全要素生产率的估算结果。

索洛余值法的核心思想是，在完全竞争市场条件下，资本的边际产出等于其租金价格（即资本收益率），劳动的边际产出等于工资率。当经济处于稳态时，产出的增长率超出要素投入增长率的部分即为技术进步率，也就是全要素生产率的增长率。

在具体应用中，索洛余值法通常采用柯布-道格拉斯生产函数作为估算基础。该函数假设产出（Y）是资本（K）和劳动（L）的函数，且呈幂函数关系，即 $Y=ALK$，其中 A 代表全要素生产率，分别为资本和劳动的产出弹性。通过对该函数进行回归分析，可以得到资本和劳动的产出弹性，进而求解出全要素生产率。

拓展的索洛余值法是在索洛余值法的基础上进行扩展，通过引入更多的变量和因素来提高估算的准确性。

参数法中另一个应用比较广泛的方法是随机前沿分析方法（Stochastic Frontier Analysis，SFA），随机前沿分析法是艾格纳、洛夫尔和施密特（Aigner Lovell & Schmidt）、穆森和布勒克（Meeusen & Van Den Broeck）在1977年各自独立提出的，是一种用于估计生产函数并分解效率与随机误差的计量经济学模型。它假设所有的企业在进行生产时，不会超过最优的"前沿"，因此会产生无效率的部分。SFA模型的基本结构包括生产函数形式、随机误差项和效率项。

在全要素生产率研究中，随机前沿分析法被广泛应用于评估生产效率、技术进步以及资源要素配置效率等方面。通过构建生产前沿，SFA可以分析实际生产与最优生产之间的差距，从而评估生产效率。

在具体应用中，SFA可用于企业、行业或国家地区层面的生产效率评估。例如，可以通过SFA分析不同行业或地区的全要素生产率差异，从而为资源要素优化配置和政策制定提供依据。SFA还可以与其他方法，如在下文中将介绍的数据包络分析（DEA）结合使用，以获得更全面的效率评估结果。

随机前沿分析法作为一种有效的效率评估工具，在全要素生产率研究中发挥着重要作用，为我们深入理解经济增长的源泉提供了有力支持。

2. 非参数法

非参数法主要利用数据驱动的方法，来计算全要素生产率。

数据包络分析（Data Envelopment Analysis, DEA）是一种非参数的生产率评估方法，自1978年由美国德克萨斯大学奥斯汀分校管理科学教授亚伯拉罕·查恩斯（Abraham Charnes）、美国哈佛大学和卡内基梅隆大学的教授威廉·W. 库珀（William W. Cooper）和美国印第安纳大学公共与环境事务学院的教授爱德华多·罗兹（Edwardo Rhodes）提出以来，已在全要素生产率的研究中得到了广泛应用，包括公共部门、私营企业、能源与环境等。数据包络分析是一种基于线性规划的方法，通过比较决策单元之间的相对效率来测算全要素生产率。这种方法可以有效地处理多投入、多产出的情况，并能提供关于技术效率和规模效率的信息。该方法的核心思想是通过比较决策单元（Decision Making Units, DMUs）的相对效率来评估其生产前沿。DEA不需要对生产函数的形式进行假设，因此可以处理多投入和多产出的复杂情况，并且不受量纲的影响。

在 DEA 框架下，全要素生产率可以通过两种主要方式进行测量：径向 DEA 和非径向 DEA。径向 DEA，如 CCR 和 BCC 模型，主要关注决策单元到生产前沿的"径向"距离，即等比例改进的可能性。这种方法忽略了松弛变量，即投入或产出的非等比例改进空间。为了克服这一局限性，非径向 DEA，如 SBM（Slack Based Measure）模型，被提出并被广泛应用于全要素生产率的评估。非径向 DEA 不仅考虑了径向距离，还纳入了松弛变量，从而提供了更全面的生产率评估。

与传统的数据包络分析相比，SFA 考虑了随机误差和无效率项的影响，使得评估结果更加准确和可靠。在实际研究中，学者们可能会根据具体的研究目的和数据情况选择不同的方法来测算全要素生产率。每种方法都有其优缺点和适用对象，因此需要根据具体情况进行选择和应用。

本文对全要素的测量方法仅做简要介绍，旨在帮助读者理解全要素的基本概念和要求，在此对全要素的测量方法不做深入解读、探讨和比较，感兴趣的读者可以通过其他专业书籍了解。

3.5 中国消费企业新质生产力公式

基于对新质生产力的解读，在图 3-1 新质生产力逻辑关系图解的基础上，架构中国消费企业新质生产力理论逻辑关系图，如图 3-3 所示。

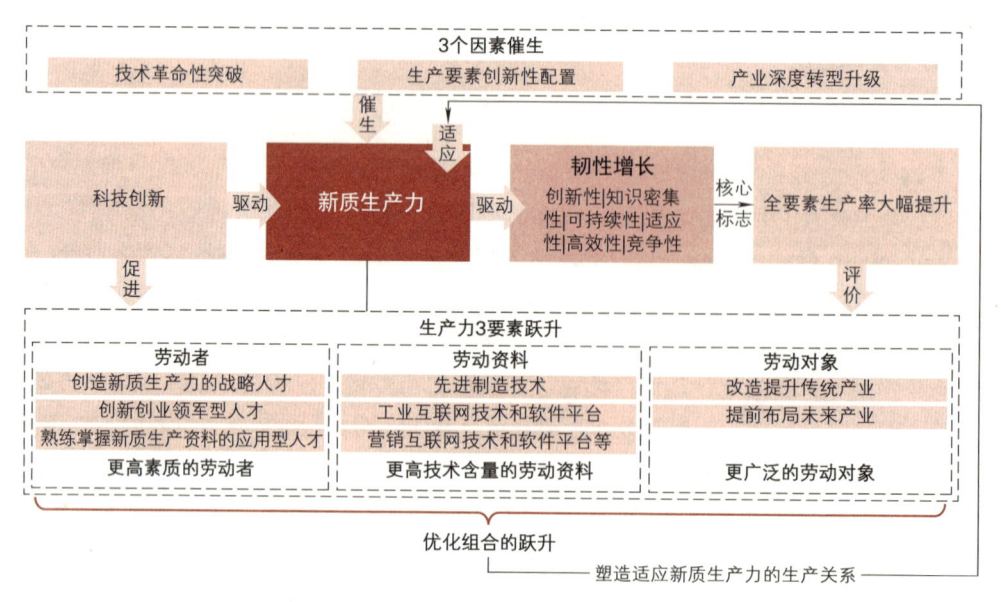

图 3-3 中国消费企业新质生产力理论逻辑关系图解

第3章 回归本源 高质发展 新质生产力是中国消费企业韧性增长的必由之路

中国生产力促进中心协会副理事长兼秘书长王羽[一]在 2024 年创新性地提出新质生产力理论公式：

$$新质生产力 = (科学技术^{革命性突破} + 生产要素^{创新性配置} + 产业^{深度转型升级}) \times (劳动力 + 劳动工具 + 劳动对象)^{优化组合}$$

基于这个公式，笔者认为并提出更贴切的理论公式如下：

$$新质生产力 = (科学技术^{革命性突破} + 生产要素^{创新性配置} + 产业^{深度转型升级}) \times (劳动力，劳动工具，劳动对象)^{优化组合}$$

因为新质生产力与过往生产力在如下方面不同：

1）科技创新不单作用于劳动力、劳动工具和劳动对象个体，更重要的是作用于优化组合，所以不能用以往的单个相乘关系。

2）科技革命性突破、生产要素创新性配置、产业深度转型升级这三个新质生产力的催生要素相互之间的驱动和耦合关系没有那么强，可以单个发挥作用，但与此不同的是，劳动力、劳动工具、劳动对象这三者之间的相互驱动和耦合关系在数字化时代表现得更加突出。

3.6 数字科技创新赋能企业新质生产力

3.6.1 关于数字科技与竞争力的研究

国务院于 2015 年 5 月印发的《中国制造 2025》是部署全面推进实施制造强国的战略文件，是中国实施制造强国战略第一个十年的行动纲领。其中，制造业发展的第一个目标是"创新中心建设取得重要进展，在重点领域建成一批产学研用紧密结合的制造业创新中心，数字化、网络化、智能化取得明显进展"。

该纲领的提出旨在通过"三步走"实现制造强国的战略目标：第一步，到 2025 年迈入制造强国行列；第二步，到 2035 年中国制造业整体达到世界制造强国阵营中等水平；第三步，到新中国成立一百年时，综合实力进入世界制造强国前列。

《中国制造 2025》中提出的数字化、网络化、智能化的目标，旨在推动制造业的转型升级，以适应新时代的市场需求和技术变革。数字化是指将制造业过程中的各种数据和信息进行数字化处理，提高生产效率和精度。网络化则是指通过互联网等现代信息技术手段，实现制造过程的可视化、可控制和智能化管理。智能化则是指利用

[一] 参见《新质生产力核心要素指标的思考——形成新质生产力的核心要素指标分析与研究》。

人工智能等技术，实现制造过程的自动化、自适应和自优化，提高生产效率和产品质量。

关于数字科技与企业竞争力之间的关系的研究，同济大学管理学院胡媛媛、陈守明和仇方君 2021 年在研究论文《企业数字化战略导向、市场竞争力与组织韧性》中，在 2020 年全球新冠病毒流行的背景下，考察在爆发前数字化战略如何影响企业市场竞争力，以及在危机之后如何影响组织韧性。利用 2010 至 2020 年沪深两市上市公司的面板数据，采用 PSM（倾向得分匹配）、固定效应模型、OLS（普通最小二乘法）和生存分析法分别进行三项子研究。研究结果显示：企业数字化战略导向与企业市场竞争力正相关，其中企业数字化战略导向对企业市场竞争力的正向关系在环境不稳定的情况下更敏感，企业数字化战略导向能够缓冲企业短期内经历的亏损，并可以快速地从危机中复苏。

数字科技对企业的作用研究目前有下面两种说法。

一种是赋能学派，"赋能"起源于授权赋能，围绕赋权 (Empower) 进行拓展。传统意义上，赋权强调组织内部的权利分配，赋能最早[1]被定义为增加内在任务动机。这意味着，当员工感到被赋权时，他们会更有动力去完成工作任务。这一概念的提出者创建了一个认知模型，识别了四个认知元素（任务评估）作为工人赋权的基础，这四个元素是：①影响力感知（员工认为自己的工作能够对组织或项目产生影响的感觉），②能力感（员工对自己能够胜任工作任务的信心），③意义性（员工认为自己的工作是有价值的，对组织和个人都有重要意义），④选择权（员工在工作中有一定的自主权和决策权），这一研究解释了个体如何通过认知过程来感知和解释赋权，从而激发内在的任务动机，这种内在任务动机可能是指个体对任务本身的兴趣和满足感，而非外在奖励或惩罚。

2015 年新加坡国立大学的研究人员[2]研究了信息通信技术（ICT）在危机响应中对社区的赋能作用，特别是在 2011 年泰国洪水灾害中的社交媒体应用。研究主要发现：社交媒体成为灾害信息和资源要素的重要传播渠道，帮助社区成员快速获取和分享相关信息；促进了社区成员之间的沟通和协调，加强了社区的凝聚力和响应能力；通过社交媒体，社区能够更有效地寻求和获得外部援助，提高了危机响应的效率和效果；提出了可以从结构赋能、心理赋能和资源赋能三个不同维度认识赋能。

新加坡南洋理工大学（Nanyang Technological University）组织行为学教授米特

---

[1] Cognitive elements of empowerment: "interpretive" model of intrinsic task motivation.
[2] ICT-enabled community empowerment in crisis response: social media in Thailand flooding 2011.

第 3 章　回归本源　高质发展　新质生产力是中国消费企业韧性增长的必由之路

拉·巴鲁阿（Mitra Barua），香港大学（The University of Hong Kong）商学院组织行为学教授迈克尔·V. 邦德（Michael V. Bond）[一]在 1996 年提出了员工赋能概念，强调了组织结构、领导风格和个体心理状态对员工赋能的重要性，并探讨了这些因素对组织绩效的影响。这三个维度的概念被广泛用于研究员工赋能和组织发展，帮助人们更好地理解员工赋能对组织绩效和员工工作满意度的影响。通过结构赋能、领导赋能和心理赋能三个方面的分析，可以促进组织建立更灵活、高效的工作环境，激发员工的创造力、承诺和工作动力。

瑞典吕勒奥理工大学（Luleå University of Technology）教授桑比特·伦卡（Sambit Lenka）、维尼特·帕里达（Vinit Parida）和乔基姆·温森特（Joakim Wincent）[二]于 2017 年在其研究中讨论了数字化能力在服务化企业中的重要性，以及如何通过数字化技术和能力促进企业与客户之间的价值共创将数据赋能（data empowerment）概念化为智能能力（intelligence capability）、连接能力（connect capability）和分析能力（analytic capability）这三个方面。这些维度可用来描述组织在数据处理和应用方面的能力，以提高业务决策和绩效。智能能力涉及组织对数据的理解和应用能力，连接能力指组织内外数据的整合和分享能力，分析能力涉及组织对数据进行深入分析和挖掘的能力。通过这些能力维度，组织可以更好地利用数据资源要素，实现智能决策和创新。

另一种是使能（Enable）学派，摩根州立大学（Morgan State University）教授加内什·D. 巴特（Ganesh D. Bhatt）、阿里·F. 埃姆达德（Ali F. Emdad），南卡罗来纳州北部大学（University of South Carolina Upstate）教授尼古拉斯·罗伯茨（Nicholas Roberts）、克莱姆森大学（Clemson University）教授瓦伦·格罗弗（Varun Grover）[三]分别从信息技术、管理、组织行为等领域共同研究了信息技术基础设施灵活性对组织响应能力和竞争优势的使能作用。

西班牙萨拉戈萨大学（University of Zaragoza）的管理学教授何塞·路易斯·卡米松（José Luis Camisón）[四]等在 2014 年的研究中验证了组织创新是技术创新能力和企业绩效的使能因素。

法国图卢兹商学院（Toulouse Business School）教授万巴·塞缪尔·福索（Samuel

[一] Structural empowerment and the empowerment of organizational members: Implications for organizational effectiveness.
[二] Digitalization capabilities as enablers of value co-creation in servitizing firms.
[三] Building and leveraging information in dynamic environments: The role of IT infrastructure flexibility as enabler of organizational responsiveness and competitive advantage.
[四] Organizational innovation as an enabler of technological innovation capabilities and firm performance.

Fosso Wamba)、美国马萨诸塞州达特茅斯大学（University of Massachusetts Dartmouth）教授安加帕·古纳塞卡兰（Angappa Gunasekaran）[一]等6位学者在2017年的共同研究中，分析了大数据分析和企业绩效之间的关系，特别是动态能力对这种关系的影响。讨论了大数据分析如何帮助企业提高绩效，包括支持数据驱动的决策、精准的市场定位、客户洞察和运营优化等方面。研究同时探讨了企业在利用大数据分析时所需具备的动态能力，包括快速学习、灵活性、创新能力和适应能力等，以及这些能力如何影响企业整体绩效。

3.6.2 数字经济催生新质生产力

我国社会主要矛盾已经转化为人民日益增长的美好生活需要和不平衡不充分的发展之间的矛盾。数字经济凭借数字化技术、数字化平台能够实现长尾效应和精准控制，满足多样化、个性化需求，并推动绿色生产与循环经济发展。

数字经济为高质量、高品质提供基础。随着数据成为生产要素，生产方式发生深刻变革，经济发展方式由传统要素驱动转向创新驱动，数字经济通过智能化、自动化的生产方式，提高了产品精度，实现了大规模、标准化生产和精准化、个性化服务的统一，加快了新质生产力发展。数字经济为消费行业提供了基石，通过智能化、自动化的生产方式，提高了产品质量和服务的个性化水平，满足了高品质的体验需求。企业通过数字化生产流程优化，精准用户画像和绿色供应链建设，提升了产品品质，也顺应了大众的环保意识。

数字经济催生了众多新兴产业，以数字产业化形成新质生产力发展新赛道，战略性新兴产业和未来产业涵盖了数字化技术当前与未来的发展方向，并有效牵引其他领域和行业发展。同时，产业数字化加速传统产业数字化转型和智能化升级并不断促进产业链的优化整合，进而不断释放新质生产力发展潜能。

数字经济为科学技术的发展提供了广阔的应用场景和丰富的数据资源要素，数字化平台推动了以数字化、网络化、智能化为代表的现代信息技术应用，为催生更多新技术提供了支撑。

凭借数据驱动的研发创新、数字化技术的融合应用、数字化平台的推广普及以及产业链的数字化协同，数字化技术与各个领域深度融合，消费行业通过数据驱动的研发创新，数字化技术的融合应用以及数字化平台的普及推广，实现了生产与消费的深度连接。数字化技术成为消费行业新业态、新模式、新技术突破的重要支撑，推动着

[一] *Big data analytics and firm performance: effects of dynamic capabilities.*

高新技术在消费领域的应用。

在国际竞争日益激烈的背景下，数字经济通过优化生产流程、精确用户画像、强化品牌建设等方式，不断增加企业的国际认可度和品牌竞争力，为打造"质"的优势提供了坚实支撑。

数字经济在中国消费行业未来发展中担任了重要角色，在中国消费行业中催生了新质生产力，表现在如下方面：

1）智能化生产：数字经济推动消费行业向智能化生产方式转变，通过大数据分析、人工智能和物联网技术的应用，实现生产流程的自动化和智能化，提高生产效率和产品质量。

2）个性化定制：数字经济为消费行业带来个性化定制的机会，通过数据分析和用户画像构建，企业能够更精准地了解消费者需求，提供符合个性化需求的产品和服务，增加消费者满意度和忠诚度。

3）数字化营销：数字经济促进了消费行业的营销方式转型，通过社交媒体、电子商务平台等数字化渠道，实现精准营销和用户互动，提升市场反应速度和营销效果。

4）供应链优化：数字经济改进了消费行业的供应链管理，通过数字化技术实现供应链的透明化和智能化，优化物流配送、库存管理等环节，降低成本，提高效率。

5）新业态创造：数字经济催生了诸如共享经济、线上零售、虚拟现实购物等新兴消费业态，为消费行业注入新的发展动力，创造了新的增长点和商机。

3.6.3 数据要素赋能新质生产力

新质生产力并不是只能与信息生产方式相联系，例如新材料、新能源技术，这些技术还属于工业技术范畴。在现实世界中，工业经济与数字经济处于混合状态，两种经济规律（工业经济的规模经济与数字经济的范围经济）共同发挥作用。依照工业化技术和数据技术新旧动能投入比例不同以及产业化与服务化产出比例不同，形成工业化与信息化的"两化融合"。

数据要素赋能新质生产力是指数据要素因其显著的效益和创新引擎作用，逐渐被认定为新质生产力的核心生产要素。对全要素生产率来说，数据的作用机理与技术的作用机理类似，都是通过作用于主体生产要素（资本、劳动等）提高效率，如将技术作为资本的系数，或将技术作为劳动的系数。

数据是数字经济的核心元素，而数据因其**多元性、依赖性、强渗透性**的技术特征，以及**低成本复制、非竞争性、部分排他性、技术通用性、高可复用性、高使用价值和范围经济递增**等经济特征，展现出不可估量的要素效率提升能力和资源要素配置优化能力，重要性日益凸显，迅速成为普遍认同的第七生产要素，如图3-4所示。

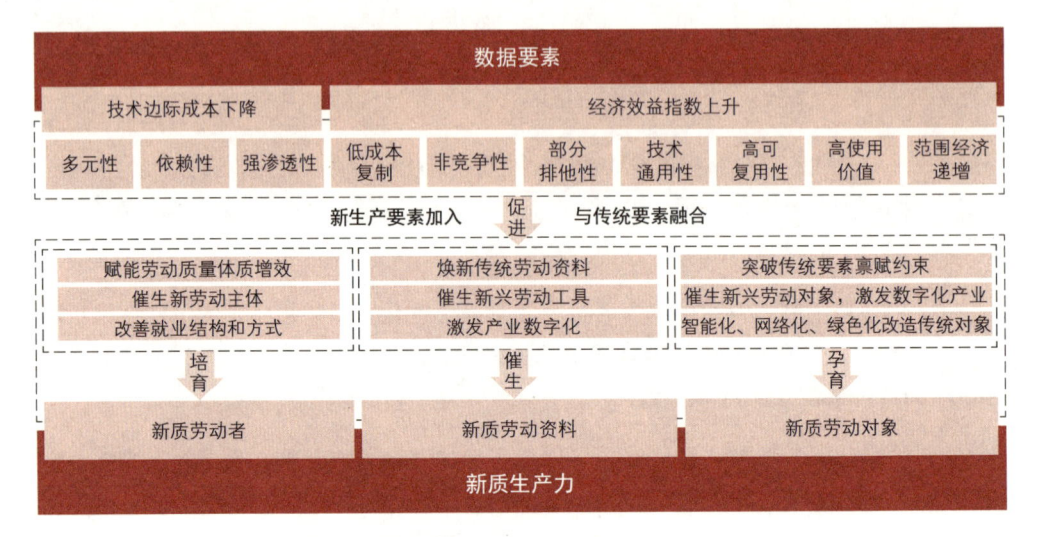

```
┌─────────────────────────────────────────────────────────────┐
│                         数据要素                              │
│  ┌───────────────────┐  ┌────────────────────────────────┐  │
│  │   技术边际成本下降   │  │        经济效益指数上升          │  │
│  │ 多元性│依赖性│强渗透性│  │低成本│非竞争性│部分│技术│高可│高使用│范围经济│  │
│  │                   │  │复制        │排他性│通用性│复用性│价值│递增   │  │
│  └───────────────────┘  └────────────────────────────────┘  │
│         新生产要素加入    促进    与传统要素融合                │
│  ┌───────────────┐ ┌───────────────┐ ┌─────────────────────┐│
│  │赋能劳动质量体量增效│ │焕新传统劳动资料 │ │突破传统要素禀赋约束        ││
│  │催生新劳动主体    │ │催生新兴劳动工具 │ │催生新兴劳动对象，激发数字化产业││
│  │改善就业结构和方式 │ │激发产业数字化  │ │智能化、网络化、绿色化改造传统对象││
│  └───────────────┘ └───────────────┘ └─────────────────────┘│
│         培育              催生              孕育              │
│  ┌───────────────┐ ┌───────────────┐ ┌─────────────────────┐│
│  │   新质劳动者    │ │   新质劳动资料  │ │      新质劳动对象        ││
│  └───────────────┘ └───────────────┘ └─────────────────────┘│
│                         新质生产力                            │
└─────────────────────────────────────────────────────────────┘
```

图 3-4　数据要素赋能新质生产力的理论机制

下面我们重点讨论数据的经济效益指数效应中的几个数据特质。

第一，我们讨论数据技术的通用性特征。

2009年诺贝尔经济学奖获得者、美国交易成本经济学和新制度经济学家奥利弗·威廉姆森（Oliver Williamson）认为不同的治理结构（如市场、企业内部组织）在处理交易和合作时会面临不同的成本和效率问题。在这种背景下，"通用目的的技术"（General Purpose Technology，GPT）㊀和"专用目的技术"（Special Purpose Technology，SPT）㊁的应用可能会影响交易成本。例如，GPT的广泛应用可能会降低整体市场的交易成本，而SPT的应用可能会在特定领域中实现高度专业化的低交易

㊀ "通用目的的技术"是指那些具有广泛应用范围、能够推动许多行业生产率提升的技术。这些技术通常具备高可塑性和适应性，能够在不同的应用领域中发挥重要作用。例如，蒸汽机、电力、互联网和人工智能等技术都被认为是GPT。它们不仅改变了特定行业的生产过程，还对整个经济体的生产力和增长产生了深远影响。采用GPT的企业，需要更加灵活和广泛的治理结构。

㊁ "专用目的技术"是指那些为特定用途或特定行业设计的技术。它们通常专注于解决某一特定领域的问题，应用范围相对狭窄。例如，某种特定的医疗设备、专门的制造工艺或者某种特定的软件工具，都可以被视为SPT。这些技术在它们的专门领域中可能非常有效，但其应用范围有限。采用SPT的企业会选择更加专门化和集中化的治理模式。

第3章 回归本源 高质发展 新质生产力是中国消费企业韧性增长的必由之路

成本。

工业技术具有专用性特征，属于 SPT 范畴；而数据技术具有通用性特征，属于 GPT。新质生产力转化为市场收益的路径，可以依靠"人无我有"的科技创新，也可以依靠"人有我异"的差异化创新。比如，目前大部分企业开始考虑的小批量多品种的生产方式，可以借助通用数据技术与通用性资产实现，通过数据编码方式，如 3D 打印，就可以实现功能上的差异，在不增加能源耗用、投入与污染的情况下提高产品的成本优势。

第二，我们讨论数据要素的高可复用性特征。

可复用是数据独有的性质。"创造生产要素供给新方式"是指，数据作为新型生产要素，能够多场景应用，多主体复用，激活数据要素潜能，将价值创造与价值实现联系在一起，提高劳动、资产等其他要素的投入产出效率。

可复用性的价值通常通过"乘数效应"来实现，国家数据局推出的"数据要素 ×"计划，复用即指在任一时间（如同一时间）用于不同地点（场景）和不同主体。通过"数据要素 ×"，发挥数据要素中间产品对于无数最终应用的倍乘与放大作用，促进数据使用价值复用与充分利用，通过提高劳动、资本等其他要素的投入产出效率来实现，就是将技术作为资本的系数，或将技术作为劳动的系数。

数据的"乘数效应"促进数据合规高效流通使用，比如可以通过"数据 × 行业"，如数据 × 农业、数据 × 制造业、数据 × 服务业等，赋能实体经济，优化资源要素配置与社会分配，进而实现新质对象产生，比如对于新兴产业的培育、传统产业结构调整和发展模式跃迁，形成要素功能替代、主体替代、生产方式替代的产业跃迁效果，激发了潜在需求、新市场，为传统产业创造了新的增长空间。

1）**要素功能替代**，即新型生产要素替代传统的有形生产要素，比如新能源汽车以电池、数控系统替代了燃油汽车中发动机、变速箱的功能。

2）**主体替代**，指虚拟要素的快速多变排列组合形成的现代产业、平台加应用的新业态代替受时空条件制约的传统产业，比如"供应链设备 + 土地要素 + 数据要素"组合形成了供应链平台经济体，一定程度上替代了物流运作企业；"供应链数据要素 + 资金要素"组合形成了供应链金融经济体；"商品数据要素 + 人"组合形成了消费电商，一定程度上替代了实体零售；而"商品交易数据要素 + 人 + 资金要素"组成了消费金融经济体，等等。新经济体的出现促进了产业结构优化，这是以数据要素为核心的新质生产力的核心发力点。新质生产力推动发展的未来产业，往往是物质含量低而意义含量高的产业，这需要我们重新定义实体经济和数字经济之间的区分，一些大量消耗物质、能源的产业已不适应新质生产力的发展需要。

3）生产方式替代，颠覆性技术很多属于通用目的技术，可以以开放的形态赋能产业和企业，比如人工智能技术提高生产效率、生产精度、良品率，这对于传统产业的智能制造升级和数字化转型意义重大。根本逻辑转变是，在生产领域，单从生产成本角度看，传统产业原来较多关注于专用目的技术，以提高生产效率为目的。通用目的技术以其差异化成本优势突破了效益提升的"天花板"，增加了效益提升的可能性，同时提升了生产精度和良品率。投入产出边际效益的提升提高了附加价值，一定程度上也提高了效益提升的可能性。

第三，我们讨论数据的高使用价值特征。

从价值和使用价值的角度判断，首先，有别于新质生产力中的新材料技术和新能源技术，新质生产力创造的价值，先是新的使用价值，再是推动创新，即创造新的使用价值的活动，它是与质量、创新、体验联系在一起的生产力，因此从价值和使用价值两个角度判断，数据都具有有别于其他要素的特殊价值；其次，数据创造新增量价值，新质劳动者是能够充分利用信息技术、适应先进数字化设备、具有知识快速迭代能力和基于数据决策能力的新型人才。新质劳动资料包括高端智能设备、计算工具，如人工智能、虚拟现实和增强现实、自动化制造技术、设备及数据基础设施，以及数据。新质劳动对象是与新质生产力相适应的、由数据赋能的新经济体、创新业务模式、创新新产业模式。这些与传统要素融合，由信息、知识、数据创造出的附加值，构成数字经济的价值本体，属于增量价值部分，也是全要素生产率衡量和评价的核心对象；最后，数据的使用价值还体现在对"质"的推动上，数据要素除数据经济本身价值外，重要意义在于"优"的发现机制，一种辨析"质"的能力，即推动资源结构优化、产品品质优化等，从质上提升生产力。

第四，我们讨论数据的范围经济特征。

数据技术有别通常的工业技术，以往的传统工业技术是专业化效率技术，而数据是多样化效率技术，具有明显的范围经济效益。

要理解数据有别于其他生产要素的特性，尤其是与工业技术的差别，需要先理解生产可能性边界（Production-Possibility Frontier, PPF）的概念，生产可能性边界又称产出极限，衡量在资源配置理论视角和既定资源和技术水平下经济体所能生产的两种产品的最大组合。生产可能性边界是一条表示在现有资源和技术条件约束下，经济体能够生产的两种产品A和B（或服务）的所有最大可能组合的曲线（见图3-5）。每

第 3 章 回归本源 高质发展 新质生产力是中国消费企业韧性增长的必由之路

一个点都代表一种生产组合。PPF 曲线的形态表明随着 B 产品的生产增加，另一种产品 A 的生产会减少，反映出机会成本递增的规律，即生产更多某一产品 B 所需付出的另一产品 A 的代价越来越大。

PPF 曲线上的点代表资源的有效利用，曲线上的每个点 P1、P2 都表示资源的充分利用和最佳分配。PPF 曲线内的点 P3 表示资源未充分利用或生产效率低下。PPF 曲线外的点 P4 目前无法实现，表示在现有资源和技术条件下无法达到的生产水平。PPF 用于分析资源在不同产品间的分配，帮助经济体在有限资源下做出生产决策。通过比较不同点的组合，决策者可以选择最优的生产方案。当资源要素增加或技术进步时，PPF 曲线会向外移动，表示经济体的整体生产能力提高。

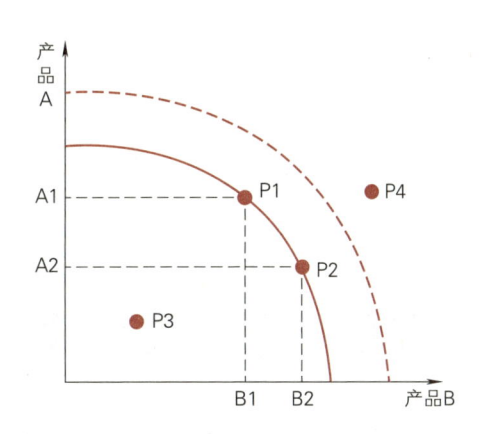

图 3-5 生产可能性边界（PPF）曲线

数据的多样化效率体现在，数据要素通过多场景应用、多主体复用，创造多样化的价值增量，在多次使用中突破传统资源要素约束条件下的产出极限，如生产可能性边界，通过应用场景的不断扩展，基于数据要素价值的飞轮效应（详见第 8 章），不断提升数据质量，拓展经济增长新空间。

作为数字化、网络化、智能化的基础，数据已快速融入生产、分配、流通、消费和社会服务管理等各环节。加快推进数据资产化进程，努力打造大规模高效运行的数据资产市场，有利于将我国海量的数据资源要素转化为科研创新活动的巨大推动力，助力新质生产力加快形成。

首先，数据是新质生产力的重要支撑。在新质生产力的发展过程中，数据扮演了关键角色。通过对数据的收集、处理和分析，企业能够更准确地把握市场动态和消费者需求，从而制定更为精准的生产和营销策略。同时，数据还能为企业的技术创新、管理创新和商业模式创新提供有力支持，推动新质生产力的发展。

其次，数据要素市场的发展有助于推动新质生产力的进步。数据要素市场包括数据交易、数据服务、数据治理等领域，通过完善数据确权、定价、交易等机制，可以激发数据要素的活力，促进新质生产力的发展。数据要素市场的建设和发展有助于充分发挥数据的价值，使数据成为推动新质生产力发展的重要动力。

此外，数据的广泛应用使劳动力从体力密集型向知识密集型转变，这与新质生产力知识密集型的特征相符。数据的应用提高了生产过程中的知识含量和技能水平，使劳动力结构得到优化，进一步推动了新质生产力的发展。

综上所述，数据与新质生产力之间存在着紧密的联系。数据是新质生产力的重要支撑和推动力量，而新质生产力的发展又进一步促进了数据的收集、处理和应用。在未来发展中，随着数据技术的不断进步和应用场景的不断拓展，数据与新质生产力之间的关系将更加紧密，共同推动经济社会持续发展。不同时代生产力核心要素的表现如表3-3所示。

表3-3 不同时代生产力核心要素的表现

	信息化时代（工业技术）	数字化时代（数字技术）
劳动者	在传统信息化时代，劳动者主要面对信息化工具的使用，相对更强调信息的处理和传递，而没有像数字化时代那样对技能更新和适应性的要求那么强烈	▪ 劳动者可以更加便捷地获取新知识、学习新技能，有助于不断提高其素质与技能水平； ▪ 数字化技术使得劳动者能够更高效地工作。自动化和机器学习的发展使一些重复性高、简单性大的任务可以被机器取代，从而释放出人力去从事更复杂、更具创造性的工作； ▪ 数字化技术也改变了劳动者的劳动方式，如远程办公、协作工具等的普及，使得人们可以更加灵活地工作，提高了工作效率； ▪ 数字经济催生了大量新兴职业，为劳动者提供了充足的就业机会和发展前景，也为发展新质生产力培育了掌握新科技、拥有新技能的新型劳动者
劳动资料	传统信息化时代的劳动资料更多体现信息的收集、存储和处理，但没有强调数据的深度分析和利用，也缺乏智能化的特征	▪ 云计算、大数据、人工智能等新一代信息技术使劳动资料实现智能化升级； ▪ 生产过程更加高效精准，在劳动资料更新和生产过程优化的动态调整下，数字经济为发展新质生产力提供了迭代更新的劳动资料； ▪ 数字化技术让劳动资料变得更容易获取、存储和共享。云计算技术使大量数据可以被轻松存储和处理，人工智能和大数据分析让企业能够更好地利用这些数据进行决策和优化。劳动资料的利用效率大大提高，为企业创造了更多的商机和竞争优势
劳动对象	在传统信息化时代，劳动对象主要是受控的设备和工具，缺乏智能化和自动化特征，生产过程更需要人工干预和控制	▪ 数字化技术也改变了劳动对象的本质。智能制造、物联网等技术的发展使得生产设备和产品之间可以进行实时通信和协作，生产过程更加智能化和自动化； ▪ 不仅提高了生产效率，还改善了产品质量和生产环境，为企业带来了更多的发展机遇； ▪ 随着数据成为关键生产要素，数字经济还促进了跨界融合和创新发展，使产业界限更加模糊，劳动对象的范围得以延展

3.6.4 新质生产力三要素的飞轮效应

在手工作业时代和传统信息化时代，虽然劳动者、劳动资料和劳动对象三要素之间也存在相互影响和作用，但与数字化时代相比，这种作用的程度和效果相对较弱。在数字经济催生和数据赋能下，生产力三要素之间的相互驱动作用更加紧密、智能化和高效，进入相互正向驱动的"飞轮效应"。

1）深度和智能化：数字化时代，生产力三要素的相互驱动作用更加深入和智能化。

2）自主学习和决策：数字化时代，劳动对象具有自主学习和决策能力，能够根据环境和数据实现智能化行为，而传统信息化时代的劳动对象更多依赖人工控制。

3）数据驱动和优化：数字化时代更加注重数据的价值和应用，劳动者、劳动资料和劳动对象之间的相互作用更加依赖数据驱动的决策和优化。

相互正向驱动的"飞轮效应"（见图3-6）主要体现在以下几个方面：

1）劳动者与劳动资料的相互驱动：劳动者通过数字化技术获取和处理大量数据，从而更好地理解和应用劳动资料。同时，劳动资料的数字化也为劳动者提供更多的信息和工具，帮助他们提高工作效率和创造力。

2）劳动者与劳动对象的相互驱动：劳动者通过数字化技术与智能化的劳动对象进行交互，实现更高效的生产。智能化的劳动对象能够根据劳动者的指令和数据进行自主学习和优化，提高生产效率。

3）劳动资料与劳动对象的相互驱动：劳动资料的数字化和智能化应用为劳动对象提供了更多的数据和决策支持，帮助劳动对象实现自主学习和智能化控制，从而与劳动资料实现更紧密的互动和协作。

图 3-6 新质生产力三要素的飞轮效应

3.7 新质生产力驱动韧性增长

新质生产力本质上驱动了消费企业发展动能的转换，即从传统的增长方式转换到韧性增长方式。由前文分析可知，新质生产力的生产力特征和韧性增长的特征一致，即创新性、知识密集性、可持续性、适应性、高效性和竞争性，可以说新质生产力是

韧性增长： 消费企业智胜未来的新质生产力

中国消费企业韧性增长的必由之路，而且新质生产力为消费企业韧性增长找到了一条切实可行的道路。消费企业需要在不断发展中淬炼新质生产力，形成符合新时代需求的新发展动能。但新质生产力的形成过程也不是一蹴而就的，需要不断排除干扰，在挑战和困境中不断优化和创新，才能逐步形成推动企业实现韧性增长目标、具有企业自身发展特色的核心发展动力。

新质生产力和韧性增长之间存在紧密的联系，它们相辅相成，共同构成了企业在复杂多变的市场环境中保持竞争优势的基础。

1. 新质生产力是韧性增长的动力源泉

新质生产力通过引入创新技术、优化生产流程和提升产品质量，为企业创造了独特的竞争优势。这种竞争优势是企业实现韧性增长的关键，使企业能够在市场中脱颖而出，吸引更多客户，从而保持持续增长。

2. 韧性增长为新质生产力的持续创新提供土壤

韧性增长意味着企业能够在经济波动、市场竞争等压力下保持稳定增长。这种稳定性为企业提供了足够的资源要素和时间来持续投入新质生产力的研发和创新。换句话说，韧性增长为企业创造了一个有利于新质生产力发展的环境。

3. 韧性增长要求企业不断适应市场，推动新质生产力的调整和优化

市场环境是不断变化的，企业需要不断调整和优化自身的新质生产力以适应这些变化。韧性增长正是这种灵活性和适应性的体现，它要求企业迅速响应市场变化，通过调整新质生产力的方向和重点来保持竞争优势。

综上所述，韧性增长和新质生产力之间存在着密切的联系。新质生产力是推动韧性增长的关键因素，而韧性增长又为新质生产力的持续发展提供了有利的环境和条件。两者相互作用，共同提升企业在复杂市场环境中的竞争力和抵御风险的能力。

数字科技作用在新质生产力的三个要素上，对韧性增长形成了推动作用。相较于传统信息化时代，短期生产效率和创新能力得以提升，以实现更高效、智能的生产方式，更重要的是在数据科技的作用下，三要素相互正向驱动的"飞轮效应"在进一步放大单个生产要素的"边际生产力"的同时，也从整体上放大了提升效率和创新能力的边际效应。

1. 生产效率提升

1）**数据驱动的决策：** 劳动者通过数字化技术获取大量数据，可以更准确地分析

和预测市场需求、生产过程等，从而做出更有效的决策，这种实时反馈机制有助于提高生产效率，优化资源要素的利用，从而提高边际生产力。

2）智能化生产：劳动对象的智能化和自主学习能力可以根据数据和指令自动调整生产参数，实现生产流程的优化和自动化，提高生产效率。企业可以优化生产流程、提高产品质量，并且更快地做出决策，从而实现更高的边际产出。

3）信息共享与协作：劳动资料的数字化让信息更容易共享和传递，劳动者之间可以更好地协作和沟通，避免信息孤岛，提高工作效率。企业优化供应链管理，实现生产和物流的更好协调与配合。通过数字化平台和智能算法，企业可以更好地预测需求、管理库存，并且提高生产过程的灵活性和响应速度，从而提高整体边际生产力。

2. 创新能力提升

1）数据驱动的创新：劳动者通过分析大数据和实时信息，可以更好地发现市场机会和产品改进点，推动创新的方向和速度，提高客户满意度和市场竞争力，同时提高边际生产力。

2）智能化协作：劳动者与智能化的劳动对象合作，可以实现更高效的生产流程和更灵活的生产方式，激发团队创新能力，提高工作效率，节省时间成本，从而提高边际生产力。

3）快速试错和学习：数字化技术可以建立模型和模拟环境，让劳动者实现快速试错和学习，促进创新思维的培养和实践。

3.8 淬炼中国消费企业新质生产力的核心要素

新质生产力的内核是科技创新，通过数字化技术的引入、应用和内核化，催生新动能、新模式和新产业，从而驱动新质生产力的发展。数字化技术驱使企业商业模式和运营方式发生变化，企业形态由封闭管控型转向开放赋能型，最大化地连接产业产品和服务资源要素，为消费者提供最佳体验，从流程、数据和团队角度促进增长运营能力提升。

3.8.1 新质劳动对象：企业增长核心业务驱动力变迁带来更广泛的劳动对象

随着数字科技的进步，劳动对象也在不断创新和扩展。新质生产力涉及产业链的延伸、供应链的补强和营销链的创新，以及产业模式的创新。往下从传统的经销渠道延伸到终端、从终端到消费者，或者直接面向消费者，往上整合上游原材料供应端、端到端供应链的一体化运营、从实体经济到数字经济产业的发展，从线下到线上的延伸和融合等，这些创新的劳动对象为企业提供了更广阔的发展空间。

在数字科技驱动下，中国消费产业数字化变革序幕拉开，逆向数字化的改造已经开始，C to B（消费者对企业）短路经济创新模式促进了整个价值链的逆转，业务增长驱动力从制造端转向消费端。消费体验需求对整体产业链进行的逆向数字化改造已经开始，传统营销、渠道和供应链逻辑均要彻底改革，最核心的是增长逻辑起点和驱动增长的资源要素运营逻辑起点发生改变，数字经济催生了中国消费产业的新质劳动对象，如图 3-7 所示。

红利增长时代和韧性增长时代增长逻辑的变化如表 3-4 所示，劳动对象的变化如表 3-5 所示。

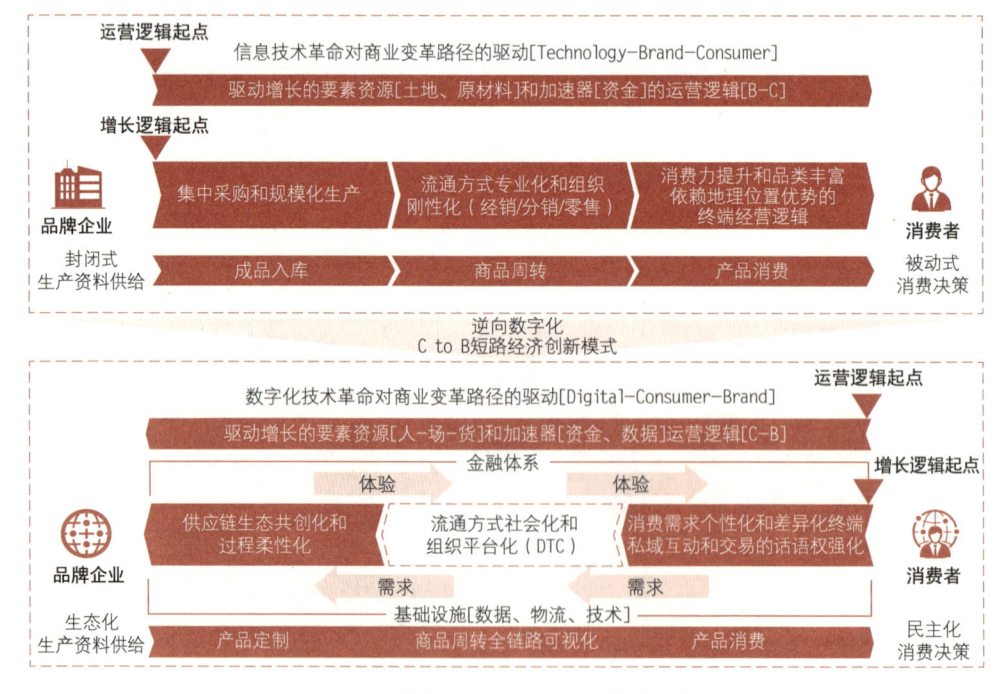

图 3-7　数字经济催生了新质劳动对象

表 3-4　红利增长时代和韧性增长时代增长逻辑的变化

	红利增长时代（传统增长逻辑）	韧性增长时代（新质增长逻辑）
企业时代背景	工业经济时代，需求大于供给	数字经济时代，批量供给大于需求，个性化需求供给不足

（续）

	红利增长时代（传统增长逻辑）	韧性增长时代（新质增长逻辑）
企业增长逻辑起点	生产制造端	需求端
企业核心挑战	对生产资源要素的掌控力度，土地、原材料和资金决定了生产规模，生产技术决定了生产速度和效率	需求端相对制造端更加敏感，传统企业难以把握消费者个性化需求、渠道的真实动销、消费者需求和市场波动性
企业核心能力	选定行业赛道内的管理能力，即从任务目标到执行的过程控制	运营能力不断提升企业资源要素效率，持续强化面对市场波动的韧性

表 3-5　红利增长时代和韧性增长时代劳动对象的变化

	红利增长时代（传统劳动对象）	韧性增长时代（新质劳动对象）
生产要素	土地、原材料、资金	人、场、货、数据（增加）
技术驱动逻辑	信息技术驱动商业变革	数字化技术驱动商业变革
价值链逻辑	成品入库→商品周转→产品消费（BTC）	产品消费→商品周转→产品定制（CTB）
消费者	被动式消费决策	民主化消费决策
品牌企业	封闭式生产资料供给	生态化生产资料供给
供给端	集中采购和规模化生产	供应链生态共创化和过程柔性化
流通端	流通方式专业化和组织刚性化（经销/分销/零售）(TBC)	流通方式社会化和组织平台化（DTC）
消费端	消费力提升和品类丰富、依赖地理位置优势的终端经营逻辑	消费需求个性化和差异化、终端私域互动和交易的话语权强化

3.8.2　新质劳动资料：企业增长数字化运营体系支撑更高效的劳动资料

劳动资料的发展水平是生产力发展水平的重要标志。新质生产力需要更先进的生产工具、智能生产线和智能设备等硬件设施，以及基于数据驱动的资源要素管理、运营和决策软件平台、高效的协同平台，以及数据资产。这些新质劳动资料能够提升生产效率、优化资源要素配置，驱动资源要素效率最大化，推动产业深度转型。

在消费产业中，新质劳动资料包括数字化工具、人工智能、自动化技术、新型支付方式、虚拟和增强现实技术、绿色可持续发展技术，以及灵活用工模式。电子商务平台、社交媒体和客户关系管理系统提升了在线销售和客户管理效率。智能客服、数据分析、自动化仓储和物流技术提高了服务质量和效率。移动支付和数字货币提供了便捷的支付方式，虚拟试衣间和增强现实广告提升了购物体验。可持续包装和供应链管理推动了环保生产，远程办公和零工经济平台提供了灵活的就业机会。

在制造领域，智能制造技术、3D打印技术、先进材料技术、精益生产、人工智能、数字孪生和区块链技术推动了制造业的创新。工业4.0和自动化生产线提高了生产效率和精度；3D打印实现了快速原型制造和定制化生产；新材料和绿色材料提升了产品性能和可持续性；人工智能在预测性维护和质量控制中的应用减少了故障、提升了质量；数字孪生技术优化了生产流程；区块链确保了供应链的透明性和可靠性。这些创新促进了制造业向智能化、绿色化和定制化发展，更好地服务于消费产业。

从满足部门职责、任务分工需求的僵化流程和孤立数据，转变为满足增长和效率需求的策略迭代和流程优化，提高全局资源要素效率最大化，如图3-8所示。

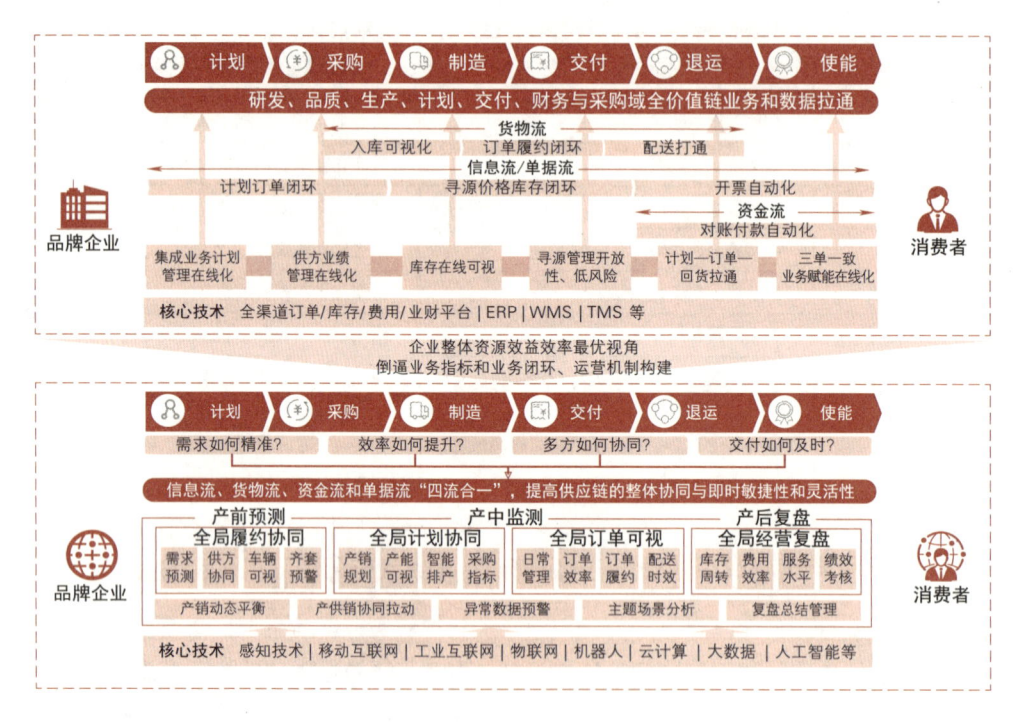

图 3-8 数字经济催生了新质劳动资料

红利增长时代和韧性增长时代运营机制的变化如表3-6所示。

表 3-6 红利增长时代和韧性增长时代运营机制的变化

对比维度	红利增长时代 （基于经验和实物的流程运营逻辑）	韧性增长时代 （基于数据的数字化运营逻辑）
运营目标	研发、品质、生产、计划、交付、财务与采购域全价值链业务和数据拉通，实现快速扩大市场份额，利用市场红利实现高速增长，关注短期利润和市场占有率	企业整体资源要素效益效率最优视角；倒逼业务指标和业务闭环、运营机制构建，实现可持续的长期增长，增强企业韧性和抗风险能力，注重长期价值和稳定增长

第3章 回归本源 高质发展 新质生产力是中国消费企业韧性增长的必由之路

（续）

对比维度	红利增长时代 （基于经验和实物的流程运营逻辑）	韧性增长时代 （基于数据的数字化运营逻辑）
运营对象	依靠市场趋势和经验进行决策，更关注流程的一体化对快速扩张、灵活应变的支撑	基于微观、中观业务和效率目标和问题聚焦，基于数据分析和科学决策，强调稳健运营、数据驱动、精细化管理
运营范围	较多关注在供应链层面，其他领域运营缺乏深度运营，且关注结果，忽视过程的迭代优化	贯通产前预测、产中监测和产后复盘的端到端过程，基于数据分析，拓展到渠道、产品品类、营销内容、费用资源要素运营等，且关注产供协同、数据拉通、订单可视和经营复盘等内容，注重过程的不断迭代优化和持续改进
运营机制	基于管理者的经验和直觉，决策流程相对简单，集中决策，层级管理	基于数据和模型的决策机制，流程更加规范和透明，数据驱动，扁平化管理；强调自动感知、自动判断、自动适应、自动执行、自动分析、自我学习和自动纠错
运营工具	传统市场调研、经验分享和简单的财务分析工具，低技术依赖，手动操作多；技术支撑业务一体化需求，确保业务端到端透明化，实现业务执行效率和管理效率提升	基于数据和人工智能的数字化一体化运营平台、系统和实时数据分析工具，以及智能制造技术、物联网、区块链技术提供数据；高技术依赖，自动化程度高；业务与技术高度融合，确保数字化平台功能开发、迭代优化，快速响应市场和运营需求
运营团队	依赖经验丰富的管理者和市场专家，决策权属于少数高层领导；以快速生产和销售任务完成为目标，满足批量客户需求，各团队以上级管理者、决策任务为中心，相互隔离、职能固化，领导对目标和任务进行决策	多维度建立符合自身的运营策略，赋能一线增长渠道和增长端，领导扮演协调、支持、赋能角色，帮助团队实现各自使命，运营团队由数据分析师、IT专家和跨部门合作团队组成；注重团队合作和多样化的专业技能，实时支撑业务过程

红利增长时代和韧性增长时代的运营机制有明显区别，因此在劳动资料上也存在明显差别。红利增长时代依赖传统的物理设备和人力操作，而韧性增长时代则依赖数据和智能化系统，通过数据驱动的方式实现更高效、更精准的运营和持续的优化。如表3-7所示。

表3-7 红利增长时代和韧性增长时代劳动资料的区别

	红利增长时代 （基于经验和实物的流程运营逻辑）	韧性增长时代 （基于数据的数字化运营逻辑）
资料要素	传统的生产流程、实物管理工具、流程管理平台和物理设备，依靠这些物理设备、流程管理平台和手工操作来完成生产和服务	劳动资料主要包括数字化技术、数据、智能设备、运营平台和数字基础设施。数据成为核心要素，通过数据的收集、分析和应用来驱动生产和运营，特别是通过运营平台实现产供协同、数据加准、订单可视和经验复盘

（续）

	红利增长时代 （基于经验和实物的流程运营逻辑）	韧性增长时代 （基于数据的数字化运营逻辑）
资料种类	机械设备、手工工具、办公设备、物料供应和流程管理平台等，都是实物形态的劳动资料	数据库、数据分析工具、人工智能系统、云计算平台和运营平台等，主要是数字和虚拟形态的劳动资料
资料内涵	依靠物理设备、流程管理平台和手工操作，通过传统流程和实物管理来实现生产效率和产能的提升	通过数据分析和智能化系统来实现精准、高效的运营和不断的迭代优化；运营平台在其中发挥重要作用，通过集中管理和优化运营流程提升效率
资料技术	WMS、TMS、DMS、订单管理平台、ERP	感知技术、移动通信、互联网技术、移动互联网、物联网、机器人、运动装备、云计算、大数据和人工智能
获取方式	购买、租赁、生产和维护物理设备及流程管理平台；企业需要投入大量资金来购买或租赁生产设备和基础设施	更加多样化，包括数据收集（如通过传感器和物联网设备）、数据共享、购买和生成；数据可以通过各种渠道和平台进行获取和整合
价值发挥	使用物理设备、流程管理平台和流程管理来实现生产效率和产能的提升，主要依靠物理资本和劳动来创造价值	通过数据分析、自动化和智能决策来实现优化和创新；数据的价值通过其分析和应用来发挥，通过提高决策的精准度和运营的效率来创造更大的价值；运营平台在实现高效管理和优化流程中起到关键作用

3.8.3 新质劳动者：企业增长组织变革力驱动更高素质的劳动者

新质生产力强调劳动者的素质提升，主要包括专业认知教育者、创新创业实践者及具备工匠精神的高技能工程师等。在数字化技能的加持下，这些劳动者通过其更强的专业知识、创新能力和技术技能，为新质生产力的发展提供更强力的人才支撑。数字人应用在品牌、市场和客户服务等场景里，在降低劳动者固定成本的同时，提高了劳动效率和劳动成果质量，更重要的是充分发挥了数字科技的边际效应，劳动者可以在劳动作业过程中不断增强专业技能，提高劳动能力。

伴随数字化建设的不断推进，不断创新迭代的新组织形态，需打破原有科层制职能和组织边界，打通和聚合公司层面的各业务条线以及职能力量，形成面向消费者、渠道、产品和场景的一体化运营能力，支撑资源要素最有效投向各类增长源，如图 3-9 所示。

在红利增长时代，基于管理架构的组织机制主要关注提高生产效率和产出，通过传统的层级式结构和严格的管理控制实现组织目标。业务和专业职能部门按照固定的流程和标准进行工作，管理层通过集中决策和监督控制各部门的运作，追求效率和稳定性。

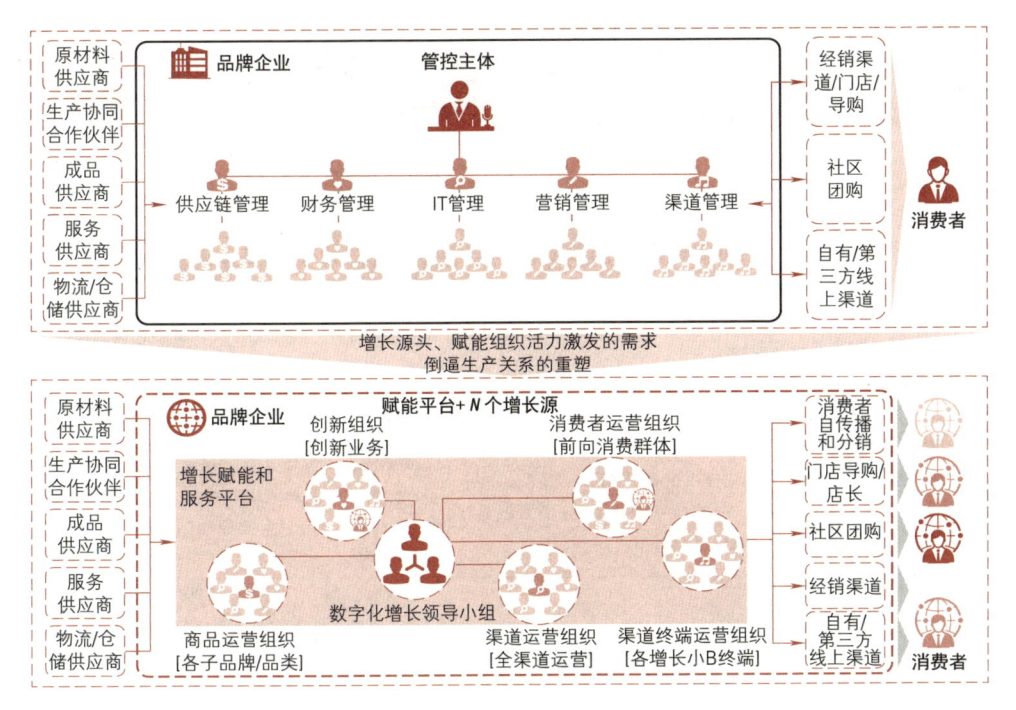

第3章 回归本源 高质发展 新质生产力是中国消费企业韧性增长的必由之路

图 3-9 数字经济催生了新质劳动者

在韧性增长时代，基于业务架构的组织机制强调可持续发展和韧性增长，通过扁平化和矩阵结构实现灵活应对市场变化。业务角色多样化，专业职能部门与业务单元紧密合作，管理层提供支持和资源要素，促进整体协同和组织韧性。不同时代的组织机制的对比如表 3-8 所示。

表 3-8 红利增长时代和韧性增长时代组织机制的对比

	红利增长时代 （基于管理架构的组织机制）	韧性增长时代 （基于业务和运营架构的组织机制）
组织定位	以管控为主，裁判员+运动员	以赋能为主，裁判员+教练员
组织目标	主要集中在提高生产效率和产出，追求利润最大化；管理架构的重点在于通过规范管理流程和标准操作来实现这些目标，管理在目标实现中占据主导地位	转向实现可持续发展和韧性增长，追求创新、灵活性和客户价值；业务架构的重点在于通过业务流程优化和客户需求响应来实现这些目标，业务驱动组织目标的实现
组织架构	通常是传统的层级式结构，决策集中于高层管理；信息传递和决策过程主要自上而下，具有较强的稳定性和控制力，但缺乏灵活性，管理层在架构中占据主导地位	趋向扁平化和矩阵结构，决策权分散到各个业务单元，强调跨部门和跨职能的合作，这样的架构可以更快速地响应市场变化和客户需求；业务单元在架构中占据主导地位，管理层支持业务单元的运作

韧性增长： 消费企业智胜未来的新质生产力

（续）

	红利增长时代 （基于管理架构的组织机制）	韧性增长时代 （基于业务和运营架构的组织机制）
协同机制	以部门为单位，主要是垂直协同，部门间的信息交流较少，容易形成信息孤岛，影响整体协同效率；管理层通过制定规章制度和流程标准来进行协调	以产品、消费群、细分市场、创新项目为单位，强调跨部门协同和信息共享，通过数字化平台和数据驱动实现高效协作，减少信息孤岛，提高整体运营效率和响应速度；业务单元之间的协同更加灵活和自发，管理层提供支持和资源要素
人才结构	以专业技能和经验为主，强调员工的稳定性和资历。管理层倾向于保持团队的稳定，通过严格的考核和管理来控制人才结构	趋向多元化，强调员工的多技能和跨领域合作能力，注重创新能力和灵活应变。业务需求推动人才结构的多元化，管理层支持和促进人才的发展和创新
绩效评价	主要基于产出和效率的量化指标，强调短期业绩，如生产数量、销售额和成本控制；管理层通过量化指标严格控制绩效评价	更加综合，基于综合绩效和价值创造，注重长期发展、创新和团队贡献；业务成果和创新能力成为绩效评价的重要标准，管理层支持综合绩效的评估
管理关系	管理驱动业务和运营，业务流程标准化，管理控制较强，追求效率和稳定性；业务运作受管理层制定的规章制度和流程标准严格控制	业务驱动管理，业务流程灵活调整，管理支持业务需求；管理层提供支持和资源要素，业务单元根据市场和客户需求灵活调整运营策略；运营支持业务，灵活调整运营策略以适应市场和客户需求，注重创新；管理层提供资源要素和支持，运营策略根据业务需求和市场变化进行灵活调整
业务角色	业务角色清晰，职责明确，严格按照管理流程执行；业务角色的主要任务是按照规定的标准和流程完成工作，管理层对业务活动进行监督和控制	业务角色多样化，职责灵活，能快速响应市场需求，协同多方资源要素；业务角色具有更多自主权，能够根据市场变化和客户需求调整业务策略；管理层为业务角色提供支持和资源要素
运营角色	专业职能部门独立运作，按照固定流程和标准作业；各职能部门之间的协同较少，信息交流受限，管理层通过制定标准和流程对专业职能进行控制	专业职能部门与业务单元紧密合作，支持业务创新和灵活调整；职能部门根据业务需求提供专业支持；管理层促进职能部门与业务单元的紧密协作，提升整体效率和创新能力
管理角色	高层管理集中决策，控制和监督部门运作；管理角色主要负责制定规章制度、流程标准和监督执行情况，确保各部门按照规定的流程和标准运作	管理角色分散到业务单元，支持和推动业务发展，灵活应对变化；管理层更多地充当支持角色，为业务单元提供资源要素和支持，帮助业务单元实现目标和应对市场变化
组织决策	经验和惯性导致思维定式，难以适应变化，战略制定缺乏灵活性和前瞻性	重视多元化视角和情境化战略，进行"压力测试"；新生代员工的洞察帮助决策层打开思维，适应新环境和新挑战

在红利增长时代基于管理架构的组织机制下，劳动者类型较为单一，强调稳定性和专业技能，价值创造主要依赖于效率和规模效应。劳动者的利益获取方式以固定薪酬为主，协作方式以垂直协作为主，信息流动较慢。在韧性增长时代基于业务和运营

第 3 章　回归本源　高质发展　新质生产力是中国消费企业韧性增长的必由之路

架构的组织机制下，劳动者类型多样化，强调灵活性、创新能力和跨领域合作。价值创造依赖创新和客户满意度，利益获取方式多样化，协作方式以横向协作和项目协作为主，信息共享和决策过程更为快速和灵活。不同时代的劳动者对比如表 3-9 所示。

表 3-9　红利增长时代和韧性增长时代劳动者的对比

	红利增长时代 （基于管理架构的组织机制）	韧性增长时代 （基于业务和运营架构的组织机制）
类型范围	以固定全职员工为主，强调长期雇用和稳定性，劳动者类型单一，适应性较低	包括全职员工、合同工、自由职业者、临时工等多种类型，同时引入新生代员工、数字人（如 AI 助手）和机器人，劳动者类型多样化，提高组织适应性和灵活性
劳动范围	劳动者活动范围固定，部门内工作较多，跨部门协作少，适应市场变化能力有限	活动范围广泛，跨部门、跨职能协作多，新生代员工和数字人、机器人可以参与多种任务，提高工作效率和灵活性
价值创造	通过标准化流程和高效生产来创造价值，强调规模效应和流程优化，创新不足	通过创新、灵活性和客户价值来创造价值，新生代员工、数字人和机器人在创新和客户满意度提升中扮演重要角色
人才结构	以专业技能为主，强调资历和稳定性，人才结构单一	强调多元化和跨领域合作，包括新生代员工、数字人和机器人，形成多元化人才结构，提升组织韧性和创新能力
能力结构	强调专业技能和岗位职责的精通，员工能力单一，适应性差	强调创新能力、灵活应变和跨领域知识，新生代员工具备数字技能，机器人具备技术能力，提高整体能力水平
价值发挥	以固定薪酬和绩效奖金为主，激励机制单一，难以激发员工积极性	多样化利益获取方式，包括固定薪酬、项目奖金、利润分享等，新生代员工更注重灵活的激励机制，数字人和机器人通过任务完成获取报酬
协同方式	以垂直协作为主，部门内部协作多，跨部门协作少，信息流动慢，决策过程层级化	以横向协作和项目协作为主，跨部门、跨职能团队协作多，数字人和机器人促进信息共享和快速协作，决策过程更加快速和分散

第 4 章
循道而行　重新上路
新质生产力的建设方法总论

"It is not the strongest of the species that survive, nor the most intelligent, but the one most responsive to change."
"能够生存下来的,既不是最强壮的,也不是最聪明的,而是最能够适应变化的。"

——Charles Darwin, *On the Origin of Species*
查尔斯·达尔文,《物种起源》(1859 年)

4.1 中国消费企业新质生产力

4.1.1 中国消费企业当前的增长悖论和困局

在消费企业面对市场不确定性越来越强的背景下，企业可用资源要素（资金、人才、技术等）的有限约束条件越来越强，消费企业将会面临增长悖论和困局。

我们以驱动增长的几个维度来分析（见图 4-1），企业增长模式分别有经营、运营和管理维度，即业务驱动、资源运营和组织机制三个方面。经营更多关注追求市场空间和资源投向的结构均衡性，如市场纵深度和市场增长弹性问题；运营更多关注在时间窗口内逐步逼近结构性问题的最优解，如优化成本费用结构和提升效率；管理更多关注刚性组织性质的步调协同一致性和弹性组织性质的追求利益分配的结构合理性。

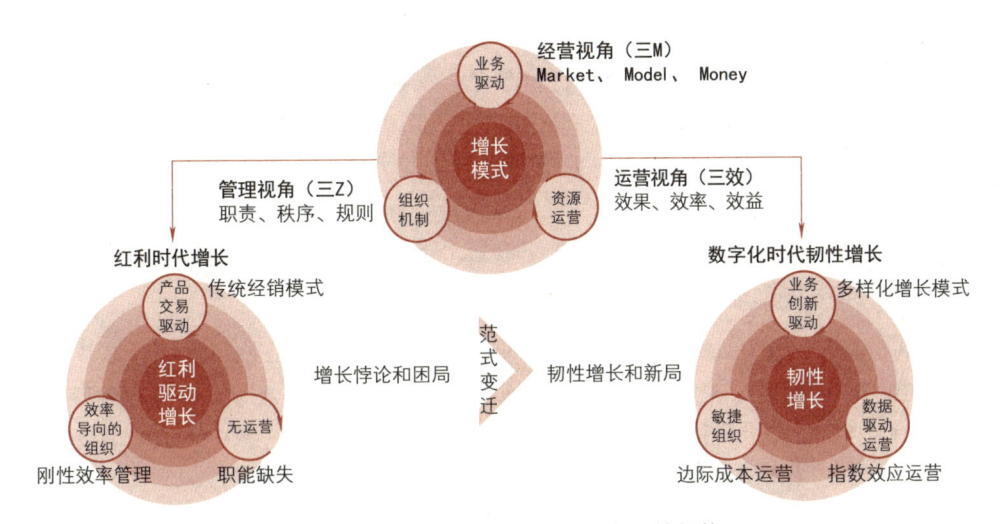

图 4-1　中国消费企业增长范式变迁的解构

在过往 40 年的红利驱动增长时代，交易模式以传统经销模式为主，效率导向的组织关注刚性效率，而运营职能缺失。转换到数字化时代时，这种业务驱动的依赖性、运营职能、完全效率导向型的组织形态无法适应新时代的发展，下面我们从几个角度来分析。

第一，存量资源要素推动效用降低。在消费企业可用资源要素（资金、人才、技术等）的有限约束条件越来越强，以及以此类资源要素获取其他资源要素（土地、设备、技术等）能力越来越弱时，企业所有者对资源的使用越来越谨慎，过往的以有形资源要素推动增长的过程必定放缓，再加上外部市场消费分化，大量处在传统品类赛道的企业丧失了市场和消费者人口红利之后，增长瓶颈马上就会显现。

第二，迷信单一管理手段效果。 在消费红利时代，业务增长更多靠企业家对市场机会的敏锐洞察和坚定不移的执行效率，业务发展掩盖了单一管理手段的薄弱性，因为方向如果是正确且明确的，即使管理能力有限，也不会对业务有太大影响，但目前我们面临的不确定的市场，对于方向性问题，已经无法用三年、五年时间坚定不移执行的长周期效率来验证其正确性，此时如果仍然以强管理手段来驱动执行过程，或者以制度规则的名义来限制业务的发展，企图通过单一管理手段驱动增长，就是舍本逐末了。需要从消费群增长、品牌/产品/品类竞争力和规模扩张、经销体系变革、终端和触点掌控强度和密度等角度思考增长的底层逻辑，使消费者重新回归增长衡量主体位置。但受企业原有业务依赖度和发展惯性影响，决策层的决心和企业中层管理层的协同执行度会严重影响业务推进和效果体现。

第三，运营职能和效应严重缺失， 表现在如下方面：

1）**要素效率运营手段错位。** 对资源要素的效率提升手段，目前考虑的是单资源要素（人、货、财等）的纵向深化问题，没有考虑要素之间的关联性和相互驱动问题，经常会出现单个能力的提升并没有带来其他能力提升，比如消费者运营做得很好，但其实转化率没有提升起来，且对产品创新没有带来实质性的拉动，又或者客户服务做得很好，每年固定的长周期视角下的费用投资方式并没有带来实质性的高端客群的客单价的增长。

2）**要素资源运营职能缺位。** 以管理代替运营，或者说在以往红利驱动增长的背景下，粗颗粒度的管理在一定程度上可以代行使运营的职能，或者在目前形势下，仍然试图通过管理手段强化要素的效率，但这不代表运营职能的不存在或者可以被忽略。恰恰相反，要素本身的效率提升是需要通过不断的迭代过程完成的，这需要通过专业化和精细化运营来实现，而我们很多消费企业缺乏运营职能，或者说运营做了业务的工作（如帮经销商下单），或者做了管理的工作（如定规则、下管理指标等），或者说运营更多是基于粗颗粒度的数据、指标，需要通过自然长周期（月度、季度或者年度）来检查结果和目标之间的差距，这种做法更多的是管理属性（关注结果性质目标和成果，如区域销售额、营销费支出等），而非运营属性的。运营属性是基于对象/事项本身设定的目标和时间点，来不断循环、螺旋上升的，与绩效挂钩意义不大，更多考虑的是能力性质目标和成果（如区域销售组织专业能力构建、消费者结构变化、消费者单价的提升、营销边际成本下降等）。对于要素本身的效率提升工作通过下探到专业能力领域（营销、供应链等）、精细颗粒度（更细分群体的消费者、门店、货品品类等运营场景等）、精细时间窗口（对应到每个专业资源效率提升的目标）来实现。在有限资源约束条件下，对运营的职能强化应该被提上议事日程，把原来管理职能中代为行使的运营职能剥离出来，专业化精细化发展，让管理职能退后到对战略方向、边界和基本底线的控制。

3）要素资源运营基础缺失。组织架构的封闭性和科层制会阻碍数据要素价值的发挥。依赖泰勒制的金字塔形封闭组织，不可能实现真正意义上的数字化对增长的驱动，如除市场或政策红利期外的增长没有得到数字化助力，不可能有持续投入。如果依赖封闭组织对数据可用性和价值度的改善，刚性"天花板"则马上出现。现有的组织架构方式不能有效支持数据要素的价值增加，包括数据有效获取、高效流动、效用放大等，最核心的问题在于数据贡献者、数据使用者和数据受益者之间的关系没有梳理清楚，还是通过管理手段来推动数据价值发挥，比如用奖惩制度要求门店或者一线导购收集数据，但没有讲数据获取贡献与其使用过程，以及通过使用过程获益。从心理学的角度，不是基于行为主义设定的目标，效果自然很差。需要做的是面向消费者的内部组织生态变革、外部产业生态链接，强化组织开放、打造组织弹性、激发组织活力、提高组织效率，提高消费者对产品和服务获取的宽度和体验度。企业受自身规模影响，其在产业链的话语权强弱会严重影响组织的重构范畴，数据可获取性和效果体现方面会被严重制约。

4）原有的数据要素基础薄弱。ERP经过20年的发展，基本上已经实现了采购、生产端、物流和仓储端的信息化和一体化运营，但在营销端还不足，这也是目前资源要素结构中关注的人、场和货的部分。很多消费企业目前建构的技术架构和应用，都是基于部门组织架构的单体应用系统，数据之间无法形成互联互通。所谓一体化运营，即资源要素一体化运营，基本无法实现。截至目前，仍然有很多企业在走着以往10年营销数字化的老路，还在尝试通过单体应用、孤岛应用来解决核心业务中的问题，这个问题不仅仅是对技术架构未来演化方向的认知问题，更是对企业未来的核心能力构建的基座性问题缺乏根本认知。需要做的是面向运营决策场景的数字技术底座部署和布局，场景、逻辑和算法等能力复用，支撑消费者运营、供应链运营、渠道运营、终端运营等，提高要素运营效能、效果和效率。但受原有IT基础影响，技术布局和内部数据治理的难度、现有运营能力会严重影响数字化运营推进和效果体现。

基于以上分析，从增长的角度看，我们迫切需要从业务创新驱动、数字化运营和组织变革这三个维度来"三管齐下"，且从相互之间的协同性和驱动性思考底层逻辑，才能真正突破存量资源要素的约束，突破增长悖论和困局，实现增长范式的变迁，开启韧性增长的新局面。

4.1.2 中国消费企业新质生产力构建的底层逻辑

打造新质生产力的标志是全要素生产率的大幅提升。以中国消费企业为对象的前提下，全要素生产率是一个中国消费企业在给定投入要素（如资本、劳动、土地等）的情况下，企业整个生产系统所能实现的最大产出效率。它反映了企业生产过程中除了有形投入要素以外的所有因素的综合效率，这些因素包括但不限于技术创新、管理优化、资源要素配置效率、制度改进等。全要素生产率的提高意味着在同等投入下能够获得更高的产出，或者实现同样的产出所需的投入更少。

在研究中国消费企业新质生产力时，本书着眼于中国消费企业的营销端（从成品出厂到消费者端）的新质生产力的构建。

1）**重要性**：中国消费企业的营销端是企业的命脉，伴随着中国消费市场的分化，营销端所受的冲击最直接且最明显，除极少数具有稀缺性品牌的企业外，在没有独特和优势产品或技术壁垒的背景下，绝大部分企业都是销售驱动型，存量竞争状态会愈加深化。

2）**急迫性**：中国消费企业的营销端大量还停留在基于经销商的批发交易为主，大量库存挤压导致后续增长乏力，而消费分化会导致更多的没有建立起快速市场反应机制和终端动销能力的企业的库存压力越来越大，急需改变局面。

3）**影响性**：在开工不足的状态下，是绝不可能进行智能制造升级的。对营销端而言，新质生产力的构建能够对后端制造端的数字化转型和智能化升级带来直接拉动效果。制造端的数字化转型和智能化升级固然很重要，但对于大部分中国消费企业而言，急需先解决营销端的问题。

4）**复杂性**：面对分化市场，中国消费企业面临的消费场景会越来越复杂，环境会越来越不确定，现在就是解决问题的最佳时间窗口，而不是等到复杂到无从下手再动手解决。

5）**基础性**：相对于后端制造端而言，后端生产采购制造端已经实现了 ERP 的一体化管理，无论水平高低，但前端存在大量手动单据、"烟囱式系统"构建导致数据无法贯通，业务一体化运营无法实现，基础薄弱，改造升级的边际效应相对于生产端更大。

基于以上分析，在当下市场加速分化和数字化时代背景下，对于新质生产力的研究，先着眼于营销端更符合企业的需求，而且对于营销端的研究是任何规模和发展阶段的消费企业都无法回避且需不断深化的重点，只是不同时间段、不同企业、不同行业研究的对象不同而已。在研究中国消费企业营销端新质生产力时，注意以下几点：

- 以全要素生产率（人、场、货、业务、资金、数据、团队、人才、技术创新）提升为目标，即重点着眼于技术创新、管理优化、资源要素配置效率、制度改进对全要素生产率的价值。
- 从支撑中国消费企业新质生产力构建的角度，关注中国消费企业的能力体系，将技术创新、管理优化、资源要素配置效率、制度改进落实到具体的能力体系中。
- 从新质生产力的三个核心要素（新质劳动者、新质劳动资料、新质劳动对象）层面具体落实技术创新、管理优化、资源要素配置效率、制度改进。
- 着重解决资源要素投向的短期和长期正确性问题、资源要素效率如何提升问题、资源要素如何被优化组合问题。
- 资源要素投向的短期和长期正确性问题通过企业业务核心驱动力构建解决、资源要素效率如何提升问题通过数字化运营力解决，通过多个增长主体拉通资源要素的优化组合。

聚焦营销端的研究，提出对产品研发创新、柔性制造、数字化供应链、产销协同、全成本费用管理的要求，以适应营销端新质生产力的构建，在一定程度上为企业从企业级视角看待新质生产力的构建提供了参考。

中国消费企业新质生产力构建逻辑关系图如图 4-2 所示。

以下从新质生产力三个核心要素角度分析中国消费企业营销端新质生产力的核心要素。

1. 增长业务驱动力支撑新质劳动对象构建

增长业务驱动力是指通过创新业务模式、开发新产品和服务、开拓新市场等方式，推动企业实现业务扩展和收入增长的内在力量。它主要关注如何满足和创造市场需求，提升客户价值，从而推动企业的可持续发展。

增长业务驱动力解决"资源要素投向哪里？"的问题

增长业务驱动力强调在不同发展阶段，企业应关注核心增长要素——人、货、场，并通过构建评价与执行闭环，确保资源要素的有效聚焦。随着消费经济的演进，企业需根据阶段调整增长策略，从商品力到渠道力，再到以消费者为中心的个性化服务，最终实现"人—货—场"的深度融合。对于业务驱动力层，商品力、渠道力、终端力和营销力在各行业中存在较大的差异，需要找出自身的核心驱动力。很多企业现在的业务基本盘是渠道业务，但不代表渠道业务是未来的核心驱动力，有些是商品力，尤其是创新升级品牌。特别是在传统消费品行业追求向C端（消费者）转型的背景下。因此，首要判断增长业务驱动力的转移方向和必由路径，例如，在传统链路形态中，运营重点从经销商逐步下沉到门店，再到消费者，需要考虑如何逐步提升渠道力、触点力和营销力。在社交电商实现了三位数增长的背景下，传统消费企业需要思考如何发挥社交电商的驱动作用，其中社交型DTC（Direct To Consumer，直接面向消费者）模式的核心在于独特的商品力和创新的营销力。

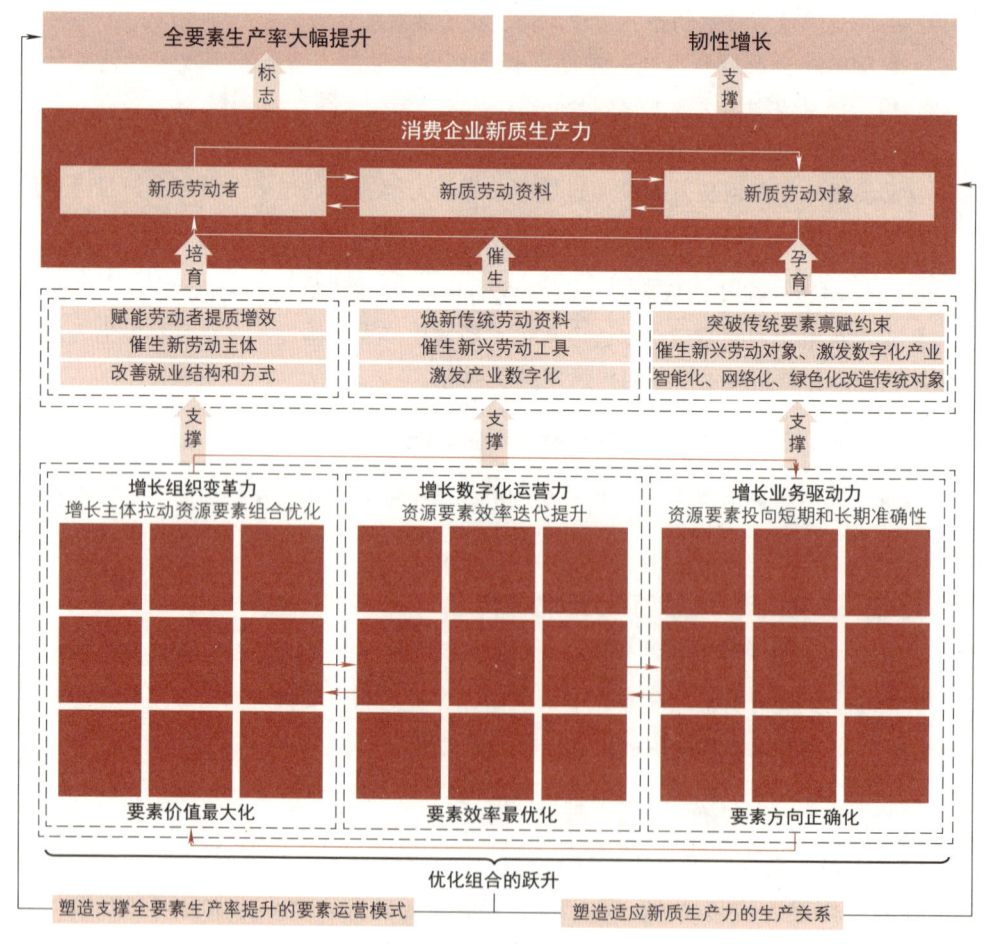

图 4-2　中国消费企业新质生产力构建逻辑关系图

2. 增长数字化运营力支撑新质劳动资料构建

增长数字化运营力是指企业通过运用先进的数字化技术和工具（如大数据分析、人工智能、物联网等），提升运营效率、优化资源要素配置、改善决策过程，以实现业务运营的数字化转型和效能提升的能力。它强调通过技术手段提高生产力和反应速度，增强企业的竞争力。

增长数字化运营力解决"如何提升增长资源要素效率和稳健性？"的问题。

通过数据驱动的决策与运营，优化业务流程，提高资源要素效率，并推动产品创新与营销融合。企业通过目标一致性、数据集成、运营优化和智能决策，实现了增长资源的高效利用和稳健性。数据驱动的业务运营不仅提升了运营效率，还为企业创造了新的商业模式，如基于数据的个性化营销和智能决策支持。在数字化运营力层面，可以把四个业务驱动力细化为 8 个数字化运营力。在实施层面，通过指标制定和分解使得各部门协同推进。数字化运营力的建设分四个阶段逐步推进，如改造触点链接，构建端到端的业务一体化和业财融合能力，打造数据驱动的数字化运营能力和机制，以及形成企业级的智能决策力。为支撑数字化运营力的构建，区别于传统的业务系统平台，新一代的企业数字化系统需要具备资源要素平台化、业务赋能化、能力赋能化、架构新技术化特点。

3. 增长组织变革力支撑新质劳动者构建

增长组织变革力是指企业通过组织架构、管理模式和企业文化的变革，提升内部灵活性和适应性，以应对市场环境变化和未来发展需求的能力。它包括优化组织结构、促进多元化和跨职能合作、推动创新文化等，以激发员工潜力和提高组织整体绩效。

增长组织变革力解决"谁在面对一线碎片细分市场需求，以及基于自驱式增长需求，拉动资源要素的最优组合以实现要素价值最大化？"的问题。

增长组织变革力关注组织的灵活性、多元化和适应性，通过生态伙伴的扩展、决策权力的下放以及数据驱动的文化，企业能够快速响应市场需求，实现自驱式增长。组织结构的解耦和对一线员工的赋能进一步促进了创新和对市场的快速响应。在组织变革力层，我们倡导构建"双轮驱动"模式，通过企业内横向组织生产关系重塑和外部生态关系重构，赋能企业内外部的各个增长源，实现韧性增长的多样化和弹性。组织变革力要求从人才、文化等角度逐步提升，以更好地赋能各个增长源。

本小节揭示了增长业务驱动力、增长数字化运营力和增长组织变革力之间的互动作用，这三者共同构成了企业实现持续增长的系统性框架。在不断变化的消费环境中，企业需要从战略层面理解并应用这三种驱动力，以应对市场细分、需求个性化和技术驱动变革的挑战。

4.1.3 新质生产力魔方：全要素生产率提升标志下的高质量发展

我们提出了消费企业新质生产力方法论——新质生产力魔方，将新质劳动对象、新质劳动资料、新质劳动者分别内化为业务驱动力、数字化运营力和组织变革力，三者耦合形成"三位一体、相互驱动"关系，以立体化思考资源要素方向、资源要素效率和资源要素价值问题。要素运营能力的优化组合的跃升塑造了支撑要素生产率提升的运营机制，同时新质劳动对象、新质劳动资料、新质劳动者的优化组合的跃升塑造了适应新质生产力的生产关系。中国消费企业新质生产力魔方如图4-3所示。

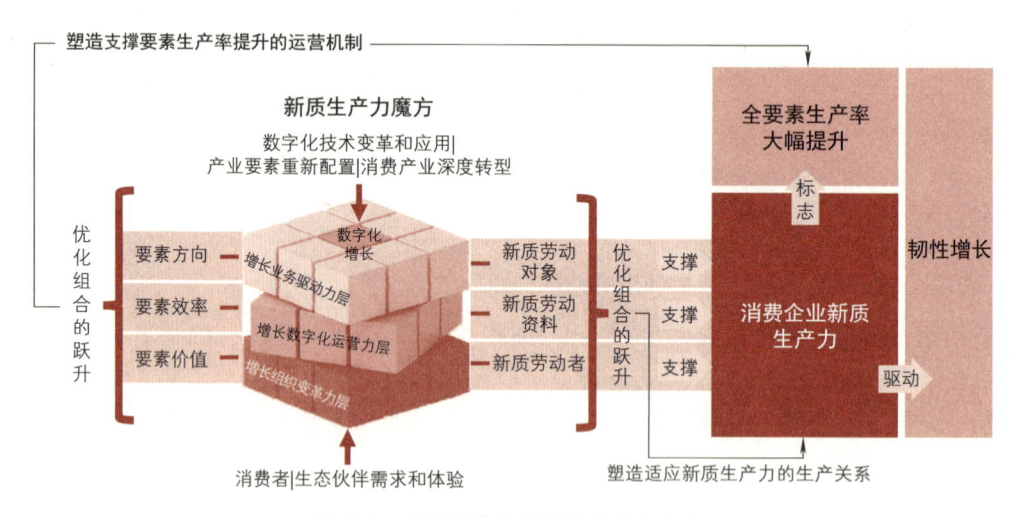

图 4-3　中国消费企业新质生产力魔方

新质生产力魔方三个层次的定位如下：

1. 新质劳动对象：增长业务驱动力

1）从全要素生产率指标拆解到增长业务驱动力指标，在业务驱动力层面与全要素生产率保持目标一致性，驱动增长策略关注点回归到驱动增长的核心要素（人—货—场）上，将资源要素聚焦到驱动增长的核心点位上，驱动资源要素方向的正确性。

2）明确不同阶段的业务发展驱动力和进阶演化条件，需要确定目前转型阶段，由此判断增长业务驱动力的转移方向和必由路径，以确定在不同阶段的资源要素投入的聚焦核心方向，确保"做正确的事情"，形成"指标设定—执行管控—结果评价"

的要素方向的循环评价机制。

新质劳动对象体现在人、场、货三个方面：

（1）人

- 实现消费者细分，推动消费者分层运营，提高人效。
- 打通品牌私域运营和终端的私域运营，发挥线下终端私域运营、分层运营、服务和交易闭环效益，提高全域交易会员量、转化率、互动黏性和复购率、客单价。

（2）场

- 触达消费者的场景多元化、提高内容丰富度，提高场效。
- 打通线上和线下互动和交易触点，充分发挥线下终端场的互动、前置仓的快速履约服务能力优势，调动终端积极性，形成对收入增长的弹性驱动作用。

（3）货

- 提高货品的可触达和可交易性，提高货品价值度，提高货效。
- 基于全渠道订单运营，对货品从总仓到分仓再到门店的后向供应链库存进行统一运营，满足前端消费者的交易履约需求。

2. 新质劳动资料：增长数字化运营力

1）从全要素生产率指标拆解到要素数字化运营力，从运营层面与全要素生产率保持目标一致性，推动组织资源要素效率的不断迭代提升，驱动资源要素效率的最大化。

2）依照运营力指标要求，明确数据需求，拉通跨领域业务流在线化，拉通人—货—场—财的业务和数据关联性，实现要素快速变现；建立数据驱动业务运营的机制，驱动各个要素的运营能力不断迭代优化；通过数据和业务流融合提高变现精确度，基于数据智能通过差异化运营提高资金、数据等资源要素效率，提高人、场和货要素的效率，掌握最真实的市场脉搏和消费体验反馈，驱动产品创新、产销协同和营销合一。

新质劳动资料体现在业、财、数三个方面：

（1）业

- 通过高效业务流在线化拉通"人—货—场"的关联，实现要素快速变现。
- 赋能以消费者为核心的营销、服务和交易流闭环，赋能以商品为核心的订单、货品和结算流闭环，赋能以经销渠道和终端为核心的与品牌商的交易、政策和运营流闭环。

（2）财

- 在合规基础上，在业务场景中嵌入财务场景，提高结算、审批、对账和分账效率和准确度，提高业务效率，应对快速多变和不断迭代的业务需求。
- 投放点转移到直接或最高效产生交易的点位和环节上（消费者和小B终端），投入方式转移为小B终端和C端增长驱动的资源要素投放方式，投放量由实际发生的交易和会员量决定。

（3）数

- 从总仓到消费者，以物码为基础记录商品实际流通数据，依照实际流通数据支撑资金资源要素兑付。
- 在业务和财务场景中嵌入数据智能，支持人、货、资、场的标签化、差异化和全生命周期运营，以及资源要素之间的最优适配性。

3. 新质劳动者：增长组织变革力

1）**从全要素生产率指标拆解到组织变革力**，在组织变革力层面与全要素生产率保持目标一致性，驱动组织提高对市场变化敏捷适应力，最大化资源要素价值；

2）**扩大生态伙伴组织主体范畴**，包括线上线下门店、小B（导购、大C、直销代理人等），进行控盘分利，**解耦生产关系**，组成细分品类/消费者服务虚拟团队，建立短期和长期收益机制，打通收益闭环；将决策权下放到真正能实现可控增长的内部组织主体/生态伙伴触点，通过机制和技术平台赋能增长组织主体对要素和资源要素的掌控力和决策力；通过自驱发展需求，提高资源要素的总量和质量。

新质劳动者体现在（外部生态网络利益关系）和（内部生态网络利益关系）两个方面：

（1）外部生态网络利益关系

- 把终端和导购/大C直接产生真实交易的节点纳入交易链路。
- 对人、货、资和数资源要素贡献者、所有者和受益者进行角色融合、调整，基于角色进行利益再分配，实现资源要素进一步下沉到直接产生交易的终端。
- 改变终端、经销商/分销商在私域运营、交易链路、区域经营中的职能定位，重新进行存量利益分配和增量利益的重新布局。
- 由收益驱动，对于人、场和货的运营更加贴合消费者的需求，转化率和消费黏性的增加驱动收入增长。
- 驱动人、场、数资源要素的总量和质量自发提升。

（2）内部生态网络利益关系

- 内部按照品牌或品类进行利润体划分。
- 改变按照职能划分资源要素管理职责的做法，将对资源要素的支配权和决策权下沉到利润体。
- 由收益驱动，对人、场和货的运营更加贴合细分消费群体的需求，驱动收入增长。
- 资源要素和要素效率自发提升。

4.1.4 全要素生产率提升评价指标

根据前文对全要素生产率的定义，全要素生产率提升评价指标可以分为两类，如表 4-1 所示的指标仅供参考和启发，企业可以根据自身状况选取使用。

表 4-1 全要素生产率提升指标

指标	类别	指标
量： 基础类指标	财务指标	■ 收入规模增长 ■ 利润率增长 ■ 净资产收益增长 ■ 经营现金流增长
	消费者 体验指标	■ 会员规模增长 ■ 复购率增长 ■ 客单价增长
质： 全要素生产 率指标	技术进步 指标	■ 研发投入比：企业或行业在研发上的投入占总收入的比例 ■ 专利数量：申请和获得的专利数量 ■ 技术转化率：研发成果转化为实际产品或服务的比例，反映技术进步的商业化水平 ■ 技术升级速度：企业技术更新和升级的频率，衡量技术进步的速度和效率
	效率提升 指标	■ 管理效率：组织架构和流程的科学化和优化程度 ■ 员工技能：培训情况及技能水平 ■ 员工专业化：员工收入增长
	规模效应 指标	■ 规模经济指标：生产规模扩大后，单位成本的降低程度，如平均成本下降率 ■ 市场份额：企业在其主要市场中的占有率，反映其规模效应和市场影响力 ■ 产销率：生产和销售的匹配程度，反映企业对市场需求的响应能力和规模效应 ■ 规模效应指数：通过分析规模变化对生产率的影响，衡量规模效应带来的生产率提升
	投入产出 指标	■ 劳动生产率指标：人均/时均产出 ■ 单位资本产出：每单位资本投入所产出 ■ 能源利用效率：单位产出的能源消耗量 ■ 原材料利用率：原材料的利用率和废料产生量 ■ 边际产出：增加一单位投入所带来的额外产出，反映投入的边际效益 ■ 投入结构优化：通过对投入结构的优化（如提高高技术设备和高技能劳动力的比重），提升整体生产率的指标

对于全要素生产率指标，企业通常会用综合指标来衡量，在 3.4 节里面已经介绍过测量方法，企业具体用哪种方法，目前研究还处于早期阶段，没有较为通行或达成共识的评价指标，感兴趣的读者可以在这个方面进行深入研究。

4.1.5　新质生产力三个层次的短期、中期和长期价值

业务驱动力、数字化运营力和组织变革力从短期业务发展、中期机制构建和长期资产积累角度均需要考虑能力的不断演化和迭代，在考虑短期基本盘稳定的同时，逐步打磨数字运营机制，积累生态关系、数字化技术以及组织人才资产。

业务驱动力、数字化运营力和组织变革力三个方面，短期均需要支撑业务发展，中期更加关注支撑稳健发展的机制构建，长期则关注推动数据、消费者和人才资产的沉淀积累和价值放大。

1）增长业务驱动力决定了资源要素投放方向的正确性，在有限资源要素的约束条件下，需要考虑稳定业务基本盘和战略方向投资的辩证关系。

短期，确定业务基本盘和基础能力，确定资源要素预算分类，区分满足业务发展的费用类预算，以及满足技术和数据资产积累型的投资型预算。

中期，从消费者需求持续洞察到内部能力复盘，从技术演化趋势到内部技术能力复盘，从未来到现在，从外部向内部，建立应对不稳定市场的战略能力迭代机制；基于运营成本和资源要素效率基础，建立面向外部的定价、调价和生态话语权，提高战略调整和创新弹性。

长期，关注消费者关系的资源要素积累，消费者为企业战略方向的快速迭代提供方向，外部合作生态资源要素不断积累，为企业战略方向和能力的快速演进提供扎实基础。

2）增长数字化运营力决定了资源要素效率的高低，需要考虑支撑业务发展和数据资产沉淀的双重问题。

短期，将技术建立在业务上，利用数字化技术快速拉通现有业务和数据，从满足业务需求角度挑选数据，通过数据分析支撑业务运营，提高费用型资源要素效率，建立定价话语权。

中期，建立从业务到数据、从数据到业务的不断转动和迭代的机制，以及用数据分析支撑运营和决策准确度、策略适时调整的机制。

长期，通过业务和数据运营的持续积累，沉淀数据和技术平台资产在内部和外部

生态持续创新，发挥和放大数据资产价值。

3）增长组织变革力决定了资源要素价值的大小，需要考虑组织活力激活和消费者体验优先这两个目标的融合性问题。

短期，以用户体验为优先拆解内部组织关系，变革内部流程，对市场做出快速反应，改变内部组织关系，快速补充能力缺项。

中期，构建面向消费者体验的内部部门和智能协同机制、面向组织能力持续提升的内部组织收益机制，以及面向数据运营能力持续提升的组织责任机制。

长期，基于劳动力素质的提升，积累工具资产；基于组织能力的构建持续积累、发展业务和积累数据人才资产；基于协同和数据驱动文化的落实，持续积累组织的协同文化资产。

4.1.6 新质生产力三个层次的飞轮效应

正如前文所述新质劳动对象、新质劳动资料和新质劳动者三者存在相互驱动的"飞轮效应"一样，增长业务驱动力、增长数字化运营力和增长组织变革力三者之间同样存在相互驱动的"飞轮效应"，它们三者从来不是可以单独存在或者可以单独发挥价值的，都要依托其他的能力的同步和融合建设，自身才能得以发展，而自身的发展又对其他的能力建设形成正向驱动作用。

把握好这三者之间的相互深度融合关系、组合优化的跃升，企业可以构建一个完整的新质生产力体系以及全要素运营机制，实现从战略规划到执行落地的无缝连接。构建更强的生产关系以支撑新质生产力的构建，同步也实现了全要素运营能力的组合优化，推动了全要素运营机制的建设，使全要素生产率得以大幅度提升，是企业适应新消费时代、保持韧性增长、制胜未来的关键。

1. 增长业务驱动力与增长数字化运营力的驱动关系

企业的增长不再仅仅依赖于传统的商品力和渠道力，而是通过构建增长业务驱动力与增长数字化运营力的动态耦合（见图4-4），以适应市场变化和消费者需求的多元化。一方面，增长业务驱动力，如同企业的引擎，决定了企业发展的方向和速度，而增长数字化运营力则如同燃料，为引擎提供高效且持久的支持，确保企业能够迅速响应

图4-4 增长业务驱动力与增长数字化运营力的驱动关系

韧性增长： 消费企业智胜未来的新质生产力

市场动态，实现可持续增长。

增长业务驱动力的核心在于理解并满足不同阶段的市场与消费者需求。在消费经济的初级阶段，企业可能更多地依赖产品质量和渠道覆盖作为增长驱动力，但在当前市场环境中，企业必须从以商品为中心转向以消费者为中心，提供个性化的产品和服务。这要求企业对"人、货、场"三个核心要素进行动态调整。例如，从传统零售转向社交电商，企业需强化商品力，打造独特的产品价值，同时创新营销力，以灵活触点触达消费者，最终实现终端力的提升，即消费者满意度与忠诚度的增强，这些对数字化运营力提出了很高的要求，同时也为数字化运营提供了更加丰富的场景。要素资源之间相关关系更加耦合，找出问题的根因更加困难，并提高了运营的复杂性。同时企业从面对经销商的大宗交易转向面向个体消费者的零售性质交易时，对互动和交易的及时性、服务水平要求等都提出了更高的要求，即对订单交易、价格促销运营、供应链履约运营等提出了更高的要求，这些问题都不是基于经验的运营能力所能解决的，更高的运营要求驱动了数字化运营的发展和不断演化。

增长数字化运营力作为驱动业务增长的内在动力，通过数据驱动的决策和运营，使企业能够优化资源配置，提升资源要素效率。第一，对于原有业务基本盘的改造，基于数据对于经销商的定价交易、费用政策、货品履约运营更加精细，做到"千商千策"；第二，对于创新业务，推动企业业务驱动力从商品、渠道延伸到终端和消费者时，支撑对于终端运营的"千店千策"、对于消费者运营的"千人千面"等；第三，支撑基于原有渠道和终端业务上的线上线下业务的全渠道融合，通过跨部门的数据集成，有力地支持跨部门和跨渠道的全渠道订单运营、全渠道库存共享和智能供应链运营；第四，从企业角度，最终需要实现企业级产销协同和全渠道费用运营的实现，以实现真正意义上的全要素生产率的最大化，需要更快速、更精准、更全面的数字化运营能力支撑；第五，基于数据的数字化运营为企业创新业务的探索提供了更加精细和准确的决策支撑，可以比较准确地计算和预测投资收益，对资源要素的投向更加心中有数，在一定程度上保障了资源要素投向的准确性；第六，终端市场的变化越来越快速，需求千差万别，如何把握和满足需求成为传统消费企业的心中之痛，只有发挥"千军万马"的力量才可以做到"决胜千里"，而数字化运营工具为终端运营和消费者运营提供了有力的平台和工具。

综上，增长业务驱动力与增长数字化运营力的驱动关系是一种动态的协同过程，它们在企业内部互相促进，共同塑造企业的增长路径。企业需要充分认识这两股驱动力的相互作用，通过战略规划、组织调整和流程优化，构建强劲的业务驱动力，并通过数据驱动的运营，实现增长资源的高效利用，从而在消费经济的演进中不断前行，实现持续

第 4 章 循道而行 重新上路 新质生产力的建设方法总论

的自我提升。

2. 增长数字化运营力与增长组织变革力的驱动关系

增长数字化运营力作为连接业务与组织的关键纽带，通过优化决策过程和资源要素的分配结构，同时为跨部门组织提供资源要素协同运营平台，为一线作战团队拉动资源和进行优化组合提供工具和资源要素的充分赋能，确保增长的稳健性和灵活性。而增长组织变革力则为企业注入持久的内生动力，基于增长的自驱力为资源要素运营提供更多的要素，以及更优质的消费者数据、终端产销数据和市场反馈信息等，使得资源要素运营的基础即数据质量得以提升，同时对运营提出更合理的目标要求，提供更多的运营场景，并能够在动态市场中灵活调整，应对变化（见图4-5）。

图 4-5 增长数字化运营力与增长组织变革力的驱动关系

在增长数字化运营力与组织变革力的耦合中，企业组织的结构和文化成为决定性因素。为了实现数据驱动的决策和运营，企业需要建立一个开放、灵活的组织架构，鼓励跨部门协作，以促进信息和数据的高效流动。组织变革力使得企业能够打破传统职能壁垒，形成以数据为中心的决策文化，提升企业的应变能力。例如，通过设立数据科学团队，企业能够更好地进行数据挖掘和分析，为业务决策提供科学依据，同时，通过引入敏捷管理方法，企业能够快速响应市场变化，实现自驱式增长。

同时，增长组织变革力也会对增长数字化运营力产生深远影响。通过组织结构的调整，企业能够设置专门的数据治理和运营团队，确保数据的质量和安全，支撑数字化运营力的提升。而创新文化的培育则鼓励员工不断探索新技术和方法，推动运营流程的持续改进，如人工智能、机器学习在运营决策中的应用，进一步提升了运营的效率和精准度。

3. 增长业务驱动力与增长组织变革力的驱动关系

企业增长的复杂性要求我们深入理解增长业务驱动力与增长组织变革力之间的互动关系（见图4-6）。这两股力量如同双翼，共同驱动着企业在市场中翱翔。增长业务驱动力关注的是企业在不同发展阶段如何抓住核心要素，适应市场变化，通过商品力、渠道力、终端力和营销力的调整，实现业务的动态优化。而增长组织变革力则从内部结构、管理流程和企

图 4-6 增长业务驱动力与增长组织变革力的驱动关系

业文化层面，推动企业的灵活性和适应性，为业务驱动力的发挥提供源源不断的内生动力。

在消费经济初级阶段，企业往往依赖于传统增长驱动力，但随着市场环境的变迁，企业必须向以消费者为中心的个性化服务转型。这要求企业组织在人、货、场三个核心要素上做出战略调整，比如通过社交电商强化商品力，创新营销策略，直接触达消费者，进而提升终端力。在这个过程中，组织结构的扁平化、跨职能合作和充分授权成为关键，一线作战团队可以根据细分消费群体、细分市场的细分需求进行资源要素的优化组合，以确保资源要素能够更加有效聚焦，加快资源变现速度和变现效率，使得资源价值更容易发挥，驱动策略得到迅速执行。

要素价值体现在企业收入和利润率的增长上，对一线作战团队的绩效也能充分保障，可以获得更多的收益，让团队以更好的状态和激情进入下一轮洞察需求、拉动资源要素组合、放大价值的循环中，而在此过程中，企业收入来自各个一线增长团队的收入综合，企业收入也得以增长。

增长业务驱动力与增长组织变革力之间的驱动关系是相互的。前者通过理解并满足市场与消费者需求，驱动业务的动态优化，推动资源要素方向的聚焦；后者则通过组织架构的调整和文化变革，拉动资源要素组合，实现资源价值的放大，为业务驱动力的发挥提供有力保障。只有当这两股力量紧密协作时，企业才能在消费经济的演进中找准方向，实现持续的增长与升级。

4.1.7　新质生产力思考框架：一核三层四梁八柱

随着消费市场形态的不断分化，企业需要不断迭代其增长策略，以应对不断变化的市场环境，我们基于新质生产力方法论构建了如图4-7所示的"一核三层四梁八柱"的企业级新质生产力能力体系和进阶路径，为企业提供了一个系统性的思考框架，帮助企业在战略规划中明确增长业务驱动力，回归品类级核心业务驱动力，通过数字运营平台赋能运营效率和内部各领域和外部增长源的组织动力，以应对市场环境不确定性，实现长期韧性增长。

我们拆解新质生产力魔方，围绕企业增长价值目标和消费者体验价值目标，即魔方核心轴，分解出"一核三层四梁八柱"。

- **一核**：指韧性增长的1个核心目标，即全要素生产率提升。
- **三层**：指新质劳动对象、新质劳动资料和新质劳动者，即增长业务驱动力、增长数字化运营力和增长组织变革力。

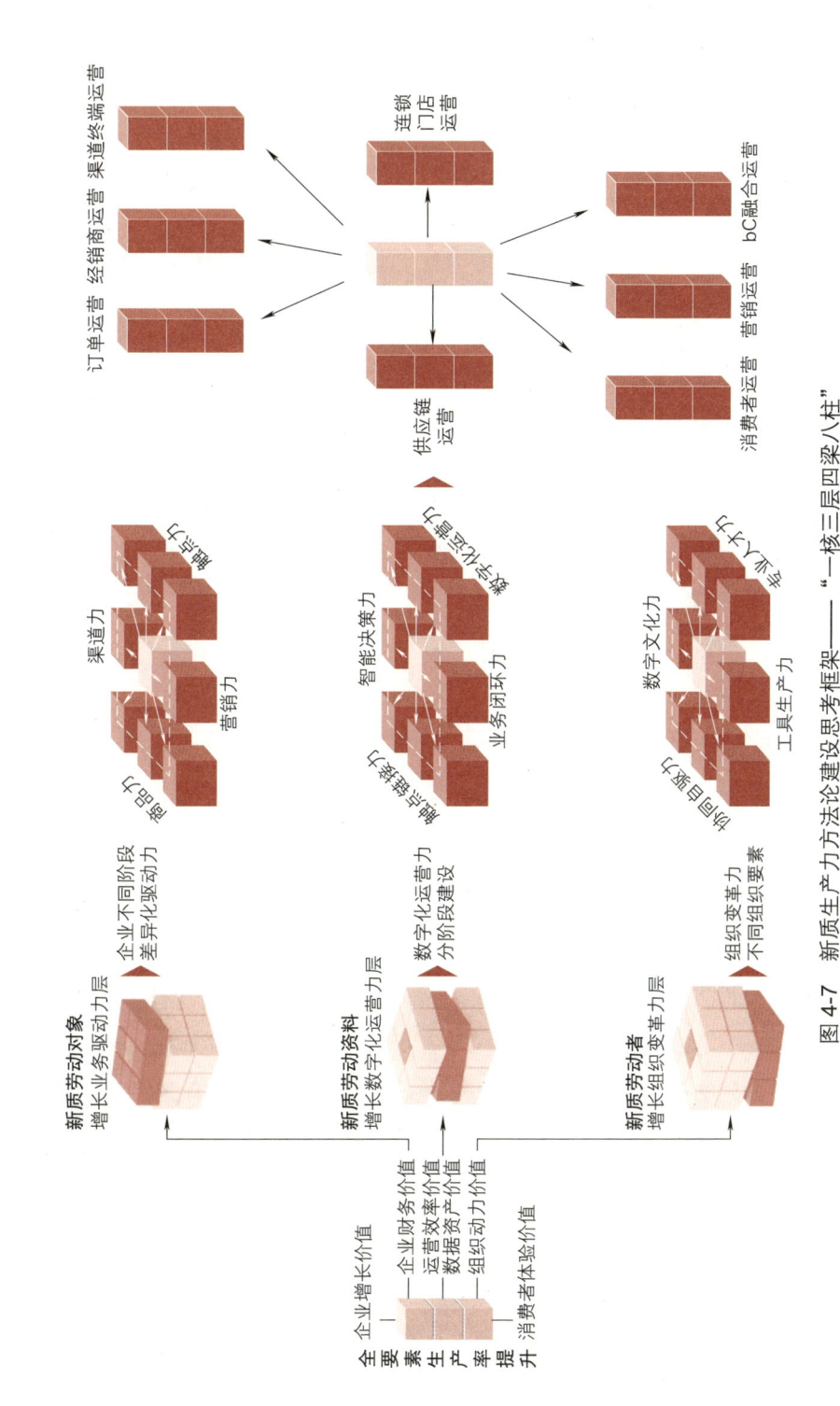

第 4 章　循道而行　重新上路　新质生产力的建设方法总论

图 4-7　新质生产力方法论建设思考框架——"一核三层四梁八柱"

- **四梁**：①新质劳动对象，指业务驱动力的四个方面，即商品力、渠道力、触点力（终端力）和营销力；②新质劳动资料，指数字化运营力建设的四个阶段，即触点在线化、业务一体化、运营数字化和决策智能化；③新质劳动者，指组织变革力的四个要素，即生产力工具、数字化人才、数据驱动的文化和协同自驱力。
- **八柱**：从新质劳动对象拆解出8个子能力，8个能力柱包括供应链运营、订单运营、经销商运营、渠道终端运营、连锁门店运营、bC融合运营、营销运营和消费者运营。这8个子能力可以穿透到另外两层，即纵向拆解的8个能力柱均包含了新质劳动对象、新质劳动资料和新质劳动者三个层次。

伴随着魔方的三个层次的转动，则发生不同的组合形式，而企业需要构建其最优的组合方式即生产关系，以适应新质生产力的构建。而这种组合方式的不同，也表示企业在各个新质劳动对象对应的业务驱动能力的数字化建设阶段不同，需要同时适配相关的组织变革力来与之配套，才能真正发挥新质生产力的价值。企业可以按照这个框架去解构自身的新质生产力的路径，这也是实现韧性增长的必备工作。

4.1.8 企业新质生产力全景图

新质生产力构建方法：基于新质生产力构建的思考框架，以韧性增长核心轴为中心，构建8个能力柱，形成"能力指标定义→业务执行过程→业务结果反馈→策略和计划调整"的数字化运营闭环机制，通过数字化运营平台赋能内部各个领域及整体数字化运营能力的提升，赋能各个内外部增长源的组织动力。企业新质生产力构建全景图如图4-8所示。

4.2 新质劳动对象：增长业务驱动力

4.2.1 消费产业链的深度转型

在传统企业商业模式创新实践方面，不同类型的企业需要选择不同的创新和升级模式。从消费价值链的产品研发、生产交付、流通消费三个阶段视角，中国绝大部分消费企业强在商品生产交付，在产品研发和流通消费端能力普遍偏弱；如图4-9所示，从未来转型角度看，需要从"纺锤"型企业能力形态逐步转向"哑铃"型形态，在能力项中不能有明显短板，但必须有优势长板，这个长板也就决定了企业在整个消费大生态系统中的价值定位。企业也可以按照长板优势明确未来的升级方向，从模式创新角度可以从消费者中心型、生态平台型和产品优势型中进行选择，这取决于企业已有的能力优势，以及相对于生态系统中的号召力和影响力，以及企业不同阶段的目标。

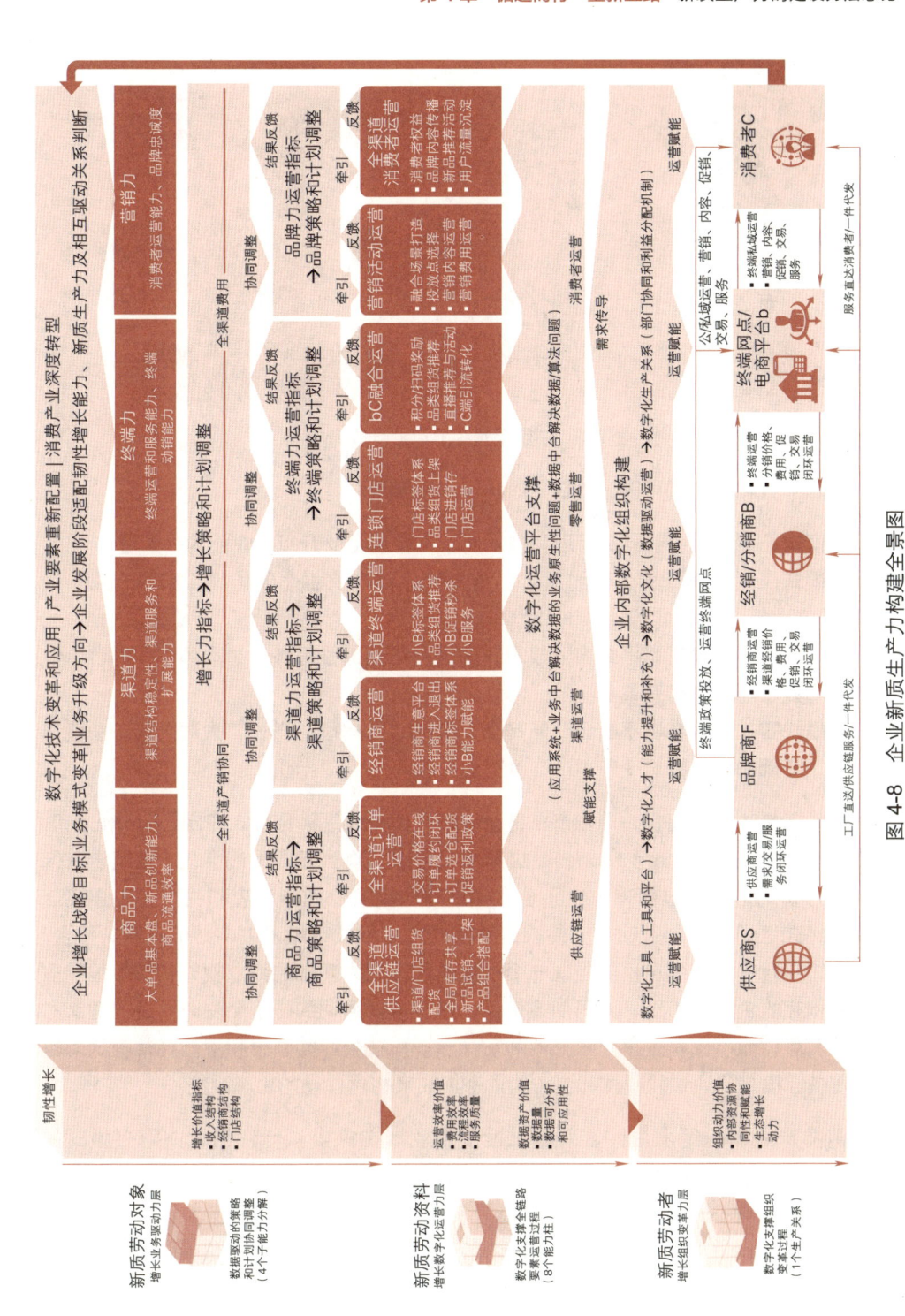

第 4 章　循道而行　重新上路　新质生产力的建设方法总论

图 4-8　企业新质生产力构建全景图

109

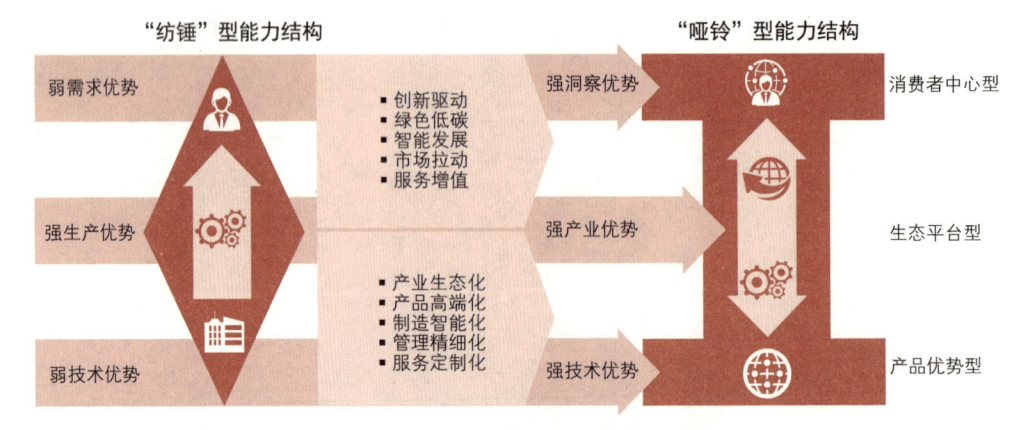

图 4-9　中国消费企业产业升级方向

生态平台型的打造可以通过以下四种模式来实现。

- 模式一：通过企业自身管理和技术创新，实现企业升级（企业内核重塑）。
- 模式二：通过产业上下游整合、结构优化和产业生态圈构建，实现产业升级（产业链条延展）。
- 模式三：构建生态平台商业模式，通过网络外部性服务双边市场获得平台价值增效（产业生态变革）。
- 模式四：在平台中不断孵化新产业，形成"榕树型"增长，为进入第二曲线奠定基础（资本模式变革）。

相较于传统模式而言，消费产业链比较新兴的模式是平台模式 (Platform Model)，或叫生态模式 (Ecosystem Model)，这种模式可以实现边际成本最小化。但两者有区别，平台模式是指通过创建一个平台，将不同的用户（如消费者和生产者）连接起来，以促进他们之间的互动和交易，这种模式常见于数字经济中，如电子商务平台、社交媒体平台等。而生态模式是指一个以协作和互利为基础的商业模式，其中包括多个相互依存的企业和组织，共同创造价值，这个模式强调的是整个生态系统的健康和可持续发展，而不仅仅是单个企业的利益。一些科技公司如苹果和谷歌经常被认为是在运用生态模式，通过软硬件和服务的紧密集成来构建自己的生态系统。

消费产业链已经发生深度转型，很多企业都在探索从传统模式向新兴模式转型，或者借鉴新兴模式的优势。在消费产业链的深度转型中（见图4-10），摆脱传统思维模式的关键在于重新定义企业在产业链中的角色，不再将其视为单向垂直价值链（Vertical Chain Model）中的一部分，而是把自身作为多边价值网（Multilateral Coupling Model）中的一个节点，作为产业需求与供给之间的链接点，充分挖掘网络效应，制定多层级的价值主张，并通过数据驱动的方式推动盈利。平台不仅仅是一个交易平台，更是一个生态系统的主导，能够通过多方数据挖掘和整合，实现可持续的盈利增长。

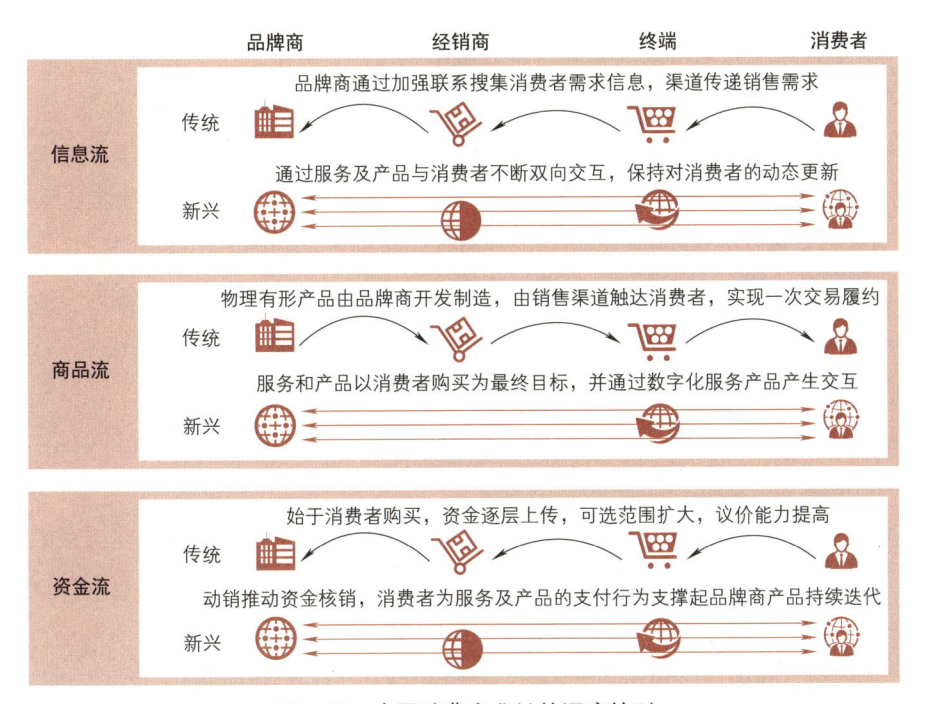

图4-10 中国消费产业链的深度转型

1. 转变为链接点的企业角色

传统的消费业通常依赖于一个单向的、垂直整合的产业链，生产者将产品交到分销商手中，最终到达消费者。这样的模式已经被越来越多的企业所摒弃，取而代之的是企业作为供需链接点的角色。在这一新的模式中，企业不再仅仅是生产产品，而是通过平台将消费者的需求与生产者的供给和服务相匹配。

2. 挖掘网络效应

网络效应是指随着用户数量的增加，产品或服务的价值也随之提高。在消费产业中，企业可以通过平台模式来实现这种效果。例如，一个电子商务平台，不仅仅是销售产品，更是互动平台，通过用户评论、推荐系统、社交分享等方式，增加用户黏性和平台价值。用户越多，平台上产生的数据就越多，这些数据可以用来优化供需匹配，提升用户体验，从而形成正向循环。

3. 平台模式的多层级价值主张

平台模式的盈利并非直线性，而是通过价值整合、连接多边群体来实现。企业作为价值的整合者，可以通过以下几个方面来制定多层级的价值主张：

1）**数据驱动决策**：通过收集和分析用户数据，了解用户偏好和需求，进而提供个性化的产品和服务。

2）**多边市场的连接**：不仅连接消费者与生产者，还可以连接广告商、服务提供商等多个群体，形成多边市场。例如，一个电商平台可以同时为消费者提供购物体验，为生产者提供销售渠道，为广告商提供精准投放平台。

3）**生态圈的主导者**：企业通过平台模式，不仅仅是提供一个交易场所，更是整个生态圈的主导者。通过整合多方资源，推动整个生态系统的健康发展。比如，通过扩大合作伙伴关系，提供增值服务（如物流、金融服务等），进一步提升平台的整体价值。

4. 挖掘多方数据推动盈利

在消费产业中，数据是极其宝贵的资产。企业可以通过平台模式收集大量的用户行为数据、交易数据等，这些数据不仅可以用于优化平台运营，还可以通过分析挖掘出新的盈利机会。

1）**个性化推荐**：利用用户数据进行个性化推荐，提高转化率和客户满意度。

2）**精准营销**：通过分析用户行为，进行精准的广告投放，提升广告效果。

3）**供应链优化**：根据用户需求数据，优化供应链管理，降低库存成本，提升供应效率。

从垂直价值链向多边价值网的转变，关键考虑因素在于，从经济学角度来看，垂直价值链是基于存量需求、存量规模或者存量价值的单边零和博弈竞争状态，而多边价值网是基于增量需求、增量规模或者增量价值的多边交互共赢状态。

企业需要以自身为中心构建生态圈，完善生态圈，创造消费增值（见图4-11）。转变未来消费企业的核心能力在于消费和产品之间的链接，生产关系得以被强化，产品要素决定了生命周期长度，资源要素运营平台能力高低决定了增长速度。整合产品流、信息流、资金流等各环节，对上游供应商、中游分销商和下游消费者提供全方位、一站式的产品和服务，并通过开放数据、云计算等技术能力，合作共建开放的资源要素运营生态系统，基于数字科技和生态链生产关系实现资源要素的重新配置,实现最终的综合价值交付。

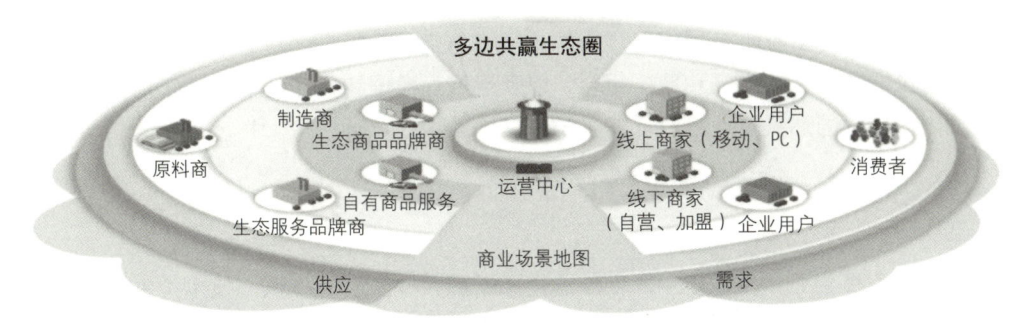

图 4-11 以自身为中心构建多边共赢生态圈商业场景

在中国消费大部分已经实现产销分离的前提下,中国消费企业营销端是否有条件进行生态平台化升级?当然我们这里所谈的生态平台化,不是泛生态平台化,而是带有垂直特性的生态平台化,比如从自身产品核心及周边附加服务出发的面向特定市场、面向特定群体的生态平台化。我们从生产集约化和智能化程度、供应链能力、消费群体规模和黏性、核心技术与能力四个角度进行分析。

1. 生产集约化和智能化程度

集约化生产能够提高生产效率,降低成本,为生态平台提供稳定的产品供应。中国消费企业在近年来已经在生产集约化方面取得了显著进步,通过引进先进的生产线和自动化设备,实现了规模化生产。随着工业 4.0 和智能制造的推进,中国消费企业正逐步引入智能化技术,如物联网、大数据等,以提升生产效率和质量控制。据《中国企业智能化成熟度报告(2022)》显示,虽然 84% 的企业处于智能化转型的早/中期,但已有 16% 的企业达到了较高的智能化水平(L4 和 L5)。这种智能化程度的提升有助于生态平台实现更精准的市场预测和供应链管理。较高的生产集约化和智能化程度为中国消费企业的营销体系建立生态平台模式提供了坚实的自有产品、生态相关产品的稳定和高质量的生产基础,中国消费企业可以在原有产品的存量竞争基础上,通过生态产品的合作、联营方式获取增量。

2. 供应链能力

中国消费企业在整合全球供应链方面表现出色,能够与供应商建立长期稳定的合作关系,确保产品的持续供应。随着电商的快速发展,中国消费企业的物流配送能力也得到了显著提升,能够快速准确地将产品送达消费者手中。强大的供应链能力为生态平台的稳定运营提供了重要保障。

3. 消费群体规模和黏性

中国拥有庞大的消费市场，消费者对于新颖、高质量的产品和服务有着持续的增量需求。这为生态平台提供了广阔的市场增量空间。根据消费者需求，融合生态产品，通过提供优质的产品和服务组合，以及运用大数据和人工智能技术来精准推送个性化内容，中国消费企业已经培养了一批忠诚的用户群体，这为生态平台的发展奠定了用户基础。

4. 核心技术与能力

中国消费企业在技术应用和创新方面不断加大投入，这些核心技术为生态平台提供了一定程度的效率价值主张和竞争优势。随着大数据和云计算技术的发展，中国消费企业开始逐步具备数据分析能力，能够深入了解消费者需求和市场趋势，为生态平台的精准营销和决策提供支持。

综上所述，中国消费企业的销售体系已经初步具备建立生态平台模式的条件。按照前文所述，哈佛商学院教授兰杰·古拉蒂对不同组织的韧性可以从低至高分成五个层次，有些行业头部企业，甚至生产智能化改造已经初步完成的企业可以逐步以第五层连接水平为目标，即能够围绕客户需求，整合内部和外部伙伴的资源要素，并能够提出解决方案，而非简单的产品和服务，甚至能够根据客户需求重新进行自我定义。然而，具体实施过程中仍需根据企业自身情况和市场环境进行细致的规划和调整。

4.2.2 平台模式的全要素配置网络效应

在中国实体消费企业转型为生态平台商业模式的过程中，理解和利用网络效应的底层逻辑是关键。这种转型需要考虑到梅特卡夫定律（Metcalfe's Law）⊖以及同边网络效应和跨边网络效应对平台价值增效的影响。平台模式的全要素配置网络效应的详细分析及其底层逻辑，如图 4-12 所示。

1. 消费端同边网络效应

1）人：随着消费者数量的增加，平台上用户间的互动和口碑效应也随之增加。这种用户基数的扩展符合梅特卡夫定律，即网络的价值与用户数量的平方成正比。更多用户带来更多的网络效应，吸引新用户加入，提升平台的整体吸引力。这种效应可

⊖ 梅特卡夫定律（Metcalfe's Law）是由罗伯特·梅特卡夫（Robert Metcalfe）提出的，用来描述网络的价值与其用户数量之间的关系。具体来说，梅特卡夫定律表明一个网络的价值与其节点数的平方成正比。这一定律最初用于电信网络，但也适用于其他类型的网络，如社交网络、计算机网络和平台经济等。梅特卡夫定律的公式：$V \propto n^2$（其中：V 代表网络的价值，n 代表网络中的用户数量）。

第 4 章 循道而行 重新上路 新质生产力的建设方法总论

以提高用户黏性和活跃度，推动用户间的分享和推荐，形成一个良性循环。

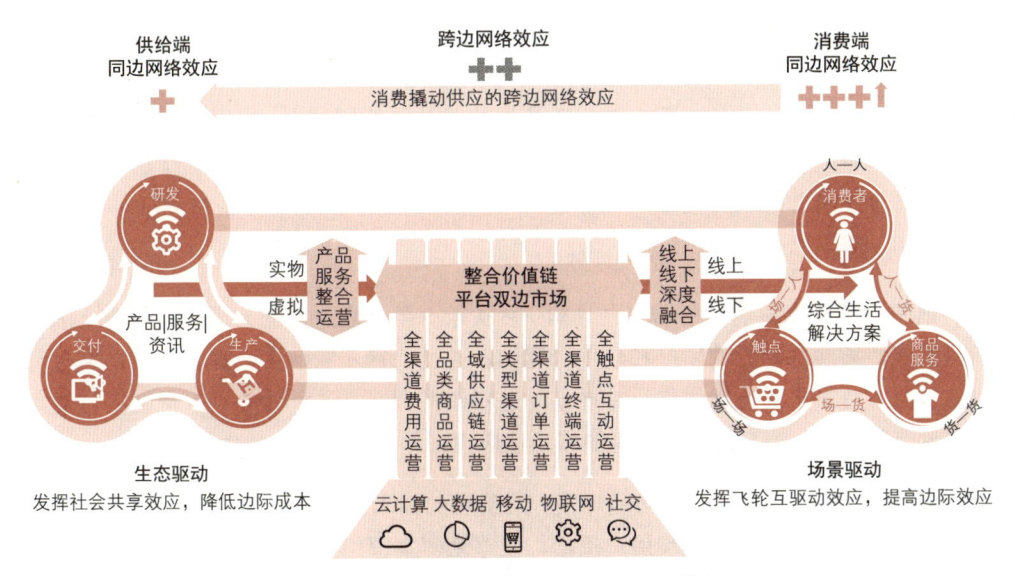

图 4-12 平台模式的全要素配置网络效应

2）场：平台上的多样化交易场景（如线上购物、线下体验等）提升了用户体验，使得平台可以更好地满足用户多样化的需求。这种多样化的交易场景本身也会吸引更多的用户和供应商加入平台。通过丰富交易场景，平台能够提升用户的满意度和留存率，进而增强平台的整体竞争力。

3）货：商品种类和数量的增加能够吸引更多的消费者，同时更多的消费者需求又能吸引更多商家入驻平台。这种正反馈循环能够不断扩大平台的商品种类和数量，提升平台的整体价值。平台可以通过丰富商品种类和提高商品质量来吸引更多消费者，增加平台交易量。

关于消费端的 6 个同边网络效应（人—人、场—场、货—货、人—场、人—货、场—货）将在 4.2.3 小节里进行详细解释。

2. 供给端同边网络效应

1）研发：更多的研发投入和合作能够带来更多的创新产品，吸引更多的供应商和消费者。平台通过集成更多的研发资源，提升整体技术水平和产品质量。平台可以通过提供研发支持和合作机会，吸引更多的创新企业和个人加入，提升平台的技术含量和市场竞争力。

2）交付：高效的交付网络能够吸引更多的供应商和消费者。通过优化物流网络，提高交付效率，平台可以降低供应链成本，提高用户满意度。高效的交付系统能够提升用户体验，增强平台的服务能力和市场吸引力。

3）生产：集约化的生产能力和生产资源的共享能够提升生产效率和产品质量，从而吸引更多的供应商。通过平台整合生产资源，可以实现规模经济和生产效率的提升。平台可以通过优化生产流程和提高生产效率降低成本，提升产品竞争力。

3. 消费对供给的整体跨边网络效应

消费需求直接影响供给端的生产和研发决策。平台通过数据分析，能够精准把握消费需求，指导供给方的生产和研发。例如，通过消费者的购买数据和评价，平台可以向供给方提供市场反馈，指导其产品改进和研发方向。这种效应可以帮助平台更好地满足消费需求，提高产品和服务的市场适应性，增强平台的竞争力。

1）消费者对研发的跨边网络效应：消费者的需求和反馈能够直接影响研发方向和决策。平台通过数据分析和用户反馈，能够为研发部门提供重要的市场信息，指导其开发符合市场需求的新产品。这种跨边网络效应可以加快新产品的研发进程，提高产品创新能力和市场竞争力。

2）触点对交付的跨边网络效应：消费者的购买行为和物流需求能够推动交付网络的优化。例如，通过分析消费者的购物行为和配送需求，平台可以优化物流网络布局，提高交付效率从而降低交付成本，提高用户满意度。

3）产品和服务对生产的跨边网络效应：消费者对产品和服务的需求能够影响生产端的生产计划和资源配置。例如，平台可以通过销售数据预测市场需求，指导生产端调整生产计划，优化资源配置，提高生产效率。这种效应可以帮助平台实现精准生产，降低库存成本，提高生产效率和经济效益。

在平台模式中，要发挥同边和跨边网络效应，需要具备的底层能力需求如下：

1）数据驱动决策：通过收集和分析大量用户行为和交易数据、供应链数据、供应商（或自有）品类生产实时产能、研发和交付数据，平台能够实时了解市场需求和供给能力，指导供需双方平衡能力的决策，提升整体商品和服务的履约效率、质量、适配性和丰富度。

2）网络效应放大：通过同边和跨边网络效应，平台能够形成自我增强的正反馈循环，吸引更多的用户和供给方，进一步提升平台的价值。

3）资源的整合与共享：在平台模式下，资源的整合与共享能够实现规模经济和范围经济，提升整体运营效率和服务水平。

4）生态系统构建：通过打造完整的生态系统，平台不仅提供交易场所，还通过多方合作、资源共享、创新推动等方式，提升整个生态系统的健康和可持续发展。

4.2.3　消费产业要素和要素配置的演化过程

在消费产业的演进中，企业的发展呈现出鲜明的阶段性特征，每个阶段关注的核心要素各有侧重，企业需要不断调整和优化对应的增长业务驱动力。例如，从大众化产品转向高端定制、从"货"转向"场"时，增长业务驱动力就从商品力转向渠道力；而从单一渠道转向全渠道运营、从大众营销转向精准营销时，需要分别在渠道力和营销力上深度发力。企业需不断审视自身所处阶段，确保在每个阶段都能抓住关键增长驱动力，从而实现持续稳健的增长。

在消费经济的转型阶段，企业面临着从基础生活必需品到高端个性化消费的转变，增长驱动力经历了从"货"到"场"再到"人"的渐进式演变，最终发展为"人—货—场"的深度融合，如图 4-13 所示。

1. 单要素横向演化

从基础生活必需品阶段开始，增长驱动力主要聚焦于"货"。企业需要提供质量稳定、价格适中的产品以满足大众的基本生活需求。这一阶段，商品力是核心，企业应关注供应链管理、产品质量控制和成本优化，以确保在市场中的竞争优势。

随着消费者生活水平的提高，家庭消费阶段的到来使得"场"的角色日益凸显。增长驱动力转向零售网络的布局和渠道的拓展。企业需要构建多渠道销售体系，包括实体店、购物中心以及新兴的电商平台，以触及更广泛的消费者群体。同时，通过场景化的销售体验提升消费者满意度，进而推动销售增长。

随着市场的扩容和消费者需求的日益多元化，个人消费时代来临，企业开始关注"人"的核心地位，开始建立数据平台，从多渠道收集和累积消费者交易轨迹和行为轨迹数据，通过权益积分提高消费者忠诚度。

2. 单要素纵向深化

在消费分化的时代，企业需关注高端品质化和极致性价比并存的趋势，以满足市场细分需求。增长策略回归到对驱动增长的核心要素（人、货、场）进行重新定义，而不是仅仅进行物理性的横向拓展，需要将资源要素聚焦到核心点位，明确不同阶段的业务发展驱动力和进阶演化条件，判断增长驱动力的转移方向和必由路径，确定资源要素投入的聚焦核心方向。

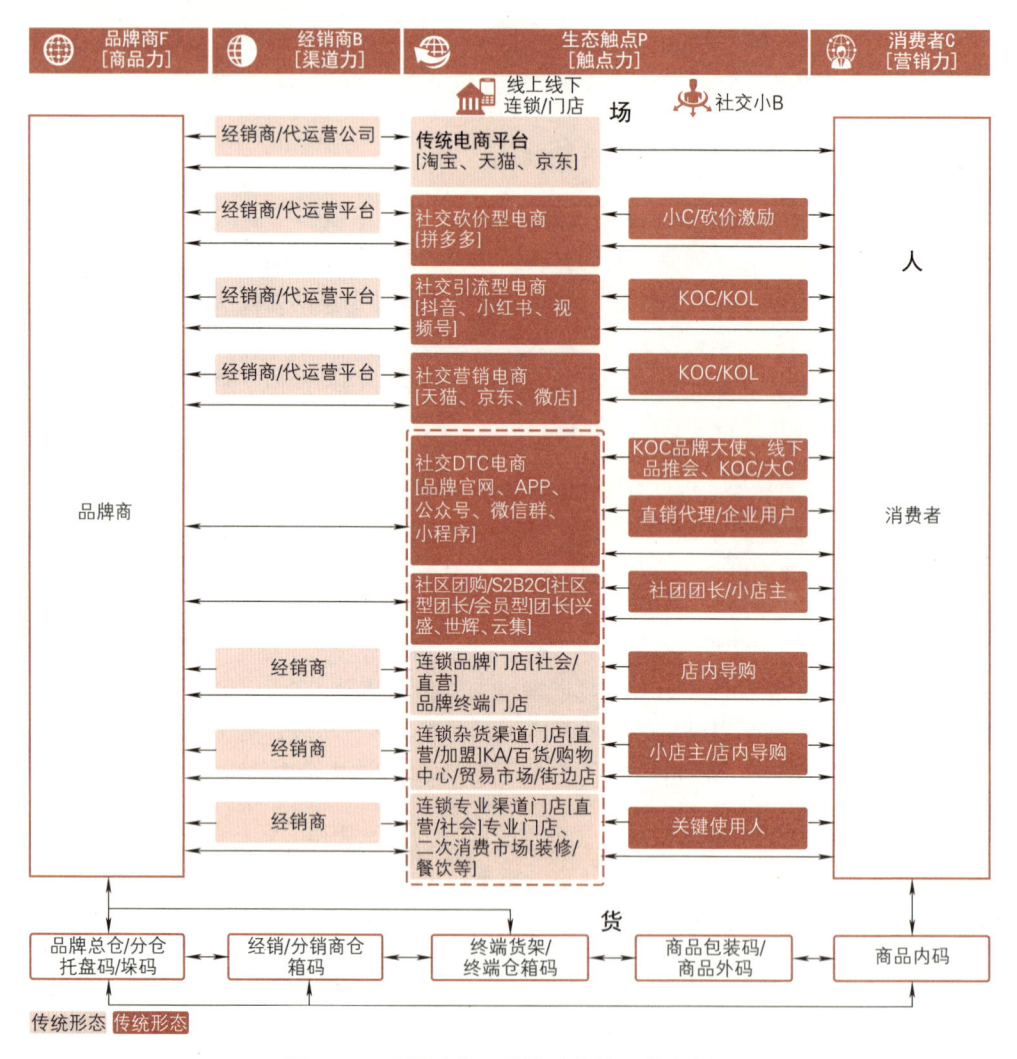

图 4-13 中国消费品营销端价值链商业场景

在消费分化时代，增长业务驱动力不再局限于单一要素的优化，而是依赖于多个元素的协同作用，以适应市场的高度不确定性与消费者需求的个性化。

企业需要重新定义"货"，从货品拓展为货品携带的数字化触点、按需求定制的货、服务、数字化内容等，从顾客视角推进品类和 SKU 的全生命周期管理、规划和升级；从单一的大众化产品转向高品质、差异化以及定制化的产品。这要求企业不仅要关注供应链的优化，提高流转效率，提高产品质量，还要通过创新设计和品牌建设提升商品附加值。数据和技术在这一过程中起着关键作用，帮助企业深入理解消费者偏好，驱动产品迭代，满足不同市场细分的需求。

重新定义"场"，不再局限于物理零售空间，从经销商、终端门店和商场扩展到线上平台、社交网络、内容营销等各种新型渠道，拓展为能深化不同细分顾客的运营和提高不同货品链接度的营销、内容和服务场景，比传统物理空间具有更大可连接性、扩展性和发展空间。企业需要构建全渠道策略，通过触点的多元化与无缝链接，提供无缝的购物体验。同时，通过数据驱动的营销策略，精确把握市场动态，实现触点的高效利用。

重新定义"人"，从多渠道的"人"拓展为全渠道唯一识别和可触达的Uni-ID；从单纯买卖交易历史轨迹识别，拓展到对基盘和高价值顾客量、关系深度和活跃度等角度的全息洞察。在转型阶段更是上升到战略高度，企业需要通过消费者洞察，精准投放个性化营销，建立消费者运营能力，以增强消费者黏性；此外，利用社交网络和用户生成内容，企业可以增强品牌与消费者的互动，驱动口碑营销，提升品牌影响力。

3. 多要素连带运营

仅仅关注"人—货—场"是不够的，企业还需要在增长驱动力的转移过程中关注进阶演化条件。比如，从传统零售向线上拓展时，企业需要重新构建商品和订单履约体系，以支持线上商品品类的差异、品类快速迭代、商品价格促销的快速调整、促销政策的反"薅羊毛"、订单快速配送等能力，以及与线下终端融合等，这些能力是原来依赖经销商和终端门店的销售形态所不具备的。又如，进入内容营销阶段，企业需要培养内部内容创作能力，或与KOL、网红等外部资源要素合作，以提高品牌曝光度，这个阶段的问题不在于数字内容生成的丰富度和速度，而是很多企业借助人工智能（AI）工具进行内容生成，带来更严重的内容管理和运营能力跟不上的问题。仅仅停留在内容标签层面的内容运营无法发挥实际的效果，无法进行内容投放带来实际品牌提升和销售转化效果的校验，更无法对内容进行更进一步的生成机制的优化和内容标签的进一步校准。另外比如利用大数据和AI技术深度理解消费者，借助消费者行为分析进行精准营销的同时，需要同时驱动产品迭代和市场策略的调整，通过创新产品设计和优质服务来赢得消费者的忠诚。

4. 多要素互驱飞轮

企业进入高度不确定性阶段，增长驱动力呈现出多元化特征，强调"人—货—

场"的深度融合。"人—货—场"三要素的六个高效同边匹配效果可以发挥同边网络效应，即"飞轮效应"。

- "人—人"：社交化驱动互动社区，会员俱乐部，顾客意见领袖，使用点评意见，朋友推荐奖励，团购，社区直销。
- "场—场"：移动化触点带动实体触点，商品触点与移动触点的融合，同城内旗舰店对卫星店带动，线上与线下区域拓展的快速渗透，不同触点间的开放和互动、体验一致性。
- "货—货"：针对不同细分客群、功能品类之间的交叉互补、拉动和延伸，流量货对毛利货的带动，自营品牌对联营品牌的价格互补，服务对产品的拉动。
- "人—货"：产品的消费者试销测试、定制、顾客参与产品设计，应对消费者需求变化的产品快速迭代上新、柔性制造供应链，针对不同时点/区域/消费层次客群的产品铺货，社群关键词捕捉推动买手采购和新品类研发。
- "货—场"：线上线下不同触点的货品和服务铺设和预设，不同品类补货和"最后一公里"差异化策略，生态合作伙伴服务的引入和服务贯通。
- "人—场"：移动商圈引流，接触点对消费者主动识别，专业知识和专家指导，根据消费者群体需求进行实体门店选址和线上触点预埋，针对不同细分客群设置营销和服务场景。

从上述演化过程可以看出，从单要素的物理拓展叠加、纵向深化到多要素连带运营，再到要素间互驱飞轮，才是要素资源配置的最终形态，是从做加法到乘法到指数效果的跃进，是需要通过一个要素的加入和深化带动另一个要素的生产率的发挥，以达到整体全要素生产率的提升。

在要素演化过程中，数字科技的驱动和赋能作用变得越来越重要：

1）在单要素横向拓展阶段，更多的是依靠物理触点和信息化触点建立链接，比如通过经销商交易、门店 POS 系统、建立自有或三方电商店铺进行场的拓展。

2）在单要素纵向深化阶段，需要依靠一体化业务流程，形成从营销到订单、从订单到结算、从经销商到门店终端一体化的业务贯通，实现人、货和场的业务一体化运作。

3）在多要素连带运营阶段，需要基于数据分析，对单要素投入资源进行效益和效率分析，以达成要素投入的目标，并且从单要素（A）投入的有效性角度，关注其他要素（B）的投入必要性，同样达成 A 要素运营的效率提升。但局限在于要素的配置是被动的，极大可能是 B 要素的投入效果没有达到规模效应或者超量之后生产率反而下降，且企业考虑的出发点还是单要素的生产率提升，比如为了维持某个消费群体的忠诚度，研发了一款产品，但这款产品达不到应有的产量边际线，处于负毛利状态，或者超量生产之后找不到合适的消费者，不得不跌价处理，而出现大量长尾 SKU，这也是很多企业的 SKU 具有病态宽度的一个重要原因，需要通过数据分析来预测销量和可能的盈亏平衡点，以达到单要素投入的综合生产率最大化。

4）在**多要素互驱飞轮**阶段，考虑的出发点是全要素的生产率最大化，**考虑 A 要素的生产率的同时考虑对 B 要素的驱动效果，而不是单纯考虑 A 要素效率最大化时需要 C 要素来满足 A 要素的需求**，因为 B 要素被驱动起来之后，也会发挥对 C 要素的正向驱动作用。比如考虑消费运营时，通过内容营销手段进行落地，同时考虑内容营销带来的数据对交易的促进效果，对商品 SKU 的优化效果，对终端运营的推介效果等，而不是单纯只考虑内容营销本身带来的品牌曝光度的问题。需要构建从全要素视角构建生产率动态的评价和执行体系和机制，打通企业人、场、货，业务交易和财务成本和费用数据，以及生产、物流和仓储数据来综合评价全要素生产率，以确保在全要素投入过程中，企业能持续优化资源要素投入，实现生产率的持续迭代提升。

在转型阶段，企业的要素投入不再是以单要素投入的方式进行，且业务之间的关联度越来越复杂，提高生产率也从来不是单要素所能实现的，效果产生的归因分析会越来越难以追溯和定位，要求**企业从整体视角审视"人—货—场"关系的深化**，同时关注进阶演化条件，以及相互之间的协同驱动效应。随着市场变化，企业需不断迭代数字化评价与执行机制，确保能够在不同阶段增长业务核心驱动力迁移时，从全要素的视角，依托数字化运营能力，保障实现全要素生产率最大化目标过程中的持续迭代。

4.2.4 核心业务驱动力建设评价指标体系

为更好地明确业务驱动力构建方向和评价目标达成状态，从企业总体增长财务视角和消费者体验视角出发，拆解和定义出增长业务驱动力评价指标体系（见表 4-2），先拆解出业务驱动力的一级指标（如基本盘业务/创新渠道收入，利润率贡献，核心品类/爆款品类收入/利润率贡献等），再按照四个业务驱动力分解成二级评价指标（如商品力的全成本单品利润率、核心货盘收入和利润占比、整体库存周转率、缺货率/上新速度、商品组合销售率），作为业务驱动力建设的评价指引。

表 4-2　增长业务驱动力建设评价指标体系

增长总体指标	增长业务驱动力层 （一级指标）	增长业务驱动力层（二级指标）	
☆增长财务指标 ■ 收入规模增长 ■ 利润率增长 ■ 净资产收益增长 ■ 经营现金流增长 ☆消费者体验指标 ■ 会员规模增长 ■ 复购率增长 ■ 客单价增长 ☆全要素效率指标 ■ 技术进步 ■ 效率提升 ■ 规模效应 ■ 投入产出	■ 基本盘业务/创新渠道收入/利润率贡献 ■ 核心品类/爆款品类收入/利润率贡献 ■ 创新渠道收入/利润贡献度 ■ 核心终端、小B收入/利润贡献度 ■ 核心消费群体收入占比/利润率贡献	商品力	■ 全成本单品利润率 ■ 核心货盘收入和利润占比 ■ 整体库存周转率 ■ 缺货率/上新速度 ■ 商品组合销售率
		渠道力	■ 经销商数量、核心经销商占比 ■ 经销商拓展质量 ■ 经销商门店拓展速度和质量 ■ 渠道上新速度 ■ 渠道库存/新增订单比
		营销力	■ 交易会员/入会会员/触达数量 ■ 客单价/复购率/活跃度/黏性 ■ 核心会员结构占比 ■ 单品爆款上市周期和销售占比 ■ 上市准确度和成功率
		触点力	■ 核心门店/小B占比 ■ 门店/小B活跃率/动销率/存活周期 ■ 直销 [连锁] 业务比重 ■ 门店缺货率/上新速度 ■ 线上线下全渠道商品/消费者贯通率

4.2.5　细分品类的核心驱动力分解

首先明确定位细分品类层，注意，这里不是行业层的核心业务驱动力，如果用行业层面的就太粗放了。目前企业在不同业务驱动力上均有布局，但支撑各品类长期稳健增长的核心驱动力有明显差异，即使在同样消费者需求驱动及供应链能力驱动层面也会出现关注个体价值和群组价值的区分。比如同为白酒行业，高端白酒更多体现在直销为主、供应链能力驱动的营销力上，通过爆款打造驱动增长，而次高端白酒体现在分销为主、供应链能力驱动的商品力上，通过货品+渠道供应链管理+智能采销策略优化商品组合迭代，驱动增长，而口粮酒则在分销为主、消费者需求驱动的渠道力上，通过人群+渠道智能仓配+营销组合分析策略加快渠道货品周转效率和终端动销，如图4-14所示。对应的A、B、C、D四个区域特点和痛点分析说明如表4-3所示。

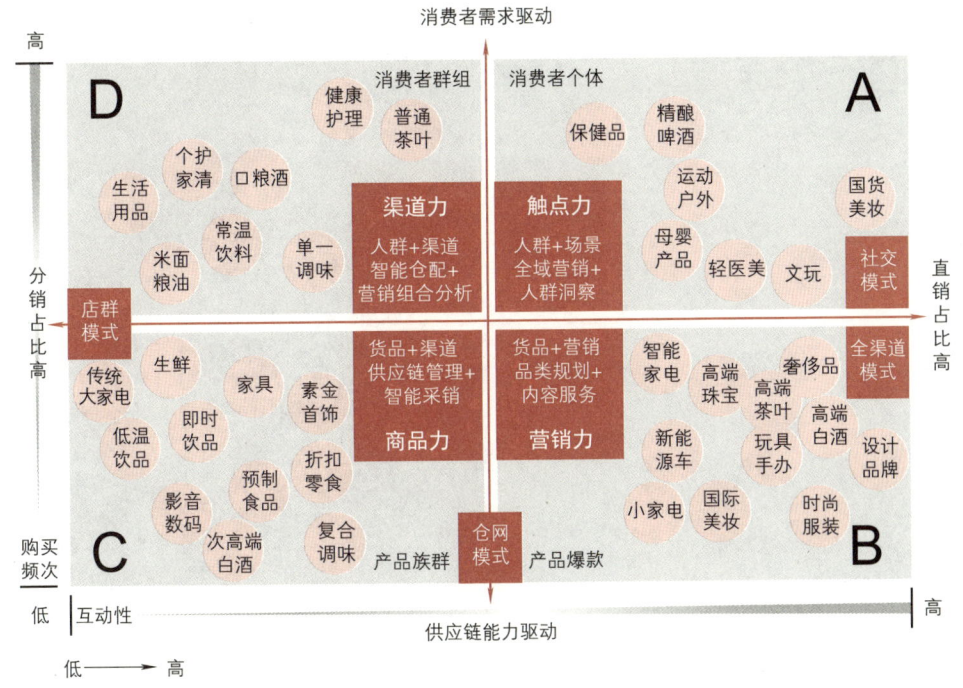

第 4 章　循道而行　重新上路　新质生产力的建设方法总论

图 4-14　各区域品类核心驱动力分解

表 4-3　各区域品类核心驱动力特点和痛点分析

区域	A	B	C	D
特点	■ 偏标品 ■ 复购周期中长 ■ 商品同质化中 ■ 市场细分度低	■ 偏非标品 ■ 复购周期中长 ■ 商品同质化低 ■ 市场细分度高	■ 标品 + 偏标品 ■ 复购周期长 ■ 商品同质化中低 ■ 市场细分度高	■ 标品 + 偏标品 ■ 复购周期短 ■ 商品同质化高 ■ 市场细分度低
痛点	■ 整合多链路媒介触点 ■ 提供全渠道消费者旅程 ■ 提高全生命周期价值	■ 以产定销 ■ 提高上市成功率 ■ 提高全生命周期价值	■ 品牌对前端销售感知弱 ■ 调控滞后 ■ 产销协同难	■ 无法精准投放和渠道商品布局 ■ 流量成本高 ■ 分销效率低

　　其中，需要突出说明的是，私域是很多消费企业关注的热门话题，是不是所有品类均适合做私域？事实上，右边象限的信任度高、品牌力低、受众精度高、产品差异化大的细分品类的"私域"运营的性价比较高，更应把触点力和营销力作为核心业务驱动力建设，在消费者个体和产品爆款上做文章，而其他驱动力是非业务核心驱动力，只作为基础能力存在。左边象限更适合在消费者群组、产品族群上做文章，做"私域"运营的投入产出比不高，如图 4-15、表 4-4 所示。

123

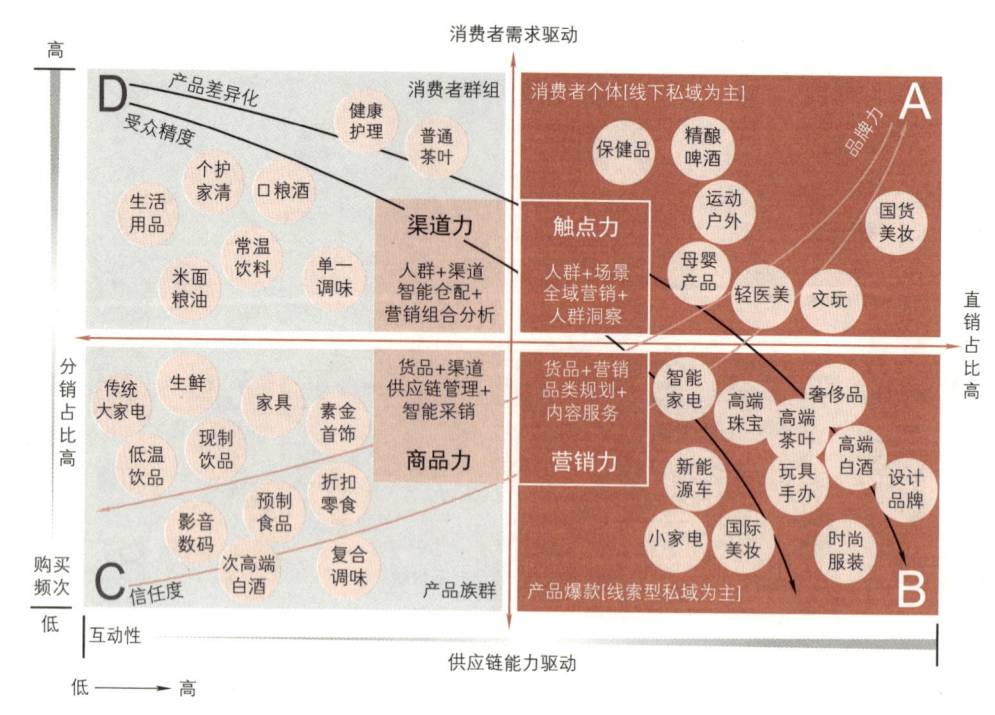

图 4-15 各区域品类私域能力建设比较

表 4-4 各区域品类私域能力建设说明

区域	A	B	C	D
获客手段	■ 通过KOC、KOL打造优秀的"内容",在社交电商、社交平台"种草"提高品牌声量和曝光; ■ 新人大礼包; ■ "老带新"裂变	■ 基于爆款在微信、淘宝、小红书、抖音、社群等渠道进行广告投放,发布独特产品文章、视频、图片,实现单一爆款产品的多渠道引流	■ KOL在专业垂直型平台发布专业性博文,通过直播模式进行销售和专家背书; ■ 信息流广告投放; ■ 经销商的地域化IP分销	■ 整合运营公域流量,将线上客户通过门店来拉动动销; ■ 通过终端触点/商品/消费者码营销让利促销拉动动销
维系手段	■ 累积积分、等级,提供增值服务; ■ 代理人/大C分销模式,拓客返佣金	■ 二次购买返利	■ 优质售后服务进行二次营销; ■ 产品组合销售	■ "所想即所得"的配送服务

4.2.6 消费业务细分品类核心驱动力综述

1. 核心驱动力变迁

理顺业务驱动力的迁移过程,在从经销商到线上线下门店的传统链路形态中,运营重点从经销商逐步下沉到门店,再到消费者的路径中,需要重点考虑如何逐步提

第 4 章　循道而行　重新上路　新质生产力的建设方法总论

升渠道力、触点力和营销力，确保生意基本盘稳固及资源要素投入效率提升，如图 4-16、表 4-5 所示。

增长驱动力变迁

第三波增长驱动力：商品力和营销力
- 逆向倒逼营销力[品牌、消费者运营]、商品力[精准研发、爆款营销]提升
- 正向提供消费者运营和服务

第二波增长驱动力：商品力和终端力
- 逆向倒逼终端运营力、商品力[终端动销、产销协同]提升
- 正向提供终端运营和服务

第一波增长驱动力：商品力和渠道力
- 逆向倒逼渠道力提升
- 逆向倒逼终端运营力提升
- 逆向倒逼消费者运营和服务力提升
- 正向提供商品批发、经销商运营和服务
- 正向提供商品批发、终端运营和服务
- 正向提供商品零售、消费者运营和服务

品牌商 F [商品力]	经销商 B [渠道力]	生态触点 P [传统线下门店、线上电商][触点力]	消费者 C [营销力]
■ 品牌运营、产品研发、生产、销售 ■ 品牌一盘货运营，推进库销协同	■ 订货交易、铺货和物流配送 ■ 区域推广、渠道营销政策下达	■ 与线上/线下经销商订货交易 ■ 参与经销商营销政策活动 ■ 终端动销和现场服务	■ 消费商品或服务
■ 渠道控盘分利、经销商运营和服务 ■ 渠道一盘货运营，推进库场协同	■ 线上/线下经销商渠道交易、政策在线化	■ 与品牌商直接订货交易在线化 ■ 参与品牌商营销政策直达活动 ■ 终端动销和现场服务/履约服务	
■ 全链路控盘分利、终端运营和服务 ■ 终端交易导向的商品和服务运营 ■ 全链路的一盘货、深度产销协同	■ 生态合作伙伴触点[线上/线下门店]运营和服务 ■ 触点交易工具推广和运营		■ 参与产品研发、试销和服务提升 ■ 参与品牌传播裂变和商品分销
■ 全渠道消费者运营和服务 ■ 基于消费者洞察，推动研消协同	■ 消费者运营和服务工具推广	■ 全渠道生态触点私域运营和终端服务	

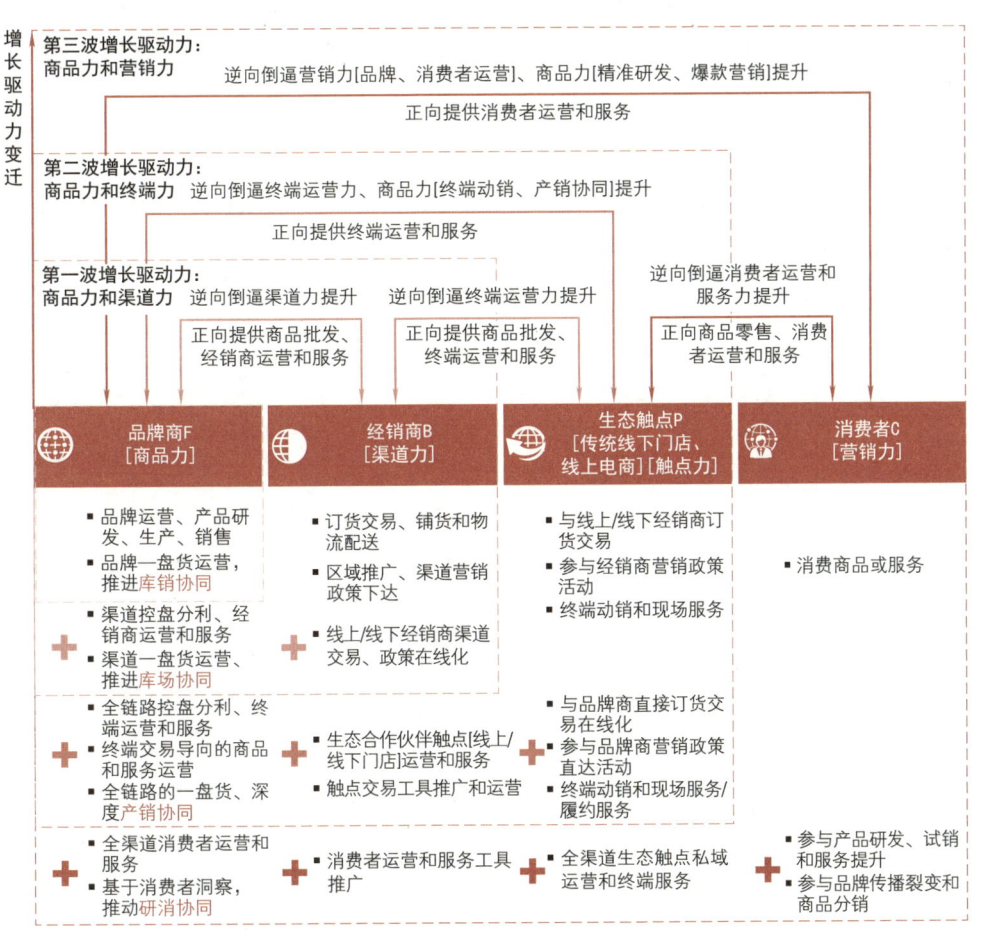

图 4-16　核心驱动力变迁路径

表 4-5　核心驱动力变迁路径说明

驱动力	品牌商 F（商品力）	经销商 B（渠道力）	生态触点 P（传统线下门店、线上电商）（触点力）	消费者 C（营销力）
原有驱动力	■ 品牌运营、产品研发、生产、销售 ■ 品牌一盘货运营，推进库销协同	■ 订货交易、铺货和物流配送 ■ 区域推广、渠道营销政策下达	■ 与线上/线下经销商订货交易 ■ 参与经销商营销政策活动 ■ 终端动销和现场服务	■ 消费商品或服务

（续）

驱动力	品牌商 F（商品力）	经销商 B（渠道力）	生态触点 P（传统线下门店、线上电商）（触点力）	消费者 C（营销力）
第一波增长驱动力：商品力+渠道力	▪ 渠道控盘分利、经销商运营和服务 ▪ 渠道一盘货运营、推进库场协同	▪ 线上/线下经销商渠道交易、政策在线化		
第二波增长驱动力：商品力+终端力	▪ 全链路控盘分利、终端运营和服务 ▪ 终端交易导向的商品和服务运营 ▪ 全链路的一盘货、深度产销协同	▪ 生态合作伙伴触点[线上/线下门店]运营和服务 ▪ 触点交易工具推广和运营	▪ 与品牌商直接订货交易在线化 ▪ 参与品牌商营销政策直达活动 ▪ 终端动销和现场服务/履约服务	
第三波增长驱动力：商品力+营销力	▪ 全渠道消费者运营和服务 ▪ 基于消费者洞察，推动研消协同	▪ 消费者运营和服务工具推广	▪ 全渠道生态触点私域运营和终端服务	▪ 参与产品研发、试销和服务提升 ▪ 参与品牌传播裂变和商品分销

目前大多数传统大众品类的消费企业在第一波增长驱动力上，即商品力和渠道力，重点关注经销商运营、渠道一盘货运营，推进库渠协同；运营触角往前延伸到终端时，需要构建的增长驱动力是商品力和终端力，重点关注在终端运营、全链路一盘货运营，推进产销协同；第三波延长到消费者时，增长驱动力是商品力和营销力，重点关注在消费者运营和研消协同、再次一路向 C 的三波进化中，品牌、渠道、终端角色和能力均需要提升，最终才能达成从消费者中来到消费者中去的目标。

其中关于终端触点力的构建，在中国传统电商增长放缓的背景下，如何发挥社交小 B 的价值，以及社交电商对创新业务的驱动、锁定高端群体、触达下沉市场新消费群体、满足"Z 世代"消费群体需求的作用，是传统消费企业需要思考的问题，生态触点 P（社交电商）形成了营销媒介与销售渠道的融合统一效果（见图 4-17），但在其中社交砍价型电商、社区团购型电商、社交引流型电商、社交 DTC 四种模式对品牌短期销量和长期品牌力的影响差异很大（见表 4-6），品牌需要慎重考虑，如砍价型电商对短期销售规模的支撑度高，但是对长期毛利/品牌力的支撑不高。

2. 消费行业业务模式的终极目标：DTC 模式

DTC 模式是未来绝大部分消费品企业需要走向的终极模式，通过商品传达品牌故事，通过大单品重构链路直达消费者、弯道超车挑战巨头，而业务驱动力完全区别于传统渠道模式中的渠道力，其核心在于独特商品力和创新营销力。商品作为直接载体，向消费者传递品牌故事的同时向品牌传递消费者体验，其中的核心是商品品类运营、功能研发、周期性上新和打造爆款拉动四个方面的动作，这些均需要基于商品的数字化运营开展，如图4-18所示。

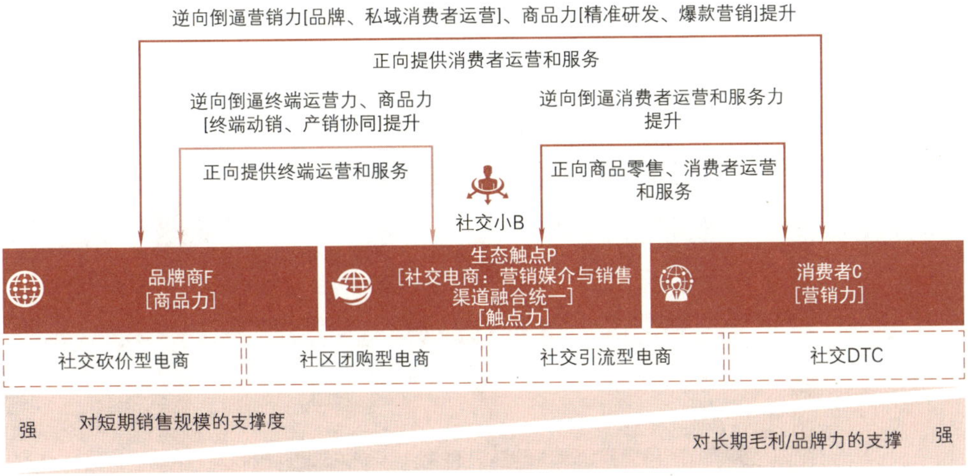

图 4-17 社交电商的作用

表 4-6 四种模式对品牌的影响

区域	社交砍价型电商	社区团购型电商	社交引流型电商	社交 DTC
典型触点	拼多多	会员型[云集]和社区型[兴盛]	社交引流型（抖音、小红书）、社交营销型（天猫、京东、微店）	
交易链路	线上到线下	线下到线上	线上到线下、线下到线上	线上到线下、线下到线上
社交链路	每带来一名新增客户即可分享更低价格，以此激励分享行为	通过佣金激励消费者和企业用户在朋友圈或社交圈、企业内封闭群里销售	通过 KOL 或者 KOC 将消费者引导到新兴电商平台或线下品牌店、线上品牌旗舰店	■ 线上到线下：品牌和 KOL/KOC 运营微信群推动社交参与，在小程序和官网产生交易 ■ 线下到线上：到店引导到小程序和官网交易
模式价值	以"性价比"定位价格敏感型消费者群体，触达低线城市	消费者和个人销售的激励机制推动增长，从品牌主导型的营销费用支出转向以消费者为基础的销售激励，并有机会面向分层运营群体，推出全新的独立产品线；在不损伤其传统渠道销售和主力产品线的情况下获得新增长，并持续深度运营锁定消费群体	培养客群、通过丰富内容和互动加强消费者参与，建立品牌忠诚度，社交引流型电商和社交营销型电商之间形成融合作用	发挥实体店人员价值，将会员拉入微信群积极参与品牌管理、产品内容分享，推动公域和私域 DTC 参与度，从销售漏斗获客和在兴趣层面拥有更高消费流量，带来更多自发重复流量，通过资源要素交换与公域进行有力谈判

127

（续）

区　域	社交砍价型电商	社区团购型电商	社交引流型电商	社交DTC
使用品类	食品、日用品、快消品等普适性强、个性化弱的产品	文具、化妆品、服装、生鲜、日用品等有一定毛利空间的产品	奢侈品类、珠宝首饰、护肤品、彩妆等价值较高、个性化较强、内容度较高的产品	茶品、轻医美、户外、保健品、中高端白酒等需要个体信任背书、消费体验场景的产品和服务

向消费者传递品牌故事 →

商品

功能研发
- 分析现有竞品核心用户痛点
- 针对痛点研发独特功能性产品

品类运营
- 通过核心形象产品传达品牌调性
- 建立小单快反机制
- 建立持续监控和调整机制
- 科学拓展品类

数据驱动

周期性上新
- 建立内部产品数据库
- 历史SKU销量精细化分析
- 跟踪分析外部市场趋势
- 数据驱动上新规划

打造爆款拉动
- 往年热销共性标签选择季度爆款
- 爆款卖点包装
- 资源支持
- 数据驱动爆款拉动

品牌　消费者

← 向品牌传递消费者体验

图 4-18　DTC 模式中的商品数字化运营

品牌商关注品牌故事的打造和呈现，具体手段包括围绕功能价值、围绕精神价值、围绕故事性价值做品牌形象设计与呈现，并进行品牌传播，精准把握用户兴趣、投放效果，开展品牌营销，增加品牌曝光和声量。消费者全渠道交互媒介包括 SEO、数字内容、社交平台、户外广告和 UGC/PGC 等，商品交付／服务渠道包括自有电商、大 C 分销、智能客服、仓储物流、同城配送和线上支付等。

4.3　新质劳动资料：增长数字化运营体系

4.3.1　提升增长资源要素的效率和稳健性

在数字化运营的世界里，提升增长资源要素的效率和稳健性是企业实现持续增长的基石。这需要企业将数字化运营力与增长力指标紧密结合，确保运营目标的一致性，通过数据驱动来优化业务流程，提高资源要素的使用效率，同时精准把握市场动态，驱动产品创新与营销融合。这一过程可以分解为四个关键步骤：目标一致性、数据集成、运营优化和智能决策。

1）目标一致性是确保资源要素有效投入的前提条件。企业需要明确运营目标与增长力指标的关联，确保所有运营活动都直接或间接地服务于增长目标。包括提升用户活跃度、增强用户黏性、提高销售额或者增加市场份额等。通过这种一致性的设定，企业能够确保所有资源要素被合理分配，避免了无效或低效的运营活动。

2）**数据集成是提升资源要素效率的基础能力**。企业需拉通跨领域业务流的在线化，确保人、货、场、财等业务环节的无缝连接。这包括构建数据仓库，实现数据的统一管理和分析，以便企业从海量数据中提取有价值的信息。同时，通过数据与业务流程的融合，企业能快速响应市场变化，识别潜在机会，做出及时调整。

3）**运营优化是提升资源要素效率的关键路径**。在运营优化阶段，企业应建立数据驱动的业务运营机制，推动各个环节的运营能力不断迭代优化。这涉及利用数据分析来发现流程中的瓶颈和低效环节，通过流程再造或技术升级来提升效率。例如通过分析用户行为数据，优化产品推荐算法，提升用户购买转化率。

4）**智能决策是确保资源要素稳健性的重要环节**。企业需要运用数据智能技术，如机器学习和人工智能，来预测市场趋势，制定适应性强的策略；通过实时的数据分析，快速做出反应，调整运营策略，确保在市场波动中保持资源要素的稳定使用。同时，通过精细化运营，企业可以针对不同用户群体进行个性化营销，提高资源要素的使用精度，避免浪费。

企业要想提升资源要素增长的效率和稳健性，就需要在整个数字化运营流程中融入增长力指标，利用数据来指导决策，优化流程，同时在不确定的市场环境中保持决策的灵活性。通过这种方式，企业不仅能够提高资源要素的利用效率，还能确保在快速变化的市场中保持稳健的增长态势。这样的运营模式对于适应市场动态、应对竞争压力以及实现长期的业务增长至关重要。

4.3.2 数据驱动业务运营

数据驱动业务运营是增长数字化运营力的核心组成部分，它依赖强大的数据收集、分析和应用能力，以提升运营效率，做精准营销推广和供应链决策及创新商业模式。例如，在这个过程中，企业通过数据洞察消费者行为，优化产品设计、营销策略和客户服务，以实现增长力的提升。以下是数据驱动业务运营的关键步骤和实践策略。

1）**数据集成与标准化**：企业首先需要整合各个业务环节的数据，从销售、用户行为到供应链管理，确保数据的完整性、一致性和实时性。通过建立数据仓库或数据池，企业可以统一管理数据，为后续分析提供基础。同时，标准化数据格式和度量标准，确保数据质量，避免因数据不一致而导致的误导。

2）**实时数据监控与分析**：利用大数据技术和实时分析工具，企业可以实时监控关键业务指标，如用户活跃度、转化率、留存率等，确保对市场动态的快速响应。通过数据可视化和仪表板，管理者可以直观地了解业务表现，及时发现问题并做出调整。

3）**消费者行为洞察**：通过深度分析用户行为数据，企业可以了解消费者的购买习惯、偏好和痛点，这有助于精准营销和个性化推荐。例如，使用协同过滤算法分析用户购物历史，为用户推荐可能感兴趣的产品，提高转化率。

4）**运营优化与效率提升**：数据驱动运营决策，企业可利用 A/B 测试、多变量测试等方式测试不同策略的效果，比如产品设计、定价策略、库存水位和营销活动等，优化运营效率。通过持续试验和学习，企业能找到最佳实践，提高资源要素的使用效率。

5）**预测与规划**：利用机器学习算法对历史数据进行建模，企业可以预测未来的销售趋势、市场变化，为产品开发、库存管理、营销活动等提供数据支持。这有助于企业提前规划，减少库存积压，同时确保在关键时机推出新产品或营销活动。

6）**智能决策支持**：通过数据智能，企业能够自动识别市场机会和风险，为决策者提供数据驱动的建议。例如，实时分析竞争对手的动态，调整价格和渠道铺货策略以保持竞争力，或者在市场趋势变化时快速调整产品方向。

7）**决策自动化**：随着技术的进步，企业可以将部分决策过程自动化，如广告投放、库存管理等，通过算法优化决策效率，减少人为错误，最大化资源要素效益。

8）**创新商业模式**：数据驱动的运营还能推动商业模式的创新。例如，企业通过分析用户数据，可能发现新的市场细分，从而开发新的产品线或服务模式。此外，数据还可以帮助企业构建基于预售、二次服务、定制等的新型盈利模式。

通过数据驱动业务运营，企业不仅能够提升运营效率，还能在竞争激烈的市场中保持战略敏捷，实现增长力的持续提升。数据成为企业增长的核心引擎，驱动企业从传统的经验决策转变为基于数据的科学决策，助力企业实现数字化转型和长期增长。

关于数据基础的构建，企业需要构建自己的品牌数据银行，需要实现全渠道采集人、货、场等触点数据，统一数据埋点采集、统一数据模型、统一数据服务，将全域数据和业务场景连接，反哺业务发展。基于数据基础的构建，以数据要素赋能打通未

来增长的"任督二脉",比如,从消费者运营视角,实现如下功能:

1)**数据聚合**:消费者唯一识别、沉淀和聚合消费者全网 AIPL(关注、兴趣、交易、忠诚)实时行为闭环和标签以及其他数据(供应链、商品运营、全链路业务和财务等),实现数据可视化、可评估、可运营、可优化。

2)**数据应用**:基于洞察和分析构建优化消费者、经销商、终端、货品、投放点等生命周期管理,提高 ROI(投资回报率)和量化决策质量。

3)**数据增值**:通过不断应用和共享提高数据价值和数据增量,提升数据资产整体价值。

基于数据分析,在销售政策制定、渠道管理和供应链管理等方面实现多维和高阶洞察,提高销售效率、差异化管理水平、资源投放精准度和风险预警的数据决策能力和效率,如表 4-7 所示。

表 4-7　数据驱动业务决策能力和效率的场景(举例)

运营领域	营销投放	销售策略	渠道经营	货品周转
速度 (提高管理和作业效率)	■ 将扫码和客情活动的用户数据结合,根据多种标签建立消费者画像 ■ 将私域数据导流到终端,终端对用户进行再次触达	■ 销售计划准确性,精准计划和任务指标指导一线团队作业 ■ 提高销售策略调整和执行效率,应对市场变化	■ 终端扫码,销量等数据统计快速进行经销渠道促销费用兑付,加快经销商和终端资金效率	■ 费用投入策略自动化调整 ■ 春节、中秋等大型档期实时回顾
深度 (提升差异化管理水平)	■ 基于用户画像,进行用户分层运营和分层策略制定	■ 基于终端出货、用户开票率判断不同产品在不同销售地区的生命周期	■ 更丰富维度的经销商分类 ■ 终端数据全面管理,标签化分类,进行差异化管理和激励措施	■ 监控不同系列产品动销,根据不同产品生命周期、动销率和库存周转制定不同的促销策略
准度 (增强资源投放精准度)	■ 以用户数据指导媒体投放时的用户圈选,进行精准投放	■ 提前对不同生命周期的产品进行策略调整预判	■ 根据差异化策略确定经销商和终端费用投入策略,以及特型终端的政策投入	■ 针对滞销产品系列,投放促销资源,加快流转
覆盖度 (加强风险预警监察)	■ 同一手机号码重复参加客情投入活动,套取费用,同一终端批量扫码	■ 收集竞品信息,根据不同产品/销售区域的销量和价格变化,预计市场风险	■ 手机号码与店主和经销商关联度识别 ■ 照片采证识别和费用财务发票识别	■ 对终端库存、动销等各项重点指标进行异常定位和修正

具体的应用场景方面三个运营主体角度的举例如表 4-8 所示。

表 4-8 运营主体基于"人—场—货"的运营场景（举例）

运营主体	人	场	货
运营场景（举例）	**全触点互动** • 品牌和消费者社区 • 定制触达沟通 • 品效合一的营销活动 • 多渠道触达消费者 • 产品和服务促销 **全链路体验** • AIPL（关注、兴趣、交易、忠诚） • 自助服务和体验 • 个性新品 • 实时定价	**全渠道融合** • 全链路线上线下融合 • 全渠道配送服务 • 全渠道售后服务 • 经销商运营 • 终端拓展运营 • 品牌方、经销商、终端门店全交易链路	**渠道终端货品运营** • 新品试销 • 销量预测 • 门店预测调补配建议 • 提升预测和流式门店补货 • 品类结构建议 • 价格带建议等 **品牌货品全域运营** • 大数据研究 • 品类人群建议 • 全网商品、品类一盘货运营 • 全渠道订单和库存运营 • 统一支付结算 • 运营监控和决策 • 全网产品知识共享 **供应链网络生态协同** • 供应商生态构建和动态优化 • 材料供应商、生产企业、仓储物流等供应商运营协同 • 对消费者需求和竞争变化的自反应、自适应和自优化

以数字化营销中的营销费用投放运营为例，关键在于通过转化和成本进行对比数据分析，不断寻找每次活动的边际成本临界点，及时引入新的策略和玩法，以降低要素效率运营视角下的获客边际成本，而非降低财务预算视角下的投放活动周期内的平均成本。图例分析如图 4-19 所示。

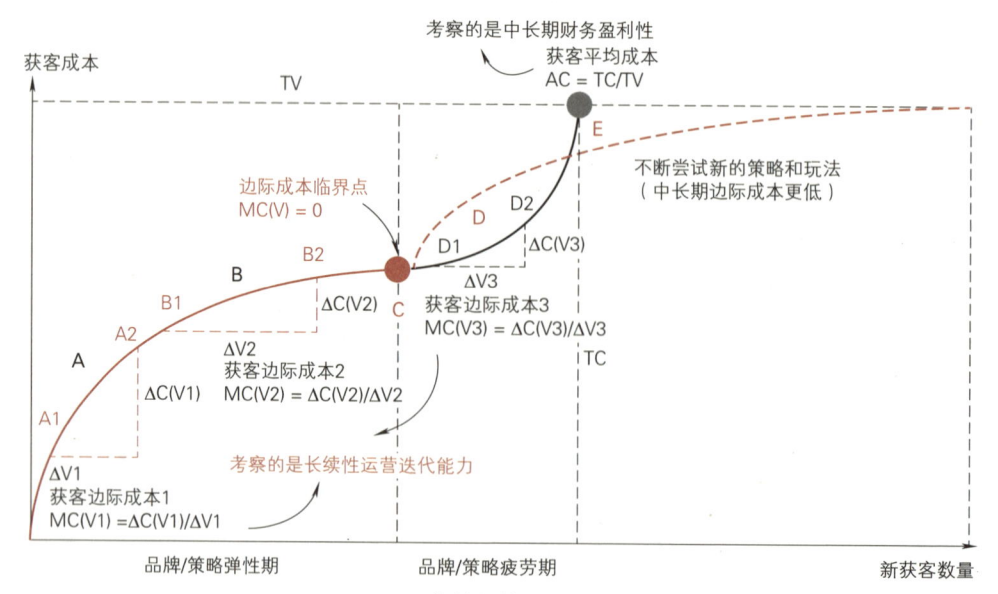

图 4-19 营销投放边际成本分析

第 4 章　循道而行　重新上路　新质生产力的建设方法总论

营销投放过程中会分出两个时期，策略弹性期和策略疲劳期，在这两个时期的典型区别就是伴随投放的进行，每新获取一个消费者所需要付出的成本会发生变化。在策略弹性期，比如活动阶段 A 和 B，在 A 阶段的获客边际成本是 MC(V1)，在 B 阶段的获客边际成本就是 MC(V2)，MC(V2)<MC(V1)，即每获客的边际成本在下降，就会出现边际成本为零的临界点（MC(V)=0），这就是策略弹性期和策略疲劳期的分界点，如果继续投放，MC(V) 就会继续提高，到 D 阶段时候，MC(V3)>0，而且每获客边际成本越来越高，直至投放预算或者获客目标达成，到达 E 点，如果按照整体测量，整个投放周期内的平均获客成本就是 AC=TC/TV，一定高于在 C 点测算的平均获客成本。如果基于营销预算和获客目标的管理思维方式就是得到这样的结果，并没有达到资源要素效率最大化的目标。正确的做法是什么呢？

通过不断的数据监测，发现 C 点（边际成本临界点），这需要数据技术部门和营销部门实时通力合作才能实现，这已经完全超出了传统的营销部门和技术部门之间的瀑布式的合作方式的能力范围，需要不同部门坐在一条板凳上，为同一个目标努力，即要素效率最大化。

到达 C 点后，即时尝试换新的策略和玩法，进入新的策略弹性期，如果按照图 4-13 的分析，同样的营销预算下新获客数量远远大于在 E 点的获客数量，在此时计算的平均获客成本一定远低于在 E 点的平均获客成本。同样能满足财务预算的目标，但业务预算的目标新获客数量会远超预期。

以渠道精细化运营为例，渠道的"四千四面"建设，需要通过对经销商和终端进行分类能力评估，制定相应差异化策略，进行销售策略调整和政策投放倾斜，逐步形成精细化渠道运营体系。

- **千商千面**：围绕经销商"招、管、评、汰"，建立经销商标签体系，逐步形成"千商千面"的经销商服务体系。
- **千地千面**：针对市场多样化的营销诉求，通过营销中台的应用，逐步打造"千地千面"的区域个性化活动体系。
- **千店千面**：完善终端管理和服务平台，强化业务员服务终端的过程化赋能，逐步构建"千店千面"的终端支撑体系。
- **千企千面**：通过跨界合作、技术创新不断添加新的互动场景，进一步探索厂家、渠道、团购单位之间的业务新模式，逐步建立"千企千面"的团购业务体系。

以"千商千面"为例，构建起的经销商差异化运营，需要经历数据收集、能力评估、结果应用三个阶段。

收集的经销商数据如表 4-9 所示（举例）：

表 4-9　经销商数据收集（举例）

数据维度	分档分级	基础属性	区域关系	订单数据
数据信息	■ 国营 ■ KA 类 ■ A 类 ……	■ 企业标识 ■ 营业执照 ■ 收货地址 ■ 仓储面积 ……	■ 大区 ■ 省份 ■ 商圈 ■ 门店 ……	■ 门店动销 ■ 集中刷单 ■ 废单率 ■ 订单金额 ■ 订单周期 ■ 订单频次 ■ 每单金额 ■ 每单品类结构 ……

评估之后的信息（见表 4-10）需要和基础数据类型一起形成经销商 360 度信息视图。后续进行经销商分类调整，为不同经销商制定运营策略和政策、能力改进和差异化策略实施跟踪等持续运营。

表 4-10　经销商价值评估应用（举例）

评估维度	价值度	信用度	忠诚度	开拓度
评估信息	■ 营销费用结构 ■ 档期分布 ■ 投资回报率 ■ 利润贡献率 ……	■ 履约能力 ■ 信控水平 ■ 进销存平衡性	■ 订货平滑度 ■ 每单金额 ……	■ 门店开拓速度 ■ 门店开拓质量 ■ 上新速度

评估模式可以从经济效益、综合运营和综合成长几个维度进行评估，如表 4-11～表 4-13 所示。

表 4-11　经销商经济效益评估体系（举例）

指标	经销商经济效益评估									
一级	收入			费用			成本			
二级	销售额	消费者数量	满意度	可控性	有效性	有效性	采购	物流	人力	

表 4-12　经销商综合运营能力评估体系（举例）

指标	经销商综合运营能力评估								
一级	质量			精细化		效率			
二级	合格率	投诉率	满意度	满足率	准确度	下单频率	上新效率	物流效率	周转效率

第 4 章　循道而行　重新上路　新质生产力的建设方法总论

表 4-13　经销商综合成长能力评估体系（举例）

指标	经销商综合成长能力评估								
一级	营销			人员成长				消费者黏性		
二级	新品促销	新品销售	获客成本	人员招募	绩效考虑	综合能力	人员流动性	忠诚度	复购率	重点客户占比

对门店的精细化运营，可以从"千店千面"的目标出发，基于门店动态标签化的运营手段，实现对终端门店的差异化运营，落实促销政策差异化、货品动销策略优化等差异化措施。在数据分析中，可以采用关联性分析来发现问题，以及时采取应对措施。如图 4-20 所示，以销售指标完成和压货对比分析为例分析门店断货压货风险场景，设立预警机制，追踪指标数据异常的门店，可以看出区域 1 的门店有断货风险，需要及时补货；而区域 2 则有压货风险，应推送给区域 2 的区域公司及时追踪原因，分析是否是业务员为完成任务压货到经销商，还是经销商在套取促销费用，针对原因进行策略调整；区域 3 有部分品类压货和滞销风险，需要调整面向消费者促销策略拉动动销；区域 4 的门店则需要拉动促销。

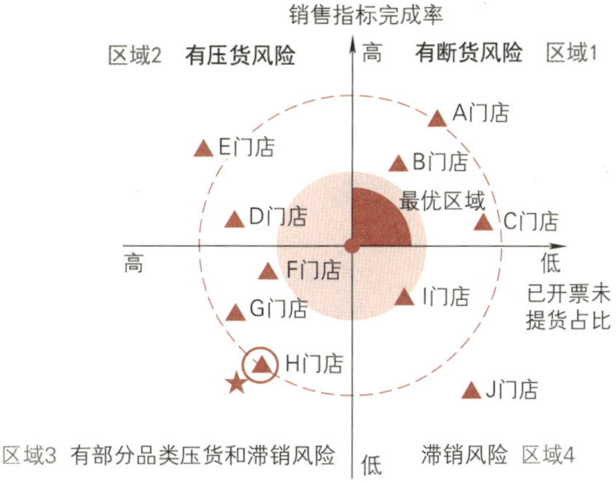

图 4-20　门店断货压货风险场景分析

4.3.3　数字化运营体系构建的现实问题

伴随着 ERP 等后端系统建设，采购生产供应链基本实现一体化管理，而前端泛营销领域（成品到消费者）的业务相对滞后，基本上全部是单体系统，散落在价值链的各个阶段，支撑了各自的业务节点。从数字化运营角度来看，这样虽然功能相对完善，但无法形成业务一体化运营，流程断点频出，造成各节点业务数据无法贯通和追溯；业务和财务数据无法集成；单体应用之间依靠大量非标接口贯通；技术架构千差万别，改造成本巨大，延展性差；底层数据标准不一致，无法贯通，数据治理成本高等。单体应用属于信息时代产物，其历史使命已经完成。企业数字化运营现状如图 4-21 所示。

首先，现有营销端单点应用系统的建设模式无法支撑业务一体化运营，无法从业务流视角优化资源要素配置组合，业务一体化运营要求如表 4-14 所示。

韧性增长：消费企业智胜未来的新质生产力

	基本实现一体化管理	基本上全部是单体系统散落在价值链的各个阶段
	研发设计采购 ／ 生产供应链	经销商网络渠道 ／ 全渠道零售终端运营（线上线下） ／ 销售与消费者服务

技术平台建设：
- PLM、SRM
- ERP、TMS/WMS、MES、产业互联网平台
- DMS、TPM、OMS、SFA、CRM/SCRM、POS
- TMS、WMS

业务一体化运营要求（资源要素按需配置效率运营）：
- 经销商到终端
- 营销到订单
- 履约到结算
- 需求到供给
- 预算到产出

资源要素一体化运营（资源要素一体化效率运营）：
- 全渠道消费者运营
- 全渠道订单运营
- 全渠道供应链运营
- 全渠道产销协同
- 全渠道费用运营

图 4-21 企业数字化运营现状

表 4-14 业务一体化运营要求

阶　段	节　点	要　求
经销商到终端	渠道运营	掌握销售节拍、评判利润分配合理性，通过控盘分利实现渠道过程透明化和稳定化
	经销商运营	通过闭环运营机制，基于数据分析实现经销商分级分类管理和差异化运营
	终端运营	通过闭环运营机制，基于数据分析实现终端分级分类管理和差异化运营
营销到订单	消费者运营	消费者公转私、私域建立、消费者互动和忠诚度管理
	营销活动运营	全域投入产出的效益化逐步提升
	产品运营	全产品体系化上下架、全网配补的合理性和准确性提升

第 4 章　循道而行　重新上路　新质生产力的建设方法总论

（续）

阶　段	节　点	要　求
营销到订单	价格管理	区分不同产品、区域和时间段价格体系，可灵活配置和快速反应市场的促销体系
	全渠道费用运营	费促一体化，业务活动链接全渠道费用，基于数据分析实现费用差异化投放和效率最大化
	终端和消费者融合运营	投放引流，赋能终端运营
履约到结算	B端订单管理	经销商/零售终端需求预测、预订单等交付动态化、可视化、过程化管理
	C端订单管理	消费者订单需求预测，交付动态化、可视化、过程化管理
	库存管理	库存共享和库存寻源全程可视化
	运输管理	订单到运输交付的过程、物流费用投入可视化
	结算管理	自动结算、对账分账

其次，现有营销端单点应用系统的建设模式无法支撑企业级业务协同化运营，无法从企业级视角优化资源要素配置组合，企业级业务一体化协同要求如表 4-15 所示。

表 4-15　企业级一体化协同要求

阶　段	节　点	要　求
需求到供给	产品研发	从消费者运营触点反馈，优化迭代产品功能，从消费者需求洞察研发新产品和服务
	销售预测	基于终端信息传递，整合需求预测，实现分级需求预测
	供应链计划	根据销售需求计划和财务计划考虑区域、产能因素，通过滚动 S&OP 会议形成供应链集成计划，指导生产 APS 计划、物料采购计划、销售计划、库存计划、运力计划、营销和促销计划
预算到产出	全渠道费用运营	从全渠道活动出发，制定费用预算，将活动和预算连接，形成从预算投入到产出的直接反映和闭环运营
	业财一体	实现财务业务实时深度融合，支撑业务决策
	盈利管理	实现全成本和费用运营，明确刚性成本和变动成本，强化产品 SKU 的盈利管理，支撑订单处理科学性提升，掌握产品创新、渠道和市场定价权，灵活调整营销和销售策略

最后，现有营销段单点应用系统的建设模式无法支撑企业级资源要素（消费者、商品、费用）的一体化运营，以支撑业务级和企业级资源配置，企业级资源要素一体化运营要求如表4-16所示。

表4-16 企业级资源要素一体化运营要求

阶　　段	要　　求
全渠道 消费者运营	全域消费者统一运营，消费者公转私、品牌私域建立、线下私域能力构建，提高消费者互动和忠诚度，支撑全渠道订单、线下终端门店运营、产品研发迭代创新，优化产品结构
全渠道 订单运营	通过整合线上和线下多个销售渠道，实现订单的统一管理、处理和交付，以提升客户体验、优化运营效率并增加销售额。核心在于打破渠道壁垒，实现数据的无缝对接和业务流程的协同，确保客户在任何渠道都能获得一致的服务体验
全渠道 供应链运营	全网库存共享统一运营，从品牌商、渠道、线上线下各终端库存一盘货运营，支撑各渠道，区分品类、效期的货品要素的优化配置，支撑渠道、终端和消费者端全渠道订单履约
全渠道 费用运营	全渠道营销费用统一运营，电商、传统渠道政策、促销、返利统一运营，从企业视角支撑各渠道、品类、区域费用优化配置

4.3.4 数字化运营体系十大能力

我们将四个驱动力在价值链前端（即成品出厂至消费者消费）分解为对应的八个领域级数字化运营力和两个企业级数字化运营力，在落地层面，通过业数融合的数字化运营支撑四个驱动力能够在企业层面被各个部门协同实施，推进落实。**商品力可以拆解到供应链运营、全渠道订单运营、支撑产品研发的消费者运营；渠道力可以拆解到供应链运营、经销商订单运营、经销商运营；触点力可以拆解到P端订单运营、渠道终端小B运营、连锁门店运营、bC融合运营、线下私域运营；营销力可以拆解到C端订单、bC融合运营、营销活动运营和企业级私域运营。而产销协同和全渠道费用运营是企业级数字化运营能力，横跨了整体价值链。**

其中全渠道消费者运营、全渠道供应链运营和全渠道费用运营属于企业级资源要素效率运营范畴，其他的为资源要素配置运营范畴。数字化运营体系十大能力如图4-22所示。

4.3.5 数字化运营体系建设评价指标体系

从企业总体增长财务视角和消费者体验指标出发，结合业务驱动力指标，定义数字化运营力层的总体指标（一级指标），再逐步分解到10个数字化运营力层的二级评价指标，作为业务驱动力建设的评价指引，如表4-17所示。

第4章 循道而行 重新上路 新质生产力的建设方法总论

```
品牌商F          经销商网络      全渠道零售      销售与服务C
（商品力）       渠道B           终端运营P       （营销力）
                （渠道力）       （触点力）
```

经销商到终端

1	经销商运营
2	渠道终端运营
3	连锁门店运营

营销到订单

4	bC融合运营
5	营销活动运营
6	全渠道消费者运营

履约到结算

7	全渠道订单运营
8	全渠道供应链运营

需求到供给

9	全渠道产销协同

预算到产出

10	全渠道费用运营

领域/渠道级资源要素按需配置效率运营 **5**

企业级资源要素一体化效率运营 **5**

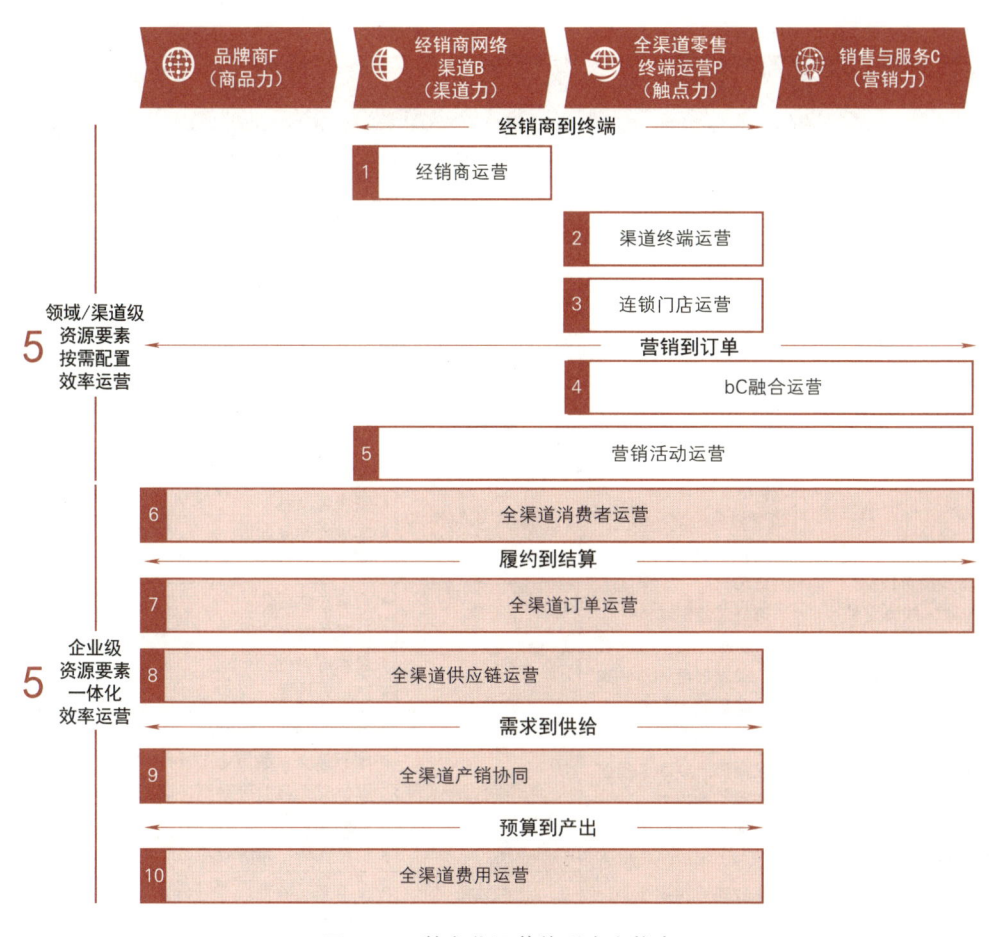

图 4-22 数字化运营体系十大能力

表 4-17 数字化运营体系建设评价指标体系

增长总体指标	数字化运营力层 （一级指标）	数字化运营力层 （二级指标）
	1. 经销商运营	▪ 核心经销商占比 ▪ 经销商拓展质量 ▪ 直销[连锁]业务比重 ▪ 缺货率/上新速度 ▪ 渠道库存/新增订单比
	2. 渠道终端运营	▪ 核心终端结构占比 ▪ 终端活性/动销率 ▪ 终端之间的互通性 ▪ 终端拓展速度和质量

韧性增长： 消费企业智胜未来的新质生产力

（续）

增长总体指标	数字化运营力层 （一级指标）	数字化运营力层（二级指标）	
增长财务指标 ■ 收入规模增长 ■ 利润率增长 ■ 净资产收益增长 ■ 经营现金流增长 **消费者体验指标** ■ 会员规模增长 ■ 复购率增长 ■ 客单价增长 **全要素效率指标** ■ 技术进步 ■ 效率提升 ■ 规模效应 ■ 投入产出	**运营效率价值指标** ■ 费用/成本投入产出效率 ■ 流程节点时效 ■ 现金和存货周转天数 ■ 订单准确度和履约率 ■ 服务风险和质量 **数据资产价值指标** ■ 数据资产成本（规划、获取、处理） ■ 数据资产质量（规范、完整、时效、准确、一致和可访问） ■ 数据资产应用（稀缺性、覆盖多样性、应用深度） ■ 数据风险（数据交换） ■ 数字资产价值	3. 连锁门店运营	■ 核心终端结构占比 ■ 终端活性/动销率 ■ 门店动销率 ■ 门店健康度
		4. 营销活动运营	■ 公域投流转化率 ■ 营销费用 ROI ■ 内容投放精准和适配度 ■ 营销投放转化率
		5. bC 融合运营	■ 线下私域获客和转化及持续运营能力 ■ 小 B 端对消费者黏性
		6. 全渠道消费者运营	■ 交易客户数/会员数 ■ 消费者活性 ■ 客单价和复购率 ■ 核心客户利润率占比
		7. 全渠道订单运营	■ 订单总体时效 ■ 订单关键节点时效 ■ 履约准确性 ■ 订单履约率
		8. 全渠道供应链运营	■ 仓网布局和区域库存 ■ 核心品类单品市场占有率、铺市率、盈利率、其他品类带动率、商品周转率、长尾品类动销率 ■ 价格优势、定价谈判力度
		9. 全渠道产销协同	■ 可靠性：销售预测准确性、订单满足率、交付准时率 ■ 响应性：库存 VLT 达成率、订单履约时长、供应链响应时间 ■ 敏捷性：采购目标达成率、履约准确率 ■ 成本率：售罄率、库存成本、销货成本 ■ 资产效率指标：库存周转率、库存呆滞率、资金周转率
		10. 全渠道费用运营	■ 渠道成本占比：各渠道的运营成本占总运营成本的比例 ■ 单位成本：每个订单或客户的平均获取成本，包括物流成本、营销成本等 ■ 费用效率：各渠道投入费用与其产生的收入比率，评估费用投入的效益 ■ 物流成本：物流相关的各项费用，包括运输、仓储和配送成本 ■ 退货成本：因退货产生的相关成本，包括处理费用和损失等

比如数字化运营力一级效率指标包括费用/成本投入产出效率、流程节点时效、现金和存货周转天数、订单准确度和履约率等，当然还有数据资产成本、质量等数据资产指标，二级指标中，如供应链运营指标包括了仓网布局和区域库存。

4.3.6 数字化运营体系建设四个阶段

"拿着旧地图永远找不到新大陆！"目前绝大部分消费品企业处于节点在线化阶段，在当前历史时间点上，企业资源要素约束条件越来约紧张，同时人工智能技术蓬勃发展，企业还没有做好充分准备，尤其是业务场景和数据基础往往还不具备智能应用的条件，需要思考的核心是如何迈进业务一体化和运营数字化阶段，在探索业务场景的同时奠定充分的数据基础，为决策智能化奠定基础，而不是固守以往建设成果，甚至想通过新建和修补单点系统来满足业务一体化需求。

从图 4-23 可以看出，运营和协同、业务和管理、数据和分析、平台和架构在数字化运营力的构建过程中，四者的结构关系发生显著变化。在第二阶段，通过业务模块解耦和串接完成端到端一体化建设，构建"五流合一"，即合同流/消费者流、信息流/订单流、货物流、资金流和单据流的耦合，支撑单渠道资源要素的精准匹配，构

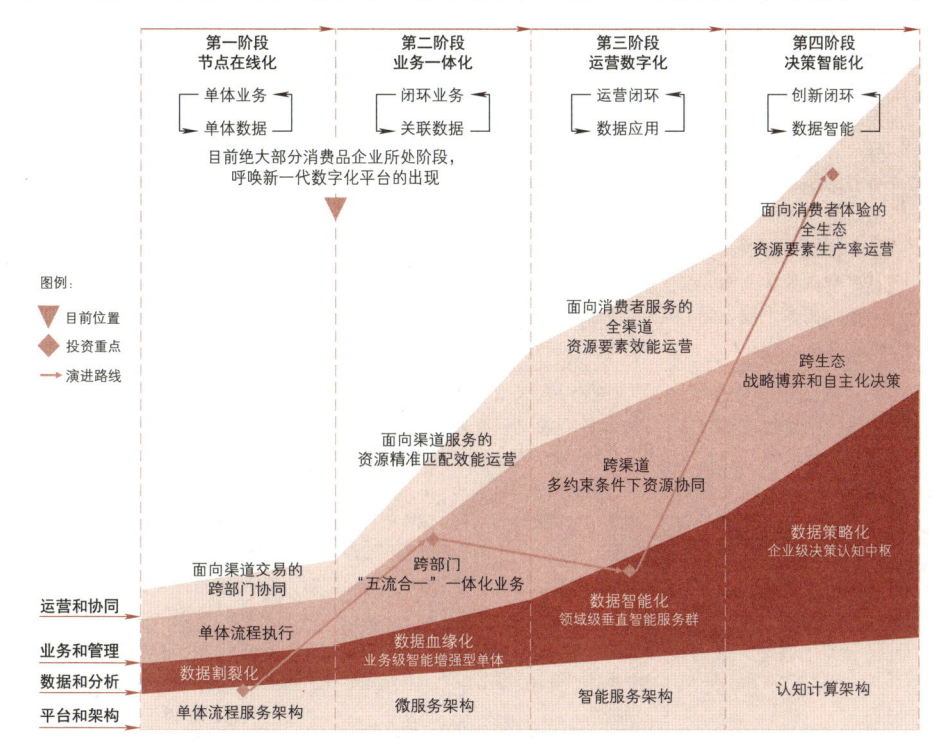

图 4-23 数字化运营力构建过程中四项核心工作的结构变化

建全节点业务和数据血缘关系，业务和管理完成革命性跃升，并逐步发现和探索智能应用场景，构建业务级智能增强型单体（Intelligent Monolith），赋能作业节点应用，为后续第三阶段的跨渠道多约束条件下资源协同奠定基础。第三阶段投资重心过渡到领域级垂直智能服务群（Vertical Intelligence Cluster）的构建，支撑全渠道、网络化服务消费者形态下的资源要素效能运营，第四阶段的投资重心需要转换到面向消费者体验的全生态资源要素生产率运营，包括前端营销和销售生态，后端生产、研发和供给生态，基于企业级决策认知中枢（Enterprise Cognitive Core），支持多智能体动态协商，支撑企业战略目标动态平衡与自主进化，支持全局最优决策，以实现由新质生产力构建指引的全要素生产率最大化的标志和根本目标。

四项核心工作的结构变化描述如表 4-18 所示。

表 4-18　数字化运营体系构建过程四项核心工作的结构变化

阶段	第一阶段： 节点在线化	第二阶段： 业务一体化	第三阶段： 运营数字化	第四阶段： 决策智能化
运营和协同	通过集中式架构实现部门级协作，依赖线下流程和人工核对完成跨部门业务流转。如通过纸质工单和合同、邮件审批和录入方式完成跨部门业务交接节点。企业开始积累基础运营指标，但依赖线下数据传递、核对和分拆，数据孤岛导致效率受限，异常处理需多个部门多次人工协调	以流程效率为目标构建跨部门流程主责和一体化协同机制，实现"五流合一"（合同流-信息流-资金流-货物流-单据流）及端到端可视。构建标准化对接协议，基于流程动作级（如不同条件下的选仓履约）构建智能助手，异常订单处理从人工串联升级为系统自动触发，提升跨部门协作时效性	以资源效率为运营抓手和提升目标，构建全渠道视角下资源效率协同网络。部署强化多目标学习算法，优化全渠道视角下，多约束条件下不同客群、渠道、品类、费用、仓库等资源结构配比，提高资源利用率峰值，实现垂直领域智能协同。智能合约平台自动化执行供应商协同规则	以企业级要素生产率最大化为目标，建设消费者全渠道体验视角下的生态级供需协同网络和机制。构建多智能体协商系统平衡生态伙伴利益，NLP 引擎解析历史合约构建知识库，推进终端自主决策、销售预测、产销计划和控制塔等，支持主动赋能及动态战略博弈，实现跨域认知与自主进化
业务和管理	业务基础流程固化，通过日报监控关键效率指标、透视单部门作业效率。业务逻辑与数据库强耦合，变更需长周期开发且系统升级易中断业务	"五流合一"及对多样化终端的资源"五流合一"精准匹配实现业务一体化。基于领域驱动设计（DDD）原则解耦和构建可拆分、可组装、全自洽和全联通的能力单元。通过流程网络和结构化配置串接能力单元，模块化架构支撑独立开发，快速响应新需求	全渠道视角下资源效率运营和协同，实现全渠道订单统一履约、按渠道商品配额投放、费用按动销投放核销、库存统一运营和智能配货履约，推动效率的整体平衡。通过自然语言人机协同，快速调用能力单元，并组装成新业务场景，快速满足业务需求	通过多目标优化引擎平衡战略目标权重，实现多目标协同（如毛利、不同等级经销商 SLA、不同生命周期阶段品类安全库存）。形成"感知-推理-进化"决策闭环。实现供应链韧性评估，在突发事件中自主生成多套应急方案，执行最优方案使业务中断时间减少

第 4 章　循道而行　重新上路　新质生产力的建设方法总论

（续）

阶段	第一阶段： 节点在线化	第二阶段： 业务一体化	第三阶段： 运营数字化	第四阶段： 决策智能化
数据和分析	分散的数据库架构，通常采用 OLTP 与 OLAP 混合设计，MySQL 主库承载交易记录和离线静态报表。跨部门形成数据孤岛，数据分析依赖数据抽取和人工整合形成固定维度报表，且延迟显著，如资金流水、库存对账数据延迟等造成跨渠道超卖等	以消费者/客户为要素、数据网络关系核心节点，"五流合一"融合业务和数据流，解决数据原生和血缘问题。实时数据管道和列式数仓支撑即席查询，自然语言交互降低使用门槛； 业务级智能增强型单体： 端到端各微服务能力单元的业务逻辑中嵌入 AI 能力链，给予业务处理人员获得实时智能辅助。如智能定价服务集成时序预测、优化求解和解释性分析三层模型，将传统业务模块升级为"决策-执行-反馈"闭环单元	通过特征工程平台和模型迭代，统一管理业务特征，建立 MLOps 全生命周期管理，实时决策引擎支持毫秒级推理。数据智能基座实现特征跨场景复用，模型迭代转向持续交付； 领域级垂直智能服务群： 覆盖多领域。如构建营销智能集群包含客户分群、智能推荐、促销政策/配货策略仿真，通过特征工程平台管理多个业务特征，每集群采用实时特征管道、模型服务网格、动态规则和策略引擎的"三引擎"协同架构	基于多重策略优化、风险底线控制、问题追溯等导向构建数据分析。因果推理框架识别业务变量本质关联，动态指标体系实现 KPI 自适应优化，知识图谱引擎抽取行业知识； 企业级决策认知中枢： 通过感知、推理、决策与进化四层架构，支持多智能体动态协商，形成持续演进的企业认知能力，支持全局最优决策，如帕累托算法平衡各部门指标冲突，在供需震荡场景下，自主调整产品组合策略，降低利润波动
技术和架构	传统单体应用部署于集群，业务逻辑封装在上千个存储过程中。服务器资源利用率呈现明显波峰波谷。使用单实例数据库，数据库表结构复杂，业务发展数据记录数激增，数据索引维护非常耗时且成本高，资源利用率波动剧烈，物理备份恢复耗时长，硬件故障极易导致数据丢失	以微服务架构建设模块解耦和实时协同的全渠道运营平台；模块快速组装支撑个性场景。实现服务熔断和灰度发布、容器化编排微服务、实时流量管控与链路监控，分布式事务框架保障关联事务（如资金扣减与库存锁定）一致性。事件总线标准化事件格式，数据血缘追溯体系增强可观测性	模型服务网格支撑智能服务规模化和在线化部署，支持 A/B 测试和金丝雀发布，数字孪生引擎构建仿真环境，支持策略沙盒。智能数据编织赋予领域数据自治权，各领域团队自主运营数据产品，图数据联邦实现复杂关系网络查询。建立模型预测延迟、特征新鲜度等智能服务 SLA 体系	认知计算架构融合智能算法加速知识发现，支撑业务和组织快速生态化创新。如知识图谱每日新增实体关系。异构计算集群支撑海量决策请求，联邦学习实现跨域数据合规训练，动态本体库维护行业知识体系。同态加密保障核心商业机密在多方计算中的安全性，区块链实现全链路审计追溯

4.3.7　数字化运营体系建设的终极目标：新一代一体化增长运营平台

基于数字化运营力建设的后三个阶段要求，定义数字化时代下的新一代企业营销数字化运营平台，其定位在服务化，已经不仅仅是以流程为导向的封闭规则管控系统，而是开放的增长运营赋能平台，支撑各个领域数字化运营力不断迭代提升，以最高效的资源要素赋能和服务前端增长。

在信息化时代，传统企业营销领域技术系统的定位是"少量的系统支持大量的业

韧性增长： 消费企业智胜未来的新质生产力

务，够用即可"，这是管控化的封闭的规则管控型系统，如图 4-24 所示。

在数字化时代，新一代企业营销数字化运营平台的定位是"以赋能企业提高消费者全渠道体验为使命，通过不断迭代、持续演进、服务化和开放的业务流程、协同运营和数据智能服务，帮助企业实现前端面向消费者网络化、生态化服务的不同终端/渠道/触点的一体化资源要素配置，以及企业级全渠道、全生态资源要素效率最大化的持续运营，持续支撑业务自主化创新和企业认知中枢的能力构建，赋能企业实现韧性增长。"如图 4-25 所示。

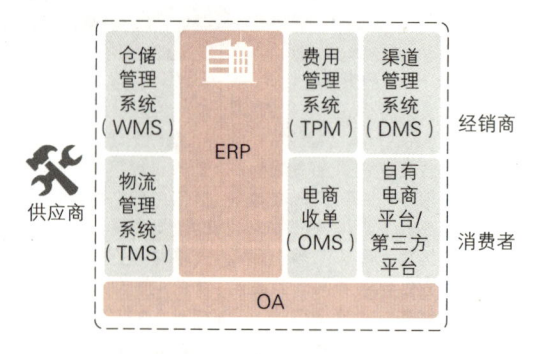

图 4-24 企业营销域信息化现状

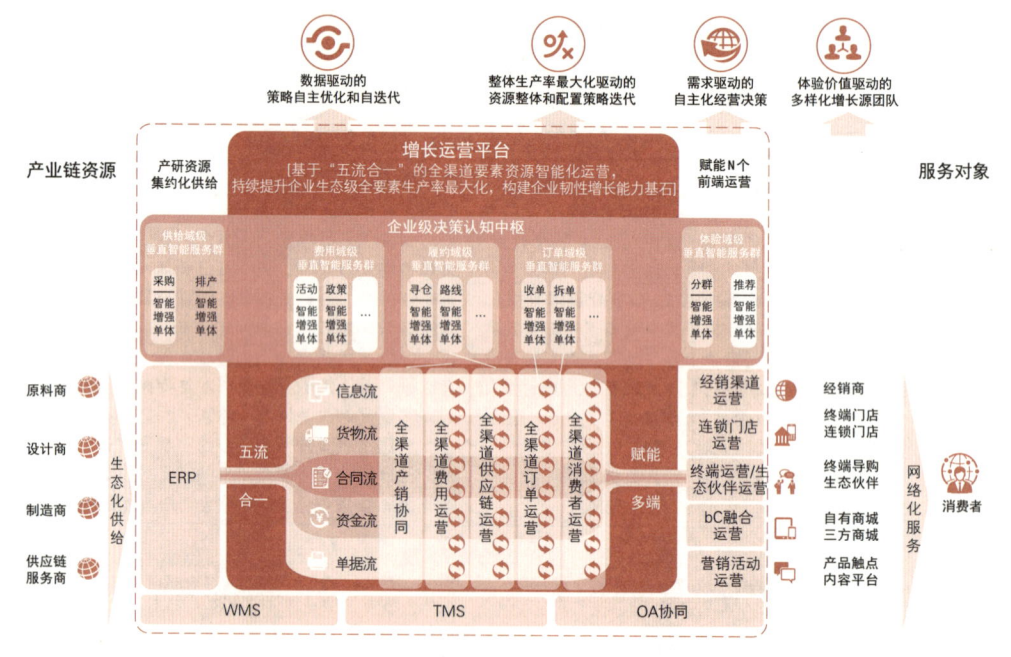

图 4-25 新一代企业营销数字化运营平台（企业增长运营平台）建设目标

在数字化时代新型企业是从企业架构的角度出发，全面考虑功能设置/布局的合理性，采纳成熟的数字化技术架构，提升系统稳定性，来满足高容量、高并发的小 B 端和 C 端运营，以及灵活部署、易扩展、赋能化的 B 端运营需要；并以业务能力中心开放对接门店 POS，终端访销 SFA 前端应用，彻底消除孤岛林立的信息化现状问题。

4.3.8 企业增长运营平台的价值

新一代的企业数字化运营平台,即增长运营平台,需要具备资源要素平台化、业务全链路化、运营赋能化、架构新技术化特点,支撑起业务驱动力和数字化运营力的构建。从数据丰富性、数据可获取性、准确性、联通性、业务融合性角度支撑数据价值,以及支撑节点在线化、业务一体化、运营数字化、决策智能化的数字化运营力四个阶段的构建过程,如图 4-26 所示。

	业务价值（对业务驱动力的价值）	数据价值（对数字化运营力的价值）					数字化运营力价值			
		丰富性	可获取性	准确性	联通性	业务融合性	节点在线化	业务一体化	运营数字化	决策智能化
资源要素平台化	围绕消费者/小B的产业链产品和服务资源拉通和数据拉通	V	V				直接	间接	直接	间接
业务全链路化	支撑商品周转、订单闭环、渠道运营、终端动销、营销活动和消费者运营业务全链路过程	V			V		间接	直接	间接	间接
运营赋能化	支撑各个角色/团队/产品和服务供应链运营平台的运营能力提升		V	V	V		间接	间接	直接	直接
架构新技术化	支撑高容量、高并发、快速响应和业务创新	V		V	V		间接	间接	直接	直接

图 4-26 企业增长运营体系对业务驱动力和数字化运营力构建的价值

1. 对业务驱动力构建的价值

特点一：**资源要素平台化**，即围绕消费者/小 B 端的产业链产品和服务资源要素拉通和数据拉通。

建立围绕小 B 端和消费者端的自有和生态产品及服务体验资源要素的供给、服务流程体系和价值增值体系,实现资源要素的统一目标性;从产业链视角,把供应商、品牌商、代理商、经销商、门店终端、导购/大 C、消费者等利益相关方整合连接在一起,实现资源要素的丰富性和可使用性。

特点二：**业务全链路化**，即实现业务链路全线贯通，支撑商品周转、订单闭环、渠道运营、终端动销、营销活动和消费者运营业务全链路过程。

融合渠道运营、经销商运营和终端运营,形成经销商到终端的一体化;融合消费者运营、营销活动运营、产品运营、价格管理、全渠道费用运营、终端和消费者融合运营，形成从营销到订单的一体化运营；融合 B 端订单管理、C 端订单管理、库存管理、运输管理、订单结算和对账分账，形成从订单到结算的一体化运营，以及从需求到供给、从预算到产出的企业级一体化运营能力。

特点三：运营赋能化，即支撑各个角色/团队/产品和服务供应链运营平台的运营能力提升。

赋能各个业务增长团队、领域的组织活力的最大化发挥；赋能企业向围绕小 B 端和消费者端的产品、服务供应链运营平台转型；赋能传统渠道转型，如经销商的精细化运营、经销商对小 B 端的运营；赋能虚拟团队的业务经营从计划、资源要素使用到结果的闭环，如阿米巴模式；赋能新产品、新兴渠道的拓展和运营，如新品上市测算和过程监测及结果评价。

特点四：架构新技术化，即支撑高容量、高并发、快速响应和业务创新。

微服务架构支撑对策略调整、业务创新的快速支撑和迅速反应，如促销规则的解耦和快速组合、快速搭建应用；业务中台和数据中台双中台架构支撑数据的实时性、准确性和敏捷性，如支持业务中台的数据原生性到数据中台的数据建模；互联网架构支撑高并发、高容量数据需求，如 C 端和小 B 端运营；融合 AI，减少人工的同时提高知识快速沉淀，如解决自动化结算，对账和分账问题。

2. 对数据资产的价值

新一代数字化运营平台所具备的资源要素平台化、业务全链路化、运营赋能化、架构新技术化这四个特点，对于数据的丰富性、可获取性、准确性、联通性和业务融合性均有重要的促进价值。下面将分别针对这四个特点进行描述。

特点一：资源要素平台化

1）数据的丰富性：资源要素平台化意味着将各种资源要素（包括数据资源要素）整合到统一的平台上。这种整合使得平台能够汇聚来自不同渠道、不同格式、不同领域的数据，从而极大地丰富了数据的种类和数量。

2）数据的可获取性：在资源要素平台化的模式下，数据被统一存储和管理，使得数据的获取变得更为便捷。用户或系统可以通过统一的接口或工具快速获取所需的数据，提高了数据的可获取性。

特点二：业务全链路化

1）数据的准确性：业务全链路化要求数据能够贯穿整个业务流程，从数据源到数据应用的全过程都能保持准确性和一致性。这种全链路化的管理方式有助于发现和纠正数据错误，提高数据的准确性。

2）数据的联通性：业务全链路化使得数据能够在不同的业务环节和部门之间流通和共享。这种联通性有助于消除信息孤岛，如 SFA、POS 和订单、商品运营之间的孤岛，实现数据的互联互通，为业务决策提供更加全面和准确的数据支持。

特点三：运营赋能化

1）数据的业务融合性：运营赋能化强调通过数据分析和挖掘来优化业务运营。在这个过程中，数据需要与业务场景紧密融合。这种融合有助于发现业务中的潜在问题和机会，为业务创新提供数据支持。

2）数据的可获取性和准确性：运营赋能化还要求数据能够及时、准确地反映业务的运营状况。这要求平台能够提供高效的数据获取和处理能力，确保数据的准确性和时效性，从而支持业务运营的优化和创新。

特点四：架构新技术化

1）数据的丰富性和联通性：架构新技术化意味着采用先进的技术架构来构建数字化运营平台，并支撑原有功能重复建设、重应用的前端应用（如 SFA）、重管控的业务功能（如 ERP 的订单、结算等）的解耦。这些新技术（如云计算、大数据、人工智能等）有助于平台处理海量数据，实现数据的实时分析和挖掘，提高数据的联通性和可访问性。

2）数据的准确性：新技术架构通常具有更高的数据处理能力和更强的数据校验机制，能够确保数据的准确性和可靠性。此外，新技术还能够提供实时数据监控和异常预警功能，及时发现并纠正数据错误。

3. 对数字化运营力的价值

新一代数字化运营平台的四个特点——资源要素平台化、业务全链路化、运营赋能化、架构新技术化，对数字化运营力构建的四个成熟度阶段（节点在线化、业务一体化、运营数字化、决策智能化）各自有综合性的促进价值，但并非每个特点都对所有阶段有直接或间接的价值。

特点一：资源要素平台化

通过将各种资源要素（如数据、工具、服务等）整合到统一的平台上，资源要素平台化使得企业能够迅速实现订单处理、库存管理、物流配送等关键业务节点的在线化，如订单的统一接入、统一运营和履约等。这不仅提高了工作效率，也降低了运营成本，为后续的数字化进程奠定了坚实的基础。资源要素平台化提供了统一的资源要素管理界面，使得关键业务节点能够迅速实现在线化。

资源要素平台化通过统一资源要素管理，如费用、货品周转等的全渠道运营，降低了部门间资源要素调配的难度，有助于实现业务一体化。资源要素平台化使得运营数据能够统一存储、分析和使用，为运营数字化提供了数据基础。通过优化资源要素配置，进一步支持决策智能化阶段的发展。

特点二：业务全链路化

业务全链路化的理念有助于在节点在线化阶段就考虑到整个业务流程的连贯性和各节点的专业化，为后续阶段做铺垫。业务全链路化是业务一体化的核心，通过整合和优化业务流程，实现跨部门、跨环节的无缝对接。业务全链路化使得运营数据能够覆盖整个业务流程，如订单中心和商品中心对终端访销 SFA 的支撑，为运营数字化提供全面、准确的数据支持。全链路的业务数据还能为决策智能化阶段提供丰富的输入，支持更准确的决策分析。

通过打破部门壁垒，实现前、后台业务的无缝对接，业务全链路化确保了数据和信息在业务流程中的高效流通。这不仅提升了业务协同效率，也增强了企业的市场竞争力。随着业务全链路化的深入实施，企业能够更好地满足客户需求，提供更为优质的产品和服务。

特点三：运营赋能化

运营赋能化的理念使得在节点在线化阶段不仅仅局限于简单的业务处理，而是积累数据为后续的运营优化和决策支持打下基础，通过运营赋能，优化业务流程，提高业务一体化的效率和效果。运营赋能化提供了丰富的运营工具和方法，支持运营数据的深度分析和挖掘，推动运营数字化的深入发展。运营赋能化使得企业能够利用运营数据来驱动决策，为决策智能化提供有力支持。

通过利用数字化运营平台收集和分析海量数据，企业可以深入洞察市场需求和消费者行为，为业务决策提供精准、有效的支持。同时，运营赋能化还推动了运营过程的自动化和智能化，提高了运营效率和质量。随着运营赋能化的不断深化，企业能够更好地应对市场变化，实现持续的创新和发展。

特点四：架构新技术化

新技术架构的引入有助于实现跨部门的业务协同和数据共享，为业务一体化提供技术支撑。新技术架构支持大数据、人工智能等先进技术的应用，为运营数字化提供强大的技术驱动力。架构新技术化使得企业能够构建智能决策系统，实现自动化决策和智能预测。

通过采用先进的技术架构来构建数字化运营平台，企业能够实现对海量数据的实时处理和分析，为决策提供及时、准确、全面的数据支持。此外，新技术架构还提供了智能化的决策工具和算法，帮助企业实现自动化决策和预测分析，提高了决策效率和准确性。随着架构新技术化的不断推进，企业能够更好地把握市场趋势和机会，实现更为精准的决策和战略规划。

4.4 新质劳动者：增长组织变革力

4.4.1 适应市场变化的组织变革

首先我们要理解一个问题，对新质生产力的发展而言，为何组织变革那么重要？我们强调组织变革，不是通常大家理解的对内部组织进行变革，而是要问几个问题，什么样的组织最敏捷？谁在实现增长？谁在帮助增长？他怎么才能心甘情愿地把消费者当亲人一样去主动触达，以及用心介绍产品和持续服务？怎么才能让我们运营人员充满激情地把产品当自己的孩子一样去用心做好？

"Leaders know they need to give people room to be their best, to pursue unconventional ideas, and to make smart decisions in the moment."

"员工需要一定的空间来发挥才干、追求新颖的创意，以及在当下做出明智的决定，领导者知道这一点。"

——哈佛商学院教授兰杰·古拉蒂（Ranjay Gulati）

在快速变化的消费经济时代，企业要想保持增长动力，必须不断地适应市场变化，这不仅体现在产品、服务和营销策略上，更深层次的是组织架构和运营模式的变革，重塑为适应 DTC 模式的敏捷组织方式。增长组织变革力是指企业调整自身组织架构、运营机制及合作伙伴关系，以实现对市场需求的快速响应和持续创新。下面将深入探讨组织变革力在适应市场变化中的关键作用，并提出相应的策略。

企业需要构建一个灵活、开放的生态伙伴结构。在新消费经济形态中，企业面临的市场更加多元化，消费者需求日益个性化，这要求企业不再局限于传统的垂直整合，而是与线上线下的合作伙伴建立共生关系，共同创造价值。例如，企业可以与小型零售商、社交媒体经营者、直销代理人等更广泛的制造供应商和物流服务商建立紧密的合作关系，通过共享数据、资源要素和市场信息实现共赢。这种生态伙伴结构能够快速捕捉市场变化，缩短产品上市周期，同时还能根据消费者反馈进行快速迭代。

企业需要将决策权力下放到组织的最前端，尤其是那些与市场一线接触的员工，如业务员、店长、导购和小B。这种去中心化的决策模式使企业能够快速响应消费者需求，制定适应性强的策略。通过赋予员工更大的决策权，企业可以激发他们的创新精神，驱动自驱式增长。同时，企业应建立短期和长期收益机制，确保各方利益的平衡，激发合作伙伴的积极性。

此外，企业要打造数据驱动的文化，鼓励组织内部的数据共享和知识传播，以数据来驱动决策和运营。这意味着企业要培养数字化人才，确保员工具备数据分析和应用的能力，同时构建一个支持数据驱动决策的组织环境。企业应建立数据驱动的KPI（关键绩效指标）体系，确保各个层级的员工都能理解数据的重要性和如何利用数据来优化工作。

企业还应解耦生产关系，以适应市场的动态变化。这意味着要建立跨部门、跨职能的虚拟团队，这些团队应以解决具体业务问题为目标，而不是遵循传统的部门结构。这种组织模式能够快速响应市场变化，针对不同细分市场推出定制化的产品和服务。同时，企业要推行短期和长期收益机制，确保团队能够在满足短期业绩的同时，关注长期的市场趋势和产品创新。

企业需要通过技术平台来赋能一线增长源，如提供数据分析工具，让员工能够直观地理解市场反馈，做出快速决策。同时，通过内部培训和外部合作，提升员工的数字化技能，使他们能够适应新的工作模式。同时，企业还要建立敏捷的组织结构，鼓励实验性工作，通过快速迭代和学习，适应市场变化。

适应市场变化的增长组织变革力体系（见图4-27）要求企业构建灵活的生态系统，权力下放，数据驱动，解耦生产关系，并通过技术赋能一线员工。这种变革旨在提升企业的敏捷性和创新性，确保企业能够快速响应市场动态，抓住新消费经济形态下的增长机遇。企业需要在组织变革中找到平衡，既保持对市场变化的敏感度，又确保内部的稳定和一致性，实现持续的、健康的增长。

1. 赋能对象：市场一线（直接增长源）

面向消费者的市场一线是直接增长源，他们的核心定位是集合资源要素解决消费者/客户需求响应效率、消费者个性化体验需求、差异化市场需求问题。

企业的增长源头已经从生产端转向了需求端，而传统的消费企业对消费端是不了解的，需要花很大的代价去理解，同时需求端越来越分化和变化越来越敏感的特征，使得企业中后台乃至领导们离消费者越来越远，这种变化不是主动的，是红利期留下来的历史债务，是被动的。那么问题来了，最敏捷的组织一定不是科层制的，更不是离消费者越来越远的领导者领导的科层制组织，谁离市场最近？而消费者交易跟谁的利益更直接相关？答案是唯一的，就是一线的业务员、店长、导购、帮我们分销的小B端、大C端，以及子品牌或品类的利润体，他们是真正的直接增长源，而我们的供应链、商品和渠道等运营人员是间接增长源。增长源不是坐在办公室的领导，他们是供给端增长逻辑下土地、资金等资源要素的掌控者，在消费者"用脚投票"的时代，领导也需要更新自己的角色定位。

图 4-27 增长组织变革力体系

2. 赋能对象：内部运营（间接增长源）

面向市场一线的内部运营是间接增长源，他们的核心定位是解决一线资源要素的响应效率、资源要素效率、资源要素协同度、风险底线问题。

我们在数字化运营力谈到10个运营能力的构建的目的，把10个数字化运营能力和资源要素横向协同，共同一致面向赋能对象。同时，赋能外部增长源头，集合数据、货品、促销费用政策、配送等资源要素，满足业务响应效率需求、消费者个性化体验需求、差异化市场需求。而要实现这个目的，就需要改良甚至重建能够孵化出卓越数字化组织能力的土壤，从工具、人才、文化、生产关系四个数字化组织要素逐步推进，快速发展提升数字化组织能力，更好赋能企业内外部的各个增长源。

3. 组织变革力的四个数字化组织要素

组织变革力的核心意义在于解决体系机制和文化土壤问题。

工具、人才、文化、生产关系四个数字化组织要素相互之间是什么样的关系？生产力工具是基础，解决工具问题，在此基础上，人才和文化之间互相驱动，即通过数字化人才和数据驱动文化，逐步实现生产关系重塑的目标，解决机制保障问题；而生产关系的重塑，即常规机制和权益机制保障，又反向促进协同团队快速组建、人才快速引入，以及数据驱动文化的成效体现，并对工具里的数据等形成反向增强需求，因此这四个方面是不可分割、相互促进的关系。

数字化时代对组织变革力的要求，是改良建设卓越数字化组织能力的土壤，从工具、人才、文化、生产关系四个数字化组织要素逐步推进，快速发展提升数字化组织能力，更好地赋能企业内外部各个增长源，驱动韧性增长。

4.4.2 扩大生态伙伴组织主体范畴

在韧性增长的目标下，企业的组织变革力必须适应市场变化，扩大生态伙伴组织主体的范畴，以实现自驱式增长。这一策略的关键在于构建一个开放、协同的生态系统，让不同类型的合作伙伴共同参与到企业增长的进程中。通过丰富生态伙伴的多样性，企业能够更好地捕捉市场细分需求，快速响应变化，同时提升资源要素的利用效率。

企业需要重新定义其生态伙伴的范围，包括但不限于线上线下的零售商、社交媒体经营者、直销代理人、内容创作者、技术供应商、物流合作伙伴等。这些伙伴的结合不仅能够拓宽销售渠道，还能提供独特的消费者洞察，帮助优化产品和服务。例如，与"网红"或KOL的合作，能够借助他们的影响力快速提升品牌知名度和产品销售，而与技术供应商的深度合作，则有助于企业快速迭代技术，提升数字化运营能力。

企业应鼓励生态伙伴之间的互动和信息共享，形成一个互利共生的网络。通过数据开放和共享，企业能够获取更全面的市场动态，及时调整策略，同时也能为合作伙伴提供有价值的市场洞察，帮助他们提升自身业务。例如，企业可以建立数据交换平台，让合作伙伴方便地获取消费者行为数据，以便更精准地定向营销。

此外，企业要推动权力下放，赋予生态伙伴更多的决策权和更大的自主性。这不仅能够激发合作伙伴的积极性，还能确保他们在面对市场变化时迅速做出反应。例如，企业可以设立一些短期和长期的激励机制，让合作伙伴在满足业绩的同时，关注长期的市场趋势和产品创新。这种模式有助于企业构建一个灵活、自适应的网络，使得生态伙伴能在各自的领域内发挥专业优势，共同推动增长。

在组织变革过程中，企业还需要建立数据驱动的文化，培养生态伙伴的数据素养，使他们能够用数据来指导决策和优化业务。企业应提供数据工具和培训，帮助生态伙伴理解数据的价值以及如何利用数据来提升业务表现。同时，企业还要在组织层面设立数据驱动的 KPI，确保所有合作伙伴都能遵循数据导向的决策过程。

企业应通过技术平台赋能生态伙伴，如提供数据分析工具、内部知识库和培训资源要素，帮助他们更好地利用数据和工具来提升运营效率。同时，企业也要建立敏捷的组织架构，允许合作伙伴在特定的业务问题上进行快速实验，从而在不断迭代中找到最佳实践。

扩大生态伙伴组织主体范畴是增长组织变革力的重要组成部分。通过构建一个多样、协作、数据驱动的生态系统，企业能够实现对市场动态的快速响应，挖掘更多增长机会，同时提高资源要素的使用效率。随着市场碎片化和消费者需求的个性化，这种策略对于企业打造长期竞争力和发展至关重要。

4.4.3 韧性增长组织变革力构建指标体系

如何评价组织变革力构建的成效？需要从企业整体增长财务视角和消费者体验指标出发，定义增长组织变革力指标，再逐步按照四个数字化组织要素分解成二级评价指标，作为组织变革力建设的评价指引，如表 4-19 所示。比如增长组织变革力一级指标包括消费者、生态合作伙伴体验满意度，数字化工具覆盖率，激励对数据资产价值提升的有效性等。从数据驱动文化角度可以设定的指标包括：部门间协同畅通性，消费者体验闭环责任制，消费者/一线增长单元导向的流程时效，数据分析支撑策略调整、流程优化频度，协同决策的数据依赖度等，当然每个企业可以按照自身状态设定合适且可落地的指标。这里要强调的是，和增长业务驱动力和数字化运营力一样，关键的不是指标本身，而应该是指标设定、过程监督、结果反馈评价的闭环机制的构建，不断迭代促进。

表 4-19　增长组织变革力指标体系

增长总体指标	增长组织变革力层 （一级指标）	增长组织变革力层（二级指标）	
增长财务指标 ▪ 收入规模增长 ▪ 利润率增长 ▪ 资产收益率增长 ▪ 现金流增长 **消费者体验指标** ▪ 会员规模增长 ▪ 复购率增长 ▪ 客单价增长 **全要素效率指标** ▪ 技术进步 ▪ 效率提升 ▪ 规模效应 ▪ 投入产出	▪ 消费者、生态合作伙伴体验满意度 ▪ 数字化工具覆盖率 ▪ 激励对数据资产价值提升的有效性 ▪ 数字化人才效能增长 ▪ 数据分析支撑一线导向的策略调整、流程优化频度 ▪ 虚拟团队决策权限、责任闭环、效能提升和激励	组织要素一： 生产力工具	▪ 管理节点工具覆盖率 ▪ 业务一体化和工具覆盖率 ▪ 数据模型对业务链路节点的覆盖率 ▪ 决策流程数据模型覆盖率 ▪ 数字人成本集约、效率提升、营业创收比例
		组织要素二： 数字化人才	▪ 组织岗位人才能力匹配度 ▪ 数字化人才占比 ▪ 数字化人才效能增长 ▪ 数字化人才渗透率和覆盖度 ▪ 业务和技术架构、数据工程师占比
		组织要素三： 数据驱动文化	▪ 部门间协同畅通性 ▪ 消费者体验闭环责任制 ▪ 消费者/一线增长单元导向的流程时效 ▪ 数据分析支撑策略调整、流程优化频度 ▪ 协同决策的数据依赖度
		组织要素四： 重塑生产关系	▪ 终端门店、小B决策权限范围 ▪ 风险底线管控强度 ▪ 生态合作关系协同度、及时性和质量 ▪ 内部品类/子品牌虚拟责任闭环性、激励措施和效能提升 ▪ 一线团队对广泛数据收集和分析的主动积极性

4.4.4　生产关系飞轮和数据价值飞轮"双轮驱动"效益

　　数字化时代的组织变革和传统的组织变革有哪些不同？组织变革通常需要承接业务能力的构建，并激活组织活力，为增长负责，为外部伙伴、消费者提供最佳消费体验。而在数字化时代，组织变革的基本要求没有变化，但更需要将组织活力的发挥和数据价值的最大化利用深度捆绑起来考虑，构建生产关系飞轮和数据价值飞轮"双轮驱动"效益，使得一线直接与消费者触达的、直接影响到消费者体验的直接增长源和间接增长源都拥有更多的数据生产要素，并用到更多运营场景中。因此其中需要重点关注的是从组织价值最大化发挥角度构建数据价值闭环，从数据价值最大化发挥角度变革组织。生产关系飞轮和数据价值飞轮的"双轮驱动"效益如图 4-28 所示。

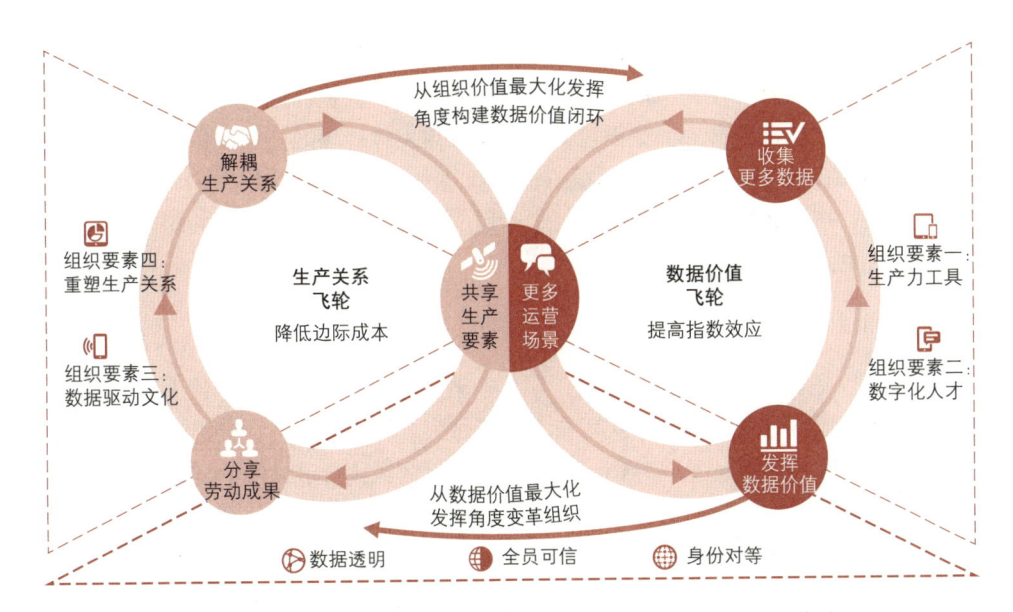

第 4 章 循道而行 重新上路 新质生产力的建设方法总论

图 4-28 构建生产关系飞轮和数据价值飞轮的"双轮驱动"效益

组织变革力的四个要素推进生产关系飞轮和数据价值飞轮"双轮驱动"的发挥，具体分析如表 4-20 所示，下面具体分析。

表 4-20 组织变革力对生产关系飞轮和数据价值飞轮的作用

组织变革力 四个要素	生产关系飞轮 （降低边际成本）	数据价值飞轮 （提高指数效应）
生产力工具	解决数据共享、成果分享、风险底线控制、数据丰富度和准确性的问题	解决数据收集、贯通、分析和价值呈现等相关数据闭环工作的效率和准确度问题
数字化人才	解决有团队能够基于数据平台进行数字化运营推动增长问题	解决数据闭环工作有人做以及产出质量的问题
数据驱动文化	依照消费者体验、一线和内部各个品类/子品牌的运营和决策需求改革内部流程和协同机制	更多运营场景驱动数据价值发挥
重塑生产关系	有机制保障对客户体验的关注、快速解决一线场景的实际问题，获得成果分享	基于团队和个人自我价值实现的驱动，自驱式收集和应用数据，更多地提出数据分析应用需求的问题

1. 数据价值飞轮：提高指数效应

无论是消费品企业还是品牌零售企业，除了依靠企业级对接第三方平台进行数据收集外，很多企业要求一线员工完成收集数据的任务。由于数据收集的过程和质量与收集人自身的收益没有任何关联，导致数据收集质量、数据时效都不尽如人意，造假和出错比比皆是。消费行业的数据价值飞轮的效用发挥，需要持续发挥"收集更多数据→应用到更多运营场景→发挥数据价值（有动力收集更多数据）"三个阶段的循环作用。当然，按照数据价值飞轮的这三个阶段，我们可以对数据价值飞轮在消费行业的运用进行更为系统的分析。

第一阶段：收集和整合数据

这一阶段是数据价值飞轮的基础，涉及多渠道收集消费者数据，并进行有效的整合。在消费行业，这包括收集购买历史、浏览行为、搜索记录、社交媒体互动等，以及货架陈列、客户库存、条码分销、铺货和竞品、促销执行等终端数据。通过高效的数据管理系统，企业能够将这些数据整合成结构化的数据集，为后续的数据分析和应用奠定基础。

指数效应的体现：随着数据的不断积累，企业能够更全面地了解消费者行为和市场及渠道终端、库存动态，这种理解的深度将呈指数级增长。数据的准确性和丰富性使得分析结果更为准确，从而指导企业更精准地把握市场机会。

第二阶段：更多应用场景

在数据收集和整合的基础上，企业可以将数据应用于多个业务场景，包括精准营销、产品开发、供应链管理、风险管理等。这一阶段的关键是将数据转化为实际的业务策略和行动。

- **精准营销**：利用用户画像和数据分析，实现个性化推荐和广告投放，提高销售转化率和客户满意度。
- **产品开发**：基于消费者反馈和市场数据，优化产品设计，满足用户需求，提升产品竞争力。
- **供应链管理**：通过数据预测市场需求，优化库存和物流管理，降低成本，提高效率。
- **风险管理**：利用数据识别和预防欺诈行为，如窜货、压货、乱价等，确保业务稳定性和安全性。

指数效应的体现：在多个应用场景中，数据的有效利用能够带来业务效果的显著提升，这种效果随着数据应用范围的扩大呈指数级增长。例如，一线精准DTC产品推荐、优惠券发放等的应用不仅可以提高销售额，还能增强客户忠诚度，进而形成口碑效应，促进业务的进一步扩张。

第三阶段：数据价值发挥

在数据被广泛应用于各种业务场景后，其真正的价值开始显现。这一阶段主要体现在业务成果的提升、创新能力的增强以及企业决策的科学化上。

- **业务成果的提升**：通过数据驱动的策略优化，企业能够实现销售额、客户满意度、市场份额等关键业务指标的显著提升。
- **创新能力的增强**：数据洞察能够激发企业的创新思维，推动新产品、新服务的开发，从而开辟新的市场机会。
- **企业决策的科学化**：基于数据的决策更加客观、准确，有助于企业规避风险，抓住市场机遇。

指数效应的体现：数据价值的全面发挥将带来企业整体绩效的指数级提升，这种提升不仅体现在短期的业务增长上，更体现在企业长期竞争力和市场地位的稳固上。随着数据文化的深入人心和数字化技术的不断进步，企业的数据应用能力将持续增强，形成难以被复制的核心竞争力。

2. 生产关系飞轮：降低边际成本

生产关系飞轮的核心价值在于通过优化生产关系来降低边际成本。随着产量的增加，由于生产关系的优化，企业能够更高效地利用资源，减少浪费，从而使得每增加一个单位产品所需的额外成本（即边际成本）逐渐降低。这种效应对于提高企业的盈利能力、增强市场竞争力具有重要意义。

第一阶段：解耦生产关系

通过组织变革来打破传统的、僵化的生产关系，使各个生产环节更加灵活、高效。引入先进的组织理念，将大组织重塑为多个独立核算的 DTC 小组织，从而激发每个小组织的活力和创新能力，如门店店员、业务员、品牌/品类组织等。同时，可以采用 OKR（Objectives and Key Results，目标与关键成果法）等管理工具，明确目标和责任，提高员工的工作效率。充分授权能够有效地激发企业的内部活力，提高效率，通过优化组织架构和流程，可以降低不必要的沟通和协调成本，使生产更加顺畅。

- **边际成本效应的体现**：通过解耦，每个环节可以更加专注于自身的核心业务，提高生产效率。例如，专业的品牌成品供应商能够提供更稳定、更高质量的产品，降低因产品供货导致的终端缺货和收入损失。解耦后的供应链能够更快速地响应市场变化。当某一环节出现成本波动时，企业可以更容易地调整策略，从而降低整体供应链的边际成本。解耦有助于分散风险。当某个环节出现问题时，其他环节可以继续运作，减少了整体供应链在波动的风险，间接降低了因风险导致的额外成本。

第二阶段：共享劳动要素

共享各种生产要素，如数据、技术、消费者信息等，以提高资源的利用效率。建立生产要素共享平台，鼓励企业之间或企业内部各部门之间共享资源。通过共享劳动要素，员工可以最大限度掌握完成目标所需的资源，企业可以更加灵活地调配资源，减少浪费和重复投资。这不仅有助于降低生产成本，还能提高企业的应变能力和市场竞争力。

边际成本效应的体现：门店导购共享顾客数据、促销政策，根据实际顾客经营目标做经营动作，随着与顾客互动和经营深度加大，边际成本降低。

第三阶段：分享劳动成果

建立公平、合理的利润分配机制，以激励员工和合作伙伴更加积极地投入生产。根据员工的贡献和绩效来分配利润或奖金，确保每个人都能够得到与其付出相匹配的回报。同时，与合作伙伴，如经销商、终端、生态合作者、大 C、小 B 等，建立长期稳定的合作关系，共同分享增长带来的红利。公平的利润分配机制能够激发伙伴的归属感和工作热情，提高企业的整体绩效。与合作伙伴的共赢关系也有助于稳定供应链和市场渠道，为企业的长期发展奠定基础。

边际成本效应的体现：当产品销售顺畅时，资金回笼速度加快，企业可以更快地投入下一轮生产，从而降低资金占用成本和财务风险。销售数据的反馈可以指导生产环节的优化。企业了解哪些产品受欢迎，哪些需要改进，能更加精准地投放资源，降低无效生产和库存成本。合理的利润分配可以激励各个环节更加高效地工作，从而降低生产过程中的人为浪费和失误成本。

数据价值飞轮和生产关系飞轮之间存在相互驱动的"双轮驱动作用"，对数据价值飞轮和生产关系飞轮的指数效应和边际成本效应发挥互为"放大器"作用。

3. 数据价值飞轮对生产关系飞轮的驱动作用

数据价值飞轮通过提升决策效率和准确性、优化生产流程和管理、激发员工潜能和创新力、促进跨部门协作和整合以及增强市场响应能力和客户满意度等多个方面来驱动生产关系飞轮运转并激发组织活力。这些作用共同推动了企业的持续创新和发展。

(1) 提升决策效率和准确性

数据价值飞轮通过实时收集和分析业务数据，为管理层提供准确的市场动态、消费者行为和销售业绩等关键信息。这些信息能够使决策者更透明地看清端到端流程、识别放权的边界、控制底线风险，更加迅速地做出反应，调整生产计划和市场策略。同时，将决策权下放到直接与消费者和客户触达并触发交易的一线员工，基于实际多样化需求快速做出决策。基于数据的决策有助于降低远离市场造成的主观臆断，提高决策的客观性和准确性，从而避免资源浪费和不必要的风险。

(2) 优化生产流程和管理

通过对数据的深入分析，数据价值飞轮可以帮助企业精确识别更多数字化运营场景和业务流程中的瓶颈和潜在改进点。这有助于企业针对性地优化业务流程，提高业务效率和产品质量。数据驱动的管理模式能够使企业实现更加精细的要素资源共享、分配和任务调度，从而提升整体运营效率。

(3) 激发员工潜能和创新力

数据价值飞轮可以提供客观、量化的基于数据价值的绩效评价依据，使员工清楚了解自己的工作表现和提升空间。这种透明度和激励有助于激发员工的积极性和竞争意识。基于员工绩效和能力的数据分析，企业可以为员工提供更加个性化的培训和发展计划，从而提升员工的职业技能和工作满意度。

(4) 促进跨部门协作和整合

数据价值飞轮通过建立统一的数据平台，按照数据价值飞轮重新梳理部门之间的合作关系、上下层级之间的管控和赋能关系，促进不同部门之间的信息共享和沟通协作。这有助于打破部门壁垒，提高组织内部的横向协同效率，同时防止"一放就乱、一管就死"的两难选择。基于数据的洞察可以推动不同部门之间开展有针对性的合作项目，共同解决企业面临的问题和挑战。

(5) 增强市场响应能力和客户满意度

通过分析历史销售数据和消费者行为模式，数据价值飞轮可以帮助一线员工更准确地预测顾客需求变化趋势，从而及时调整产品推介策略和供应链配补调策略。利用数据洞察消费者偏好和需求，企业可以开展更加精准的营销活动并提供个性化的客户服务体验，从而提升客户满意度和忠诚度。

4. 生产关系飞轮对数据价值飞轮的驱动作用

生产关系飞轮通过激发组织活力，在数据收集与整合、数据分析与应用、数据质量与准确性、数据创新与优化以及数据安全与合规性等多个方面对数据价值飞轮产生积极的驱动作用。这些驱动作用共同推动了数据价值飞轮的高效、准确、安全和创新发展。

（1）促进数据收集与整合的完善

当从数据价值受益后，组织活力被激发，员工更加积极地参与数据相关工作后，会增加数据记录的频率和详细程度。例如，在市场营销、销售、生产、供应链等各个环节，尤其是在 DTC 模式下一线员工对数据的收集环节，员工可能更频繁地更新数据，从而提供更丰富的数据源供数据分析使用。组织活力的提升有助于打破部门壁垒，促进信息的横向流通。这种跨部门的协作和信息共享，可以极大地丰富驱动数据价值飞轮所需的数据维度和广度。

（2）加速数据分析与应用的过程

当组织内部沟通顺畅，团队协作紧密时，数据分析团队能够更快地获取业务部门的数据需求，减少等待和反复沟通的时间，从而加速数据分析的过程。有活力的一线组织的决策对数据分析结果的反应更快，因为一线的决策往往与实际交易成果相关，能够迅速将分析结果转化为实际的业务成果，实现数据价值的快速转化。

（3）提升数据质量和准确性

员工对工作的高度投入会转化为对数据准确性和完整性的重视。他们更可能仔细核对数据，减少错误和遗漏，从而提高整体数据质量，单从自己获取的、创造的数据中获取价值分成。在生产关系飞轮的推动下，员工会更加认识到数据质量和价值的重要性，这有助于培养一种严谨的数据文化，进一步保证数据的准确性和可靠性。

（4）推动数据创新与优化

一个充满活力的组织更容易接受和尝试新的数据分析方法和技术。这种创新氛围有助于数据价值飞轮的不断升级和完善。生产关系重塑驱动的组织活力激发了员工对工作流程和数据分析方法的持续改进意愿，员工会主动寻求优化数据处理的途径，从而提高数据价值飞轮的运行效率和准确性。

（5）加强数据安全与合规性

随着员工对自增长组织目标的认同感和归属感的增强，他们会更加重视数据安全，减少数据泄露的风险。在有活力的组织中，员工更倾向于自觉遵守数据相关的法规和内部政策，确保数据的合规使用，降低违规风险。

在双轮驱动效应中，数据价值飞轮和生产关系飞轮的重要连接点是共享生产要素和更丰富的数据应用场景，这是业务和数据的"一体两面"，这两者之间也存在相互促进作用。共享生产要素为数据应用场景提供了丰富的数据资源和应用场景，而数据应用场景则通过优化资源配置、推动个性化服务、加强风险管理和市场拓展等方面，进一步提升了共享生产要素的价值和效率。这种相互促进的关系有助于推动消费行业的持续创新和发展。

1）共享生产要素对丰富数据应用场景的推动作用

共享生产要素，如共享库存运营、物流能力、渠道营销资源、消费者数据等，为消费行业提供了大量的实时数据。这些数据包括消费者购买行为、销售趋势、库存变动等，极大丰富了数据应用场景的基础资源。通过共享生产要素，消费企业能够更便捷地收集关于市场、消费者和竞争对手的数据，降低了单独收集这些数据的成本。将数据共享给原来没有应用的场景，将场景转化为数据驱动的场景。另外，可以通过更多的数据共享，将原有的数据应用场景更加深化应用。

2）丰富数据应用场景对共享生产要素的促进作用

通过数据分析，消费企业可以更加精确地预测市场需求，从而合理调配共享的生产要素，如调整物流路线、优化库存管理、合理配置销售资源等。这不仅提高了资源的利用效率，还减少了浪费。数据应用场景帮助企业深入了解消费者的偏好和需求，从而推出更加个性化的产品和服务，促进产品和服务要素得到更多共享。通过实时监测和分析共享生产要素的使用数据，企业可以及时发现潜在的风险和问题，如产品质量问题、供应链中断等，并采取相应的预防措施。这有助于减少损失，提高经营的稳定性和可持续性。数据应用场景还能够帮助企业发现新的市场拓展机会和潜在的合作伙伴。以上举例的更丰富的数据应用场景对数据要素的共享提出了很高的要求，也为数据分析能力的共享流动起到深刻的推动作用。

4.4.5 增长组织变革力构建的四个阶段

顺应数字化运营力构建的四个阶段，四个要素的建设也需要同步进行，因此企业按数字化组织能力建设程度区分成四个阶段，即信息化组织、数字化业务组织、数字化运营组织和数字化敏捷组织，而四个要素在四个阶段的核心工作目标完全不同。比如生产关系重塑，在信息化组织阶段里不会考虑这个问题。而一旦进入数字化业务组织阶段，就需要配合业务一体化的构建过程，组建数字化领导组织领导一体化工作；到数字化运营组织阶段，需要解决内外部充分数据和资源要素共享问题；而到数字化敏捷组织阶段，在生产关系维度需要考虑的核心问题是策略决策权下移到一线直接和间接增长源的问题。

四个要素在组织进化四个阶段分别有建设重点（见图 4-29），各参与项目的角色应该思考自身能力的提升方向，和组织共同进化，提高与业务发展和数字化运营需求的匹配度，形成"人—事—数"的共振发展关系，说明如表 4-21 所示。

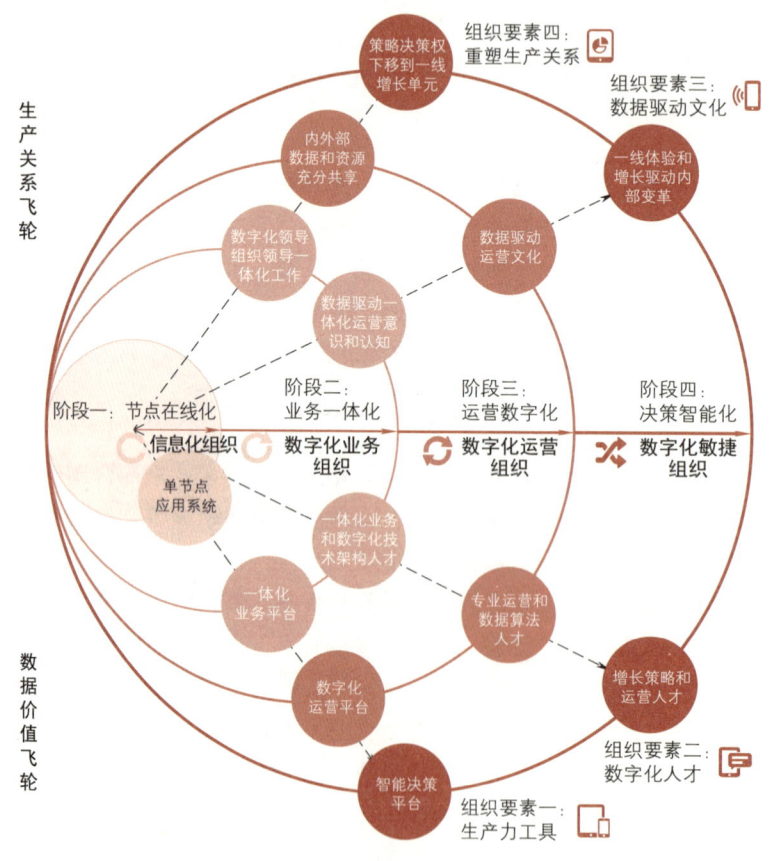

图 4-29 四个要素在组织进化四个阶段中的建设重点

表 4-21　不同阶段组织变革力要素的重点内容

增长组织变革力构建阶段		第一阶段 信息化组织	第二阶段 数字化业务组织	第三阶段 数字化运营组织	第四阶段 数字化敏捷组织
增长数字化运营力构建阶段		节点在线化	业务一体化	运营数字化	决策智能化
数据价值飞轮	组织要素一：生产力工具	管控型、单点式交易类系统和营销投放点链接、物联网部署	搭建数字化技术架构，实现渠道、商品、门店端到端业务交易、营销闭环工具平台	在数字化架构中融合数据平台架构支撑数据埋点、数据分析模型工具、算力基础设施、AI 算法	计算和分析更加敏捷，将更广泛的数据范围和深度分析结果为业务、运营提供智能决策工具和一线自主决策工具
	组织要素二：数字化人才		各个业务专业领域端到端在线化专业人才团队搭建和能力提升，统一业务和技术架构和设计、平台建设和运维团队搭建	各业务部门的数字化运营人才培养、数字化平台业务、产品和技术架构人才培养、数据分析、算法人才的培养和引入	全链路业务穿透，根因分析模型，算法人才、渠道/门店/消费者交互体验，A/B 测试、互动体验人才
生产关系飞轮	组织要素三：数据驱动文化		解决数字化认知问题，业务驱动力对应的数字化运营指标体系构建，由数据需求导向业务闭环构建方式	业务驱动力对应的数字化运营指标体系构建，数据分析对业务驱动力提升的机制构建，由业务和技术联合主动一场场"战役"，逐步构建数字化运营机制	依照消费者互动体验、一线和内部各个品类/子品牌的运营和决策需求，改革内部流程和协同机制
	组织要素四：重塑生产关系		数字化管理委员会决定人才引进以及对原有人才结构的冲突、一体化业务过程中的流程争议、技术预算内的费用预算和资产预算的分割、数据驱动文化的构建过程	在企业内部和外部更多数据开放和共享，给予内部各个品类/子品牌更多数据进行闭环运营。向一线及内部增长组织做要素倾斜，赋能外部伙伴、经销商、一线门店、导购、大 C、小 B	决策机制下移到外部和内部各 DTC 一线组织、推动企业内部增长源（利润体）、外部增长源（经销商、门店、导购）的生产关系变革

4.4.6　消费行业组织变革力建设的终极目标：数字化敏捷组织

首先，我们看通常的组织形态划分。敏捷组织需要保持灵活性和稳定性的"双速"运行状态，即"既快又稳"。我们从业务灵活度和管理控制度两个关键的评价维度，将组织分为四类，即敏捷组织、初创组织、混乱组织和官僚组织，如图 4-30 所示。

业务灵活性要求企业拥有动态能力，即能紧急应对不断变化的情况，并迅速重新优先排序的战略能力，组织能力在组织中自由流动变化，调整结构以快速适应新的工作目标和方式。管理控制度保证企业发展有稳定基础，表现在流程和架构的稳定性，以简单的边界供员工在条框内行事，以精益高效的流程作为支撑，以及共同目标和价值观作为方向指引，保持文化的稳定性。下面依照这两个关键的评价维度，介绍不同组织的特征表现。

	低 管理控制度 高
高 业务灵活度 低	**初创组织**：创新驱动、资源有限、扁平结构、高风险承受能力、不完善的流程 / **敏捷组织**：快速响应能力、跨职能团队、迭代和反馈、去中心化决策、自组织能力 / **混乱组织**：缺乏秩序、不可预测、短期导向、资源浪费、权责不清 / **官僚组织**：严格的规章制度、层级分明、低响应速度、高稳定性、权力集中

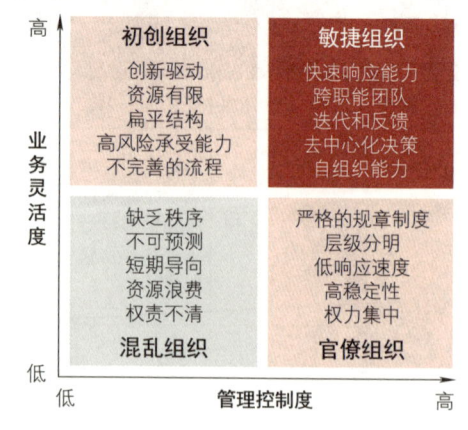

图 4-30　组织形态划分

1. 敏捷组织

- 快速响应能力：能够迅速适应市场变化和客户需求，具有高度的业务灵活性。
- 跨职能团队：以跨职能团队形式运作，每个团队都具备完成任务所需的技能和资源。
- 迭代和反馈：重视持续迭代和客户反馈，通过短周期开发和交付不断改进产品服务。
- 去中心化决策：决策权下放给团队和员工，减少层级审批流程，加快决策速度。
- 自组织能力：团队具备自组织能力，成员自主安排工作，增强了灵活性和响应速度。

2. 初创组织

- 创新驱动：高度重视创新和产品开发，通常在技术或市场上寻求突破。
- 资源有限：资源相对有限，团队通常规模较小，因此更加灵活和迅速。
- 扁平结构：组织结构扁平，层级少，员工与创始人之间的沟通直接且频繁。
- 高风险承受能力：能够承受较高的风险，敢于尝试新想法和新方法。
- 不完善的流程：管理流程和制度尚不健全，更多地依赖个人能力和团队协作。

3. 混乱组织

- 缺乏秩序：组织内部缺乏明确的流程和规章制度，工作方式和决策过程混乱。
- 不可预测：业务和项目进展缺乏规划和可预见性，变化频繁且难以控制。
- 短期导向：更关注短期目标和应急措施，缺乏长远战略规划。
- 资源浪费：资源配置不合理，可能导致资源浪费和效率低下。

- 权责不清：职责和权限不明确，容易导致员工之间的冲突和推诿责任。

4. 官僚组织
- 严格的规章制度：高度依赖规章制度和流程，所有决策和操作都需遵循既定规则。
- 层级分明：组织结构层级分明，上下级关系严格，决策权集中在高层管理者手中。
- 低响应速度：由于流程复杂和层级多，响应市场变化和客户需求的速度较慢。
- 高稳定性：注重稳定性和一致性，适合在稳定且可预测的环境中运行。
- 权力集中：决策和资源控制集中在高层管理者手中，下级员工有较少的自主权。

关于敏捷组织的构建，美国前特种作战司令部指挥官斯坦利·麦克里斯特尔将军（General Stanley McChrystal）在其 2015 年出版的著作《赋能：打造应对不确定性的敏捷团队》（Team of Teams: New Rules of Engagement for a Complex World）中强调，在复杂和动态环境中，通过打破传统的层级结构，建立高度灵活、协作和自主的小团队，提升整个组织的适应性和效率。以下是来自麦克里斯特尔将军对敏捷组织的阐述：

"It takes a network to defeat a network."
"面对复杂网络状的挑战，必须采用类似的网络化结构来应对。"
"The team of teams approach is to make decisions as close to the action as possible."
"决策应该尽量在最接近实际行动的地方进行，以提高响应速度和决策质量。"
"Leaders must be prepared to give up control and foster a culture of trust and empowerment."
"领导者需要放弃对一切事务的控制，建立信任和授权的文化。"
"In an environment where knowledge and power are distributed, flexibility, adaptability, and resilience become essential."
"在知识和权力分散的环境中，灵活性、适应能力和韧性变得至关重要。"
"The new environment demands shared consciousness and decentralized execution."
"新环境要求共享意识和去中心化的执行。"
"Transparency, the ability to communicate the right information to the right people at the right time, is the foundation of trust."
"透明度，即在适当的时间将正确的信息传达给正确的人，是信任的基础。"

其次，我们从数字化角度区分组织类型。从生产关系飞轮和数据价值飞轮两个维度构建四个象限，如图 4-31 所示，可以发现，相较于信息化组织而言，敏捷化组织需两个维度同步推进才能达成，如果只是生产关系解耦的单维度，那就是直销、分销类社会化企业，如果只是考虑数据价值的单维度，那只能从流程角度考虑，而流程效率是刚性的，边际效应越来越差，只有加上生产关系飞轮，解决数据共享和数据源及运营场景丰富化问题，才能真正发挥数据的指数效应。

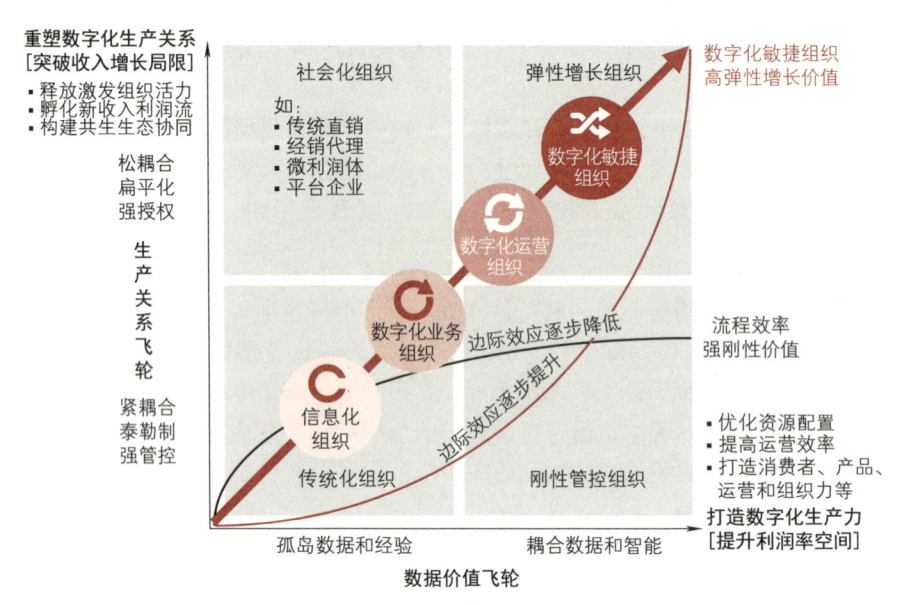

图 4-31 数字化敏捷组织

我们将传统信息化组织和数字化敏捷组织做对比，如表 4-22 所示。

表 4-22 不同组织敏捷度对比

组织类型	企业组织形态	增长源头	市场反应速度	风险管控手段	能力迭代模式
传统信息化组织	科层制管控企业形态	渠道商/企业所有者掌控资源要素，增长源头更多体现在制造端	依靠企业管理层经验面对复杂市场决策	依靠经验，或无风险管控，"一管就死、一放就乱"	被动且缓慢的"由内而外"的能力迭代模式，迭代源头更多依赖领导者意志和决策能力
数字化敏捷组织	赋能和服务平台+N个自驱式增长组织	一线组织+品类/子品牌主体对消费者需求的洞察，构成自驱式增长源头	依靠一线多样化增长单元组织面对复杂市场的变化进行快速决策	依靠数据平台和风险底线管控，基于风险底线之上由一线增长组织自行决策	组织且快速的"由外而内"的能力迭代模式，源头来自一线需求，能力缺失和冗余被迅速发现，并被快速推进迭代

最后，我们看数字化敏捷组织是否符合敏捷组织的要求。根据前文分析，数字化敏捷组织也符合敏捷组织的快速响应能力、跨职能团队、迭代和反馈、去中心化决

策、自组织能力的要求，这些特点传统的信息化组织均不具备。

我们回顾前文中关于韧性、组织韧性和韧性增长的描述，**韧性增长通常具有适应性、恢复性、灵活性、高弹性、预警和响应机制、多样化、持续学习和创新等特点。**这些特点传统的信息化组织均不具备，企业韧性增长的要求与敏捷组织的优势竞争力表现紧密相连。数字化敏捷组织通过构建生产关系与数据价值的双轮驱动效应，赋能一线自驱式增长组织，并依赖一线增长单元组织快速响应消费者需求和市场变化。

1. 适应性

数字化敏捷组织具有高度的适应性。通过一线增长单元组织对消费者需求的即时洞察，数字化敏捷组织能够迅速捕捉市场趋势，依赖对差异化市场和个性化需求的准确把握，准确调整业务模式、业务流程、服务机制、商品组合策略。这种快速响应的能力使数字化敏捷组织能够在多变的市场环境中保持竞争力。

2. 恢复性

在遭遇市场冲击或突发事件时，数字化敏捷组织能够迅速恢复业务运营。一线增长单元组织的自驱式增长能力确保了业务的连续性，而数字化运营平台则提供了风险预测和预案决策支持，帮助组织快速评估风险并采取相应措施，加速恢复进程。

3. 灵活性

数字化敏捷组织的扁平化结构和灵活的工作流程赋予了其高度的灵活性。一线增长单元组织能够迅速响应市场变化，进行快速准确决策和及时调整。同时，数字化运营平台提供的实时数据支持使得一线组织能够根据实时需求灵活调整资源要素分配，优化运营效率。

4. 高弹性

在数字化赋能下，通过一线组织的灵活拆分组合、产品多样化组合策略的实施，数字化敏捷组织具备高弹性，能够在面对复杂市场环境时从整体上保持稳定的运营状态。一线增长单元组织的快速响应能力和数据平台的实时监控功能使得组织能够在压力下保持弹性且处于自驱动状态，在同样游戏规则下优胜劣汰，多组织分散风险，应对各种挑战。

5. 预警和响应机制

数字化敏捷组织建立了完善的预警和响应机制。通过数据平台对消费者需求和市场趋势的实时监控和分析，组织能够及时发现潜在风险和问题，并依托一线增长单元组织的快速响应能力进行预防或应对。这种机制能够显著降低风险发生的概率和影响程度，提高组织的抗风险能力。

6. 多样化

数字化敏捷组织注重多样化的品类和子品牌发展，关注多样性劳动者的能力提升，一线劳动者组成的增长单元组织根据多样化消费者需求和市场变化，灵活配置产品、促销政策和服务要素，调整产品策略和业务模式，满足细分市场的多样化需求，推动品类和子品牌的多样化发展。这种多样化不仅能够满足消费者的个性化需求，还能够为组织带来更多的增长点。

7. 持续学习和创新

数字化敏捷组织将自驱式持续学习和创新作为组织发展的重要驱动力。通过数字化运营平台对消费者需求和市场趋势的深入分析，组织能够不断吸收新知识、新技术和新思想，并将其应用于产品开发和一线业务实践中。同时，一线增长单元组织的快速响应能力和创新能力也为组织带来了源源不断的创新动力。这种持续学习和创新的能力使得敏捷组织能够在快速变化的市场环境中保持领先地位并实现持续增长。

综上所述，数字化敏捷组织在企业韧性增长的各个方面展现出显著的竞争力优势。这种优势使得数字化敏捷组织能够更好地适应市场变化，提高抗风险能力，增强竞争力并实现持续增长。

4.5 新质生产力构建路径

4.5.1 新质生产力构建的必备条件

企业内部新质生产力建设要围绕组织建设、行动、预算三个核心，建设前的关键在三个对齐：思想认知、组织能力、行动路径，建设过程包括三个迭代：组织优化调整、工具平台建设、复盘成果放大，如图 4-32 所示。其中，在建设准备中首先要解决思想和认知问题，成立数字化领导小组，从管理层、业务和技术负责人层面对数字化形成充分思想统一，让员工对数字化价值和需要的组织和文化改变有一致认知和支持；其次要解决组织能力对齐问题，比如成立数字化领导小组，对数字化推进过程中重要问题进行决策；成立变革管理小组，帮助数字化领导小组进行业务变革推动，形成数字化计划到成果放大的迭代机制，保障数据驱动文化在公司内部形成正向循环，鼓励数据文化，并及时变革和引入优秀的数字化领导者，使他们快速融入整个不断进化的组织。

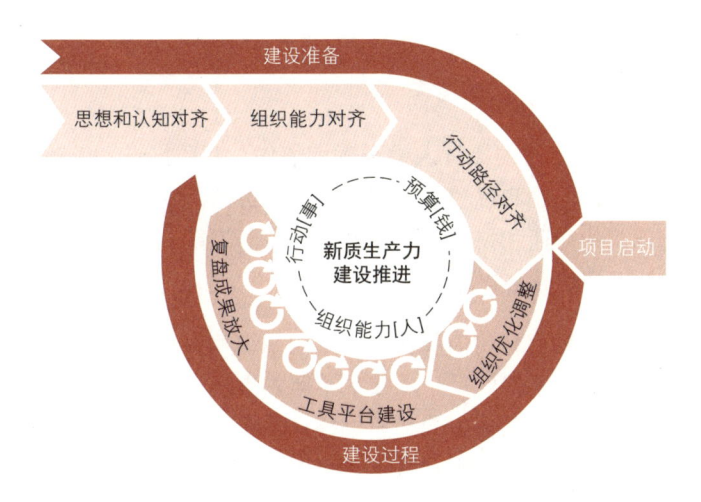

第 4 章 循道而行 重新上路 新质生产力的建设方法总论

图 4-32 新质生产力建设三个对齐和三个迭代

1. 建设准备中的三个对齐

（1）对齐一：思想和认知对齐

数字化运营能力并非一蹴而就，它需要企业在各个层面形成统一的思想和认知，确保所有相关人员都明确数字化的重要性，并对数字化所带来的组织和文化变革有深刻的理解和支持。

首先，一把手对数字化的坚定信念是数字化建设成功的基石。企业的一把手，作为企业的领航者，其态度和决策对企业的发展方向有着重大影响。在数字化建设中，一把手必须坚定信念，明确数字化是企业发展的必由之路，是推动企业转型升级、提升竞争力的重要手段。只有这样，企业才能在激烈的市场竞争中站稳脚跟，实现可持续发展。

为了形成这种统一的思想和认知，一把手需要积极引领并推动数字化进程。他们应该深入了解数字化的内涵和价值，明确数字化建设对企业未来发展的战略意义。同时，一把手还需要通过各种渠道和方式，向全体员工传达数字化的理念和目标，激发员工对数字化的热情和参与度。在这个过程中，一把手的坚定信念和积极态度将起到至关重要的示范和带动作用。

其次，管理层、业务和技术负责人层面也需要对数字化达成充分的思想统一。管理层作为企业决策和执行的核心力量，必须深刻理解数字化的重要性，并将其融入企业的战略规划和管理实践中。业务负责人则需要从业务需求和市场趋势出发，积极探索数字化在业务领域的应用和创新点，推动业务与数字化的深度融合。技术负责人则需要从技术角度为数字化建设提供有力支撑，确保数字化项目的顺利实施和高效运行。

在这个过程中，各层面的负责人需要密切协作、共同推进。应该定期召开会议，就数字化建设的进展、问题和挑战进行深入交流和讨论，共同寻找解决方案和应对策略。通过这种跨部门的沟通和协作，企业可以打破部门壁垒和信息孤岛，实现资源要素共享和优势互补，推动数字化建设的全面加速。

最后，企业整体对数字化价值和需要做出的组织和文化改变有一致的认知和支持也是至关重要的。 数字化不仅仅是一项技术革新，更是一种全新的工作模式和思维方式。它要求企业打破传统的工作方式和思维模式，积极拥抱变革和创新。因此，企业需要明确数字化的价值所在，认识到数字化可以为企业带来效率提升、成本降低、市场竞争力增强等诸多益处。同时，企业也需要认识到数字化所带来的组织和文化改变是必不可少的。这包括组织结构的调整、工作流程的优化、员工角色的转变等方面。

为了推动这些改变的实现，企业需要采取一系列措施。一是企业需要加强员工培训和教育，提高员工的数字化素养和技能水平，这可以帮助员工更好地适应数字化的工作环境和要求，提高工作效率和质量。二是企业需要优化组织结构和工作流程，打破部门壁垒，消除信息孤岛，实现资源要素的共享和协同工作，这可以提高企业的整体运营效率和市场响应速度。三是企业需要营造良好的文化氛围，鼓励员工积极拥抱变革和创新，为数字化建设提供有力的文化支撑。

数字化技术的发展和应用也伴随着一定的风险和挑战，如数据安全、信息泄露、技术更新迭代等。因此，在数字化运营能力构建中，企业需要建立完善的风险防范机制，制定应对策略和预案，确保数字化建设的稳健推进。

（2）对齐二：组织能力对齐

在数字化建设中，组织能力对齐是一个至关重要的环节。为了确保数字化建设的顺利进行，并从中获取最大的价值，企业需要从多个方面进行组织能力的整合和提升。

首先，成立数字化领导小组是至关重要的第一步。 这个小组将由企业内具有战略眼光和技术洞察力的成员组成，他们不仅需要对数字化有深入的理解，还需要具备对重要问题进行决策的能力。数字化领导小组的职责非常重大，他们需要在数字化推进过程中对各种重要问题进行及时、明智的决策，包括但不限于技术选型、投资分配、项目优先级设定等。通过这些决策，数字化领导小组将确保企业的数字化建设始终朝向正确的方向前进。

然而，仅有数字化领导小组是不够的。为了更有效地推动业务变革，企业还需要成立变革管理小组。这个小组的成员需要拥有丰富的业务知识和变革管理经验，他们将与数字化领导小组紧密合作，共同制定和实施业务变革策略。变革管理小组的职责是帮助员工理解和适应数字化带来的变革，解决在实施过程中可能遇到的各种问题和挑战。他们将成为推动数字化变革的重要力量，确保变革的顺利进行。

在数字化建设过程中，形成从数字化计划到成果放大的迭代机制也是至关重要的。这意味着企业需要建立一种能够快速响应、持续改进的工作模式。通过不断地收集反馈、分析数据、优化方案，确保数字化项目能够持续地产出价值，并逐步放大这些价值。这种迭代机制还有助于在公司内部形成数据驱动的文化，使员工更加注重数据的分析和利用，从而做出更明智的决策。

为了保障数据驱动文化在公司内部形成正向循环，企业需要不断地鼓励和培养员工的数据意识。这可以通过定期的培训、分享会和实践机会来实现。当员工开始主动利用数据来指导自己的工作，并能够看到数据带来的实际成果时，他们就会更加深入地理解和接受数据文化。这种正向循环不仅有助于提升企业的运营效率，还能够增强企业的创新能力。

当然，引入优秀的数字化领导者也是组织能力对齐的重要环节。这些领导者通常拥有丰富的数字化经验和前瞻性的战略眼光，能够为企业提供宝贵的指导和建议。他们的加入不仅可以提升团队的整体能力，还能够为企业的数字化建设注入新的活力和创新力量。

此外，企业在数字化运营能力构建过程中还需要注意以下几点：一是要确保数字化建设与企业的整体战略相匹配，避免出现资源要素浪费和方向偏差；二是要加强与员工的沟通和协作，确保每个人都能够理解和支持企业的数字化目标；三是要关注市场动态和技术发展，及时调整和优化数字化策略。

综上所述，通过成立数字化领导小组和变革管理小组、形成迭代机制、鼓励数据文化以及引入优秀的数字化领导者等措施，企业可以更好地推进数字化建设并获取更大的价值。在这个过程中，企业需要不断地学习和改进，以适应快速变化的市场环境和技术发展。

数字化技术的快速发展要求员工不断更新自己的知识储备，掌握新的工具和方法。因此，企业应该提供充足的培训资源和学习机会，帮助员工提升自身数字化能力，从而更好地适应和支持企业的数字化转型。同时，企业还需要建立一套完善的数字化绩效评估体系，以量化指标来衡量数字化建设的成果。这不仅有助于企业及时了解数字化项目的进展情况，还可以为后续的决策提供数据支持。通过绩效评估，企业可以更加精准地识别出数字化建设中的短板和问题，进行有针对性的改进和优化。

企业还应该保持开放和合作的态度，积极寻求与行业内外的合作伙伴进行交流和合作。数字化建设是一个复杂而庞大的系统工程，需要汇聚各方的智慧和资源要素。通过与合作伙伴的深入合作，企业可以借鉴他人的成功经验和最佳实践，加速自身的数字化进程，并共同探索数字化时代的新商业模式和市场机会。

总之，数字化建设中的组织能力对齐是一个系统性、长期性的过程。企业需要从多个方面入手，以确保数字化建设的顺利进行并取得预期成果。同时，企业还需要注重员工数字化技能的提升、建立数字化绩效评估体系并保持开放合作的态度，共同迎接数字化时代的挑战和机遇。

（3）对齐三：行动路径对齐

数字化建设的成功不仅需要高层的战略视野和团队的执行能力，更需要各个层面之间的协同和行动路径的一致。在数字化建设中，行动路径对齐是一个至关重要的必备条件，它确保了企业能够有条不紊地推进数字化进程，减少内耗，提高效率，并最终实现数字化转型的目标。

首先，行动路径对齐需要根据业务驱动力的构建过程来展开。业务驱动力是企业进行数字化转型的根本原因和动力源泉，它反映了企业对市场环境、客户需求以及内部运营效率的深刻理解和追求。在构建数字化规划和路径时，数字化领导小组必须紧密结合企业的业务驱动力，明确数字化转型的目标和方向。这意味着，领导小组需要深入分析企业的核心业务和市场需求，了解当前运营中的痛点和瓶颈，从而制定出有针对性的数字化解决方案。

数字化规划和路径的形成不是一蹴而就的，而是需要经过深入研讨、反复论证和不断优化。数字化领导小组需要汇聚各方的智慧和意见，确保规划路径的科学性和可行性，其中与业务部门的紧密沟通和协作至关重要。业务部门作为数字化转型的主要受益者和执行者，他们对于业务需求和市场动态有着最直接的感知和理解。因此，数字化领导小组需要充分听取业务部门的意见和建议，确保数字化规划能够真正解决业务问题，提升运营效率。

在数字化规划路径确定之后，接下来的关键是业务和技术的协同关系和动作一致。数字化转型是一个跨部门、跨领域的复杂工程，需要业务和技术团队的紧密合作和无缝衔接。为了实现这一目标，企业需要建立一种高效的协同机制，确保业务和技术团队在数字化建设过程中能够保持高度的一致性。

这种一致性不仅体现在对数字化规划路径的理解和认同上，更体现在具体的执行过程中。业务团队需要明确数字化转型对业务流程、客户服务以及市场竞争力等方面的影响和要求，而技术团队则需要根据业务需求提供相应的技术支持和解决方案。双方需要在项目推进过程中保持密切的沟通和协作，及时解决遇到的问题和挑战，确保数字化转型的顺利进行。

此外，为了确保数字化转型的落地实施和效果评估，企业还需要将数字化规划路径细化到具体阶段、时间和成果标志。这意味着企业需要制定详细的实施计划，明确每个阶段的目标和时间节点，以及相应的成果标志。这种细化不仅有助于增强数字化转型的可操作性和可衡量性，更有助于激发团队的积极性和责任感。

在实施计划的过程中，企业需要明确每个阶段的关键任务和里程碑事件，以便更加有针对性地推进数字化转型进程。例如，在数字化转型的初期，企业可能需要完成技术平台的搭建和数据的整合工作；在中期，企业可能需要推进业务流程的数字化和优化工作；在后期，企业则需要关注数字化转型效果的评估和持续改进工作。

同时，成果标志的制定也是至关重要的。成果标志不仅是衡量数字化转型效果的重要依据，更是激励团队不断前进的动力源泉。企业可以根据数字化转型的目标和方向来制定相应的成果标志，以便更加清晰地了解数字化转型的进展情况和实际效果，从而及时调整和优化实施策略，如制定运营效率的提升、客户满意度的提高、市场份额的扩大等标志。

综上所述，行动路径对齐是数字化建设的必备条件之一。通过根据业务驱动力的构建过程形成的数字化规划和路径、在业务和技术的协同关系和动作上达成一致，以及细化到具体阶段、时间和成果标志等各项措施的落实，企业可以更加有条不紊地推进数字化转型进程并实现可持续性发展。这不仅需要以企业高层的战略视野和团队的执行能力作为支撑，更需要将各个层面之间的紧密协同和高效沟通作为保障。

2. 建设过程中的三个迭代

（1）迭代一：组织优化调整

数字化建设的迭代能力中，组织优化调整是一个重要的环节。在快速变化的市场环境和不断进步的数字化技术背景下，企业必须不断适应和调整自身的组织结构，以确保数字化转型的顺利推进和企业的持续发展。

首先，业务和技术部门的职能结构调整是组织优化调整的关键一步。随着数字化建设的深入，业务和技术部门的角色和职责也在发生着变化。为了适应这种变化，企业需要调整部门的职能结构，增加和优化与数字化相关的职能。这意味着，业务和技术部门需要明确各自在数字化转型中的定位和职责，加强跨部门的沟通和协作，形成推动数字化建设的合力。

在职能结构调整的过程中，**企业需要注重职能的增加和优化。**对于业务部门来说，除了传统的业务拓展和销售职责外，还需要增加对数字化市场和消费者需求的研究和分析职能，以便更好地把握市场动态和消费者需求，为数字化转型提供有力的市场支撑。对于技术部门来说，需要增加对新技术的研究和应用职能，不断探索和创新数字化技术和应用，为企业的数字化转型提供强大的技术支撑。

其次，**补充相关的业务和技术人才到核心岗位也是组织优化调整的重要一环。**数字化建设需要专业的业务和技术人才来推动和执行。因此，企业需要积极招聘和培养具备数字化技能和经验的人才，将他们补充到核心岗位上，为数字化转型提供有力的人才保障。

在补充人才的过程中，企业需要注重人才的选拔和培养。通过严格的选拔程序，挑选出具备专业技能和创新能力的人才。同时，企业还需要为这些人才提供良好的培训和发展机会，帮助他们不断提升自己的技能和能力，更好地适应数字化转型的需要。

当现有的组织架构无法满足数字化建设的需求时，组织架构的调整就变得尤为重要。组织架构的调整可以涉及部门的拆分、合并、重组等多种方式重塑生产关系，更好地适应数据价值飞轮建设的需要，提高企业的数字化运营效率和市场竞争力。通过深入的市场调研和内部分析，明确组织架构调整的方向和目标。

最后，**形成对数字化专题建设的预算专项支持和组织专人支持也是至关重要的。**数字化建设需要大量的资金投入和人力资源支持，企业需要制定专门的预算计划，为数字化建设提供充足的资金支持。同时，企业还需要设立专门的数字化建设团队或指定专人负责数字化项目的推进和执行，确保数字化建设的顺利进行。

在提供预算专项支持和组织专人负责的过程中，企业需要注重预算的合理分配和人力资源的有效利用。通过科学的预算管理和人力资源规划，确保数字化建设的资金需求和人力资源需求得到满足。同时，企业还需要建立完善的监督机制，对数字化建设的预算和人力资源使用情况进行定期的检查和评估，确保资源的合理利用。

综上所述，组织优化调整是数字化建设中不可或缺的一环。借助落实业务和技术部门调整职能结构、补充相关的业务和技术人才到核心岗位，以及在必要时进行组织架构调整等措施，企业可以不断提升自身的迭代能力和市场竞争力，推动数字化转型的顺利进行并实现可持续发展。

（2）迭代二：工具平台建设

数字化建设的迭代能力中，工具平台建设是不可或缺的一环。这一环节的核心在于构建一个设计合理且技术先进的数字化架构，这一架构不仅能够满足企业当前的数字化需求，还要有足够的灵活性和可扩展性，以支撑数字化建设阶段能力的逐步演化。

一个合理且先进的数字化技术架构是数字化建设的基石，它决定了系统的稳定性、可扩展性和未来的发展潜力。它不仅要考虑现有的业务需求，还要预见未来的技术发展和市场变化。这意味着，架构师需要具备前瞻性的视野，深入理解业务需求，并能够将这些需求转化为技术上的具体要求。数字化技术架构的合理性体现在它是否能够有效地整合企业的各类资源要素，包括硬件、软件、数据等，以实现业务流程的高效运转。而先进性则体现在对新技术的采纳和应用上，比如云计算、大数据、物联网等，这些技术的应用能够极大地提升企业的运营效率和创新能力。

一个合理且技术先进的数字化技术架构应该具备以下几个特点：

- 模块化设计：技术架构应采用模块化设计，使得各个功能模块相对独立，便于后续的维护和升级。这种设计方式可以提高系统的灵活性和可扩展性，降低系统维护的复杂度。
- 高可用性：技术架构应保证系统的高可用性，确保在硬件或网络故障时，系统仍能正常运行。这需要通过负载均衡、容错机制等技术手段来实现。
- 安全性：安全性是数字化技术架构不可忽视的重要方面。架构应包含数据加密、访问控制、安全审计等安全措施，以保障系统的数据和信息安全。
- 前瞻性：技术架构应具有前瞻性，考虑未来技术的发展趋势和业务需求的变化。这意味着架构应能够支持新技术、新应用的快速集成和部署。
- 为了支撑数字化建设阶段能力的逐步演化，技术架构还需要具备良好的可演化性。这意味着架构应能够适应业务需求的不断变化，支持系统的持续迭代和升级。

韧性增长： 消费企业智胜未来的新质生产力

以一体化数字化运营平台建设作为数字化建设的起点和基础，是确保数字化转型成功的关键。通过一体化平台，企业能够消除信息孤岛，实现跨部门、跨地域的协同工作，从而提升整体运营效率。一体化平台能够将原本分散在各个单点应用系统中的功能和数据进行整合，实现信息的共享和业务流程的协同。这种反向改造原有的单点应用系统的方式，不仅可以提高工作效率，减少数据冗余和错误，还能为企业带来更加全面和准确的数据视图。具体来说，反向改造包括以下几个方面：

- 数据整合：对各个单点应用系统中的数据进行整合，形成统一的数据视图。这有助于消除数据冗余和不一致性，提高数据的质量和可用性。
- 业务流程优化：通过一体化平台，对原有的业务流程进行优化和重组，提高业务流程的效率和灵活性。
- 统一接口：为各个应用系统提供统一的接口标准，实现系统间的互联互通。这有助于降低系统集成的复杂度，提高系统的可扩展性。

在数字化建设过程中，数据平台的搭建也至关重要。数据是数字化运营的核心，而数据平台则是数据的汇聚和处理中心。它能够收集、存储、处理和分析来自各个业务系统的数据，为企业提供实时、准确的数据洞察。通过数据平台，企业可以更好地理解客户需求、市场趋势和业务运营情况，从而做出更加明智的决策。同时，数据平台还能够支撑数字化运营的不断迭代过程，帮助企业不断优化业务流程，提升运营效率。

在搭建一个高效的数据平台时，需要考虑以下几个方面：

- 数据存储：选择合适的数据存储技术，确保数据的安全、可靠和高效存储。这包括关系型数据库、非关系型数据库、数据仓库等技术选型。
- 数据处理：采用适当的数据处理技术，如批处理、流处理、图计算等，以满足不同场景下的数据处理需求。
- 数据分析：利用数据挖掘、机器学习等技术手段，对数据进行深入分析，发现数据中的潜在价值和关联关系。这有助于企业做出更明智的决策，优化业务流程。
- 数据可视化：通过数据可视化工具，将复杂的数据以直观、易懂的方式呈现出来。这有助于企业更好地理解和利用数据，提高工作效率。

在数字化建设的深入过程中，逐步融合人工智能技术是一个重要的趋势。人工智能技术可以为企业带来更加智能化的决策支持、自动化的业务流程和个性化的客户服务。例如，利用机器学习算法对历史数据进行分析，预测未来的市场趋势和客户需求，从而指导企业进行精准营销和产品开发；实现业务流程的自动化，减少人工干预和错误，提高工作效率。实现对一线的增长组织和品牌/品类利润体快速赋能，提升整体竞争力。具体来说，人工智能技术的应用举例如下：

- 智能推荐：利用机器学习算法，根据用户的历史行为和偏好，为用户提供个性化的促销和服务推荐。这有助于提高用户满意度和忠诚度。
- 智能监控：通过库存和订单实时监测和分析物流、动销状态，及时发现并处理供应链潜在的库存、缺货、断货问题和风险。这有助于提高系统的稳定性和安全性。
- 自动化流程：利用人工智能技术实现订单、结算、对账、分账等业务流程的自动化和智能化处理。这可以降低人工干预的成本和风险，提高工作效率和质量。
- 智能客服：通过自然语言处理和语音识别技术以及大语言模型技术，为用户提供智能化的客户服务。这有助于提升客户满意度和服务质量。

综上，企业在数字化建设过程中要保持敏锐的洞察力和前瞻性，及时调整技术架构和平台功能，以适应不断变化的市场需求和技术发展。同时，企业还需要注重数据的安全性和隐私保护，确保在数字化转型过程中不泄露敏感信息，保护客户和企业的利益。

（3）迭代三：复盘与成果放大

数字化建设的迭代能力中，复盘与成果放大是一个至关重要的环节。这一环节旨在及时回顾和总结数字化建设的过程和成果，从而不断调整和优化建设策略，推动数字化建设的持续发展。

数字化建设是一个持续迭代和优化的过程，而及时复盘则是确保这个过程能够有效进行的关键。复盘工作应该按照一定的时间窗口进行，比如每个季度、半年或一年进行一次全面的复盘。这样可以确保我们及时发现问题，总结经验和教训，为后续的建设提供有价值的参考。

在复盘过程中，我们需要全面回顾数字化建设的各个阶段，包括需求分析、系统设计、开发实施、测试验证以及上线运营等。针对每个阶段，我们都要深入剖析存在的问题和不足，找出原因，并提出改进措施。同时，我们也要总结成功的经验和做法，以便在未来的建设中加以复制和推广。

通过复盘，我们可以发现数字化建设过程中的问题和不足。为了解决这些问题，我们需要制定详细的调整和迭代计划。这个计划应该明确改进的目标、具体的实施步骤以及预期的效果。同时，我们还要考虑资源要素的分配和时间的安排，确保计划能够顺利实施。

在制定迭代计划时，我们要充分考虑技术的可行性和成本效益。对于那些投入大、风险高的改进措施，我们需要进行充分的评估和论证。而对于那些投入小、见效快的改进措施，我们则可以优先实施。

数字化建设的最终目的是要提高企业的运营效率和竞争力。因此，我们需要对建设过程中取得的成果进行复制和成果放大，以实现更大范围的应用和效益。

在推动成果复制计划时，我们要明确复制的目标和范围。这包括确定要复制的成果、复制的时间表以及复制的方式等。我们可以采取多种措施推动成果的有效复制。比如组织内部的培训和交流活动，让更多的员工了解和掌握数字化建设的经验和做法；与外部合作伙伴进行分享和合作，共同推动数字化建设成果的应用和发展。

在推动成果复制的过程中，我们需要对复制过程进行密切的监控和管理。这包括定期检查复制计划的执行情况、评估复制的效果以及及时解决复制过程中出现的问题等。通过监控，我们可以及时发现并解决复制过程中的问题和挑战。同时，我们也可以根据实际情况对复制计划进行调整和优化，以确保复制计划能够顺利实施并取得预期的效果。

综上所述，复盘成果放大是数字化建设中不可或缺的一环。通过落实及时复盘、形成调整和迭代计划、推动成果复制计划以及对成果复制进行监控等措施，我们可以不断优化数字化建设的过程和成果，提高企业的运营效率和竞争力。

4.5.2　新质生产力构建的"八定"法

每个消费行业企业均需要审慎思考自身的行业特点和企业特色及未来增长目标，通盘考虑建设路径，深筑新质生产力，赋能韧性增长。先可以将增长目标对业务驱动力、数字化运营力和组织变革力三个层次分解指标，根据自身行业和品类特征界定出核心业务驱动力，以及驱动力构建的节奏，并分解到对应的 10 个运营力以及建设节奏，结合现有的能力需求，明确在四个阶段中建设的演进计划，并同步对组织变革力的四个要素能力进行建设的过程界定。方法如图 4-33 所示，下面具体介绍这一"八定"法。

第一步：定大势

在数字化转型的浪潮中，消费行业企业面临的挑战与机遇并存。企业需要关注的是消费行业的宏观环境变化。企业要从细分行业及细分品类发展趋势和空间、数字化

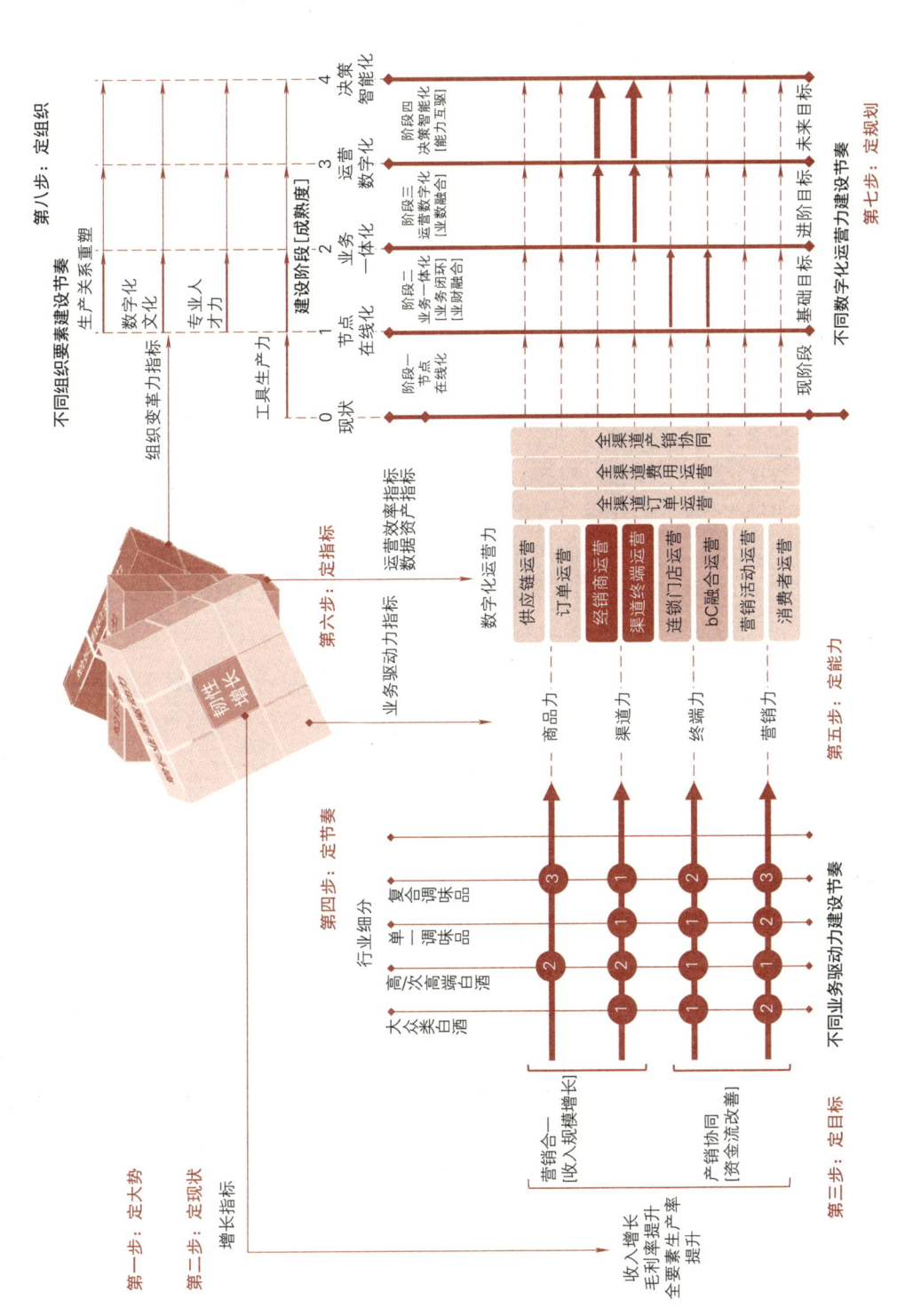

第 4 章 循道而行 重新上路 新质生产力的建设方法总论

图 4-33 新质生产力构建的"八定"法

技术影响、组织机制变革等多个维度，审视并把握数字化浪潮的总体动态和方向。参照本书第 1 章对行业趋势的分析，深入理解企业自身所在行业的发展大势。只有顺应大势，企业才能找准自身的定位，为后续的"定现状""定目标"等步骤提供清晰的指引，从而实现数字化的韧性增长。

第二步：定现状

参考本书第 4 章关于核心业务驱动力的描述，深入分析自身在行业的需求结构分化、供给结构分化和竞争结构分化以及转型升级中，各个不同品类的核心业务驱动力处于哪个阶段至关重要，不能只从大行业和大品类的宏观角度看，需要切分到具有明显发展特性的细分品类上。

同时，需要审视自身的核心业务，识别出哪些业务已经受到数字化影响，哪些业务仍有待数字化改造。这涉及对产品、服务、渠道、供应链和客户互动等环节的数字化运营能力细致分析，以了解数字化运营在现有业务中的渗透程度，以及对技术能力、组织架构和机制、员工能力做评估。对于现状的深入理解也有助于企业识别出在提升数字化运营力和组织变革力方面必需的关键步骤，从而推动数字化转型的顺利进行。

在"定现状"的过程中，企业应积极采用定量与定性相结合的方法，通过数据驱动的分析和深入的内部访谈，确保评估的全面性和准确性。此外，企业还可以借鉴行业最佳实践，或者寻求外部专业机构的帮助，以获得更为客观的视角和专业的建议。通过系统地"定现状"，企业可以为构建新质生产力奠定坚实的基础，确保数字化转型的稳健前行。

第三步：定目标

根据第二步确定业务驱动力的现状，以及数字化运营能力的现状，企业需要设定未来的增长目标，以及明确各个不同细分品类未来的核心驱动力迁移目标，为数字化运营能力构建设定具体、可度量、可达成、相关性强和有时间限制的目标，以确保韧性增长战略方向的明确与执行的有效性。

定目标的工作为企业的新质生产力和数字化韧性增长提供了明确的方向，确保了新质生产力构建和数字化运营能力建设过程以及资源要素投入的聚焦与高效。通过设定切实可行且富有挑战性的目标，企业能够激发内部的动力，引导资源要素的有效配置，同时也有助于外部利益相关者理解和支持转型战略。通过这一过程，企业将建立起一个清晰、有层次的韧性增长目标体系，为后续的规划与执行打下坚实的基础。

第四步：定节奏

确定每个核心业务驱动力以及其他业务驱动力的建设节奏，以保证转型过程的连贯性和一致性。在具体目标基础上，目标的设定应当兼顾短期与长期，规划出一个既考虑紧迫性又兼顾长远发展的实施路径，比如终端力的构建需要建设渠道力，渠道力就是短期目标，而终端力是长期目标。企业需为每个业务驱动力指标设定实现目标的时间节点，确保每个阶段的业务驱动力都能够按计划推进，同时也有足够的时间来调整策略应对市场变化。

"定节奏"在整个"八定"法中起着承上启下的作用，它将转化为增长目标和核心业务驱动力建设目标转化为具体的建设计划，确保企业在数字化转型的道路上既保持战略一致性，又能灵活应对变化。通过精准的节奏管理，企业能够确保资源要素的合理配置，激发团队的执行力，最终实现新质生产力的构建，引领企业在不确定的市场环境中实现韧性增长。

第五步：定能力

参考本书 4.2 节介绍的内容，依据核心业务驱动力建设目标和节奏明确各自对应的数字化运营力。比如渠道力对应的经销商运营能力和渠道终端运营能力等，既包括现有能力的优化，又包括为未来能力建设进行的预先投入能力建设，这些能力的提升不仅能够优化现有业务，还能催生新的增长点。企业需要根据自身业务特性和行业趋势，确定优先提升的能力矩阵，及早布局，逐步迭代。

通过"定能力"，企业能够为新质生产力构建制定出一套有针对性的能力图谱，明确哪些是短期内需要突破的关键能力，哪些是需要中长期逐步完善的。这不仅有助于企业将资源要素聚焦在最能产生价值的领域，还能确保组织在发展过程中保持持久的竞争力。

第六步：定指标

根据对 4.2.4 小节核心驱动力评价指标和 4.3.5 小节数字化运营力评价指标的介绍，确定每个业务驱动力、数字化运营力和组织变革力对应的指标体系。明确且可度量的指标体系是企业确保韧性增长战略得以有效执行的关键一环。通过设定一系列具有挑战性但又可达成的指标，企业能够对转型过程进行动态监控，及时调整策略，以实现长期的韧性增长。

这些指标应直接反映企业的核心竞争力以及业务增长的关键因素，比如定渠道力指标体系和渠道运营指标时，将经销商数量、核心经销商占比、经销商拓展质量、经销商门店拓展速度和质量、渠道上新速度和渠道库存/新增订单比作为指标。企业可以根据指标的现状直接设立未来提升目标，比如要求在核心经销商占比提升20%，或是渠道上线速度提升80%。这些指标将帮助企业明确业务优化的方向，并能够量化评估数字化对业务增长的实际贡献。

"定指标"在整个"八定"法中起到了量化和导向的作用，它将企业对于韧性增长的愿景转化为可度量的行动指标，帮助企业量化转型成果，识别潜在问题，并在必要时进行战略调整。

第七步：定规划

企业需在"定规划"步骤结合前六步的分析和目标、节奏和指标设定，制定出详细的新质生产力建设路线图。根据4.3.6小节介绍的数字化运营能力发展演化的四个阶段特点，确定需要将新质生产力落实推进的数字化运营力的推进阶段。

企业既要确定好各个运营驱动力的演化落实计划，又要明确其他配套的数字化运营力对应的落实计划，才能保证步调的一致性。比如渠道力从节点在线化演化到运营数字化的发展阶段，同时商品力需要从节点在线化发展到业务一体化运营阶段。

在规划过程中，企业还需考虑资源要素的分配和利用，这不仅包括财务预算，还包括人力资源要素、技术投入和合作伙伴的选择。企业应根据路线图的阶段目标，合理安排资金，确保关键项目的顺利实施。同时，企业要与外部供应商、技术服务商等建立战略合作伙伴关系，共享资源要素，以降低成本并提升转型效率。

"定规划"这一过程需要企业内部的全面参与和跨部门的协同。责任的明确是规划成功落实的关键。企业高层需要参与制定总体策略，各业务部门需承担执行任务，而变革管理团队则负责监督和协调。通过跨部门的沟通、协调和合作，企业可确保规划的执行既能满足业务需求，又能适应组织变革的要求。

第八步：定组织

与数字化运营力建设配套的是组织变革力的建设，它涉及企业内部结构、文化、领导力和员工能力的深度调整，以适应新质生产力建设需求。因为它能够确保企业具备快速响应市场变化、持续创新和高效执行的能力。此阶段的目标是将前七步的分析和规划转化为一个支持新质生产力的新型组织结构和生产关系。

可以根据韧性增长组织变革中的生产力工具、数字化人才、数据驱动文化、重塑生产关系四要素与数字化运营力建设的成熟度的配套关系，确定每个阶段四个要素需要配套建设的阶段目标和任务。

第 4 章　循道而行　重新上路　新质生产力的建设方法总论

组织变革的实施需要明确的时间表和责任人。企业应设定阶段性的目标，如在一年内建立新的跨职能团队及完成经销商职能定位转型试点，在两年内提升员工数字化技能的平均等级及一线员工自主决策能力的提升等。同时，通过定期的审查和反馈，企业可以调整变革策略，确保组织变革与业务目标的同步。

"定组织"不仅涉及组织结构的调整，更涉及企业思维方式和价值观的转变。企业需要从传统的以产品为中心转变为以消费者为中心，从聚焦内部流程优化转变为关注消费者需求市场动态，从垂直管理转变为网络化协作，从以领导意志为中心转变为以一线增长 DTC 组织为中心。通过"定组织"，企业能够打造快速适应市场变化、高效执行数字化战略的组织，从而实现新质生产力的构建，为消费行业的韧性增长提供基石。

4.5.3　新质生产力构建的思考路径

从增长数字化运营力层看，大部分消费行业企业已经过了节点在线化阶段，在往业务一体化阶段跨越，需要认识到新质生产力构建是一个复杂的系统工程，不是单方面技术问题，需要与时间做朋友，逆向思考、正向行动、循道而行，如图 4-34 所示。

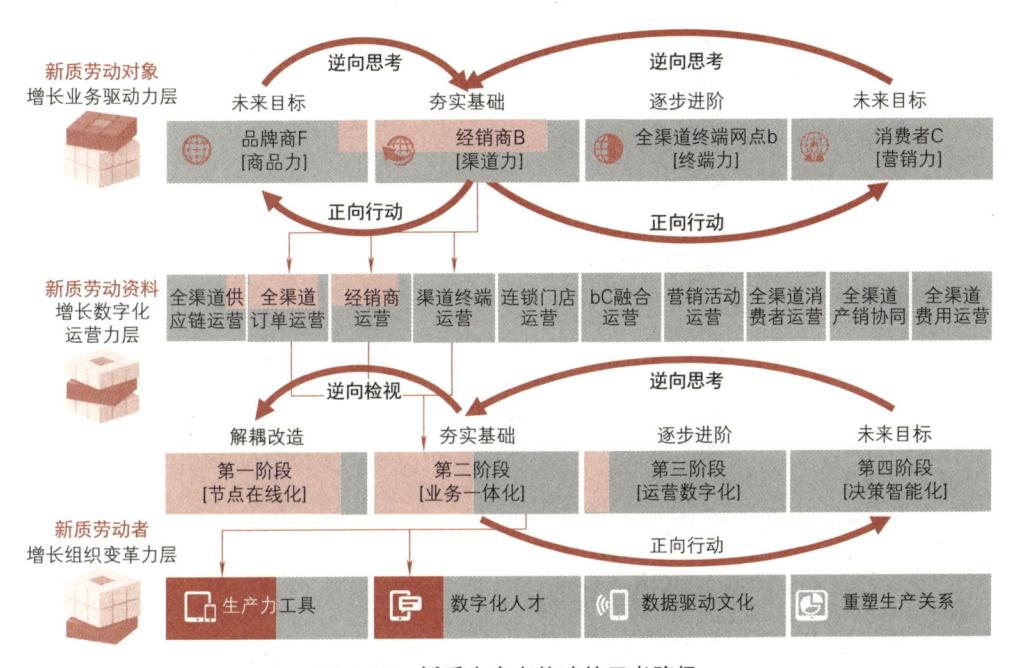

图 4-34　新质生产力构建的思考路径

比如以渠道力构建为例，在节点在线化阶段向业务一体化阶段跨越时，涉及商品、订单、经销商运营和渠道终端四个方面，需要明确数字化运营能力的横向边界，以及数据运营深度，清晰界定出不同阶段的演进重点。

首先，定大势、定现状、定目标、定节奏。

深度洞察分析企业所在行业和企业

- 过往业务发展驱动力；
- 未来业务发展核心驱动力目标；
- 鉴别出需要夯实的基础能力和进阶能力；
- 界定各驱动力对应的指标体系。

其次，定能力、定指标。

从驱动力分解出对应的数字化运营力

- 基础领域数字化运营力；
- 目标领域数字化运营力；
- 界定各数字化运营力对应的指标体系。

再次，定规划。

区分数字化运营力建设规划，从数字化运营力和决策智能化角度反向思考

- 各数字化运营力对应的业务宽度；
- 数字化运营深度/建设阶段；
- 端到端业务闭环建设的基本需求；
- 业务闭环对数据的贡献价值；
- 原有触点单点系统的改造需求。

最后，定组织。

综合思考组织变革力机制

- 规划建设生产力工具；
- 补充和提升数字化人才。

4.5.4　新质生产力的建设标准和评价体系（自测量表）

消费企业可以用如表 4-23 所示的自测量表对企业自身的行业/品类新质生产力、业务驱动力、数字化运营力、组织变革力进行能力现状自检、指标设定，以及对未来建设目标和行动计划进行设定。

第4章 循道而行 重新上路 新质生产力的建设方法总论

表4-23 新质生产力的建设标准和评价体系——自测量表

公司：
行业/品类：

韧性增长	业务驱动力		指标		现状阶段				目标阶段				下一步行动	行动时间
					节点在线化	业务一体化	运营数字化	决策智能化	节点在线化	业务一体化	运营数字化	决策智能化		
	1 商品力	指标：	数字化运营力指标：	消费者运营	指标：									
	2 渠道力	指标：		供应链运营	指标：									
	3 触点力	指标：		订单运营	指标：									
	4 营销力	指标：		经销商运营	指标：									
	×××			渠道终端运营	指标：									
				连锁门店运营	指标：									
				bC融合运营	指标：									
				营销活动运营	指标：									
				消费者运营	指标：									
				产销协同运营	指标：									
				全渠道费用运营	指标：									
			组织变革力指标：	生产力工具	指标：									
				数字化人才	指标：									
				数据驱动文化	指标：									
				重塑生产关系	指标：									

韧性增长指标：
- 收入增长率
- 利润率
增长：
- 净资产收益率增长率
- 经营现金流增长率

185

第 5 章
回归初心　固本求变
新质劳动对象：增长业务驱动力的系统转型

"The essence of strategy is choosing what not to do."
"战略的精髓在于选择不做什么。"

——Michael Porter, *Competitive Strategy*
迈克尔·波特，《竞争战略》（1980 年）

第 5 章　回归初心　固本求变　新质劳动对象：增长业务驱动力的系统转型

从总体上判断，消费产业即将进入分化时代，数字化技术会加速分化的速度和程度。从基本盘和发展速度上看，各行业冷热不均，从整体上看物质消费品基本盘比较大，且均处于中低速或稳健增长趋势，而行业升级类的品类（如精酿啤酒、复合调味料等）均处于中速和高速发展趋势[精酿啤酒的年均复合增长率（CAGR）为17%，复合调味品的CAGR为12%以上]，那么，未来具备什么样特征的企业可以胜出？

首先，是选择赛道问题，如果所处的行业属于大众基本生活保障类，基本上属于存量挤压竞争市场，增速不会快，需要稳打稳扎；如果属于行业升级类、发展类和服务类需求，行业增速快，增量竞争和存量竞争复合，就需趋行业发展红利窗口期不断锤炼自身的差异化核心能力，以期在行业红利消退后还能稳健发展。不同赛道有不同赛道的竞赛规则，是否掌握核心驱动力，决定了有没有资格参与这场同赛道内的分化耐力赛。不同行业，乃至同一行业的不同品类的核心驱动力差异也很大。大部分大众品类的核心驱动力仍然在传统的渠道力上，企业需要清楚认知其中的差别，不能丢失基本盘，也不能故步自封。

其次，是比赛节奏问题，比如高端化和创新类产品大多体现在商品力，虽然起初要在渠道力、营销力方面投资布局，但需要清楚地认知到，这些仅仅是短期驱动力，是在布局渠道基本盘，或是拉高品牌声量，但未来取得差异化竞争优势并据以稳健长续发展的还在于产品创新，现有的能力建设和投资仅仅是通往目标核心竞争力的过程，需要反向从核心驱动力角度去思考和区分哪些为过程，哪些是目标，把握好前进的节奏。而大众品类则是"过程即目标"，要继续在渠道力上稳打稳扎。

最后，是跑多快的问题，即在同行业、同品类内同样会出现分化，构建的驱动力体系是否系统化，决定了企业能否成为行业龙头。无论是行业头部企业还是非行业头部企业，都有发展的机会，围绕核心驱动力，将其他驱动力也系统化构建起来，形成"1+3"的驱动力体系并激发相互之间的正向驱动关系，形成"全能冠军"的体格；而选择"1+1"或"1+2"的方式围绕核心业务驱动力，再深度构建1~2个辅助驱动力，则有机会成为"单项冠军"。

这是一场没有发令枪、没有终点的耐力赛，回归行业本质、快速启动引擎、稳健定力节奏才是正道，无论对于头部还是非头部企业，挑战将更为复杂，需要在快速变化、愈加复杂的市场环境中找到自己的核心驱动力，并以此为目标，发展出独特的差异化竞争策略，做好自己最重要。

在整体消费产业内，各细分行业增长趋势、底层逻辑、未来竞争格局、核心业务驱动力已经存在较大的差异化。在细分行业内，不同品类的核心驱动力也呈现出明显分化的形势，如表5-1所示。这是传统品类企业必须面对的难题，也留给了创新企业巨大的想象空间。

表 5-1　细分行业的增长趋势、底层逻辑、未来竞争格局、核心业务驱动力概览

行业	增长趋势	2022年市场规模（亿元）	预测未来三年年均复合增长率	增长底层逻辑	未来竞争格局	业务驱动力[含传统品类比较]			
						商品力	渠道力	触点力	营销力
白酒	中低速增长	6 600	整体市场3%～5%；高端白酒8%～10%	白酒特有的投资属性、礼品属性、社交属性长期存在	存量竞争市场，利润和规模往头部企业集中，未来行业阵营将出现快速分化，"大强"与"专美"类企业并存	核心驱动力（次高端）	核心驱动力（口粮酒）		核心驱动力（高端）
牛奶乳制品	中低速增长	4 717	4.6%	中国人均饮奶量远低于发达国家地区水平，仍然有巨大的提升空间，下沉市场成长空间更为广阔；消费升级驱动乳制品向高端营养品、功能性奶、专业营养品、休闲乳制饮品发展，品类百花齐放，行业得以持续扩张	存量竞争市场，未来"两超"将通过成熟的渠道体系扩充除常温奶外的其他品类，而中小乳企则利用产地供应链、深耕本地+辐射周边与"两超"并存	核心驱动力（低温奶）	核心驱动力（常温奶）（奶酪）		
精酿啤酒	中高速增长	200	17%	随着消费升级、整体产品结构提升，具有"独特工艺"和"新鲜凉爽口感"差异性的精酿啤酒，大大提升啤酒的醇厚口感和丰富的营养物质，承接低端工业啤酒产品成为新的主流产品，带动整个市场中低端产品向中高端产品升级	精酿品类在啤酒中占比小，目前尚未形成领军品牌，还处于快速"洗牌"阶段。随着精酿赛道入局者不断增多，行业竞争会逐渐加剧，但竞争模式不再局限于传统的价格战，而是转向品质竞赛	核心驱动力（工业啤酒）	核心驱动力（精酿）		

第5章　回归初心　固本求变　新质劳动对象：增长业务驱动力的系统转型

（续）

行业	增长趋势	2022年市场规模（亿元）	预测未来三年年均复合增长率	增长底层逻辑	未来竞争格局	业务驱动力 [含传统品类比较]			
						商品力	渠道力	触点力	营销力
复合调味品	中速增长	1 786	12%+	我国广阔的地域和餐饮文化奠定了广泛的菜系基础，提供了极佳的品类细分和内容基础，消费升级和人口迁移带来产品需求，与渠道演化变革同频共振，这些均为中式复合调味品提供了很好的发展基础	"存量竞争+增量竞争+稳量竞争"齐头并进的分饼时代，未来将是N（全能选手）+M（单项冠军）并存的市场格局	核心驱动力（复合调味品）	核心驱动力（单一调味品）		
预制菜品	高速增长	4 196	20%	中国人口结构转变及人均可支配收入的增加导致人民日益增长的美食品味需求与有限的时间精力成本之间的矛盾日益突出，催生了预制菜的消费基础。同时中国餐饮连锁化率的不断提升和餐厅口味化和稳定性需求，以及居家新生活方式带动了预制菜的消费需求	当前行业稳态格局尚未形成，属于增量型市场，当前预制菜企业数量多而规模小，多数企业区域性较强。未来核心竞争要素主要体现在规模效应下的成本优势和产品竞争力	核心驱动力			
小家电	中速增长	4 543	11%	具有"小品类、大单品、轻生活"特性的创新小家电，在"宅经济、健康经济和悦己经济"三大因素主导下，通过线上渠道的运营，构建了产品、渠道、品牌及运营模式，驱动爆发式增长	几家头部大型企业占据较大市场份额。新兴小家电企业通过推出独特的产品设计和创新的营销策略，也有很大机会进入这个市场	核心驱动力（传统大家电）			核心驱动力（智能小家电）

189

韧性增长：消费企业智胜未来的新质生产力

（续）

行业	增长趋势	2022年市场规模（亿元）	预测未来三年年均复合增长率	增长底层逻辑	未来竞争格局	业务驱动力[含传统品类比较]			
						商品力	渠道力	触点力	营销力
美妆	中高速增长	3 900	15%	城市化带动了工业化，消费先行，供应后行。前端的需求分化，导致产品品类分化，同时，后端生产供应集约化，化妆品企业的产品供应产生长尾滞销品，以渠道力、触点力和营销力助力终端动销，塑造企业商品力优势	后浪：黑马品牌；中浪：国潮品牌；前浪：长青品牌；内外对抗、新旧攻防的"三浪"叠加的市场竞争格局将持续加剧				核心驱动力（国货美妆）
品牌连锁	中低速增长	102 005	整体市场6%；部分品类10%	消费者需求变化是行业转型和增长的最重要驱动因素，消费升级基础上的消费分级趋势明显，而中国特色的消费市场韧性，为连锁形态多元化、服务内容丰富化、场景深度融合提供了坚实基础，为品牌连锁行业和企业提供了充分生长空间	行业分散，龙头品牌在资本加持下进一步"跑马圈地"，优先抢占市场资源要素，推进市场和产业链整合，部分市场已经进入"寡头"垄断竞争时代，同时在细分业态中亦是群雄逐鹿，互相竞争、渗透和并存		核心驱动力		
现制饮品	中速增长	1 886（茶饮+咖啡）	11%	现制饮品中不论是茶、糖还是咖啡均具有较强成瘾属性，中国消费者对茶饮的消费已经具有成熟的消费习惯，近年来对咖啡的接受度也正在不断提升，供给端不论是资金还是后端供应链均已成熟	行业经历供给出清，现阶段竞争格局相对稳定，高低端品牌竞争壁垒较高，中端品牌竞争最为激烈，现制茶饮进入成熟期，发展趋于理性，现磨咖啡发展空间巨大		核心驱动力		

5.1 白酒篇：存量竞争时代的数字化突围之战

5.1.1 未来增长空间预测

经历了"群雄逐鹿的十五年"，借助人口红利和品牌费用撬动市场是过去白酒行业竞争的主题，2025年整体白酒销售收入将达9 500亿元，利润将达2 700亿元，未来三年整体复合增长率3%～5%，而次高端白酒将以15%的复合增长率强势增长。

2022年，全国酿酒产业规模以上企业完成酿酒总产量5 427.5万千升，同比增长0.8%，累计完成产品销售收入9 509亿元，同比增长9.1%；累计实现利润总额2 491.5亿元，同比增长27.4%。

其中，2022年规上白酒企业963家，产量671.2万千升，同比下降5.6%，销售收入6 627亿元，同比增长9.6%；利润总额1 962亿元，同比增长29.3%。收入及利润总额持续增长，如图5-1所示⊖。

图5-1 中国规上白酒企业销售收入和利润增长趋势（单位：亿元）

2022年高端白酒收入1 682亿元，2022年白酒上市公司营业收入同比增长16.83%，归母净利润同比增长21.08%。

从表5-2可以看出，高端白酒和次高端白酒品类档次内前三名的市场集中度

⊖ 数据来源：国家统计局、欧睿国际、万联证券研究所等。

（CR3）逐渐加大，收入增速和利润增速也相对于中端酒和大众酒处于优势地位，未来三年 CAGR（年均复合增长率）也在 10% 以上，其中次高端白酒将以 15% 的 CAGR 强势增长。

表 5-2 未来三年各个单瓶 500ml 不同价格产品的消费场景结构占比和增长比例

档次	单瓶 500ml 价格（元）	消费场景 送礼	商务宴请	聚会	自饮	2020 年 CR3	2022 年 CR3	2022 年收入增速	2022 年利润增速	未来三年 CAGR
高端白酒	> 800	52.9%	39.3%	16.2%	10.9%	82%（飞天、普五、国窖）	95%	15.4%	19.1%	约 10%
次高端白酒	300 ~ 800	25.5%	42.2%	33.6%	20.9%	37%（水晶剑、窖藏 1988、天/梦之蓝）	49%	24.7%	39.2%	约 15%
中端酒	100 ~ 300	10.6%	15.4%	42.2%	42.8%	—	13%	11.4%	20.2%	—
大众酒	< 100	1%	3.2%	11.7%	26.3%	—	13%	-13.2%	-120%	—

5.1.2 增长底层逻辑洞察

白酒相对于其他消费品具有更为鲜明的中国传统文化属性，它不仅承载着源远流长的文化底蕴和社交礼仪的重要媒介功能，还与传统节庆、品鉴文化以及美食文化紧密相连，在中国文化中具有重要地位。

白酒深深植根于中华民族的传统文化之中。它不仅是中国传统文化的一部分，更是中国人民在追求美好生活道路上的一种仪式感的表达方式。在中国文化中，白酒也是社交礼仪的重要媒介。无论是家庭聚会、朋友聚餐还是商务宴请，白酒都是必不可少的饮品。它不仅能够拉近人与人之间的距离，还能够促进交流和沟通。白酒与中国的传统节庆文化紧密相连，在春节、中秋等重大节日中，人们常以白酒来庆祝和祈愿，视其为象征好运和幸福的饮品。白酒的品鉴不仅是一种消费行为，更是一种文化和审美情趣的体现，人们通过品尝白酒的口感、香气和风味来感受其独特的美感和文化内涵。白酒作为中国传统的饮品，与中华美食文化有着密切的联系，在品尝中国菜肴时，搭配一杯适合的白酒能够提升菜肴的口感和风味，使得饮食体验更加完美。

在古代，白酒的酿造技术逐渐得到发展和完善。人们开始尝试使用不同的粮食和酵母，探索最佳的酿酒工艺。蒸馏技术的引入是白酒发展史上的一个重要转折点。蒸馏技术提高了酒精的浓度，使白酒的口感更加浓烈，极大地推动了白酒的发展。随着

第 5 章　回归初心　固本求变　新质劳动对象：增长业务驱动力的系统转型

商品经济的发展，白酒逐渐走向了商业化、规模化的发展道路。许多酒厂开始采用机械化生产方式，提高了生产效率。

在当下，白酒行业的品牌商转型升级和产品差异化布局，以及消费需求升级拉动这两个因素驱动了中国白酒产业的蓬勃发展，主要体现在产业转型、品牌商多层布局多点驱动、全渠道多元化和结构转型、消费场景分化和消费需求升级等角度，综合构成了中国白酒产业未来增长的底层逻辑，如图 5-2 所示。

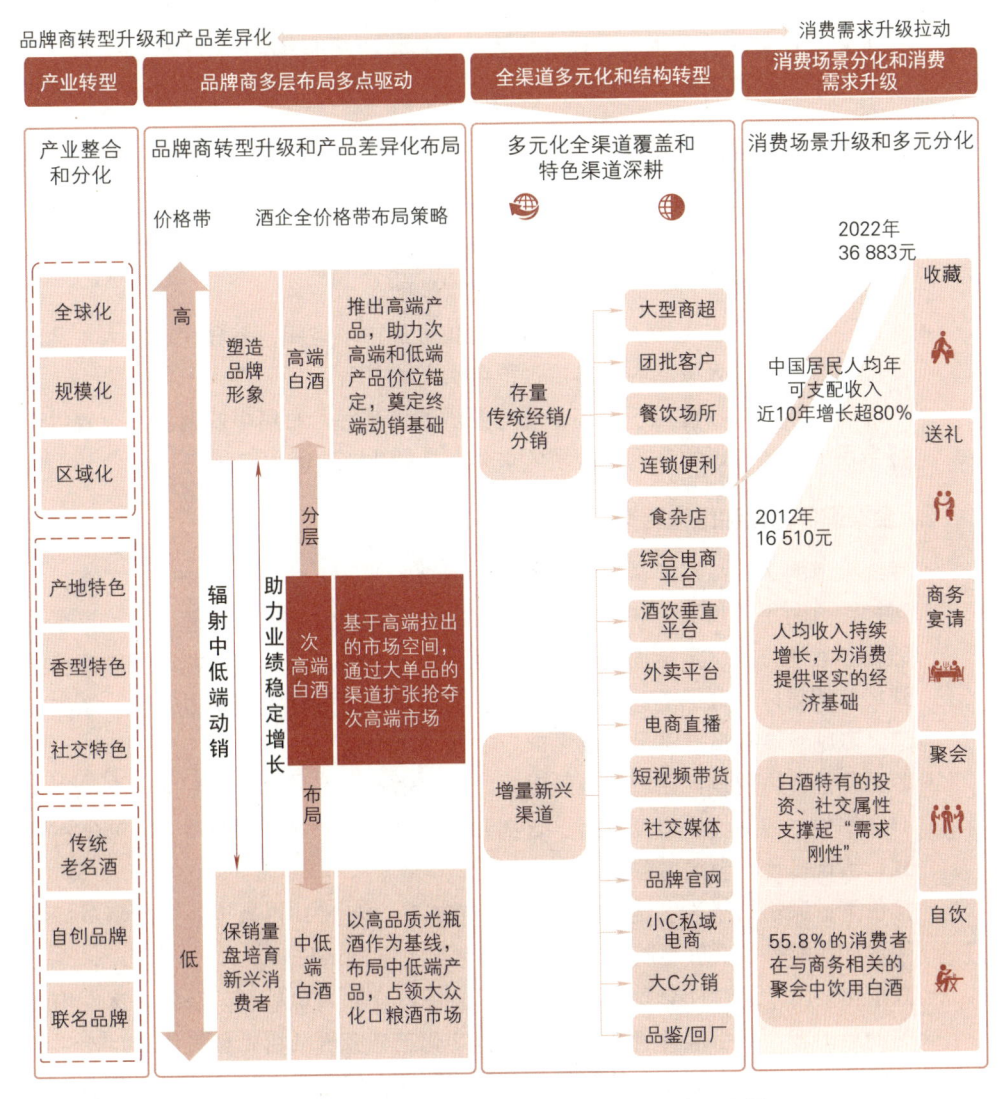

图 5-2　中国白酒行业价值链视角的增长底层逻辑

1. 产业转型

- **老名酒转型升级**：传统老名酒品牌将通过技术创新、品质提升和营销策略的改进，实现转型升级，焕发新的市场活力。

- **资本并购与区域品牌整合**：随着市场竞争加剧，资本将更多地介入白酒行业，推动区域和地方白酒品牌的并购与整合，这将进一步加剧整个行业的集中度和提升竞争力。

- **产地化概念与特色酒兴起**：产地化概念将成为白酒行业的一个重要趋势，利用产业集群优势和特色水源、环境资源打造独特的产地系列产品。同时，基于主流香型的自创品牌酒兴起，满足品类的进一步细分客户群定位的需求。

2. 品牌商多层布局多点驱动

- **高端化品类投入**：塑造品牌形象，对标"茅五泸"（茅台、五粮液、泸州老窖）推出高端产品，通过提升产品品质、包装设计和营销策略，拉高品牌影响力，吸引高端消费者，为中低端市场动销奠定基础。

- **次高端大单品抢占市场**：借助高端白酒拉开的市场空间，差异化定位大单品和产品组合，通过大单品的渠道扩张抢夺次高端市场。

- **中低端口粮酒市场覆盖**：以高品质光瓶酒作为基线，布局中低端产品，提供价格亲民、品质可靠的产品，占领大众化、日常化口粮酒市场。

3. 全渠道多元化和结构转型

- **传统渠道的深耕**：在渠道进一步下沉和融合的背景下，基于一物一码工具，通过控盘分利手段稳固传统渠道基本盘，并进行深度终端经营。通过改革渠道全链路分利润方式、灵活设置渠道和终端利润分配机制、基于终端动销的深度终端经营逻辑以及数据驱动决策等手段，品牌可以更好地推进渠道转型、掌控渠道、激励终端并精准满足市场需求。

- **多元化全渠道覆盖**：白酒企业除深耕线下渠道和终端外，积极拓展线上线下多渠道销售，包括传统电商平台、直播和内容电商、社交媒体营销等新型销售方式，实现多元化全渠道覆盖。

- **特色渠道深耕与团购发展**：针对特定消费群体和场景，白酒企业深耕特色销售渠道如团购等，提供定制化的专属礼品包装、定制酒标服务。

- **数字化宴席**：通过社交媒体、短视频平台等社交和内容触点，发布与宴席相关的创意内容，吸引消费者关注；利用数字化工具邀约、扫码参与活动，让消费者参与沉浸式的白酒品鉴体验活动，并跟踪和分析宴席活动的数据，如参与人数、互动次数、销售转化率等；根据数据分析结果，优化活动策略，提高品牌推广的效果和投入产出比。
- 大C分销：通过大C分销，基于次高端白酒封闭市场单品（非公开市场销售单品）的逻辑，借助次高端白酒的优秀品质与口碑以及大C的社会影响力来吸引消费者，提升销售额。

4. 消费场景分化和消费需求升级

- 居民可支配收入增加与消费升级：随着居民可支配收入的增加，消费者对白酒的需求将逐渐升级，"少喝酒，喝好酒"的健康意识提升，高端/次高端白酒需求保持旺盛，对高品质、高附加值的产品更加青睐。
- 白酒社交刚性需求与商务活动用酒增长：在中国社交文化中，白酒具有重要地位。随着商务活动的增多和社交需求的提升，白酒在商务宴请和社交场合中的消费量将持续增长。
- 消费场景分化：白酒消费场景将进一步分化为商务宴请、朋友聚会、家庭自饮等多个细分场景。针对不同场景，白酒品牌将推出更加符合消费者需求的产品和服务，满足市场的多元化需求。

5.1.3 未来竞争格局判断

在过去十多年行业高速普涨背景下，消费升级红利使得中国酒企并未出现此消彼长的竞争，实际上相互之间并没有发生真正的正面竞争，不同企业在不同价格带培育出各自不同的用户。

总体行业"量价倒挂"趋势明显（见图5-3），2016—2022年白酒吨价翻倍，年均复合增长率（CAGR）为13.2%，2022年10万元/千升，2016年产量到达顶峰，2016—2022年白酒产量从1300万千升降至690万千升，回落到接近2009年的状态。

市场集中度不断提升，酒业企业大量出清。数据显示⊖，规模以上企业从2017年至今减少了636家，占比达到39.9%；规模以上头部企业的营业额、市场份额占比和利润持续上升，企业数量下滑。六大名酒（指贵州茅台、五粮液、泸州老窖、山西汾酒、古井贡酒、洋河）的收入占比达55%，规模和利润向行业头部企业集中。

未来15年，中国白酒将全面进入快速分化、存量挤压式竞争形态和资本并购时代，长期逻辑在价不在量，酒价长期跑赢通货膨胀和名酒份额集中的逻辑并未改变，体系化能力能否支撑价格上涨将成为关键命题，"大而强"与"专而美"分化并存。

⊖ 数据来源：国家统计局、欧睿国际、万联证券研究所等。

图 5-3　中国整体酒企数量变化、六大名酒收入和利润占比

对未来竞争格局的四个基本判断如下：

1. 我国酒业进入新一轮产业结构调整期，行业出现快速分化

目前随着消费升级的完成，行业内所有企业一起增长的阶段已经结束，接下来必然是互相挤压的竞争性增长，我国酒业进入新一轮产业结构调整期，产业结构、产品结构、市场消费结构和渠道结构均面临变革与调整。系统化竞争的核心由"跑马圈地"的渠道扩展模式转向对品类的掌控和运营，体现在产品的持续创新、渠道共赢合作能力的建设和终端资源要素的精准投入。

掌握了核心产品门槛和消费者运营能力的企业可以在市场中获得"专而美"的存在模式，而另一些通过资本并购方式进一步扩大规模以抵御刚性增长的风险，形成中国 DIAGEO（帝亚吉欧）⊖模式。未来 3～5 年，还未形成区域性竞争优势的中低端酒企，面临被并购或退出市场竞争的困境。

2. 行业集中度不断提升，产区化已经成为必然

从企业数量来看，白酒消费呈现出向主流品牌、主力产品集中的趋势，白酒产业也向品牌、原产地和文化集中，产业竞争加剧了对弱小白酒企业的挤出效应；行业集中度不断提升，品牌化、品质化、产区化发展趋势愈加明显。核心产区与头部酒企亦相互绑定，名酒品牌支撑产区发展是重要的特点。

⊖ 帝亚吉是全球最大的洋酒公司，旗下拥有横跨蒸馏酒、葡萄酒和啤酒等品类的一系列顶级酒类品牌，是世界 500 强公司。

第 5 章 回归初心 固本求变 新质劳动对象：增长业务驱动力的系统转型

3. 次高端品牌将是主战场

未来 3~5 年，高端白酒依旧是少数酒企的寡头垄断竞争格局，因为高端白酒的门槛极高，寡头垄断竞争格局清晰，新进入者数量极其有限；次高端白酒的市场占有率决定着品牌的行业地位和长远性品牌战略走向，高端白酒持续提价，打开次高端白酒价格的天花板，随着消费分化，部分中档白酒消费群体将逐步升级到次高端价格带。"马太效应"加强，逐步发展成多寡头竞争格局。

4. 渠道下沉，市场消费向多元化发展

未来，县级、乡镇市场的下沉成为白酒各品牌竞争的焦点，尤其是中端白酒和口粮酒品类；白酒产业积极拥抱新渠道，使得酒类团购、私域直销、直播带货等模式快速发展，基于消费者分层运营方式，群组触达方式更为多元，抢夺线上电商渠道的竞争程度只增不减。

5.1.4 核心业务驱动力分析

下面以次高端白酒作为核心研究对象。次高端白酒品类的核心驱动力是商品力，基于分销体系的商品供应链能力是核心，未来在"渠道力 × 触点力 × 营销力"上相互融合作用，体系化能力支撑价格上涨，并锻造"商品力"，掌握灵活控价的能力，"拉式"促动销，实现持续增长，如图 5-4 所示。

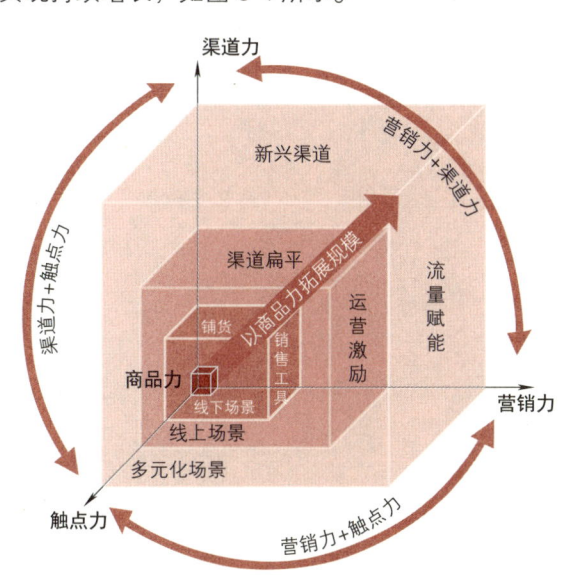

图 5-4 白酒（次高端白酒）核心业务驱动力分析

1. 商品力，追求价值增长

顺应消费者酒类消费从价格敏感向价值敏感方向倾斜的趋势，赋予产品独特的白酒文化属性和产区属性；尝试以爆款模式，通过不同的产品组合策略，掌握灵活控价能力；通过产品全生命周期管理策略，提高产品价值。

2. 渠道力，运营扁平化

通过经销商渠道铺货放量，实现全国化布局，将市场占有率稳步提升；采取新型经销商模式，逐步将传统经销商转型为运营和服务商，实现渠道运营触角下沉，强化对渠道和终端的掌控力；深化控盘分利，将市场占有率稳步提升。

3. 触点力，多元触达

构建"大 C+ 小 C"的推荐和分销场景，依靠多元化场景拉动白酒购买需求；通过数字化品鉴会、名酒进名企、领导面对面等场景，借助 KOL 拓展圈层；利用数字化工具给 KOL 和大 C 销售终端赋能，结合线上线下购买需求，拓展终端营销能力。

4. 营销力，品牌赋能

通过直播、小程序、直营电商和社交电商等新兴渠道，与消费者平等对话；借助 KOC 和 KOL 拓展圈层，讲好品牌故事，利用 AI 工具快速高效产生内容和传播，提高品牌曝光量；借助线下终端触点沉淀消费者数据，实现数据回流形成正向反馈，拓展消费者运营和私域能力。

5.2 牛奶乳制品篇：借力数字化，在消费升级时代下乘势扬帆

5.2.1 未来增长空间预测

乳制品行业发展相对平稳，进入稳定发展时期，需求端量价齐升（见图5-5）。目前行业集中度高，龙头企业取得规模和利润的领先优势，更多地方型乳企寻找高品质产品增长、线上渠道增长的市场发展空间，未来3年保持4.6%的年均复合增长率，预计2026年国内乳制品行业市场规模将达到5 966.5亿元。

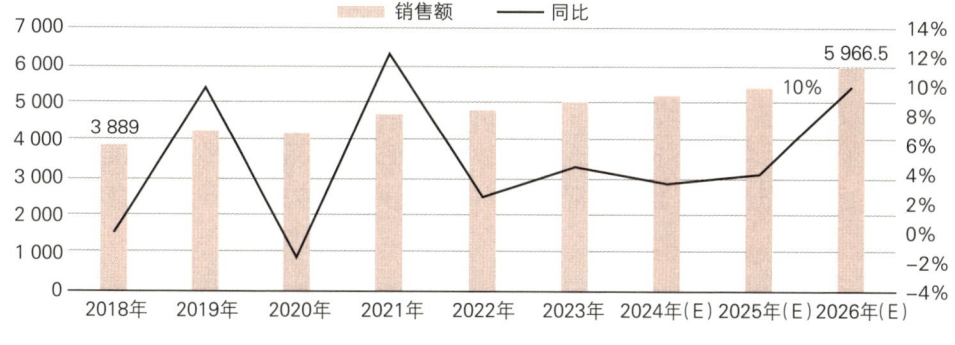

图5-5 中国乳制品行业市场规模发展和预测（单位：亿元）

从人均消费量来看，我国与发达国家地区水平仍然存在较大差距（见图5-6），人均饮用量提升空间很大，短期经济形势不会改变长期需求的增长趋势。

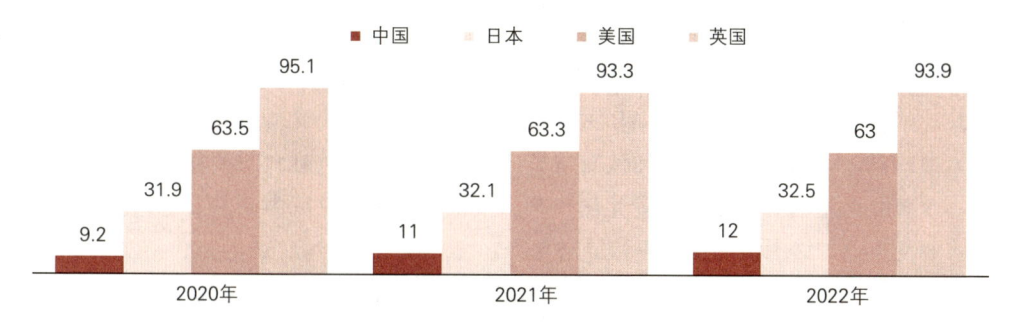

图5-6 各国年人均乳制品消耗量（单位：千克）

借助养殖和乳业工业带、人口红利，常温奶领域的伊利、蒙牛牢踞双雄地位（见图5-7）。低温奶则受运输半径限制，"双雄"与区域龙头同台竞技；"双雄"稳居常温白奶全国性市场，区域乳业（光明乳业、新希望乳业、三元股份、君乐宝等）及地方乳企（燕塘乳业、天友乳业、完达山、卡士等）则以产品差异化、低温奶深耕区域市场。

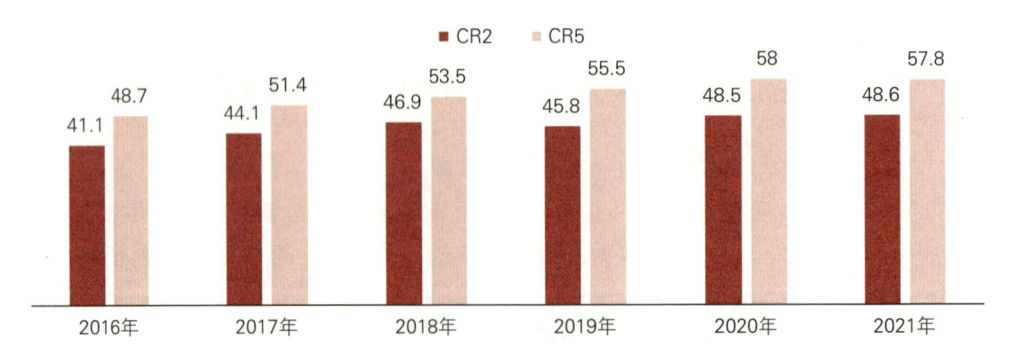

图 5-7 乳企市场集中度逐年提高（单位：%）

年份	CR2	CR5
2016年	41.1	48.7
2017年	44.1	51.4
2018年	46.9	53.5
2019年	45.8	55.5
2020年	48.5	58
2021年	48.6	57.8

5.2.2 增长底层逻辑洞察

乳制品已经成为除米面粮油外的生活必备品，天然具有消费者触达能力，常温奶以消费者需求为导向的智能仓配和组合营销能力支撑多元化渠道和多品类产品高覆盖和深渗透。当低温奶部分替代常温奶时，新鲜供应链能力驱动的商品力将成为新引擎。

乳制品行业的产业链包括上游牧场、品牌商、渠道销售商和下游消费者，品牌商负责乳制品生产，是产业链的核心，上游市场格局高度分散，议价能力比较有限；同时，上游牧场竞争激烈，乳制品企业的奶源争夺战不断升温，排名前 30 家牧场有 15 家被伊利、蒙牛、君乐宝等头部乳企控制，乳业品牌商的竞争格局则高度集中，其盈利能力和议价能力在产业链中处于最强位置。

伴随着人均乳制品消费量的持续提升，乳企主要产品从液态奶向低温奶发展，进而发展出高端化产品，渠道业务从传统商超到电商线上、社区零售，呈现多业态并存，乳制品深加工拓宽消费场景和市场客户群体；区域乳企深耕局部市场，以新鲜战略为撬动点，以大众产品占有和保有市场，通过高端产品贡献利润并开展第二增长曲线，改善盈利结构。渠道覆盖多元化和产品多样化、高端化成为决胜必备，影响消费的核心竞争力始终围绕品牌竞争和价格竞争。

牧业的工业化升级推动供给转型，以及消费需求也得到升级，这两个因素共同驱动了中国乳制品产业的蓬勃发展。中国乳制品产业的未来增长底层逻辑主要体现在：①原料商全球化、区域化和规模化升级；②全国、区域和地方乳企的产品品牌化和升级高端化、供应链仓网布局；③多元化全渠道覆盖和区域渠道深耕；④消费场景分化和消费需求升级。这些因素共同推动了中国牛奶乳制品产业的持续创新和高质量发展，如图 5-8 所示。

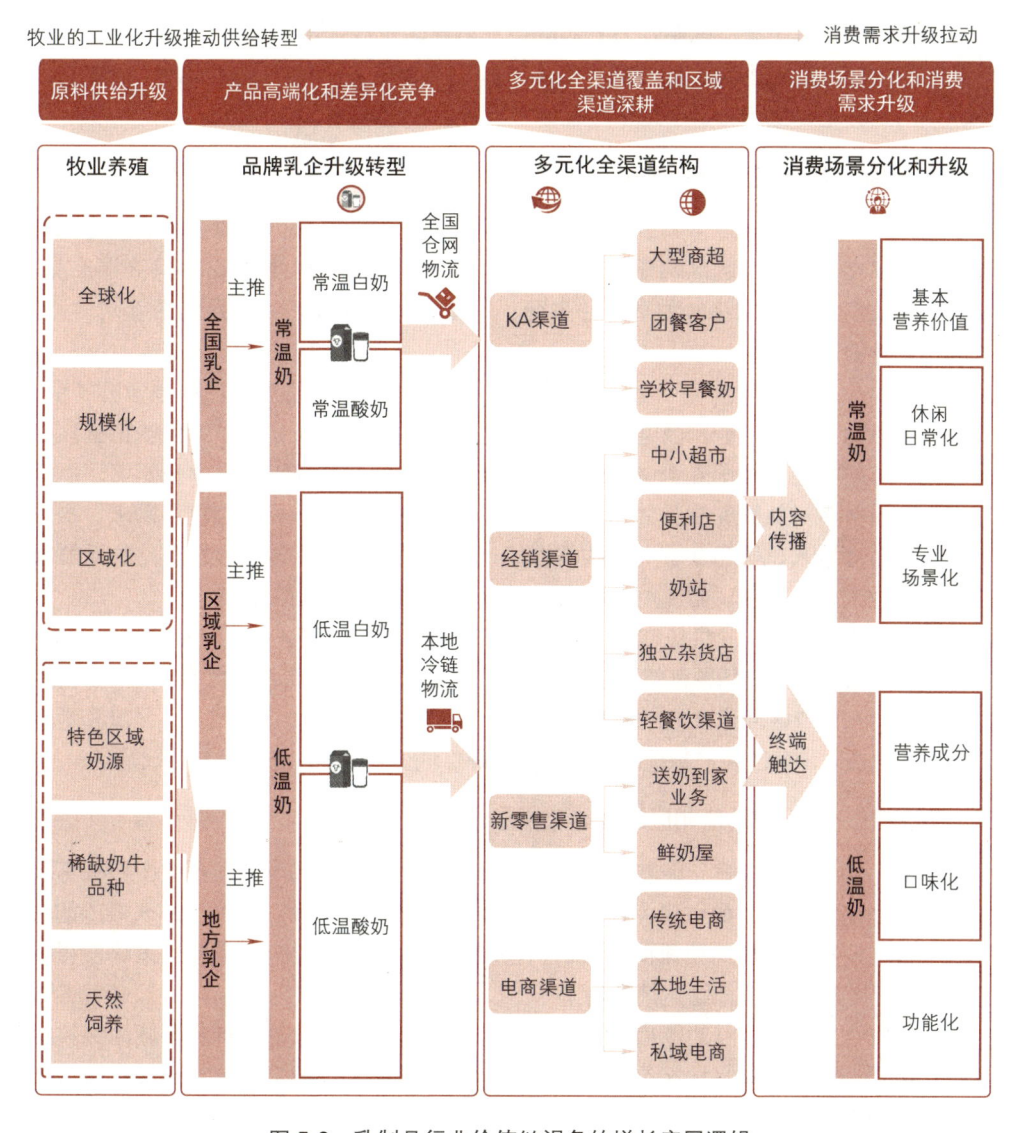

第 5 章　回归初心　固本求变　新质劳动对象：增长业务驱动力的系统转型

图 5-8　乳制品行业价值链视角的增长底层逻辑

1. 原料供给全球化、区域化和规模化升级

- **全球化**：原料商在全球范围内寻找优质奶源，以确保奶的质量和供应稳定性，拓宽了原料来源，还降低了对单一地区的依赖风险。例如，一些国内乳企已经在澳大利亚、新西兰等地建立了奶源基地，从而保证了高品质的原料供应。
- **规模化**：为了提高生产效率和降低成本，原料商通过扩大养殖规模、采用先进的养殖技术和管理模式，实现规模化经营。这种规模化不仅提高了奶源的品质，还降低了生产成本，为乳制品产业的持续发展提供了有力支撑。
- **区域化**：针对不同区域的消费者需求和口味偏好，原料商在特定区域内建立了奶源基地，生产符合当地市场需求的产品。

2. 产品高端化和差异化竞争

- **产品高品质化**：为了满足消费者对高品质乳制品的需求，全国、区域和地方乳企都在推进产品的高端化。例如，一些乳企推出了有机奶、A2奶等高端产品，以及功能性乳制品，如富含益生菌、高蛋白的奶制品，以满足消费者对健康、营养的追求。
- **差异化产品竞争策略**：全国乳企更多推出中高端常温奶产品，强调营养价值、口感和品质。这些产品通常具有较长的保质期，便于长途运输和全国销售。在低温奶方面，全国乳企注重产品的新鲜度和口感，如推出巴氏杀菌奶等，以满足消费者对新鲜乳制品的需求。地方乳企更注重本地市场的特色和需求，推出符合当地人口味和饮食习惯的常温奶产品，并且更加强调低温奶产品的新鲜度和地域风味特色，如使用当地优质奶源生产的巴氏奶或酸奶等。
- **效率和成本导向的供应链仓网布局**：为了提高产品的配送效率和降低物流成本，乳企根据自身市场覆盖情况在全国或区域范围内建立了完善的物流仓网。全国性乳企在重点区域建立生产基地，以确保产品新鲜度并减少运输成本，区域和地方乳企在本地建立生产基地和配送体系，确保低温奶产品的新鲜度和及时送达。

3. 多元化全渠道覆盖和区域渠道深耕

- **多元化全渠道覆盖**：随着电商的快速发展，全网和区域地方乳企均在积极拓展线上销售渠道，如天猫、京东等电商平台和自营小程序，同时，线下渠道如超市、便利店等也继续保持稳定的销售增长。这种多元化全渠道覆盖策略使得乳制品能够更广泛地触达消费者。
- **区域渠道深耕**：针对不同地区的市场特点和消费者需求，在特定区域内深耕渠道资源要素，与当地经销商、零售商等建立紧密合作关系，提高品牌在区域市场的影响力和销售额。

4. 消费场景分化和消费需求升级

- **消费场景分化**：如今，乳制品的消费场景已经不仅仅局限于一日三餐。运动、社交、休闲等都成为乳制品消费的新场景。例如，一些乳企推出了针对运动人群的高蛋白奶昔、针对休闲时光的酸奶零食等创新产品。
- **消费需求升级**：消费者对乳制品的需求正在从单一的营养补充向更加多元化、个性化的方向发展。例如，控糖、低糖、无糖等健康需求以及乳糖不耐受等特殊需求都

第 5 章　回归初心　固本求变　新质劳动对象：增长业务驱动力的系统转型

在驱动乳企进行产品创新和技术研发。品牌商均在密切关注消费者需求的变化，并及时调整产品策略以应对市场的变化。

5.2.3　未来竞争格局判断

尽管整体消费行业可能伴有需求结构分化、供给结构分化等压力，但综合来看，乳制品行业增长的潜力依然强大。消费结构出现分化主要体现在如下方面：

- 消费支出谨慎和产品被动降价下的消费降级；
- 常温奶转向低温奶、乳饮品转向牛奶消费的消费平移；
- 注重健康管理的高端专业功能乳品的消费升级。

目前常温白奶集中度高，形成了"双雄攘天下、多强有专攻"的竞争局面，伊利、蒙牛的全国市场占有率接近 50%，地方乳企凭借区域性的奶源、渠道、品牌优势保有一定的市场份额，主要体现在低温业务和细分高成长赛道上。在消费结构分化驱动下，乳制品行业整体增量放缓，行业将进入"存量竞争 + 技术竞争 + 增量竞争"态势，预示了乳制品的九大趋势，如图 5-9 所示。

图 5-9　乳制品九大趋势

符合消费需求的"差异化产品力"是未来竞争的核心业务驱动力。消费者需求趋向按需饮用符合自身营养需求的产品，并积极关注源头的食品安全。高端化、功能化、低温营养将成为行业重要创新点和增长点。在基数小、消费升级和健康意识提升的双重驱动下，低温奶的销量与销售额同比增速远高于常温奶的增速，如图 5-10 所示。

图 5-10　2017—2022 年乳制品的品类增速

乳饮料 −1.2%　低温酸奶 0.14%　常温酸奶 稳健增长 5.9%　常温白奶 中低速增长 9.29%　低温鲜奶 中速增长 13.2%

对未来竞争格局的三个基本判断如下：

1. 构建品牌价值体系提升影响力

品牌价值体系指导包括产品、渠道、推广以及日常运营，围绕品牌主线构建和布局，通过产品和场景服务让消费者感受品牌的价值；挖掘品牌本身特有的地域或产品差异化概念，通过线下互动深化消费者对品牌的认知，建立消费者信任。中小地方乳企无法撼动"双雄"的行业地位，当面对强大对手时，需要持续打造自身独特的产品爆款、产业链可视度、品牌能见度、符合区域文化的品牌形象、权威证明等信任组合，培养区域消费者对区域品牌的自觉自发的认同感和维护的使命感。

2. 对各类型的渠道进行差异化投放可获得持续的发展动力

乳业传统的线下渠道增长放缓，而新型渠道销量持续增长迅速；线下渠道覆盖率高且供应链成熟，新型渠道推广费用与供应链成本则居高不下，渠道差异化运营与全渠道供应链融合将是乳企的重要策略。除了传统电商外，抓住社区团购、本地生活、社群营销、短视频直播等渠道新趋势，建立渠道深度影响力和渗透力将成为乳企的新增长点。不同品类采取不同的运营策略，低温奶具有较高的奶源和渠道进入壁垒，地方乳企发挥好该品类的本地先发优势，不遗余力地加高和垒实冷链运输高、配送半径有限、送奶入户场景搭建要求高、消费者黏性强、终端把控力要求高等竞争壁垒。

3. 区域乳企发挥供应链优势做深低温鲜奶品类抵御全国性乳企竞争

为避免产品同质化，需要重视技术创新，结合消费者认知，挖掘和创造机会；通过洞察消费者心理，重新定义新品类，如安全健康、原生态、无污染等，在产品同质化中找到差异化新赛道；区域乳企巩固并开拓市场的基础是持续开发特色优质的产品，加速市场无缝覆盖布局和加快密度渗透的同时，持续发力产品端，瞄准区域内消费人群分类，结合区域文化特色从消费降级、消费平移和消费升级的维度，精耕优势乳品品类，完善产品梯度矩阵，加大研发投入力度，以技术助力产品差异化优势，最大限度渗透本地市场。

5.2.4 核心业务驱动力分析

以低温鲜奶为例分析品类的核心业务驱动力。在乳制品中，与常温白奶不同，低温鲜奶的增长业务驱动力在于"渠道力 × 触点力 × 营销力"三力融合运营，相互协同赋能，共同驱动商品力提升，依托本地化端到端供应链能力，锻造商品组合打法，进而真正实现品牌数字化结构性创新增长，如图 5-11 所示。

第 5 章 回归初心 固本求变 新质劳动对象：增长业务驱动力的系统转型

1. 商品力，追求创新增长

通过品牌、渠道、场景的多维融合，不断提高品牌产品的"爆品"打造能力和不同品类组合打法的迭代运营能力，持续以爆品拉动产品组合销售，并持续打造爆品样板。同时对于同质化走量型产品，创新差异化场景消费，带动更多销量增长，提高产品品牌对消费者的曝光度和可触达度；以线下布局网点覆盖周边人群为主阵地，极致提升冷链配送，确保产品到消费者的品质保障。

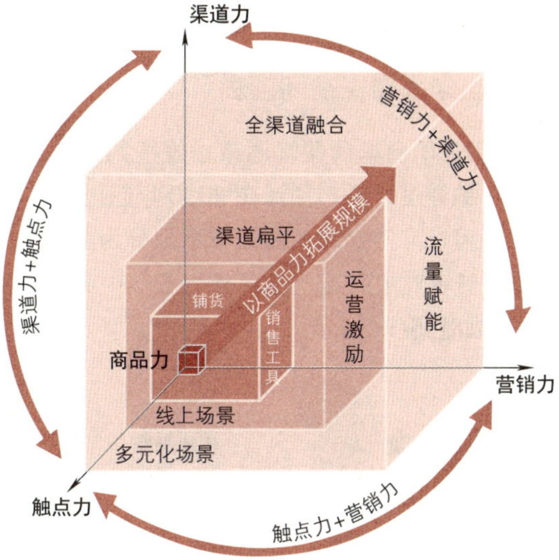

2. 渠道力，运营扁平化

将常温奶做广，在线下渠道深度增加陈列和产品矩阵，广度覆盖 KA、连锁、流通、特渠、烘焙等，强化渗透，缩小经销商区域并提升单点产出；将低温奶做精，深耕冷链覆盖范围，把控终端服务，搭建送奶入户渠道，提升消费者的黏性，提高竞争壁垒。

图 5-11 乳制品（低温鲜奶）核心业务驱动力分析

3. 触点力，多元触达

结合消费者的多元化需求，不断创新与实践新业务场景，拓展休闲场景、出行场景；基础奶、低温奶以自饮为主，强调性价比和周期购；高端奶除自饮外则可用于礼品市场、商务接待等场景。

4. 营销力，品类价值

建立品牌价值体系定位，通过影视、媒体传达品牌故事影响消费者心智，引导消费者触达渠道终端并主动探求产品品类；基于消费者线上线下私域的持续运营，传递品牌价值与产品健康的消费理念，使消费者与品牌建立联系。尤其是区域品牌，需要建立起区域消费者将品牌当成"我们的品牌"的品牌拥有的自豪感，并激发自觉消费和自觉维护的主人翁意识。品牌商需将"品牌教育"的传统做法转变成平等的"品牌对话"，放下身段，开放沟通。

5.3 精酿啤酒篇：消费新势力时代的产品升级与价值链重塑

5.3.1 未来增长空间预测

2022 年全球精酿啤酒市场规模约为 7 280 亿元，未来 8 年将以年均复合增长率 11.2% 的速度增长，预计在 2030 年超过 17 000 亿元。按人均消费支出及人均酒精消费量等因素可将全球各区域市场划分为三个成熟度类型，我国市场已步入中成熟度阶段，消费者对中高端产品需求增长，中高端产品的销量将持续提升，未来市场潜力巨大 ⊖，如图 5-12 所示。

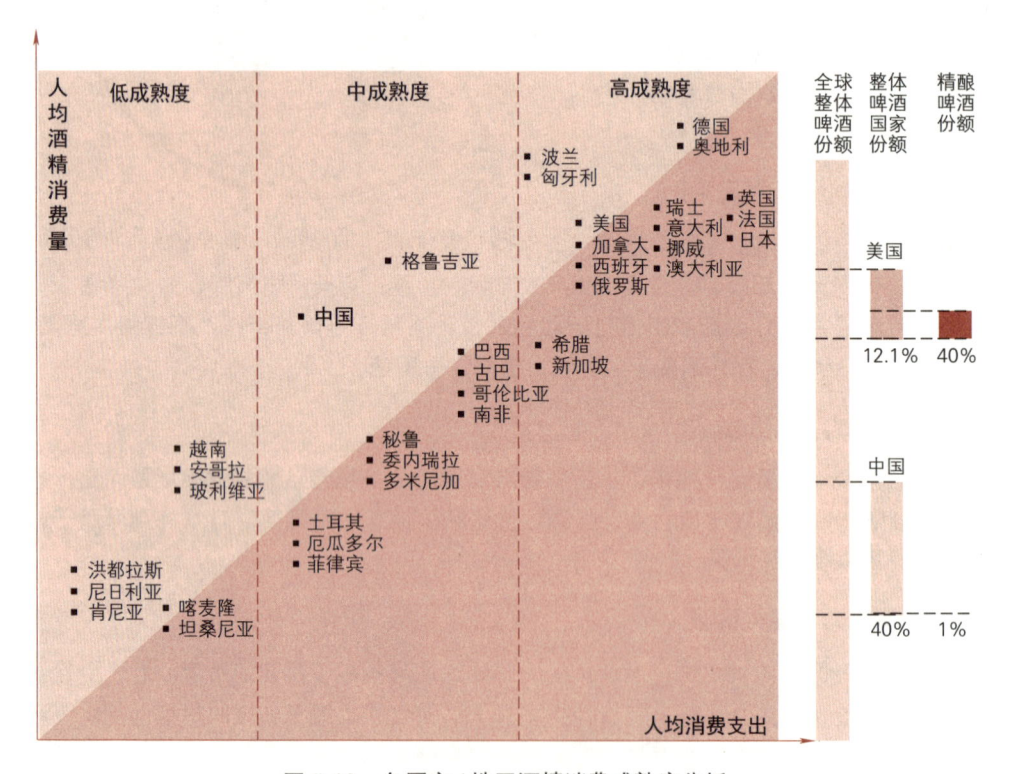

图 5-12　各国家 / 地区酒精消费成熟度分析

精酿啤酒属于中高端啤酒品类，借力啤酒高端化趋势，精酿赛道逐步出圈，消费量以惊人速度扩容，增长率居高不下。预计到 2025 年，中国精酿啤酒消费量可达到近 23 亿升，年均复合增长率约为 17%，如图 5-13 所示。

⊖ 来源：百威英博、欧睿数据、Statista、Brewers Asociation、灼鼎咨询。

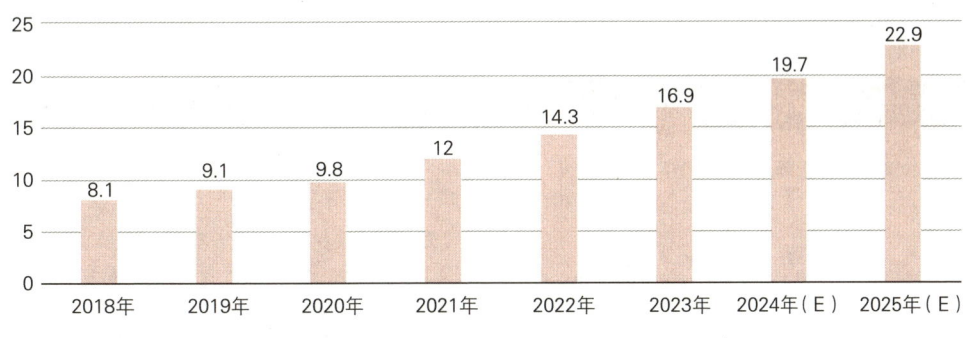

图 5-13 中国精酿啤酒消费量趋势（单位：亿升）

5.3.2 增长底层逻辑洞察

随着消费结构分化、啤酒整体产品结构提升，在酿造工艺和醇厚口感方面具有明显差异性的精酿啤酒，承接和挤占低端工业啤酒产品销量成为新主流产品，带动市场向中高端升级。

精酿啤酒和工业啤酒在原料使用、发酵工艺以及口感风味上存在显著差异。精酿啤酒注重传统酿造方法和原料的纯粹性，追求风味的多样性和创新性；而工业啤酒则更注重成本效益和广泛且普遍性的市场需求，口感相对单一和清淡。

精酿啤酒严格遵守传统，只使用麦芽、啤酒花、酵母和水进行酿造，不添加任何人工添加剂，麦芽含量更多，啤酒花更多，酿造出的麦芽汁浓度更高，酒精度数通常较高，酒体较为浓郁。精酿啤酒多为艾尔工艺，酵母在麦芽汁的上层，发酵所需温度略高（10~20℃），且发酵时间较长（可达 2 个月）。保质期较短，终端动销和配送供应链要求高，单毫升高售价支撑了高酿造成本和物流仓储费用。而工业啤酒多为拉格工艺，酵母在麦芽汁的下层，发酵所需的温度较低（一般低于 10℃），口感偏向清爽、淡雅，味道相对较淡，不会有强烈的苦味或浓烈的香气，酒精度数相对较低，通常在 4%~6%，发酵时间仅需 7 天左右，保质期可长达 1 年甚至更久。覆盖性竞争导致终端销售低且单瓶渠道和供应链成本费用挤占毛利，渠道动销和配送供应链多从效率角度考虑。

中国精酿啤酒产业的发展增长得益于农业的工业化升级和消费需求升级的双重驱动。从原料供给专业化和规模化、品牌专业化和产品高端化、高毛利支撑的渠道结构升级，以及消费场景的潮流化和时尚化这四个方面，共同推动了精酿啤酒产业的蓬勃发展，如图 5-14 所示。

韧性增长： 消费企业智胜未来的新质生产力

农业的工业化升级推动供给转型 ←―――――――――――――→ 消费需求升级拉动

原料商的专业化和规模化	品牌专业化和产品高端化	高毛利支撑渠道结构升级，直达现饮和酒馆终端成为可能	消费场景的潮流化和时尚化
原料商整合产业链	精酿啤酒品牌商分化	多元化渠道结构升级	消费场景分化
种植业	传统啤酒企业精酿品类（青岛、百威、嘉士伯等）	线下渠道 — 经销商/分销 → 娱乐场所、精酿酒馆、高端餐饮店、商超便利店	朋友聚餐
包装材料业	专业精酿创业企业（泰啤、熊猫、优布劳等）	线上零售平台 — 电商渠道 → 即时零售O2O平台、三方电商、云店O2O	商务宴请
食品添加剂	餐饮跨界企业（海底捞、盒马等）		悦己自饮
啤酒加工制造			

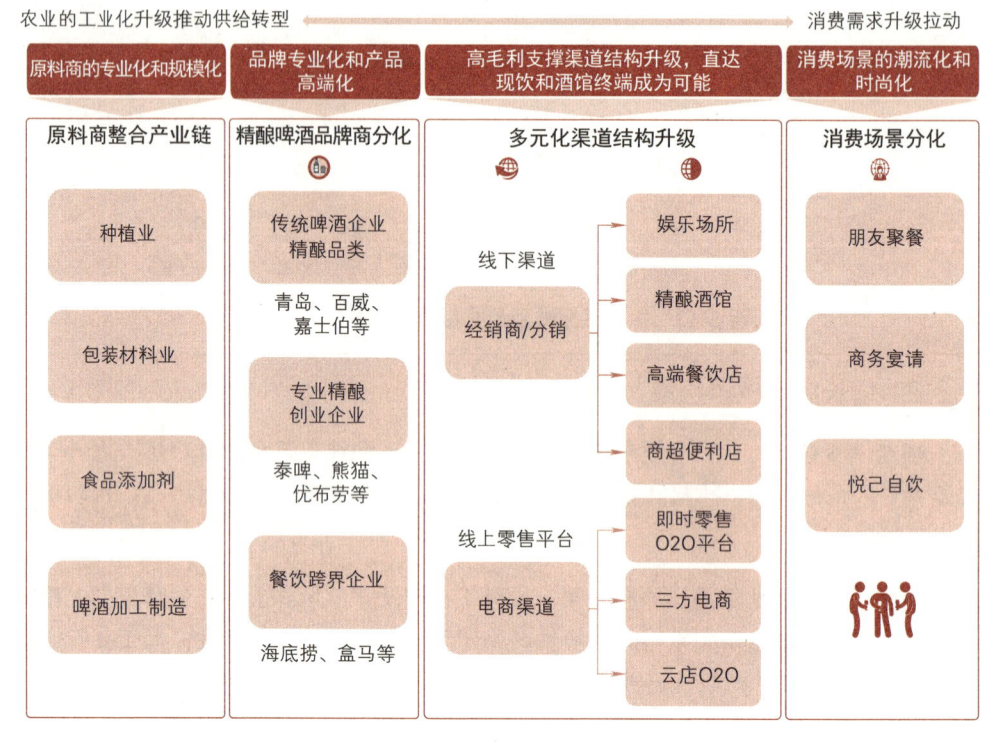

图 5-14　精酿啤酒行业价值链视角的增长底层逻辑

1. 原料商的专业化和规模化

- **专业化提升品质**：随着农业的工业化升级，精酿啤酒的原料供应商逐渐走向专业化，专注于提供高质量、特定风味的麦芽、啤酒花等关键原料。这种专业化不仅保证了原料的品质和稳定性，还为精酿啤酒的多样化提供了可能。
- **规模化降低成本**：原料供应商的规模化生产有效降低了原料成本，使得精酿啤酒在市场快速渗透和推广时，在价格上更具有竞争力，同时也有助于满足市场对精酿啤酒不断增长的需求。

2. 品牌专业化和产品高端化

- **品牌分化满足多元需求**：消费升级推动了精酿啤酒品牌的分化。传统工业啤酒企业和餐饮企业纷纷下场试水，不同品牌通过品类精准定位，推出各具特色的精酿啤酒，满足了消费者多元化的口味和需求。

- **产品高端化提升价值**：随着消费者对品质的追求，精酿啤酒产品逐渐高端化。高端精酿啤酒不仅品质上乘，还包装精美、附加值高，提升了整体产业的价值。

3. 高毛利支撑的渠道结构升级，直达现饮和酒馆终端成为可能

- **高毛利支撑的渠道拓展**：精酿啤酒的高品质和独特性使其能够维持较高的售价和毛利率。产品营业利润增厚，让利给渠道终端，渠道结构迭代积极，这使得品牌商和渠道商有更多的资源要素去拓展销售渠道，如建立直营店、拓展加盟店和合作酒馆等，直达现饮场景。
- **渠道升级提高效率**：不同于传统的工业啤酒的经销渠道体系，优化的直达终端的渠道结构不仅提高了销售效率，还提高了运营成本效率，进一步增强了精酿啤酒的市场竞争力。

4. 消费场景的潮流化和时尚化

- **潮流化吸引年轻消费者**：年轻消费群体更青睐潮流化、时尚化的高端优质啤酒，精酿啤酒的消费场景正在从传统的餐饮场所扩展到更多元化的场合，如音乐节、露天酒吧等潮流化场所。精酿啤酒小酒馆场景的社交属性，使得高档餐厅和专门酒馆贩售成为主流的销售渠道和模式。这种潮流化的消费场景吸引了大量年轻消费者，推动了精酿啤酒的销售增长，现饮消费拉动产品升级加速。
- **时尚化提升品牌形象**：通过打造独特的消费场景和体验，精酿啤酒品牌不仅提升了自身的市场影响力，还塑造了时尚、高品质的品牌形象。传统工业啤酒品牌也通过精酿啤酒品类的拓展，驱动传统品牌的焕新，为探索品牌增长第二曲线进行有益的创新尝试。

5.3.3 未来竞争格局判断

精酿啤酒行业将进入"存量竞争 + 增量竞争 + 稳量竞争"齐头并进的分饼时代，创新产品、极致供应链、消费者场景运营是精酿啤酒竞争的核心。除传统啤酒企业之外，餐饮、零售、电商类企业虽然通过各自的竞争力优势切入精酿赛道，但未来具备"创新产品 + 极致供应链 + 消费场景运营"系统性竞争能力的综合性企业将会有机会跑到最后，成为最终的赢家。

符合消费场景的消费者"多元化触点力"是精酿啤酒的核心业务驱动力，机会对所有企业是公平的，精酿啤酒企业是同时具备创新产品升级、极致供应链、消费者场景运营三个属性的最大潜力者，因为传统品牌企业在端到端的供应链和消费者运营层面的能力缺失，而线上平台型企业在产品创新和终端运营能力上能力缺失。

对未来竞争格局的三个基本判断如下：

1. 精酿啤酒未来将加速重构，将以产品创新 + 技术赢得市场

满足不同消费群体，对新鲜、健康、悦己等诉求；精酿啤酒行业门槛低，众多中小型精酿企业涌入，行业中企业良莠不齐、鱼龙混杂，很大一部分企业由于整体实力不足最终败退，拥有产品创新能力和技术竞争力的企业将赢得市场；传统啤酒龙头纷纷入场，凭借传统渠道占据优势，但老牌企业的精酿产品偏向"工业化"，难以长期满足消费者对精酿啤酒品类的真实口味的需求。

2."餐 + 酒"协同小酒馆是精酿啤酒消费的核心场景

从卖产品到卖场景，需要更多迎合消费者社交需求；由于精酿啤酒消费者更注重饮酒体验和社交环境，即饮渠道的消费量远高于非即饮渠道；在即饮渠道，餐饮渠道贡献了高端啤酒的主要消费量，其中中餐厅的细分渠道占比最大；在非即饮渠道，即零售渠道中，以即时零售 O2O 平台为代表的线上渠道的市场规模逐年扩张。

3. 让消费者品尝第一口新鲜啤酒后的持续复购，将成为企业核心竞争力

企业自建到店物流体系 + 即时零售 O2O 平台完成柔性极致供应链；由于精酿啤酒的短保质期的特点，无法通过传统经分销模式运营，企业建设生产直达物流、自控物流、线下零售店体系，通过 F2b2C（品牌商 F 通过终端 b 直达消费者 C）模式销售，配合美团、饿了么等即时零售渠道，拉动啤酒生意进一步增长。

5.3.4　核心业务驱动力分析

精酿啤酒在发展初期，产品单一、品牌影响力弱的特性，决定了精酿啤酒增长驱动力在于企业用"场景力""渠道力"的运营共同推动"商品力"和"品牌力"的提升，进而真正实现品牌数字化结构性创新增长，如图 5-15 所示。

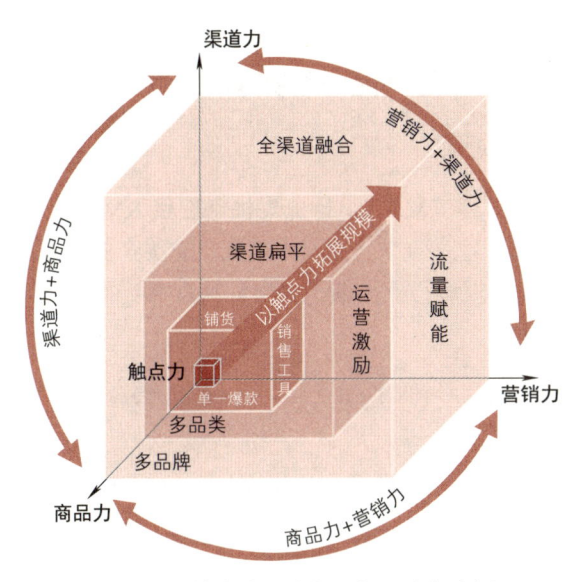

图 5-15 精酿啤酒核心业务驱动力分析

1. 触点力，沉浸式社交体验

基于即饮场景和即时零售平台渠道的消费者触达和消费者体验构建新的 DTC 链路；聚焦线下场景营销，通过半小时送达或现打现饮体验近距离触达消费者，增强社交体验性，提升消费者的认同感和忠诚度。

2. 商品力，口味 + 新鲜创新

通过品牌、渠道、场景的多维融合，不断提高品牌产品的"爆品"打造能力，持续推动新品，提高时尚度；同时结合内容，不断塑造少量差异化衍生产品以降低消费者接受和体验新品的门槛，实现以"大单品"+ 少量衍生多品类带动的经营模式。通过出色的商品力形成影响企业发展的重要发展力。

3. 渠道力，小酒馆 + 即时零售

企业建设自有供应链、线下终端体系，通过自营和加盟终端（前置仓）等即时零售渠道，以及即饮渠道（如小酒馆），拉动生意进一步增长。

4. 营销力，触点私域 + 社交口碑传播

基于精酿啤酒的社交属性，形成链条式体验传播；基于线下零售终端和即饮酒馆的消费者私域的持续运营拉动动销，建立品牌私域的统一运营，加大品牌价值与产品价值传播为线下引流；结合产品特性，强化消费者认知，塑造品牌产品的差异化竞争力。

5.4 复合调味品篇：深挖产品内容数字化潜力，做好自己最重要

5.4.1 未来增长空间预测

中国复合调味品（简称"复调"）行业规模存在巨大增长空间，未来3年将保持12%以上的年均复合增长率。目前行业集中度低，龙头企业并未取得压倒性优势，从国际市场对比结果判断，复调行业未来不会出现独家寡头垄断，但可能存在几家分割市场局面，如图5-16所示[⊖]。

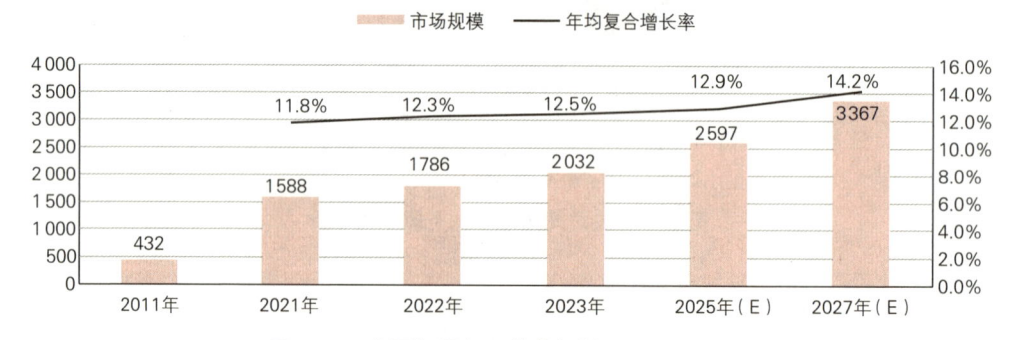

图5-16 中国复调行业营收规模（单位：亿元）

各国家/地区的餐食习惯、地域纵深度、味型复杂度对复合调味品市场集中度高低起了很大的影响作用，但共性是产业规模化程度决定了市场集中度高低，如图5-17所示。

1）美国复调行业的区域性强，新玩家进入速度快于行业扩容速度，行业处于成熟期，成熟品类巨头以外的空间较小，新玩家只能依靠新品类拓展新兴消费场景。

2）日本复调行业的头部玩家基本确定，但尾部仍相对分散。近年来CR3已较稳定，行业处于成熟期，日本复调行业各品类并无绝对集中趋势，品类成长促进龙头集中度提升。

3）韩国菜系相对简单，复调规模化相对容易导致集中度高，复调的CR3接近60%，西式复调甚至由本土企业垄断。

4）中国餐饮行业有着高频、刚需、大基数等特点，无论经济如何发展，与民生相关的餐饮消费基本奠定了调味品行业均会拥有持续、庞大、稳定的消费需求，如图5-18所示。

⊖ 资料来源：欧睿、艾媒咨询、华创证券、艾媒数据中心、天风证券研究所。

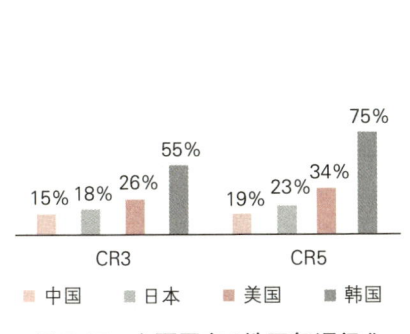

第 5 章　回归初心　固本求变　新质劳动对象：增长业务驱动力的系统转型

图 5-17　主要国家/地区复调行业集中度对比

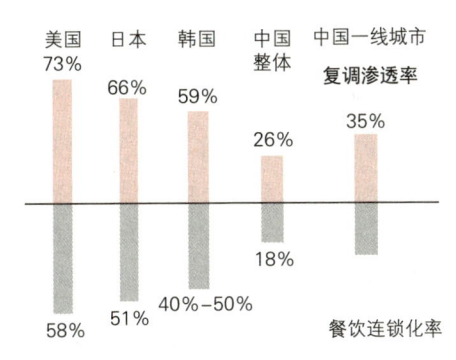

图 5-18　复调渗透率与各国家/地区餐饮连锁化率水平正相关

复调行业的竞争力核心在于基于消费者需求洞察的差异化商品力：①从消费者来，到消费者中去；②差异化品牌和 SKU（最小存货单位）满足差异化客户需求；③产品满足高频使用；④产品"出海"，积极开发海外市场。

差异化竞争核心能力如下：

- **从消费者来，到消费者中去。** 市场上口味各异，精准地洞察和掌握市场需求，需因地制宜地整合资源要素进行营销创新。
- **差异化品牌和 SKU 满足差异化客户需求。** 日本味之素和味好美最大的特点都是有庞大的品牌量和差异化 SKU，有不同产品满足各种客户需求。
- **产品满足高频使用。** 美国辣酱与日本汤料是每日高频使用的单品。早期成熟的产品——鸡精是被高频使用的单品，西式蛋黄酱、番茄酱也是同理。
- **产品"出海"，积极开发海外市场。** 美日大型调味企业都已完成全球化布局，产品走出去，通过餐饮进行文化传播的同时，提高品牌影响力。

5.4.2　增长底层逻辑洞察

相较于单一调味料产品，复合调味品不仅满足了味蕾的享受，更承载着深厚的文化内涵，完美地诠释了"产品即内容"的理念。每一款复合调味品都仿佛一扇窥探传统文化的窗口，透过它，我们可以领略到菜肴背后悠久的历史和独特的烹饪哲学。同时，这些调味品还像一本本鲜活的菜谱，详细记录了各式菜肴的精心制作过程，将烹饪的艺术与技巧展现得淋漓尽致。

在数字化时代，复合调味品也可以与时俱进，将菜谱和制作过程以数字化的形式呈现，让传统与现代完美融合。这种数字化的内容不仅方便了烹饪爱好者随时随地学习和交流，更为传统文化的传承注入了新的活力。与实物产品相比，复合调味品所承载的内容在传播上具有无与伦比的便捷性。无论是通过社交媒体分享烹饪心得，还是用在线教程传授独家秘方，这些内容都能迅速触及更广泛的受众，让美食的魅力跨越时空界限，激发更多人对烹饪和传统文化的热爱。

农业的工业化升级推动供给转型和消费需求升级，这两个因素驱动了中国复合调味品产业的蓬勃发展，下面从原料供给专业化和规模化及品牌专业化、渠道多元化和产品内容化同频共振、消费升级和人口迁徙带来品类和多菜系需求，以及中国丰富的传统菜系基础四个角度分析复合调味品产业未来增长的底层逻辑，如图 5-19 所示。

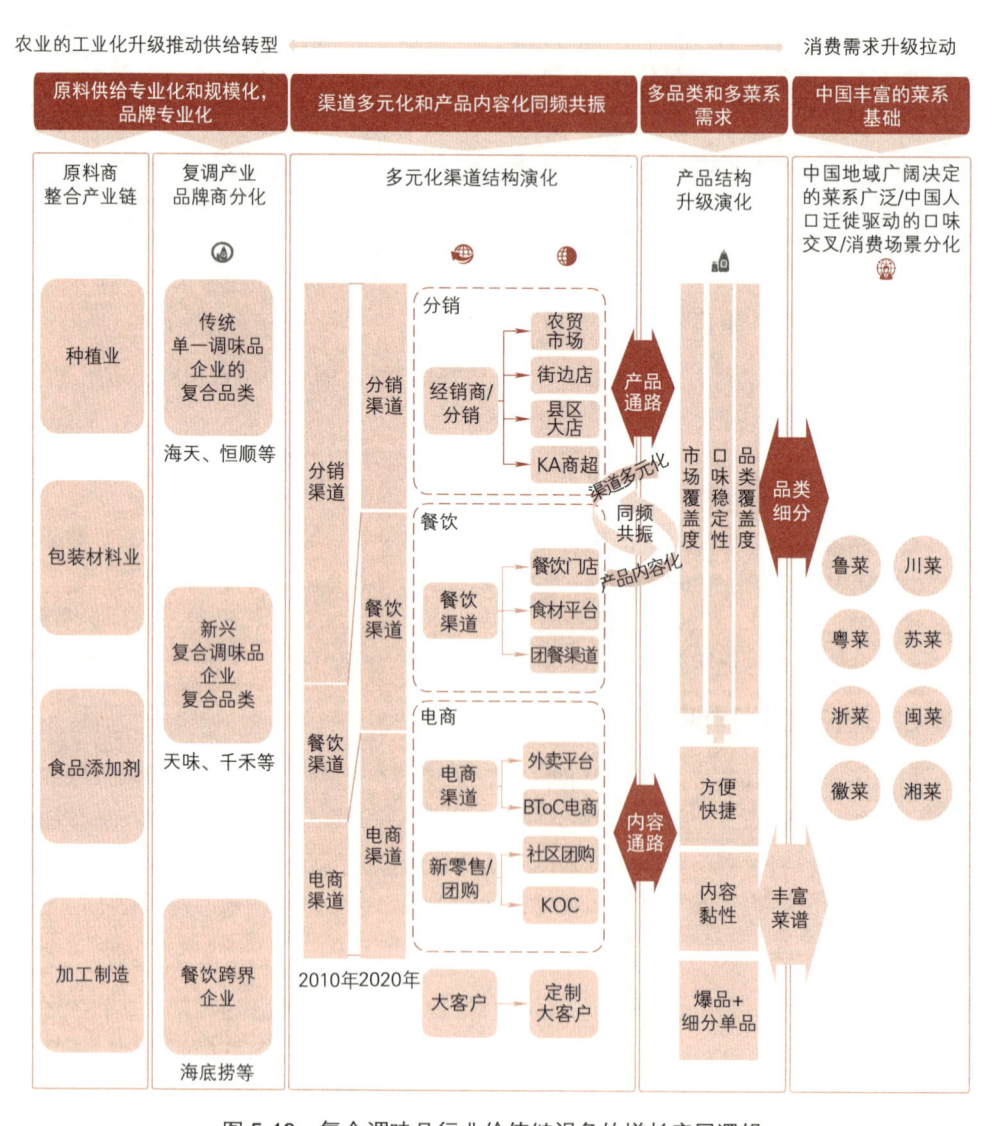

图 5-19　复合调味品行业价值链视角的增长底层逻辑

第 5 章　回归初心　固本求变　新质劳动对象：增长业务驱动力的系统转型

1. 原料供给专业化和规模化及品牌专业化

随着农业的工业化，原料生产逐渐实现专业化和规模化，这意味着复合调味料产业能够获得更加稳定、高质量的原料供应，从而保证了产品的品质和口感。专业化和规模化的原料生产还降低了成本，提高了生产效率，使得复合调味品产业在市场竞争中更具优势。在市场竞争中，品牌商逐渐分化，形成区分于单一调味品的专业赛道，形成各自独特的品牌定位和产品特色，这有助于满足消费者的多样化需求，提升品牌影响力。

2. 渠道多元化和产品内容化同频共振

随着电商、社区零售等新兴商业模式的发展，复合调味品的销售渠道日益多元化。扩大了产品的销售范围，增加了市场渗透率。复合调味品不仅满足调味需求，还承载着文化传承和生活方式的内涵。产品内容化提升了产品的附加值，增强了消费者黏性。线上渠道的发展加大了内容的传播并加速了其迭代。

3. 消费升级和人口迁徙带来品类和多菜系需求

随着人们生活水平的提高，消费者对调味品的需求从单一的口味向多样化、健康化转变。复合调味料以其丰富的口味和便捷的烹饪方式满足了这一需求。中国大量的人口迁徙带来了不同地域菜系的融合与交流，推动了复合调味品产业在区域上的均衡性。迁徙人口对家乡口味的怀念以及对新口味的好奇，为复合调味品市场提供了广阔的空间。

4. 中国丰富的传统菜系基础

中国拥有众多传统菜系，如川菜、粤菜、鲁菜等，这些菜系各具特色，为复合调味品产业提供了丰富的口味选择和创新灵感。传统菜系的深厚底蕴和广泛受众基础，使得复合调味品在传承与创新中不断发展壮大。

下面对渠道多元和产品内容化同频共振进行进一步分析，复合调味品区别于单一调味料发展的底层逻辑应该着眼于对同频共振效用的充分发挥上。

（1）传统渠道担负产品通路的定位

传统渠道，如分销渠道的农贸市场、超市、便利店等零售终端，以及餐饮门店，一直是复合调味品的主要销售渠道。这些渠道通过广泛的覆盖面和稳定的客流量，为复合调味品提供了充分且稳定的市场曝光和销售机会。传统渠道在产品销售中扮演着重要的基本盘角色，是消费者获取产品的主要途径之一。

（2）渠道的多元化发展

随着市场环境的不断变化，复合调味品产业的销售渠道也在逐步多元化。除了传统渠道外，新兴的销售渠道如电商平台、社交媒体等也逐渐成为产品传播和销售的重要阵地。这些新兴渠道具有覆盖广、传播快、互动性强等特点，为复合调味品的销售和品牌推广提供了更多可能性。

- **电商平台的发展**：电商平台（如淘宝、京东等）为复合调味品提供了更广阔的销售空间。消费者可以在线浏览、比较和购买产品，享受便捷的购物体验。同时，电商平台也为品牌商提供了数据分析和精准营销的工具，有助于提高销售效率和客户满意度。
- **社交媒体的运用**：社交媒体和内容平台（如微信、微博、抖音、小红书和哔哩哔哩等）具有强大的用户黏性和传播能力。复合调味品品牌可以通过社交媒体发布产品信息、烹饪教程等内容，与消费者进行互动，提高品牌知名度和用户忠诚度。

（3）线上渠道与内容传播的共振

线上渠道的发展为内容的快速传播提供了可能。通过线上平台，复合调味品产业可以更加便捷地发布和推广产品内容，如烹饪教程、产品背后的故事等。这些内容不仅吸引了消费者的关注，还增强了消费者对产品的认知和购买意愿。同时，浏览和阅读数据对于内容的迭代提供了有力的实时参考，也促进了内容和投放渠道之间进行更适配的优化。这种共振是传统渠道所不具备的优势。

- **内容营销的提升**：线上渠道为内容营销提供了广阔的舞台。品牌商可以通过发布高质量的烹饪教程、食材介绍等内容吸引消费者的眼球，提升品牌形象。同时，消费者也可以在线上平台上分享自己的烹饪经验和心得，形成口碑传播。
- **线上线下的互动**：线上渠道的发展还促进了线上线下的互动。品牌商可以通过线上平台发布线下社区试吃等活动信息，吸引消费者参与。同时，线下活动也可以为线上平台提供素材和内容，形成良性循环。

（4）线上产品内容传播对线下传统渠道的拉动

线上产品内容传播对线下传统渠道产生了积极的拉动作用。线上平台的推广活动既可以拉动线上销售，又可以引导消费者到线下渠道购买产品，增加线下销售量。同时，线下渠道也可以通过提供优质的购物体验和服务，吸引更多消费者关注和购买产品。

5.4.3 未来竞争格局判断

随着消费升级持续推进，消费人口红利驱动的调味品行业内所有企业普涨的阶段已经结束，行业将进入存量竞争和稳量竞争阶段，同时由于同品类供过于求形态下的销量被切割，同质化将进一步加剧竞争。

对未来竞争格局的三个基本判断如下：

1. 做好自己更重要

复调产品在传统单调行业渠道中占比小、经销商更趋向卖熟悉的产品逐利、单调产品在内容和场景上固有的缺陷，从这些因素角度看，现有单调龙头企业不会成为复调行业的正面竞争对手。

2. 具备以商品力为核心的系统化竞争力的全能选手会成为龙头

具有"商品力 × 渠道力 × 场景力 × 品牌力"的系统化运营能力是未来复调行业的竞争主题，产品竞争逻辑越来越清晰，销量不断向大品牌、强渠道、强商品力的品牌聚集。标准化基础上的规模化是必经路径，"以大单品托品牌、以品牌带动产品多元化"模式是调味品企业快速面向市场的重要策略；随着消费技术的迭代更新，bC端兼顾、线上线下并重的全渠道运营模式逐渐成为主流，并成为企业渠道突围的必然选择；社区团购、直播电商和KOC等新场景逐步成为调味品行业增长的新推动力量和重要渠道，同时也为消费者洞察提供了及时、准确和全面的基础，为产品细分运营提供了准确输入。

3. 做好细分产品的单项冠军也有生存空间，中式复调行业未来将是 N+m 的市场格局

中式复调行业未来将是 N+m 的市场格局，中国渠道的多元化发展和多元复合的地域特征给了很多区域发展机会，未来市场的竞争格局是几个具备系统化竞争能力的龙头企业瓜分市场（N），随着原材料和包材价格等成本的上涨，市场将会陆续淘汰低效产能的中小型企业；其余市场将由大量具备某个细分消费场景产品特色，或在某个地域菜系上深度运营产品品类的企业瓜分（m）。

5.4.4　核心业务驱动力分析

从"终局"看"布局"，复调行业企业的商品力如何提升？复调行业企业的未来增长驱动力在于"渠道力""品牌力""场景力"三力融合运营，相互协同赋能，驱动"商品力"提升，进而真正实现品牌结构性创新增长，如图 5-20 所示。复调企业需要结合自身的业务发展目标，由传统单一渠道价值链转为多维融合的"渠道力 × 品牌力 × 场景力"互为驱动的价值网，逐步加强产品的市占率，提升产品的盈利水平。

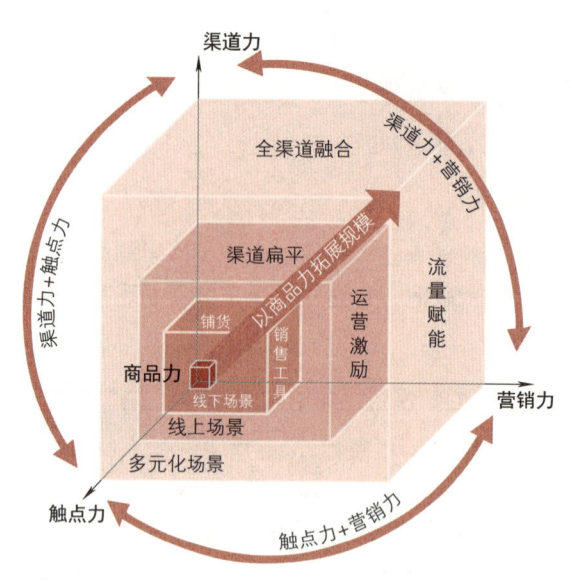

图 5-20 复合调味品行业核心业务驱动力分析

1. 商品力，口味 + 菜系创新

品牌、渠道、场景多维融合，不断提高打造"爆品"的能力。同时结合差异化内容，塑造差异化产品，实现以"大单品"+多品类带动的模式；通过出色的商品力形成影响企业发展的重要发展力。

2. 渠道力，经营扁平

传统线下渠道的效率提升，实现商品流通效率的提效；基于 bC 端一体化的终端运营，获取渠道终端的动销数据；渠道政策下沉到终端，提升费用投放效率与精准度。

3. 触点力，消费场景 + 菜谱内容社交体验

结合消费者的多元化需求，不断创新与实践新业务场景，如 KOC 团购、厨师类大 C 运营、内容营销、数字化活动推广等方式，承载多元化交易服务场景；以线上线下各类交易场景的融合互通，提升顾客交易体验。充分发挥线上触点和内容之间的同频共振效应。不断选择优质内容进行快速高效传播。

4. 营销力，触点私域 + 社交口碑传播

树立品牌的形象，不断提升品牌的影响力；以内容和触点为基础和着力点的消费者私域流量的持续运营，传递品牌价值与产品价值；结合产品特性，强化消费者认知，塑造品牌产品的差异化竞争力。

5.5 预制菜篇：把握数字化机遇，以高品质产品服务大众百姓生活

5.5.1 未来增长空间预测

近三年，预制菜的概念持续火爆。居家期间，受居家餐饮需求迅速增长的影响，众多餐饮企业通过研发预制菜产品、推出预制菜行业供应链解决方案等形式抢占新赛道，预制菜市场的规模被持续快速推动增加。目前，中国的预制菜市场主要以B端销售为主，B端销售市场占比达85%，预制菜的出现迎合了B端市场对效率与品质的需求，帮助餐饮企业实现降本增效。但随着消费者习惯的改变和新兴零售方式的出现，C端市场也有望成为拉动预制菜市场增长的重要力量。预制菜行业高速复合增长的同时，仍面临标准不统一、质量难保证、C端市场待开发等风险与挑战。

中国预制菜行业市场容量广阔，2019—2023年，市场规模由2 445亿元增长至5 225亿元，年均复合增长率达20.9%。预计2024年我国预制菜市场规模将进一步增长至7 000亿元，预计2026年预制菜市场规模将达10 720亿元。市场持续保持年均复合增长率为20%的较高增长速度，如图5-21所示[⊖]。

图5-21 中国预制菜行业营收规模和增长率（单位：千亿元）

当前中国预制菜行业整体处于发展初期，预制菜企业呈现数量多、规模小、集中度低、企业区域性较强、行业竞争格局分散的态势，相较于美国和日本，未来行业集中度仍有较大提升空间，如图5-22、图5-23所示。

⊖ 数据来源：艾媒数据中心、立鼎产业研究中心。

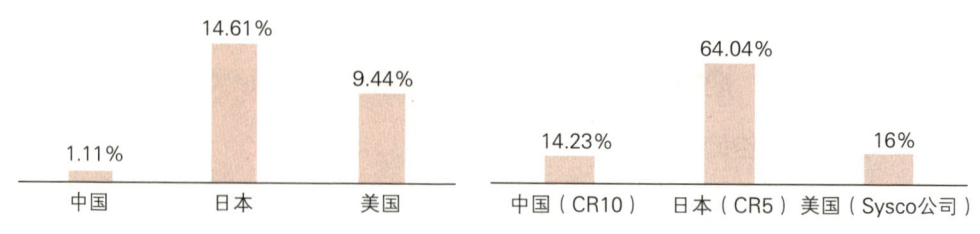

图 5-22　2022 年各国预制菜在餐饮业的渗透率　　图 5-23　2022 年各国预制菜行业集中度对比

1. 中国预制菜行业刚进入快速发展期

中国预制菜行业虽然起步较晚，但近年来发展迅速。从萌芽期（20 世纪八九十年代）开始，经历了成长期（2000—2010 年）和快速发展初期（2010—2020 年），目前正处于快速发展期（2020 年至今）。近两年由于餐饮业扩容叠加了渗透率提升，推动预制菜行业在 B 端市场的快速发展。在渠道结构方面，当前仍以餐饮等 B 端应用场景为主。从长远来看，C 端渗透率未来有望提升，且随着冷链物流基础设施的完善和政策利好，预制菜的市场规模有望实现迅速扩张。

2. 日本预制菜行业基本趋于成熟

日本的预制菜行业已经历了多个发展阶段，从萌芽期（1958—1974 年）到成长期（1975—1997 年），再到现在的成熟期（1998 年至今）。在日本，预制菜的市场渗透率较高，且行业增长已趋于稳定，这表明该行业已经进入了成熟期。日本预制菜行业在 20 世纪 70 年代完成市场导入，其中 B 端随经济形势和餐饮业发展波动明显，在 1997 年以前的日本经济高速发展期间，实现 27 年年均复合增长率约 8.8% 的增长，市场整体集中度被持续推高；而后随经济下行见顶回落，21 世纪 10 年代又随经济恢复有所回升。C 端消费量则实现持续增长，尤其在老龄化、少子化的趋势下，渗透率不断提升，实现补位。

3. 美国预制菜行业基本趋于成熟

美国的预制菜市场也经历了三个主要发展阶段，从萌芽期（1920—1950 年）、成长期（1950—1970 年）到现在的成熟期（1970 年以后）。到了 2023 年，美国的预制菜市场规模已经达到 501 亿美元，显示出市场对预制菜的广泛接受度和行业的高成熟度。行业整体呈现出技术先行提升产品品质的态势，市场集中度较高。第二次世界大战后，经济的强劲增长奠定了行业发展基础，而早期冰箱等家电的快速推广以及全国冷链运输设施的完善，使得 C 端率先完成消费者教育和市场渗透；B 端预制菜市场则在快餐业兴起、饮食外部化率提升等因素的带动下也实现了快速发展。

5.5.2 增长底层逻辑洞察

随着国内人口结构的转变和居家导致"懒宅经济"的发展，预制菜需求大幅增长，加上生鲜电商和社区团购等新零售渠道为居民提供配送到家服务模式的逐步成熟，居民消费习惯发生改变，线上消费需求高速增长，这些因素都不同程度地拉高了预制菜新的发展增速。当前国家也在大力推动预制菜行业的规范发展，行业整体属于完全增量型市场。当前预制菜企业的数量多、规模小，多数企业的区域性较强，行业稳态格局尚未形成。预制菜的本质是减少做菜的工序，底层逻辑是食品工业化，核心竞争要素主要体现在规模效益下的成本及效率优势。

预制菜行业的食品工业化推动、消费需求升级拉动这两个因素驱动了中国预制菜产业的蓬勃发展，下面从农业产业链整合、全渠道服务转型、消费需求升级、行业规范性监管这四个角度分析中国预制菜产业未来增长的底层逻辑，如图5-24所示。

1. 农业产业链整合

- **规模化集约化**：为了实现更高效的生产并降低成本，预制菜产业将趋向于规模化和集约化，通过集中采购、生产、配送来降低成本。随着预制菜市场的兴起，资本将更积极地进入该行业，促进产业链的整合，从而优化资源要素配置，提高生产效率。

- **全产业链布局**：从原材料养殖到产品加工、初加工以及供应链物流，集原材料、生产能力、新产品研发、区域渠道深耕为一体实现产业链整合和成本控制；通过屠宰到预制菜加工全链路布局，严控产品质量。

- **产能保障和产品研发**：加大屠宰和加工的工厂建设，保障产能，进一步保障大单品的推出和预制菜供应；以市场需求为驱动的主动研发，全力打造明星大单品及地域特色菜品，从粗加工向精细加工转型。

- **高效供应链物流**：国内冷链物流完善，设备与车辆有监控，为预制菜延长保鲜、扩大配送范围降低了成本；基于肉制品和预制菜的区域化特征，就近配送终端，节约综合供货物流成本，提高服务质量。

2. 全渠道服务转型

- **销售转型**：加强中小B端的开拓，通过对经销商的让利和扶持，加速开发市场并建立分销体系，减少中间商环节并提高盈利能力；加速新零售渠道建设，在原有的营销策略上进行创新与调整。

- **服务升级**：保持定制产品对接大B端客户沉淀的优势，并推动以标品对接中小B端客户的措施，不断提升公司的定制化服务能力和产品标准化水平；销售网

韧性增长： 消费企业智胜未来的新质生产力

络覆盖全渠道，重点以餐饮客户为主，要求"多品类、高频次、小批量、即时性"，保持 to B 和 to C 的结构良性发展。

- **营销变革**：通过平台和工具全天候的连接让消费者更便捷地提升消费体验；推广大数据分析，实现精准营销，并推动报废损失降低。

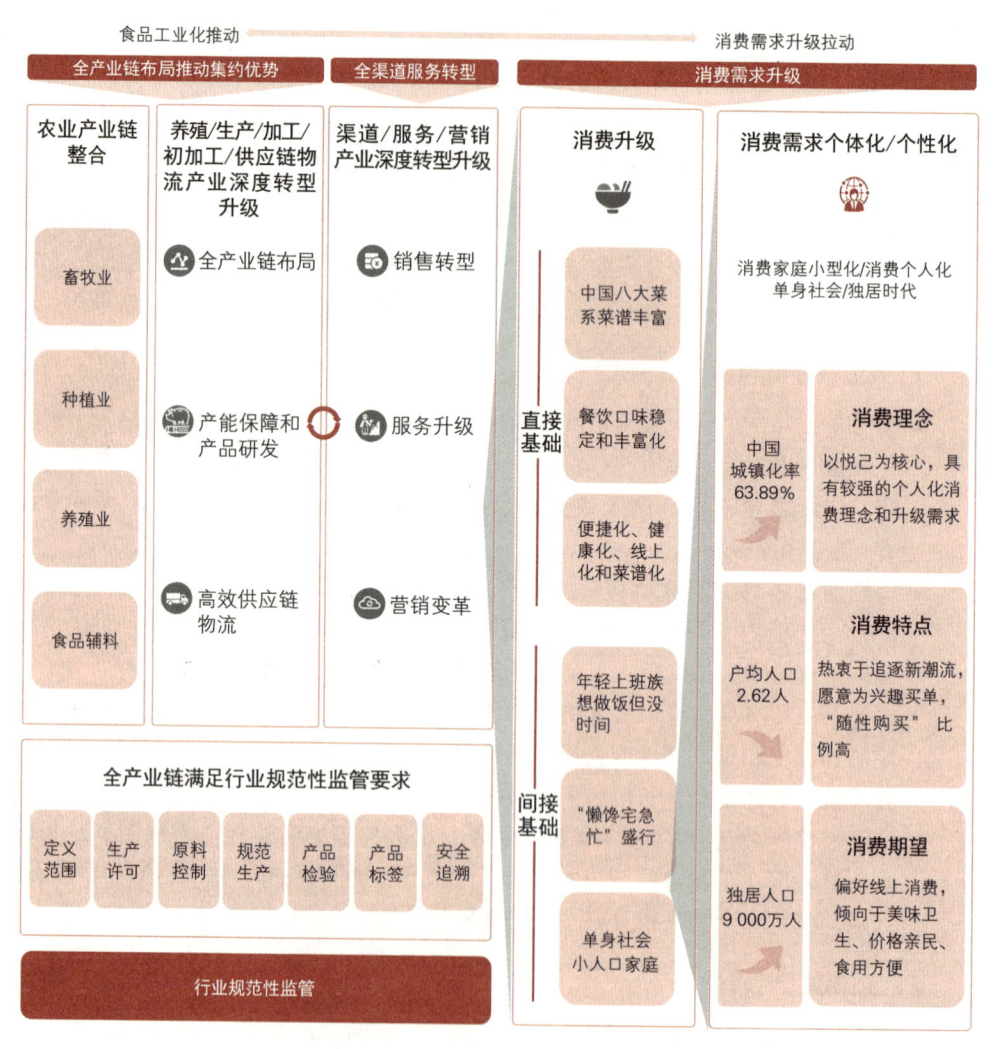

食品工业化推动 →		← 消费需求升级拉动	
全产业链布局推动集约优势	全渠道服务转型	消费需求升级	
农业产业链整合	养殖/生产/加工/初加工/供应链物流产业深度转型升级	渠道/服务/营销产业深度转型升级	消费升级	消费需求个体化/个性化
畜牧业	全产业链布局	销售转型	中国八大菜系菜谱丰富	消费家庭小型化/消费个人化 单身社会/独居时代
种植业	产能保障和产品研发	服务升级	餐饮口味稳定和丰富化	中国城镇化率 63.89% / 消费理念：以悦己为核心，具有较强的个人化消费理念和升级需求
养殖业	高效供应链物流	营销变革	便捷化、健康化、线上化和菜谱化	户均人口 2.62人 / 消费特点：热衷于追逐新潮流，愿意为兴趣买单，"随性购买"比例高
食品辅料			年轻上班族想做饭但没时间	
			"懒馋宅急忙"盛行	独居人口 9000万人 / 消费期望：偏好线上消费，倾向于美味卫生、价格亲民、食用方便
			单身社会小人口家庭	
全产业链满足行业规范性监管要求（定义范围/生产许可/原料控制/规范生产/产品检验/产品标签/安全追溯）		直接基础 / 间接基础	
行业规范性监管			

图 5-24　预制菜行业价值链视角的增长底层逻辑

注：数据来源于第七次全国人口普查数据。

3. 消费需求升级

- **八大菜系与口味多样化**：基于中国八大菜系菜谱的丰富性，预制菜产品将更加丰富多样，涵盖各种口味和菜系，以满足不同消费者的需求。
- **便捷化与健康化**：随着生活节奏的加快，消费者对便捷、健康的预制菜的需求不断增加。预制菜企业将致力于提供方便、快捷且健康的餐品选择。
- **消费理念和期望的个体化**：伴随着"懒馋宅急忙"的盛行和单身社会小人口家庭变多，消费者个性化的需求日益凸显，预制菜企业将更加注重产品的个性化和定制化，以满足不同消费者的独特需求。

4. 行业规范性监管

- **明确行业标准**：政府和相关机构将制定更为严格的预制菜行业标准，保证食品安全和消费者权益。
- **加强监管力度**：通过定期检查和抽查等方式，保证预制菜企业严格遵守相关法规和标准，对违规行为进行严厉打击。
- **规范市场秩序**：建立健全的市场准入和退出机制，促进市场竞争的公平性，为预制菜行业的健康发展提供有力保障。

监管政策方面，市场监管总局等六部门于 2024 年 3 月 21 日联合发布《关于加强预制菜食品安全监管，促进产业高质量发展的通知》（以下简称《通知》）。强调了预制菜行业监管主要包括以下几个方面⊖：

（1）明确预制菜定义和范围

预制菜是以一种或多种食用农产品及其制品为原料，经工业化预加工后制成的预包装菜肴。《通知》明确了预制菜的范围，排除了仅简单加工而未经烹制的净菜类食品和主食类产品。

（2）严格生产许可管理

所有预制菜生产企业必须获得相应的食品生产许可，并按照国家食品安全标准进行生产。这要求企业具备合格的生产条件、设备和工艺流程，以及必要的食品安全管理制度。

（3）加强原料控制

强调对原料的严格管理，包括原料的采购、检验、储存和使用。企业应建立原料供应商评估和审核制度，确保原料来源稳定可靠、质量合格，并符合食品安全法规要求。

（4）规范生产过程

企业应建立健全的生产过程控制体系，包括生产环境的卫生管理、设备的清洁消

⊖ 市场监管总局等六部门 2024 年 3 月 21 日《关于加强预制菜食品安全监管 促进产业高质量发展的通知》。

毒、工艺流程的标准化等。同时，实施有效的产品追溯体系，确保产品从原料到成品的每个环节都可追踪、可控制。

（5）强化产品检验

预制菜产品在出厂前必须经过严格的质量检验，包括感官检验、微生物检验、重金属和农药残留检验等。只有检验合格的产品才能上市销售，保证消费者食用安全。

（6）明确标签标识

产品标签应清晰、准确地反映产品的真实信息，包括产品名称、成分、生产日期、保质期、储存条件等。标签上不得有虚假或夸大的宣传，保障消费者知情权和选择权。

（7）建立追溯体系

鼓励企业建立食品安全追溯体系，记录产品生产、流通、销售的全过程，提高产品的透明度和可追溯性。这有助于在出现问题时及时召回产品，降低食品安全事故对消费者的伤害。

综上所述，预制菜行业监管涵盖了从原料控制到产品销售的各个环节，旨在确保预制菜的质量和安全，保障消费者的饮食健康。

5.5.3 未来竞争格局判断

国家推动预制菜行业发展，这属于增量型市场。当前行业稳态格局尚未形成，预制菜市场增长的底层逻辑是食品的工业化推动等，核心竞争要素主要体现在高品质产品，以及规模效益下的成本优势和产品竞争力。

B端客户和C端消费者的差异化需求共同指向了对预制菜产品力的诉求，如表5-3所示。

表5-3 不同客户对预制菜品的差异化需求

客户类型	B端客户	C端消费者
客户典型代表	▪ 高级星级酒店 ▪ 连锁餐饮店 ▪ 中小餐饮店 ▪ 外卖/团购	▪ 忙碌上班族 ▪ 单身人士 ▪ 家庭主妇 ▪ 健身和减肥人群 ▪ 外卖用户

（续）

客户类型	B 端客户	C 端消费者
客户诉求	▪ 产品品类丰富 ▪ 品质高且稳定 ▪ 性价比高	▪ 产品新鲜 ▪ 满足口感需求 ▪ 消费便利性
客户诉求描述	▪ 餐饮连锁化趋势明显，降本增效需求迫切； ▪ 连锁餐饮品牌大都主打大单品或某一核心菜系，对菜品提出 DIY 要求，并实现"高口味还原度 + 强稳定性 + 快出餐速度"的餐品组合； ▪ 多品类、高频次、小批量、即时性产品和配送服务需求； ▪ 减少餐厅人工成本和后厨面积，提高出餐效率及菜品毛利，提升餐厅坪效	▪ 解决越来越"懒馋宅急忙"以及"时间贵、口味刁、厨艺差"人群的消费需求； ▪ 消费决策的核心考虑因素为口味、性价比和便利性； ▪ 核心价值在于省时、省事、好吃
基本要求	▪ 食品安全	▪ 食品安全
产品需求	▪ 产品成本 ▪ 品质稳定 ▪ 菜系大单品 ▪ 品类宽度	▪ 产品口味 ▪ 产品材质
服务需求	▪ 流通效率 ▪ 配送服务 ▪ 渠道深度	▪ 制作方法 ▪ 配送服务 ▪ 分享互动

对行业未来竞争格局的判断包括如下三个方面：

1. 行业属于起步阶段，市场机会较大

行业火热、资本不断入局，预制菜行业整体属于起步阶段，稳态格局尚未形成；截至 2022 年 8 月，中国"预制菜"相关企业总量超 10 万家，现存企业共 6.5 万家；中国地域广、菜系众多、制作工艺复杂、运输要求高等特点，导致预制菜企业基于原有的渠道通路呈现区域性发展模式，业内不具备绝对垄断的全国性、有深度渠道优势和全品类菜系覆盖的品牌。

2. 综合能力胜出才能跑出优秀的企业

以品牌力、渠道力、商品力的多维度融合才能构筑壁垒。预制菜从 B 端走向 C 端，需要打通的环节变多，难度也呈指数级上升，要考虑从预制菜原料的保鲜运输、

生产加工、成品冷链运输到销售渠道、消费者购买的全链路场景，需要预制菜企业整体考虑产品、品牌、供应链、渠道等多个维度的竞争壁垒。中国预制菜市场的总体体量很大，但地方菜系繁多、口味偏好差异大、地域差异较大，品牌要面对原料分散、供应链分散的难题和菜品标准化与多样性的矛盾。预制菜企业想要长足发展，必须在产品标准化、渠道规模化上有所突破，来满足多样化的分散需求。

3. 产品安全质量将会直接决定消费者的信心

需要强有力的产品力来逐步完成对市场的认知教育；消费者对食品安全的重视程度越来越高，但预制菜的食品安全和口味化尚未完成市场认知教育；B端连锁餐饮、校园食堂等预制菜使用场景对消费者不透明，导致消费者对产品品质及信任度不足，需要加强全链路的质量监管，实现可追溯及透明化，强化消费者的信心。

5.5.4 核心业务驱动力分析

预制菜企业需要"渠道力""品牌力""场景力"三力融合运营，协同相互赋能，以商品力为核心推动供应链效率提升、成本优化，建立品牌业务规模化效应，树立竞争壁垒，如图5-25所示。

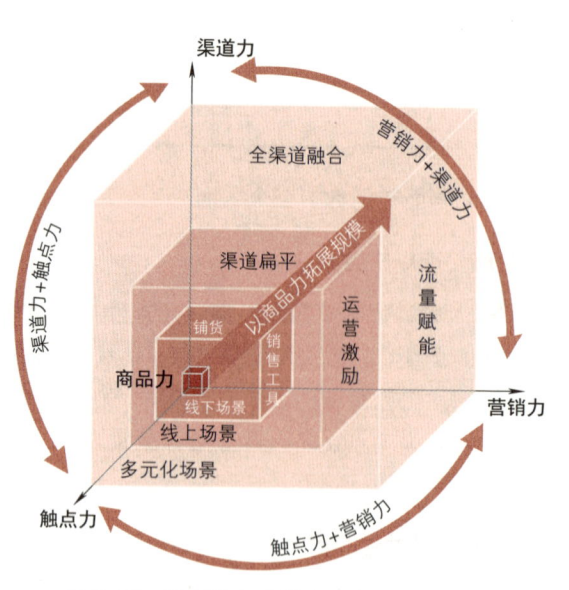

图 5-25 预制菜行业核心业务驱动力分析

1. 商品力，食品安全 + 菜系创新 + 成本优势

预制菜的使用需要经过再加热、再加工的过程，对于企业而言，需要考虑如何借助技术保证预制菜经过再加工后的口味、口感尽量接近现制水平；企业需要具备需求洞察能力，能够及时捕捉消费者需求的变动趋势，并推出相应的创新产品，这样既有助于加强和 B 端客户的合作深度，又有利于 C 端渠道的销售。整体布局上下游供应链运营、加快需求端与供应端的产销协同与平衡，建立快速反应的供应链体系，通过标准化产品体系上的效率提升，快速提升规模化效应，占据市场份额；更好地探测需求、嵌入场景、打磨产品，实现差异化消费洞察与需求满足。

2. 渠道力，渠道效率 + 扁平经营

面向 C 端消费者的 KA 卖场、便利店、线上电商、社区团购等进行相关 C 端渠道拓展；与服务大量社会餐饮的经销批发渠道、酒店、外卖团餐，包括其他丰富的渠道资源合作，稳固业务发展基本盘。

3. 触点力，多元化布局可信任的触点

通过与大型连锁型终端合作、获得消费者信任等手段，借助可信赖的品牌背书，提高消费者对产品安全的认可和接受度，并通过线上内容平台强化菜品相关内容的传播，满足服务需求。

4. 营销力，品牌力提升 + 内容营销

面向消费者的市场认知教育需要一定的时间，消费者关心的食品安全、营养健康问题至关重要；塑造消费者可信赖的品牌尤为重要。

5.6 创新家电篇：数字智能场景下的产品创新价值飞跃

5.6.1 未来增长空间预测

"小"家电，"大"未来。中国创新小家电品类包括厨房小家电（如破壁机、空气炸锅、电饭煲）、生活小家电（如洗地机、扫地机器人、空调扇）和个护小家电（如电吹风、电动牙刷、按摩椅）等。近三年小家电市场规模持续增长，2022年我国小家电市场规模达到4 543亿元。随着中国消费升级，对于满足懒人经济、宅经济、健康经济的"小家电"和可以为用户提供全新生活场景与生活价值的"新家电"市场的景气度高。中国小家电市场预计2018—2023年年均复合增长率达11.6%，远高于主要由替换需求拉动的传统大家电市场。其中，从品类来看，生活小家电和个护小家电的增长势能最为强劲，而厨房小家电和环境小家电的增速相对缓慢，但其增速也高于大家电，如图5-26所示[⊖]。

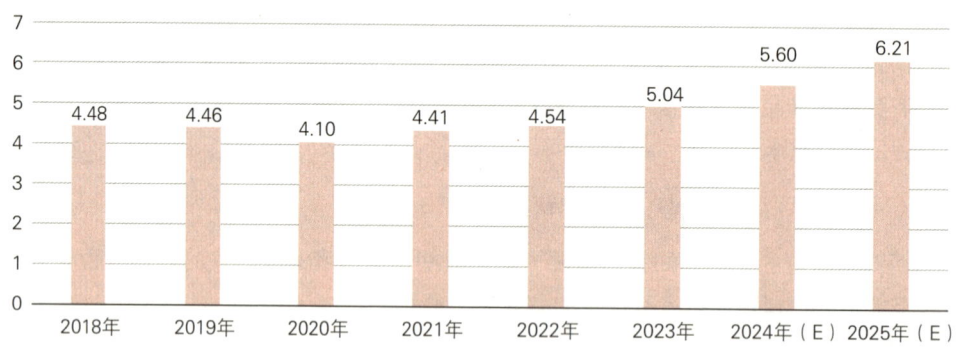

图5-26 中国小家电市场规模预测（单位：千亿元）

2018年	4.48
2019年	4.46
2020年	4.10
2021年	4.41
2022年	4.54
2023年	5.04
2024年（E）	5.60
2025年（E）	6.21

我国人均小家电消费额及户均拥有小家电数量相较于美国、日本等发达国家/地区仍有较大差距。我国小家电市场还处于初级发展阶段，依然有较大的发展空间，如图5-27所示。

5.6.2 增长底层逻辑洞察

我国整体家电行业基本完成了行业集约化过程，智能制造大幅提升了生产制造效率和质量。供给端的家电行业大集约化推动，以及需求端的消费升级拉动这两个因素共同驱动了中国创新家电的蓬勃发展，如图5-28所示。区别于传统大家电依赖渠道

⊖ 数据来源：欧睿国际、奥维云网。

的单一价值链，小家电通过渠道、场景、内容三个要素共同作用，相互驱动，共同完成企业市占率、毛利率和现金流的提升。同时，产品与渠道成为竞争的关键，小家电新消费赛道的"低渗透高增长、产品为王创空间、成本敏感性低"的特点代表了未来小家电行业的长期发展方向，尽管行业经历了短期波折，但差异化需求主导下的量价齐升，依然有望成为小家电消费的大势。

中国创新家电行业的增长底层逻辑，可以从智慧家庭带动智慧应用服务的提升、DTC（Direct-to-Consumer）模式直达消费者形成快速传播、新消费群体对轻松便捷生活的诉求三个角度来深入分析。

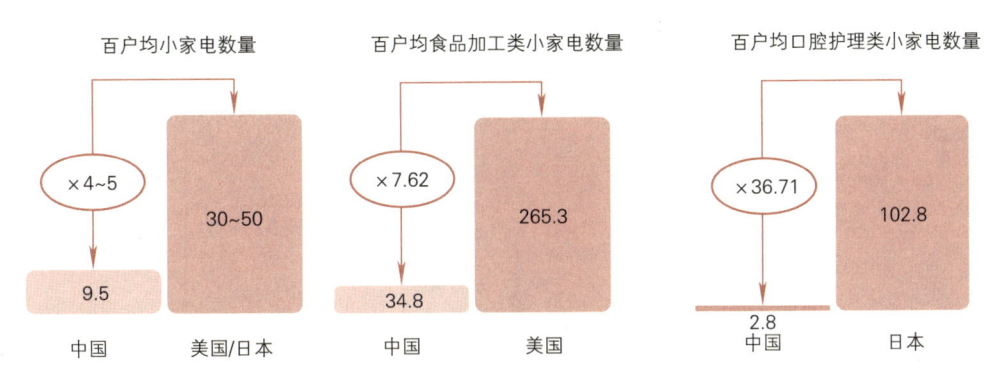

百户均小家电数量	百户均食品加工类小家电数量	百户均口腔护理类小家电数量
×4~5	×7.62	×36.71
中国 9.5 / 美国/日本 30~50	中国 34.8 / 美国 265.3	中国 2.8 / 日本 102.8

图 5-27　中国与美国和日本创新小家电户均拥有小家电数量比较

1. 智慧家庭带动智慧应用服务的提升

随着物联网、大数据、云计算等数字化技术的发展，智慧家庭的概念逐渐深入人心。与传统大家电具有的本质区别在于，家电的智能化不仅提升了用户的使用体验，还带动了智慧应用服务的飞速提升。例如，智能冰箱可以实时监测食物的存储情况并提醒用户购买所需食材；智能空调能够根据室内外温度和用户习惯自动调节温度和湿度。这些智能化的应用服务极大地方便了用户的生活，也促进了创新家电的销售增长。同时，智能家电与用户的交互过程帮助品牌商积累大量有效数据，推动了产品功能迭代和服务的快速升级，形成了产品和消费双向升级的良性循环。

2. DTC 模式直达消费者形成快速传播

DTC 模式使得家电品牌能够直接触达消费者，减少了中间环节，提高了市场敏感度。通过社交媒体、电商平台等渠道，品牌可以迅速收集用户反馈，有针对性地改进产品和服务。同时，DTC 模式也降低了营销成本，使品牌能够以更优惠的价格向消费者提供高质量的产品。这种快速、高效的市场响应机制和创新营销模式为创新家电行业的增长提供了强大动力。相较于大家电体积庞大、安装复杂、对线下渠道依赖

韧性增长： 消费企业智胜未来的新质生产力

性强等特点，小家电产品具备免安装、体积小、单价低等特点，使得其天然适合电商渠道的销售模式。一些小家电企业借助线上渠道的运营特点，构建了自己的产品、渠道、品牌相互联动的数字化运营模式，实现了爆发式增长，如受益于传统电商兴起，凭借高性价比、高"颜值"取胜的小熊电器，受益于小红书、直播等社交电商兴起的摩飞，以及凭借高品质、高"颜值"颠覆小家电传统形象的高科技"代言人"——戴森。

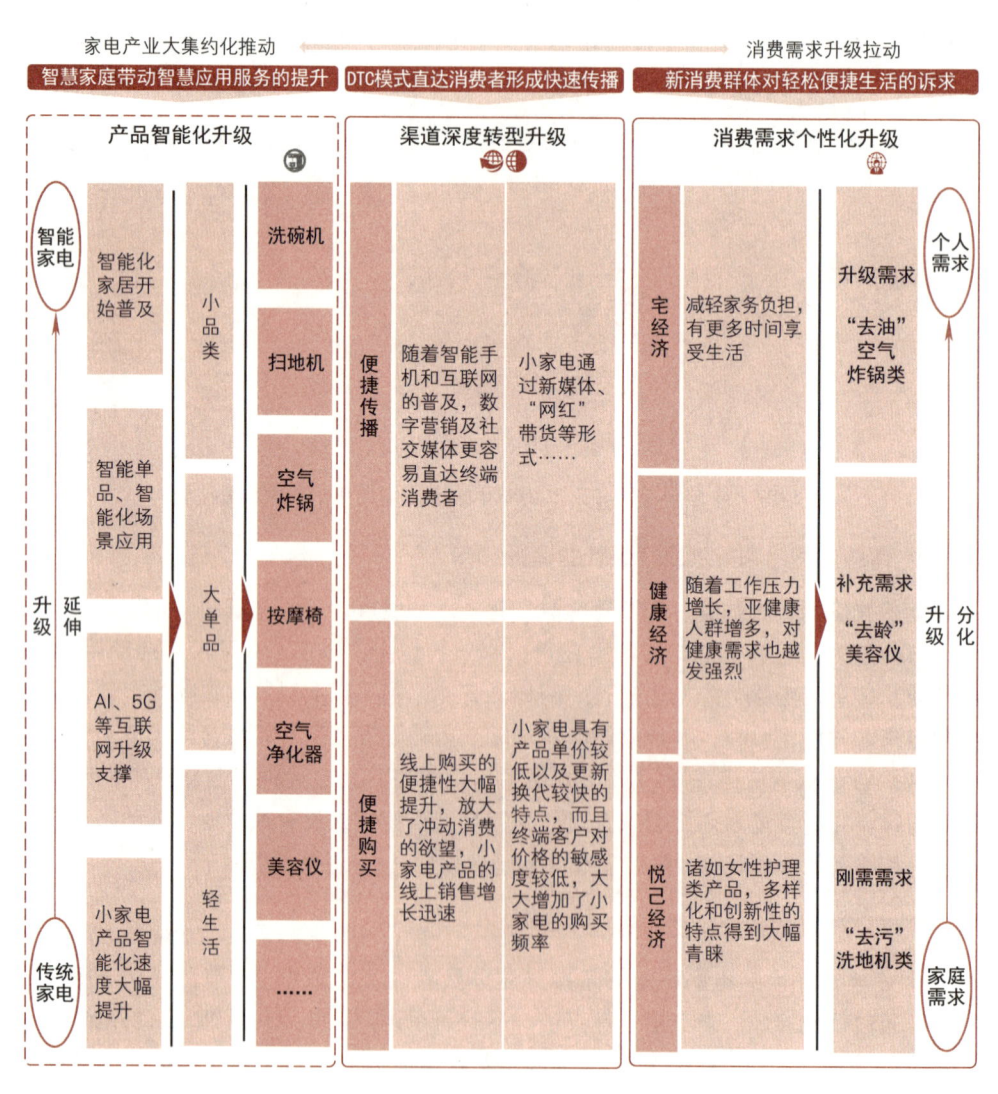

图 5-28 创新家电行业价值链视角的增长底层逻辑

3. 新消费群体对轻松便捷生活的诉求

消费者对家电的消费需求已经从家庭需求逐步升级为满足个人的个性化需求。新一代消费群体，尤其是年轻人群，更加注重生活的品质和便捷性，宅经济、健康经济和悦己经济随之兴起，他们追求高效、省时、省力的生活方式，创新小家电产品正满足了这类需求。例如，扫地机器人、自动洗碗机、智能烹饪设备等产品大大减轻了家务负担，让人们有更多时间享受生活。因此，新消费群体的这种生活诉求，也成为推动创新家电行业增长的重要因素。

5.6.3 未来竞争格局判断

大家电在过去二十多年来高增长的动力已经结束，行业进入了产品存量换代和海外扩张时期，而创新小家电具有"小品类、大单品、轻生活"的特性，在快速分化的时代里，其系统化竞争能力将成为撒手锏。

支撑"爆款"的营销力将成为未来竞争的核心业务驱动力。消费者的刚性需求、升级需求及补充需求三个层次的需求决定了产品 SKU 的丰富度和产品功能的差异化，在每个不同层次的需求上，均可能出现大单品爆款。以大单品爆款驱动创新和长期发展的逻辑如下：

- 高客单价、低复购的品类特征，决定了品牌策略向大单品迭代升级；
- 家电品牌的生意经开始从量价逻辑转为心智构建；
- 场景化创新已上升为家电品牌从场景深化、场景延伸和创新角度思考用户体验的战略高度；
- 营销场域从公域向私域倾斜，公域流量做规模、做品牌，私域流量实现产品销售快速变现；
- 数字化提质增效，推动品牌系统性竞争能力建设。

对行业未来竞争格局的三个基本判断如下：

1. 新兴品类赛道创新，决定整个行业规模和宽度

整个家电行业在新兴品类赛道中探索新的增长点；具备创新属性的小家电新赛道进入快速成长期，优化居家生活场景体验，探索户外使用场景的延伸，把握新兴赛道渗透率迅速提升的市场机遇。营收及业绩弹性较大的龙头通过品类创新有望较大程度地享受行业红利。

2. 聚焦用户痛点的新产品创新，决定了企业自身的空间

以"技术创新 × 产品形态 × 生产模式"三个创新方向来驱动新产品诞生。巩固产品核心功能的同时发展智能化技术，提效节能，推动家电企业转型升级；功能精细化和集成化双向发展，布局套系化，加快智慧家庭建设；互联网技术赋能，数智化生产快速提升生产效率和产品质量。

3. 内容营销共鸣 + 新渠道拓展，成为企业提高市占率的关键要素

与年轻人群体互动成为品牌营销新趋势。让流量明星做代言助力打造品牌形象，用场景化营销引发消费者情感共鸣；直播平台崛起导致零售渠道碎片化加剧，使下沉渠道有望成为新增长点；"Z世代"逐渐成为"新消费"时代的主力军，家电行业要针对年轻消费群体进行转型布局。

5.6.4 核心业务驱动力分析

小家电行业的核心业务驱动力是基于营销力打造的爆款商品力，通过"商品力 × 渠道力 × 触点力"协同运营，推动产品的全生命周期运营，不断锤炼和打造"爆款"。基于爆款的内容精准传播，快速渗透和占领消费者的心智，如图 5-29 所示。

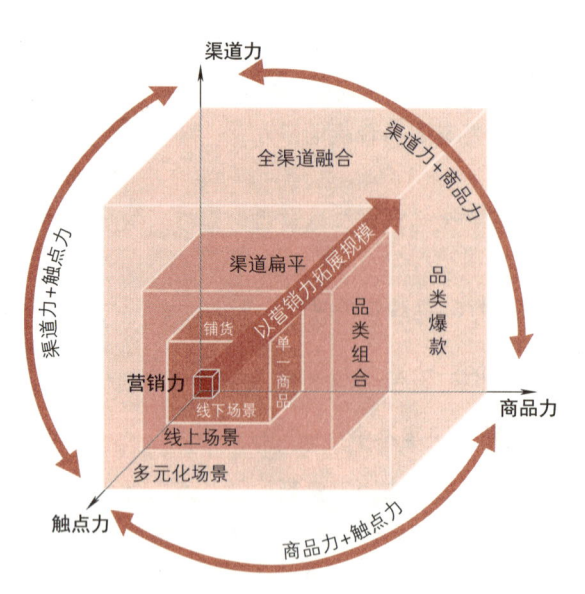

图 5-29　创新家电行业核心业务驱动力分析

1. 营销力，爆款打造 + 内容传播

新品牌在快速发展并取得一定积累后，营销向经典方式回归。通过与消费者的高频互动拉动产品的创新，推动爆款打造和持续创新；KOL 与 KOC 相结合，抖音和小红书成为小家电品牌的营销重点阵地；营销场域从公域向私域转化，流量私域化布局成为经营重心，以此加强产品品类的连带销售，提高客单价；以产品内容营销、体验营销形式巩固品牌对目标人群的吸引力。

2. 商品力，满足三大核心需求

基于小家电"需求个性化，低渗透率"特点，通过数字化方式，对人群进行"圈层"运营，基于不同人群的不同层次、不同场景的需求点进行需求挖掘和细分赛道产品创新；实现"小品类、大单品、快速创新"的产品运营模式。

3. 渠道力，全渠道运营

绕开终端零售渠道碎片化困局，通过直播电商快速崛起摆脱传统家电卖场模式，通过线上渠道实现销售；将线下门店部分升级为沉浸式场景体验店；采用新经销模式通过京东、天猫等综合性电商积极布局下沉渠道。

4. 触点力，体验场景驱动触点布局

布局线下体验店、入驻新兴零售卖场，拓宽品牌体验触点；全渠道布局，从线上内容传播引导到线下交易；进入符合品牌调性的高端 MALL 或构建消费者体验店，提高消费者对品牌的高端体验和多品类体验；用智能产品自带的物联网支撑智能化体验。

5.7 美妆篇：数字化驱动产品创新，为"她"创造美丽与颜值

5.7.1 未来增长空间预测

2023年上半年，化妆品类商品的零售额为2 071亿元，同比增长8.6%，创历史新高。据多家数据机构分析称，2025年中国化妆品的零售总额将接近6 000亿元（见图5-30）。

图5-30 中国化妆品行业市场规模发展和预测（单位：千亿元）

多重因素决定了中国化妆品市场将快速增长，但分化趋势凸现。"90后""95后"引领美妆消费趋势，决定了新兴市场的增速将更加强劲，国潮品牌引爆新消费，市场集中度在不断攀升，海外个性化小众潮牌逐步抢滩中国市场，竞争将进一步加剧，如图5-31所示。

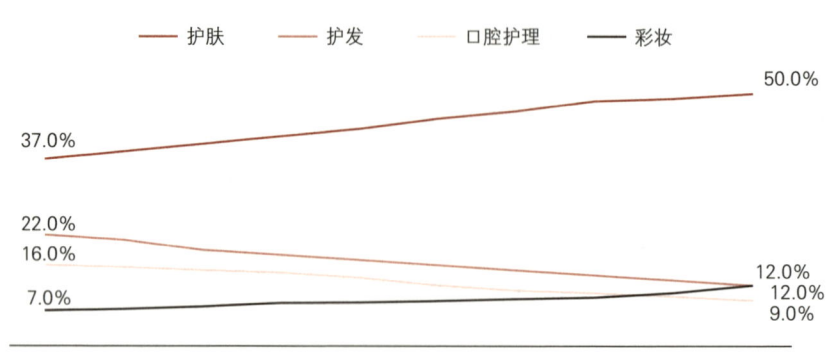

图5-31 2003—2021年美妆行业各细分品类增长率

第 5 章　回归初心　固本求变　新质劳动对象：增长业务驱动力的系统转型

在护肤/彩妆产品中，洁面/口红取得了超高的渗透率，属于基础美妆产品，未来普及消费的空间不大，更多是提高消费者的购买频率和品质，但功效面膜/修容、眼线、高光等产品的普及率仍有较大提升空间，如图 5-32、图 5-33 所示。

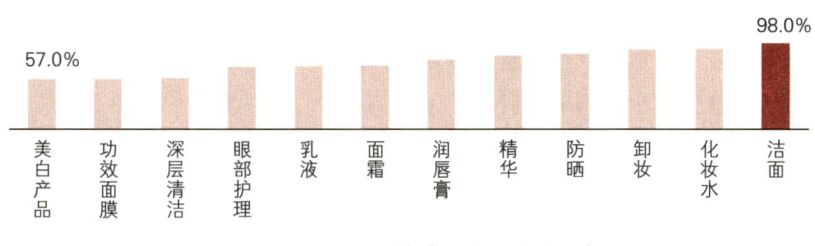

图 5-32　2021 年护肤类产品的渗透率

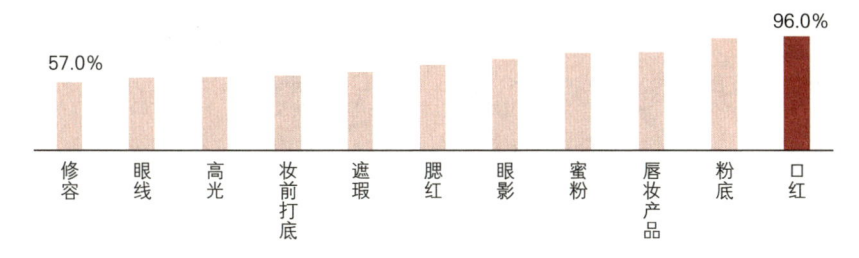

图 5-33　2021 年彩妆类产品的渗透率

5.7.2　增长底层逻辑洞察

脱胎于日化行业，经过多年发展，中国美妆行业已经完成生产过程集约化，未来增长来源于消费者消费需求升级，比如，中国化妆品主流消费者从十年前仅面霜 1 个环节增加到 8 个及 8 个以上环节，对化妆品细分品类的新需求仿佛"永无止境"。

消费者"为颜值、为悦己"和"为功效、为时尚"的核心需求，驱动居家疗愈、专业美容和户外护理等美妆场景将会出现大幅增长，主要体现在以下几个方面：

- **居家疗愈场景**：在"宅经济"时代背景下，人们居家时间显著增加；消费者的情绪消费需求激增，推动了居家疗愈场景的兴起，打造自我对话场景，将"减压、放轻松"等需求的治愈场景与产品结合，打造沉浸式的舒适的感官体验场景。
- **专业美容场景**：消费者对精神消费的追求和对美的享受的追求，以及享受技术服务带来的满足感，推动了专业美容机构成为重要的产品体验和销售场景，专业美容师成为关键产品顾问和购买转化 KOL。
- **户外护理场景**：人们对健康的重视程度持续增强，在各类国际赛事的推动下，

韧性增长： 消费企业智胜未来的新质生产力

全民健身需求日益增加且形式多样，户外运动场景增加推动了户外护理美妆场景的增加，助推美妆产品将基础功效和防晒、抑制细菌滋生、预防蚊虫叮咬等功能相结合。

中国美妆行业的蓬勃发展得益于工业化生产和研发能力大幅提升的推动，以及消费需求升级的拉动。从行业价值链角度主要体现在生产过程集约化、品牌商分化、产品力快速升级迭代、全渠道融合升级、消费结构分化和消费个性化这五个方面，下面具体分析中国美妆行业未来增长的底层逻辑，如图 5-34 所示。

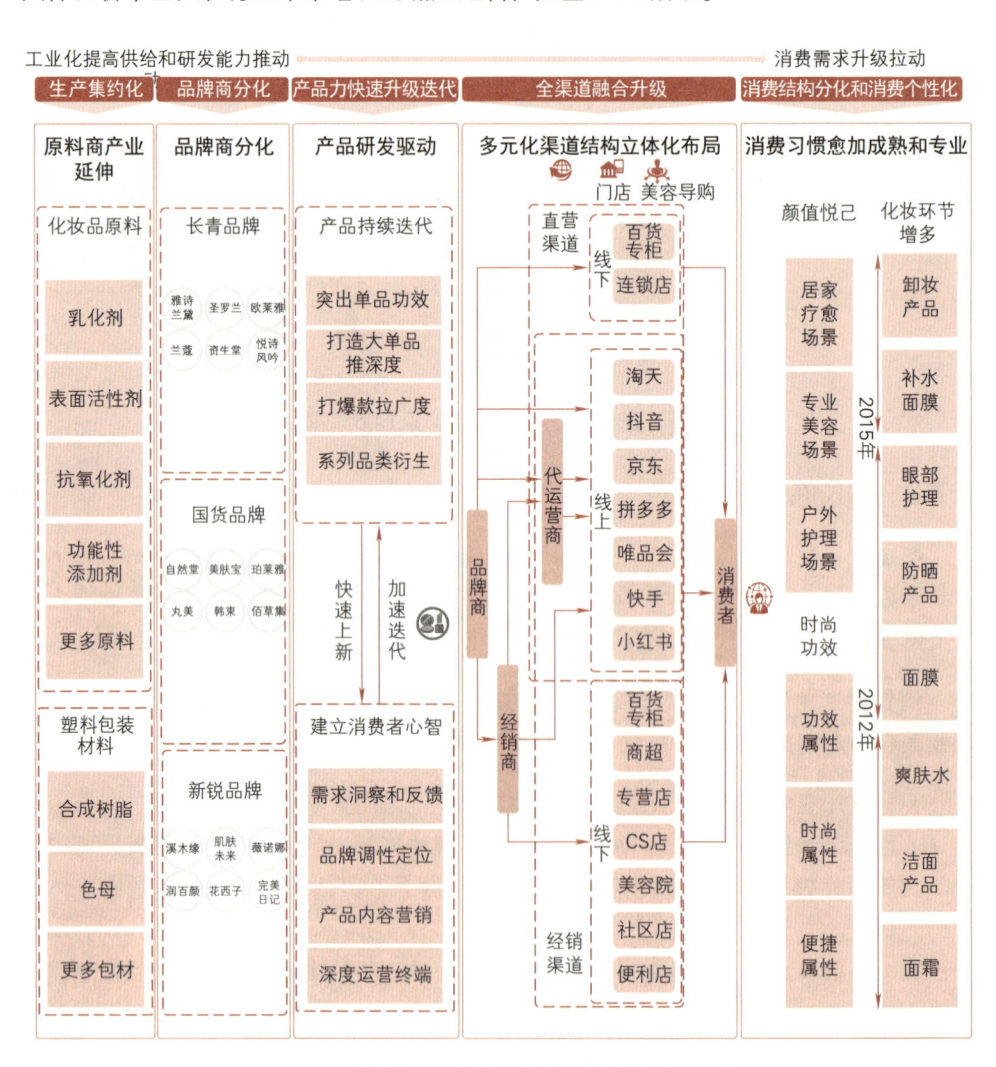

图 5-34　美妆行业价值链角度下的增长底层逻辑

236

1. 生产过程集约化

- **行业分工细化**：随着化妆品行业的市场竞争日益激烈，品牌商为了提升效率和降低成本，更倾向于将生产和研发环节外包给专业的 OEM/ODM 企业。这种分工使得品牌商能够更专注于品牌建设和市场开拓，而制造商则通过规模化生产和专业技术提升，实现对资源要素的高效利用。
- **生产规模化**：全球化妆品生产正在向主要消费地转移，中国作为全球最大的化妆品消费地之一，其生产规模也在不断扩大。长三角和珠三角已经形成化妆品产业制造集群和产业带。规模化的生产不仅降低了成本，还提高了产品质量和生产效率。
- **快速响应需求**：在快速变化的市场环境中，美妆企业需要具备快速响应市场需求的能力。通过集约化生产，企业可以更加灵活地调整生产线，满足消费者的多元化和个性化需求。
- **研发能力提升**：随着技术的不断进步和消费者需求的升级，美妆产品的研发能力成为企业竞争的关键。集约化生产为企业提供了更多的资源要素和人才支持，有助于提升研发能力，推出更多创新产品。

2. 品牌商分化

- **长青品牌**：这些品牌通过多年的市场积累和口碑传播，已经建立起深厚的品牌基础和消费者忠诚度。它们将继续保持其市场领先地位，并通过不断创新和升级产品来巩固其地位。
- **国货品牌**：随着国货品质的提升及消费者对国货的认可度增加，国货品牌在美妆市场中的份额也在逐步扩大。它们将借助本土化优势和消费者的情感连接，进一步提升品牌影响力。
- **新锐品牌**：新锐品牌通常以独特的品牌定位和创新的产品理念吸引消费者。它们将通过社交媒体和新兴营销渠道快速崛起，成为市场的新生力量。

3. 产品力快速升级迭代

- **产品持续迭代**：美妆企业紧跟市场趋势和消费者需求，不断推出新产品或升级现有产品，突出单品功效，打造大单品推深度，打爆款拉广度，并实现系列品类衍生。
- **建立消费者心智**：通过需求精准洞察和反馈、品牌调性定位、产品内容营销和深度运营终端等手段，建立消费者对品牌的认知和忠诚度。

4. 全渠道融合升级

- **多元化立体化布局**：美妆品牌通过线上线下多渠道布局来触达更多消费者。线上渠道如电商平台、社交媒体等将提供便捷的购物体验和广泛的产品选择；线下渠道则注重消费者体验和品牌形象的塑造。

- **全渠道覆盖**：为了实现更广泛的市场覆盖，美妆品牌积极拓展各种销售渠道，包括传统零售、电商平台、社交电商等，以满足不同消费者的购物需求。
- **特色渠道深耕**：针对特定消费群体或市场需求，美妆品牌在特色渠道进行深耕，如专业美容店、线下综合专业店等，以提供更加专业和个性化的服务。
- **线下与线上融合**：线下美妆师，又称美容导购（Beauty Advisor，BA）和线上 AI 美妆师共同为消费者提供咨询和服务支持，而达人直播等新型营销方式也将进一步拉近品牌与消费者的距离。

5. 消费场景分化和消费需求升级

- **消费需求升级**：消费者对美妆产品的需求正在从基础护肤向更加专业和个性化的方向发展。他们将更加注重产品的成分、功效和使用体验，对高品质和高性价比的产品有更高的追求。这将促使美妆品牌不断创新和升级产品，以满足消费者的需求变化。
- **消费场景分化**：随着消费者生活方式的多样化，美妆产品的消费场景也在不断分化，如居家、专业美容、户外护理等场景对美妆产品提出了不同的要求。
- **产品属性融合**：消费者对美妆产品的需求不再仅限于单一的功效或时尚属性，而是更加注重产品功效属性、时尚属性和便捷属性的融合。例如，消费者既希望产品具有良好的美容效果，又希望产品包装时尚、使用方便。这种需求的融合趋势促使美妆企业在产品研发和设计上更加注重多元化和个性化。

其中，美妆产品力快速升级迭代，是推动美妆品牌持续发展和保持市场竞争力的核心动力。这一目标的实现，主要通过产品持续迭代和占领消费者心智两方面来达成，并且这两方面之间存在着相互促进的双轮驱动效应。

首先，产品持续迭代是美妆品牌紧跟市场趋势和满足消费者需求的关键。在美妆行业，市场和消费者的需求变化非常迅速，因此，品牌必须具备高度的市场敏感度和反应能力。通过快速持续迭代，品牌可以不断推出新产品或升级现有产品，以确保自身始终站在市场的前沿。这包括突出单品功效，打造具有市场竞争力的大单品，通过深度推广来提升产品的知名度和影响力。同时，借助爆款产品的打造，品牌可以迅速提高市场份额，吸引更多消费者的关注。此外，系列品类的衍生也是产品持续迭代的重要环节，它可以满足消费者多样化的需求，进一步巩固品牌的市场地位。

其次，占领消费者心智是提升美妆品牌影响力和忠诚度的关键。在现代市场营销中，消费者的心智资源是有限的，因此，品牌必须通过一系列手段来建立消费者对品牌的认知和忠诚度。这包括精准洞察消费者的需求，以便为他们提供更加贴心和个性化的产品与服务。同时，通过品牌调性定位，品牌可以塑造独特的品牌形象和价值观，从而在消费者心中形成深刻的印象。此外，产品内容营销和深度运营终端也是占领消费者心智的重要手段。通过制作高质量的美妆教程、评测等内容，并为消费者提供融合 AI 的数字化工具（如 APP），品牌可以增强消费者对产品的了解和信任。而在销售终端提供优质服务，如专业咨询、试妆等，则可以进一步提升消费者的购物体验，从而增强他们对品牌的忠诚度。

值得一提的是，产品持续迭代和占领消费者心智之间存在着双轮驱动效应。一方面，通过占领消费者心智，品牌可以快速拉高销量，从而为产品研发提供更多的迭代数据和反馈。这些数据的收集和分析，可以帮助品牌更加精准地了解消费者的需求和偏好，为后续的产品研发提供有力的支持。另一方面，研发迭代所打造的好产品，又可以为占领消费者心智提供快速的产品上新。优质的产品和良好的消费者体验，将进一步提升消费者的满意度和忠诚度，从而形成良性循环，推动品牌的持续发展。

5.7.3 未来竞争格局判断

美妆市场的竞争格局受多个因素影响，包括品牌多元化、消费者品牌忠诚度提高、直播带货与电商的兴起以及技术革新等因素。

1. 品牌多元化和消费者品类品牌忠诚度提高

随着美妆市场的不断发展，越来越多的品牌进入市场，导致市场竞争加剧。同时，消费者对于品牌的口碑和声誉越来越重视，品牌忠诚度逐渐提高。这些因素会使得市场集中度在一定程度上降低，因为消费者有更多的选择，而不是仅仅依赖少数几个品牌，同时消费者在不同的品类上选择不同的品牌，而不仅仅是通过品牌选择品类，而是通过品类反向选择品牌。

2. 直播带货与电商的兴起

直播带货和电商平台成为美妆产品销售的重要渠道，这降低了市场的准入门槛，使得更多的中小品牌有机会进入市场并获得消费者的关注。这也可能导致市场集中度进一步降低，更多的品牌可以通过网络平台来展示自己的产品并吸引消费者。

3. 技术革新带来竞争的双刃剑效益

随着 AR/VR 技术、智能化美妆设备等新兴技术的应用，美妆行业正在经历技术革新。这些技术为消费者提供了更真实、个性化的试妆体验，也为美妆品牌提供了新的营销手段。然而，这些技术革新对于市场集中度的影响可能因品牌而异。一些品牌可能通过技术创新提升自己的市场竞争力，而另一些品牌可能因无法跟上技术革新的步伐而逐渐落后。市场分化加剧，行业寡头化的趋势将持续；竞争会渗透到每个品类，品类寡头必将出现。

我国化妆品高端市场已经出现了一定集中度；大众市场竞争较为激烈，市场集中度低于高端市场（见图 5-35）：

1）2020 年，我国化妆品高端市场集中度较高，CR3、CR5 和 CR10 的占比分别为 41.6%、51.1% 和 64.5%，其中排名前三的品牌为欧莱雅、雅诗兰黛和路易威登，市占率分别为 18.4%、14.4% 和 8.8%。

2）大众市场竞争较为激烈，市场集中度低于高端市场，但集中度逐年提升，2020 年，CR3、CR5 和 CR10 的占比分别为 25.9%、32.4% 和 43.1%，其中排名前三的品牌为宝洁、欧莱雅和百雀羚，市占率分别为 12.1%、8.9% 和 3.9%，如图 5-36 所示。

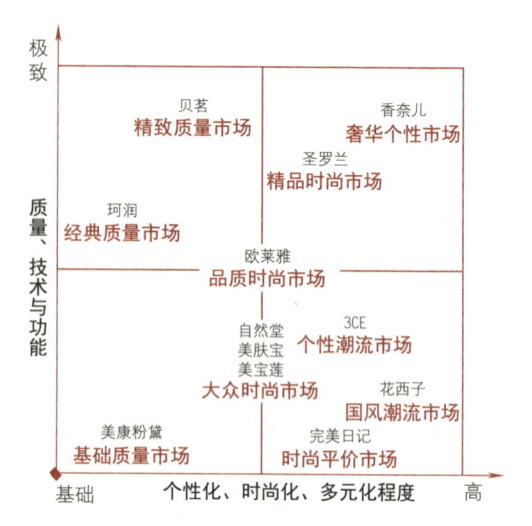

图 5-35 美妆品牌市场定位细分

图 5-36 中国美妆集中度逐年提升

年份	CR3	CR5	CR10
2016年	22%	28%	39%
2017年	21%	27%	39%
2018年	22%	28%	40%
2019年	24%	30%	42%
2020年	25.9%	32.4%	43.1%

竞争结构分化是未来的必然主题，对行业未来竞争格局的判断包括以下三个方面：

1. 市场分化加剧，国际品牌的集中度进一步提升

高端市场寡头化持续进行，中小品牌依然处境艰难。未来新品牌要存活，要么有新成分，要么有自己的技术和特色。随着企业在行业新规压力下手忙脚乱，在新冠病毒流行影响下无可奈何，中小企业加速消失与寡头垄断加速形成的"双速"趋势逐渐

形成。

2. 竞争会渗透到每个品类

护肤品类平稳增长，"精准护肤"风头正劲。传统大品类驱动护肤市场，"蓝海"小品类的增长潜力大；彩妆品类热度高，审美由从众到悦己，孕育出彩妆高端定制产品，外加审美融合，缤纷色彩，深入人心并与用户共情；个护品类市场饱和并趋向差异化、高端化，功效和体验双升级，同时个人护理细分化，打破了品类边界，个护走向了香氛，让用户情绪产生共振。

3. 国货美妆核心竞争力在于产品迭代"快稳准"

用户理性决策，愿意花更多的时间做功课，查看更丰富的"种草"内容，在决策时需要更多维度的评价，国货美妆品牌需要持续研发目标用户需要的新品；传统国货美妆品牌历经长久沉淀，塑造了坚实的品牌形象，需要"快速高效"迭代准爆品，卡位新品类赛道，营造品牌第二曲线；本土新锐美妆品牌贴近需求，用单品出圈，增长势头迅猛并兼顾品牌建设。

5.7.4 核心业务驱动力分析

与国际美妆大单品策略不同的是，国货美妆由于品牌力、产品差异化弱的特点，未来核心增长驱动力在于以"触点力"为牵引和目标核心，打通"渠道力 × 商品力 × 营销力"的融合运营，助力和赋能终端动销，进而真正实现品牌数字化结构性创新增长，如图 5-37 所示。

1. 触点力，融合赋能 + 能力提升

结合消费者的多元化需求，不断创新与实践新业务场景，以消费者分享裂变、美容导购运营、内容营销、数字化活动推广等方式，承载多元化交易服务场景，为线下引流，提升用户体验和终端坪效；线上线下各类交易场景融合互通，提升顾客全旅程交互和交易体验，如同城业务、闪购，又如抖音来客、美团本地生活、美团闪购、拼多多同城等方式。

2. 商品力，满足消费者核心需求

品牌、渠道、场景多维融合，不断提高品牌打造"爆品"的能力，同时结合差异化内容，不断塑造差异化产品和服务，实现以"大单品 + 多品类"联动模式；通过出色的商品力形成重要的发展动力；利用数字化平台构建产品生命周期运营。

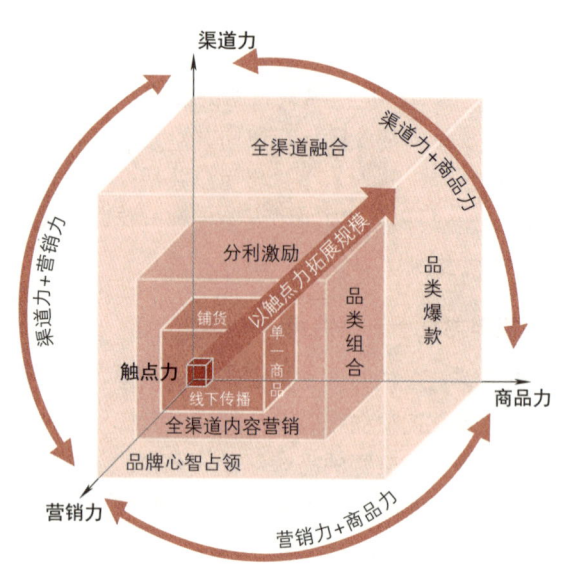

图 5-37 国货美妆行业核心业务驱动力分析

3. 渠道力，分利激励 + 终端发展

将线下门店部分升级为沉浸式试妆体验店培养 BA 成为 KOL；通过京东、天猫等综合性电商积极布局下沉渠道。提升传统分销渠道的效率，基于一盘货运营实现产品流通效率的提效，提高门店上新速度，提高商品周转速度，支撑新品不断迭代上新；基于 BC 端一体化的 CS（化妆品专营店）终端运营，获取 CS 的动销数据，倒逼传统场景改造升级；渠道政策下沉到 CS 零售门店，提升费用投放效率与精准度；拥抱线上渠道，如抖音、快手、视频号、短视频、天猫、京东等第三方平台。赋能一线 BA 在第三方平台的直播和内容传播。

4. 营销力，爆款打造 + 内容传播

让消费者从幕后走到台前成为 KOL 助力品牌发声，建立消费者心智，提升影响力；基于对消费者私域流量的持续运营，传递品牌价值与产品价值，赋能门店私域流量的运营，强化消费者黏性；结合产品特性，强化消费者认知，基于消费者运营和内容运营数据，反向推动产品的试销、迭代和快速上新的全生命周期过程。

5.8 连锁经营篇：绿色智能时代下，挖掘中国市场潜力
5.8.1 未来增长空间预测

品牌连锁是连锁零售业态的形式之一，特指单一品牌专营或单一品牌授权经营，是集销售和服务一体化的零售形式，细分行业包含休闲食品、美妆、奢侈品、珠宝首饰、服装、茶叶、母婴。以珠宝首饰为例，2018—2021 年均保持 10% 以上年均复合增长率；以服装为例，2018—2021 年均保持 12% 以上的年均复合增长率；以奢侈品为例，2018—2021 年均保持 14% 以上的年均复合增长率。从 2023 年上半年表现来看，随着实体经济复苏，居民消费能力和消费信心获得重振，社会消费品零售总额增长 8.2%，其中品牌连锁零售增长 6%，服装、珠宝首饰、奢侈品行业实现双位数增长（见图 5-38）。品牌连锁行业存在巨大增长空间，但因细分行业众多，较为分散，目前行业整体集中度依然处于较低水平。

服装	美妆	珠宝首饰	休闲食品	奢侈品	茶叶	母婴
12.8%	8.2%	17.5%	4.8%	14%	8.6%	4.0%

图 5-38　品牌连锁经营行业 2023 年上半年增长率

伴随着消费升级和近年来的大规模化扩张，行业结构呈现分化态势，但均在快速有效地推动集中度提升，部分赛道进入寡头竞争时代。巨头们的投资并购和圈地扩张正在快速有效地推动中国品牌连锁行业由低集中度持续走高，但细分行业的发展和竞争格局不同。例如中国奢侈品等高集中度品类，其特点是行业格局稳定，强者恒强，头部玩家的市场占有率不断提升；如中国服装等低集中度品类，其特点是行业玩家众多，尾部极度分散，且细分赛道如男装（CR3 是 15.8%）和女装（CR3 是 6%）的集中度差异较大，竞争格局分散，如图 5-39 所示。

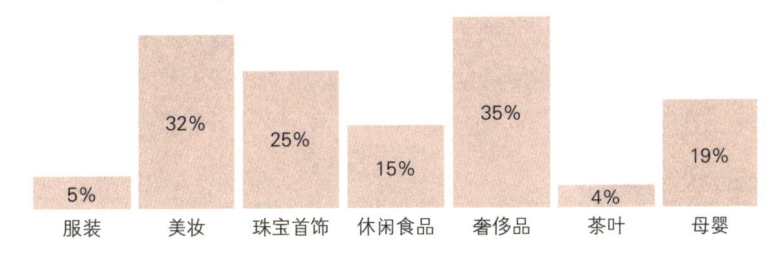

服装	美妆	珠宝首饰	休闲食品	奢侈品	茶叶	母婴
5%	32%	25%	15%	35%	4%	19%

图 5-39　2022 年品牌连锁经营产业各个品类的市场集中度

5.8.2 增长底层逻辑洞察

消费者需求变化是行业转型和增长的最重要驱动因素，消费升级基础上的消费分级趋势明显，而中国特色的消费市场韧性，为连锁形态多元化、服务内容丰富化、场景深度融合打下了坚实基础，为品牌连锁行业和企业提供了充分的成长空间。

丰富产品和服务体验供给的推动、消费需求升级拉动这两个因素驱动了中国品牌连锁经营产业（如珠宝、茶叶、服装、休闲食品、母婴等）的蓬勃发展，受韧性发展基础、品牌商转型升级、消费场景分化和消费需求升级等因素影响，当前市场环境为品牌商提供了转型升级的空间和时间。品牌商可以借此机会脱离传统渠道商，独立发展多元化的连锁形态，从而更好地感知市场，直达消费者，高效精准提高商品力和服务能力，提高盈利能力。下面从三个角度分析中国连锁经营产业未来增长的底层逻辑，如图5-40所示。

1. 韧性发展基础

- **基础设施完善**：随着中国基础设施的持续完善，特别是物流、信息技术和通信网络技术的进步，连锁经营企业能够更高效地推动商品流通和信息传递，确保产品质量和顾客体验的持续优化。物流、快递等即时配送服务发展提高了"最后一公里"的服务效率和体验，社区商业地产的发展为连锁提供了物业基础，大量农业人口进城后为"最后一公里"的配送服务提供了充足的服务劳动力。

- **产品品类丰富**：各消费品类和服务供给足够丰富，生产产能集约化提供规模化优势，降低产品成本，降低消费门槛，市场竞争促使产品的服务体验化。这种多样性不仅满足了消费者的不同需求，也为产业的稳定增长提供了坚实基础。

- **消费技术发展**：互联网、大数据、人工智能等技术的快速发展为连锁经营产业带来了新的机遇。线上线下消费的体验价值开始增强，消费的便利性和便捷性提高，商品内容数字化加快了品类传播，技术发展强力支撑了连锁发展过程中的风险管控和成本效率提升。例如，通过数据分析精准定位消费者需求，提升营销效果；利用智能技术优化门店商品配补调和库存管理，降低成本等。

2. 品牌商转型升级

- **连锁形态多元化**：企业不再局限于传统的实体店连锁模式，而是结合线上平

第 5 章　回归初心　固本求变　新质劳动对象：增长业务驱动力的系统转型

台，发展出多种连锁形态。例如，除了线下实体店，还可以有线上商城、微信小程序店铺、直播销售等多种形式。多元化的连锁形态能够更好地满足不同消费者的购物习惯和需求，提升销售额和客户满意度。同时，多元化的销售渠道也能帮助企业降低对单一渠道的依赖，增强对经营风险的抵御能力。

丰富产品和服务体验供给推动		消费需求升级拉动
韧性发展基础	品牌商转型升级	需求升级基础上的需求分级

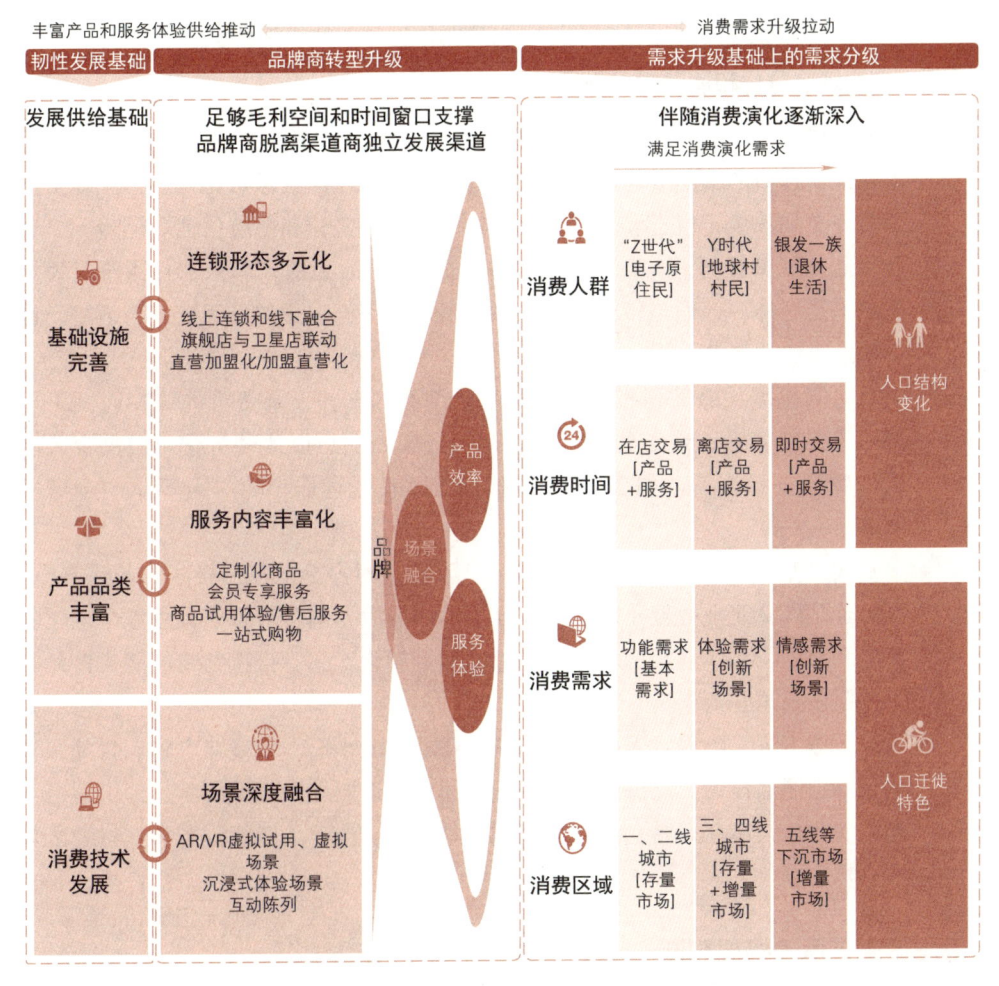

发展供给基础	足够毛利空间和时间窗口支撑品牌商脱离渠道商独立发展渠道	伴随消费演化逐渐深入 满足消费演化需求
基础设施完善	**连锁形态多元化** 线上连锁和线下融合 旗舰店与卫星店联动 直营加盟化/加盟直营化	消费人群：「Z世代」[电子原住民]、「Y时代」[地球村村民]、「银发一族」[退休生活] 人口结构变化
产品品类丰富	**服务内容丰富化** 定制化商品 会员专享服务 商品试用体验/售后服务 一站式购物	消费时间：在店交易[产品+服务]、离店交易[产品+服务]、即时交易[产品+服务] 消费需求：功能需求[基本需求]、体验需求[创新场景]、情感需求[创新场景]
消费技术发展	**场景深度融合** AR/VR虚拟试用、虚拟场景 沉浸式体验场景 互动陈列	消费区域：一、二线城市[存量市场]、三、四线城市[存量+增量市场]、五线等下沉市场[增量市场] 人口迁徙特色

品牌——产品效率、场景融合、服务体验

图 5-40　中国品牌连锁产业价值链视角的增长底层逻辑

- **服务内容丰富化**：随着消费者需求的多样化，企业需要提供更加丰富的服务内容来满足这些多样化和个性化需求。例如，除了基本的商品销售外，还可以提供试用服务、售后服务、定制服务、咨询服务、停车和会员服务等。服务内容的丰富化能够提升消费者的购物体验，增加客户黏性，进而促进销售和品牌忠诚度的提高。同时，丰富的服务内容也有助于企业在竞争激烈的市场中脱颖而出。

- **场景深度融合**：强调的是线上与线下场景的紧密结合，为消费者打造无缝的购物体验。例如，通过 AR/VR 技术实现虚拟试衣、线上预约线下体验等。深度融合的场景能够打破线上线下的界限，让消费者在购物过程中享受到更多的便利和乐趣。这种融合也有助于提升品牌形象，吸引更多年轻消费群体。

3. 消费场景分化和消费需求升级

- **消费人群迁移**：随着新生代（如"95 后""00 后"）逐渐成为消费市场的主力军，他们独特的消费观念和偏好对品牌连锁经营业产生深远影响。这些新生代消费者更加热衷于悦己和个性化消费，追求潮流文化和品牌价值。随着人口老龄化趋势的持续推进，新老年人群体（如 60 岁以上的老年人）也逐渐成为重要的消费群体。他们与传统老年人的消费习惯不同，更加乐于接受新事物，也更愿意为自我消费。

- **消费时间拓展**：随着科技的发展和生活节奏的加快，消费者的购物时间不再局限于传统的白天或工作日。品牌连锁经营企业适应这种变化，提供全天候的购物服务和支持，如 24 小时虚拟店铺、在线客服、随时可下单的电商平台等。

- **消费需求升级**：随着生活水平的提高，消费者对产品的品质要求也越来越高。品牌连锁经营企业需要不断提升产品品质。同时，消费者越来越注重个性化的产品和服务，品牌连锁经营可以通过提供定制化产品、打造独特的服务体验等方式来满足这些需求。

- **消费区域下沉**：随着经济的发展和城镇化的推进，三、四线城市和农村地区的市场潜力逐渐显现，品牌连锁经营企业通过在这些地区开设门店、提供适合当地消费者的具有区域特色的产品和服务等方式，向三、四线城市和农村地区拓展市场份额。

5.8.3 未来竞争格局判断

在行业分散的基础上，龙头品牌在资本加持下进一步"跑马圈地"，优先抢占市场资源要素，推进市场和产业链整合，部分市场已经进入"寡头"垄断竞争时代；同时在细分业态中亦是群雄逐鹿，互相竞争、渗透和并存，形成 N+m 的竞争格局。

N：全能型龙头（市场占有率高、全市场覆盖、多品类覆盖）

全能型龙头竞争模式如图 5-41 所示。

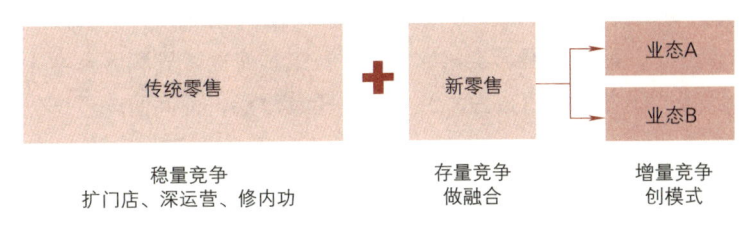

第 5 章 回归初心 固本求变 新质劳动对象：增长业务驱动力的系统转型

图 5-41 中国品牌连锁经营产业全能型龙头竞争模式

1）上下游产业链整合，通过与供应商建立长期稳定的合作关系或推进纵向一体化，确保产品和原材料的稳定供应和成本可控。优化到店和到消费者物流配送网络，提高产品从生产到销售的效率。

2）品类扩充，根据市场趋势和消费者需求，不断推出新的产品线或扩展现有产品线，或引入生态合作产品线和服务，以满足更广泛的消费者群体的多样化需求。加大研发投入，不断创新产品和服务，保持品牌的产品竞争力。

3）跨区域门店扩张，制定全国性的门店扩张计划，迅速增加有效门店数量，特别是在二、三线城市和新兴市场。通过直营、加盟等多种方式扩大品牌覆盖面，提升市场份额。

m：细分赛道的单项冠军（区域市场占有率高、地域市场、单一产品）

细分赛道的单项冠军竞争模式如图 5-42 所示。

图 5-42 中国品牌连锁经营产业单项冠军竞争模式

1）专业品类整合，专注于某一特定品类或领域，通过深入研究和开发，提供高品质、专业化的产品和服务。与行业内的专业机构合作，共同推动品类创新和发展。

2）区域市场深度经营，在特定的地理区域内建立密集的销售网络，通过深入了解当地消费者的需求和习惯，提供定制化的产品和服务。加大在区域市场的营销推广力度，提升品牌在当地的知名度和美誉度。

3）**服务质量提升**，注重消费者体验，提供优质的售前、售中和售后服务，以增强消费者的忠诚度。定期开展员工培训，提升员工的专业素养和服务水平。开展门店私域运营，提高一线店员的积极主动性，通过决策放权，提高面向多样化需求的快速决策能力。

对行业未来竞争格局的基本判断如下：

1. 以"终端力"为核心，构建起护城河的"全能选手"将成为龙头

行业玩家通过门店扩张以抢占全国市场，利用"以大单品托品牌、以品牌带动产品多元化"的策略来覆盖更广客群，借助规模优势，来确定市场地位，逐步成长为"规模高手"；随着用户需求的变化，促进门店模式的转型，将线上和线下充分融合，叠加场景体验和服务，呈现连锁业态多元化、线上连锁化的特点；依托连锁规模化的数据样本和品牌影响力，推动货盘和终端服务运营的持续创新，并进化到大商品运营，再定义目标消费群体和市场策略，以精准化、差异化、有内容、可传播、有意义的货品为"道具"，争夺连接和运营消费者，并匹配不同群体、不同场景的消费者需求，成为"大商品运营高手"。

2. 部分品类赛道已经或即将进入"寡头"竞争时代

集中度高的行业已经进入"寡头"竞争态势，部分行业随着集中度的不断提升，也将进入垄断竞争时代；部分行业因为市场规模整体有限及产品品类体验附加值有限，且随着经营成本的不断提升，议价能力下降，竞争力有限的中小型品牌连锁企业陆续被淘汰，从而进一步促进行业集中度提升；部分企业通过品牌合并和企业并购扩大规模，提高市场占有率。

3. 在细分行业做好特色产品，会出现"地域竞争"优势的单项冠军

由于不同地区的消费习惯和需求不同，很多地域出现发展机会，如休闲零食于长沙，珠宝首饰于深圳。随着基础设施的不断完善，驱动有着较高市场占有率及品类特色鲜明、有高市场覆盖率的龙头企业快速瓜分市场，而其余市场将由有着"地域竞争"优势的企业，依托特色产品+本地化服务进行细分市场的精细化运营。

5.8.4 核心业务驱动力分析

连锁企业的核心业务驱动力在于商品力，基于商品周转效率基础，实现品类组合运营，通过结构性调整和优化带来商品销售毛利提升，不断提高商品品牌的文化内涵

第 5 章　回归初心　固本求变　新质劳动对象：增长业务驱动力的系统转型

和调性。但品牌连锁企业品类单一，因此需充分发挥总部、区域到门店的纵向运营深度，以及横向连锁特性，将品类运营、商品内容运营融合到门店运营、连锁运营和营销中，依托不断精准的销售数据和消费者反馈数据反向推动具有品牌特色的商品力提升。只有基于大商品运营能力的触点力（终端门店运营、连锁运营）和营销力的一体化多维协同才能推动新一轮韧性增长，如图 5-43 所示。

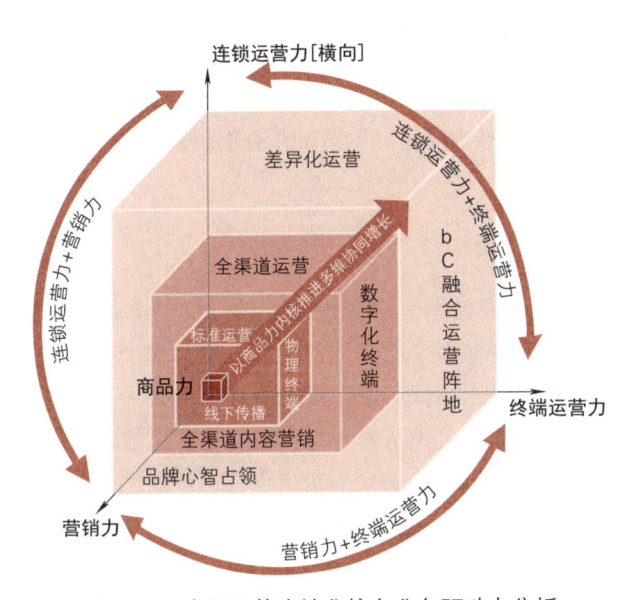

图 5-43　中国品牌连锁业核心业务驱动力分析

1. 商品力，大商品运营能力 + 满足消费者核心需求

门店的实际运营情况和消费者反馈数据将为品类运营提供宝贵的数据支持，帮助优化商品组合和营销策略。同时，连锁经营的规模效应和资源要素整合能力也为品类运营提供更多的市场机会和拓展空间。基于足够的消费需求数据、交易订单数据，挖掘消费者对产品功能、性能和服务等方面的核心诉求，驱动产品创新，大幅缩短新品的开发周期，通过产品系列开发为消费者提供全新体验，同时持续推进 S&OP（销售和运营计划），建立高效协同的供应链体系，有效支撑全渠道需求及时响应，打造更多爆品，抢占更多流量。

2. 触点力

1）终端运营，纵向融合赋能 + 能力提升

线下门店模式从"品类展示和销售"到"场景体验和服务"转型，从"单店经

营"向"单客经营"延伸，拉动门店订单增长。门店和导购作为品牌连接消费者的基本阵地和重要触点，通过数字化手段为导购减负，培养明星导购，鼓励员工根据消费者需求进行个性化推介，提高销售转化率，实现运营提效；依托导购小 B 端的私域运营工具、数据等资源要素能力赋能和提升技能，提高拉新和日常互动的效果和效率。加强对员工的产品培训，确保员工深入了解商品特色和优势，从而能将其更准确地传达给消费者。基于商品特色制定专业的推介话术，帮助员工有效地向消费者传递产品功能和情绪价值，在门店中设立专门的区域，用于对消费者进行品类教育和使用体验。例如，美妆品牌可以提供化妆技巧教学，服装品牌可以分享时尚搭配建议等，这样不仅能提升消费者的购物体验，还能增强他们对品牌的忠诚度。

2）连锁运营，横向精细化运营 + 规模护城河

依托门店战场，积极尝试新兴渠道模式，进行全渠道多端布局，并将线上和线下渠道进行融合和互通，确保每个门店都能准确传递品牌的核心理念和品类特色，通过标准作业程序（SOP）统一品牌形象和信息传递，增强消费者对品牌的认知度和信任感；总部或区域实施统一的品类运营策略，确保各门店在商品选择、采购、定价等方面保持一致，并根据区域市场需求和消费者反馈，不断优化总体品类结构，形成区域市场和门店的差异化品类策略和"配陈销补调"（配货、陈列、销售、补货和调拨）策略；通过建立高效的供应链系统，确保商品从生产到销售的顺畅流转，通过数据分析，精准把握各类商品的销售情况，以便及时调整与区域调拨、门店库存和采购的策略；从总部到门店，建立商品内容的快速迭代机制，根据市场反馈及时调整商品组合和营销策略。

3. 营销力，消费者洞察 + 互动传播

深入挖掘品牌品类的特点和卖点，以故事化、情感化的方式呈现给消费者。利用数据分析，了解消费者需求和市场趋势，不断优化总部总货盘和各区域 / 门店特色货盘的商品组合和营销策略。创造高质量、有趣且有价值的内容。结合品牌品类特点，制定门店和区域针对性的内容营销策略，吸引并留住目标受众，并进行全链路数据沉淀，在通过数字化为顾客提供个性化的体验的同时，提升品类和品牌价值；通过持续的顾客运营，提升品牌认知度和品牌忠诚度。

5.9 现制饮品篇：数字化引领新消费体验

5.9.1 未来增长空间预测

中国现制饮品（简称现饮）市场规模存在巨大增长空间。预计未来5年内中国现制饮品行业将保持11.0%的年均复合增长率，到2027年市场规模（茶饮+咖啡）有望达到3 185亿元。中国现制饮品市场过去5年内年均复合增长率为12.2%，2022年市场规模为1 886亿；2021—2022年，受到新冠病毒流行影响，不少线下门店经营亏损，整体零售规模降低。而2022年末—2023年初，现饮市场得到补偿性复苏，线下门店和线上外卖的平台销量均有所反弹，如图5-44所示。

图 5-44　2017—2027 年中国现制饮品渠道零售规模（单位：千亿元）

茶饮行业整体竞争激烈，总体店量增速放缓。截至2022年底，全国共有约40.6万家茶饮门店，其中连锁门店占比52%，新冠病毒流行期间连锁化率逐年攀升，主要是由于小品牌较难找到合适的生存空间。未来门店连锁化率将稳中缓升，预计2027年门店总数将达到近46.9万家，其中连锁门店将占据60%。茶饮头部连锁品牌门店数非常可观，依靠规模化、系统化优势占领消费者心智，且将持续加速扩张下沉市场。

截至2022年底，全国共有约13.8万家现制咖啡门店，其中连锁门店占32%，2017—2022年连锁门店的年均复合增长率高达31.2%，连锁化率在过去逐年快速攀升。预计2027年，门店总数将突破24万家，其中连锁门店将占据34%。在咖啡市场中，单店模式的精品咖啡店目前占主导地位，但各地相继涌现的中小型品牌刚刚进

　数据来源：欧睿国际 PASSPORT 数据库、雀巢餐饮研究。

入拓店期，未来有连锁化发展空间，如图 5-45 所示⊖。

5.9.2 增长底层逻辑洞察

中国现饮行业（包括新茶饮和咖啡等）在近年来展现了蓬勃的发展趋势。这一趋势主要受到两大因素的驱动：资本助力和供给成熟，以及消费多元化需求升级，下面从这两个角度对中国现饮行业未来增长的底层逻辑进行详细分析，如图 5-46 所示⊖。

图 5-45　2017—2027 年中国现制饮品门店及连锁门店数量（单位：万家）

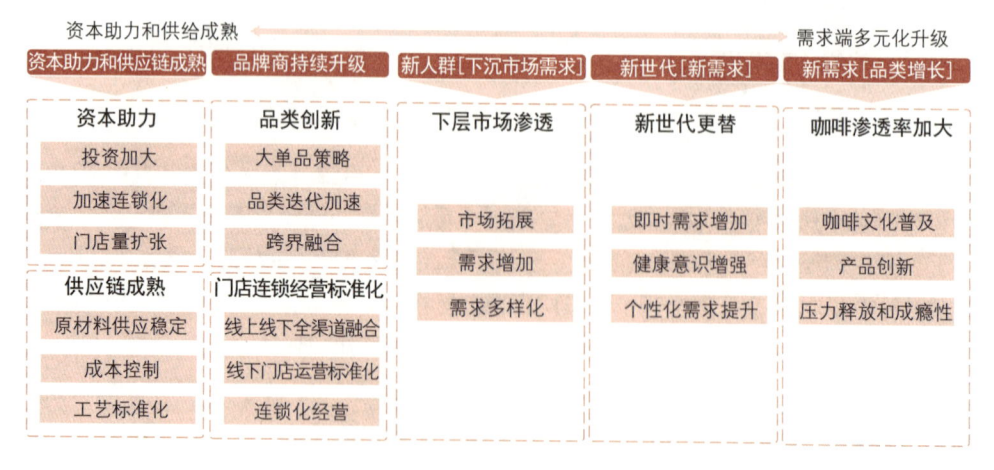

图 5-46　中国现饮行业价值链视角的增长底层逻辑

⊖　数据来源：欧睿国际 PASSPORT 数据库、雀巢餐饮研究。
⊖　数据来源：中国现磨咖啡行业数据、新茶饮消费数据，美团餐饮数据，科尔尼。

第 5 章　回归初心　固本求变　新质劳动对象：增长业务驱动力的系统转型

1. 资本助力和供应链成熟

（1）资本助力

- **投资加大**：随着现饮市场的潜力不断被挖掘，越来越多的资本开始涌入这个领域。例如，近年来多个新茶饮和咖啡品牌都获得了大额融资，为品牌的扩张、产品研发和市场营销提供了强有力的支持。
- **加速连锁化**：在资本的助力下，现饮品牌加速连锁化进程。通过开设更多的门店，更好地覆盖更广泛的消费者群体，从而提升市场份额和品牌影响力。
- **门店量扩张**：随着现饮品牌门店数量的快速扩张，市场覆盖率显著提高，使得更多消费者能够便捷地接触到这些品牌。门店数量的增加带来规模效应，有助于降低采购和运营成本，加快新品迭代和上新，提高整体盈利能力。

（2）供应链成熟

- **原材料供应稳定**：现饮原料相对工艺简单、易获取，供给充裕，并随着供应链的日益成熟，现饮品牌能够获得更稳定、更高质量的原材料供应。这不仅保证了产品的品质和口感，还有助于品牌形象的塑造。
- **成本控制**：成熟的供应链还意味着品牌能够更有效地控制成本。通过优化采购、仓储和物流等环节，降低运营成本，从而提高盈利能力。
- **工艺标准化**：简单且易标准化的制作工艺确保饮品的品质和口感在不同门店间的一致性，增强了消费者的信任感。标准化流程提高了制作效率，减少等待时间，提升消费者体验。

2. 品牌商持续升级

（1）品类创新

- **大单品策略**：通过打造大单品，提高消费者对品牌的辨识度和记忆点。大单品策略有助于品牌在细分市场占据心智主导地位，有效提高市场份额。
- **品类迭代加速**：随着消费者口味的快速变化，品牌需不断推出新品以满足市场需求并持续创造大单品，保持竞争力。品类的品类库的充足性和品类梯队的结构性，以及快速迭代能力也体现了品牌的创新能力和市场敏锐度。
- **跨界融合**：通过与其他领域的跨界合作，如与酒、中药材的结合，拓展现饮产品的消费场景和用途，吸引新消费群体加入，并为产品增加了新的元素和卖点，提高了产品的附加值和吸引力。

（2）门店连锁经营标准化

- **全渠道融合**：通过线上线下全渠道融合，满足消费者在不同场景下的购买需求。全渠道融合提高了品牌的曝光度和可及性，增加了消费者下单便利性，并将大门店租金更多分散至更多小门店，减小面积，加大密度，提高履约速度和可获取性，从而增强了客户黏性。

- **门店运营标准化**：标准化的门店运营确保了品牌形象和服务质量的一致性。标准化管理简化了运营流程，提高了管理效率。通过数据监控门店消费量、库存量，即时预测消耗进度和订货量，保证原料供给的及时性和新鲜度。
- **连锁化经营**：通过加盟手段加速连锁化经营，有助于门店规模快速扩张，提高市场占有率和知名度。连锁门店之间共享会员等资源要素、经验和信息，降低运营成本并提高市场竞争力。在品牌和门店间形成明确专业分工，品牌商更聚焦于产品创新，门店更专注于现场服务和执行效率提升。

3. 下沉市场消费潜力释放

- **市场拓展**：随着中国经济的持续发展，下沉市场的消费潜力逐渐释放。现饮品牌通过布局二、三线城市和乡村地区，触达更多的潜在消费者，推动销售增长，如图 5-47 所示。
- **需求增加**：下沉市场的消费者对高品质现饮产品的需求也在不断增加。他们愿意为口感更好、品质更优的饮品支付更高的价格，在门店租金和人员成本相对较低的情况下，为现饮品牌提供了更大的盈利空间。

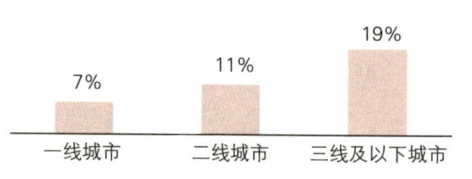

一线城市 7%　二线城市 11%　三线及以下城市 19%

图 5-47　2022 年现制饮品门店数同比增速

- **需求多样化**：不同场合和情境（如工作、休闲、聚会等）下，消费者对饮品的需求也有所不同。消费者对于饮品的口味、配料和风格有更多个性化的需求，推动了产品的多样化发展。

4. 新世代消费习惯变化

- **即时需求增加**：随着生活节奏的加快，消费者对饮品的即时性需求增加。品牌需要提供更加便捷、高效的服务，如外卖、现饮等，以满足消费者的即时需求。
- **健康意识增强**：新世代消费者对健康饮食的关注度不断提高。他们更倾向于选择低糖、低脂、高纤维的健康饮品，这促使现饮品牌不断推出符合健康趋势的新产品，如图 5-48 所示。
- **个性化需求提升**：新世代消费者更加注重个性化和差异化，他们倾向于选择能够体现自己独特品位和个性的饮品，这为现饮品牌提供了更多的创新机会。

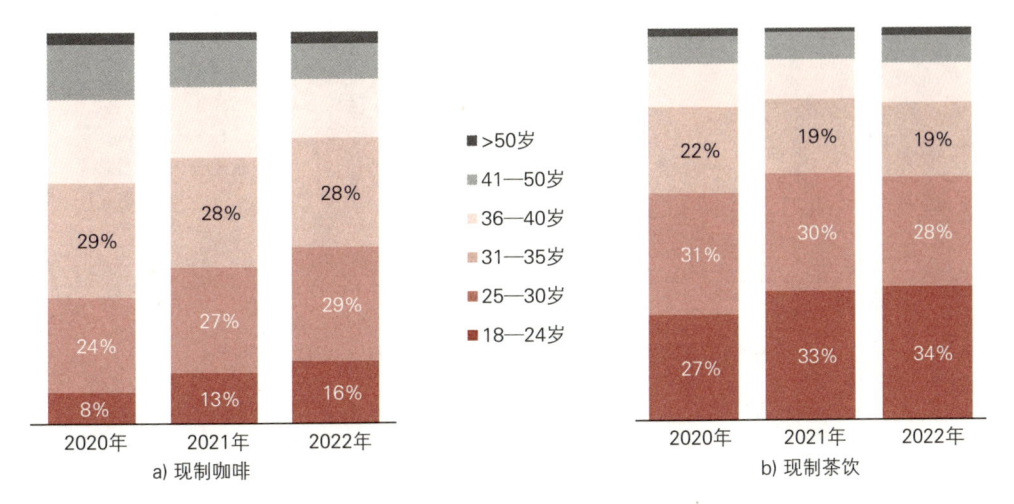

图 5-48　2022 年现制饮品消费者年龄结构

5. 咖啡渗透率加大

- **咖啡文化普及**：随着咖啡文化的普及，越来越多的中国消费者开始接受并喜爱咖啡。18—24 岁的消费群体成为增长主力，18—30 岁的消费群体的结构占比在 2022 年达到近 50%。
- **产品创新**：为了满足消费者对咖啡口感和品质的不断追求，现饮品牌也在不断创新咖啡产品。从咖啡豆的选材到咖啡的制作工艺都在不断提升和优化，以吸引更多的咖啡爱好者。
- **压力释放和成瘾性**：咖啡因提神醒脑和易上瘾，逐渐成为许多消费者的日常饮品选择。咖啡店也成为人们社交、工作和休闲的场所，进一步推动了咖啡的消费增长，如图 5-49~图 5-51 所示。

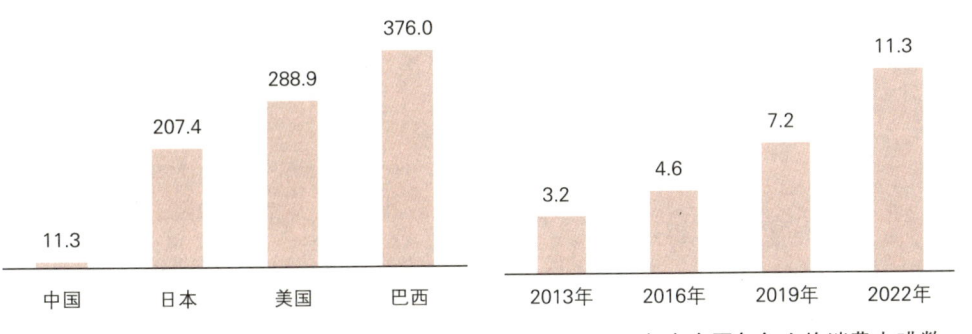

图 5-49　2022 年各国每年人均消费咖啡数（单位：杯）

图 5-50　近年来中国每年人均消费咖啡数（单位：杯）

255

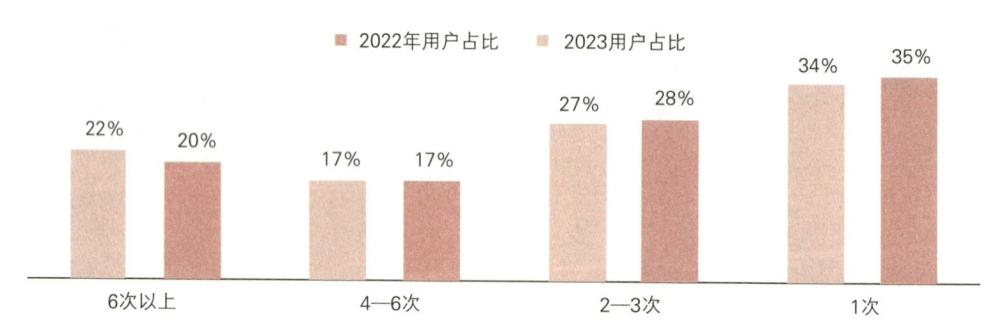

韧性增长： 消费企业智胜未来的新质生产力

图 5-51 2022 年和 2023 年中国现制饮品消费频次占比

频次	2022年用户占比	2023用户占比
6次以上	22%	20%
4—6次	17%	17%
2—3次	27%	28%
1次	34%	35%

综上所述，中国现饮产业的未来增长将受到资本助力和供给成熟，以及消费多元化需求升级的共同驱动，并将迎来更多的发展机遇和挑战。

5.9.3 未来竞争格局判断

现制饮品市场竞争激烈，不同赛道发展阶段不同，格局呈现较大差异。其中现制茶饮渗透率已相对较高，头部玩家格局趋于稳定，因享有品牌溢价、规模效应，集中度加速提升。现磨咖啡市场集中度相对分散，中高端市场集中度加速提升，下沉市场新锐品牌仍在持续涌现和渗透。

现制茶饮由品牌爆发期进入市场洗牌期，高端品牌主动降价（2021—2022 年喜茶 15～19 元产品占比上涨 70%），非/小连锁品牌加速出清（2020—2022 非连锁茶饮品牌占比下降 14%）。现磨咖啡竞争格局分散，不同价格带市场趋势分化，中高端市场强者恒强，连锁化率集中度加速提升，下沉市场群雄逐鹿，瑞幸咖啡等主打性价比的品牌快速渗透，如图 5-52、图 5-53 所示[一]。

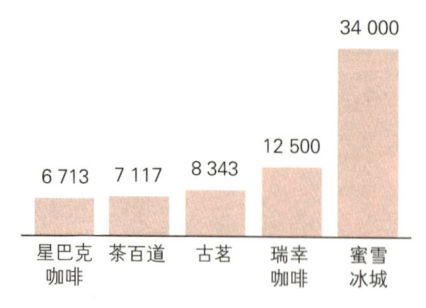

图 5-52 2022 年规模头部代表门店数量（单位：个）

品牌	门店数量
星巴克咖啡	6 713
茶百道	7 117
古茗	8 343
瑞幸咖啡	12 500
蜜雪冰城	34 000

图 5-53 2022 年品牌头部代表门店数量（单位：个）

品牌	门店数量
茶颜悦色	505
Manner	851
奈雪的茶	1 271
霸王茶姬	2 324
喜茶	2 457

[一] 数据来源：新茶饮消费数据。

对行业未来竞争格局的判断如下：

1. 规模是现制饮品品牌发展的必由路径

单店盈利模式的突破是新品牌规模发展的第一步，否则过高的闭店率会加速品牌夭折；从区域走向全国是品牌规模发展的里程碑，需要找到多区域发展与供应链成本之间的平衡。头部品牌初期通过放弃单店毛利，获得门店规模，占领消费者心智，当门店达到一定规模量之后，供应链边际成本低于边际收入，再通过降价或者变相降价提高新进入者的盈利门槛，形成竞争壁垒。

2. 门店与供应链双重盈利是可持续发展的关键

对于加盟门店模式，不仅需要前向单店盈利，还需要后向品牌商供应链盈利，这需要双向增效和降本；我国劳动力及乳品、鲜果等主要原料的成本不断提高，稳定的供应链体系和成熟的加盟商管理模式才有机会降本增效，而从招商、门店选址到加盟合作、供应链运营再到品牌效应的建立及规范化和监管合规，均具有进入壁垒，新品牌在短时间内难以达到这些要求。

3. 商品力是品牌竞争中长期的核心目标

品牌处于初期时，通过大单品教育市场，依赖细分品类或者创新爆品占领用户心智。此时的商品力优势是品牌快速实现初步规模化的有力支撑；当品牌进入发展中期，足够多的门店产生足够多维度的销售数据支撑产品快速稳步迭代，以及在打造新的爆款的同时，单店收入获得持续增加，降低了原料供给的边际成本，提高了门店的赢利能力。

5.9.4 核心业务驱动力分析

现制饮品企业未来增长驱动力在于"营销力 × 触点力"融合运营，协同相互赋能，驱动"商品力"提升，推动"爆品组合"的迭代能力，进而真正实现品牌数字化结构性创新增长，如图5-54所示。

1. 商品力，新品持续迭代创新

紧跟市场趋势和消费者需求，不断进行新品的研发与迭代。例如，通过优化原材料及配方、升级生产流程、改进包装设计等方式，推出更符合消费者口味和审美的新品，这种持续的创新力是孕育爆品的关键。为了确保新品的顺利推出和市场的稳定供应，企业需要构建高效的供应链体系，包括从原材料采购、生产计划制定、物流配送到终端销售等各个环节的优化与协同。通过数字化平台的建设，实现供应链的可视化、智能化运营，进而提高运营效率并降低成本。

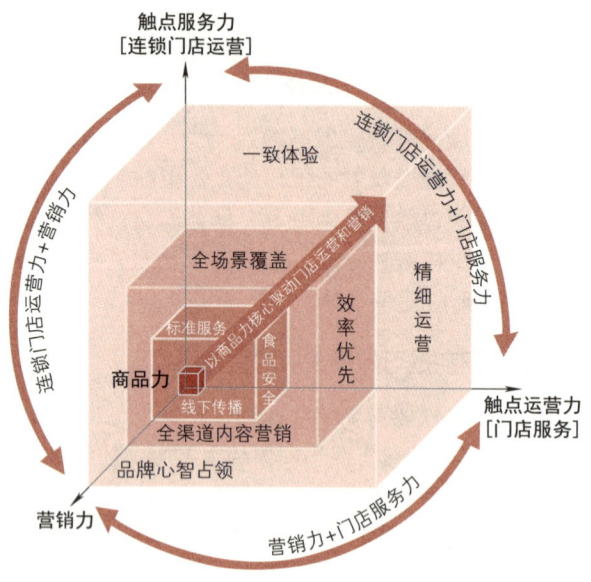

图 5-54 中国现饮业核心业务驱动力分析

2. 触点力

（1）连锁门店运营，一致化体验

通过统一品牌形象、一致产品体验和优质客户服务，塑造出鲜明的品牌特色并提高消费者忠诚度。此外，利用数字化工具升级门店营销、智能订货、经营诊断、食品安全管理等，进一步简化门店经营流程并提高盈利能力，打造规模护城河。

（2）门店服务，精细化运营 + 能力提升

外卖、团购、零售电商等三方平台流量的承接并通过自营渠道线上、线下、自提、外卖多种场景覆盖进行服务履约；除了提供基本的产品销售服务，门店还需要关注消费者的深度需求，保证消费者的每一次消费体验符合预期。例如，通过提供个性化的饮品推荐、举办有趣的线下活动、建立会员体系等方式，增强与消费者的互动与黏性。这种深度运营不仅可以提升消费者的购物体验，还有助于收集消费者的反馈，为新品开发和营销策略优化调整提供有力支持。

3. 营销力，IP+ 内容传播

通过与知名 IP 进行合作或者打造自有 IP，结合有趣的内容传播，吸引更多消费者关注和喜爱品牌。例如，利用社交媒体、短视频等平台进行内容的创作与推广，提高品牌的曝光度和影响力；推出具有特色 IP、门店风格和独特风味，或者创新元素的产品，满足消费者的尝鲜需求和个性化追求，这种特色产品不仅作为品牌的差异化竞争点，还有助于引发消费者的口碑传播，如"蜜雪雪王"；通过策划和参与具有话题性和传播性的事件，如节日活动、公益活动、线上线下互动等，提高品牌的知名度和美誉度，迅速吸引消费者的注意力并激发他们的参与热情，如"秋天的第一杯奶茶"；万物皆可联名，与其他知名品牌或IP进行联名合作，拓展品牌的影响力并吸引更多潜在消费者。通过联名产品的推出和联合营销活动的开展，实现资源要素共享和互利共赢，如"酱香咖啡""范特西"。

第6章
深踩油门　借数加速
新质劳动资料：增长数字化运营力的建设路径

"Excellent firms don't believe in excellence-only in constant improvement and constant change."

"卓越的公司不相信卓越——它们只相信持续改进和不断变革。"

Tom Peters & Robert Waterman，*In Search of Excellence*
托马斯·彼得斯和罗伯特·沃特曼，《追求卓越》（1982年）

第 6 章 深踩油门 借数加速 新质劳动资料：增长数字化运营力的建设路径

我们在第 5 章分析了 9 个典型行业面向未来发展的增长核心业务驱动力，本章介绍数字化运营力体系，如图 6-1 所示。核心业务驱动力需要数字化运营力来支撑，将 4 个驱动力在价值链前端（成品出厂至消费者消费）分解成对应的 8 个领域级数字化运营力和 2 个企业级数字化运营力，再通过业数融合的数字化运营支撑 4 个驱动力能够在企业层面被各个部门协同实施了推进落实。4.3.6 小节介绍过：数字化运营力建设有四阶段：①节点在线化：基于单体业务建设单体系统应用，积累单维度数据；②业务一体化：打通货物流、单据流和资金流，基于业务中台构建一体化应用，解决数据的业务原生和业财数据的关联性问题，基于关联数据形成领域级运营和协同能力；③运营数字化：基于数据基础，将增长运营指标关联到即定资源效率最优化，逐步逼近最优效率执行和资源配置模式，并将数据模型嵌入关键环节，实现业务过程的高效性和可控性，并实现业务、财务和数据的高度关联，为增长运营指标分析提供有

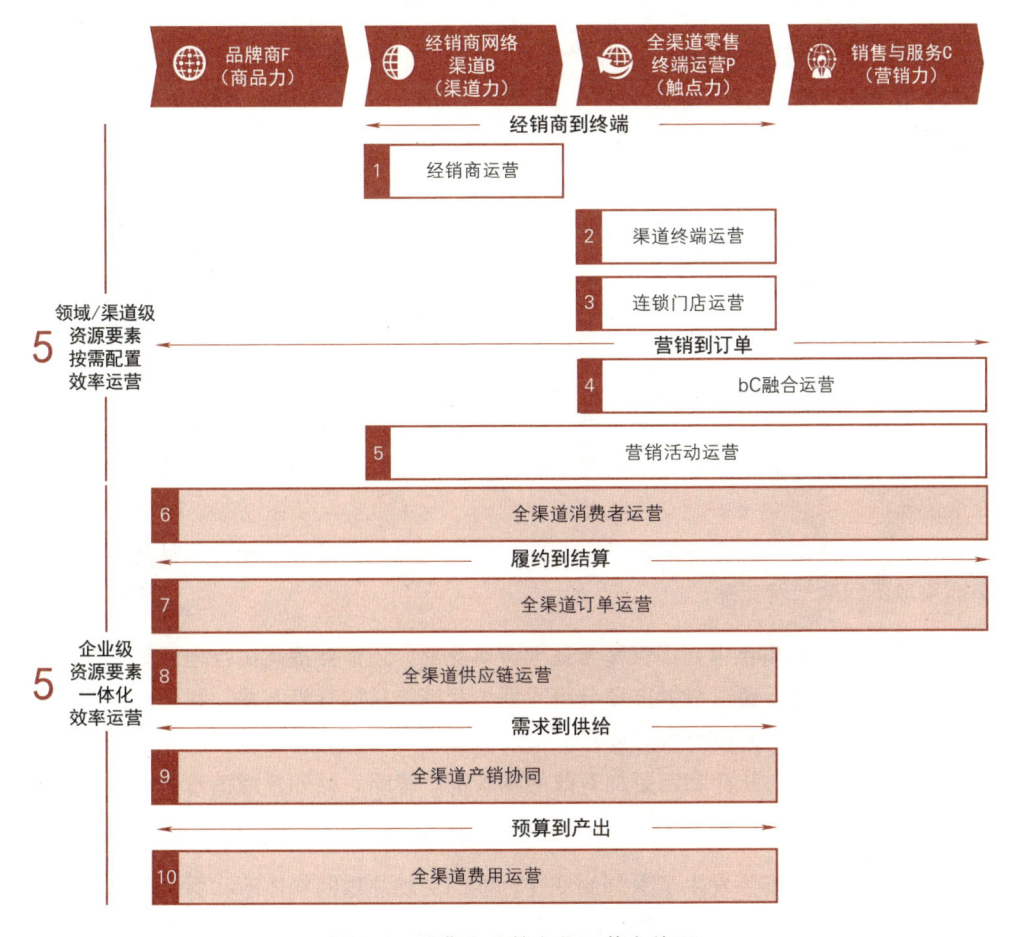

图 6-1 消费企业数字化运营力体系

效基础数据；④**决策智能化**：基于数据智能应用，对增长和效率策略优化和焦点问题的影响因素做弹性分析和根因探察，寻求可扩展资源效率最大化基础上的最优策略模式。新一代的企业数字化系统需要具备资源平台化、全链路化、能力赋能化、架构新技术化特点，支撑起业务驱动力和各个领域数字化运营力的不断迭代升级，高效赋能和服务前端各增长源头。

与"千商千面"的渠道伙伴携手拥抱数字化转型，赋能"千军万马"增长源头释放活力，连锁门店"千挑万选"，获得规模扩张和效益增长的最佳平衡；通过营销活动搭建品牌与消费者"千丝万缕"的数字化新桥梁，深化"千人千面"的消费者运营，把握增长的根本源头；通过 bC 融合运营，品牌商才能拥有自有的"千姿百态"的线下私域运营阵地；协同全渠道订单业务，满足"千家万户"的差异化运营需求，数字化供应链敏捷才能应对"千变万化"的不确定性。

纵有"千斤重担"在身，也得"千淬百炼"，才能真正打造出"决策千里"之外的数字化运营力，企业未来纵有"千山万水、百转千回"，也能发展得"万里挑一、独占鳌头"。

6.1 经销商到终端

6.1.1 经销商运营：与"千商千面"的渠道伙伴携手拥抱数字化转型

在数字经济时代，消费企业已经成功实现了经销商的有效管理，经销商也成为这类企业的基本盘业务。经销商数字化转型是传统企业与经销商提升市场竞争力的必经之路，利用数字化技术进行业务转型，以提高效率、降低成本、增强竞争力，同时也是企业在不断变化的市场环境中应对挑战和抓住机会的关键。随着时代的发展，经销商面临着必要的转型——弱化传统的订单业务、仓配业务和资金功能，而更多地扮演生态合作伙伴的角色。企业需要基于数据分析，构建经销商运营能力，针对不同的经销商采取不同的运营策略。

经销商在新的角色中，不仅需要处理订单交易，还需要提高在当地区域的品牌推广能力。品牌商可以通过提供市场分析数据、营销策略指导等方式，帮助经销商提升品牌的市场影响力。数据分析可以提供对消费者行为模式的深度洞察，让经销商了解消费者的真实需求，从而制定更加有效的品牌推广策略。此外，经销商还需要提高终端运营能力。

消费者的购买行为发生了深刻的变化，他们更加注重购物体验和服务质量。通过数据分析，经销商可以了解消费者的购物体验需求，优化店铺布局，提升销售服务能力，构建更好的购物环境。

降低渠道库存风险也是经销商需要关注的问题。过多的库存会增加企业的运营压力，通过数据分析，品牌商可以预测市场需求，控制生产量，避免过多库存的产生。同时，经销商也可以根据数据分析，调整自身的采购策略，降低库存风险。

品牌商与经销商之间的关系需要变得更加紧密。在新的合作模式下，品牌商和经销商需要共享进销存数据，实现信息的透明化，这样可以更好地协调供应链，提高运营效率，实现双方的共赢。

阶段一：节点在线化，经销商业务全链路端到端在线

在这个阶段（见图 6-2），企业开始将经销商管理的关键节点在线化，如经销商信息的录入、订单处理、库存查询等。经销商能够通过在线平台或系统查看产品目录、提交订单、查询库存和订单状态。初步实现数据的在线收集、整理和查询，但数据共享和协同能力有限，主要集中在单个经销商或业务环节。各个单体业务和管理系统是品牌商为解决某类业务或某类角色搭建的数字化工具，是与经销商业务连接的触点，通过业务逻辑的梳理、流程规范以及技术手段，能够做到实时数据互通，完成全链路节点在线。

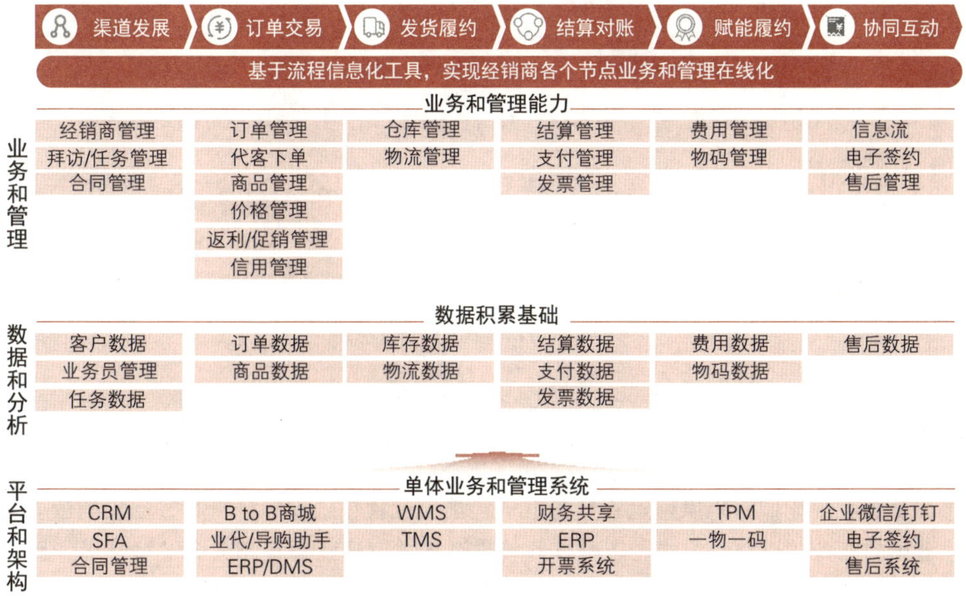

	渠道发展	订单交易	发货履约	结算对账	赋能履约	协同互动
	基于流程信息化工具，实现经销商各个节点业务和管理在线化					
业务和管理	业务和管理能力					
	经销商管理 拜访/任务管理 合同管理	订单管理 代客下单 商品管理 价格管理 返利/促销管理 信用管理	仓库管理 物流管理	结算管理 支付管理 发票管理	费用管理 物码管理	信息流 电子签约 售后管理
数据和分析	数据积累基础					
	客户数据 业务员管理 任务数据	订单数据 商品数据	库存数据 物流数据	结算数据 支付数据 发票数据	费用数据 物码数据	售后数据
平台和架构	单体业务和管理系统					
	CRM SFA 合同管理	B to B 商城 业代/导购助手 ERP/DMS	WMS TMS	财务共享 ERP 开票系统	TPM 一物一码	企业微信/钉钉 电子签约 售后系统

图 6-2　经销商运营——节点在线化

263

阶段二：业务一体化，经销商运营全价值链业务在线

经销商营销业务的数字化是围绕经销商"交易业务、政策激励"的全链路一体化，形成品牌商与经销商在线高效的业务协同效应，提升对经销商的服务、高效投放，提高渠道收益。企业整合经销商管理流程，实现经销商与总部、其他业务部门之间的数据共享和协同。建立统一的经销商协同平台，提供订单管理、库存管理、财务管理等功能，支持经销商与总部的无缝业务交易和管理对接。经销商可以实时查看产品库存、销售订单需求、物流状态等信息，便于更好地完成交易闭环。总部可以实时掌握经销商的业务情况，为经销商提供一体化交易链路支持，如图6-3所示。

	渠道发展	订单交易	发货履约	结算对账	赋能履约	协同互动
	经销商交易、政策、结算对账全链路一体化协同和贯通，实现有效的控盘分利					
业务和管理	**交易流**					
	要货计划 [周期计划、插单]	业代/自助下单 [合同资金校验、寻源]	组合扣款 [账期、信用、返利、银联]	履约查询 [运输跟踪、签收]		售后客诉 [随单售后、无单售后]
	政策流					
	返利制定 [经销协议在线签约]	返利计算 [任务在线、到期计算]	返利对账 [在线明细对账]	返利申请 [对账后兑付申请]		返利兑付 [财务上账]
	促销政策制定 [搭赠、折让、货返]	促销政策投放 [区域、渠道、客群]	促销政策执行 [随单享受政策]	促销政策兑付 [后返兑付]		促销政策分析 [政策产出分析]
	费用资源申请 [销量/费率预估]	活动执行 [凭证/数据采集]	活动结案 [单据/凭证上传]	费用核销 [兑付方式/对象]		费用分析 [费用产出、客户]
数据和分析	**单据流**					
	账单生成在线对账闭环		账户及流水在线查询		在线开票及发票账户查询	
	客户拓展 合作入驻在线	要货计划 下单支付在线	商品分配 履约跟踪在线	任务目标分解 完成率在线	政策在线投放 核销兑付在线	结算对账在线 账户流水在线
平台和架构	业务应用 OMS B to B OCS WMS TMS MES 发票 BI OA ……	数据沉淀 商品|客户|店铺|订单|库存|对账|用户|……				
	业务中台	计划 | 商品 | 订单 | 库存 | 结算 | 客商				

图6-3 经销商运营——业务一体化

阶段三：运营数字化，经销商运营全场景数字化迭代

运营数字化即深入渠道运营全价值链，基于运营数据指标分析和数据模型嵌入流程节点的业务数据融合方式，以数据赋能渠道各关键运营角色和各个业务环节，助力渠道精细化运营能力提升，实现"千商千面"的经销商运营，推动渠道政策资源投放的效率最大化，如图6-4所示。

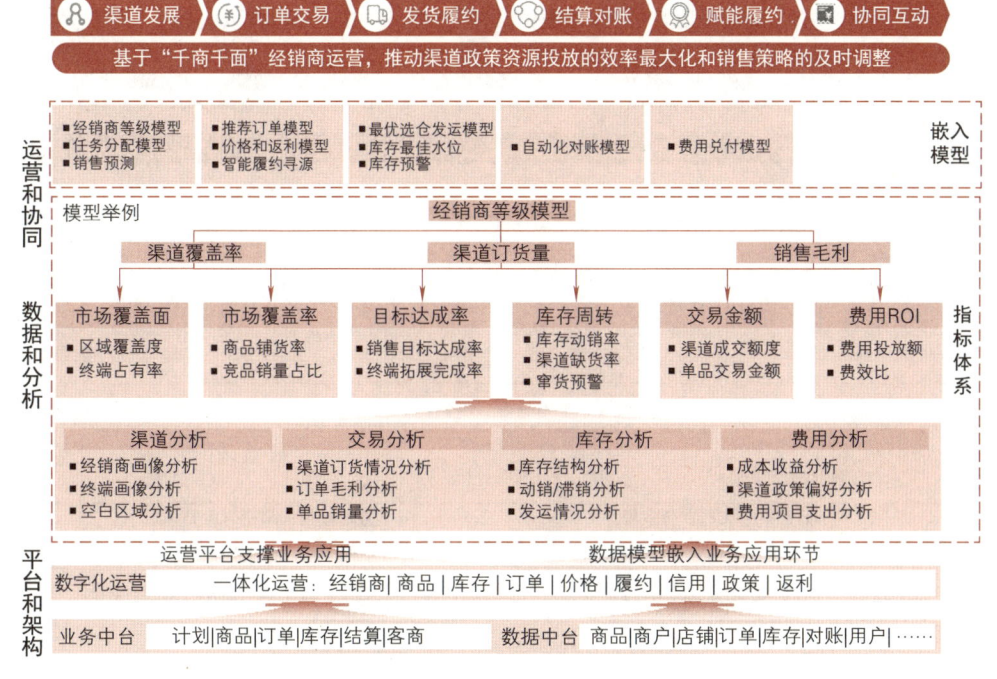

第6章 深踩油门 借数加速 新质劳动资料：增长数字化运营力的建设路径

图6-4 经销商运营——运营数字化

企业建立完善的经销商运营数字化平台，通过实时业务、财务数据收集和分析，能够实时监控经销商的运营状况，包括销售数据、库存情况、客户反馈等。利用"指标监测—差异分析—策略迭代—执行反馈"的运营逻辑，预测订单需求、优化库存水平、提高分货准确度和费用投放效益，调整渠道和终端促销政策等，为经销商提供更精准的支持和服务。经销商的运营效率、客户满意度和市场份额等指标均可得到显著提升。

阶段四：决策智能化，品牌与经销商协同与智能决策

基于分析与决策建议，为企业建立良好的协同机制，实现信息共享、资源互补、风险预警，以提升营销效果和降低风险。利用大数据、人工智能等先进技术实现经销商运营的智能化决策，通过机器学习、深度学习等技术手段，企业能够自动分析经销商的运营数据，预测销售趋势，识别潜在问题等。智能化决策系统能够提供个性化的经销商运营策略建议、库存管理方案等，帮助企业更准确地把握市场机会和经销商需求，帮助经销商更好地应对市场变化，提高整体运营效率和竞争力，如图6-5所示。

[图 6-5 经销商运营——决策智能化]

图中内容（自上而下）：

运营和协同：
- 渠道发展 | 订单交易 | 发货履约 | 结算对账 | 赋能履约 | 协同互动
- 渠道发展方向 | 销售任务确定 | 区域销售策略调整 | 控盘分利策略调整 | 供应链优化策略
- 满足渠道发展、销售策略调整、控盘分利策略调整、供应链优化等目标最优化的差异化运营需求

数据和分析：
- 渠道发展：渠道/客户（渠道覆盖分析、市场份额分析、经销商标签、终端标签）
- 订单运营：订单计划分析（计划准确率、交易量分析、订货偏好分析、商品推荐）
- 库存动销分析（渠道库存量、滞销畅销分析、库存结构分析、备货推荐）
- 政策赋能：政策费用分析（市场活动偏好、活动费效分析、费用预算分析、政策活动推荐）
- 渠道发展策略 | 产品组合策略 | 渠道铺货策略 | 库存优化策略 | 费用与促销策略
- 商品销量分析 | 库存分析 | 政策分析

平台和架构：
- 运营平台支撑业务应用 | 数据模型结果指导策略调整
- 数字化运营：一体化运营：经销商|商品|库存|订单|价格|履约|信用|政策|返利
- 业务中台：计划|商品|订单|库存|结算|客商
- 数据中台：商品|商户|店铺|订单|库存|对账|用户|……

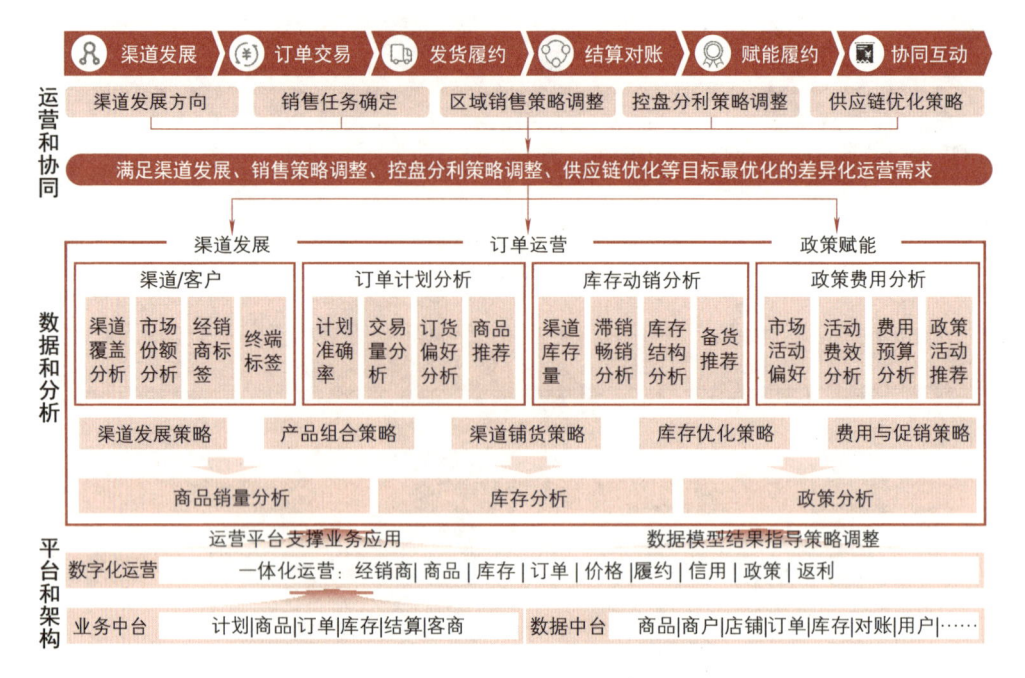

图 6-5 经销商运营——决策智能化

6.1.2 渠道终端运营：赋能"千军万马"增长源头释放活力

随着数字经济的发展，消费企业通过终端向品牌商订货、费用直接投向终端等手段，或终端在渠道商的订货被品牌商实时掌握并按终端动销下发渠道费用的方式推进直控终端，以提高终端销量和渠道销量预测的准确性，提升费用政策的效率，加快门店上新速度，降低整体渠道和门店库存等。然而，这一过程需要消费企业推进数字化运营，以实现零售终端运营效率的提升和增长驱动。另一方面，消费企业在终端话语权和门店配合度方面的差异，也对直控终端的推进提出了挑战。

首先，直控终端可以提升整体销量预测的准确性。在传统的经销模式中，销量预测往往依赖人工经验和历史数据，这使得预测的准确性和实时性受到限制。而在数字经济时代，消费企业可以通过收集和分析终端的实时数据，以便更精确地预测未来的销量并提前做出产能和原材料采购以及促销策略调整。这不仅能够确保产品的供应满足市场需求，并有效降低库存成本。其次，通过掌控终端动销，费用能够直接投向终端，使得单笔费用政策更加高效。这一点在传统的销售模式中是无法实现的。消费企业可以根据终端数据进行分析，以决定将费用和导购等营销资源投放到哪些具有潜力的终端，通过资源配置的结构性优化提高整体营销资源的效率和效果。再次，数字

第 6 章　深踩油门　借数加速　新质劳动资料：增长数字化运营力的建设路径

化运营还能提高门店上新速度。在传统销售模式下，由于信息传递的滞后，新品上市往往需要经过一系列烦琐的流程，而在数字经济时代，消费企业可以通过实时监控终端数据，及时发现市场变化，从而迅速决定新品上市的时机，快人一步抢占市场。最后，直控终端还有助于降低整体渠道和门店库存。在传统销售模式下，由于信息不对称，企业往往需要保持较高的库存以应对可能的市场变动，而在数字经济时代，消费企业可以通过实时监控终端销售数据，提高备货和补货的准确性动态调整库存，从而降低库存成本和风险。

然而，推进直控终端的过程并非一帆风顺，企业在终端的话语权和门店配合度方面的差异化也对此提出了挑战，消费企业在推进直控终端的过程中，需要充分考虑自身的品牌力和终端门店的配合度，以确保直控策略的有效实施。同时，消费企业还需要不断提升自身的数字化运营能力，以更好地应对模式转变的挑战，实现零售终端运营效率的提升和增长驱动。

阶段一：节点在线化，渠道终端节点在线化

这个阶段（见图 6-6）是实现渠道终端精细化、差异化运营的基础，通过业务价值链的梳理以及运营手段的实现，能够将实时终端数据在线化并做到数据互通，完成渠道终端网点的业务触达在线化。

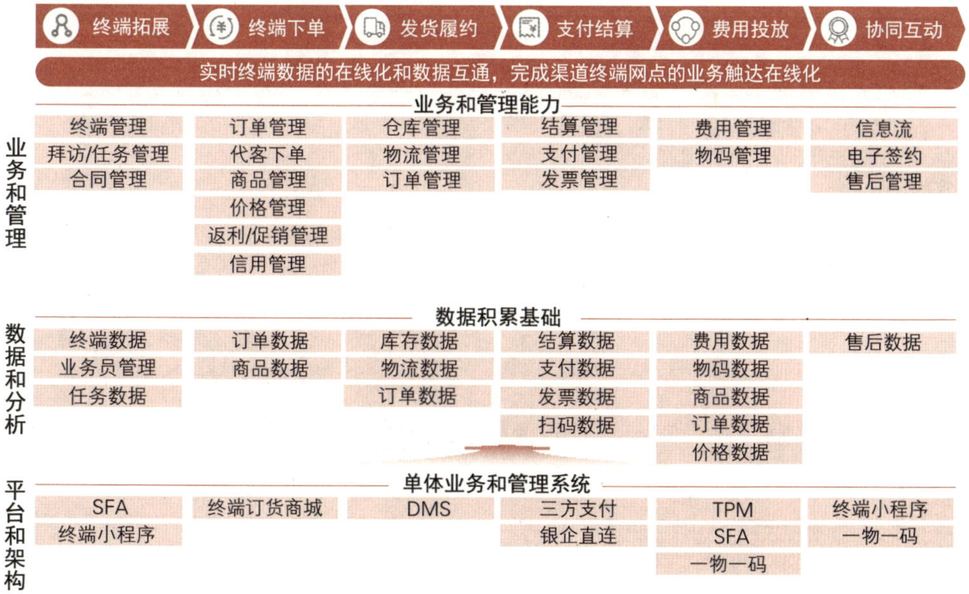

图 6-6　渠道终端运营——节点在线化

企业开始将终端运营的关键节点进行在线化,实现基础信息的在线管理。例如,终端的注册、认证、产品信息录入、基础订单处理等流程都通过线上系统完成。节点在线化使得企业能够实时获取小B端的基础运营数据,为后续的业务一体化和运营数字化奠定基础。同时,这也有助于提高小B端的运营效率,降低双方沟通成本。从品牌到经销商,到终端网点的全链路价值链运营触角下沉。通过终端的在线化,消除传统渠道模式下的数据断层,积累全链路数据。费用投放直达终端,可在一定程度上直接支持终端发展和业务活动的开展。

阶段二:业务一体化,渠道终端全价值链业务在线

相较于对单点环节的在线化改造,该阶段需要更加漫长且困难的过程,如图6-7所示。基于在线化基础,横向延长多维价值链条,完成不同价值链间的相互联通,实现渠道终端全价值链业务在线。通过终端交易和费用兑付在线化,品牌商直接开展终端"秒杀"、促销活动,打通品牌到经销渠道到终端的业务和费用全链路数据。按照以销定费的费用预算和投放逻辑,将费用兑付与终端动销挂钩,提升费用投放效率和效果,减少费用浪费及舞弊风险。全链路一体化数字化运营,建立统一的业务运营标准,降低管理难度、简化流程,提升管理效能。基于一物一码的码营销数字化场景,可快速建立品牌触达终端和消费者的能力及活动场景,提升终端活跃及品牌忠诚度,有效防止窜货。

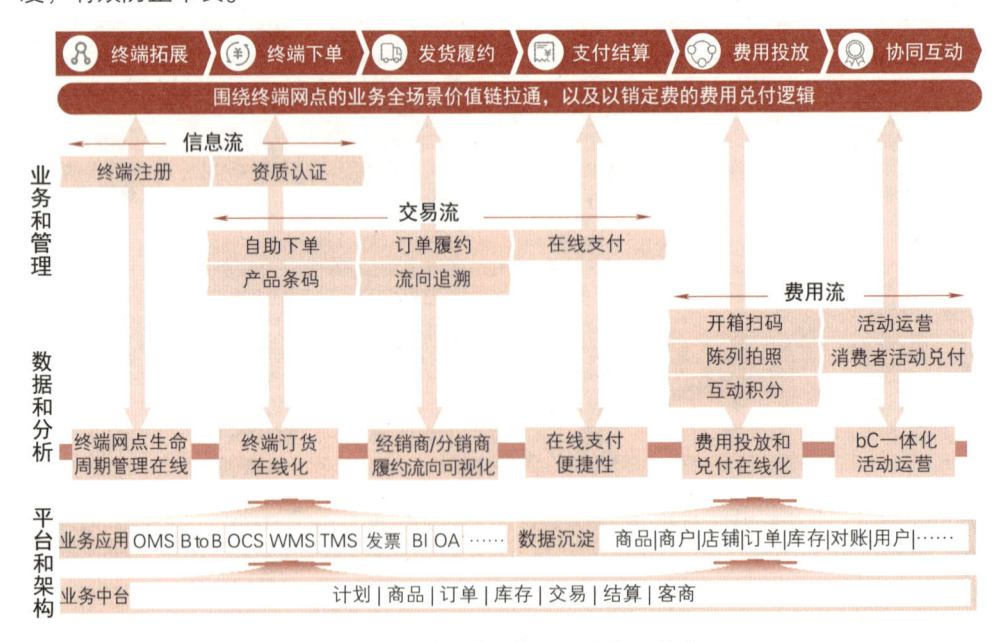

图6-7 渠道终端运营——业务一体化

阶段三：运营数字化，渠道终端全场景数字化迭代

提高交易数据透明度、费用流程高效直达终端等指标，可为提高业务执行的准确度、效率和管控风险提供条件。运营数字化及终端标签可以提高渠道终端"千店千面"的运营能力。通过数字化运营指标了解终端画像及区域市场的差异化特征，通过建立差异化的运营策略，实现品牌对不同终端的识别、洞察与运营，提升渠道市场占有率及产品动销率。基于业务场景建立原生数据及数据业务关联性，确保数据源有效采集，包括实时数据源高效转化及数据的补齐维度，通过数据支撑渠道终端的识别与运营。从管理侧缩短业务链路，品牌可直接触达终端，从运营侧满足渠道差异化运营需求，从营销侧提升终端网点服务体验。终端网点的数字化除了传统信息流以外有更多样化的信息，凭借关键技术推动带来的数据可运营、可采集和可信赖能力，实现渠道终端数据透明、决策敏捷、流程高效，如图 6-8 所示。

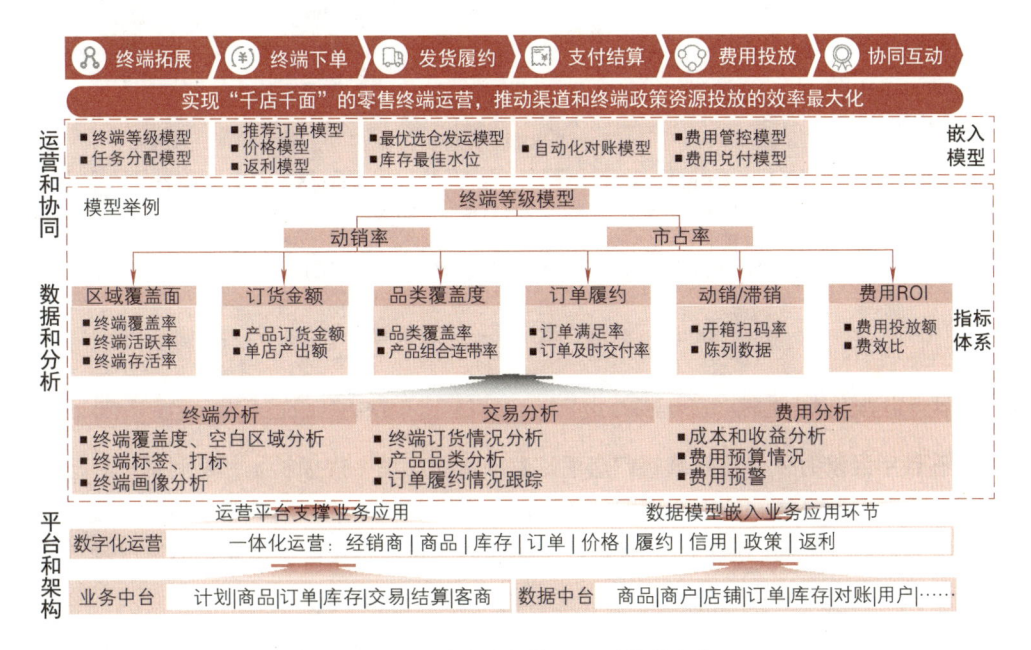

图 6-8 渠道终端运营——运营数字化

阶段四：决策智能化，渠道终端"千店千面"的智能运营决策

从业务一体化、运营数字化向决策智能化演进，从终端运营策略优化角度出发，基于数字化的分析与预测，实现渠道终端业务价值链的整体协同，构建数智技术驱动的终端运营决策智能服务。渠道终端网点的运营数据模型，能够根据市场变化和业务需求，动态调整终端网点的规划和执行，实现终端网点的差异化运营；同

时在交易预测或终端识别时，能够通过建模分析或可视化模型，快速找出业务和管理中潜在的问题或者实现更优的调整，为终端网点提供智能化的决策支持，如图 6-9 所示。

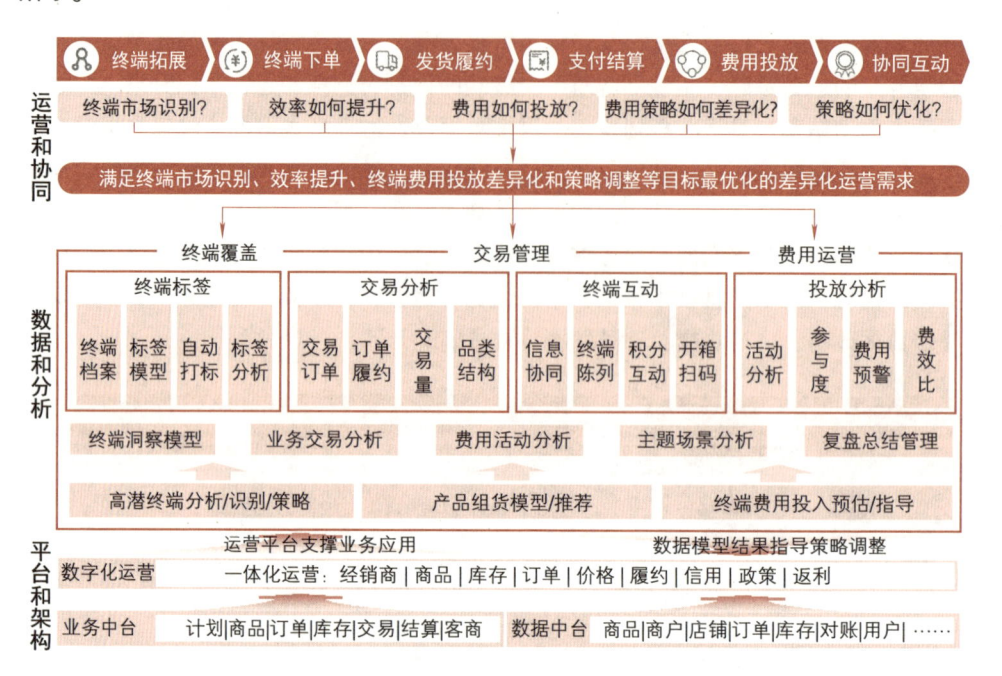

图 6-9 渠道终端运营——决策智能化

6.1.3 连锁门店运营："千挑万选"获得规模扩张和效益增长的最佳平衡

在数字经济时代，品牌连锁门店面临着不可能三角（规模扩张、毛利提升和标准化程度提高）三者之间的平衡问题。通过以消费者为中心的门店精细化运营，挖掘精细化潜力，对于提高门店标准化程度、提高门店销量、提高拉新政策的效率、降低门店库存等方面均有益处。

规模扩张是品牌连锁门店发展的重要因素。可以通过开设更多的连锁门店扩大市场占有率，提高品牌知名度，但在扩张过程中，企业必须考虑其管理能力和资源配置匹配度。基于精准市场分析，可有针对性地布局新的连锁门店，从而实现快速而有序的发展。毛利提升需要企业在保证产品质量的基础上，通过提高效率降低成本，这其中精细化运营是关键。例如，企业可以通过精细化的库存管理，减少库存积压，降低库存成本，从而提高毛利率。企业还可以通过对消费者行为的分析，进行精准营销，提高销售额，进一步提高毛利率。标准化程度的提高是提升连锁门店竞争力的关键因素，确保门店在不断扩张过程中，保持一致的品牌形象和较高的服务质量。

首先，精细化运营有助于提高门店的标准化程度。 在快速规模扩张的过程中，品牌连锁门店企业需要通过以消费者为中心的精细化运营，实现店铺的标准化。通过数字化技术收集和分析消费者数据，企业可以清晰了解消费者需求，进而形成标准化的运营流程。**其次，精细化运营可以提高门店销量和毛利。** 通过对消费者行为的深度分析，连锁门店可以更精确地满足消费者需求。精细化的货品管理和采购管理也可以帮助企业降低成本，从而提高销售额和毛利。**再次，精细化运营有利于实施更高效的拉新政策。** 通过对消费者数据的挖掘和分析，连锁门店可以设计出更具吸引力的营销活动，有效吸引新客户。同时，精细化的门店店务管理也有助于提升消费者的购物体验，进一步提高拉新效率。**最后，精细化运营有助于降低门店库存，** 通过对销售数据的实时跟踪和分析，品牌连锁门店可以及时调整库存，避免商品积压，从而降低库存成本。

以消费者为中心的门店精细化运营有助于品牌连锁门店企业实现规模扩张、毛利提升和提高标准化程度间的平衡。然而，实现精细化运营需要企业不断提升数字化运营能力，包括数据收集、分析和应用能力等，以便更好地适应市场变化，提高连锁门店的运营效率并驱动增长。

阶段一：节点在线化，门店全业务触点在线

通过对零售门店经营管理的各个环节进行业务梳理，通过技术手段实现全业务相关节点在线化，提升总部管理能力和门店经营能力，形成业务数据沉淀。企业开始将连锁门店运营的关键节点进行在线化，如门店管理、库存管理、销售数据收集等，通过引入门店管理系统（POS系统）和相关的在线化工具，实现数据收集和处理，为后续的运营优化提供基础。节点在线化使得企业能够实时掌握各门店的运营状况，为总部对门店的监控和管理提供便利。同时，这也为后续的业务一体化和运营数字化奠定了基础，如图6-10所示。

阶段二：业务一体化，门店全场景业务在线

基于业务节点在线化，梳理零售门店经营过程中的多业务链条，完成多业务场景的闭环及相互联通，实现零售门店全场景业务在线。不仅实现了门店运营的在线化，还通过整合多个系统或平台，实现了总部与门店之间业务流程的无缝衔接，包括供应链管理、财务管理、人力资源管理等多个方面。通过连锁门店数字化平台，搭建基础通用能力，实现会员经营、商品交易、动销策略、业绩目标、SOP任务系统、离店交易等核心业务从决策到执行到效果评估的整体在线闭环，如图6-11所示。

韧性增长： 消费企业智胜未来的新质生产力

	门店发展	终端下单	门店引流	到店服务	离店经营	业绩考核
	通过技术手段实现门店全业务相关节点在线化，提升总部管理能力和门店经营能力，形成业务数据沉淀					

业务和管理能力

业务和管理	门店管理 拜访/任务管理 合同管理	订单管理 消费者下单 商品管理 价格管理 促销管理	消费者管理 积分管理 订单管理 营销管理	订单管理 支付管理 发票管理 消费者管理 积分管理	订单管理 营销管理 消费者管理	任务结果 绩效考核

数据积累基础

数据和分析	门店数据 任务管理 合同数据	订单数据 商品数据 价格数据	商品数据 消费者数据 营销费用数据 订单数据	商品数据 任务数据 订单数据 价格数据 消费者数据	商品数据 任务数据 订单数据 价格数据 消费者数据 员工数据	绩效数据 员工数据

单体业务和管理系统

平台和架构	连锁管理系统 B to B商城 CRM	B to b商城	CRM 云店商城	门店POS 导购助手 企微SCRM	商城云店 导购助手 企微SCRM	连锁管理系统 导购助手

图 6-10　连锁门店运营——节点在线化

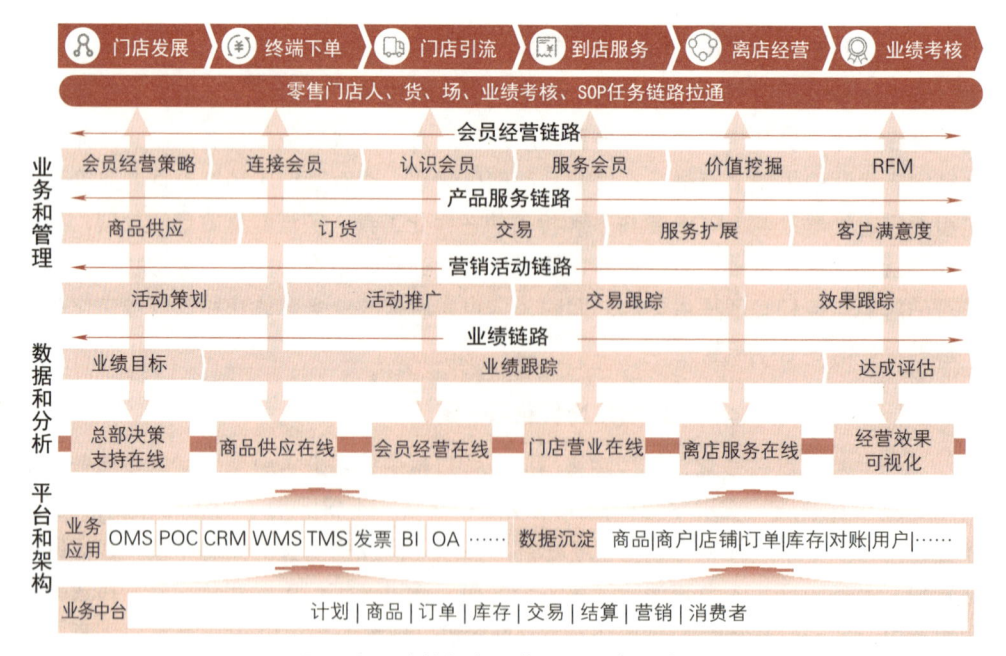

	门店发展	终端下单	门店引流	到店服务	离店经营	业绩考核
	零售门店人、货、场、业绩考核、SOP任务链路拉通					

会员经营链路

业务和管理	会员经营策略	连接会员	认识会员	服务会员	价值挖掘	RFM

产品服务链路

	商品供应	订货	交易	服务扩展	客户满意度	

营销活动链路

	活动策划	活动推广		交易跟踪	效果跟踪	

业绩链路

	业绩目标		业绩跟踪		达成评估	

数据和分析

	总部决策 支持在线	商品供应在线	会员经营在线	门店营业在线	离店服务在线	经营效果 可视化

平台和架构

业务应用：OMS POC CRM WMS TMS 发票 BI OA ……｜数据沉淀｜商品|商户|店铺|订单|库存|对账|用户|……

业务中台：计划｜商品｜订单｜库存｜交易｜结算｜营销｜消费者

图 6-11　连锁门店运营——业务一体化

第 6 章 深踩油门 借数加速 新质劳动资料：增长数字化运营力的建设路径

阶段三：运营数字化，门店全场景数字化运营

基于全场景业务数字化链路的打通，把控业务链路中的关键数据要素，通过数据可视化和阈值预警，提升运营决策层的决策准确性和及时性。深入零售门店数字化迭代，基于关键运营指标实现运营数字化，提高数据透明度、决策敏捷性、流程高效性等指标价值，并实现非预见性自我调整，为后续的决策智能化提供条件。运营数字化可以提高供应链的灵活性和韧性，为风险管理和持续改进提供保障。门店通过对运营过程中的数据进行实时监测和分析，实现运营的可视化和量化，提高运营的效率和质量，提高门店运营流程的优化与创新能力，如图 6-12 所示。

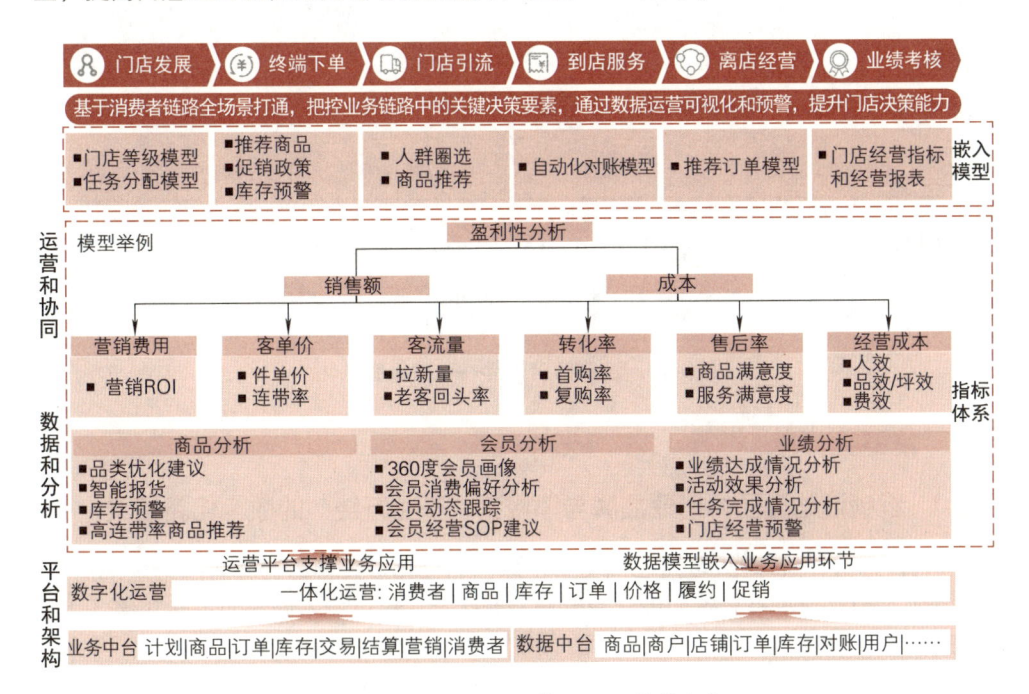

图 6-12 连锁门店运营——运营数字化

阶段四：决策智能化，零售总部智能决策、门店高效协同运营

在决策智能化阶段，从业务一体化、运营数字化向智能生态演进，从策略优化角度出发，基于数字化指标的分析与预测，掌握核心的监测指标，做到异常情况自动预警和经营动作标准化，实现经营决策层智能决策，门店高效协同运营。零售门店人、货、场多维度业务在线，关键业务指标监控，指导总部沉淀关键 SOP 经营动作，挖掘优质门店的经营模式，对商品、会员、营销、门店等多维度异常预警，让总部快速发现问题，快速决策应对，如图 6-13 所示。

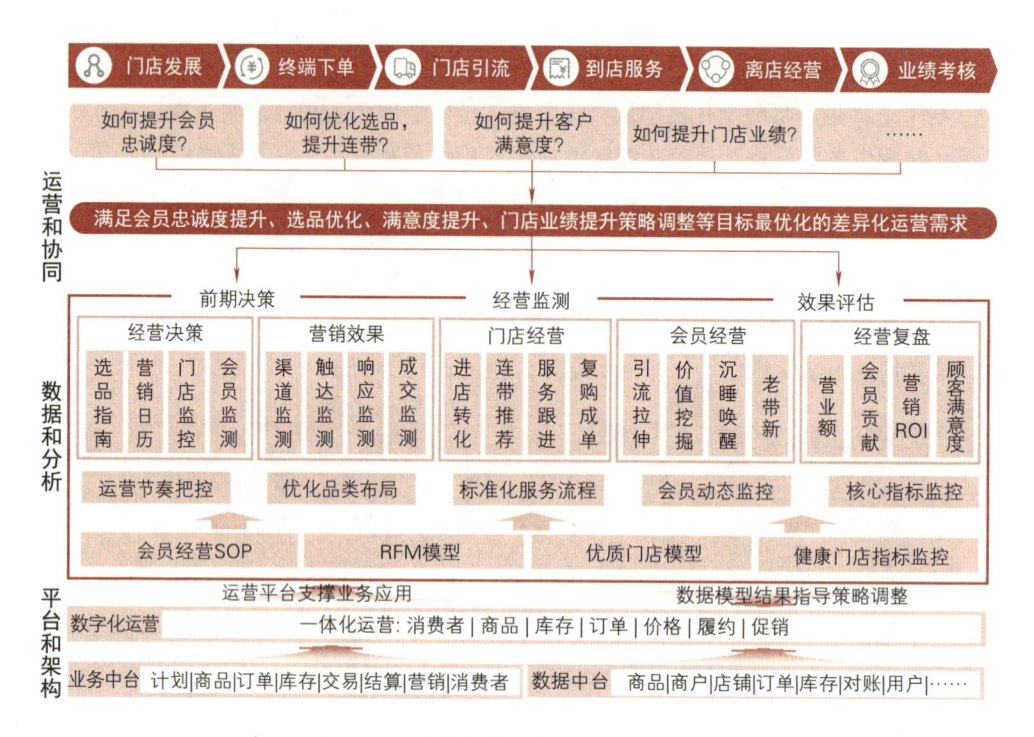

图 6-13　连锁门店运营——决策智能化

6.2　营销到订单

6.2.1　营销活动运营：搭建品牌与消费者"千丝万缕"的数字化新桥梁

消费者的行为和购买习惯已经发生了深刻的变化，在营销资源有限约束条件下，消费企业如何构建自身独特的数字化营销运营体系，以应对不确定的市场环境，成为企业发展的重要命题。

首先，消费企业需要深入了解消费者。消费者有着更为丰富的信息获取渠道和更高的选择权，而消费者的需求和偏好也变得更加多元和个性化。因此，企业需要通过大数据等技术手段，对消费者的行为和需求进行实时、精准的分析，以便进行更有效的针对性营销。其次，消费企业需要利用数字化工具和渠道进行营销，包括运用社交媒体、搜索引擎、移动应用等各类在线平台，通过内容营销、社交营销、搜索引擎优化等方式，将企业的产品和服务推送给消费者。同时，企业也需要对营销活动进行精确的定位和投放，以提高营销的效率和效果。再次，消费企业需要创新营销方式。消费者对于传统的教育式营销、广告和营销方式已经感到麻木并产生了抵触心理，而新兴的虚拟现实、增强现实等技术，以及故事化、游戏化等创新营销方式，可以帮助企业提供新颖、

第 6 章　深踩油门　借数加速　新质劳动资料：增长数字化运营力的建设路径

有趣的参与式消费体验，增强消费者的参与感，提高品牌的吸引力和影响力。

此外，消费企业还需要重视数据的安全和隐私保护。在进行数字化营销的同时，企业收集和处理的数据越来越多，如果不能有效保护消费者的数据安全和隐私权，不仅会引发法律问题，还会破坏消费者对企业的信任，对企业的品牌形象造成严重损害。

总体来说，构建数字化营销运营体系，是消费企业在数字经济时代应对不确定市场环境的重要策略。通过深入了解消费者、利用数字化工具和渠道进行营销、创新营销方式和重视数据安全，消费企业不仅可以提高营销资源投放的投入产出效果，还可以建立和维护与消费者的良好关系，从而在激烈的市场竞争中获得优势。

阶段一：节点在线化，营销活动全链路触点在线化

营销触点是消费者与企业进行互动和交流的接触点，覆盖营销活动业务链路各环节，通过业务场景和业务逻辑的梳理及技术手段的实现，能够获取触点数据，实现营销触点在线。营销活动全链路触点数字化需要放眼市场分析、营销策划、执行、转化、复盘的全流程思考解决方案。从整体出发，通过业务场景和业务逻辑的梳理及技术手段的实现，获取触点数据，实现营销触点在线化。在市场洞察、营销策划、活动投放、营销转化等层面的一体化业务协同将提升整体营销活动的业务协作效率，促进良性循环。各运营阵地之间通过节点的数据 ID 关联，建立统一流量会员订单转化数据链路，如图 6-14 所示。

阶段二：业务一体化，营销活动跨环节业务链路贯通一体化

相较于单环节和单应用的节点在线化，这是一个需结合运营策略持续精细化的过程，基于数字化能力底座，横向打通各环节的价值链条，实现营销活动全链路业务价值在线。搭建营销活动和内容运营平台，集成关联业务系统，开放营销服务能力，将营销计划、活动策划、营销投放、活动复盘业务域打通，植入 AI 内容产生和审查、内容分发、效果反馈和评价优化，实现业务域一体化的营销活动和内容管理。基于业务诉求打通组织间的系统数据，解决资源投入、方案策划、多组织渠道和终端活动投放、全域会员互动、销售转化、活动复盘没有完整业务数据闭环的问题，同时也解决了过程业务数据获取困难的问题。在市场洞察、营销策划、活动投放、营销转化等层面基于业务流贯通和一体化数据的业务协同，提升整体营销活动的业务协作效率，促进良性循环。业务一体化可帮助运营实时监控活动执行过程，及时发现过程中的异常数据，提升风险管理能力。基于营销链路数据整合，通过数据洞察对人群进行分层，基于更细颗粒度的人群细分、投放资源和转化效果等数据的关联性，为后续数字化运营奠定基础，如图 6-15 所示。

韧性增长： 消费企业智胜未来的新质生产力

| 计划制定 | 方案策划 | 活动执行 | 效果评估 | 策略优化 |

通过业务场景和业务逻辑的梳理及技术手段的实现，获取触点数据，实现营销触点在线

业务和管理

业务和管理能力
- 年度营销目标及预算 / 营销方案指标 / 用户互动 / 指标数据 / 模型优化
- 营销活动日历 / 目标客群洞察 / 指标达成 / 营销费用 / A/B测试
- 营销触点 / 分享传播
- 营销渠道

数据和分析

数据积累基础
- 费用数据 / 指标数据 / 消费者标签数据 / 指标数据 / 模型测试数据
- 活动列表数据 / 消费者洞察数据 / 营销活动数据 / 费用数据 / 测试结果数据
- 触点数据 / 营销转化数据
- 分享内容数据
- 转发数据

平台和架构

单体业务和管理系统
- 预算管理系统 / CRM / CRM / ERP / MA
- CRM / MA / 微信/社交平台

图 6-14 营销活动运营——节点在线化

| 计划制定 | 方案策划 | 活动执行 | 效果评估 | 策略优化 |

基于数字化能力底座，横向打通各环节的价值链条，实现营销活动全链路业务价值在线

业务和管理

触点流量可识别
- 触点系统打通 / 营销活动投放 / 活动入口标记 / 流量数据识别

互动传播数据可沉淀
- 消费者浏览渠道活动 / 参与话题互动 / 分享好友参与 / 链路数据沉淀

数据和分析

全链路路径数据可分析
- 预期目标达成和整体费用投入 / 流量新会员和交易达成数量 / 流量流转路径和流失环节发现 / 新会员拓展销售任务和活动转化 / 效果数据收集
- 基于目标效果的营销活动计划 / 消费者旅程需求、触点和内容适配 / 灵活多元化活动 / 基于目标的多维度效果数据 / 效果数据的策略优化

平台和架构

业务应用 CRM｜POS｜SCRM｜ERP｜码营销｜BI｜OA｜…… 数据沉淀 消费者｜商户｜门店｜订单｜结算｜对账｜用户｜……

业务中台 消费者｜商品｜订单｜库存｜交易｜结算

图 6-15 营销活动运营——业务一体化

阶段三：运营数字化，营销活动数字化运营迭代

基于营销数字化能力底座，结合业务特征和各环节运营策略，打造数字化运营全链路体系，助力提升精细化运营水平，提升企业营销资源有效性和费比竞争力。基于营销活动相关业务的一体化活动过程将数据模型嵌入各环节，支持环节的有效性和执行效果，实现运营过程的数字化；通过对运营维度（群体、投放点、商品单业务维

第6章 深踩油门 借数加速 新质劳动资料：增长数字化运营力的建设路径

度）的拆解，建设数字化运营全链路数据分析体系，帮助持续提升整体资源配置的运营效率和精细化运营水平。通过对运营业务链路逐级拆解并做数据分析，发现绩效达成的关键卡点，弥补过去依赖经验主观判断的缺陷，提升运营团队的整体运营水平。例如，通过数据分析和用户行为研究，能够更好地了解用户需求和偏好，从而提供更加个性化和优质的服务。同时，数字化运营能够通过数据反馈和用户评价来不断优化服务质量及提升用户体验，如图6-16所示。

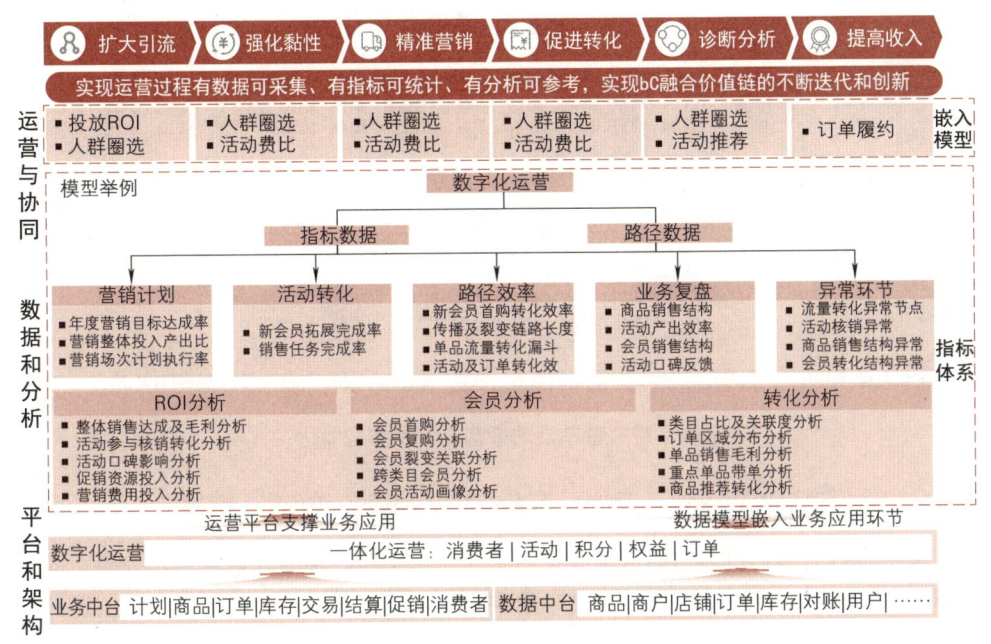

图6-16 营销活动运营——运营数字化

阶段四：决策智能化，营销活动智能分析及决策

通过数据分析与挖掘，为业务运营分析与业务决策提供数据支持，帮助探索新的营销场景，拓展新的增长点，从而构建数智技术驱动的一体化营销智能服务。基于营销策略优化的关键问题，基于运营数字化获取的全链路业务数据，通过对多维度数据的汇集、处理和分析，优化营销策略和资源配置，并对成熟的营销业务动作进行模型化沉淀，提升整体运营效率。通过数据分析，帮助识别业务链路中的指标环节，寻找解决问题路径，驱动业务创新和业绩提升并创造更多的资源要素增量，数据促进消费者增长、推进收入增长，以获得费用增长。通过智能化分析决策及自动化营销模型，将人力从重复性工作中剥离，分配更多时间和精力在业务创新和增长点的探索中，提升整体人效水平。通过数智技术持续完善业务运营模型，建立技术驱动的一体化营销，如图6-17所示。

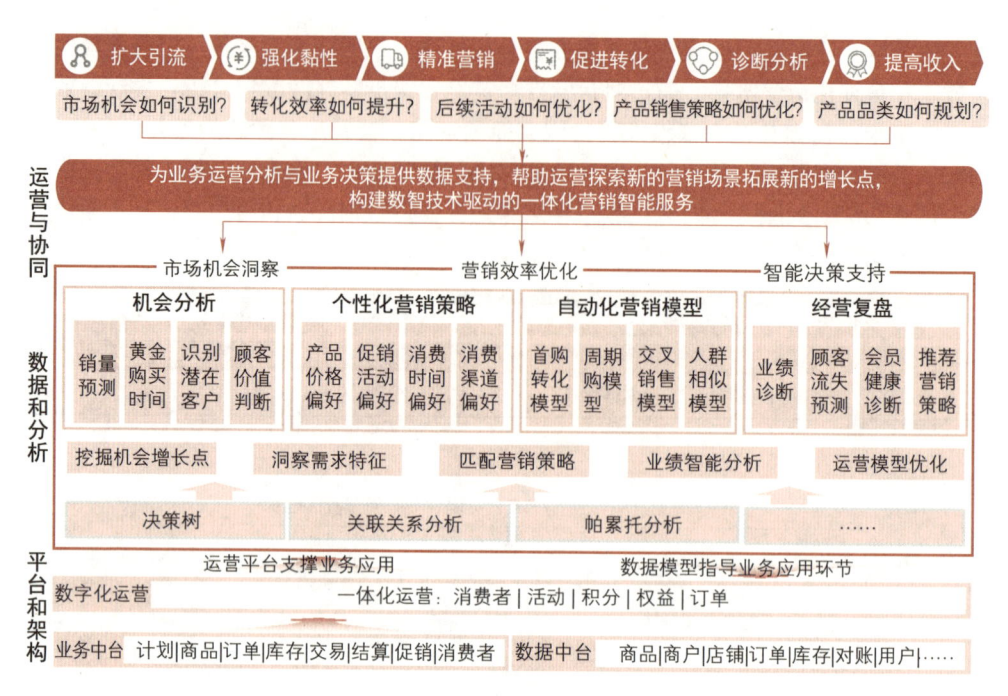

```
运营与协同  扩大引流  强化黏性  精准营销  促进转化  诊断分析  提高收入
          市场机会如何识别？ 转化效率如何提升？ 后续活动如何优化？ 产品销售策略如何优化？ 产品品类如何规划？

          为业务运营分析与业务决策提供数据支持，帮助运营探索新的营销场景拓展新的增长点，
                           构建数智技术驱动的一体化营销智能服务

                市场机会洞察              营销效率优化                智能决策支持

数据和分析
          机会分析              个性化营销策略           自动化营销模型              经营复盘

          销量  黄金  识别  顾客    产品  促销  消费  消费    首购  周期  交叉  人群    业绩  顾客  会员  推荐
          预测  购买  潜在  价值    价格  活动  时间  渠道    转化  购模  销售  相似    诊断  流失  健康  营销
               时间  客户  判断    偏好  偏好  偏好  偏好    模型  型    模型  模型         预测  诊断  策略

          挖掘机会增长点          洞察需求特征           匹配营销策略            业绩智能分析        运营模型优化

              决策树              关联关系分析              帕累托分析              ……

                 运营平台支撑业务应用              数据模型指导业务应用环节
平台和架构
          数字化运营          一体化运营：消费者｜活动｜积分｜权益｜订单

          业务中台｜计划｜商品｜订单｜库存｜交易｜结算｜促销｜消费者    数据中台｜商品｜商户｜店铺｜订单｜库存｜对账｜用户｜……
```

图 6-17　营销活动运营——决策智能化

6.2.2　全渠道消费者运营：深化"千人千面"的消费者运营，把握增长根本源头

消费者行为和消费习惯的深刻变化为企业带来了新的挑战和机遇。在不确定的市场环境中，如何构建自身独特的消费者数字化运营体系，是满足消费者需求、提升品牌影响力和竞争力的关键。

首先，对消费者的深度理解是构建数字化运营体系的基础。 数字化技术（如大数据和人工智能）使得企业能够实时、准确地获取和分析消费者数据，从而深入了解消费者需求、消费行为和消费习惯。通过对消费者的深度分析，企业可以更精准地实施个性化营销，提升消费者满意度和忠诚度。**其次，利用数字化工具和渠道提升消费者体验。** 企业可以通过各种数字化渠道，如社交媒体、移动应用等，与消费者进行互动，提供个性化服务，提升消费者体验。同时，利用数字化工具（如 CRM）可以帮助企业更有效地管理消费者关系，提升消费者满意度；利用新技术（如 AR、VR）提供独特的消费体验。**再次，创新运营模式是构建消费者数字化运营体系的关键。** 实施数字化运营，企业需要不断尝试和创新，找到最适合自己的运营模式。这可能包括开发更优化的消费者参与方式，如社区营销、内容营销等；实施精细化运营，将消费者分成不同的细分市场，针对每个市场实施个性化营销，从不同群体中发现最合适、最有价值的消费群体。**最后，数据安全和隐私保护是构建消费者数字化运营体系的重要**

第 6 章　深踩油门　借数加速　新质劳动资料：增长数字化运营力的建设路径

考虑因素。企业在收集、使用消费者数据的同时，必须重视数据安全和隐私保护，遵守相关法律法规，尊重消费者的隐私权。

总体来说，构建消费者数字化运营体系，是消费企业应对不确定的市场环境、满足消费者需求、提升竞争力的重要策略。在实施过程中，企业需深度理解消费者，利用数字化工具和渠道提升消费者体验，创新运营模式，并重视数据安全和隐私保护。

阶段一：节点在线化，消费者全生命周期触点在线

企业开始将消费者运营的各个关键节点进行在线化，如消费者注册、浏览、购买、评价等，实现数据的在线收集和处理。企业构建线上平台或系统，如官方网站、APP、社交媒体等，以实时捕捉消费者的行为数据。同时，利用数据分析工具对收集到的数据进行初步处理和分析。节点在线化使企业能够初步建立与消费者的在线化触达和链接，为后续的业务一体化和运营数字化打下基础。同时，企业开始意识到消费者数据的重要性，为后续的数据分析和精准营销提供了基础，如图 6-18 所示。

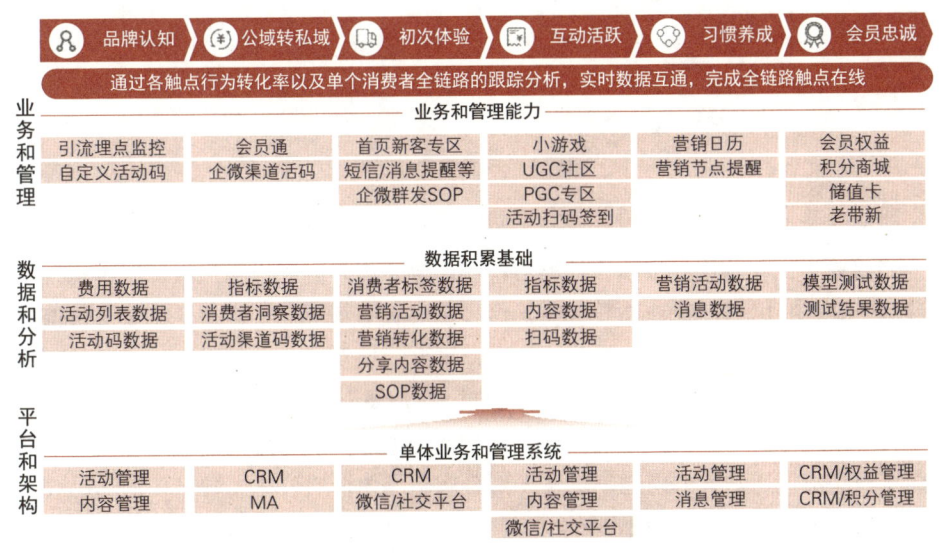

图 6-18　全渠道消费者运营——节点在线化

阶段二：业务一体化，消费者全生命周期一体化运营

实现多层级业务在线化，分角色标准化运营消费者，使运营数据可视、运营动作可控、运营目标一致；通过全生命周期运营，让消费者基于品牌认知，认同品牌、忠于品牌。解决总部在全力宣传做营销拉新，但消费者到达门店后员工却无法将营销中的各项要点执行到位的问题；解决运营对消费者洞察欠缺，7 分凭经验 3 分凭感觉的模糊运营方法问题。从玩法多样性、操作标准化、业务协同等运营维度，提升整体消

费者运营执行效率，并构建"引流—测试—行为记录—效果评价"的一体化闭环流程，如图 6-19 所示。

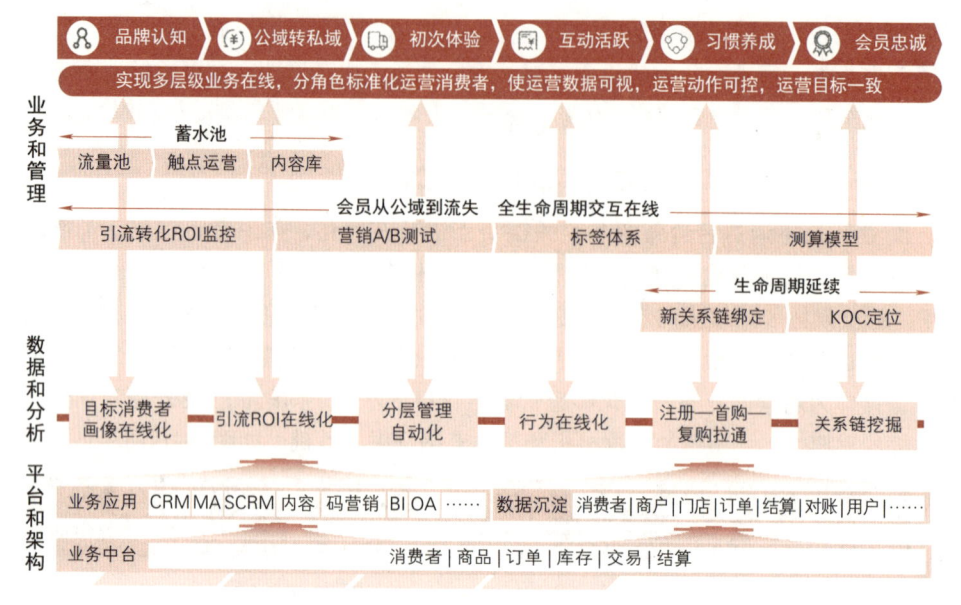

图 6-19　全渠道消费者运营——业务一体化

阶段三：运营数字化，消费者全生命周期数字化运营迭代

将消费者运营的核心指标依战略目标→波动指标→归因指标三级体系拆解，使运营目标一致，并指引运营动作数字化，保障多层级运营目标不偏差，将品牌价值观正确传达。通过对指标的拆解，并沉淀到运营平台数据看板，使多层级的运营管理关系清晰可视、运营动作可控，确保执行的方向一致，便于及时调整运营策略，单点提升、全盘调优。持续投入 ROI 较高的路径，优化弱势渠道，解决大锅饭式的运营方法无法落实责任到部门及到人的问题，以及无法分解到具体消费群体、触点和活动等细分维度的问题，使运营颗粒度更细，便于找到核心运营效率低的原因，如图 6-20 所示。

阶段四：决策智能化，消费者全生命周期智能决策

基于节点在线化、业务一体化、运营数字化，确定运营打法，执行动作，既可借助决策智能化使效率进一步提升，也可更满足消费者需求。从消费者运营策略优化角度出发，快速建立数据分析模型，提高问题解决效率，并能够通过专业和深入的分析，提供重要的策略优化参考依据。多维预测消费者需求，通过触点让消费者感知到需求的满足、服务的及时。在品牌公关、营销成本、执行效率上设置预警提示决策者进行有效管控。基于消费者潜在需求分析挖掘第二增长曲线，挖掘爆品及推动产品功

第6章 深踩油门 借数加速 新质劳动资料：增长数字化运营力的建设路径

能创新和新品研发，并通过预测推广可行性和回本周期，在执行过程中监控以便降低成本，驱动业绩增长，提升利润，如图 6-21 所示。

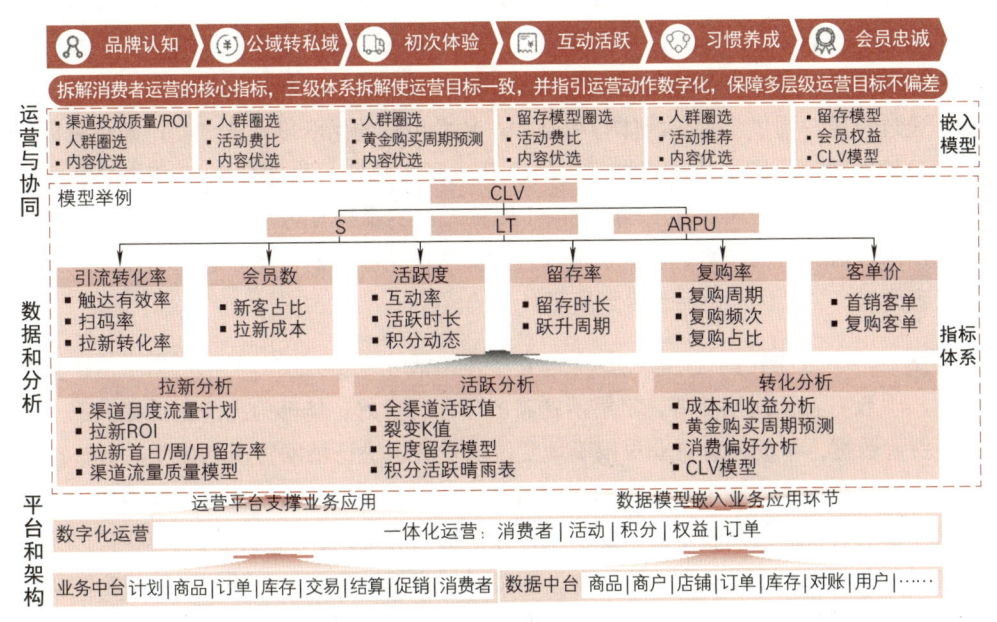

图 6-20 全渠道消费者运营——运营数字化

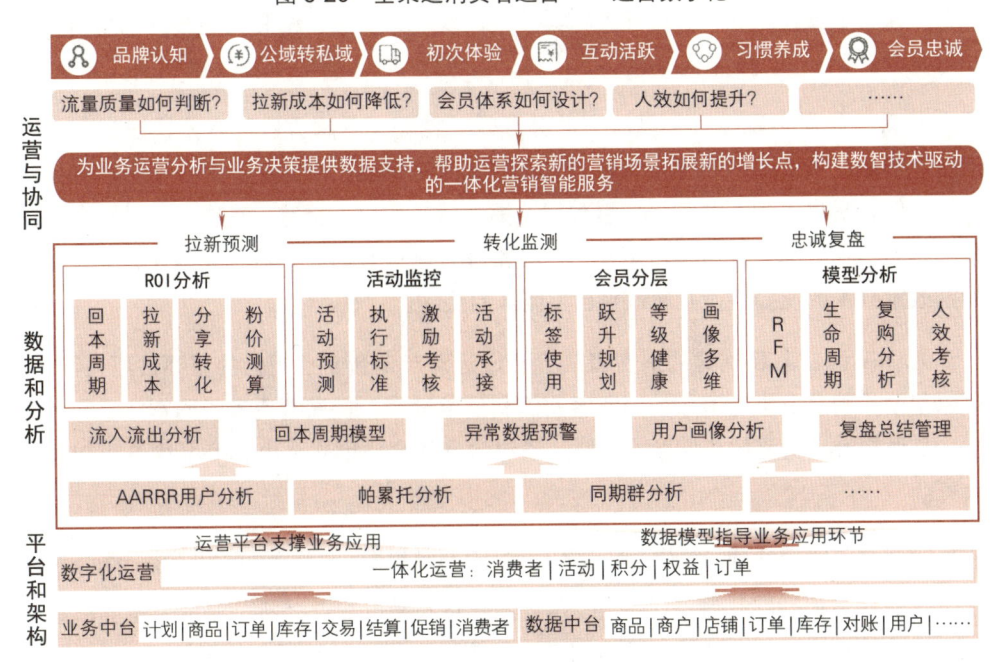

图 6-21 全渠道消费者运营——决策智能化

6.2.3　bC 融合运营：品牌商自有的"千姿百态"线下私域运营阵地

小 B（如专业门店导购、厨师、设计师、直销代理人、油漆工和服务员等）作为 C（消费者）端和品牌方的重要链接，其构建的消费者线下私域对消费企业运营的重要性日益凸显。消费者私域运营，是指企业建立并管理一个相对独立、封闭的用户社区，通过为用户提供个性化的体验和服务，激发用户的活跃度和忠诚度，最终驱动销售和口碑传播。区别于传统终端门店的小 B 类型和特征，生态化小 B[笔者更愿意称之为小 P，即生态合作伙伴（Partner）]具有天然的多样化劳动者特征，在消费者个性化需求日益突出的趋势下，特别是一些需要个性化服务的行业，这种小 B 可以应对消费者需求，这个优势是品牌公域所不具备的。

第一，小 B 构建的线下私域运营可以帮助品牌企业实现有效的消费者引流和精准营销。小 B 直接面对消费者，了解消费者的需求和喜好，能够为品牌企业提供第一手的消费者数据，帮助品牌企业更精确地定位消费者，进行精准营销。第二，小 B 的线下私域运营有助于提高消费者的购物体验和满意度，从而提升消费者的忠诚度。小 B 可以根据消费者的需求和喜好，提供个性化的服务和体验，例如，门店导购可以为消费者提供专业的产品推荐和购物指导，厨师可以根据消费者的口味偏好提供定制化的菜品，油漆工可以根据消费者的需求提供专业的涂装服务。第三，生态化小 B 的私域运营效果会直接体现在推荐转化上，其收益体现非常直接，小 B 具有很强的意愿进行私域运营。

那么，如何实现小 B 和品牌方的共赢呢？首先，品牌方应该充分认识到小 B 在消费者引流、精准营销和提升消费者忠诚度方面的重要作用，给予小 B 适当的权力和赋能，例如提供培训、共享消费者数据、提供营销效果支持等。其次，提供数字化工具，提高工作效率，并将私域运营、产品推荐、培训互动、收益分成等在线化，提高促销政策分发的便捷性，并通过平台控制风险底线。

总体来说，小 B 构建的消费者线下私域运营对消费企业运营的重要性不言而喻，可以帮助品牌企业进行有效的消费者引流和精准营销，提高消费者的购物体验和满意度，从而提升消费者的忠诚度。同时，通过合理的合作模式，小 B 和品牌方可以实现共赢。

阶段一：节点在线化，bC 融合全链路触点在线化

单点环节的数字化触点，是 bC 融合各链路的触点起点，通过业务逻辑的梳理以及在线化工具的支持，能够完成实时数据汇集，完成全链路触点连接。建立 bC 融合全链路的业务触点，实现多个环节触点数据的汇集，提高 bC 融合运营的数据质量和可视性，为后续的业务一体化和运营数字化打下基础。建立品牌 to C（面向消费者）的运营阵地，在渠道分销业务之外，开始建设品牌 to C 的运营能力，设计消费者忠诚体系，打造消费者线下有温度的互动运营阵地。建立商户 to C 的联动触点，通过发券核销、扫码抽奖等形式，把商户纳入 to C 运营的整体链路的部分环节，开始建立商户 to C 的联动运营触点，实现初步 bC 融合。将价值链数据初步整合，将 bC 融合全链路横向拉通，驱动流程中关键要素的数据整合，开始将消费者触点数据与商户触点数据进行关联，实现全链路数据采集，如图 6-22 所示。

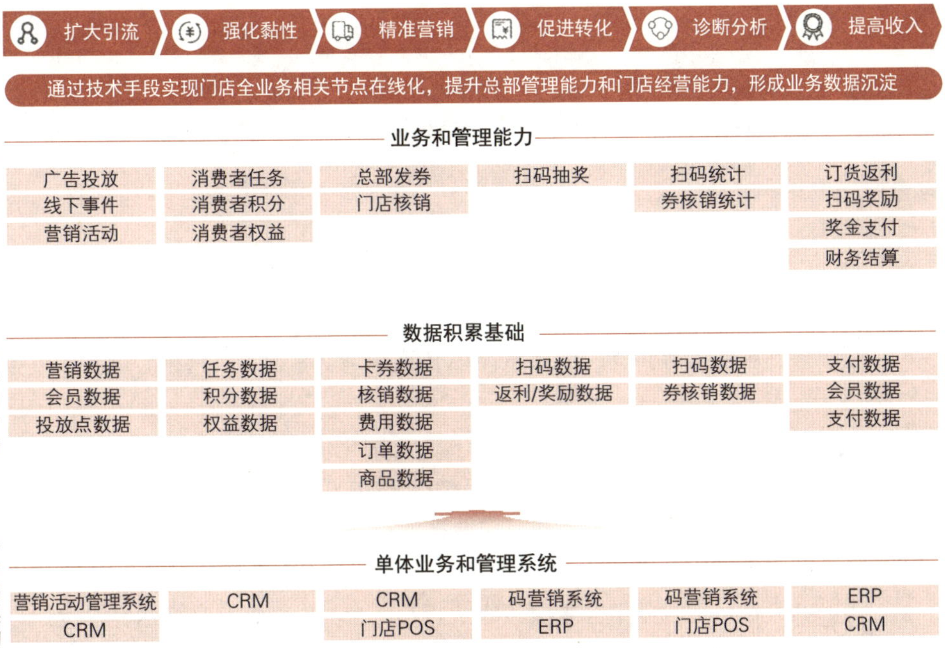
扩大引流
强化黏性
精准营销
促进转化
诊断分析
提高收入
通过技术手段实现门店全业务相关节点在线化，提升总部管理能力和门店经营能力，形成业务数据沉淀
业务和管理
业务和管理能力
广告投放
线下事件
营销活动
消费者任务
消费者积分
消费者权益
总部发券
门店核销
扫码抽奖
扫码统计
券核销统计
订货返利
扫码奖励
奖金支付
财务结算
数据和分析
数据积累基础
营销数据
会员数据
投放点数据
任务数据
积分数据
权益数据
卡券数据
核销数据
费用数据
订单数据
商品数据
扫码数据
返利/奖励数据
扫码数据
券核销数据
支付数据
会员数据
支付数据
平台和架构
单体业务和管理系统
营销活动管理系统
CRM
CRM
CRM
门店POS
码营销系统
ERP
码营销系统
门店POS
ERP
CRM

图 6-22　bC 融合运营——节点在线化

阶段二：业务一体化，bC 融合全价值链业务一体化

基于一体化系统，横向打通消费者运营、交易动销、激励结算相关组织，完成不同价值链环节的利益分配和效率提升，实现 bC 融合全价值链业务在线。以消费者运营、激励结算自动化为能力支撑，以云店为载体，品牌总部与终端协同经营消费者，承接产品推荐、促销分发、培训课程、物流反馈等功能，实现品牌总部与渠道终端共生共赢的 bC 融合价值链，如图 6-23 所示。

扩大引流　强化黏性　精准营销　促进转化　诊断分析　提高收入

横向打通消费者运营、渠道动销、财务结算关联组织，完成不同价值链环节的利益分配和效率提升

业务和管理

消费者运营在线化
- 品牌直播/内容裂变/码互动营销
- C和小B端商户任务积分权益
- 门店发券/门槛促销

交易达成在线化
- 云店下单/一件代发
- 销售统计/业绩排名

激励结算在线化
- 激励分账
- 激励提现

数据和分析
- 多元小B引流玩法
- to C&to小B双向激励体系
- 灵活营促销手段
- 多种培训和交易模式支持
- 实时便捷的数据查询
- 自动高效的激励结算

平台和架构

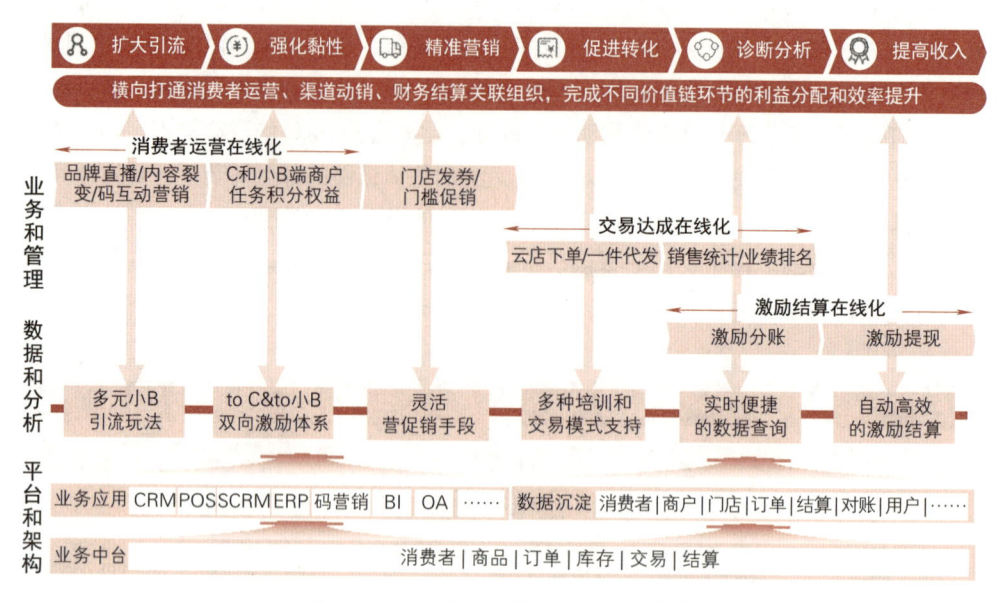

业务应用　CRM POS SCRM ERP 码营销 BI OA ……　数据沉淀　消费者|商户|门店|订单|结算|对账|用户|……

业务中台　消费者|商品|订单|库存|交易|结算

图 6-23　bC 融合运营——业务一体化

- **多元化赋能小 B 终端**：通过多种培训课程、交易模式支持、灵活营促销手段、多途径引流等多元化手段赋能小 B 实现消费者拉新及持续忠诚，促进销量增长。
- **类 C 化运营**：多元化赋能生态小 B、建立面向多小 B 的多元化激励体系，如限时秒杀、现金红包、积分换货、积分打折等方式，简化接入门槛，让小 B 愿意用、用得方便，促进其为品牌私域做贡献。
- **协同运营和服务消费者**：围绕构建消费者最佳的购物体验，联动总部调用资源，并可在一定权限下自主决策售货折扣、卡券发放和礼品赠送等，构建总部与小 B 协同运营和服务消费者的阵地。

阶段三：运营数字化，bC 融合全场景数字化运营迭代

实现运营过程有数据可采集、有指标可统计、有分析可参考；深入 bC 融合全链条的数字化过程，通过数据模型支撑实现运营的数字化，提高数据透明度、决策敏捷性、流程高效性等，并实现非预见性自我调整，为后续的决策智能化提供条件。通过对运营过程中产生的数据进行实时监测和分析，实现 bC 融合运营全程可视化和量化，提高运营的效率和质量。通过激励的有效性确保数据源的有效采集，包括业务线全链路的数据埋点及第三方平台数据对接。建立生态小 B 标签体系，按照不同维度建立能

第6章 深踩油门 借数加速 新质劳动资料：增长数字化运营力的建设路径

力层级，匹配不同权益及针对性赋能，在此基础之上，用更加精细的指标监控体系，更及时地发现经营异常，快速支持bC融合决策调整。从消费者运营侧找到有效的引流及转化路径；从交易侧不断迭代交易链路，创新赋能、促转和交易模式；从小B侧不断增强入驻意愿，提升经营积极性，如图6-24所示。

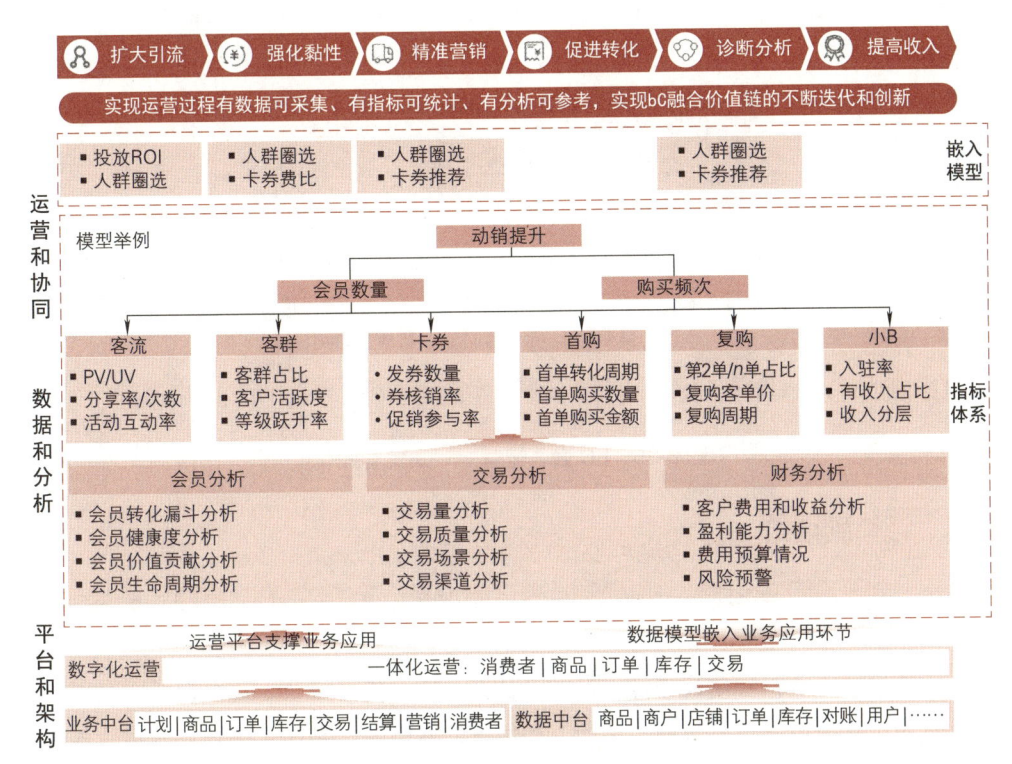

图 6-24 bC 融合运营——运营数字化

阶段四：决策智能化，bC 融合多主体协同与智能决策

基于数字化分析与预测，bC 融合的多主体协同，构建数智技术驱动的 bC 一体化决策智能服务，如图6-25所示，从bC融合运营提升策略聚焦的问题出发，分解重点主题、促使bC融合各主体间能够实现信息共享和业务协同，根据不同场景，动态调整费用预算和执行计划；通过建模分析快速找出业务中潜在的问题或者实现更优的调整。如针对消费者、卡券、兑付、刷单等异常预警定位背后的业务和流程问题，又如通过数据异常发现某次直播活动带来的新客转化路径中的断点，提高bC融合运营的效果。

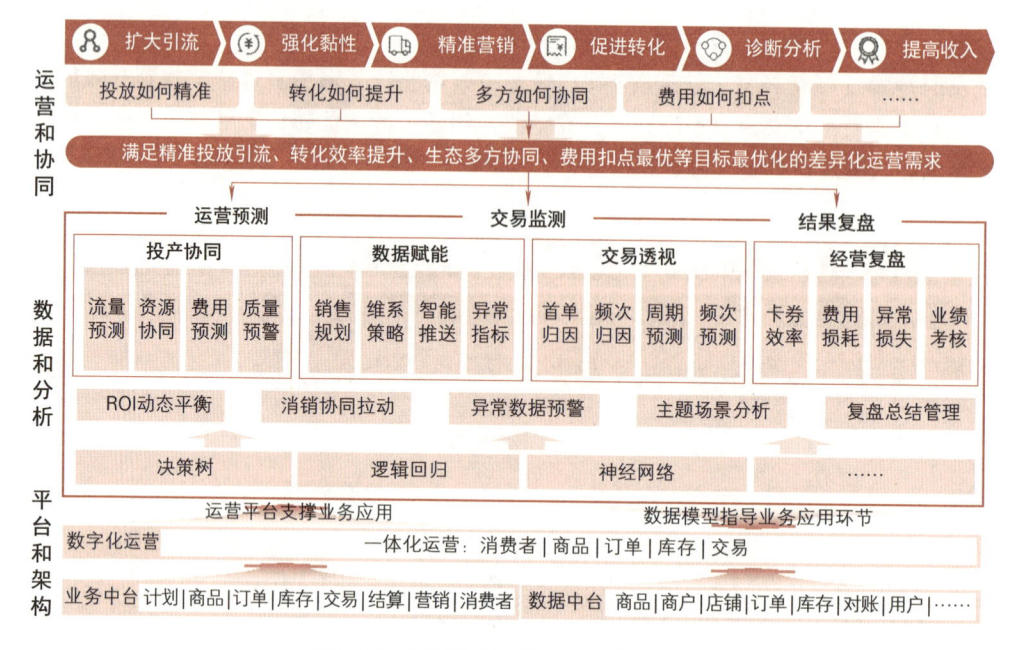

图 6-25　bC 融合运营——决策智能化

6.3　订单到履约

6.3.1　全渠道订单运营：协同全渠道订单业务，满足"千家万户"的差异化运营需求

有些消费企业已经实现了线上线下一体化，商品同质同价，或差异化商品运营，这无疑为企业赢得消费者青睐。然而，如何在此基础上，构建全渠道订单运营能力，提高产品整体毛利、降低全局库存、提高上新速度、提高各渠道和仓库的配货准确性、提高履约率和履约准确性、提高消费者满意度等，成为消费企业在全渠道业务发展中的新命题。

首先，提高产品整体毛利是企业发展的重要目标。通过数据分析，企业可以洞察消费者需求，精准匹配"人—场—货"组合，从全渠道融合的视角优化产品组合，提高产品整体毛利。其次，降低全局库存是提高企业运营效率的关键。通过对全渠道订单数据的实时监控和深入分析，企业可以准确预测市场需求，从而更精准地进行生产和采购计划，有效降低全局库存。此外，提高上新速度是抓住市场机遇的重要因素。基于数据分析的全渠道订单运营，可以帮助企业快速响应市场变化，缩短从研发到上市的时间，从而提高上新速度。对于提高各渠道和仓库的配货准确性，全渠道订单运营能力保障了企业对各渠道和仓库的库存状况进行实时监控和数据分析，以确保准确及时地进行配货，减少错误和延误。实时追踪和管理订单，保证订单的准时、准确交付。最后，提高消费者满意度是企业发展的最终目标。通过建立全渠道订单运营能力，企业可以为消费者提供更好的全渠道融合的购物体验，提高消费者满意度。

总之，基于数据分析构建全渠道订单运营能力，对于消费企业实现线上线下一体化的经营目标具有重要的推动作用。

下面以电商业务为例，分析全渠道订单运营在不同阶段的工作重点。

阶段一：节点在线化，电商订单业务触点在线

聚焦企业线上电商业务，以多渠道订单收订、处理为核心，解决多渠道订单统一处理和一盘货问题，实现订单全过程业务在线，确保电商订单可处理、可履约和可交付过程可视化。在第三方平台建立自营店或自建电商平台小程序，支撑线上订单业务开展，为后续赋能电商业务一体化和智能化决策奠定数字化基础。各个业务系统之间处于割裂状态，如图 6-26 所示。

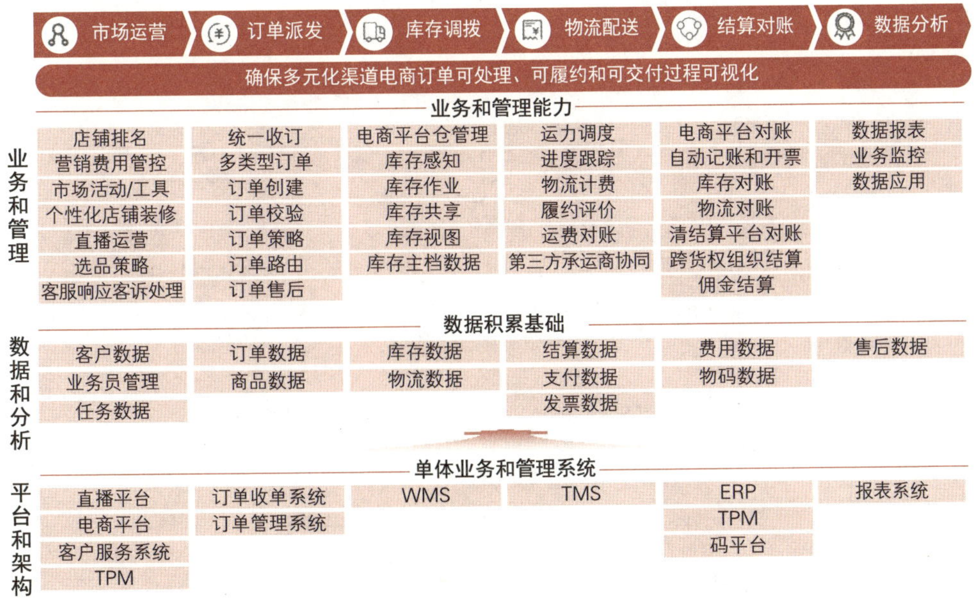

图 6-26　全渠道订单运营——节点在线化

阶段二：业务一体化，电商业务全价值链业务在线

打通并横向延伸订单流、资金流、数据流等多维价值链条，实现全价值链业务在

线连通，确保订单跨组织售卖、履约交付的选仓交付、财务对账自动化和一体化的程度和准确度。围绕企业线上电商业务，聚焦从商品上架到送达消费者手中的端到端全流通链路，赋能多平台商品流通的统一运营能力，统一订单模型和引擎，有效提升订单履约效率和库存周转率。构建从商品管理、订单派发、仓储备货到物流配送、结算对账的体系，以满足灵活多变的电商业务拓展场景。通过拉单平台承接订单收单、处理过程。以电商仓为载体，对接 ERP 和 WMS 实现履约，对接 TMS 实现配送。将订单业务链路延伸至货物、资金，解决选仓发运、结算、对账分账的业务闭环处理问题。打通"数据采集—对账处理—财务核算"的链路，实现电商平台、支付渠道、清结算平台和消费者的数据自动核对，降低对账工作的繁杂度。积累沉淀电商运营过程中产生的业务数据，为企业提供决策支持、业务优化、客户洞察、创新驱动、风险管理、知识积累等能奠定数据资产的基础，如图 6-27 所示。

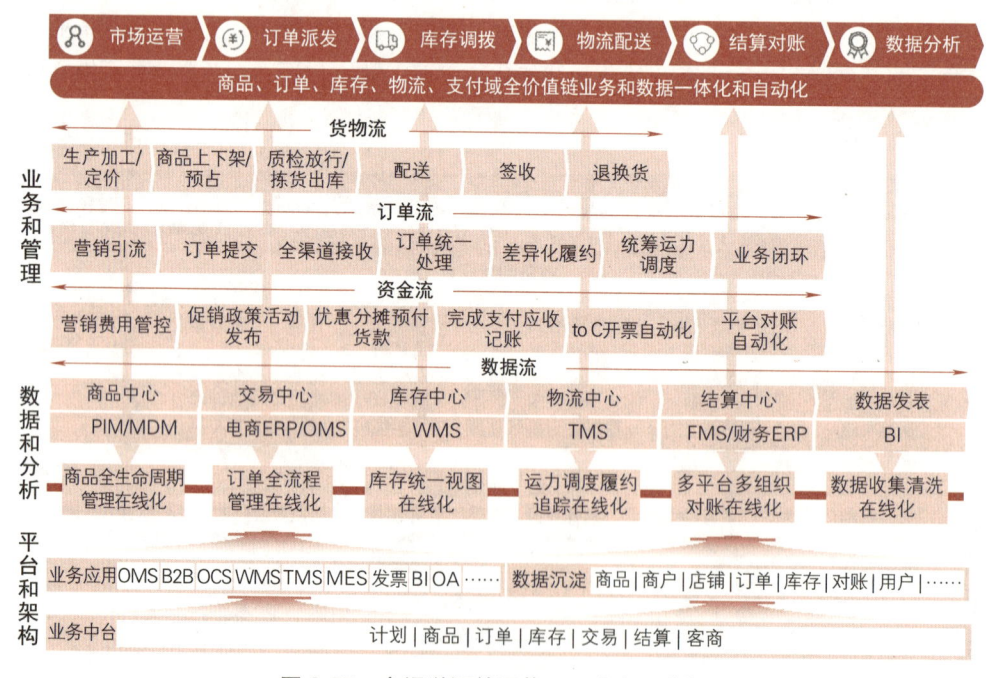

图 6-27 全渠道订单运营——业务一体化

阶段三：运营数字化，电商全场景数字化运营

围绕产品上架、商品流通及订单履约环节，基于流程效率及业务和财务运营指标体系，设计多维度自动时间记录及统计预警功能，并构建流程运营指标体系，基于数据分析提高履约流程和业务盈利效率。构建商品运营、订单全链路、履约全过程、财务结算等业务运营和流程的运营指标体系，为后续辅助智能化决策提供数据依据。从

商品上架到结算对账全过程中，将选货模型、促销费比、破价监控、选仓发运、物流成本等模型嵌入，实时支撑业务全链路运营，提高执行效率和准确度。实时监控商品、订单、履约、结算等各个关键业务活动的节点信息，建立全链路订单ROI/订单处理时效预警机制，降低低于成本价销售、丢单漏单、超时履约、账实不符等潜在业务风险的概率。基于每个店铺出具利润表，深入分析商品订单的盈利性，控制电商业务的毛利率，如图6-28所示。

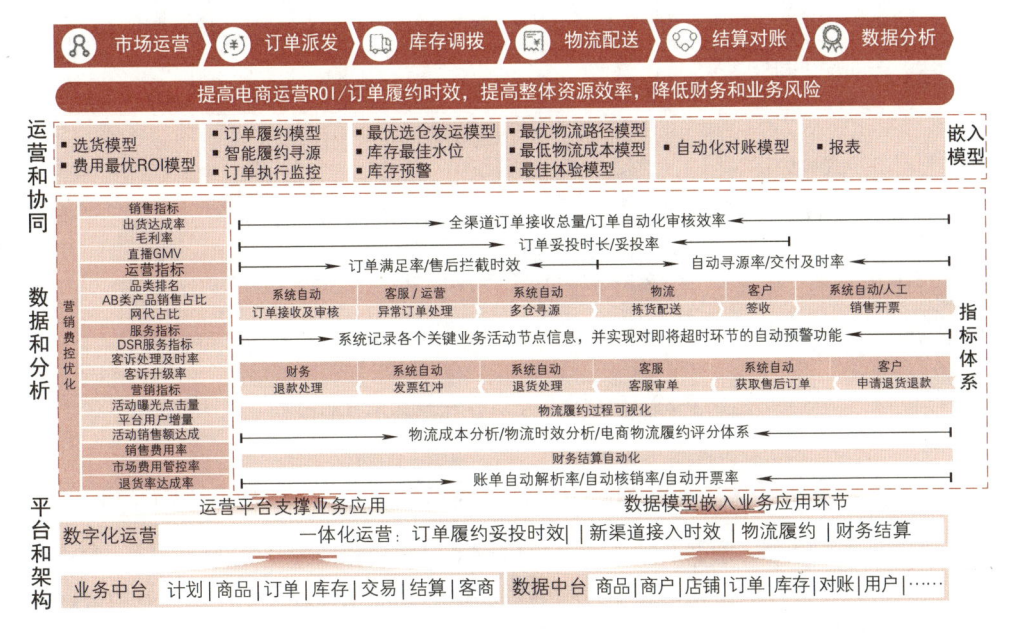

图 6-28　全渠道订单运营——运营数字化

阶段四：决策智能化，电商业务智能化决策

挖掘业务、财务和流程数据的价值，基于数据分析洞察，以商品交付毛利率最大化、交付满意度、库存水位最优等指标为核心，逐步实现商品仓配、订单履约路径、仓库布局的差异化运营，解决电商业务（尤其是从线下业务运营的传统企业）的电商业务量大、不赚钱的困局。收集沉淀运营过程中产生的业务数据，借助多维度的实时店铺、订单、商品SKU运营报表辅助业务的日常运营决策，基于数据指标、自动标签等逐步优化全渠道订单智能路由、智能分拣货、智能选品、智能物流履约监控等业务。帮助不同业务角色用户快速建立差异化的数据分析模型，为企业的决策者提供重要的参考依据。从订单交付的关键决策环节出发，通过专业的结果分析和数据预测，实现差异化运营，帮助企业实现降本增效，如图6-29所示。

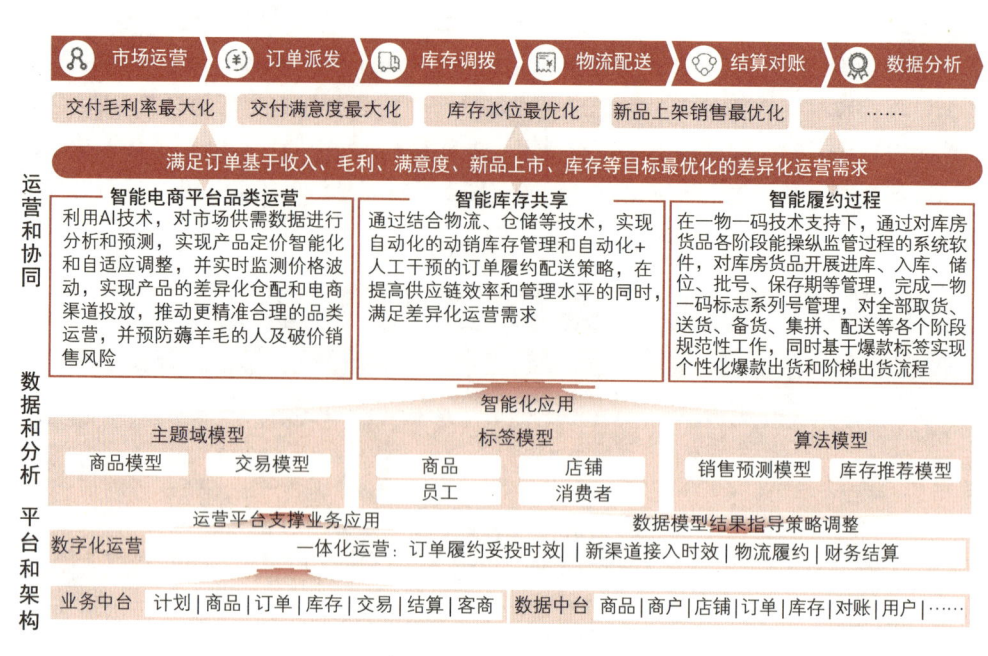

图 6-29 全渠道订单运营——决策智能化

6.3.2 全渠道供应链运营：数字化供应链敏捷应对"千变万化"的不确定性

随着技术的发展，消费企业的数字化供应链构建已经成为一个热门话题，企业正在探索如何通过提升数字化运营能力增强供应链的灵活性和敏捷性，以更好地适应不断变化的市场需求。数字化供应链需要有能力在瞬息万变的市场环境中迅速调整和优化，这不仅涉及生产和物流等关键环节，还包括市场预测、产品设计，甚至客户服务等方面。数字化技术可以帮助企业实时监控市场变化，实时分析数据，快速识别和预测市场趋势，从而在最短的时间内做出决策，确保企业始终紧跟市场步伐。

数字化运营力的构建是提高供应链灵活性和敏捷性的基础。通过收集、分析和利用数据，企业能够更好地理解市场动态，预测消费者需求，提高需求和销售预测准确度，优化库存水位，实现跨渠道和业务线的库存策略性共享，优化仓储网络布局，优化生产和原料采购，从而提高供应链的效率和灵活性；同时监控需求变化、供应中断、价格波动等；因此，借助数字化供应链提供的实时的、准确的信息，企业快速做出决策，以最小库存实现最大销售，及时调整库存水平，拉动生产和原料采购优化，提高对市场变化的响应速度。

第6章 深踩油门 借数加速 新质劳动资料：增长数字化运营力的建设路径

然而，构建数字化运营力并不是一蹴而就的，它需要企业投入相应的资源，包括时间、人力、财力以及技术，同时也需要企业有一个清晰的服务水平目标，明确知道自己要通过构建数字化运营力，实现何种程度的供应链灵活性和敏捷性。在这个过程中，企业可能会遇到各种平衡性的挑战，主要体现在供应链服务水平和财务指标之间的平衡，以最优库存获得各方都能接受的服务水平。

阶段一：节点在线化，供应链全链路端到端在线

单点环节的数字化平台，是供应链全链路的触点，通过业务逻辑的梳理以及技术手段的辅助，能够实时互通数据，实现单点货、单和财务数据的汇集，为后续的业务一体化和运营数字化打下基础。节点在线化可以提高供应链的单点数据质量和可视性，建立了单个业务应用的管理机制，但因为各个系统之间相互割裂，造成销售计划与供应链计划不集成、各方库存不共享、借货退货手工操作、库存水位高启、订单无法分库和责任不明确等问题，以及断货缺货和库存高的情况同时出现。如图 6-30 所示。

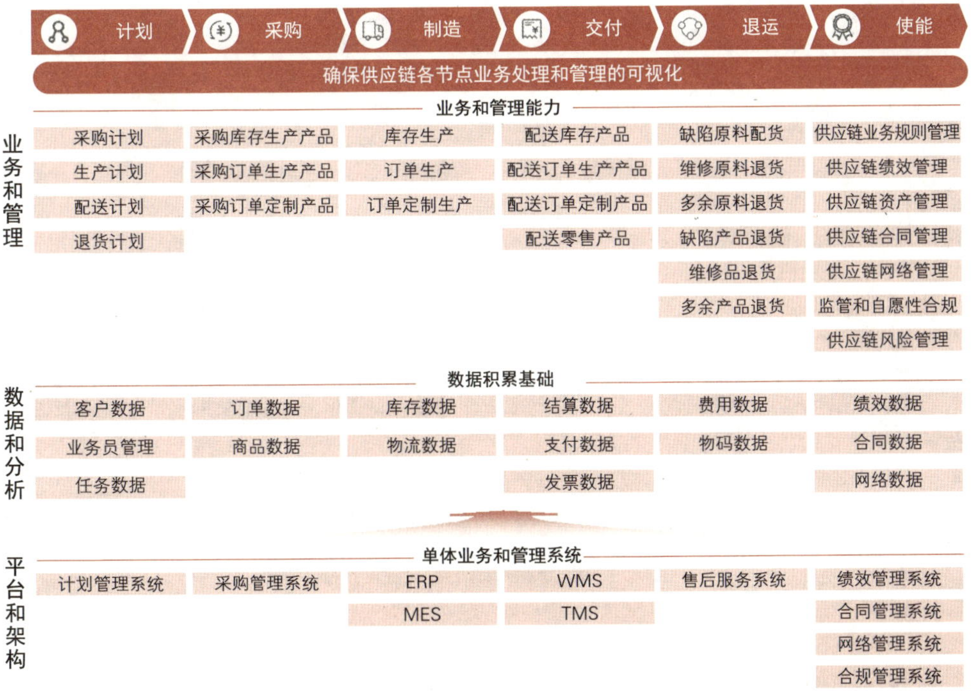

图 6-30 全渠道供应链运营——节点在线化

阶段二：业务一体化，供应链全价值链业务在线

供应链全链条在线化的打通，相较于单点环节的在线化改造，以一盘货为核心，线上线下、品牌商、多仓、经销商库存、终端库存的多样化和共享意愿性等，都使供应链一体化运营需要更加漫长且困难的过程。基于数字化平台的一体化运营能力，构建、打通和延长价值链节点，完成数据连通，实现供应链从计划到赋能的全价值链业务在线。基于业务诉求打破"部门墙"，解决货物流、单据流、财务流没有形成完整业务闭环的问题。将研发、计划、订单和财务结算等一体化协同，打通数据，提升联调协作的效率，将销售计划与库存计划、采购计划集成，将销售达成率指标纳入考核，销售部门分担库存水位的责任，与供应链部门共担；将在制订单、在库库存纳入统一库存管理，在物理库存基础上建立逻辑库存、共享库存和渠道库存，实现不同层次的库存共享，支撑订单选仓、履约闭环，并将财务结算、对账和分财自动化，解耦ERP，支持更灵活的前端业务力。各触点数据规则的端到端打通，助力财务指标，提升效率。横向拉通全链路供应链，驱动流程中全要素价值的整合，实现数据透明、决策敏捷、流程高效，如图 6-31 所示。

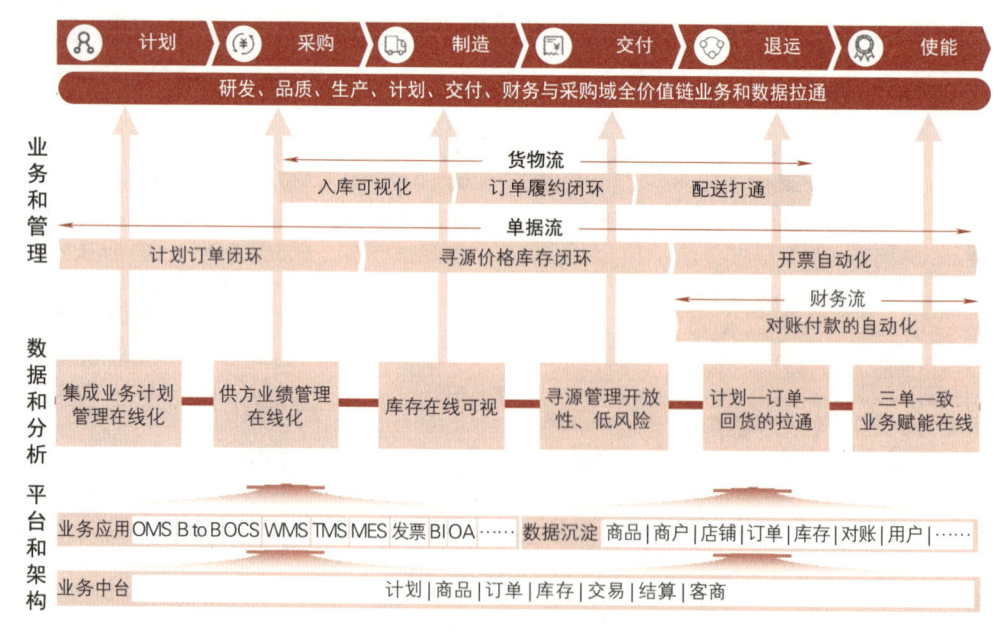

图 6-31　全渠道供应链运营——业务一体化

阶段三：运营数字化，供应链全场景数字化运营

供应链全链条数字化运营以各个节点的运营指标为导向，形成一体化数据运营机

第 6 章 深踩油门 借数加速 新质劳动资料：增长数字化运营力的建设路径

制，逐步提高供应链服务水平，实现单环节资源效率最优化，从供应链可靠性、响应性、敏捷性成本和资产效率角度设定库存、履约、商品和价格效率指标，将指标模型融合在从计划到财务的全链路流程中，支持业务的执行准确性，并通过指标分析实时调整和优化库存和订单效率。将指标细化到不同品类，按畅销度区分爆款、畅销款、平销款和滞销款，将库龄和不同生命周期区分，按毛利率区分等维度界定不同库存的管理策略。通过数据分析，驱动业务变革。从研发侧，缩短研发决策链；从生产侧，满足用户定制化需求；从营销侧，提升用户服务体验，如图 6-32 所示。

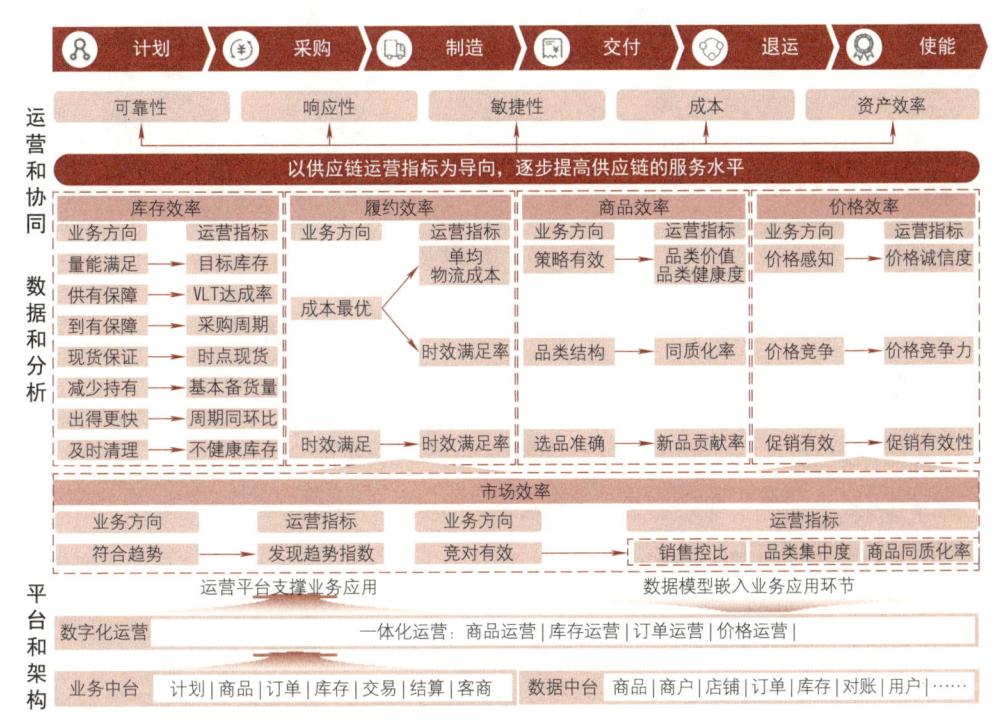

图 6-32 全渠道订单运营——运营数字化

阶段四：决策智能化，供应链上下游协同与智能决策

基于整体供应链敏捷性和灵活性需求，从产销协同目标和问题导向出发，对整体供应链运营形成预测、监测和复盘供应链决策的智能机制。供应链上下游能够确保实现信息共享和业务协同，能够根据市场变化和客户需求，动态调整供应链的规划和执行，确保供应链的敏捷性和灵活性；同时在预测未来业务的时候，能够通过建模分析或者可视化模型，快速找出业务中潜在的问题或者更优的调整方案，如图 6-33 所示。

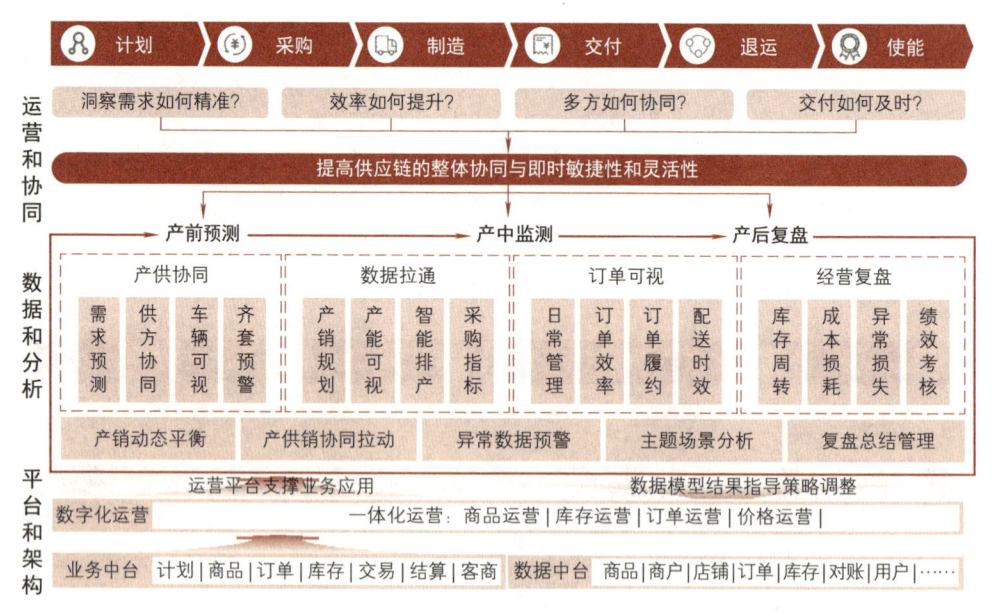

图 6-33　全渠道订单运营——决策智能化

6.4　需求到供给

全渠道产销协同：全链路推动供需平衡获取现金流最大化

在数字经济时代，伴随着多元化渠道需求的增加、供应链生态的复杂化及供应链模式的深刻变化，企业面临着诸多挑战。在这样的背景下，深化业务计划的协同集成（需求计划、品类计划、销售计划、商品计划、物流计划、财务计划），并通过数字化运营实现产销协同的模式，已成为企业把握增长根本源头的有效策略。

首先，由于消费者需求的多元化，企业需要对各种渠道的需求进行实时准确的预测和响应。这就需要企业实现各类业务计划的深度集成，消除信息孤岛，提升决策的效率和准确度。通过数字化工具收集和分析大数据，企业可以准确预测市场需求，实现需求计划和销售计划的紧密配合。其次，随着供应链生态的复杂化，企业需要实现更加精细化的供应链管理。通过集成品类计划、商品计划和物流计划，企业可以掌握全链条数据，实现供应链的透明化和协同化，提高供应链的效率和灵活性。再次，随着供应链模式的变化，企业需要更好地管理资金流。通过集成财务计划，企业可以实现财务与供应链的紧密连接，优化资金流动，降低运营成本。然而，深化业务计划的集成也面临一些挑战。如何实现不同业务计划的有效集成，如何确保数据的安全和隐私保护，如何持续投入技术和人力资源，都是企业在实现业务计划集成时需要考虑和

第6章　深踩油门　借数加速　新质劳动资料：增长数字化运营力的建设路径

解决的问题。

总之，深化业务计划的集成并通过数字化运营实现产销协同模式，对于应对数字经济时代的挑战以及提升企业竞争力具有重要意义。企业需要充分利用数字化工具，实现业务计划的深度集成和精细化管理，以满足消费者需求，提升运营效率，实现可持续性发展。

阶段一：节点在线化，职能驱动计划编排

由职能驱动的计划是产销协同的起点。各部门引入计划后，逐步达成计划所需要的数据和考虑的因素，能实现计划节点在线化。获取上游部门的业务数据后，基于本部门的能力更好地规划资源，增加了对供应链的可见性，并开始共享部门间信息，有助于更好地了解供应链的状况。初期的供应链计划虽然存在一些协同和优化上的挑战，但为未来奠定了基础。通过各部门计划解决各部门没有计划性、不能快速响应上下游业务的问题；通过对比计划与实际达成情况，了解市场变化反应滞后、订单履约不及时、订单满足率低的状况。单节点的计划源头也是由上游需求以及本部门的资源所决定，促进各部门之间的协作是关键，跨部门团队定期审查和协调计划能提高计划的准确性。但面临的挑战在于很多消费企业还没有定义统一供应链服务水平，而是单纯满足销售而不考虑库存，如订单履约时效、订单满足率、起订量等，各部门准备的库存水位、仓储网络结构和运输资源，存在库存积压、仓网结构不合理等问题，但销售仍存在一直断货、缺货的抱怨。对每个绩效考核指标的计算公式需要部门间设有统一口径；设定和跟踪供应链绩效指标，以确保各部门的活动与供应链目标一致，如图6-34所示。

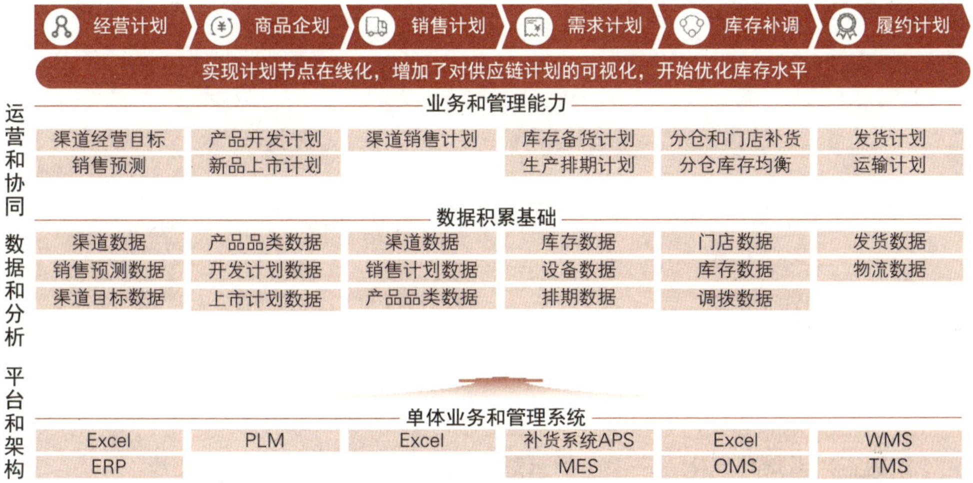

图6-34　全渠道产销协同——节点在线化

阶段二：业务一体化，流程驱动销售与供应链全链路协同

流程驱动销售与供应链全链路协同，整合了经营计划到库存补调、履约计划的完整业务闭环，实现从需求计划到智能补调的联动，帮助企业提高供应链效率、降低供应链成本、提高客户满意度、提高竞争力。将经营目标和达到效果跟踪逐级分解到经营计划和品类规划、研产销协同、产能和需求计划平衡、库存共享、订单履约计划，整合不同部门的计划，更准确地预测市场需求，制订更合理的库存补货计划，避免出现生产过剩或供不应求的情况，提高生产资源的利用率，降低库存资金占用成本。解决经营目标与生产目标不一致、需求计划不准确、新品促销预测不准确、市场变化反应滞后的问题，以及库存分配与库存水位不合理、高滞销与高缺货并存的问题，还有区分订单优先级、有限供应最优分配等问题。对供应链计划流程审查和重新设计，规避烦琐的环节、瓶颈、低效、重叠之处。优化流程提高效率和响应速度。制定SSOP产销协同工作组并定期开展会议，共同制定年度、半年、季节、月度、周度滚动和锁定计划和决策，确保各个环节的协调。通过设定和跟踪各部门在流程上的关键绩效指标，确保流程的有效性和连续改进，帮助管理层了解真实表现并及时调整，提高供应链韧性，如图 6-35 所示。

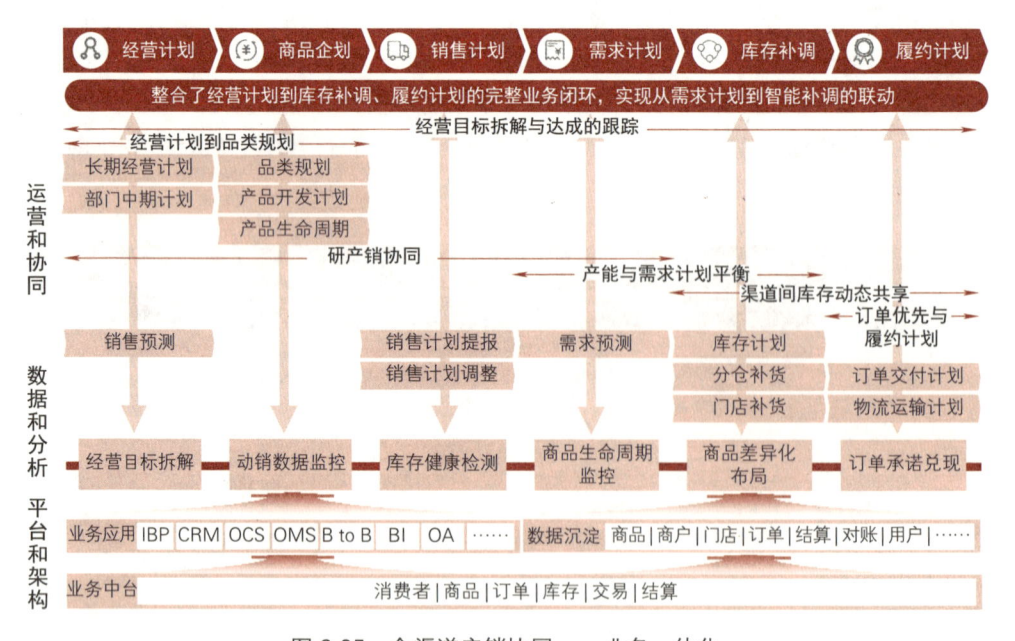

图 6-35 全渠道产销协同——业务一体化

阶段三：运营数字化，产销协同运营监控

产销协同运营监控指标，是衡量产销协同与流程绩效的标准。通过建立指标体

第6章 深踩油门 借数加速 新质劳动资料：增长数字化运营力的建设路径

系模型和关键绩效指标，对供应链整体健康状况进行诊断，有助于分析诊断供应链性能差距的原因；通过指标分析体系评估供应链计划的整体性能，可识别潜在的问题和瓶颈并予以纠正。指标运营监控也为实现关键绩效指导指明了方向。通过库存健康检查可发现库存过高或不足造成的成本浪费和销售机会；通过动销监测可发现市场需求不稳定性，减少供应链波动；通过订单时效监测，可发现未按时交付可能损害客户满意度的问题，确保及时满足客户需求等。运营数字化提供了整个供应链活动从战略指标到运营指标和运营数据的实时在线可视化，为运营提供了根因分析的方法和指标健康诊断的能力。明确每个环节的岗位职责，运营监控可帮助企业更清晰地追踪和确定问题的根本原因和确定责任人。运营数据实时在线分析，让企业能够更快速地识别问题、风险和机会，并迅速做出反应。有助于减少潜在的生产中断、库存不足或滞销和交付延误的问题，显著提升运营效率，如图6-36所示。

图6-36 全渠道产销协同——运营数字化

阶段四：决策智能化，产销协同智能决策

分析历史销售数据、市场趋势和其他相关因素，借助算法模型和AI技术更准确地预测产品需求，使企业能够更好地管理营销端与供应链的平衡，优化决策过程，提高效率，降低成本，并提高整体供应链的稳定性和竞争力。在海量的数据、较宽的产品线及复杂的业务模式背景下，运用算法模型和AI等技术实现智能化决策，减少人工干预，减少对人员检验的依赖，提高预测的准确性和计算的效率，可使企业快速适应市场的变化。传统解决方法通常依赖历史数据和经验来进行需求预测，容易受季节性、库存场变化等因素影响，存在库存管理基于固定的服务水平和水位值不够灵活的问题。智能决策帮助企业提高了自动化的能力，在减少资源浪费的同时，需要重新调整资源的编排以满足新模式的需求并降低资源的占用成本。智能决策能实时洞察新产品在市场的反馈，对新产品转正与补货流程策略重新调整；库存健康检测和市场趋势的变化，带来促销策略调整，需要基于库存深度和消费需求生成促销规则，如促销优惠与产品竞争力的平衡，如图 6-37 所示。

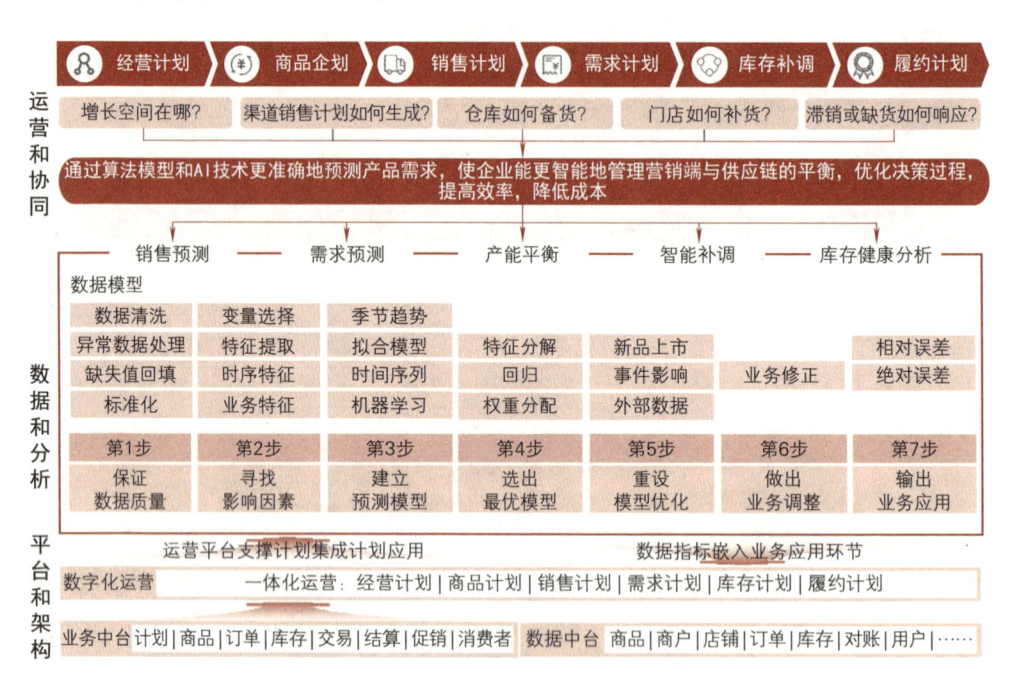

图 6-37　全渠道产销协同——决策智能化

6.5　预算到产出

全渠道费用运营：全渠道优化费用资源配置赋能业务发展

随着市场环境的演变，消费品行业普遍面临产品高度同质化的问题，尤其是大众品类出现了"不促不销"的困局，企业在渠道上投入了大量的营销费用，在营销费用管控过程中也逐渐面临诸多问题，如销售体系涉及多渠道、多区域、多层级，费用类型繁多、费控业务链条冗长、参与对象多，用落后的管理方式无法应对日渐复杂的问题；营销费用的管理未实现制度化、流程化，业务过程不透明、不合理的问题；缺乏精益管理和数据赋能，无法确定费用投放低效的具体"症结"的问题。对于品牌企业而言，要解决以上问题，在营销费用的管控上就要经历以下 4 个阶段的变革：

1）全流程费控业务在线：将费用管控的各个环节在线化，包括费用预算、申请、审批、核销、兑付等，实现在线化处理。构建在线审批流程，提高审批效率，减少人工介入，降低错误率。实现费用信息的实时监控和追踪，确保全流程的透明度和实时性。

2）全渠道费用一体化：集成营销系统，自动推送活动、收集执行数据、核检凭证的真实性，分析、记录各个渠道、各个活动、各个订单的营销费用数据，包括线上、线下、移动端等，实现促费一体。将费比审核、过程上报、结果评价、结算对账模型嵌入业务活动环节，自动化处理各渠道的费用申请和核销流程，提高处理速度和准确性。实现费用预算的自动调整和优化，根据市场反馈和销售数据自动调整各渠道的费用分配比例。

3）全链路费用数字化运营：利用大数据分析技术，对费用数据进行深度挖掘和分析，识别低效环节、优化费用分配策略。实现对不同渠道、区域、产品线等维度的费用数据的智能分析，发现市场机会和问题，并提供决策建议。建立预测模型，预测各渠道营销费用投入的效果，以便支持费用投放和优化决策。

4）费用决策智能化：实现费用管控的全面智能化，包括自动识别费用浪费、预测市场趋势、提供智能化决策建议等功能。引入机器学习算法，持续优化费用使用策略，提高费用使用效益。实现与其他业务数据的智能整合，为企业层提供全面、准确的数据分析和决策依据，支持库存优化、产品上线、渠道拓展等战略制定和市场竞争。

大部分品牌企业对营销费用的管理及运营仍处在第一个阶段，即业务和财务割裂，单纯从财务角度看待费用管理，对效果无法评价和运营以及更好地赋能业务发展。品牌对费控业务的管理变革不应仅仅停留在技术层面，更需要提升费用的业财一体化效率、透明度，降低无效的费用投入，赋能费用赋能及管控的决策能力，进一步优化渠道营销战略。

阶段一：节点在线化，费用管控环节数字化

费用管控的各个环节在线化，包括费用预算、申请、审批、核销、兑付等，实现在线化处理，构建在线审批流程，提高审批效率，减少人工介入，降低错误率，实现费用信息的实时监控和追踪，确保全流程的透明度和实时性。提高费用管理的精细度和透明度，支持多维度的损益分析，增强企业的决策能力和管理效率。制定详细的预算计划，根据市场需求和企业战略进行预算分配。设计费用申请的标准流程和表单，

明确申请所需的信息，规范费用申请业务。针对费用项目制定对应的审批标准和在线流程，确保按费用项目执行审批。实时监控各项费用的执行情况，包括费用使用率、执行进度和剩余预算等。设定核销规则和审核机制，确保核销的合规和准确，防范不当核销和财务风险。实现费用计划在线分解，设定投放对象和类型。费用的在线投放提升了投放效率，缩短了投放周期。费用执行取证在线化，实时稽核上报。费用在线快捷核销，实投数据做多维报表分析。解决预算管理不合理、费用申请不透明、费用执行不透明导致费用滥用或浪费的问题，解决费用核销流程难以确定费用的实际支出导致核销错误或滞后的问题，解决协作不畅导致跨部门信息不同步、责任不明确从而影响费用使用的高效性等问题，如图 6-38 所示。

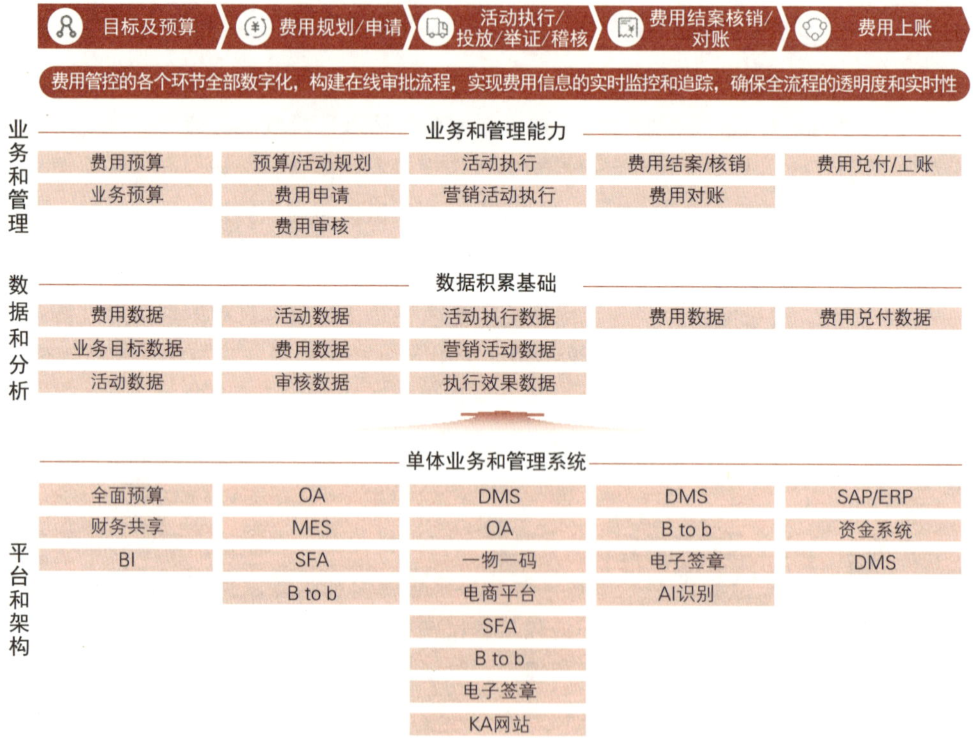

图 6-38　全渠道费用运营——节点在线化

阶段二：业务一体化，业务财务融合

建立业务端与财务端的分类对应关系，从数据口径的一致性、业务和费用流程的融合、费用评价指标融合进入业务活动全流程节点，让业财获得一致认知和沟通，基于活动的一体化费用规划、核算和管理，预算精细化管理，使费用透明度提高。通过

第6章 深踩油门 借数加速 新质劳动资料：增长数字化运营力的建设路径

对接营销活动系统，企业可以更准确地预测、计划和分配营销费用，确保每个活动都有足够的预算支持。促费一体化管理可以实现费用的自动释放和执行，提高了活动的执行效率，降低了人工干预的需求。对接也使费用的使用情况实时可见，提高了费用使用的透明度，管理层可以随时了解各个活动的费用使用情况。活动系统中的数据可以与费用数据进行关联分析，帮助企业更好地了解活动的投入产出比，优化决策，提高 ROI。企业可细致地评估每个活动的效果，包括销售增长、客户参与度等指标，为未来的活动策划提供依据。促销费用与活动系统的一体化管理提高了活动的执行效率，自动释放费用和自动执行活动方案，减少了时间和人力成本，解决了活动执行效率低下的问题。通过系统对接，各个活动的费用分配和使用情况一目了然、实时透明，如图 6-39 所示。

图 6-39　全渠道费用运营——业务一体化

阶段三：运营数字化，全渠道费用深度运营

对费用使用数据进行深度挖掘和分析，提高每个业务活动、产品等业务维度的费用效率，识别低效环节，优化费用配置的结构性策略，实现对不同渠道、区域、产品线等维度费用数据的智能分析，发现资源配置优化机会和问题，提供决策建议，将不同渠道的费用类型进行区分，聚集占比较大的费用类型和科目，建立效果评价指标，并建立预测模型，预测各渠道营销费用投入的效果，支持活动全过程的费用决策。将

各渠道的促销费用纳入统一的预算体系，确保资源的合理分配和最优利用。不同渠道之间可以更好地协同，避免活动冲突，提高促销效果，实现线上线下互动促销；基于全渠道数据，更精准地评估各渠道的投入产出比，优化资源配置，确保促销费用的高效使用；保持各渠道间促销策略的一致性，避免信息混乱，增强品牌正面形象并提高市场认知度。解决分散的费用预算可能带来的预算分配过度或不足的问题，以及跨渠道活动协同与冲突的问题，提高整体促销效果，如图 6-40 所示。

	目标及预算	费用规划/申请	活动执行/投放/举证/稽核	费用结案核销/对账	费用上账	
运营和协同	不同渠道的营销数据被整合到一个系统中，提高了数据透明度，管理层可以更清晰地了解各渠道的费用使用情况					
	经营计划模型	IBP 销售计划模型 商品计划模型	IBP 销售预测 销售计划	需求预测 需求计划	库存计划	IBP 履约计划模型	嵌入模型
	传统渠道	现代渠道	电商渠道	特殊渠道	
	品牌	KA系统	B to B	政府/学校/医院	
	经销商	终端门店	B to C	影院/KTV	
	终端门店	连锁店/CVS	网络分销	餐饮/酒吧	
	消费者	新零售/自动贩卖机	社区团购	航运/其他	
数据和分析	▪促销活动费用：涉及促销活动、广告、促销员工资、陈列费用等； ▪销售员提成和奖励：传统渠道中的销售员通常有提成和奖励制度，需要管理相应的费用； ▪陈列和展示费用：产品在实体店内的陈列和展示通常需要费用支出； ▪物流与配送费用：传统渠道涉及产品的运输和配送，需要考虑相关的费用	▪进场费：现代渠道进入； ▪品牌推广和广告费用：现代渠道通常需要进行品牌推广和广告宣传，需要预算； ▪销售人员培训与激励：现代渠道的销售人员需要培训和激励，这部分费用需要管理； ▪店内促销和陈列：商店内的促销活动和产品陈列需要费用支出	▪数字营销费用：包括搜索引擎广告、社交媒体广告、电子邮件营销等数字营销费用； ▪网站开发和维护费用：电商平台的建设、维护和更新需要费用； ▪在线客服与售后服务费用：在线客服、退换货处理等售后服务需要费用	▪展会和活动费用：参与行业展会、商展和其他促销活动需要费用； ▪代销费用：如果通过代销商进行销售，需管理代销费用； ▪直销人员激励：直销渠道中的销售人员需要激励和提成，需要管理相关费用	指标体系

图 6-40　全渠道费用运营——运营数字化

阶段四：决策智能化，费用管控全面智能化

引入机器学习算法，实现与其他业务数据的智能整合，为企业领导层提供全面、准确的数据分析和决策依据。基于数据分析和预测模型，系统能够提前识别潜在的费用使用风险，包括预算超支、费用分配不均等问题，在问题发生之前就能够采取措施进行干预和调整。实时监控各个环节的费用使用情况，一旦发现异常，如费用超支风险、错误费用匹配、重复支出或违规使用等问题，能够立即发出警报，使管理层及时了解并采取措施。通过智能风险预警系统，获取更准确的市场数据和费用使用情况，为管理层提供更可靠的信息支持，优化决策过程，解决市场波动带来的预算计划差异风险以及费用合法合规性问题，如图 6-41 所示。

第6章 深踩油门 借数加速 新质劳动资料：增长数字化运营力的建设路径

运营和协同

目标及预算	费用规划/申请	活动执行/投放/举证/稽核	费用结案核销/对账	费用上账
费用效率如何最优	费比控制如何最高效	风险如何防范	资源投向的最佳方向在哪	费用政策如何优化

引入机器学习算法，实现与其他业务数据的智能整合，提供对费用全面、准确的数据分析和决策依据，支持资源灵活调整

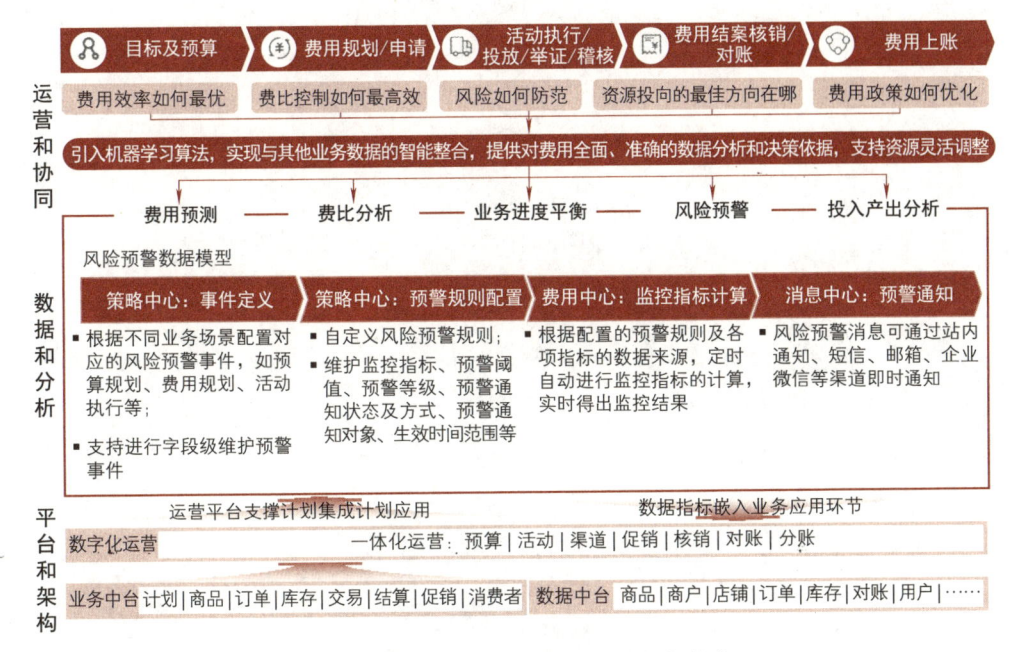

费用预测　　费比分析　　业务进度平衡　　风险预警　　投入产出分析

数据和分析

风险预警数据模型

策略中心：事件定义	策略中心：预警规则配置	费用中心：监控指标计算	消息中心：预警通知
■ 根据不同业务场景配置对应的风险预警事件，如预算规划、费用规划、活动执行等； ■ 支持进行字段级维护预警事件	■ 自定义风险预警规则； ■ 维护监控指标、预警阈值、预警等级、预警通知状态及方式、预警通知对象、生效时间范围等	■ 根据配置的预警规则及各项指标的数据来源，定时自动进行监控指标的计算，实时得出监控结果	■ 风险预警消息可通过站内通知、短信、邮箱、企业微信等渠道即时通知

平台和架构

运营平台支撑计划集成计划应用　　　　数据指标嵌入业务应用环节

数字化运营	一体化运营	预算 | 活动 | 渠道 | 促销 | 核销 | 对账 | 分账
	业务中台	计划 | 商品 | 订单 | 库存 | 交易 | 结算 | 促销 | 消费者	数据中台	商品 | 商户 | 店铺 | 订单 | 库存 | 对账 | 用户 | ……

图 6-41　全渠道费用运营——决策智能化

第 7 章

结构优化　人才当先

新质劳动者：增长组织变革力的锻造思路

"Great vision without great people is irrelevant."
"没有优秀人才的伟大愿景是毫无意义的。"

——Jim Collins, *Good to Great*
吉姆·柯林斯，《从优秀到卓越》(2001 年)

7.1 组织变革力对增长的价值

经典管理理论都强调了组织变革力在企业增长中的重要驱动作用。通过组织变革，企业可以更好地适应市场环境的变化、把握新的市场机遇、提升运营效率和创新能力，从而实现持续、稳健的增长。

迈克尔·E.波特（Michael E. Porter）在《竞争战略》（Competitive Strategy）中提出了五种竞争力模型和三种基本战略，为企业制定竞争战略提供了框架。在这一框架中，组织变革力是企业实施差异化战略、成本领先战略或集中战略时不可或缺的因素。通过组织变革，企业可以优化资源要素配置、提升运营效率，从而在市场竞争中获得优势。

吉姆·柯林斯（Jim Collins）在《从优秀到卓越》（Good to Great）中详细分析了企业如何实现从优秀到卓越的跨越，其中强调了组织变革力在推动企业增长过程中的重要作用。他提出了"飞轮效应"，即通过持续不断的努力和改进，使企业逐步积累动能，最终实现突破性增长，在这一过程中，组织变革力是关键的驱动力。

克莱顿·M.克里斯坦森（Clayton M. Christensen）在《创新者的窘境》（The Innovator's Dilemma）中探讨了为什么成功的企业往往会在面对颠覆性创新时失败。他强调了组织变革力在应对市场变化和技术创新中的重要性，企业需要通过组织变革来适应新的市场需求和技术趋势，从而保持竞争优势并实现持续增长。

在经典企业管理理论中，关于组织变革力的组成要素，有多位管理学家进行了深入的探讨。

约翰·P.科特（John P. Kotter）在《领导变革》（Leading Change）这本组织变革和领导力方面的权威著作中，强调了领导力在组织变革中的重要性和核心作用。他认为，领导者需要建立变革的愿景，并通过沟通和激励来引导员工共同实现这个愿景。领导者的角色是激发和保持组织成员的积极性和参与度，以推动变革的成功实施。正确的领导力不仅关乎管理者的个人素质，更关乎如何运用不同的领导风格和方法来激励员工，引导他们积极投入变革，从而提升组织的整体竞争力。特别地，他提到在变革初期宜采用"授权型"领导风格来激发员工动力，而在具体操作层面则可能需要更为严格的"指挥型"领导来确保执行效率。

W.沃纳·伯克（W. Warner Burke）的《组织变革：理论和实践》（Organization Change: Theory and Practice）是组织变革领域的经典之作，对于理解和实施组织变革具有重要的指导意义。在书中，伯克提出了一系列组织变革的实践方法，包括战略调整、组织结构优化和人力资源管理变革等。伯克强调组织变革是企业适应市场变化的必要手段，由于外部环境不断变化，如市场竞争、技术进步等，企业需要不断调整战略和组织结构以保持竞争力。伯克将组织变革分为两种类型，即革命性变革和进化性变革。革命性变革通常涉及组织层面的大规模调整，如战略、领导力、组织文化等方面的根本性改变，而进化性变革则更为频繁，主要涉及组织内部的微调和优化。伯克认为，组织变革的动力主要来自企业发展的内在需求和外部环境的变化，然而，变革过程中会遇到各种阻力，如利益分配和权力调整等问题，为了克服这些阻力，企业需要采取相应的策略和方法。伯克提出了一系列组织变革的实践方法，包括战略调整、组织结构优化和人力资源管理变革等，这些方法旨在帮助企业更好地适应市场变化，提升竞争力和实现持续增长。

国内学界和企业界也在对组织变革力进行研究，如《组织的数字化转型》一书从组织层面全面描绘了数字化转型的图景。书中指出，数字化转型是企业全方位的重塑，涉及改变企业的认知、战略、组织、文化，乃至每个组织成员的行为。在这一过程中，领导力、组织文化和人才技能等是关键的变革力要素。⊖

《华为数字化转型：企业持续有效增长的新引擎》一书深入剖析了数字化转型如何成为企业持续增长的新动力。书中详细阐述了在华为数字化转型的过程中领导力的作用、组织文化的转变，以及人才和技能的培养。华为的案例展示了在数字化时代企业如何通过组织变革学习新的能力，逐步进化，从而找到成长之道，使企业实现可持续性发展。

综合以上分析，经典企业管理理论中的组织变革力主要诞生于工业化时代，强调组织变革是推动企业不断适应外部环境变化、提升内部运营效率的关键因素，对推动增长起到关键作用。组织变革力主要强调通过优化内部流程、提升产品质量、扩大市场份额等方式来提高效率和驱动增长，主要由以下几个部分组成：

1）**战略规划与执行力**：制定长期和短期战略规划，并通过强有力的执行推动变革。

2）**组织结构优化**：通过调整组织架构、优化部门职能和人员配置来适应市场变化。

3）**领导力与团队管理**：强有力的领导力和高效的团队管理是推动组织变革的关键因素。

4）**企业文化塑造**：通过塑造积极向上的企业文化来激发员工的归属感和创新精神。

⊖ 陈春花. 组织的数字化转型[M]. 北京：机械工业出版社，2023.

7.2 组织变革经典管理理论的局限性

进入数字化时代后，企业可能发现经典管理理论中关于组织变革的论述并不完全适用，根本原因是在工业化时代，人是效率工具的意义大于价值创造的意义，因为人与工业技术的交互不产生增量数据，而在数字化时代，人本身就是数据的创造者，也是数据的消费者，从数据的增量价值意义大于效率工具意义考虑，人需要更多地被当成价值主体看待。详细分析这主要是由以下几个方面的原因造成的：

1）**环境变化的快速带来战略的不确定加剧**：数字化时代带来了快速变化的市场环境和技术进步。经典管理理论中的组织变革模型往往基于较为稳定的环境构建相对明确的战略目标，而在快速变化的环境下，战略本身就需要进行迭代和保持弹性（尤其对于中小企业，在不确定的时代，战略应首先考虑活下来），而不是外部环境稳态和慢变化中固化呆板、相对稳定的战略目标和路径。经典的基于稳定战略理论、经超大型企业实践验证的模型的适用性可能会降低。企业需要更加灵活和快速地应对变化，而传统理论可能无法提供足够的指导。

2）**技术驱动的影响**：数字化技术（如大数据、云计算、人工智能等）的迅猛发展，对企业的管理模式和组织结构产生了深远影响。这些技术的引入和应用往往要求企业进行深层次的组织变革，引入更多相关人才，组织的生产要素、生产工具、劳动对象和生产组织方式甚至生产关系均会发生变化，而经典管理理论可能未完全涵盖，至少没有太多考虑这些新兴技术所带来的深层次的变革挑战和机遇。工业化时代，组织价值更多体现在存量资源要素的价值最大化，而数字化时代需要更多考虑要素增量的创造，如数据要素如何通过生产关系变化的推动不断被增加和价值放大。

3）**员工行为的变化**：数字化时代的员工更加注重个性化、自主性和工作灵活性，更多强调自我价值的实现，更有意愿采用数字化工具进行自我价值的实现，强调自组织、志向相同的"小微群体"的价值实现。经典管理理论在处理这些新型员工行为方面可能显得力不从心，因为它们往往基于传统的、更加层级化的组织结构和管理模式，在此种组织结构和管理模式下员工是组织的一分子，组织对个人价值的认可度远低于对组织价值的认可度，个人价值实现的优先级低于组织价值实现，因为人与工业技术的交互只提高效率，且效率提升边际效益越来越差，会逐步接近效率天花板，不创造增量价值，这种对员工的管理方式完全不符合新一代员工的诉求，尤其是数字化时代的新世代员工的诉求。

4）组织文化的转变：数字化推动企业向更加开放、协作和创新的文化转变，推动决策文化、决策机制和作业方式的变化，推动更多创新和增量价值的实现。经典管理理论更多强调文化价值在于所有人的思维、行动的规范性和一致性及执行效率的提升，强调个人对企业的归属感，在数字化时代，这与个性化更为凸显、对个体价值实现更加渴求的员工需求背道而驰，而且未充分考虑这种数据驱动的文化变革对组织结构和流程的影响，以及如何在新的文化背景下更好地帮助个体价值的实现。

5）全球化与本地化的融合：在数字化时代，企业需要同时应对全球化和本地化的挑战。经典管理理论可能难以提供在这种外部政治、技术不断演化的复杂环境下进行组织变革的具体指导。

综上所述，虽然经典管理理论中关于组织变革的论述在特定历史条件下具有重要意义，且在数字化时代对拥有特定优势资源要素条件下的企业，特别是行业龙头企业仍然具有实用意义，但对绝大多数中小企业，尤其是承压巨大的消费企业而言，由于环境、技术、员工行为和组织文化的巨大挑战，这些理论可能无法完全满足企业的实际需求，企业需要寻求更加适应当前时代特点的组织变革理论和方法。

7.3 数字化时代下的组织变革力

如何在数字化时代背景下，结合业务驱动力和数字化运营力的建设需求，将经典企业管理中的组织变革力的价值更好地发挥出来，是我们需要思考的问题。在数字化时代，企业组织变革力的增强需要更多关注工具、人才、文化和生产关系四个方面，利用数字化工具挖掘新的增长点，如通过数据分析精准定位市场需求，优化客户体验，提升运营效率等，并充分发挥数字化工具对组织技能和决策能力持续提升的边际收益，使得增长进入不断的自优化和自迭代过程。数字化组织变革力的四大核心组织要素如图7-1所示。

1）生产力工具：数字化工具和技术的应用将成为推动企业变革的重要力量，如云计算、大数据、人工智能等。

2）数字化人才：具备数字化技能和思维的员工将成为组织变革的关键推动者。

3）数据驱动文化：以数据为依据进行决策和优化的文化将成为组织变革的重要支撑。

4）重塑生产关系：通过数字化手段的辅助，重塑企业组织与员工、客户、外部员工、经销商、供应商之间的生产关系，有助于提升整体运营效率。

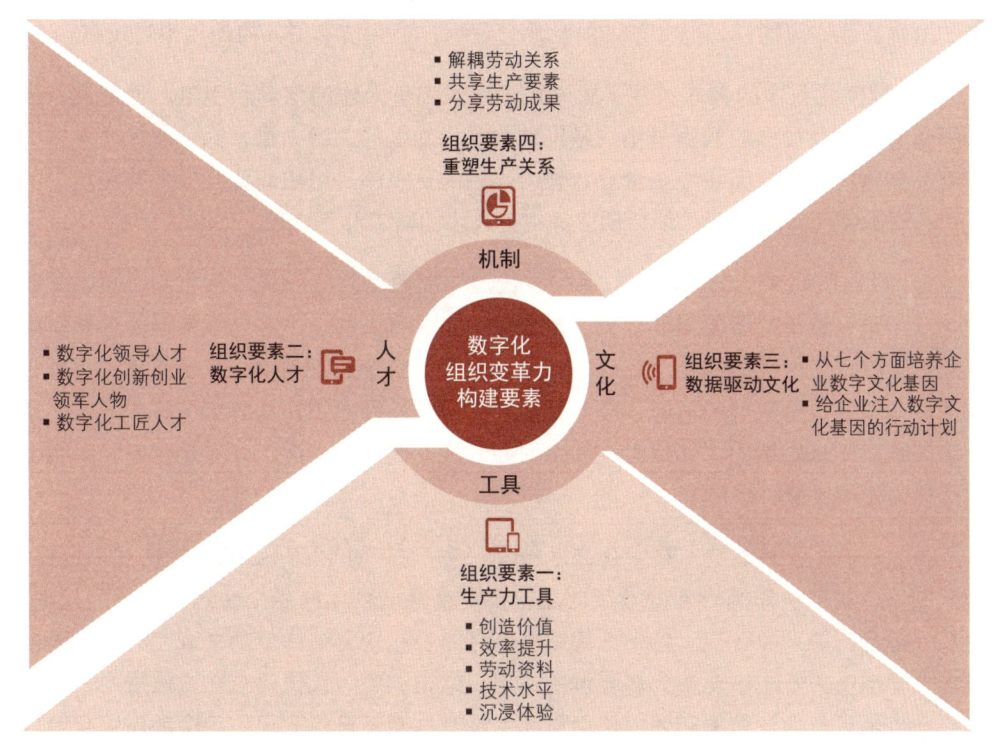

第 7 章 结构优化 人才当先 新质劳动者：增长组织变革力的锻造思路

图 7-1 数字化组织变革力的四大核心组织要素

数字化组织变革力源于经典组织变革力，是经典组织变革力在数字化背景和语境下的应用，但又有所创新。数字化组织变革力继承了经典组织变革力中的如下方面：

1）领导力与战略导向：无论是在工业化时代还是在数字化时代，强有力的领导力、明确的战略规划以及坚定的战略定力都是推动组织变革的核心。

2）组织结构调整：传统和数字化时代都涉及组织结构的优化和调整以适应外部环境的变化以及业务战略和业务模式的调整。

3）人员能力发展：人员能力发展始终是组织变革中不可或缺的一部分，旨在提升员工专业技能并积极适应变革。

数字化组织变革力在继承的基础上，并结合数字化时代的需求的创新点如下：

1）生产力工具的角色和价值：在数字化时代，生产力工具成为变革的基石，对流程和组织效率的提升具有巨大的价值，可提高流程执行效率、控制数据风险、降低作业成本并提高资源效率等。生产力工具为流程变革、模式创新和组织变革提供了实施和落地的巨大可能性，而在以往的企业管理中，工业技术工具的作用相对较弱。

2）数字化人才的需求：数字化时代强调数字化人才的培养和引进，他们具备技术和运营能力及很强的数据思维，是推动数字化转型的关键力量，数字化人才可以推进产品创新的速度。而在传统企业管理中强调的更多的是组织职能和业务开拓能力的发挥，对数字化专业运营、创新创业等相关人才的需求并不突出。

3）数据驱动文化的兴起：数字化时代倡导以数据为核心的决策机制，数据驱动文化成为组织变革的重要组成部分。数据驱动文化可以加速产品创新的准确性和持续迭代的速度，使得快速响应市场成为可能。而在传统企业管理中，企业文化中更多强调的是归属感、价值观的认同，并未具体涉及何种通行的工作和决策方式才是被企业认可或适应未来发展的，其中数据的作用并未被如此强调，而个人英雄主义和对制度的严格遵守被重视和强调。

4）生产关系的重塑：数字化技术推动了生产关系的深刻变革，包括对供应链、客户关系、内部协作等方面的数字化重塑，更多强调企业内各个微组织潜能的挖掘，以及外部合作关系的改变。各个微组织将自身成功和企业整体成功关联在一起。而传统企业管理中关于组织变革更多强调的是组织架构调整，仅仅停留在方法层面，从目标层面也是更多地从效率和管控层面考虑，没有从增长目标实现的角度考虑组织变革需要遵循的底层逻辑和本质，也没有从整体组织定位的转型角度考虑如何更好地赋能增长小微组织的发展。

企业在数字化建设过程中，需要在生产力工具构建的基础上，通过数字化人才和数据驱动文化之间的驱动关系，共同达成重塑生产关系的目标。四大核心组织要素之间相互驱动，不可分割。

1）生产力工具与数字化人才：数字化人才是运用和优化数字化工具的关键。他们不仅掌握相关技能，还能够根据业务需求选择合适的工具并对其进行不断改造和优化，发挥其最大效能。

2）数据驱动文化与数字化人才：数字化人才是数据驱动文化的践行者和推动者。他们通过收集、分析和利用数据来优化业务流程和业务模式、推动内部创新创业、提升决策质量，并使数据发挥业务价值，推动数据驱动文化在企业内部深入人心。

3）重塑生产关系与数字化工具：数字化工具为重塑生产关系提供了有力支持。通过数字化手段，企业可以更加高效地管理产品和服务供应链、优化客户关系、提升内部协作效率等，并实现适度放权同时对风险底线的控制，使生产关系的重塑成为可能。

4）数据驱动文化与重塑生产关系： 数据驱动文化有助于企业在重塑生产关系时做出更明智的关于放权和管控之间平衡的最优决策。基于数据的洞察可以帮助企业更好地理解市场需求、优化各类资源要素配置、提升运营效率，从而推动生产关系的变革。

综上所述，在数字化时代，生产力工具、数字化人才、数据驱动文化和重塑生产关系四大核心组织要素之间相互驱动、相互影响，共同推动着企业的组织变革和持续增长。第6章已经具体介绍过生产力工具，本章不再赘述，本章将重点描述数字化人才和数据驱动文化两个方面的作用。第8章会重点阐述新质生产关系的重塑。

7.4 数字化组织变革力四大核心组织要素

7.4.1 数字化人才

1. 关于数字化人才的研究

区别于通常意义的人力资源管理，人才管理（Talent Management）的基本出发点是把员工当成有个性和个体价值的人，而不是照章办事、按流程执行的流水线上的效率机器，着重于对组织内部个人个体价值的发挥以及更多人才的引入。注重发现和培养具有潜力的员工，通过激励、培训和发展来提高其绩效和潜力。强调个体化的人才发展策略，帮助员工实现个人和职业目标，以提高员工的满意度和忠诚度。通常涉及更高层次的人才策略和规划，以确保组织拥有未来需要的关键人才。

关于人才对企业的价值，有很多著作进行过探讨和阐述，如表7-1所示。

表7-1 人才对企业的价值著作概览

作者	时间	著作名及观点
吉姆·柯林斯（Jim Collins）	2001年	在《从优秀到卓越》（Good to Great）中讨论了企业实现卓越的关键在于"先人后事"，即优先选择自律且适配的人才，而非仅依赖战略规划
爱德华·E.劳勒三世（Edward E. Lawler III）、克里斯托弗·沃里（Christopher G. Worley）	2007年	在《人才驱动型组织》（The Talent Powered Organization）中系统探讨了如何通过战略人力资源管理构建以人才为核心竞争力的企业，并提出了数据驱动的招聘、发展与绩效管理方法
比尔·康纳狄（Bill Conaty）、拉姆·查兰（Ram Charan）	2010年	在《人才管理大师》（The Talent Masters: Why Smart Leaders Put People Before Numbers）中，深入探讨了人才管理对企业可持续发展的核心作用，并系统阐述了如何通过人才选拔、领导力发展与继任规划构建竞争优势
托马斯·查莫罗−普雷穆季奇（Tomas Chamorro-Premuzic）	2017年	在《人才错觉》（The Talent Delusion）中从心理学与数据科学的交叉视角，为企业提供了一套人才管理框架，其核心价值在于"用证据替代猜测"，批判传统人才管理误区，倡导数据驱动方法

（续）

作 者	时 间	著作名及观点
迈克尔·马伦（Michael Mankins）、埃里克·加顿（Eric Garton）	2017 年	在《时间、人才、能量》（Time, Talent, Energy）中提出，企业应将时间、人才与能量视为核心战略资源，通过优化资源配置实现业务战略目标，强调高效的人才管理需与战略执行深度整合
拉姆·查兰（Ram Charan）、多姆·巴顿（Dominic Barton）	2018 年	在《人才制胜》（Talent Wins: The New Playbook for Putting People First）中提出将人才视为核心资产，通过董事会、CEO 与 CHRO 的三位一体模式，确保人才战略与企业战略深度绑定，实现持续竞争优势

以上著作均阐明了人才对企业的重要性、人才管理的策略和实践，以及构建人才驱动型组织的方法和原则。这些著作为企业领导者和管理者提供了有价值的思路和指导，帮助他们更好地理解人才对企业成功的关键作用。

同时，数字化人才对企业的价值在当今数字化时代变得尤为重要，关于数字化人才对企业价值的部分研究著作如表 7-2 所示。

表 7-2 数字化人才对企业的价值著作概览

作 者	时 间	著作名及观点
奈杰尔·古恩诺（Nigel Guenole）、乔纳森·费拉尔（Jonathan Ferrar）、谢丽·芬泽（Sheri Feinzig）	2017 年	在《HR 的分析力》（The Power of People）中系统阐述了劳动力分析如何驱动人力资源决策，帮助组织提升业务绩效，分析科学方法释放人才管理的战略价值
保罗·多尔蒂（Paul R. Daugherty）、詹姆斯·威尔逊（H. James Wilson）	2018 年	在《机器与人》（Human + Machine）中强调人机协作的实践案例，提出融合技能模型，通过自动化技术提升员工适应性
托马斯·达文波特（Thomas H. Davenport）	2018 年	在《人工智能优势》（The AI Advantage）中探讨了人工智能对企业运营的变革性影响，包括对人才技能需求的重构
马克·埃夫隆（Marc Effron）、里亚姆·奥尔特（Miriam Ort）	2018 年	在《团队黏性》（One Page Talent Management）中提出，在资源有限的世界里，人才战略的重点聚焦在能获得很好结果的关键少数领域。2% 的关键性人才是组织发展的黏稠剂，具备 98% 的影响力
瑞文·杰苏萨森（Ravin Jesuthasan）、约翰·布德罗（John Boudreau）	2022 年	在《无界工作》（Work Without Jobs）中分析了去岗位化战略：打破传统岗位定义，以技能为单元重组工作，通过"人才云"平台动态配置人力资源
乔什·贝新（Josh Bersin）	2022 年	在《势不可当》（Irresistible）中指出未来企业可持续竞争力包括意义驱动、员工体验、技能敏捷和技术赋能，需摒弃传统"管控思维"，转向"员工为中心"的生态体系，在数字化浪潮中构建"不可抗拒"的组织吸引力

上述著作表达的观点主要体现在：在数字化时代，人才管理变得越来越重要，不仅需要关注人才的招聘、培训和激励，还需要关注如何适应快速变化的技术和市场环

境，如何促进创新和灵活性，以及如何推动员工发展和学习，从而帮助企业保持竞争力并实现持续发展。人才管理在数字化时代的重要性不断提升，成为企业成功的关键因素之一。具体表现在如下六个方面：

1）**技术发展和数字化转型**：随着技术的不断发展和企业的数字化转型，对具备数字化技能和专业知识的人才的需求日益增长。企业需要拥有适应数字化环境的人才来推动创新、提高效率和应对市场变化。

2）**人才竞争激烈**：在数字化时代，掌握数字化技术的人才相对于掌握工业技术更具通用性，吸引和留住优秀的人才变得更加困难，因为人才拥有更多选择权，他们更倾向于加入能够提供发展机会和工作满意度的企业。因此，有效的人才管理成为企业保持竞争力的关键。

3）**灵活性和创新**：数字化时代要求企业灵活应变，快速创新。拥有适应性强、能够快速学习和适应新技术并能够将数据转化为现实收入或资产收益增长，或驱动现金流增长的人才对企业的发展至关重要。人才管理需要关注如何培养这样的人才，以支持企业的创新和发展。

4）**数据驱动的人才决策**：在数字化时代，企业可以利用大数据分析来更好地了解员工的需求、能力和潜力，从而更有效地实施人才管理。通过数据驱动的人才决策，企业可以更好地匹配人才与岗位，提高员工绩效和满意度。

5）**多元化和全球化**：数字化时代带来了全球化的业务发展机会、更多样化的竞争环境和多元化的工作团队。有效的人才管理需要考虑如何管理和发展不同国家、不同文化背景的员工，以及如何促进跨文化合作和沟通。例如，"出海"业务中人才管理需要更加注重跨文化领导和团队管理的能力，以提高团队的协作效率和创造力。

6）**人才发展和学习**：数字化时代不断涌现出新的技术和工作方式，要求员工不断快速学习和发展新的技能和知识。人才管理需要关注如何为员工提供持续学习和发展的机会，以适应快速变化的数字化环境。

传统消费企业数字化人才普遍短缺，是制约当前企业数字化组织能力建设的关键制约因素之一，伴随着数字化技术在企业的应用深化，企业必须关注员工数字化能力的提升和补充。

2. 数字化组织和角色构成

考虑数字化人才需要从企业整体新质生产力构建的角度思考，落实到新质劳动者层面，数字化组织通常包含"数字化领导委员会/转型办公室"和"具备明确业务增长目标的数字化运营组或创新行动组（包含数字化业务组织和数字化技术组织）"两种核心组织，如图 7-2 所示。

数字化组织的人员中有三个核心角色：① **数字化领导人才**，或者转型负责人，这个角色需要负责解决创新转型认知统一、资源投入和机制保障问题。② **数字化创新创业领军人才**，包含四类子角色：数字化项目/业务创新项目负责人、敏捷教练、转型办项目专员/项目经理、产品经理，他们共同组成敏捷团队。③ **数字化工匠人才**，在数字化运营组或创新行动组中，因为某个创新项目/数字化项目的特性，由一批具有工匠精神的数字化和业务专业人才动态组成。

图 7-2 企业数字化组织和角色构成

下面具体介绍数字化组织和角色构成。

（1）核心组织一：**数字化领导委员会**

数字化领导委员会通常以虚拟状态存在，综合了企业与数字化相关的高管层，是数字化组织的最高决策机构，组长由董事长、CEO（首席执行官）、COO（首席运营官）或者 CDO（首席数据官）担任，营销、销售、生产、财务、CIO（首席信息官）和 CTO（首席技术官）等参与数字化领导委员会，通过数字化转型办公室承接日常工作的推进。职责和价值如下：

- 负责推动和监督组织新质生产力构建的高级管理团队，在推动组织数字化中发挥着至关重要的作用，解决数字化认知的统一和贯彻问题，帮助组织实现韧性增长战略目标，提高效率、创新能力和竞争力。
- 负责制定和规划组织的数字化战略，确保与组织整体战略目标相一致和融合，并促进数字化技术在业务中的应用。帮助组织更好地应对市场变化、提高竞争力。
- 负责推动新质劳动对象（业务驱动力体系）的构建，探索业务增长的核心业务驱动力，并推动模式创新，建立各驱动力之间的驱动关系。
- 负责推动组织结构调整，构建新质劳动者体系，引进人才，推动生产关系的重塑，以适应新质生产力的构建。
- 通过领导和支持各部门在数字化运营能力构建中的努力，促进组织内部各个层面的数字化变革，推动新质生产资料的建设。
- 决定数字化项目（包括业务模式变革、数字化工具构建、生产关系重塑、关键人才引入、数据驱动文化构建等）的投资和资源要素分配，并监督各项目的执行情况。确保数字化项目投资合理、资源要素有效利用，提高投资回报率。
- 定期审查项目的执行情况和成果，对数字化战略的实施效果进行评估，可以及时发现问题并做出调整，确保数字化取得预期效果。

（2）核心组织二：具备明确业务增长目标的数字化运营组或创新行动组

担任业务增长目标的虚拟数字化运营组，会由数字化业务组织和数字化技术组织共同组成。以营销推广组为例，在实现整体数字化目标的过程中需要承担以下职责：

- 识别数字化运营增长目标和路径：制定数字化运营目标和策略，确保数字化运营工作与业务增长目标相一致，确定数字化运营的优先事项，以最大限度地支持业务增长。
- 数据分析与洞察提炼：进行数据分析，识别关键业务指标并提炼有用的洞察。基于数据洞察，制定运营策略和优化措施，以支持业务增长目标的实现。
- 数字化营销与推广：制定数字化营销策略，包括社交媒体营销、内容营销等，以促进品牌曝光和客户获取。运用数字化工具和渠道，提高营销效率和效果，支持业务增长。
- 用户体验优化：分析用户行为和反馈，优化产品和服务的用户体验。通过数字化手段，提升用户满意度和忠诚度，促进业务增长。
- 技术工具支持与整合：确保数字化工具和系统的顺利运作，支持业务运营和增长。整合不同的技术工具，实现数据和信息共享，提升工作效率和效果。

- **运营效率提升**：优化运营流程和流程，提高工作效率和质量。运用数字化技术，自动化重复任务，减少人力资源要素浪费，以支持业务增长目标的实现。
- **数字化运营绩效监控**：设定关键绩效指标（KPI），监控数字化运营的表现和效果。定期进行数据分析和报告，识别问题并及时采取行动以优化运营。
- **人才培养与发展**：建立团队的数字化能力，提升团队成员的数字化素养和技能。提供培训和发展机会，以适应不断变化的数字化环境，支持业务增长目标的实现。
- **风险管理与合规**：确保数字化运营符合相关法规和政策，降低潜在风险。建立风险管理机制，及时识别和处理数字化运营中的风险，保障业务增长目标的可持续性实现。
- **跨职能协作与沟通**：与其他跨职能小组合作，共同推动数字化运营与整体业务增长目标的实现。促进跨部门沟通与合作，确保信息共享和协同工作，推动数字化运营的有效落地。

在数字化转型组织中配套三个核心角色，且角色的能力达到一定要求，才能确保以上数字化领导委员会、具备明确业务增长目标的行动组的正常组建，并按预期目标行动达成目标。

（1）核心角色一：数字化领导人才

关注机制保障，发挥"司令"的作用，成立数字化领导委员会，助力企业建立对数字化的整体认知和制定顶层规划，构建数据驱动的创新商业模式，重塑生产关系，推动权力分配和决策机制的创新，激活组织活力，驱动增长。需要具备判断行业前沿、做战略规划和顶层设计、推动实现变革管理的能力。

（2）核心角色二：数字化创新创业领导人才

由下面四个角色组成敏捷团队，属于具备明确业务增长目标的数字化运营组或创新行动组的子团队。在整个行动组成员构成中，变化的是因创新项目不同而不同的技术开发人员（技术侧），不变的是产品经理（业务侧）、敏捷教练（组织侧）和项目经理（项目侧）。敏捷团队的成功打造，应优先考虑关注不变的人才体系培养。

1）**项目负责人（Project Leader）**：关注价值实现，发挥"一线指挥员"的作用，探索新品类创新、数字化解决方案和技术创新，以提高业务效率和创新能力。进行市场研究和竞争分析，以识别新的商机和增长点，对业务结果负责。根据不同项目的性质和目标，制定业务创新、产品创新或技术创新的项目规划和实施路线图，推动组织不断进步和发展。

2）**敏捷教练（Agile Coach）：关注组织战斗意志，发挥工作方式"教练"或"政委"的作用**，在敏捷方面指导团队，确保敏捷方法推动项目并消除障碍，要适应具有挑战性的团队和产品经理的工作流程。确保团队行动与项目目标、转型愿景保持一致，指导团队进行敏捷实践，消除遇到的障碍并确保团队免受外部干扰，将团队凝聚在一起，帮助他们相互了解，营造持续学习的环境，帮助团队进行自我检查和审视。

3）**产品经理（Product Owner）：关注业务场景，发挥业务需求编译员"桥梁"的作用**，提高业务和技术的协作效率，端到端领导数字化产品的设计和价值实现，沟通业务技术和数字化技术，为技术人员阐述业务需求和业务故事，为业务人员解读技术洞见，根据细分业务效率和业务效益增加场景，明确产品价值和形态，构建整体数字化产品业务和应用架构、技术和数据架构，制定数据分析指标体系，应用新技术、数据分析助力业务运营，能从企业全局视角关注数字化技术与业务模式的融合，与业务共同承担效率和效益增长指标，确保数字化场景用例在从创意到落地的全生命周期中能产生用户导向的最大价值，协同创造新价值，助力业务新增长。需要具备战略路径拆解、增长机会发现和实现、资源要素协同能力。

4）**项目经理（Project Manager）：关注过程推进，发挥项目资源"统筹"的作用**，管理组织内部变革和转型过程，协调各部门确保变革计划顺利执行，创建引入新工具和方法进行持续改进的工作环境，作为变革推动者，推动新的工作方式落地实践，为项目建立跨部门间的协同能力，负责管理相关项目、流程，提高项目效率。需要具备项目管理、变革管理、创新思维和领导力等综合能力。

（3）核心角色三：数字化工匠人才

每个数字化运营组或创新行动组的具体职责可能会根据组织的特定需求和行业背景而有所不同。关键是确保每个组的职责清晰明确，并与整体数字化目标紧密对齐，以推动组织的数字化转型和业务增长。在成员构成上，会有多个跨职能成员加入，每个职能成员都应承担具体明确的职责，切分清楚相互间的分工界面和合作机制，以确保整体数字化目标的实现。以下是数字化业务组织和数字化技术组织每个小组的角色：

① 数字化业务组织

- **营销推广工程师**：制定和执行数字营销策略，以推动品牌知名度和销售增长。管理社交媒体平台、搜索引擎营销和内容营销活动。分析市场数据和用户行为，优化营销活动和广告投放。
- **体验创新工程师**：设计和优化消费者旅程，推进消费者运营活动，以提高用户满意度和忠诚度。收集客户反馈和数据，用于改进产品和服务。与其他团队合作，确保数字化体验与品牌价值观一致。

- **用户运营工程师**：收集和分析用户数据，构建用户画像，优化用户旅程，提高用户转化率和留存率。通过收集用户反馈，提出产品改进建议，提升产品功能和用户界面。制定用户增长策略，策划和执行营销活动，评估效果。与产品、技术和市场团队合作，使用数据分析和营销工具，确保策略和执行的一致性。

- **渠道销售工程师**：根据消费者体验目标、产品创新目标，推进新品渠道销售试销，收集销售反馈数据，为营销推广、产品创新和体验运营提供输入，推进成品渠道销售。

- **产品创新工程师**：探索新品类创新、数字化解决方案和技术，以提高业务效率和创新能力。进行市场研究和竞争分析，以便识别新的商机和增长点。制定创新战略和路线图，推动组织不断进步和发展。

- **供应链工程师**：优化货品流通和生产流程，确保高效、安全地制造和流转产品，分析和改进生产、存储和运输工艺，制定标准操作流程，以提升生产和流通效率和产品质量。协调各相关部门，确保材料、产品、费用和成本及人力资源的有效配置，监控过程数据，进行故障排除和质量控制，确保产品符合规格和质量标准。负责供应链优化和升级，推动自动化和生产技术创新，降低成本并提高生产能力。

② 数字化技术组织

- **数字化应用架构师**：包括端到端的应用架构师、业务能力抽象、业务平台产品设计、用户体验交互设计，聚焦单领域效率、效益能力，打造端到端的业务一体化拉通能力，建设领先的数字化增长运营平台，承载业务一体化流程管理，支撑各领域业务的协同运营。需要具备领域业务和应用架构设计、领域效率和跨领域业务协同拉通等能力。

- **UI/UX 工程师**：设计和优化用户界面和用户体验，以确保产品的可用性和用户满意度。了解用户的需求和行为模式，制定设计方案并创建原型。与产品经理和开发团队紧密合作，将设计方案转化为实际产品，确保视觉效果和交互体验的一致性。推进可用性测试，收集用户反馈，不断改进和优化设计，以提供直观、愉悦的用户体验。

- **数字化技术架构师**：包括端到端的技术架构师、业务应用产品开发工程师、云基础设施等技术人才，聚焦领先的技术架构设计、建设领先的数字化技术平台，支撑各领域的数字化运营，需要具备专业领域的技术能力、解决复杂问题的能力。

- **全栈技术开发工程师**：设计、开发和维护前端和后端系统，确保应用程序的整体功能和性能。编写和优化前端代码，创建直观的用户界面，同时开发和维护服务器端的逻辑和数据库架构。与产品经理、设计师和其他开发团队密切合作，开展代码审查、调试和测试工作，确保项目按时完成并符合质量标准。

- **数据工程师**：负责设计、构建和维护数据基础设施，以支持数据分析和业务决策。开发和优化数据管道，确保数据从各种来源高效地采集、存储和处理。建立数据仓库和数据库，确保数据的高可用性和安全性。与数据科学家合作，提供清洁、结构化的数据集，支持复杂的数据分析和模型开发。进行数据质量监控和故障排除，确保数据准确性和完整性。
- **数据科学家**：包括端到端的数据架构师、数据产品开发工程师、数据科学家/分析师、人工智能和机器学习技术专家、数字资产和数据安全工程师等技术人才，聚焦领先的数据架构设计，开发智能系统和算法，承载各个业务领域的数据采集、集成、预测、分析的闭环过程，支撑各领域不同业务环节的数据模型建设和整体数字化运营指标体系的落地实现。需要具备数据科学领域的专业能力及业务理解、协同沟通等能力。
- **智能硬件工程师**：包括端到端各个业务节点的 AIoT（人工智能物联网）硬件架构设计师，在数字化领域中负责设计、开发和维护硬件设备及系统，确保其可靠性、性能和功能的实现。他们与软件工程师、数据科学家等其他专业人才紧密合作，共同推动了数字化转型和创新。需具备专业领域的技术能力、解决复杂问题的能力。

7.4.2 数据驱动文化

1. 关于企业文化的研究

企业通过营造积极的企业文化，提升员工的忠诚度和士气，吸引优秀人才，推动创新和变革，提高工作效率和绩效，建立品牌形象，维持客户忠诚度，从而实现持续增长。关于企业文化的价值的部分研究著作如表 7-3 所示。

表 7-3 企业文化的价值研究著作概览

作者	时间	著作名及观点
约翰·P. 科特（John P. Kotter）、詹姆斯·L. 赫斯凯特（James L. Heskett）	1992 年	在《企业文化和绩效》（Corporate Culture and Performance）中探讨了企业文化对企业绩效的影响，强调了建立积极企业文化的重要性，并提供了实践策略以提升组织表现
托尼·谢（Tony Hsieh）	2010 年	在《传递幸福：利润、激情和目的的路径》（Delivering Happiness: A Path to Profits, Passion, and Purpose）中强调了企业文化对于利润、激情和目的的重要性，探讨了如何通过建立强大的企业文化实现组织目标

(续)

作　　者	时　　间	著作名及观点
丹尼尔·科伊尔 （Daniel Coyle）	2018年	在《极度成功》（*The Culture Code: The Secrets of Highly Successful Groups*）中探讨了高度成功团队的秘密，强调了企业文化对于组织成功和成长的重要性

这些著作都强调了企业文化对企业增长的重要性，指出了建立积极企业文化对组织成功和持续发展的关键作用。通过塑造积极的企业文化，组织可以吸引、留住优秀人才，激发员工潜力，推动创新，提高绩效，从而实现持续增长。这些著作为企业领导者提供了宝贵的启示，帮助他们更好地理解和利用企业文化来促进组织的增长。

企业文化对企业增长的重要性体现在以下多个方面：

- **员工忠诚度和士气提升**：积极的企业文化可以提升员工的忠诚度和士气，使他们投入更多的精力工作，提高工作效率和质量。
- **吸引和留住人才**：有吸引力和积极的企业文化可以帮助企业吸引、留住优秀人才，构建高效的团队，推动企业增长。
- **鼓励创新和变革**：积极的企业文化鼓励员工表达想法，提倡创新和变革，帮助企业适应市场变化和发展需求。
- **提升工作效率和绩效**：健康的企业文化可以激发员工的工作激情和动力，提高工作效率和绩效，从而推动企业成长。
- **建立品牌形象和客户忠诚度**：企业文化体现企业的核心价值观和理念，有助于建立积极的品牌形象，提升客户满意度和忠诚度，推动企业发展。

2. 企业文化中的分支——数据驱动文化

数据驱动文化是指一种组织内部的价值观和行为模式，强调在决策和行动中应该依据数据、事实和分析，而非主观臆断或个人经验。在拥抱数据驱动文化的组织中，数据被视为一种重要的资产和决策支持工具，用于指导业务方向、优化流程、改进产品和服务，从而实现更高效、更智能的数字化运营。

数据驱动文化是企业文化中的分支，是企业文化在数字化时代中的实际落地的具象应用，更能符合企业未来的发展需求。数据驱动文化和企业文化之间存在着密不可分的关系，二者相互影响、相互支持，共同构建了一个有利于企业发展的整体框架。以下是它们之间关系的几个重要方面。

- **价值观的契合**：数据驱动文化和企业文化的核心价值观通常是相互契合的。企业文化中的使命、愿景和价值观在数据驱动文化中得到体现，数据分析和决策是为了支持企业价值的实现。

- **决策基础**：数据驱动文化为企业决策提供了客观的数据支持，帮助管理层和员工做出更明智的决策。这种决策方式符合企业文化中对高效率、创新和卓越的追求。
- **行为引导**：数据驱动文化对员工的行为和工作方式有一定的引导作用。企业文化中对团队合作、透明度和持续改进的要求与数据驱动文化中强调数据分享、学习和优化的理念相一致。
- **组织学习**：数据驱动文化鼓励组织进行不断学习和改进，这与企业文化中对学习、创新和发展的重视一脉相承。通过数据分析和反馈，企业可以不断优化自身的运营方式，实现持续进步。
- **客户导向**：数据驱动文化有助于企业更好地满足消费者需求、提升产品和服务质量，优化渠道客户和消费者体验。这与企业文化中强调客户优先、服务至上的理念是一致的，二者共同促进企业建立良好的客户关系和品牌形象。
- **员工参与和发展**：数据驱动文化鼓励员工积极参与数据分析和决策过程，有助于激发员工的自主创造力和积极性。这与企业文化中建立团队合作、员工发展和奖励机制的目标相一致。"自由"有很多种含义，但作为这里的基准线，它意味着相信员工能够代表组织独立思考、独立行动，还包含允许员工追求成就感、表达自我的意思。
- **持续改进**：数据驱动文化和企业文化共同推动企业实现持续改进和创新。通过数据分析和反馈，企业可以不断优化业务流程、提升产品质量，实现持续的进步和发展。

相对于普遍意义上的企业文化，数据驱动文化又具有鲜明的如下特征：

- **以数据为决策基础**：数据驱动文化强调决策应当基于数据和事实，而不是主观猜测或个人观点。组织成员在决策时会优先考虑数据分析的结果。
- **数据共享和透明**：数据驱动文化鼓励组织内部的数据共享和透明度，使得员工能够更加容易地获取和理解数据，促进更好的合作和决策制定。
- **数据驱动决策**：数据驱动文化倡导在制定战略、规划项目和执行业务活动时，依赖数据和分析来指导决策过程，以实现更好的结果。
- **持续学习和优化**：数据驱动文化重视持续学习和不断优化，通过数据分析和反馈循环，不断改进业务流程、产品和服务，以适应市场变化和实现持续进步。
- **数据治理和安全**：数据驱动文化也关注数据的质量、安全和隐私保护，重视建立健全的数据治理机制，确保数据的合理性和可靠性，同时遵守相关法律法规和道德标准，以保障数据的正确性和可信度。
- **数据文化普及**：数据驱动文化努力普及数据文化，使所有员工都能理解数据的重要性，并具备基本的数据分析能力。这有助于提高整个组织的数据素养和决策水平。
- **实时决策**：数据驱动文化倡导实时数据分析和实时决策，使组织能够更快速地做出反应和调整，以适应市场的动态变化。

总之，数据驱动文化是一种强调数据在组织中的核心地位，以数据为基础进行决策和行动的文化氛围。通过建立和推动数据驱动文化，组织能够更好地利用数据资产，提高决策的准确性和效率，实现持续的创新和发展。关于数据驱动文化的部分研究著作如表7-4所示。

表7-4 数据驱动文化的研究著作概览

作者	时间	著作名及观点
托马斯·达文波特（Thomas H. Davenport）、珍妮·哈里斯（Jeanne G. Harris）	2007年	在《数据分析竞争法》（Competing on Analytics: The New Science of Winning）中强调数据能力是"炼金术"，企业需要将信息转化为黄金决策，书中提出的"文化、人才、治理"框架仍是企业构建分析竞争力的基石
希拉里·梅森（Hilary Mason）、DJ·帕蒂尔（DJ Patil）	2019年	在《数据驱动：构建数据文化》（Data-Driven: Creating a Data Culture）中提出企业需通过文化转型、技术赋能与伦理治理构建数据驱动型组织
卡洛琳·道林（Carolyn Dowling）、艾米·海尼克（Amy Heineike）、米歇尔·布拉登（Michelle Braden）	2020年	在《数据驱动领导力》（Leading with Data）中分析了企业"将数据转化为信任与变革的催化剂"的必要性。通过战略对齐、透明沟通与文化渗透，领导者不仅能提升决策质量，更能构建适应未来的敏捷组织

这些研究强调了数据驱动文化在企业发展中的重要性，指出了建立数据驱动文化对组织成功和持续发展的关键作用。通过构建数据驱动文化，企业可以更好地利用数据资源要素，做出基于数据的决策，实现精细化管理和持续优化，从而推动企业成长和创新。企业构建数据驱动文化不仅有助于企业的长期发展，如提升竞争力、组织学习能力和品牌建设等，还能在短期内带来快速决策、提高运营效率、降低风险和增强客户满意度等实际价值。企业构建数据驱动文化具有长期意义和短期价值，分别如下：

（1）长期意义

- **持续竞争力**：在数字化时代，数据已经成为企业的重要资产。构建数据驱动文化意味着企业将持续地以数据为基础进行决策，这有助于企业在快速变化的市场环境中保持敏锐的洞察力和灵活的适应性，从而维持长期的竞争力。
- **组织学习能力提升**：数据驱动文化鼓励员工不断学习和探索，通过数据分析来发现问题、解决问题并寻求改进。这种持续的学习和改进过程会增强企业的组织学习能力，使企业在长期发展中不断优化自我。
- **文化转型和品牌建设**：数据驱动文化不仅是企业内部运营方式的转变，更是企业文化的转型。这种文化将逐渐渗透到企业的各个方面，形成独特的品牌印象，有助于提升企业的整体形象和品牌价值。
- **为未来技术升级做准备**：随着技术的不断进步，如人工智能、大数据等将在企业中扮演越来越重要的角色。构建数据驱动文化可以为企业未来引入更先进的技术和工具打下坚实基础。

（2）短期价值

- **快速决策与响应**：在数据驱动文化的指导下，企业可以迅速收集和分析数据，从而更快地做出决策，及时响应市场变化和客户需求。
- **提高运营效率**：通过数据分析，企业可以迅速识别运营中的瓶颈和问题，及时调整策略，提高运营效率。
- **降低风险**：基于数据的决策有助于减少盲目性和主观性，从而降低决策失误的风险。同时，数据分析还可以帮助企业及时发现和应对潜在的市场风险和挑战。
- **增强客户满意度**：通过深入分析客户数据，企业可以更加精准地满足客户需求，提升客户满意度，进而促进销售和市场份额的增长。

3. 培养和构建数据驱动文化

如何在企业内培养和构建数据驱动文化？首先，需要从如下 7 个方面培养企业的数字文化基因：

- **以消费者为中心**：依照消费者需求调整内部和外部流程，高效高质满足消费者需求。
- **数字化思维**：组织基于数据思考最佳解决方案，从策略制定、差距发现、条件假设、场景模拟、结果评价、假设修正到策略调整。
- **开放**：倡导组织透明度，鼓励员工在数字化转型中遇到困难时立即寻求帮助，而不必担心上级和团队成员反应。
- **跨组织协同**：鼓励跨部门/职能的员工作为一个团队聚集在一起，从消费者视角优化流程、提高效率和优化产品，提高消费者的体验。

- **敏捷性和灵活性**：可以鼓励员工自由地追求不同的解决方案，并选择最好的解决方案。
- **创新驱动**：鼓励创新，并且有计划地承担风险。
- **数据驱动**：全链路数据分析帮助一线、运营和决策组织改进作业、运营、资源要素投向的决策，不断在闭环中迭代，逐步达到最优解。

在企业数字文化基因的注入行动中，"边打边建、以战代训"是速度最快、效果最好的办法，以一场场战斗汇集成的大战役、一场场小胜利积累起的大胜利，最终实现数字文化基因注入的目标。

其次，应确定一个有远见的数字化行动领导者，组建一支团队来取得一场数字化战役的胜利；确定一个治理架构模型，理解需要在成功的管理变革中采纳的必要策略，并确保一场场胜利能被快速复制和吸收到业务结构中去。

- **愿景驱动**：要开发清晰的数字化愿景和使命，提供沉浸式案例体验（如参观同行或者异业案例），探索"可能的行动计划"，启发突破方式，培养创新文化；通过与供应商合作共创，与细分市场玩家合作，共享甚至剥离资产，快速构建能够实现快速小赢的合作模式。
- **边打边建**：将创新业务与核心业务分离，建立一个"创新行动组"并在一个成熟的组织中拓展边缘，开启颠覆式创新；对可能的行动策略进行优先级排序，并且只选择1~2个策略以验证可能的商业逻辑的可行性，在行动中快速建设基于数据创新业务的思维方式和行动纲领，并在下一次行动中不断修正和淬炼。
- **以战代训**：使用敏捷迭代方法尽快将战略分解为多个战役原型，追求"快速失败"以实现快速成功；及时宣传成功案例，以获得更广泛的支持，并实现全企业范围内推广。
- **积沙成塔**：每次行动开始前需要有明确的业务增长目标、能力建设目标，在过程中以及行动闭环结束时，及时对目标达成情况和能力建设目标的完成情况进行复盘，以短周期目标、短周期行动、短周期复盘逐渐逼近愿景目标。

7.5 卓越数字化领导者

对构建数字化敏捷组织贡献最大的是消费企业内部的业务和数字化技术部门，在不同阶段，业务部门和数字化部门的职责、数字化能力和协同关系都在变化，相互关系从支撑、到赋能、到融合，最终达到驱动关系的目标，如图7-3、表7-5所示。

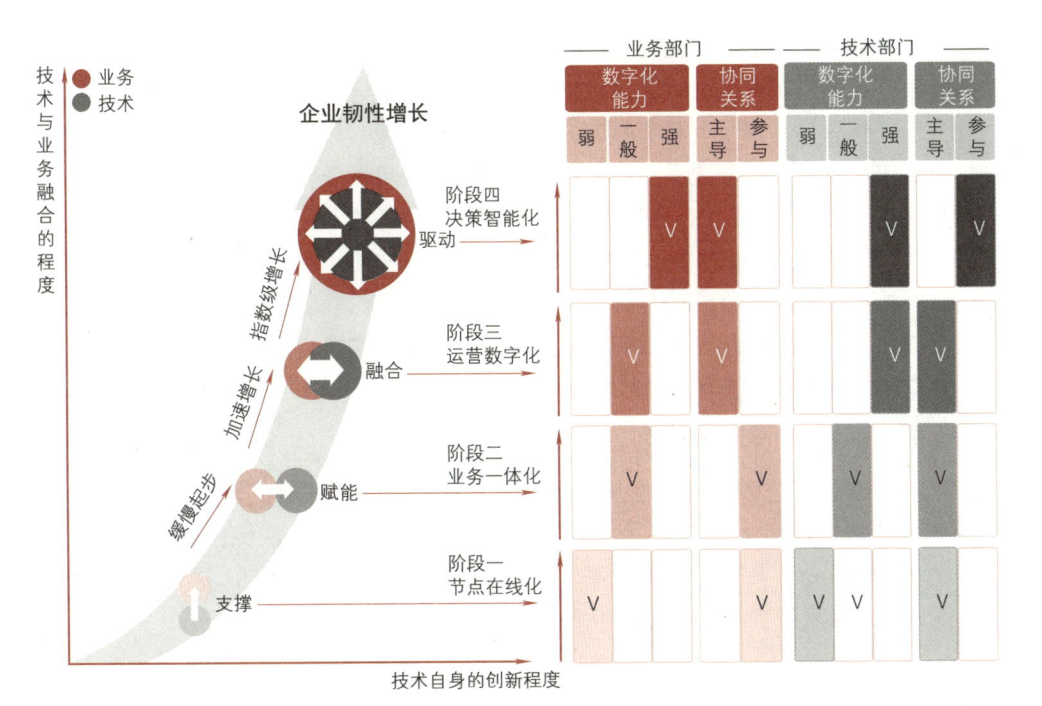

第 7 章　结构优化　人才当先　新质劳动者：增长组织变革力的锻造思路

图 7-3　不同阶段的部门协同关系

表 7-5　不同阶段的部门协同关系描述

阶段 / 部门职责	业务部门	技术部门
阶段一：节点在线化	▪ 学习和使用单点系统，构建数字化触点，开展业务	▪ 建设或引入单点系统，构建数字化触点
阶段二：业务一体化	▪ 梳理和挖掘单体应用中的业务和数据应用痛点 ▪ 确认端到端业务流程拉通和优化方向及解决方案 ▪ 学习使用和推广数字化工具（端到端闭环系统），开展业务 ▪ 推动组织变革	▪ 业务在线人才引入，技术及运维团队搭建 ▪ 实现端到端流程在线化，提高一体化业务协同效率和效能 ▪ 驱动业务和财务协同，解耦式剥离 ERP 中与敏态业务相关的功能 ▪ 建设或引入业务一体化平台
阶段三：运营数字化	▪ 数字化运营场景发现 ▪ 主导数据驱动文化的建设 ▪ 学习和使用数据分析、算法，数据驱动业务运营	▪ 数据分析、算法等人才引入 ▪ 推动数据驱动文化的建设 ▪ 建设或引入数据分析、算法
阶段四：决策智能化	▪ 主导生产关系变革 ▪ 挖掘和赋能内部和外部组织增长源 ▪ 学习和使用智能决策、自主决策	▪ 助力生产关系变革 ▪ 支撑增长源的持续赋能和发现 ▪ 建设智能决策工具

在节点在线化阶段，也就是过往的信息化建设阶段里，业务部门的参与度和存在感都很低；而到了业务一体化阶段，由数字化部门主导，业务部门必须参与进来并对业务流、信息流、资金流和货物流的一体化贯通负责，数字化部门引入一体化数字化平台底座，支撑分阶段建设和不断拓展的各领域应用场景；到运营数字化阶段，就需要数字化部门和业务部门一起主导，找到业务部门的数字化运营重点场景，而数字化部门负责解决数据问题和构建数据模型，双方协同构建场景发现、模型共创、运营结果反馈的闭环机制，不断使运营的深度场景越来越多；最后在决策智能化阶段，由业务部门主导，让数字化真正融合到业务中，聚集增长主题，探索智能应用场景和价值，让数字化从支撑价值转变为战略价值。

那么问题来了，谁来推动这个组织的不断进化？其实企业数字化建设的过程一直在呼唤卓越数字化领导者，卓越数字化领导者必须完成环境逻辑、洞察逻辑、目标逻辑、创新逻辑、运营逻辑和管理逻辑的转型，才能真正从传统信息化领导者（Business Partner）转化为卓越数字化领导者，带动企业韧性增长，并与业务部门协同，明确企业未来韧性增长的方向和焦点，如表7-6所示。

表7-6 传统信息化领导者与卓越数字化领导者的区别

	传统信息化领导者	卓越数字化领导者
环境逻辑	喜欢在确定环境和需求下工作	抽象出企业应对不明确需求的底层能力，和业务部门共同面对不确定性环境
洞察逻辑	依靠过往经验来解决技术问题	依赖虚拟创新行动组/团队分析前沿技术对业务的影响，并尝试不同方案
目标逻辑	以流程支撑业务闭环为导向	以数据和应用能力作为终极目标，反向审视所有的业务流程，有权否定不能产生持续高质量数据的流程和运营模式
创新逻辑	依赖内外部供应商的构建能力	与合作伙伴平等对话，尊重各自专长，一起进行底层基础能力的搭建，并在不同应用和数据领域共同创新
运营逻辑	用人去解决企业的运营问题	基于数据洞察结果和运营机制，分析和解决企业的运营问题，并推动构建数字化运营机制和数据驱动文化的迭代
管理逻辑	向下管理团队进行工作执行	向上管理好最高决策层的预算导向和结果期望，横向管理好业务部门的期望，并交付数字化价值

卓越数字化领导者必须具备的思维方式

1）**产业思维**：从产业发展的视角思考，适应企业"核心业务"的数字化转型方向，助力"融合发展"，从技术专家向跨界专家转变。

第 7 章　结构优化　人才当先　新质劳动者：增长组织变革力的锻造思路

2）**战略思维**：从构建战略底层能力的角度思考，适应企业战略性的数字化能力建设方向，拓展变革思维的视野，从单纯的技术思维向全局性复合型思维转变。

3）**商业思维**：从增长逻辑起点思考，适应企业营销方式和消费者服务"赋能化"转型方向，信息技术从业务管控向赋能服务转变。

4）**管理思维**：从未来企业生产关系角度思考，适应企业组织、流程和管控模式的数字化能力建设方向，助力扁平化、去中心化、平台化和服务化等模式的应用。

5）**数字思维**：从未来增长底层逻辑的角度思考，适应"数字化运营能力"的转型方向，使技术服务更敏捷简化，从功能支撑者向增长实现赋能者转变。

历史时机摆在面前，企业也在呼唤，凭借技术基础，我们消费企业的首席信息官和首席数据官应该勇挑重担，淬炼自己，立志成为卓越数字化领导者，伴随着企业进化过程，成长为企业首席增长官（CGO），充分挖掘发挥数字化技术价值金矿，与业务部门携手共同推动业务增长。

不同职位的进阶能力要求如表 7-7 所示。

表 7-7　不同职位的进阶能力要求

职位	技术总监（CTO）	首席信息官（CIO）	首席数字官（CDO）	首席增长官（CGO）
初级阶段	■ 扎实的技术知识和技能 ■ 有效管理技术团队 ■ 参与制定和实施技术战略	■ 深入了解业务需求和技术趋势 ■ 有效管理 IT 团队 ■ 确保系统稳定运行	■ 数据管理和分析能力 ■ 建立数据治理框架和数据战略 ■ 确保数据质量和安全	■ 制定数据驱动的新增长业务目标 ■ 建立新增长团队 ■ 实施增长策略和实验
中级阶段	■ 领导力和团队管理能力 ■ 协调团队合作 ■ 推动技术创新和项目交付	■ 将技术与业务结合 ■ 推动一体化应用建设和提升业务协同价值	■ 理解业务需求和掌握数据科学技术 ■ 利用数据赋能决策 ■ 协同推动数据驱动文化在组织中落地	■ 领导团队达成新增长实验目标 ■ 沉淀数据驱动增长的策略和战术 ■ 优化增长实验和渠道
高级阶段	■ 技术战略规划和业务洞察力 ■ 领导技术团队创造战略价值 ■ 推动技术创新并提升业务效益	■ 信息化战略规划和业务洞察力 ■ 关注技术底座对数据的价值 ■ 协同推动组织变革和创新	■ 数字化战略规划和领导力 ■ 将数据视为公司重要资产，制定整体数据战略 ■ 推动数据驱动文化的转型和创新	■ 数据驱动增长的业务战略规划和创新能力 ■ 实际承担业务指标，推动业务扩张和利润增长 ■ 实现业务可持续性发展

7.6 数字化技术部门转型

当然在新质生产力的构建过程中，数字化技术部门的职能定位应从由关注交易型平台建设支撑的业务伙伴（Business Partner）进阶为赋能数字化运营机制构建、赋能增长组织决策智能化为重心的企业增长伙伴（Growth Partner）如图7-4、表7-8所示。业务一体化工作会逐步让位于数字化运营工作，这样，数字化技术部门在现有技术人才的储备基础上就需要进行人员能力结构的调整，以便和业务部门组成数字化联合团队，在数字化管理委员会的统一领导下，快速响应市场，在提供工具赋能的同时，基于数据分析赋能增长策略的快速调整。

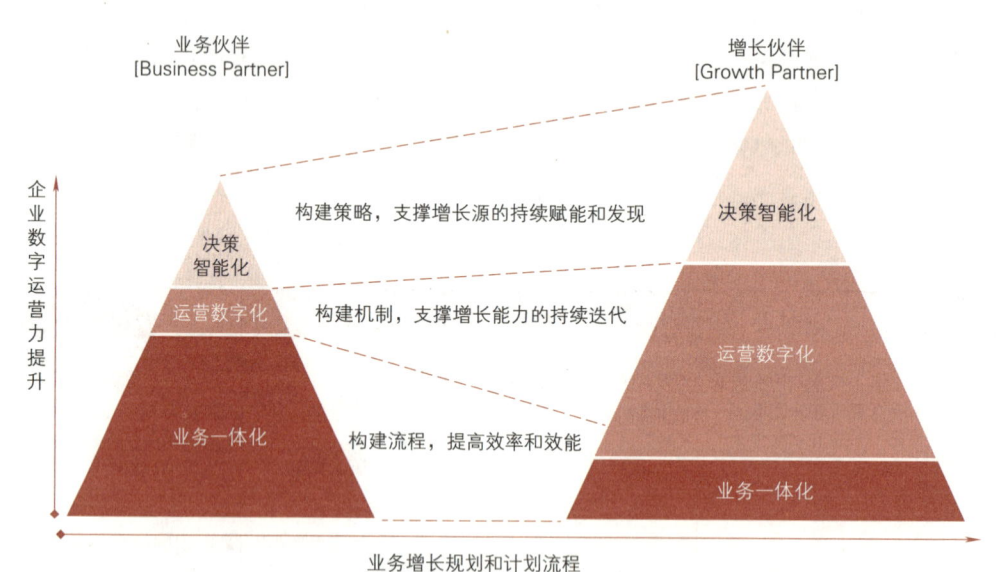

图 7-4 数字化技术部门转型

表 7-8 数字化技术部门转型的能力要求

阶段	业务伙伴	增长伙伴	跨越方法
决策智能化	■ 流程要素不连接 ■ 只关注内部 ■ 以趋势和历史记录为主 ■ 与财务无关	■ 基于增长组织需求的增长价值目标 ■ 基于消费者需求的可衡量的目标导向的建模和分析 ■ 业务创新驱动的决策质量改善	构建方法，支撑增长源的持续赋能和发现 ■ 符合市场和消费者需求预期 ■ 关注外部环境 ■ 定量和定性分析兼顾 ■ 从上至下（Top-Down）

第 7 章 结构优化 人才当先 新质劳动者：增长组织变革力的锻造思路

（续）

阶　段	业务伙伴	增长伙伴	跨越方法
运营数字化	■ 手工密集 ■ 没有指标导向的 ■ 没有细颗粒度数据分析 ■ 业务和财务割裂的分析，无整合性分析	■ 以数据驱动的资源运营机制构建为导向 ■ 以优化资源要素效率为目的 ■ 符合成本效益 ■ 能力逐步最优	构建机制，支撑运营能力的持续迭代 ■ 符合企业增长预期 ■ 关注内部组织能力提升 ■ 业务、财务和数据融合分析 ■ 业务到数据/数据到业务（B to D, D to B）
业务一体化	■ 被动的 ■ 管控的 ■ 静态的 ■ 孤岛的	■ 数据指标分析 ■ 整合、可解耦、分步建设的一体化运营平台 ■ 耗时最优的效率导向	构建一体化端到端流程，提高协同效率和效能 ■ 符合作业效率预期 ■ 关注流程优化和自动化 ■ 端到端（End to End）

第 8 章
创新求变　激发活力
新质生产关系：适应新质生产力发展需要

"The most valuable asset of a 21st-century institution, whether business or non-business, will be its knowledge workers and their productivity."
"21世纪组织最有价值的资产，不论是商业组织还是非商业组织，将是知识型员工及其生产力。"

——Peter Drucker, *Management Challenges for the 21st Century*
彼得·德鲁克，《21世纪的管理挑战》（1999年）

第 8 章 创新求变 激发活力 新质生产关系：适应新质生产力发展需要

8.1 生产关系理论研究回顾

生产关系对企业增长的理论和研究是管理学中一个重要的研究领域，涉及组织结构、人力资源管理、领导力等方面，如表 8-1 所示。

表 8-1 生产关系对企业增长的理论和研究

作　者	时间	著作名及观点
艾尔弗雷德·钱德勒 （Alfred D. Chandler）	1962 年	《战略与结构》（Strategy and Structure: Chapters in the History of the American Industrial Enterprise）指出了"结构跟随战略"，企业扩张战略的复杂性（如多元化、跨地域）必然要求组织结构从集中式向分权化转型
哈里·布雷弗曼 （Harry Braverman）	1974 年	《劳动与垄断资本》（Labor and Monopoly Capital: The Degradation of Work in the Twentieth Century）从马克思主义视角揭示了资本主义劳动过程的控制本质与工人异化的深层机制。"技术进步未必解放劳动者，反而可能成为资本支配的新工具"的观点对于理解当代劳动议题（如平台经济、AI 替代）提供了批判性框架
史蒂芬·P. 罗宾斯 （Stephen P. Robbins）、 蒂莫西·A. 贾吉 （Timothy A. Judge）	1979 年、 2007 年、 2021 年	在《组织行为学》（第一版）（Organizational Behavior）中涵盖了组织内部的各种因素，包括组织文化、领导力、团队动态等，对于理解生产关系对企业增长的影响具有重要意义
加雷斯·R. 琼斯 （Gareth R. Jones）	2001 年	在《组织理论与设计》（第一版）（Organizational Theory, Design, and Change）中探讨了组织结构、设计原则和变革管理对组织效能的影响，有助于理解生产关系如何影响企业的增长和发展
伊恩·帕尔默（Ian Palmer）、 理查德·邓福德 （Richard Dunford）、 吉布·艾金（Gib Akin）	2009 年	在《组织变革管理》（第一版）（Managing Organizational Change: A Multiple Perspectives Approach）关注组织变革对企业增长的影响，探讨了组织变革的各种视角和方法，对于理解生产关系在企业变革和增长中的作用具有重要意义

以上研究涵盖了组织行为、人力资源管理、领导力、战略管理等方面的内容，重点突出了生产关系对企业增长具有的重要价值和意义，为管理实践和理论研究提供了重要参考。

1）生产效率提升：通过优化生产关系，企业可以提高生产效率，降低生产成本，提升产品质量。有效的生产关系变革可以帮助企业更好地利用资源要素，提高生产效率，促进业务增长。

2）人力资源激励：良好的生产关系可以激发员工的积极性和创造力，提高员工的工作满意度和忠诚度，从而提升员工的生产力和工作表现。这有助于企业吸引和留住优秀人才，推动企业的创新和发展。

3）组织协同合作：有效的生产关系有助于建立团队合作精神和良好的组织文化，促进部门间的协同合作和信息共享，提高组织整体的协调性和灵活性，增强企业的竞争力和适应性。

4）风险控制：通过建立稳定和可持续的生产关系，企业可以降低内部和外部风险，提高企业的稳定性和可预测性。稳定的生产关系有助于缓解员工流失、劳资纠纷等问题，为企业的长期发展提供良好的基础。

5）创新与发展：有助于激发员工的创新意识和团队合作精神，促进知识共享和技术创新，推动企业不断进步。

数字化时代需要什么样的生产关系？近十年来学术界和科技界的研究成果层出不穷，如表 8-2 所示，基本上涵盖了数字化时代下生产关系、劳动力市场和经济结构方面的研究，均在深入探讨数字化时代下的经济变革和生产关系变化。

表 8-2 数字化时代关于生产关系的研究

作　者	时　间	著作名及观点
埃里克·布莱恩约弗森（Erik Brynjolfsson）和安德鲁·麦卡菲（Andrew McAfee）	2014 年	在《第二次机器革命》（The Second Machine Age: Work, Progress, and Prosperity in a Time of Brilliant Technologies）中探讨了数字化时代的生产力增长、经济变革以及劳动力市场的变化，提出了在数字化时代如何重新定义工作、生产和生活的观点
杰奥夫雷 G·帕克（Geoffrey G. Parker）、马歇尔·W. 范·埃尔斯泰恩（Marshall W. Van Alstyne）和桑基特·保罗·邱达利（Sangeet Paul Choudary）	2016 年	在《平台革命》（Platform Revolution: How Networked Markets are Transforming the Economy-and How to Make Them Work for You）中探讨了数字平台经济如何改变了传统产业的生产关系，如何重塑了供应链、劳动力市场和价值链，对数字化时代的生产关系进行了深入研究
克劳斯·施瓦布（Klaus Schwab）	2016 年	在《第四次工业革命》（The Fourth Industrial Revolution）中探讨了数字化、人工智能、机器学习等新兴技术如何改变生产方式、劳动关系以及社会经济结构，对未来的生产关系和劳动市场进行了展望
大卫·L. 罗杰斯（David L. Rogers）	2016 年	在《智慧转型》（The Digital Transformation Playbook: Rethink Your Business for the Digital Age）中指出企业需从客户、竞争、数据、创新与价值五大维度重构商业模式，强调数字化转型不仅是技术升级，更是战略思维与组织文化的根本变革
乔纳森·塔普林（Jonathan Taplin）	2017 年	《冲击波：对美国互联网巨头的文化思考》（Move Fast and Break Things）呼吁社会通过制度重构（反垄断、数据治理、文化保护）推动技术向"服务于人"而非"奴役于人"的方向发展，对数字资本主义的批判为反思技术的社会影响提供了重要视角

8.2 不同时代生产方式和生产过程的差异

生产力决定了生产关系，决定了生产关系的变化方向，影响社会利益关系的变化走向。发展新质生产力需要有合适的生产关系、创新环境与制度与之适应，才可能相得益彰。数字化时代下的生产方式和生产过程已经在传统方式基础上实现了质的飞跃，对生产关系也提出了本质上的变革和创新需求，如表 8-3 所示。

表 8-3 生产方式和生产过程在不同时代下的表现

	传统时代　传统生产力	数字化时代　新质生产力
自动化和智能化程度	通常依赖于人力和机械设备，过程较为依赖人工操作和监控	更加自动化和智能化，借助信息技术、人工智能和物联网等技术实现过程的自动化、智能化管理和优化
定制化和个性化生产	通常采用大规模生产，产品较为标准化，生产效率高但定制化程度低	更注重定制化和个性化生产，能够根据客户需求实现小批量、多样化生产，提高产品的个性化和差异化
生产过程的透明度和实时性	生产过程相对封闭，信息传递和反馈相对滞后	更加透明和实时，通过大数据分析和实时监控可以实现过程的可视化和追踪，提高决策的及时性和准确性
人才需求和技能要求	对劳动力的要求主要是操作技能和体力，相对容易替代	对劳动力提出了更高的技能要求，员工需要具备数字化技术应用能力、数据分析能力、问题解决能力等新型技能，以适应数字化环境的需求
灵活性和快速响应能力	通常较为僵化，流程和计划固定，难以灵活调整	更加灵活，响应快速，能够根据市场需求和变化快速调整流程和计划，提高生产效率和市场反应能力
全球化和供应链管理	通常局限于本地化生产，供应链较为简单且局限	更加全球化，企业可以利用数字化技术实现全球供应链的管理和协调，加强与全球供应商和合作伙伴的联系，实现全球生产和营销
数据驱动和决策支持	决策方式更多基于经验和直觉，信息收集和分析相对简单	更加依赖数据驱动的决策，通过大数据分析和预测模型支持资源投入和配置决策，提高决策的准确性和效率

8.3 制度创新适应新质生产力发展

数据要素的作用在不同时代发挥的价值和驱动作用完全不同，数据要素在数字化时代成为核心生产要素，在前文中也曾指出数据要素属于新质生产力的核心，什么样的制度体系能够适应数字化时代的生产力方式和生产过程，很大程度上取决于什么样的制度体系能够使数据要素的价值充分发挥。

依照生产力决定生产关系的逻辑，在制度经济学中突出表现为技术与资本的逻辑关系。奥利弗·E. 威廉姆森（Oliver E. Williamson）在其1985年出版的著作《资本主义经济制度》中论述了对专用目的技术（SPT）和通用目的技术（GPT）在治理方式上的差异，技术专用性决定资产专用性，技术通用性决定资产通用性，即通用目的技术决定通用目的资产⊖。数据技术属于通用目的技术范畴，不属于能源、工业技术等专用目的技术范畴，需要有适应多样化、范围经济模式的通用目的技术的治理方式。

8.3.1 双轨产权模式创新促进数据要素价值的发挥

如前文中对数据要素的复用性的描述，数据要素高复用性使得数据能在任一时间被使用，甚至同时被用于不同场景和不同主体。生产力上的复用特性将决定生产关系适应复用机制的产生，比如考虑基于数据共享的数据要素所有制度、使用制度和收益制度的创新，降低企业，尤其是中小企业使用数据要素的门槛，打破那些阻碍资源要素实现通用、复用的制度障碍。对于企业内部也是一样，需要降低各个部门使用数据和从使用的数据中获得收益的技术门槛、制度门槛，释放数据要素的多样化红利，缩小数字鸿沟。

为此需要在制度环境建设上，考虑数据要素所有权、使用权和收益权的分离分置改革，从而进一步解放新质生产力。推行产权"双轨制"，实行数据所有权、使用权和收益权的"两权分离、三权分置"，促进数据要素的共享和流通，提高数据要素的利用价值，更好地保护数据隐私，同时满足多方利益，促进实体经济和数字经济共同发展，实现资源最优配置，推动整体经济的持续增长。

8.3.2 双轨交易模式创新强化数据要素的主导地位

相对于实体要素的互斥性特征，数据要素具备明显的互补性特征，需要考虑相关的交易模式创新，以适应数据要素的特征。首先主要表现在流量外部性，数据在流

⊖ 发改委称为"通用性资产"。

动和使用过程中会产生增量价值或影响，这种影响不仅限于数据的直接所有者或使用者，还包括整个生态系统中的其他参与者。例如，一个网站的访问量增加，不仅提高了自身的广告收入和用户黏性，还可能带动其他相关网站或应用的访问量增长，形成一个相互促进的正反馈机制，带来整个系统的增益，而不是互相排斥或替代。其次是网络效应，指的是一个产品或服务的价值随着用户数量的增加而提高的现象。例如，社交网络的价值在用户数量增加时会显著提升，因为每个新用户都为其他用户增加了更多的连接和交流机会，从而增强了整个网络的吸引力和黏性，形成一个正向循环。

基于数据要素的外部性，需要从整个"生态体系"角度考虑交易模式，这有别于实体资产的传统意义上的"市场角度"。传统意义的市场是科斯型单边市场，以产权清晰的商品为交易对象。数据要素市场是基于其生态外部性特征的反科斯型双边市场，将外部性作为市场交换的主要内容，以平台+应用的模式，以会员费和使用费作为外部性的市场回报，如表8-4所示。

表 8-4 不同性质数据要素的双轨交易模式

数据要素	有形化的、排除外部性的无形数据	无形化的、带有外部性的无形数据
举例	历史行情数据、日实时数据、订单交易数据、财报、行业趋势分析等	社交媒体上的用户行为数据、搜索引擎的查询数据等
数据量占比	很小	大
价值潜力	低，且显性	更具潜在价值和广泛性，往往需要通过深入分析和挖掘才能发挥其最大效用
价值剥离	可以从所有权上辨析出来的财产权利（可有形划入资产负债表的资产）	不可从所有权上辨析出来的财产权利
交易模式	市场交易	生态体系（如平台+应用）中交易
交易主体	等价交换（按所有权收费）	有偿共享（按使用权收费）
市场作用	基础性作用	主导性作用

综上所述，当下对数据要素市场化来说，一方面，要发挥市场在资源配置方面的决定性作用；另一方面，要发挥生态在资源配置方面的主导性作用。首先为新质生产力发展提供良好的制度环境，最主要的制度改进是推进"两权分离、三权分置"改革，把两种数据要素分别纳入两类不同市场机制。其中，重点要解放新质生产力中具有外部性且可复用的部分，以避免其因不具备可辨析的财产权利条件而无法流通使用，从而造成资源浪费。其次，数据要素市场既要承担数据交易功能，又要承担数据交互功能。

8.3.3 不断调整生产关系增加劳动要素收入

在前文中分析了数据要素具有高复用性特征，能够多场景应用、多主体复用。激活数据要素潜能，将价值创造与价值实现联系在一起，可以使其他主体要素（资本、劳动等）呈现乘数效应，提高其他主体要素的投入产出效率。

生产关系中很重要的问题是"谁收益？"和"谁先收益？"。数据要素倍乘劳动要素，可以将普通劳动者转化为人力资本，劳动要素在获得劳动报酬的同时，获得要素资本性投入的收入作为剩余回报，但收入多少取决于分配制度的社会选择是先让资本获益还是先让劳动获益，即偏向资本获益还是偏向劳动获益，结果反映在要素主体收入中劳动要素收入的结构占比问题。

美国社会科学家和复杂系统研究专家斯科特·佩奇（Scott Page）在其 2017 年发表的著作《多样性红利》（*The Diversity Bonus*）中详细探讨了技术效率按偏向主体的不同分为"能力"与"多样性"两大类的观点。通过数学模型和实证研究，展示了多样性在提高系统绩效方面的重要作用，明确了能力和多样性在实现技术效率方面的互补性。

斯科特·佩奇提出的"多样性优于同质性定理"（Diversity Trumps Homogeneity Theorem）阐述了多样性在解决复杂问题和推动创新方面的优势。在面对复杂问题时，人员结构多样化的团队往往比同质性的团队表现得更好。以下是对这一定理的详细解释：

1）**多样性带来更多解决方案**：人员结构多样化的团队成员具有不同的背景、技能、经验和观点，因此能够提出更多样化的解决方案。相比之下，同质性的团队往往缺乏多样的视角，可能会陷入思维定式，导致解决方案的单一化和局限性。

2）**组合多样性创造更优结果**：不同成员的独特视角和方法可以互相补充，形成更有效的组合。通过整合不同的观点和技能，团队能够开发出更加全面和创新的解决方案。

3）**复杂性需要多样性**：面对复杂问题，单一的视角或方法通常不足以找到最优解。多样性提供了多个角度和路径，有助于探索更广泛的解决方案空间，从而提高解决问题的能力。

"能力"对应的是专业化，与同质化、专业化相联系的主体是有"能力"的人，即精英人群。而"多样性"对应多样化，与多样化相联系的主体是自由技术开发者和设计师、直播播主、外卖和快递小哥、零售门店店员、售后服务工程师、装修工、访

第 8 章 创新求变 激发活力 新质生产关系：适应新质生产力发展需要

销员和导购员等一线劳动者。

在工业技术和数字化技术的对比中同样可以使用这个理论。工业发展已经完成了产业化与大规模制造的简单任务，而我们面临的核心问题是产业服务化，这是复杂任务，尤其是在面对新质消费（多样化体验驱动）的时代，同质化、专业化的精英人群无法彻底解决这个一线实际问题，需要由多样化团队来解决，此时多样性优于同质性（自动化、专业化）。数据要素本身的多样化特征与多样性团队相结合，孕育了多样性红利（如兼职工作），尤其是在劳动密集型的服务业中同时孕育了劳动者红利（如大量快递小哥）。在面对复杂任务时，普罗大众明显具有"多样性优势"。

新质生产力的运行规律中，数据要素驱动了以多样性、高收入为标志的增值应用业态，而多样性劳动者也需要因多样性红利以及解决多样性复杂任务问题而获利。多样性红利的原理在于，通过改变（不可复用的）劳动与（可复用的）资本相对于使用的稀缺多样化匹配关系，改变剩余回报的流向。

历史上的每一次生产力发展，资本获益均远大于劳动获益，这一规律在各次工业革命中都有显著体现。资本通过对新技术的投资、资源控制和市场垄断，实现了资本积累和经济地位的提升。这一现象反映了资本在推动生产力发展过程中的重要作用，但也带来了财富分配不均和社会不平等问题，如表 8-5 所示。

表 8-5 工业革命中资本和劳动获益

阶段	第一次工业革命	第二次工业革命	第三次工业革命	第四次工业革命
时间	18 世纪末至 19 世纪初	19 世纪后期至 20 世纪初	20 世纪中期至 20 世纪末	21 世纪初至今
主要创新	蒸汽机、纺织机械、冶金技术	电力、钢铁、大规模生产	电子计算机、信息技术、自动化	人工智能、大数据、物联网、生物技术
资本获益	■ 工厂制度提高生产效率，资本家获巨额利润 ■ 资本家控制煤矿和铁矿等资源	■ 垄断和大企业获巨额资本积累，如卡内基钢铁和标准石油 ■ 新技术专利带来大量收益	■ 科技巨头（如微软和苹果）通过信息产业获巨额利润 ■ 跨国公司通过全球供应链和生产布局实现高资本回报	■ 科技巨头（如谷歌、亚马逊、特斯拉）通过新技术投资获超额利润 ■ 风险投资和股市为新兴技术公司提供大量资金支持，使资本迅速获益
劳动获益	■ 一些工人从农业转向工业，获得了更多就业 ■ 机会工业化初期，部分工人工资有所增长	■ 新兴产业创造了大量就业机会 ■ 工人逐渐争取到一些劳动权益和福利，如缩短工时和提高工资	■ 信息技术产业创造了新的高薪职位 ■ 教育和培训机会增加，部分工人的技能提升，收入水平提高	■ 高技能工人收入显著增加 ■ 远程工作和灵活就业机会增加，改善了部分工人的工作生活平衡

（续）

阶段	第一次工业革命	第二次工业革命	第三次工业革命	第四次工业革命
对劳动要素的忽略	■ 工作条件恶劣，工作时间长，工资低 ■ 大量使用儿童劳动力，剥削严重	■ 工资差距拉大，工人生活水平低 ■ 劳动条件恶劣，工人罢工和抗议频繁	■ 工作不稳定性增加，传统制造业的岗位减少 ■ 工人工资增长缓慢，相对资本收益增长，劳动者收入增长停滞	■ 技能差距加大，低技能工人面临技能不匹配的问题 ■ 高技能工人收入增加，低技能工人工资增长缓慢，收入不平等加剧 ■ 自动化和人工智能威胁传统就业岗位的稳定性，增加劳动市场的不确定性

中国在第四次工业革命的浪潮中，需要进行有别于西方国家的、适应新质生产力发展的制度选择，激励重心应从资本转向劳动，在劳动力红利的基础上，真正激发能够逆转两极分化的多样性红利的产生，将更多剩余回报分配给劳动而非资本。政府顺势而为，以制度创新代替大量的财政资源投入，实现同样水平的共享发展、共同富裕的目标。

8.4　在外循环生态系统中适应新质生产力的构建

根据8.3节的分析，新质生产力的发展需要关注数据要素的流动和劳动要素的回报问题。企业就是一个小的生态系统，同时又作为一独立经济体与外部上下游、合作伙伴构成一个大的生态系统，因此从数据要素流通角度看，存在外循环和内循环两个方面，根据8.3节分析的结果，我们来观察消费企业如何进行制度创新，推动新质生产力的构建，如表8-6所示。

表8-6　数据要素制度创新要求下消费企业参与生态系统新质生产力构建的要点

制度创新要点	消费企业新质生产力构建的要求		
	数据贡献者/所有者	数据使用者	数据受益者
双轨产权模式促进数据要素价值发挥	建立自身数据资产管理体系，参与外部数据交换，获得相应的收益	使用更广泛的数据要素促进新质生产力构建，并提升数据要素配置和使用的效率，获得收益	支付数据收益对应的成本，保障数据使用者和数据所有者的利益，以更大激情收集/产生和使用数据
双轨交易模式塑造数据要素的主导地位	区分不具备外部性的有形数据资产和具有外部性的无形数据资产，参与不同的市场交易模式和定价方式制定	按照不同数据类型参与或主导数据市场定价和生态定价模式的制定，并使用数据要素定价模式	根据不同的数据类型支付数据收益对应的成本
举例	品牌商家提供商品数据要素	电商平台和物流平台进行数据撮合使用	消费者提供消费者数据和需求数据，支付商品费用和物流配送费用

首先，企业作为大生态系统中的一员，如何更好地利用外部数据要素，参与大生态系统的资源要素重新配置，分享大生态系统的全要素生产率提升的成果。其次，企业如何促进多样性劳动要素的相关收益提升，如表 8-7 所示。

表 8-7　数据要素制度创新要求下劳动要素构建的要点

制度创新要点	消费企业新质生产力构建的要求		
	劳动要素 贡献者/所有者	劳动要素 使用者	劳动要素 受益者
不断调整生产关系提升劳动要素主体收入	确保自身多样性应该获得的相关收益	促进劳动要素的技能提升，提供劳动资料，提供培训，支付使用劳动要素收益对应的成本，确保劳动要素的多样性以应对多样性需求	支付使用劳动要素收益对应的成本，接受不同多样性场景下成本的差异化
举例	品牌多样性的各类品牌商、分布区域极广的快递小哥	电商平台在多区域、多场景、多品类场景中的多样性，提供工具即订单信息，支付使用，快递小哥不同场景下的应得收益	消费者支付商品费用、外送费，甚至夜间外送费

我们以此来反思拼价电商平台以及主打低价的电商平台。这类平台上的数据主要是商品数据和消费者需求数据，品牌商家可以作为商品数据的所有者、贡献者以及多样性劳动者存在，消费者是消费者需求数据要素的贡献者、数据要素和劳动要素的受益者，平台是资本要素贡献者、数据要素使用者和劳动要素受益者。

按照以上逻辑分析，品牌商家应该获得相关收益以确保下一轮的数据要素和劳动要素的贡献，但目前的实际状态是，消费者获得低价商品，购买成本降低，但平台方作为资本要素贡献者，获益远大于品牌商家，使很多品牌商家在入不敷出的同时，品牌价值也没有得到提升（见 4.2.6 小节 DTC 模式分析），尤其小企业商家，在数据要素和多样性劳动要素的交易中没有获得能激励下一轮交易的收益，这种交易过程的可持续性需要被慎重考虑，其中的制度创新并没有发挥应有的调节和促进作用。

8.5　在内循环生态系统中适应新质生产力的新质企业架构

企业自身作为内循环的小生态系统，内部各个部门之间的数据如何更好地流动？在内部如何进行资源要素的重新配置？各个职能和角色主体如何分享企业内循环生态系统全要素生产率提升的成果？这些同样需要制度创新来保障。在讨论制度创新前，我们需要先明确在新质生产力要求下，企业内各个不同角色面向体验多样性驱动的新质需求如何定位？如图 8-1 所示。

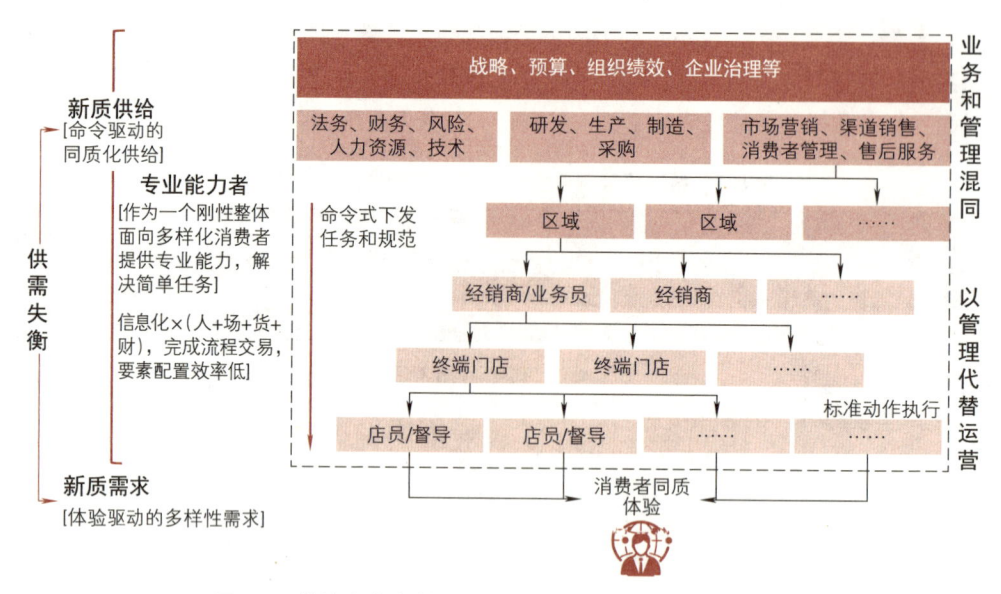

图 8-1 传统生产力状态下传统消费企业的各个角色定位

从图 8-1 中可以看出，科层制的传统消费企业的企业形态是正金字塔形的模式，企业主高高在上，直接面向消费者的一线员工和消费者在架构的最低端，企业关注的是命令下发和执行到位。企业作为一个专业能力者的刚性整体，面向多样化的消费者提供专业能力，只能解决简单问题，以及满足消费者基础且同质化需求，只能依靠降价等不断"外卷"以及加班加点等不断"内卷"方式稳定收入和利润。专业能力的深度运营能力缺失，全要素生产率提升的目标无法落实，是导致产品同质化、库存高启、消费者满意度下降等一系列问题的原因所在，而企业架构的设置是企业当家人需要思考的，在企业架构不支持，甚至已经阻碍企业效率、效益提升时，就需要及时调整，而不能甩锅给一线执行者和中层管理者。

1）**传统企业架构对资源要素生产率的提升价值不大**：虽然很多企业还存在不少市场费用、生产资源浪费的状况，但不妨碍他们对单一要素效率最大化的执着追求，从而导致生产部门即便按照任务完成生产目标，销售部门即便按照销售任务完成目标，企业现金流状况却没有明显改善，企业负责人也无法完成任务。

此外，有些企业以管理的方式进行强压，缺乏合理可行的持续迭代的运营过程，或者把运营和管理混为一谈，不能对资源要素进行合理的运营迭代，缺乏运营能力管理，更不用谈前文所述的全面看待费用运营及产销协同运营、全渠道一盘货的运营等企业级需要关注的要素生产力问题了。

企业能通过信息化手段完成对（人、场、货、财）的业务在线化，但对资源要素（货、财）缺乏数据支撑的运营，要素配置效率低。

2）传统企业架构无法快速响应多样化的消费需求：一线没有激情，很多企业负责人高高在上，专业部门大门不出、二门不迈，对实际的消费者需求缺乏洞察，只把消费者放在嘴上，并没有放在心上，却尝试以服务热情去打动消费者。在命令式的规范要求下，一线如果都挣不到钱，怎么会有热情去服务一线消费者呢？

产品创新太慢，企业负责人依照自己的经验在做产品，美其名曰专业专注。在消费需求分化的时代，很多企业的产品和服务会很快被消费者抛弃。没有好的产品，只能依靠降价，一线更没有热情和价值认同感去向消费者演示，企业陷入一线没热情推、消费者不愿意买的尴尬境地，这就是前文所述的在竞争结构分化时代大量企业会被快速淘汰的原因。

3）传统企业架构无法积累资源要素运营的长期能力：企业以管理代替运营，所有资源要素的运营在长周期（季度、年度）下以目标和实际结果之间的差异为切入点，用管理的激励和惩罚手段来完成所谓资源要素的最大化。

同时，企业缺乏对过程的运营，缺乏对数据要素支撑过程的精细化运营，无法切实看到实际资源要素配置效率的最大化组合方案，也无法从消费者的多样化需求视角发现要素的最优组合方式，以达到支撑全要素生产率提升的目标。

此外，企业的资源要素价值低，比如数据要素无法赋能给实际业务过程，财务费用运营与业务过程无法融合，仍然以刚性手段进行"一刀切"式管理。如何贴合差异化市场、多样化消费需求进行合理的从业务预算到财务预算，以及明确过程运营和责任机制，是很多消费企业目前亟待梳理清晰的，否则要么就是业务卡壳，要么就是业务一线单兵作战，没有资源赋能也没有决策权，以消费者为中心的宗旨就变成空话。

基于以上对传统消费企业的企业架构弊端的分析，在构建新质生产力的要求下，需要重新思考消费企业适应新质生产力发展的新质企业架构，以及对应的生产关系，如图 8-2 所示。

消费企业新质企业架构最核心的变化

首先，依照敏捷组织模式，从"正金字塔形"的架构模式变成"倒金字塔形"的架构模式，以消费者需求作为能力构建的核心源头。其次，将业务和管理分离，使一线团队回归多样化团队的本质，最大化激发多样性的一线团队面对多样化新质需求时

韧性增长： 消费企业智胜未来的新质生产力

图 8-2 所示结构：

新质动态均衡

- **新质需求** [体验驱动的多样性需求]
  - **多样化劳动者**：面向新质需求，即多样性体验需求，解决复杂任务 [根据多样化市场进行资源要素最优化组合]
  - **专业能力者**：面向多样化劳动者提供专业能力赋能，解决简单任务 [数据要素×（人+场+货+财），配置效率最大化运营]

- **新质供给** [创新驱动的多样化供给]
  - **专业能力者**：面向多样化市场创新产品，解决简单任务 [数据要素×生产资源要素，配置效率最大化运营]
  - **专业能力者**：面向业务和运营，控制管理规则底线 [明确要素配置目标、导向、原则和边界]

消费者最佳体验

业务

数据要素×（多样化劳动者）资源要素，提高业务资源要素生产率（要素优化组合）

| 消费者自传播和分销 | 门店导购/店员/店长直播播主/线上平台 | 直销人员/社区团购团长 | 品牌/品类产品经理/买手 | 经销商渠道区域和终端运营 | 自助终端/AI机器人/智能客服 | 创新创业体（面向品类创新、市场区域创新、消费者群体创新） |

要素赋能

数据要素×（人+场+货+财）资源要素，提高业务资源要素生产率（单要素投入产出）

| 经销商运营 | 渠道终端运营 | 连锁门店运营 | bC融合运营 | 营销活动运营 |

- 全渠道消费者运营
- 全渠道订单运营
- 全渠道供应链运营
- 全渠道产销协同
- 全渠道费用运营

人力资源　技术资源　财务/资本资源

运营

产品供给

数据要素×产品创新（精益管理、智能制造），提高生产资源要素生产率

产品创新
研发、生产、制造、采购等

全面底线和绩效管理

制度底线管理
法务、财务、风险、人力资源、技术等

公司战略和治理
战略、预算、组织绩效、企业治理等

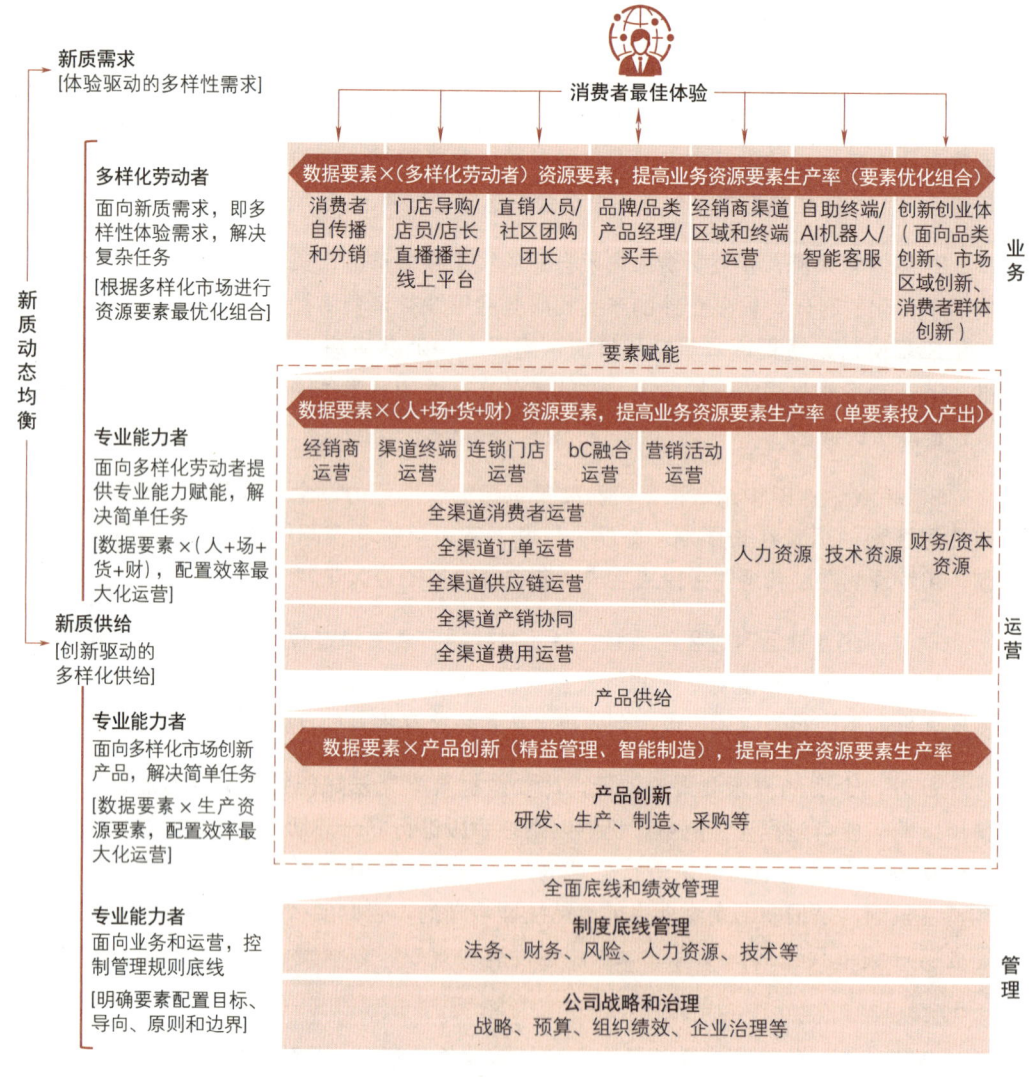

管理

图 8-2 适应新质生产力的新质企业架构

的热情，通过消费者立场的资源要素的组合优化，提高资源生产率。最后，增加资源要素的运营角色，基于数据要素×专业能力的思路，通过数字化手段深化专业能力，提高单要素生产率以及企业级视角的全要素生产率，如表 8-8 所示。

342

表 8-8 适应新质生产力的企业角色分工

新质动态均衡	定位	职能	角色	数据赋能新质生产力	对全要素生产率提升的价值
新质需求	多样化消费者	消费者			
新质供给	多样化劳动者	面向消费者	一线督导、业务员、门店店员、电商店铺、代理商、经销商、产品品类/市场区分的创新项目组等	■ 根据多样化市场进行资源要素最优化组合 ■ 面向新质需求，即多样性体验需求，解决复杂任务	数据要素×（多样化劳动者）资源要素，数字化技术提供数字化劳动资料，赋能新质劳动者（一线业务角色）和新质劳动对象（新模式、渠道商、终端、消费者）	通过要素优化组合，提高业务资源要素生产率
	专业能力	资源运营	商品、供应链、订单、营销、经销商、连锁门店、终端、消费者、bC融合、人力、费用和技术要素运营、产销协同运营	面向多样性劳动者提供专业能力赋能，解决简单任务	数据要素×（人+场+货+财）资源要素，数字化技术提供数字化劳动资料，赋能新质劳动者（专业运营角色）	通过提高单要素投入产出，提高业务资源要素生产率
		生产供给	研发、生产制造、采购	面向多样化市场创新产品，解决简单任务	数据要素×生产资源要素，数字化技术提供数字化劳动资料，赋能新质劳动者（专业能力角色），如智能制造	通过提高单要素投入产出，提高业务资源要素生产率
		制度底线管理	法务、财务、风险、人力资源、技术等	面向业务和运营，控制管理规则底线	数字化技术提供数字化劳动资料，赋能新质劳动者（专业能力角色），如智能财务和审计	明确要素内部流通的底线和边界
		战略和治理	战略、预算、组织绩效、企业治理	面向业务和运营，引导业务方向和组织绩效要求	数字化技术提供数字化劳动资料，赋能新质劳动者（专业能力角色），如数字化预算和绩效管理	明确要素提升和配置目标、导向、原则和边界

我们通常把一线团队比喻成作战部队，把每次产品营销推广比喻成一次次"战役"，那么我们可以对比看看实际部队组织是如何转型的。斯坦利·麦克里斯特尔将军（General Stanley McChrystal）在《赋能：打造应对不确定性的敏捷团队》中描述了美国军队从"制度型组织"到"机动赋能型组织"的"敏捷转型"，转型前后，组织的行为模式发生了明显变化，如表 8-9 所示，希望读者从这个变化中有所感悟。

表 8-9　美国军队从"制度型组织"到"机动赋能型组织"的"敏捷转型"

类型	制度型组织		机动敏捷型组织	
特征	说明	举例	说明	举例
结构	组织庞大摊肿，成员单位日趋复杂，各单位之间在军事行动时的协同性差	解救伊朗人质行动失败，原因是海陆空多方缺乏联合训练，临时共同作战失误频发	打破组织的水平边界与外部边界，以"一个团队"(one team)作战	121特遣队由来自11个部门的精英组成，以跨部门作战的形式击毙了本·拉登
流程	存在泰勒式制度的典型弊端，标准化流程的执行导致汇报路径越来越长	有一次美国中央情报局发现了基地分子的行踪，等冗长的审批签字流程完毕后，敌人早已无影无踪	将决策权力充分下放，给予一战部门充分授权	击毙本·拉登行动的指挥架构简单，由总统、CIA局长和海豹6队组成，强调及时决策
员工	各部门人员间的信任度不足、信息缺乏互通，常因内部沟通不畅而贻误战机	9·11事件的嫌疑犯曾租住于某美国联邦调查局（FBI）线人家中，但因CIA未与FBI及时共享信息而错失调查良机	通过"人员嵌入""关键联悠官"两大新制度加强跨部门的信任感和联结性	部门间互相派出"关键联络官"。在协同决策场景中实现"我中有你"和"你中有我"
技术	信息沟通仍然依靠传统会议和加密简报，军队存在防先进技术等泄密的担忧	许多将领认为几千人参加的线上会议尽管效率更高，但军事情报泄密的风险更大	依靠每天的大规模会议一再明确统一大方向，各小组上报当日战斗简报后对作战机会进行调整，并同步给每个人	Analyst's Notebook软件聚合了全球关于恐怖分子现身地点的大数据，并锁定其活动区域

8.6 消费企业适应新质生产力的新质生产关系

在数字化的不同阶段里，新质生产力的三个要素——劳动者、劳动对象和劳动资料——需要在同一阶段产生一定的组合适配关系，才能形成对新质生产力的全面推动作用，如表8-10所示。

表 8-10　生产关系在数字化运营力建设的不同阶段关注的重点

阶段	阶段一：节点在线化	阶段二：业务一体化	阶段三：运营数字化	阶段四：决策智能化
劳动者	技术开发人员、市场营销执行人员、物流仓储、生产管理、管理者等	扩展到业务架构和技术架构管理人员、市场营销管理、订单管理、经销商和渠道管理人员、一线管理者等，外部经销商、门店业务操作人员等	扩展到市场营销运营、消费者运营、产品经理、产品运营、订单运营、经销商和渠道终端运营人员、中层管理者等，还包括数据架构师、数据工程师、AI工程师等，以及外部经销商、门店业务管理人员	扩展到高层运营决策和战略决策者、数据科学家、外部门店终端、经销商管理决策者、消费者等

第 8 章　创新求变　激发活力　新质生产关系：适应新质生产力发展需要

（续）

阶段	阶段一： 节点在线化	阶段二： 业务一体化	阶段三： 运营数字化	阶段四： 决策智能化
劳动资料	电商系统、会员系统、微信、直播等单点工具，WMS、TMS、ERP、OA、DMS 等系统工具	除了技术平台和工具，还包括在线支付系统、端到端在线订单管理系统、供应链管理系统、营销闭环系统、终端/渠道交易一体化平台等	扩展到各类数据，以及大数据分析模型和工具、人工智能技术、数据模型和云计算平台等	扩展到更多数据、一线决策支持系统、各个领域管理决策系统、预测模型等
劳动对象	商品单点交易完成条件、价值保全条件等	扩展到企业的产品和服务的在线化呈现，以及与产品和服务相关的端到端的在线化流程闭环和运营规则	扩展到企业的整体效率和效益运营，包括经销商精细化运营、终端/渠道费用投放精细化运营、消费者运营、产销协同运营、全局库存运营、供应链运营策略和规则、财务资产（费用、政策等）、人力资产（知识和技能等）	扩展到企业的战略决策、业务策略决策、产品决策、投资决策、运营决策的精准性和长期可持续性等，一线决策的自主性和风险底线控制等

技术因素导致数字化时代的生产关系与传统的生产关系存在许多显著区别，且劳动者、劳动对象和劳动资料需要在同一阶段产生一定的组合适配关系，我们需要关注生产关系的重塑，以适应新质生产力的构建。我们从生产关系的三个要素角度分析生产资料归属关系、劳动雇佣关系和劳动成果分配关系，如表 8-11 所示。

表 8-11　不同时代的生产关系核心要素表现区别

	传统时代 适应传统生产力的传统生产关系	数字化时代 适应新质生产力的新质生产关系
生产资料归属关系	生产资料通常由企业或者个人私有，生产资料的所有权和控制权集中在少数人手中，劳动者通常是雇佣关系，受雇主控制	生产资料的所有权和控制权可能更加分散，如在云计算、共享经济等模式下，生产资料可以被多个个体共享和利用，劳动者可以更加灵活地参与生产，增加了生产资料的共享和开放性
劳动雇佣关系	劳动者通过出售劳动力获得报酬，工作时间和内容由雇主决定，劳动者通常处于从属地位	劳动关系更加灵活和多样化，劳动者可以更加自主地选择工作方式和内容，与雇主关系更加平等和灵活
劳动成果分配关系	劳动成果的分配通常由雇主决定，劳动者的收入水平受市场供求情况影响，收入相对固定且受限制	劳动成果的分配可能更加灵活和多样化。如在共享经济模式下，劳动者可以通过平台直接与消费者交易，获得更多的劳动成果；同时，数字化技术的发展也使得绩效考核更加公平和透明，劳动者的贡献更容易被识别和评价，从而影响收入水平。此外，数字化时代下的劳动成果分配也更注重知识产权和创新成果的保护，劳动者在创新领域的贡献可能会得到更好的回报

韧性增长： 消费企业智胜未来的新质生产力

消费企业重塑生产关系的核心在于整体组织生态关系从组织管控型转型到赋能平台能力的构建，以容纳更高级的生产力，并促进生产力进一步提升，从而构建"组织活力被激活、企业价值增长、灵活分配利益"之间的良性循环，如图8-3所示。

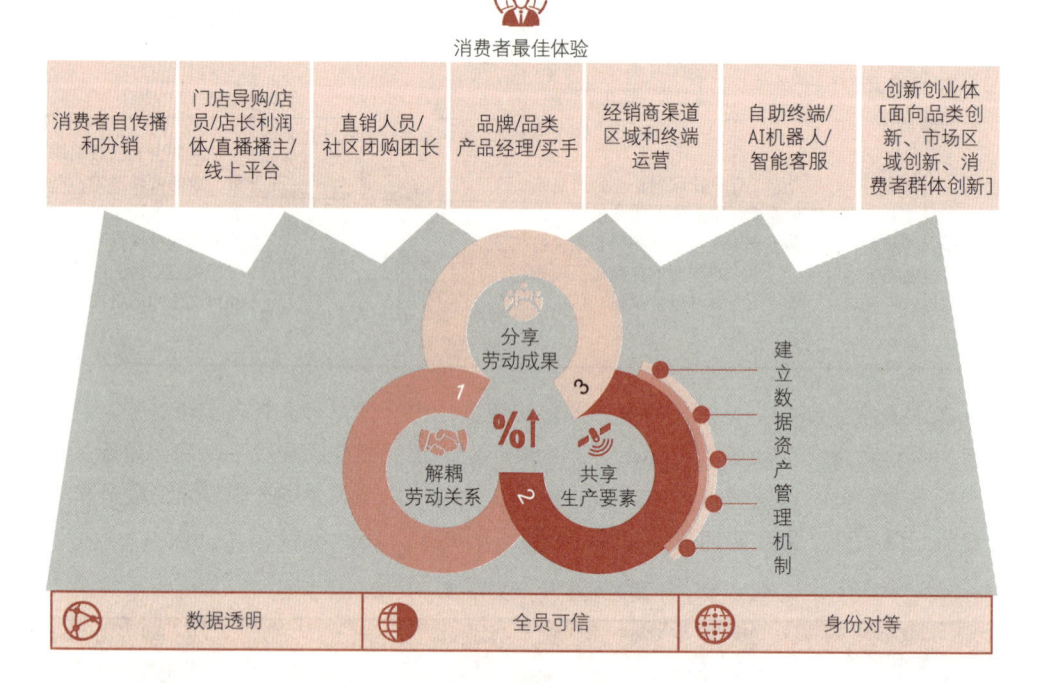

图 8-3 数字化时代消费企业生产关系重塑

1) **解耦劳动关系**：员工可能不再受到特定企业的约束，而是可以在多个项目或平台之间自由流动，以更加社会化的方式劳动，譬如远程工作、创新项目、责任承包、众包等形式。这种解耦需要企业重新考虑如何管理和激励员工，以及如何吸引和留住顶尖人才。

2) **共享生产要素**：对直接面向消费者体验服务和决策所需要的生产要素（如消费者数据、商品信息、营销内容等数据资产，以及知识、技能、经验等人力资产，促销政策等财务资产）进行共享，加快决策效率、提高决策有效性；企业和渠道、研发和生产等生态合作伙伴打通数据资源要素，支撑品类创新、营销创新等支撑和赋能。

3) **分享劳动成果**：员工不仅期待获得薪酬和收入分成，还期待分享企业的成功。通过生态加盟、内部期权股权激励、鼓励责任共担、分享营业利润或其他形式来激活组织活力。当员工为自身成功而工作时，有更强意愿进一步提高生产资料的丰富度和准确度，推动新一轮的增长和劳动成果分享。

基于<u>数据透明</u>（透明意味着权力的再分配，改变原有层级化、职能化的组织架构模式）、<u>全员可信</u>（区块链、可信计算等一系列先进数字化生产力可以提供可信的记录）、<u>身份对等</u>（智慧人口红利时代，不是依靠劳动力人口红利，同样的工作时间可以释放 5~10 倍价值）的数据环境，建立如下数据资产管理机制：

1）<u>数据价值评估</u>：定期对数据资产进行价值评估，以了解数据对企业的贡献，并为数据的使用和投资做决策。

2）<u>数据标准化和治理</u>：建立统一数据平台，集中治理和管理数据资产。为各部门、外部增长源和伙伴提供访问权限和服务，优化决策效益。

3）<u>数据全生命周期管理</u>：利用云计算和大数据技术为存储、管理、备份、访问、共享和分析数据提供服务。

4）<u>数据共享协议管理</u>：明确规定数据的所有权、使用权、保密性，以及数据安全和隐私保护等问题。

5）<u>建立数据安全和隐私保护</u>：严格遵守数据保护法规，建立强有力的数据安全措施，如数据加密、访问控制等。

当下消费企业想加快形成新质生产力，可以从以下五个方面着手重塑生产关系：

1）<u>把提高一线多样化劳动者的素质和劳动要素的收入摆在首位</u>，按照人力资本要求，释放多样性红利，培育适应新质生产力发展的新型劳动者。

2）要想在企业内全面推动科技创新与市场创新，让新质生产力在企业发展中全面发挥作用，就要把高度依赖研发投入的产品创新与高度依赖内部政策环境的创新结合起来，<u>创造适应新质生产力发展的企业内循环生态环境</u>，让政策的作用有效发挥起来。

3）<u>大力推进数据基础设施建设</u>，包括构建适应新质生产力发展的数字化资源运营平台和产品创新研发、智能生产制造平台，推进连接 + 算力基础设施高质量发展，推动传统基础设施的数字化转型，加强多层次的基础设施建设如适应人的全面发展的、面向一线多样化劳动者和专业能力者的数字化工具应用设施、数据要素基础设施等。

4）<u>深化以数据要素所有权与使用权分离为核心的内部虚拟产权机制改革</u>，探索建立数据资产管理的新制度，培育生产要素供给的新方式。一线多样化劳动者既是数据贡献者，又是数据使用者，要把数据受益者的角色也融合进去，从而激发他们的数据贡献激情，真正发挥生产关系飞轮和数据价值飞轮的双轮驱动效益。

5）参与适应数据要素市场化的国内外开放体系建设，促进资本、数据等关键生产要素外循环充分流动，参与完善数据要素生态体系下的交易机制，构建网络空间命运共同体。在面向生态贡献数据的同时补充自身的数据缺项，享受数据要素乘数效应和数据交易机制改革的红利。

第 9 章

勿着本相　知行合一

新质生产力构建的八大辩证心法

"知者行之始，行者知之成。知之真切笃实处，即是行，行之明觉精察处，即是知。"

——王阳明，《传习录》

在当今复杂多变的消费市场，企业将面临一场没有起点也没有终点的分化耐力赛。构建新质生产力是制胜未来的必由之路，需坚持"勿着本相，知行合一"的辩证心法才能洞察真相、有条不紊、步步为营、制胜未来。

"勿着本相"意味着不能拘泥于现有的商业模式和成功经验，要勇于打破惯性陈规。消费行业正经历着前所未有的变化，技术进步、消费者行为的变化和市场竞争的加剧，要求企业不断探索和应用新的技术和商业模式。数字技术驱动、个性化定制和全渠道营销正在重新定义消费行业的游戏规则。企业如果只依赖过去红利时代下的成功经验而拒绝变革，必然会在这场无终点的分化耐力赛中被淘汰。"勿着本相"同时意味着企业不能固守眼前利益，而是要关注长期战略定力和可持续性发展；同时，企业的发展不能以牺牲环境和社会福利为代价，而应致力于实现经济效益与社会效益的兼顾。

"知行合一"要求企业在实际操作中检验和完善创新策略。企业已经有很多实践，但长期来看可能是错的，所以需要积极探求背后的理论依据；不仅需要理论指导，更需要在实践中进行验证和调整，探索既符合理论逻辑，又符合实际业务，且具有企业特色的新质生产力构建路径。在推广新技术和新模式时，更需要根据市场反馈不断优化策略，确保理论与实际的高度统一，这样，企业才能在激烈的市场竞争中占据有利位置。

在中国市场，企业不仅是经济活动的核心主体，也是生态系统的参与分子，更是社会发展的重要推动力。坚持"勿着本相、知行合一"意味着企业的发展应与国家的战略目标相一致。企业应积极响应国家政策，支持国家发展战略，如推动产业升级、促进区域经济发展和扩大就业。通过创新和研发，提升本土品牌的竞争力，推动"中国制造"向"中国创造"转变；通过优化供应链，提升产业链的整体水平，增强国家的经济实力。这样的企业不仅能够在市场竞争中获得优势，还能为国家的繁荣稳定做出贡献，凸显中国企业家应有的家国情怀。

9.1 未来目标与现实行动

"不谋万世者，不足谋一时；不谋全局者，不足谋一域。"

——陈澹然，《寤言二·迁都建藩议》（19世纪末）

企业需要通过对未来行业趋势的预判和洞察来指导当下的行动决策，以便把握未来机遇，避免投资方向偏航、能力重复建设风险。在不确定的时代，消费企业犹如行驶在未知海域的航船，必须依靠灯塔指引，以确保航行方向的始终正确。

第9章 勿着本相 知行合一 新质生产力构建的八大辩证心法

未来目标与现实行动永远在动态地相互影响，这需要企业从宏观与微观层面双管齐下，既关注行业趋势的预判，又结合自身实际制定策略。消费企业需要在预判未来行业大环境趋势的同时，制定与之匹配的现实行动策略，确保有限资源要素投入在核心业务驱动力上，同时关注内部数字化运营和组织变革能力的构建，才能体系化构建面向未来的新质生产力。企业才能在这场没有发令枪也没有终点的分化耐力赛中保持敏捷，从而适应竞争环境、快速响应市场变化和精准应对消费者需求，最终在不确定的市场环境中找到自己的竞争定位，实现长期韧性增长。

为了应对不断变化的市场环境，企业必须密切关注行业动态，深入了解技术发展、消费者需求、政策法规等多方面的信息。通过对这些信息的综合分析和研判，企业可以洞察未来行业趋势的走向，从而及时调整自身的业务战略和发展方向。这种基于预判和洞察的决策方式，不仅能使企业在市场竞争中抢占先机，还能使企业有效规避潜在的投资风险。

在投资决策过程中，企业往往会面临诸多不确定性因素。市场需求的变化、技术进步带来的产品替代风险等都可能对企业的投资造成重大影响。然而，通过对未来行业趋势的预判和洞察，企业可以<u>更加精准地评估投资项目的长期回报潜力，避免盲目跟风或者投资方向偏航</u>。这种理性的投资决策方式不仅可以确保企业资金的安全性和效益，还能够为企业的长期发展奠定坚实基础。

同时，<u>对未来趋势的预判还有助于企业优化资源要素配置，避免能力重复建设</u>。在商业竞争中，资源要素的浪费和重复建设往往会给企业带来巨大的经济损失。然而，通过对未来行业趋势的准确预判，企业可以更加明确自身的发展重点和方向，将有限的资源要素集中投入到最具发展潜力的领域。这种资源要素优化配置的方式不仅可以提高企业的运营效率和市场竞争力，还能够为企业的创新发展提供有力保障。

为了实现这种预判和洞察能力，企业需要建立<u>一套科学、系统的分析方法</u>。这套方法应该包括对市场数据的收集与分析、对行业专家的咨询与交流、对技术发展趋势的跟踪与研究等多个方面。借助这些方法，企业可以更加全面地了解行业现状和未来发展趋势，为自身的决策提供更加准确、可靠的依据。

此外，企业还需要培养<u>一支具备前瞻性思维和创新能力的团队</u>。这支团队应该具备敏锐的市场嗅觉和丰富的行业经验，能够及时发现并抓住市场机遇。同时，他们还需要具备创新精神和实践能力，能够不断探索新的业务模式和发展路径，为企业的发展注入源源不断的动力。

综上所述，企业需要通过对未来行业趋势的预判和洞察来指导当下的行动决策。

这不仅有助于企业把握未来机遇、规避投资风险，还能优化资源要素配置、提高运营效率。为了实现这一目标，企业需要建立一套科学、系统的分析方法，并培养一支具备前瞻性思维和创新能力的团队。只有这样，企业才能在激烈的市场竞争中立于不败之地，实现持续稳健的发展。

9.2 做大做强与高质量发展

"The signature of the truly great versus the merely successful is not the absence of difficulty but the ability to come back from setbacks with even more vigor."

"真正伟大与仅仅成功的标志不在于没有困难，而是能够以更大的活力从挫折中恢复。"

——Jim Collins, *Good to Great*

吉姆·柯林斯，《从优秀到卓越》（2001 年）

在新时代经济发展的大背景下，如何实现企业"做大做强"与"高质量发展"成为一个重要的课题。两者之间既存在辩证统一的关系，又有各自独特的内涵和要求。理解并正确处理好两者的关系，对于推动经济高质量发展具有重要意义。

首先，"做大做强"与"高质量发展"在目标上具有一致性。做大做强是企业发展的规模和实力的体现，是通过提升企业市场份额、扩展业务范围、增强竞争力来实现的。高质量发展则强调发展方式的转变，更注重业务模式创新、资源要素效率和数据资产可持续性。这意味着，做大做强的最终目的是实现高质量发展，而高质量发展则是做大做强的内在要求和必然结果。两者的结合可以推动企业不断提升核心竞争力，持续健康发展。

其次，"做大做强"是"高质量发展"的基础和前提。企业要实现高质量发展，必须具备一定的规模和实力。只有在具备一定规模和市场影响力的情况下，企业才能有足够的资源进行技术创新、提升管理水平、优化产品质量，从而实现高质量发展。因此，做大做强是企业迈向高质量发展的必经之路，是实现高质量发展的重要前提。

然而，盲目追求做大做强可能会忽视高质量发展的内在要求，导致企业陷入"大而不强"的困境。企业在扩展规模的过程中，如果不注重资源效率管理、创新能力的提升和可持续性发展，将难以实现长期稳定发展的目标。**高质量发展要求企业在追求规模扩张的同时，必须注重提升产品和服务质量，优化生产流程，提高资源利用效率，推动绿色低碳发展。**这意味着企业在扩展过程中，必须保持对组织能力和业务创新的高度重视，以确保在扩大规模的同时，实现高质量的业务增长。

高质量发展不仅关注产品和服务的质量，还包括企业的管理水平、创新能力和可持续性发展能力。企业应当加大研发投入，提升技术创新能力，以保持竞争优势。同时，通过优化流程、提高运营效率、减少浪费、降低成本从而提升整体竞争力。此外，企业还应注重社会责任，推动绿色发展，确保在实现经济效益的同时，能够兼顾环境和社会效益。这些都是实现高质量发展的重要方面。

此外，高质量发展反过来也能够促进企业做大做强。通过提升产品和服务的质量，企业能够获得更多的市场认可和用户信任，从而提升市场竞争力，扩大市场份额。同时，通过不断创新和优化管理，企业能够降低成本、提高效率、增强盈利能力，从而为进一步的规模扩张打下坚实的基础。高质量发展带来的良性循环能够帮助企业在竞争激烈的市场环境中脱颖而出，实现做大做强的目标。

值得注意的是，企业在追求做大做强和高质量发展的过程中，还需要注重战略的制定和执行。企业应当根据自身的实际情况，制定切实可行的发展战略，明确发展目标和路径。在执行过程中，企业应当不断进行调整和优化，以适应市场环境的变化和企业自身的发展需要。同时，企业还应注重人才培养和团队建设，提升员工的素质和能力，确保战略的顺利实施。

总之，做大做强与高质量发展在新时代具有辩证统一的关系。企业要实现可持续的高质量发展，必须在做大做强的基础上，注重提升产品和服务质量，推动创新和管理优化。只有这样，才能在激烈的市场竞争中立于不败之地，实现企业的长期稳健发展。在这一过程中，企业需要制定科学的发展战略，注重人才培养和团队建设，不断调整和优化发展路径。同时，政府应加强政策支持和市场监管，营造良好的营商环境，推动企业实现高质量发展和做大做强的有机统一。这不仅有助于企业的健康发展，也对国家经济的持续增长具有重要意义。

9.3 授权与强控

"Empowered execution is the way to win in a complex world."
"授权执行是在复杂世界中取胜的方式。"

——General Stanley McChrystal，*Team of Teams*
斯坦利·麦克里斯特尔，《赋能：打造应对不确定性的敏捷团队》（2015年）

在数字化时代，传统企业面临着前所未有的挑战和机遇。信息技术的迅猛发展、市场环境的快速变化以及消费者需求的多样化，使得传统企业必须进行深刻的转型与变革。在这一背景下，企业内部的管理模式也面临重新审视，特别是授权与强权之间的辩证关系成为一个关键问题，企业常常会在"一放就乱"和"一管就死"之间徘徊。

数字化时代的到来使市场变化速度加快，企业必须具备快速响应能力。授权可以使企业各层级管理者和员工在面对变化时能够迅速决策，提高工作效率，避免因层层上报、等待审批而错失市场良机。授权可以激发员工的积极性和创造力。根据爱德华·德西（Edward Deci）和理查德·瑞安（Richard Ryan）的自我决定理论（Self-Determination Theory），员工在自主决策时会表现出更高的内在动机和创造力。数字化转型需要创新，而创新往往来自基层员工的灵感和实践。通过授权，员工在工作中拥有更多自主权，可以大胆尝试新方法、新技术，从而推动企业的创新发展。

为何企业以前不愿意或难以有效授权？这当然与企业类型和管理层的管理风格有很大关联，但存在一些共有的痛点：信息传递滞后，企业高层难以实时掌握一线情况，因而不敢轻易放权；管理层对基层员工的能力和判断力存有疑虑，担心授权后可能导致决策失误和资源浪费；传统企业的绩效考核体系往往侧重于结果导向，授权后的绩效评估难以量化，管理层难以有效监控和考核授权后的执行效果，导致授权意愿不足，担心"一放就乱"。

随着技术的发展，企业能够实时获取和分析大量数据，信息传递更加快速和准确。管理层可以通过数字化手段实时掌握一线情况，为授权决策提供可靠的数据支持。现代企业越来越重视企业文化建设，通过团队建设、员工培训和沟通机制，增强了管理层与员工之间的信任关系。员工的能力和素质得到了提升，管理层对员工的信任度增加，授权的风险显著降低。随着管理理论的进步，企业逐渐建立起将过程管理和结果考核结合的绩效评估体系，使得企业能够全面评估员工的工作表现，因此授权后的绩效考核更加科学和有效。

但授权并不意味着不管，授权的前提条件是企业高层必须保持对整体战略方向的掌控，确保企业在发展过程中不偏离核心战略目标，避免因过度分权导致的战略混乱。在数字化时代，企业面临的风险更加复杂多样，对风险的强权管理能够有效地进行风险评估和控制，防止因下级管理者的判断失误而导致重大损失，对风险集中决策有助于企业更好地识别和应对潜在风险。在大数据和人工智能技术的驱动下，企业需要对大量的数据和资源分配机制进行有效管理。强权管理能够集中优势资源，进行战略性投资和部署，提升企业的竞争力。

因此在数字化时代，授权与强权并非对立，而是辩证统一的关系。两者相辅相成，共同推动企业的发展。企业需要在不同情境下灵活运用这两种管理方式，以达到最佳效果。

首先，企业需要根据具体情境和任务特点，灵活选择授权与强权的方式。保罗·赫塞（Paul Hersey）和肯·布兰查德（Ken Blanchard）于1969年提出的情境领导理论（Situational Leadership Theory）指出，领导者应根据环境变化调整管理方式。对于多样化市场、创新性强、需要快速反应的领域可以采取授权管理；对于涉及重大决策、战略性资源配置的领域则需要强化高层的决策权。

其次，企业可以建立平衡机制，在授权的同时保持适度的控制。通过设定明确的目标和评估标准，确保授权后的决策符合企业的整体战略。同时，通过信息化手段，加强对授权行为的监控和反馈，及时进行调整。

最后，企业需要通过文化建设，培养员工的责任意识和自律精神。埃德加·沙因（Edgar Schein）于1985年系统性提出的组织文化理论（Organizational Culture Theory）强调，应建立以信任为基础的企业文化，使员工在获得授权的同时自觉承担责任，避免因过度授权导致的管理失控。

在数字化时代，传统企业必须在授权与强权之间找到平衡，充分发挥两者的优势。通过灵活运用授权与强权的辩证关系，企业能够提升管理效率，激发创新活力，增强市场竞争力，实现持续健康发展。

9.4 持续小赢与长期制胜

"Rome wasn't built in a day, but they were laying bricks every hour."
"罗马不是一天建成的，但他们每小时都在砌砖。"

——John Heywood，*Proverbs*
约翰·海伍德，《谚语集》（1546年）

数字化建设不是一蹴而就的，而是一个长期的战略性任务。更有效的办法是通过持续小赢实现长期制胜，如何持续平衡二者的关系是每个消费企业必须面对的重要课题。

"持续小赢"的概念由哈佛大学的特蕾莎·阿马比尔（Teresa Amabile）教授于2011年提出，强调通过不断取得小的胜利，来逐步实现大目标和长远成功。她的研究表明，工作中的小赢能够极大地提升员工的动力、创造力和工作满意度。这个概念的核心思想是，成功不是一次巨大的飞跃，而是许多小的进步和成就的积累。通过设定具体、可实现的小目标，并逐步达成这些目标，个人和团队能够获得持续的成就感和动力，从而更接近最终的宏大目标。支撑"持续小赢"理念的是强化效应理论，虽然任何小胜利的效应微不足道，但只要小胜利持续地发生，这些效应就不会消失。

在数字化建设初期，企业面临技术选择、业务流程再造和组织变革等诸多不确定性。**持续小赢意味着通过小规模试点和逐步推广，快速验证数字化方案的有效性，并根据反馈及时调整。**比如，一个消费企业可以在某个区域市场先行试点数字营销策略，通过数据分析评估效果，再决定是否推广至全国。数字化转型往往需要全员参与和跨部门协作。通过实现阶段性的小赢，可以激励团队士气，增强员工对数字化战略的信心。同时，这种成功经验也可以在企业内部传播，形成良好的示范效应，推动更多部门和员工积极参与数字化建设。相比大规模一次性投入，持续小赢的策略可以有效降低数字化建设的风险和成本。企业可以通过分阶段投入，逐步推进数字化项目，避免因一次性投入过大而导致财务压力和风险。此外，持续小赢还可以帮助企业及时发现和纠正问题，避免因决策失误而产生巨大损失。

长期制胜要求企业在推进数字化建设时，始终保持清晰的战略愿景和目标。这一愿景应该包括数字化建设的总体方向、关键里程碑和预期成果。比如，某消费企业的长期愿景可以是通过数字化技术，实现全渠道营销和智能化供应链管理，最终提升客户满意度和市场竞争力。数字化转型需要灵活的组织架构来支撑。企业应建立跨职能团队，推动业务和技术的深度融合，并在组织内部形成快速响应和决策机制。此外，企业还需要培养数字化人才，通过内部培训和外部引进，构建具备数字化思维和技能的人才队伍。数据是数字化建设的核心资产。企业需要通过建设完善的数据采集、存储和分析体系，充分挖掘数据的价值，支持业务决策和创新。具体来说，企业可以引入大数据分析、人工智能等技术，提升市场预测、客户分析和产品优化能力。例如，通过大数据分析，企业可以精准洞察消费者需求，优化产品设计和营销策略。长期制胜离不开技术创新和持续投入。企业需要关注前沿技术的发展趋势，并不断探索其在业务中的应用。同时，企业还需要建立持续的技术投资机制，确保数字化建设的资金和资源支持。比如，一些消费企业通过设立内部的创新实验室，鼓励员工进行技术创新和应用探索。

持续小赢和长期制胜是相辅相成的。持续小赢通过不断积累阶段性成果，为长期制胜奠定基础；而长期制胜则为持续小赢提供了明确的方向和目标。企业应将两者有机结合，在实现短期目标的同时，始终围绕长期愿景进行规划和调整。

在推进数字化建设的过程中，企业**需要在持续小赢和长期制胜之间保持动态平衡。一方面，要充分利用持续小赢带来的积极效应，激励团队、积累经验；另一方面，要始终保持对长期目标的专注，避免因追求短期利益而偏离战略方向。**企业可以通过定期评估和调整战略，确保持续小赢和长期制胜的协同推进。企业在制定数字化建设方案时，需要全面统筹持续小赢和长期制胜的关系。具体来说，企业应将数字化建设分解为若干阶段性任务，明确每个阶段的目标、重点和资源配置。在推进过程中，企业既要注重阶段性成果的落地和总结，又要确保各阶段任务的有序衔接和整体协同。

9.5 成本与边际成本

"The near zero marginal cost phenomenon is the most important economic development in modern history."

"边际成本接近于零的现象是现代历史上最重要的经济发展。"

——Jeremy Rifkin，*The Zero Marginal Cost Society: The Internet of Things, the Collaborative Commons, and the Eclipse of Capitalism*
杰瑞米·里夫金，《零边际成本社会》（2014年）

企业考虑降本增效过程中的短期成本固然重要，但更需要思考如何降低边际成本，也就是逐步提高边际收益，这才是数字化建设要达成的根本目标。

企业在当今这个数字化飞速发展的时代，面临着前所未有的挑战与机遇。为了保持竞争力并持续创新，数字化建设成为许多企业不可或缺的战略方向。然而，在这一过程中，企业需要考虑的因素纷繁复杂，其中一个至关重要的方面就是成本问题。传统的成本考虑往往侧重于短期内的投入与产出，但在数字化建设中，这种短视的做法可能会束缚企业的长远发展。

首先，我们来理解什么是边际成本。边际成本是指当生产或销售量增加一个单位时总成本的增加量。在数字化建设的语境下，这通常涉及增加一个新用户、提供一项新服务或处理更多数据所需的额外成本。与短期成本相比，边际成本更能反映企业在扩张或转型过程中的真实经济效率。

数字化建设往往涉及大量的初期投入，包括技术研发、基础设施建设、人员培训等。这些成本在短期内可能显得高昂，甚至令一些企业望而却步。然而，一旦这些基础性工作完成，企业就能够享受由数字化带来的种种便利与效率提升。此时，每增加一个用户或服务，所需的边际成本往往远低于初期投入。这是因为数字化技术具有高度的可扩展性，能够在不大幅增加成本的前提下服务更多的客户或处理更多的业务。

因此，企业在考虑数字化建设时，如果仅仅关注短期成本，可能会忽略数字化带来的长期效益。相反，通过深入分析边际成本，企业能够更准确地评估数字化项目的盈利能力和成长潜力。例如，当企业发现增加一个用户的边际成本远低于其带来的边际收益时，就意味着数字化建设具有巨大的市场空间和盈利机会。

此外，重视边际成本还有助于企业在数字化建设中做出更明智的决策。在资源要素有限的情况下，企业需要根据边际成本来优化资源要素配置，确保每一分投入都能产生最大的效益。这不仅要求企业具备精准的数据分析能力，还需要前瞻性的战略眼光。通过综合考虑边际成本与边际收益，企业可以制定出更为合理的发展规划，从而在激烈的市场竞争中脱颖而出。

当然，这并不是说短期成本不重要。事实上，短期成本的控制对于企业的日常运营和现金流管理至关重要。但在数字化建设这样具有长远影响的项目中，过分关注短期成本可能会让企业错失发展机遇。因此，企业需要在短期成本与长期效益之间找到平衡点，而边际成本分析正是实现这一目标的有力工具。

总之，企业在考虑数字化建设时，需要更多地关注边际成本而非仅仅考虑短期成本。这样做不仅有助于企业做出更具战略眼光的决策，还能更好地平衡短期投入与长期收益之间的关系。通过深入分析边际成本，企业可以更加明确数字化建设的方向和目标，从而在激烈的市场竞争中保持领先地位。

9.6　生产关系与生产力

"The relations of production must adapt to the development of the productive forces; this is an objective law of social development."

"生产关系必须适应生产力的发展，这是社会发展的客观规律。"

——Karl Marx, *A Contribution To The Critique Of Political Economy*
卡尔·马克思,《政治经济学批判（第一分册）》（1859 年）

现在大部分企业还处于生产力工具建设阶段，但生产关系、数字化人才、内部协同关系等会极大制约生产力工具价值的发挥，这需要企业所有者、掌舵人以及业务部门认真思考，而不是技术部门的单方责任。

在数字化转型的过程中，企业往往将焦点聚集在技术工具的建设上，认为先进的技术平台是推动生产力提升的关键，然而，这忽略了生产关系、数字化人才以及内部协同的重要性，它们在很大程度上决定了生产力工具能否得到充分发挥。生产关系，包括企业组织架构、利益分配机制以及文化氛围，是生产力能否高效运转的基石。数字化人才是推动创新与变革的核心驱动力，而内部协同则是确保信息流动和资源要素有效利用的润滑剂。因此，企业所有者、掌舵人和业务部门必须共同思考如何优化这些软性因素，与技术硬件相辅相成，共同构建企业的新质生产力。

生产关系的调整是企业数字化的先决条件。在传统的金字塔形组织中，信息流动常常受到层级的限制，决策效率与速度无法适应快速变化的市场环境。VUCA 时代与

BANI 时代需要企业构建更为扁平、灵活的组织结构，提倡跨部门协作，加速信息在组织内部的流通。同时，激励机制也应与数字化目标相匹配，鼓励员工创新和学习，形成有利于数字化转型的内部文化。

数字化人才的培养和引进是提升生产力的关键。企业不仅需要拥有一流的技术开发团队，更需要培养一群能够理解业务、运用数据驱动决策的复合型人才。这些人才将成为连接业务与技术的桥梁，确保数字化转型的策略能够精准地落地执行。企业应制定人才培养计划，通过内部培训、外部引进和与高校、研究机构的合作，打下坚实的人才基础。

再者，内部协同关系的优化是数据生产力得以释放的保障。企业需构建一个数据驱动的决策体系，确保业务部门与技术部门紧密协作，共同参与数据的采集、处理和分析。这要求企业建立数据共享机制，打破部门间的壁垒，促进数据的流动与应用。同时，企业要强化数据治理，保证数据的质量，避免因数据孤岛或数据安全问题影响决策的准确性和效率。

在企业数字化转型中，技术部门的角色固然重要，但并非单方责任。**企业所有者、掌舵人和业务部门应共同承担起推动生产关系优化、数字化人才培养以及内部协同强化的责任。**这需要从战略层面制定相应的政策，同时也需要在执行层面提供足够的支持和资源要素。通过这样的共同努力，企业将能够确保作为生产力的技术工具得到充分利用，从而让企业在不确定的市场环境中保持韧性，赢得长期的增长优势。

在生产关系、数字化人才和内部协同的相互作用中，企业需要平衡短期的业务需求与长期的转型策略，确保在数据驱动的决策过程中，既能应对市场的瞬息万变，又能保持企业的持续增长。这样的企业将能够在分化耐力赛中，如同变形金刚般灵活适应，利用数字化的力量，创造出属于自己的竞争优势。

9.7 数据驱动与业务融合

"Without data, you're just another person with an opinion."
"没有数据，你的决策只是另一个主观臆断。"

——W. Edwards Deming, *Out of the Crisis*
W. 爱德华兹·戴明，《走出危机》(1982 年)

数字化运营的核心在于将数据深度融入业务决策中，提高决策的科学性和有效性，但对企业更有意义的是数据驱动业务决策的机制，能够促使数据和决策进入不断迭代的正向循环，而恰恰不在于哪条数据以及哪个业务决策本身是否足够准确。

在数字化运营的过程中，数据驱动和业务融合是两大关键要素，它们共同塑造了企业的核心竞争力。数据驱动强调的是利用数据作为决策依据，而业务融合则是将数据分析的结果与业务实践紧密结合。这二者的关系如同音乐中的旋律与和声，相互交织，共同谱写出数字化运营的和谐乐章。

将数据深度融入业务决策的过程，如同在决策过程中架起一座信息的桥梁，使得企业做决策时不再仅凭直觉和经验，而是基于事实和洞察。企业通过构建强大的数据平台，使数据流程化、结构化，确保数据的实时性和准确性，从而在瞬息万变的市场环境中做出迅速而明智的判断。数据可揭示消费者的行为模式、供应库存水平、最佳履约方式等，甚至预测未来的可能风险场景，为企业提供宝贵的决策依据。

然而，数据驱动并不仅限于提供准确的数据，更重要的是构建一种机制，一种能够持续优化和迭代的决策过程。这种机制要求企业将数据视为活的、流动的资源要素，而非静态的信息。这意味着员工需具备数据素养，理解如何解读数据，能将数据转化为行动，同时也要能够在行动中不断反馈，以更新和优化数据模型。这种动态的反馈环使得企业能够不断学习，提升决策的科学性和有效性。

数据驱动业务决策的机制，本质上是推动企业的自我进化。它鼓励企业在每个决策点上都进行细微调整，通过小步快跑实现整体流程的不断优化。这样的机制强调的是对数据的持续学习和改进，而非追求单次决策的绝对正确。因为在快速变化的市场环境中，完美的决策并不存在，关键在于能够迅速适应变化，调整策略。

数据驱动和业务融合的关系，还体现在企业对数据治理的重视上。数据治理不仅包括数据的质量、安全和隐私保护，还包括数据的共享和协作。企业需确保数据能够在组织内部自由流动，跨越部门壁垒，形成数据驱动的文化，促进业务部门与数据团队的紧密合作。

在实践过程中，企业往往需要建立数据驱动的决策委员会，负责整合来自不同业务部门的数据，统一对决策依据的解读，确保数据在整个组织中的透明度和一致性。同时，企业也需要培养数据驱动的领导力，让领导者能够理解数据的价值，懂得如何利用数据来指导战略决策。

数据驱动和业务融合的关系是相辅相成的。企业应深入理解数据的本质，并通过构建数据驱动决策的机制，将数据融入日常运营中，形成自适应的决策流程。这样的实践不仅能提高决策的准确性和效率，更能构建企业的新质生产力，使其在VUCA与BANI时代，无论市场如何变化都能保持敏捷适应和持续增长，从而在分化耐力赛中立于不败之地。

9.8 同行借鉴与自身特色

"To be yourself in a world that is constantly trying to make you something else is the greatest accomplishment."

"在一个不断试图让你变成别人的世界里，做你自己是最大的成就。"

——Ralph Waldo Emerson，*Self-Reliance*
拉尔夫·沃尔多·爱默生，《自立》(1841年)

在数字化转型的道路上，企业往往面临一个看似简单的困扰：如何从众多同行的成功案例中汲取经验，同时保持自身的独特性？一个明显的误区是简单地模仿同行的系统和平台，而忽视了对自身特质的深度挖掘和优势的发挥。真正的智慧在于学习同行战略背后的逻辑，加以借鉴并结合自身特点和优势，打造符合自身业务需求的数字化战略。

企业需要摒弃寻找"数字化标杆"的思维。每个企业在行业背景、业务模式、文化基因以及资源要素禀赋上都有独特性，直接复制他人的成功模式往往难以产生同样的效果。因此，企业应当把关注点从复制成功案例转向理解这些案例背后的逻辑，包括对方是如何洞察市场趋势、识别关键业务驱动力，以及如何利用数据和技术来提升决策效率和客户体验的。

企业应深入了解自身的核心竞争力和优势，将其转化为数字化转型的驱动力。这可能体现在产品创新、品牌影响力、客户基础或者独特的市场定位等多个方面。明确这些优势后，企业可以有针对性地寻找与之匹配的数字化战略，确保转型的策略与自身业务逻辑紧密相连，发挥最大价值。

例如，一家以创新产品著称的消费品牌，可以借鉴数字化先行者如何利用数据洞察能力精准定位消费者需求，推动产品迭代。同时，它还可以借鉴对方如何通过数字化工具提升供应链效率，确保快速响应市场变化。这样的借鉴不是简单的技术复制，而是通过理解他人策略的内在逻辑，结合自身的创新基因，构建出具有自身特色的数字化体系。

再者，企业需要在借鉴同行的同时，保持对内部组织和流程的反思与改革。这包括建设数据驱动的决策文化、培养数字化人才，以及推动跨部门的协同。通过学习他人如何建立有效的数据治理机制、实现业务与技术的融合，企业可以逐步打造内部的数字化能力，提升整体运营效率。

企业在借鉴同行的过程中，应保持对市场变化的敏锐洞察和快速适应能力。数字化转型是一个动态过程，需要企业持续学习、调整和优化。即使是已经成功的案例，随着时间的推移，也需要根据市场新情况和消费者新需求进行更新，因此，学习同行的精髓，比单纯模仿他们的做法更为重要。

同行的成功案例为数字化转型提供了宝贵参考，但真正的价值在于理解这些案例背后的深意，以及如何结合自身的特点和优势，定制适合自身的数字化战略。企业要在模仿与创新之间找到平衡，既从他人的实践中汲取智慧，又不忘保持自身的独特性和竞争力，以实现长期的韧性增长。在 VUCA 时代与 BANI 时代的市场环境中，这样的能力将成为企业赢得分化耐力赛的关键。

第 10 章

锐意改革　勇立潮头
灯塔企业新质生产力构建实践解构

"Love is the one thing that transcends time and space."
"爱是穿越时空的唯一力量。"

——Christopher Nolan, *Interstellar*
克里斯托弗·诺兰,《星际穿越》(2014 年)

韧性增长： 消费企业智胜未来的新质生产力

当今的商业环境中，消费行业的新质生产力构建已成为企业持续发展的必然选择。科技是新质生产力的核心驱动力，不仅能提高企业的运营效率，还能帮助企业更好地理解和服务消费者，进而提升市场竞争力。然而，科技驱动的表现方式是数字化，而数字化并非简单的技术更新或流程优化，它需要企业全面理解自身的业务特点和优势，并在此基础上制定出符合企业实际情况的数字化战略。

新质生产力的核心要素是新质劳动对象、新质劳动资料和新质劳动者，中国很多标杆消费企业（笔者称之为灯塔企业）已经推进落实了很多对这三个核心要素的优秀实践，它们通过结合自身的特点和优势，以创新和务实的态度探索出韧性增长的独特路径。本章结合前文所述的新质生产力的思考框架重新对这些优秀实践进行梳理和解构，期望这些"灯塔企业"的经验可以为其他企业提供借鉴和启示，使我们能够更好地理解和应对科技进步带来的挑战和机遇。

这些灯塔企业来自不同行业，有着不同的业务模式和运营特点。但它们都有一个共同点，即即使它们可能不是行业的规模龙头企业，但也都对韧性增长和新质生产力具有深刻理解和坚定信念，董事长、总经理等当家人带头统一认知、躬身入局，对业务模式、业务流程、数字科技应用进行梳理、优化和决策。这些企业家不追求短期内的大幅增长，而是通过持续改进和创新，实现企业的长期稳定高质量发展。这些企业的数字化建设之路并非一帆风顺，它们在转型过程中也遇到过许多困难和挑战。例如如何平衡新旧业务的发展、如何应对技术更新带来的压力、如何调整组织架构以适应数字化转型的需求等。然而，他们以开放的心态和积极的行为面对这些挑战，不断调整和优化自身的数字化战略，最终带领企业实现成功转型。

这些企业的成功经验告诉我们，新质生产力的构建以及数字化建设并不是一蹴而就的，它需要长期的努力和坚持。在这个过程中，企业需要充分了解自身的特点和优势，找到适合自己的新质生产力构建的思路，以及合理合适的数字化路径，而不是简单地模仿或复制其他企业的成功经验。同时，企业也需要保持对新技术和新趋势的敏锐洞察，以便及时调整和优化自身的新质生产力和数字化战略。

在未来的日子里，消费行业的新质生产力的构建将更加深入和广泛。笔者期待更多的企业能够共同探讨和深入研究，以实际可行的行动纲领和行之有效的落地措施，共同迎接新质生产力带来的挑战和机遇，共庆巅峰！

第 10 章　锐意改革　勇立潮头　灯塔企业新质生产力构建实践解构

10.1　舍得酒业：数智增长赋能老酒焕发新质增长动能

企业背景

舍得酒业股份有限公司的前身可追溯到 20 世纪 40 年代的泰安作坊，是"中国名酒"和川酒"六朵金花"之一。1996 年成为白酒行业第三家上市公司。公司拥有"沱牌"和"舍得"两个驰名中外的白酒品牌："中国名酒沱牌曲酒系列"累计销售超过 50 亿瓶，成为一代人成长的记忆；"舍得"诠释了当代中国伟大复兴进程中的中国智慧。2022 年公司实现营业收入 60.56 亿元，同比增长 21.86%，归属于上市公司股东的净利润 16.85 亿元，同比增长 35.31%。

中国白酒市场环境正从普涨时代迈入存量竞争时代，而舍得酒业近几年业绩突飞猛进、利润大涨，在当前消费环境下还能逆势快速增长，它改变了什么？做对了什么？是什么让它无论是在商品力、渠道力、触点力，还是在营销力上都显著提升？

1）战略上，驱动舍得酒业增长的因素：文化＋生态＋科创；

2）战术增长路径上，舍得酒业注重新质生产力的打造，发力下面的新质要素：

- 商品力：追求价值增长，赋能老酒战略；
- 渠道力：运营扁平化，确保资源效益；
- 触点力：全域多元触达，实现用户洞察与运营；
- 营销力：品牌赋能，打造大单品。

当前，中国食品行业处于由传统到现代、由经验到科学、由人工到智能的关键发展时期。舍得酒业打造新质生产力的努力，不仅反映了行业探索高质量发展思路的深度思考，同时也折射出舍得酒业对推动中国白酒行业数智化升级，发展新质生产力，助力中国白酒走向世界、助推社会经济发展的决心、恒心和担当。

对新质生产力的认知

在过去十年间，舍得酒业大力开展信息化与数字化建设，全面提升研发、生产、营销、管理和服务等各个环节的数字化、智能化水平，在此过程中，已经积累了诸多实践经验。

在 2024 年全国两会期间，来自舍得酒业的全国人大代表为提升行业智能化水平、促进企业全链路转型升级，提出了《关于加强食品制造行业智改数转工作的建议》，建议以白酒行业先行先试，选择基础条件较好的园区开展试点，比如四川沱牌绿色生态食品产业园。舍得酒业建议构建行业追溯规范、引导企业打造追溯体系、提升行业服务品质，并打通行业数据资产、保障智能制造水平、提升行业生产效益，以及强化国家政策引导、人才培养。舍得酒业还建议积极探索推动川酒元宇宙工程，提升行业创新布局。

关于新质生产力构建，舍得酒业作为食品企业代表，推进了较多探索与尝试，利用数字化、区块链、IoT等新质技术，在酿造、存储、包装、智慧物流、全链路溯源等应用，产生一大批创新成果，如行业首创的动态酒龄追溯、窖泥质量多模态建模评估、智慧包装等项目，舍得酒业的"基于IoT技术的优质白酒全链路品质追溯关键技术研究与应用"，更是被列为四川省科技计划"揭榜挂帅"项目榜单。

新质生产力解构

（1）新质劳动对象

① 生态酿酒推动产品新升级

关于新质劳动对象的精细化管理、精益化创造，主要目的是围绕"生态是根基、老酒是表达、健康是核心"打造更能满足消费者健康诉求的老酒产品。舍得酒业在新质劳动对象方面的探索主要集中在生态酿酒、生态酿造新表达、新内涵的探索上，致力于推动产品升级。

舍得酒业依托自然禀赋，加快新质生产力建设，探索生态酿造的新表达和新内涵，研究白酒行业的新情况、新变化、新趋势。舍得酒业在行业中率先提出"生态酿酒"概念，并打造了生态酿酒工业园区。2008年，舍得酒业的"生态酿酒"概念被写入《白酒工业术语》。2019年，舍得酒业制定并发布了生态酿酒评价标准。建立了植物对酿造环境微生物的影响评价体系和窖池质量评价模型。

在白酒酿造过程中，舍得注重提高生产安全性和白酒品质。为此，公司研发了一种名为"奥默柯达酵母"的菌株，该菌株能有效降解白酒酿造过程中产生的生物胺，提高白酒的生产安全性和产品品质。作为"生态酿酒"的开创者和引领者，通过应用奥默柯达酵母等先进技术，公司不断提升白酒的品质和风味。

② 老酒溯源体系提高服务品质

成立"中国生态酿酒产业技术研究院"，运用数字化手段，首创老酒溯源体系，为消费者提供极致的产品体验。在全国两会上，来自舍得酒业的全国人大代表强调科技创新在酒业发展中的重要性。

③ 直控终端联盟体提振终端动销

将原有渠道经销体系延伸到终端联盟体和消费者端，将营销资源直接投入消费者直接感知的购买决策场域，有效提升了营销效率。在数字化时代，FBbC一体化运营是渠道数字化的承重墙，是新零售的基础建设，实现从货到场再到人的逐步深入运营。

- 舍得酒业（F）搭建企业自有私域流量池，直接对接消费者，精准了解用户喜好、消费习惯和服务需求；直接对接每位渠道商，实时掌握经销商库存，准确预测每周采购量。
- 渠道商经销商（B）直接对接实体门店，随时了解门店分销情况及补货、断货数据。
- 线下实体门店（b）直接与消费者建立数字化连接，实现在线实时下单和支付。
- 终端消费者（C）可以直连品牌商，参与品牌的数字化建设。

④ 数字化赋能生态高效连接破圈

通过数字化手段构造的"14亿门店工程"能力，实现了生态营销与KOL破圈，更是打造了公司第二增长曲线，并且形成了亿级规模的体量。以"1499复兴一号位工程"为例，2023年实现了6 200多万生态销售，其中省外弱势市场占比近40%，沉淀了品牌推荐官363人，政企客户1 000多家、大C用户4 200多人，实现了有效破圈。

（2）新质劳动资料

采用信息化、数字化与IoT、区块链等新质生产技术，实现劳动对象在生产经营过程中的在线化与全流程可追溯；通过多模态技术分析，针对生产过程中各种控制因素与最终商品力结果之间的关联度做因果分析，并且实现了全链路一体化运营提升效率、各模块聚焦C端、以终端市场需求为核心等目标，通过新质生产力打造，实现了众多创新业务模式，打造强大的生产工具。

① 全链路追溯与品控平台

一是，构建全链路追溯能力与品质控制力，根据白酒行业发展特征与阶段、消费场景升级的现状，从战略赋能、过程可控、商品追溯等方面赋能支撑产品生产。二是，针对白酒产业的质量安全在顺向追踪、逆向溯源、风险管控等领域攻坚克难，进行基于IoT技术的全链路数据化监控追溯、酿造关键工艺控制点系统化、窖池全生命周期管理等关键技术的研究与应用。三是，搭建优质白酒全链路数据化监控追溯平台，构建基于师傅经验式感官判断的标准体系，实现对窖池蜜泥开窖环节的动态取样检测。四是，实现白酒产业质量安全、品质保证与提质增效及节能降耗的重大突破，成为食品行业新质生产力的典型代表。

② 全渠道运营平台

通过数字化、IoT 技术的应用，实现了直控终端联盟体，能够有效将"人、货、场"三个维度的数据打通，支撑精益运营，建立经销商交易平台，支撑经销商订单、促销、返利、渠道政策，支持对经销商库存状况的洞察和采购量预测。通过码营销平台，支持对门店动销情况洞察，及时反馈给经销商补货信息。

③ 生态分销平台

支持生态体系建设，支持品牌推荐官、政企客户、大 C 拓展和连接终端消费者，支持终端消费者小程序直接下单、订单状态追踪和在线支付，分销佣金结算等。

④ 生态营销数字化平台

实现用户沉淀与有效互动，活动包括：一是，每周四的沉淀用户"秒杀"活动。拿出一定数量的商品每周用于"秒杀"，基本都是"秒空"，既丰富了活动形式，又增加了用户黏性；二是，会议营销、场景营销的送福利活动。过去营销活动多、会议营销多，但是效果难以评估。通过数字化会议营销，能够通过生态福利环节，实现现场销售转化、实现消费者沉淀，并且通过数字化链路追踪潜客后续能否成为经销商，或者产品推荐官。

（3）新质劳动者

随着年轻一代将越来越多的时间与注意力投入虚拟世界，为支持公司年轻化战略，增加更多对年轻人群体的触点，将年轻化融入品牌宣传、推广与文旅等各业务场景。通过数字人进行老酒传播、品牌传播、文化传播，提升品牌影响力，从而达到让年轻人认知、提前布局赛道、输出差异化的数字人的目的。

- **数字文化官**：以多模态超写实数字人打造首席文化知识传播官，对外传播老酒文化、品牌故事，对内传播企业知识，赋能业务文化传播。
- **数智化老酒管家**：全天候、差异化、个性化智能客服与私人用酒管家，服务电商、营销、消费者活动等场景，增强用户黏性、提高电商销售转化率与改善消费者服务质量。
- **AIGC 智能平台**：AIGC 智能平台作为数字人/元宇宙互动空间的能力底座，提

第 10 章　锐意改革　勇立潮头　灯塔企业新质生产力构建实践解构

供兼具交互性、安全性的互动娱乐平台。

- **AI 营销知识库**：打造 AI 营销助手，通过对公司各种产品卖点、营销政策、渠道服务规范、消费者运营知识等的学习与沉淀，赋能一线业务人员及公司各层级营销人员，确保了公司各种经验与知识体系的打通，解决经验传承与知识管理的体系化问题。
- **元宇宙**：复刻 AAAAA 级景区、舍得博物馆、泰安作坊、酿造工艺，通过舍得元宇宙工厂还原舍得老酒技艺，呈现舍得老酒文化。

在酒业市场环境从增量竞争向存量竞争转变的过程中，舍得酒业仍然能够保持强劲的增长动能。无论是在产品升级创新、传统渠道模式延展、终端营销模式升级，还是生态体系增长场景的精细化运营、增量赛道打造方面，舍得酒业都保持勃勃生机，基于数字科技驱动力量，逐步形成新质生产力的框架和基础能力，让数据要素对传统业务的改造、对业务模式和场景的赋能作用逐渐凸显，并逐步成为新质增长动能，支撑舍得酒业坚定地向未来进军。

（案例来源：舍得酒业股份有限公司）

10.2 天友乳业：新鲜战略驱动新质增长

企业背景

重庆市天友乳业股份有限公司（以下简称天友乳业）始创于1931年，是一家具有93年历史的专业乳制品全产业链国家高新技术企业、国家乳业创新中心共建企业、农业产业化国家重点龙头企业、"中国优质乳工程"企业。天友乳业坚守"一杯好奶，强壮国人"的初心，践行"点滴关爱，创造美好未来"的使命，践行"品质铸就品牌，创新引领未来"的经营理念和"质量是企业的生命"的质量理念，以"工业化、互联网、智能化、绿色化"思维打造现代乳业全产业链，聚焦科技创新引领，加快全链路数智化转型，以改革攻坚为动力全面培育新质生产力，打造成渝地区双城经济圈数字化创新型企业，努力为服务国家战略和推进国家乳品产业健康发展做出积极贡献。

对新质生产力的认知

发展新质生产力是推动高质量发展的内在要求和重要着力点。新质生产力以劳动者、劳动资料、劳动对象及其优化组合的跃升为基本内涵，以全要素生产率大幅提升为核心标志，特点是创新，关键在质优，本质是先进生产力。天友乳业锚定新质生产力，坚持"品质铸就品牌，创新引领未来"的经营理念，向"新"而行，以"质"致远，围绕新鲜战略，以创新软实力打造硬核高品质，建立一体化品质领先管理体系，构建起1个国际认可的CNAS检测室、融入1个国家乳业技术创新中心战略体系、建成1个农业农村部重点实验室、5个市级技术平台的"1115"技术创新格局。天友乳业以新鲜战略为导向，通过顶层规划数字化时代的业务模式、技术架构和建设蓝图，全面加速数字化转型。通过建立完善先进的数字化技术系统、优质的数字资源体系、专业的数字化人才队伍，不断提升全产业链的数字化水平，持续构建"全渠道、全链条、全流程"的数智化平台，赋能企业高质量发展，为消费者提供更新鲜、高品质的乳品与服务。

新质生产力的解构

（1）新质劳动对象

天友乳业坚持以科技加持，以创新引领，推进包括新技术、新产品、新制造、新模式、新业态的新质生产，推动产业体系优化发展，促进全要素生产率的提升。

新技术：天友乳业围绕产业"芯片"（益生菌研发）核心技术，铸造生物"芯片"

创新护城河，打造国内行业一流的益生菌研发平台，建成"西南特色菌种种质资源保护与发掘利用重点实验室"和企业菌种库，自主研发的乳双歧杆菌 TY-S01 等多项科研成果实现产业化转化。获得发明专利 45 项，3 项科研成果获重庆市科学技术奖，以新质生产力孕育新动能，在高质量发展中的价值贡献稳步提升。

新产品：天友乳业运用互联网思维，让用户参与共创，倾听和精准分析用户"心"需求。巴氏奶品类开发聚焦"重庆牛奶场"产品系列，传递"本地鲜奶更新鲜"的"极"质新鲜；低温酸奶品类开发聚焦"大健康 0 系列"，突出控糖、菌种应用和重庆特色；常温品类持续做大百特有机奶系列和中华养生系列，不断满足消费者对高品质生活多元化的新需求。

新制造：天友乳业通过打造全链路智慧牧场、智慧工厂，引入世界级制造体系，从上游的优质奶源布局和质量提升，到中游的柔性产业链打造和数字化精益化生产，再到下游的冷链配送服务、终端智慧零售，形成体系化数字化的新制造。

新模式：天友乳业通过实施数字化营销平台建设，建设直接触达用户的 DTC 业务模式。天友乳业 DTC 业务覆盖到家场景（订奶到户、本地生活外卖）、社区场景（天友生活、天友 24 小时自动售货机、社区团购）、特渠场景（自主订购）以及电商场景等。

新业态：天友乳业积极推进固液并举战略，分类施策培育乳业发展新动能，构建高质量发展第二增长曲线，奶粉、奶酪、冰品等固态业务陆续上市，不断为企业高质量发展注入新鲜生命力。

新责任：天友乳业坚持绿色发展理念，建设高山生态牧场、低碳节能工厂、绿色供应链，启动"重庆森邻保护计划"，使用 FSC 认证的环保包装。通过乡村利益链接、直播助力公益、订单农业等方式，助力乡村振兴。开展"天友童行爱更美好"公益行动，秉承"天友，让爱更美好"的品牌价值主张，以新鲜好奶助力儿童健康成长。

（2）新质劳动资料

天友乳业坚持新鲜战略，集高品质奶源、优质乳工程、专业冷链物流服务为一体，通过"数字化+""数据要素×"等数智化技术改造升级产业，建设数字化营销平台、数字化供应链平台等项目，实施智慧牧场、智慧工厂、智慧冷链全链路数智化运营，用新技术引领新制造，用数字化赋能新发展，从源头保障，让每一滴奶都安全可靠，为消费者提供原生鲜活健康好营养和更好的新鲜价值体验。

数字化牧场：天友乳业打造高山智慧有机云牧场，以及"臻稀高山牧场奶源带"。

韧性增长： 消费企业智胜未来的新质生产力

智慧牧场以奶业之星为数据整合平台，将阿波罗挤奶系统和Digstar精准饲喂系统等系统的数据进行全面整合，打通不同系统间的数据壁垒，让奶牛全天各种活动和身体状况都置于有效管控之中，有效监控奶牛健康，喂出健康活力的奶牛。牧场原奶质量指标远远优于欧盟标准，成为西南地区规模化养殖"四单指标"的标杆。

数字化工厂： 天友乳业实施低温乳制品创新示范智能工厂项目、数字化供应链平台，打造"5G+供应链管理"场景，建立起全自动、高标准、绿色化的智慧工厂，乳品加工技术向工业4.0迈进，达到国内乳制品质量安全高级生产等级，全自动封闭生产，全流程无菌罐装，全环节智能监控。引进国际领先的全套巴氏杀菌技术设备生产线，并最大限度地保留了牛奶中的免疫球蛋白、乳铁蛋白、乳过氧化物酶等活性物质含量。建成1个国家级绿色工厂、1个市级绿色工厂，以及2个市级智能工厂、4个市级数字化车间。荣获"中国优质乳工程助力健康中国先进企业"和"奶业优质发展突出贡献奖"，2023年荣获全球卓越制造大奖（TPM）优胜奖，标志着天友乳业的精细化管理、高标准生产、高品质产品都达到世界领先水平。近年来天友乳业生产的8种产品获得国际顶级美味大奖，向世界展示了中国民族品牌的力量与自信。

数字化冷链： 天友乳业建成西南地区规模大、智能化水平高的智慧冷链，挤奶后20秒极速锁鲜，确保更多鲜活营养，生鲜乳恒温冷链，全程GPS实时温控，确保鲜奶在全程低温条件下送往工厂和餐桌。为了确保极致新鲜，天友乳业还在终端售点投放冷藏设备4万余台，确保产品全程不脱冷链，实现与消费者的无缝对接。

数字化营销： 天友乳业以用户为中心，通过实施自有渠道业务中台、社会渠道业务中台和数据中台项目，构建了以"天友生活"为形象引领，远场与近场互补、线上与线下融合，全渠道、全场景融合发展的智慧立体销售网络，将"让爱更美好"的品牌理念变得无处不在、触手可及，实现天友到家"当地当天当然新鲜"的服务承诺。实现从经营产品向经营用户转变、从传统粗放式营销向数据驱动决策的精准营销转变，以及从对经销商管控业务到赋能经营转变。

（3）新质劳动者

为适应现代乳制品行业技术创新、数字化转型以及可持续性发展的需求，天友乳业着力培育具备高技能、创新思维、数字技能与智能化应用能力的新质劳动者。

技术创新队伍： 天友乳业借助院士专家团队和"1115"技术创新平台，与多所高校开展产学研合作项目，大力引进和培育行业技术创新人才，目前研发技术人员达170余人，中高级技术职称100余人，2人次获"重庆英才·创新创业领军人才"，引领天友乳业不断创新突破。

第 10 章　锐意改革　勇立潮头　灯塔企业新质生产力构建实践解构

数字化运营队伍：随着企业数字化转型的推进，天友乳业正在打造一支数字化运营队伍，他们熟练掌握和运用数字化、智能化工具，在新供应链、新营销、新服务等方面发挥了重要作用，成为企业提质增效的关键力量。

数字化工匠队伍：开展全员数字化能力培训，成立"工匠人才创新工作室"，推行精益 TPM 管理、六西格玛管理，数字化、智能化赋能生产质量标准化和效能提升，通过具体实践锻造一支熟练操作数智化工具的高技能产业工人队伍。

新型数字化劳动力：天友乳业以智能技术、自动化工具及数字化平台替代部分传统的人工作业，提高了整体的运营效率和决策质量。如智能化与数字化车间借助自动化设备、智能系统以及数字机器人提高了生产效率，降低了工人劳动强度。通过数字化营销平台建设和运行，大量数据分析、客户预测等工作由算法和软件系统完成，既增强了营销效果，又优化了用户体验。

（案例来源：重庆市天友乳业股份有限公司）

10.3 泰山啤酒：生态化模式为消费者提供新质产品和服务

企业背景

泰山啤酒前身为成立于 1979 年的山东省泰安市啤酒厂，2000 年完成改制加入中国香港虎彩集团有限公司，随后正式更名为山东泰山啤酒股份有限公司。

中国的啤酒消费市场一直以来以"工业淡啤"为主，这种啤酒口感比较清淡，也没有什么香气。好处则是成本低、保质期长。一般淡啤的保质期可以达到一年。但业内有句话，叫"白酒在于陈，啤酒在于鲜"。也就是说白酒年份越久越好，而啤酒越新鲜越好。但是，鲜啤保质期太短，既没办法长途运输，又不适合经销商层层分销的体系。在销售渠道上，啤酒销售的一个最主要场景就是餐馆，餐饮渠道能够占到整个啤酒销量的40%到60%。所以，餐饮渠道是传统巨头的兵家必争之地。在北京，一个二三十平方米的烧烤店一晚上能卖出两三百瓶啤酒。各大啤酒巨头为了争夺这么一小块阵地，竟然都要向烧烤店交进场费，少则 7 000～8 000 元，多则 1 万～2 万元。总之，在"工业淡啤"这条赛道上，无论是产能、成本，还是渠道，都是一片红海。

在这种情况下，泰山啤酒决定走产品差异化路线。公司决定不走工业淡啤，做新鲜短保产品，即"7 天新鲜系列"，主打短保质期新鲜原浆啤酒，这意味着泰山啤酒必须用极短的时间把啤酒从工厂送到消费者手里，稍微慢点，产品就会不新鲜，甚至过期（保质期只有 7 天）。原有经销商很少有愿意卖保质期这么短的产品的。泰山啤酒顺应产品战略的变化，对推广渠道、渠道模式、物流配送等进行了系统性升级。随着模式的跑通及技术的加持，泰山原浆啤酒专营店的发展速度越来越快。截至 2023 年底，泰山啤酒在全国 24 个省、4 个直辖市开出了 3 000 多家直营门店。

对新质生产力的认知

科学技术是第一生产力，也是生产力系统中最为活跃和关键的组成。数字化技术已然成为新质生产力的内核，它是由云计算、大数据、人工智能、区块链、移动通信等技术组合而成的有机整体，由数字化技术塑造的基础平台就是新质生产力的底座。泰山啤酒"千城万店"的战略目标必需依托数字化技术，数字化转型是泰山啤酒壮大的必由之路。只有将应用、产品上云，才能拥有应对海量流量的能力。只有利用大数据才能使企业更准确地洞察市场趋势，洞察消费者需求，优化产品设计，提升运营效率，以便更好地服务消费者，为企业的发展提供源源不断的创新动力。利用人工智能技术自动化烦琐且重复的任务，减少人工错误，从而提高工作效率和准确性。人工智能技术也能够深入了解消费者的啤酒消费需求和偏好，从而提供个性化的服务和产品

第 10 章 锐意改革 勇立潮头 灯塔企业新质生产力构建实践解构

推荐。通过智能客服和虚拟助手，可以为客户提供即时、准确的服务，提高客户满意度和忠诚度等。

新质生产力解构

（1）新质劳动对象

新产品：相对于原有的"工业啤酒"战略，2010年，泰山啤酒以"原浆产品"开启差异化竞争战略，由总酿酒师和德国著名酿酒专家主导的研发团队打造出了具有划时代意义的中国第一瓶短保质期原浆啤酒——"7天新鲜"。

新模式：传统经销商模式无法承载短周期内的产品销售，2016年，泰山啤酒摸索出一套独有的适合短保啤酒的专营模式，即"专营门店"DTC模式，采用自建渠道、开品牌店做法，直接开拓专营门店、自建物流。在专营模式下，总部通过优异的产品力、快速物流配送体系和系统化的扶持为门店赋能，加盟者通过专营店起到开发、教育、沉淀、运营消费者的功能，厂家、专营门店、消费者实现了共赢。

新场景：将品牌店建在商圈和生活社区，以数字化手段串联线上线下场景，同时门店利用互联网做线上社群运营、私域推广，品牌能直接服务消费者。

新服务：消费者可以通过平台电商、本地生活等多个渠道和自有小程序在线下单，由品牌门店为周边3公里的消费者提供30分钟新鲜快速送达服务，消费者不再被渠道支配，得以享受高性价比产品。

新区域：销售区域早已走出山东省，遍布北京、河北、河南、江苏、广东和重庆。

（2）新质劳动资料

"专营门店"模式天然对用户精细化有着更高要求。伴随着"千城万店"布局的推进，泰山啤酒不可避免地需要拥抱数字化，以数据打通线上线下场景，对零售行业至关重要的"人—货—场"要素链条进行重筑，把信息流、资金流、物流进行多种组合。所以数字化的重要使命之一是实现坪效革命，提升单店流量、转化率、客单价以及复购率；只有以数据赋能，才能让泰山啤酒线上和线下信息贯通，提升整体零售的效率；只有真正实现短路径，缩短从消费者到品牌的触点旅程，才有可能提升泰山啤酒，乃至整个行业的运行效率。

智能制造保障了新鲜产品持续产出：为了与时间赛跑，泰山原浆啤酒从接入订单、生产酿造到物流配送，都实现了高度自动化、信息化、智能化。通过自建物流与智能配送 TMS 系统，一站式从工厂配送到门店，大幅提高了运输效率。每天 0:00 生产第一瓶原浆啤酒，3:00 装车发往全国专营门店，快速送达消费者的餐桌，保证消费者到手产品的新鲜度。

数字底座服务多个前端多样化场景： 2022 年，泰山原浆啤酒利用与第三方平台合作的先进中台架构，构建泰山原浆啤酒的数字化基座，赋能新零售及渠道业务，构建以消费者为中心的全生命周期管理，实现集品牌推广、市场营销、全渠道交易、会员服务为一体的泰山原浆啤酒数字化营销业务平台，满足不同场景下的业务需求，持续提升单店盈利能力，为泰山原浆啤酒的未来发展及数智化经营打下坚实基础。

终端云店赋能门店一站式交易闭环： 基于数字底座，泰山原浆啤酒构建了赋能一线门店全链路的云店，打造以消费者体验为基础的交易闭环，加速了整个交易链路的周转。尽管泰山啤酒的产品销售流程已是短链路，但订单流转依旧涉及多个业务主体。通过数字中台，泰山原浆啤酒直接实现了拓客、提单、要货、生产排期、物流配送的全链路业务协同在线管理，进一步提高了订单履约时效。数据显示，数字中台上线后门店从下单到收货的时间平均缩减了 30%。当然其中的物流效率提升也发挥了一定作用。

消费者运营奠定全盘运营的品牌资产： 在数字底座基础上，构建了消费者会员运营体系，以构建数字化营销业务平台的方式进行消费者全生命周期管理，进而实现线下门店营销能力升级、线上用户自助习惯培养的运营闭环。泰山啤酒本身的私域运营体量并不小。以线下门店、线上云店、社群运营三位一体的方式，在多次复购形成味蕾记忆后，培养门店稳定的复购人群。在此基础上，泰山啤酒基于数字化技术的会员运营服务体系，真正将全渠道私域阵地彻底打通。对电商平台、社群渠道、社媒平台、门店周边等原本孤立的各领域用户进行串联，一改往日门店分散运营的方式，成为全盘规划运营的品牌资产，进而得以更深入挖掘用户全生命周期价值。

（3）新质劳动者

数字人面向年轻消费者： 泰山原浆啤酒的京东直播 24 小时不中断，随时随地与客户互动，解答问题。从 2023 年 3 月开始，泰山原浆啤酒京东和天猫两大电商平台开始试水应用数字人直播。数字人直播除了能为泰山原浆啤酒的市场拓展注入新动能外，还为其品牌推广提供新机遇，把公域流量拉到私域上构建品牌私域流量池，使更多人了解其品牌，提升知名度。泰山原浆啤酒借助虚拟主播将其独特的产品特点、企业故事和品牌文化生动有趣地呈现给更广泛的受众，吸引更多消费者尝试产品，尤其是追求互动和娱乐的年轻人，他们不仅从数字人直播中了解了产品的原材料和制作过程，更深入了解了泰山原浆啤酒的价值观和传承精神。

数字店主激发最大活力：相对于以往传统的门店店主，泰山原浆啤酒品牌门店店主通过云店完成三个闭环，一是通过平台完成订货、促销政策、交易、配送收货、结算和对账闭环，二是基于平台完成对消费者的拓客、促销活动、交易、接单、服务配送和履约的闭环，三是完成从业务到数据的闭环，根据消费者数据、交易数据中及时预测销量、及早订货，避免断货同时又防止超期。

面对传统工业啤酒市场的激烈竞争，泰山原浆啤酒大胆探索、谨慎求证，新质生产力的探索和起步时间较早，目前已经初见成效。面向未来的"打造千城万店，引领中国啤酒品牌下一个 20 年"的战略愿景，在原有稳扎稳打的基础上，如何沿着新质生产力的构建思路，进一步深入融合科技创新应用，并且以加盟店为资源要素拉动和整合节点，为消费者提供新质产品和服务，继续深化消费者深度运营和门店坪效运营，以及加快新智能工厂的落地等，都是泰山原浆啤酒要重点思考的一系列问题，未来可期。

（案例来源：山东泰山啤酒股份有限公司）

10.4 自然堂：产品科技、数字科技双引擎

企业背景

中国化妆品领军企业自然堂集团（原伽蓝集团）是一家数字化驱动的科技美妆企业，致力于将世界顶尖科技与东方美学艺术完美结合，从东方人的文化、饮食和肌肤特点出发，为消费者提供五感六觉完美超卓的具有世界一流品质的产品与服务，向世界传递东方美学价值。

自2001年在中国上海发展以来，经过23年积累，自然堂集团成功塑造了"喜马拉雅、东方美学、科技领先"三大特色，拥有"全产业链、全渠道、全域数字化"三大优势，树立了"诚信负责、品质可靠、实力强劲、科技领先"四大行业口碑，致力于打造中国人自己的世界级品牌。自然堂集团以产品科技、数字科技为双引擎，驱动企业发展，已经构建了"自然高科技、数字化能力"两大全新竞争力，从一家传统企业成功转型为数字化驱动的科技美妆企业。

对新质生产力的认知

作为一家国货美妆企业，新质生产力是指科技创新在其中发挥主导作用的生产力，其特点是高效能、高质量、可持续，是数字化时代更具融合性、更体现新内涵的生产力。科技创新方面，自然堂集团以产品科技、数字科技为引擎，持续投入研发，掌握了自主核心科技，为全球消费者带来高品质的美丽健康产品。在产品科技上，自然堂集团建成"消费者大数据洞察、东方皮肤科研、原料筛选开发、配方科技、包装开发、六觉六性测评"六大科研平台。

在实际应用中，新质生产力已然贯穿在自然堂集团业务运营的方方面面，并展现出高科技、高效能、高质量的效果，以持续的科技创新助推美妆行业高质量发展，为整个行业的高质量发展提供持久动能。

新质生产力解构

（1）新质劳动对象

新产品： 自然堂集团一直注重产品科研，采用植物干细胞组培技术、微生物发酵技术、活花采香技术这三项可再生的生物科技，确保既能为消费者带来好产品，又能兼顾可持续发展。自然堂集团目前拥有国内外授权专利超过200件，全面覆盖了化妆品成分研发、产品配方、产品包装研发等。自然堂集团先后创立了七大品牌，即高端抗老品牌——美素、自然高科技品牌——自然堂、多效敏感肌护理专业品牌——植

物智慧、精简主义护肤品牌——春夏、专业功效性护肤品牌——珀芙研、小众沙龙香水品牌——ASSASSINA（莎辛那）、婴童儿皮肤品牌——己出，形成了以自然堂为基石品牌的多品牌矩阵。

新原料：自然堂集团2014年利用细胞组培科技开发原料，2019年又在我国西藏建立了原料工厂，其中有一个植物细胞组织培养车间被称为"细胞农场"。自然堂集团已经开发了两种珍稀植物的细胞级原料，其中一种绿色原料的开发已进入关键阶段。自2013年起，自然堂集团研发团队从植被、温泉、传统食物中分离出558株菌株，建立了特色菌种库。2022年，自然堂集团自主研发喜默因酵母，拥有自主知识产权，并完成了原料商业化，破局国货化妆品原料"卡脖子"的困境，从技术到成分到功效都遥遥领先。

新模式：作为本土美妆品牌的佼佼者，自然堂集团始终在时代潮流中"领先半步"，围绕人—货—场三方面的革新实践，成为数字化驱动的生物科技美妆企业。以人—货—场为抓手盘活品牌资产，激活增长复利。自然堂集团先聚焦"货"的效率问题，借助"一盘货"模式将全国范围内的库存统一由自然堂统一管理，代理商不再有自己的实体仓库，减少渠道内的中间库存，避免压货、串货等问题；对所有过程进行数字化管理，比如智能补货、调货等，最大限度提高零售链路的渠道效率。以"货"为基础打造数字化时代的全新生意"场"，用"3.0版本"云店赋能线下4万多个零售网点，经营周围3~5公里范围内顾客，实现在线销售收银、会员绑卡积分、营销与直播等十大功能。通过"线上云店+线下实体店"二合一的超级门店，将持续稳定地为消费者创造更多价值。在"人"的经营上，利用线上公域流量高效拉新，并进一步沉淀为可运营的私域流量资产，而线下门店则为消费者提供优质的线下体验和服务，通过数据分析设计出8个场景、11个人群模型，通过分人群的运营不断迭代优化人群模型，精准触达，从而提升销售转化率。

可持续发展：自然堂集团也一直在践行可持续发展的理念，发展绿色美妆。自然堂集团制定了"2030可持续发展战略"以及12大战略目标；持续提高可持续包装的比例，采取包装减量化设计、开发低温冷配工艺、装配厂区屋顶用光伏、开展节水项目等措施，降低生产能耗和温室气体排放；持续8年开展公益项目，累计种植666万平方米的绿麦草，保护生态环境，倡导绿色环保理念。

（2）新质劳动资料

数字化研发：自然堂集团研发中心坚持"立足自主研发、开展全球合作"，已经建成"消费者大数据洞察、东方皮肤科研、原料筛选开发、配方科技、包装开发、六觉六性测评"六大科研平台，上市了多款高科技、高功效、高颜值的新产品。

数字科技：自然堂集团于2020年7月4日启动数字化转型，共分三个阶段。已建设完成105个系统，覆盖消费者洞察、产品研发、内容创意、智能营销、生产管理、质量管理、物流配送、销售管理、会员管理功能，数字化已贯穿经营管理的全链路。在一盘货、数字零售系统的支持下，自然堂集团实现了一秒到账，配送速度提升至48小时全国C端配送、72小时全国小B端配送。数字化营收、数字化零售、数字化资产均遥遥领先行业平均水平。其中在数字化营销方面引入了多个消费者智能算法模型，直接推动了消费者营销运营的转化提升。

智能制造：自然堂集团智能制造的基石——工业互联网平台搭建已初步完善，实现了从研发管理、采购与生产、库存与物流、SAP系统、仪器仪表、计量设备，质检设备和生产设备到可编程逻辑控制器（PLC）的集成。已经通过智慧仓储数字孪生系统依托视频孪生平台，汇聚承载立体仓库全要素数据，综合运用大数据、时空位置智能等技术进行综合态势分析，打造物流运营驾驶舱，实现仓库安全、设备、环境、告警等综合态势的直观掌控。智慧供应链计划系统可根据不同SKU在不同分仓的历史销售规律，进行针对性的分类与安全库存计算，提高计划的决策精度。打造"模块化的生产车间"实现柔性数字生产，可以满足快速变现和小批量的需要，并且可以快速组装新的生产线。推动"两网贯穿"全面深化推广，通过工业互联网平台，实现900种以上的个性化选择方案，面向3 800多万名用户的产品全生命周期服务与支持。组建"两网贯穿"大数据实验室，"两网贯穿"的产品和用户年数据处理量达到1.2PB以上。

（3）新质劳动者

工匠研发：自然堂集团研发中心有一群从事"植物细胞组织培养开发与生产"的高科技人才，被称为"细胞农夫"，自2013年起，自然堂集团研发团队多次深入喜马拉雅山腹地，采集并分离了558株菌株，建立了特色菌种库。2023年10月，国内顶尖皮肤科学专家以及微生物发酵领域专家共同编撰了《发酵技术在护肤品行业中的应用与展望》，肯定了喜默因酵母抗老的根源功效机理。

武装一线：自然堂集团引入了全域人才认证计划的"会员运营师""用户运营师""小程序商城运营师"三大岗位课程，目前已认证131人次。面向终端导购，通过"自然堂数字化导购新星"人才赋能项目，通过美妆导购（BA）在线学习在线考试检测学习成果，在地区负责人的跟进下进行实践。通过数字化人才赋能项目，有效提升一线员工对企业微信、云店等数字化工具的运用能力，高效提升消费者沟通的技能和效率，助力业务增长。

培训赋能：自然堂全面开展 ChatGPT 软件应用全员实训，研发出属于自然堂的 AI 专属课程"ChatGPT 应用实战培训"，培训共计开展 32 场、覆盖 1 200 多人次，产出 3 600 多份随堂作业，1 200 多份实战考试成果，93 份高质量 AI 交互方案，真正应用到解决日常工作的难题中。

人才培养：自然堂在迈向数智化的进程中，从数字化思维和价值角度明确对数字化人才的要求。自 2021 年起，持续引进学历、经验背景的高潜人才"数字小白人才"并对其加强内部培养，在各类数字化项目中培养人才，为数字化业务部门快速提供专业人才。及时发现和表彰运用数字化的思维、工具及方式方法，以及积极践行自然堂文化价值观、实现企业价值增长的优秀个人。截至 2023 年底，数字化人才结构中数据分析人才占比 45%、市场营销人才占比 23%。

数字机器人：自 2022 年底起，自然堂集团大数据中心便开始密切关注人工智能技术的发展趋势，并逐步将大语言模型、RAG（检索增强生成）、智能体、多模态模型等前沿技术纳入其技术栈。如 AI 知识库问答、问数 GPT、AI 合规审计工具等，通过 RPA 技术，对电商部、质量部、市场部数据洞察组、财务中心、研发中心等 11 个关键部门进行了深度的流程优化与自动化改造。至今已成功优化 25 项流程，显著提升了整体工作效率，每月为集团节省高达 500 小时的工作时间。自 2023 年底上线以来，问数 GPT 已累计接收超过 5 000 次查询请求，将原本需要两天才能获取的数据结果缩短至 3 分钟以内，效率提升了约 300 倍。

（案例来源：上海自然堂集团有限公司）

10.5 竹叶青：传统茶叶产业走出品牌化发展新思路

企业背景

四川省峨眉山竹叶青茶业有限公司成立于 1998 年，是农业产业化国家重点龙头企业，也是全国著名的名优茶生产企业。竹叶青是中国茶行业首家开启品牌化运作的茶企，打破了茶行业长久以来"有品类、无品牌"的僵局。公司独家拥有"竹叶青""论道""碧潭飘雪""万紫千红""宝顶白芽"等品牌。其中"竹叶青"和"论道"商标先后被国家工商总局认定为"中国驰名商标"。公司通过多年的品牌化运作，成为具有多品牌多品类的综合茶业集团，实行全渠道经营模式。业务体系是既有线上直营电商渠道，又有线下 300 多家实体门店（直营为主、加盟为辅）的连锁经营零售企业。

对新质生产力的认知

在同一行业赛道里，企业的领先往往在于其生产力的领先，在于同样资源能高效地服务更多顾客并创造更多经济成果，而领先企业的生产力往往能与新时代的数据要素深度融合，催生出具有行业领先优势的新质生产力。

中国茶行业一直面临的困境是，一面是有着 4000 多年的行业历史，一面是有品类、无品牌的尴尬。2022 年，中国茶叶国内销售总额为 3 395 亿元，产量占全球近七成。中国是全球最大的茶叶生产和消费国，这个市场容量足以诞生出数家年销售额百亿元的茶品牌，然而，在中国有超 7 万家茶企，叫得出的品牌寥寥无几，这是行业前端品牌建设停滞和后端供应链不完善共同作用的结果。茶叶行业长期品类多、品牌少、分散度高，虽然中国名茶众多，但为大众所熟知的西湖龙井、信阳毛尖、安溪铁观音等都是品类而不是企业品牌，这是个地域性很强的行业，规模化、标准化难度高，生产力落后，限制了行业品牌化的发展。

竹叶青对新质生产力的认知和理解，包括由劳动对象的不断拓宽、劳动资料的智能化、劳动者素质的提升等多个维度共同推进的生产力变革，其核心在于通过创新和技术进步，实现生产效率和质量的全面提升。

竹叶青通过建立中央超级工厂，以集约化生产确立品质恒定、工艺领先的产品标准，并通过一系列领先的品牌化运作，打下顾客心智中的高端品牌认知，能率先建立连锁专卖渠道，以便提供优质服务，因此积累了大量忠实顾客，从而一步步成为中国茶行业的龙头品牌企业。大量走在行业前头的业务创新是竹叶青持续发展的重要因

第 10 章　锐意改革　勇立潮头　灯塔企业新质生产力构建实践解构

素，而技术的进步带来的生产力变革，更是催生出竹叶青自己的新质生产力。

新质生产力解构

（1）新质劳动对象

品质化产茶：竹叶青率先提出并坚持"高山、明前、茶芽"三大高端绿茶标准，将生产过程细分为 38 道工序、116 项检测流程，首创"五重锁鲜科技"，以严苛精细的制茶工艺生产好茶。以选茶为例，平均千颗茶芽才能精选出 1 克论道级竹叶青。三位中国制茶大师，一物一码技术的实施，更是保障消费者安全选购正品，对了解茶叶生产过程有了新的依据。

品牌化运作：竹叶青是中国茶行业首家开启品牌化运作的茶企，以超 20 年的长期打造，成为中国高端绿茶的第一品牌。随着品牌力的领先和营销力的沉淀，2024 年竹叶青茶业从高端绿茶品牌升级到竹叶青中国茶。除了竹叶青绿茶外，竹叶青茶业发布"平常心竹叶青"品牌战略升级计划。在该战略下，竹叶青定位于"中国茶"，以"竹叶青绿茶、万紫千红红茶、碧潭飘雪花茶、宝顶白芽白茶"四大品类品牌驱动传递平常心文化，推动中国茶长盛繁荣。

全渠道运营：竹叶青采取的是线上线下、直营加盟一体的全渠道品牌连锁经营模式。随着技术的高速发展，如何创新业务模式，如何更好地服务好品牌 C 端顾客，如何实现线上线下一体经营？竹叶青正是通过数字化转型探索得以在拓宽劳动对象上得到更多想象空间。竹叶青在品牌战略引领下，以会员经营管理作为串联公司经营体系的轴心线，构建起以消费者为中心的基本逻辑，搭建起线上线下一体、公域私域贯通的创新渠道模式。全域经营是企业以数字化的手段，建立起以消费者为中心，整合线上线下场景，整合公域私域触点的一体化经营模式。竹叶青在数字中台工具上，搭建起品牌私域，构建出全域经营的基础，得以实现线上线下一体化、品牌销售合一的链路数字化，让公域私域贯通精准营销成为可能。促使数字化营销比重持续加大。

（2）新质劳动资料

智能制造：竹叶青投入上亿元打造自动化生产线，建立全国最大的名优绿茶保鲜库，采用三段式保鲜手段，最大限度地留存明前茶芽的鲜和嫩。同时改良多个传统制茶环节，将茶芽的含水量控制到仅有 3%，领先于行业标准（≤ 7%），打造了数条全自动、清洁化的封闭制茶生产线，并独创"五重锁鲜科技"即高效快速杀青技术、低温冷冻保鲜技术、高温快速提香技术、精准水分控制技术、独立充氮保鲜技术，将古老精湛的制茶技艺融入现代先进的精尖科技之中，跨越时空赋予传承全新的生命力。2023 年底，竹叶青已启动建造数字化中央工厂，占地 486 亩（1 亩 ≈ 666.67 平方米），建筑面积 23 万平方米，计划 2026 年全面建成，全面建成后将是全国最大的茶叶生产工厂。

数字化营销体系：竹叶青借助 IT 系统重构需求，贯彻以业务增长为核心的指导思想，沿着总体体系化建设的思路，整合串联公司的组织协同需求，赋能内部与外部连接工具，沉淀统一认可的数据出口，打磨数字营销闭环，推动产销协同、营销一体，打造新的增长引擎发动机。

业务在线化：用钉钉推动员工管理在线，全渠道运营平台贯通线上线下，会员运营平台建立消费者数字化基础，私域云商城赋能门店业务在线，用企业微信 + 导购小程序实现导购数字化、总部赋能管理及与外部顾客的数字连接。

数字化基座：系统拆烟囱、建底座，建设统一的商品中心、营销中心、订单中心、用户中心、库存中心、支付中心、标签中心等，完善共用能力。对接各方系统数据源，含门店 POS、三方电商、原有 CRM、订单处理、财务 NC 系统、溯源码等，清洗各方数据，统一底层数据。

数据资产化：经过多年的数字化运营实践，竹叶青已经完成基本的数据清洗和规范，累计沉淀了经营多年的多渠道交易数据、百万条以上的高净值会员数据、数千万条各类标签数据，以及数亿条顾客交互数据，商品数据的"一物一码"建设也正在完善。

（3）新质劳动者

数字化赋能一线导购：竹叶青通过数字化工具的建设与推广，一线导购完成全员在线，可以娴熟地使用企微、导购小程序、私域云商城来完成与消费者的连接与服务，包括完善顾客画像标签，转发品牌传播物料，在线代客下单、交易等；培训部门通过在线培训、在线学院赋能一线；

统一数字化运营部门：竹叶青为推动数字化转型发展，建设了专门的数字化运营中心，赋能业务发展，作为推动整体组织建立数字化认知、培养更多数字化武装的新质劳动者的推动力量。会员、中台、数据等线条都是从整个公司的底层逻辑出发，有效地串联起整个公司各个部门的协作网络。数字化营销在业务互联、精准营销、管理提效等方面持续产生价值。数字化运营中心建立起"业务 + 技术 + 数据"的职能组织三角，其中业务更是以会员运营管理为抓手，辅以数字化技术驱动组织协同执行落

第 10 章　锐意改革　勇立潮头　灯塔企业新质生产力构建实践解构

地，通过数据的统一和传递，强化出数据中心价值，如图 10-1 所示。

在其他方面，数字化充分赋能了运营和决策过程，比如，生产部门通过"一物一码"优化生产计划，溯源生产环节，管控渠道库存等；品牌部门通过数字化工具传递品牌物料，实践精准营销闭环；各管理层通过在线报表，监控销售，优化策略等。

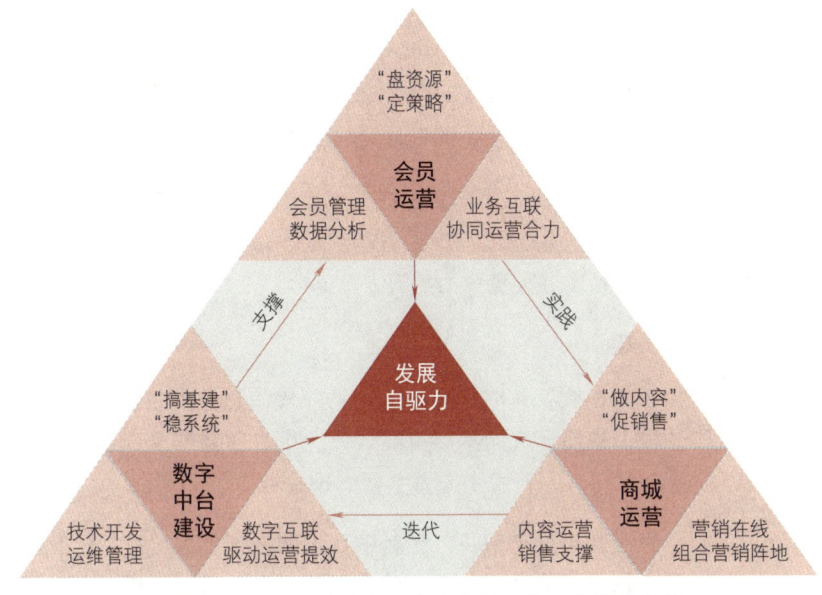

图 10-1　竹叶青数字化运营中心的职能、定位和价值

总之，竹叶青通过数字化转型，在企业新质生产力的打造上持续实践，并取得了对企业运营各环节的实质成果。竹叶青已经基本走过节点在线化、业务一体化和运营数字化阶段，正在向下一个数字化阶段的决策智能化方向努力。竹叶青全民对数字化的认知在持续加强，更加持续地拥抱创新。在不久的将来，在数据价值挖掘、人工智能引进、超级数字工厂建设等方面，竹叶青还有巨大的想象空间。

（案例来源：四川省峨眉山竹叶青茶业有限公司）

10.6 万和新电气:"产品驱动、效率增长、数智升级"构建新质生产力

企业背景

万和成立于 1993 年,已发展成为国内热水器、厨房电器、热水系统的专业制造先进企业。"技术创新"是贯穿万和发展的灵魂,万和将聚焦燃气具领域的高质高效革命,燃气热水器、燃气灶具、燃气采暖炉、燃气烤炉等方面打造行业最低碳节能、舒适健康的产品,同时坚定培育新能源热水产业,持续深研氢能源的技术演化和商业应用,不断拓展厨房、卫浴两大空间,成为由单一产品驱动升级为场景生态解决方案的品牌商,立志成为低碳绿色的"全球燃气具领导品牌"。

随着市场竞争的加剧和消费者需求的多样化,万和新电气面临着转型升级的迫切需求。为了应对这一挑战,公司通过"产品驱动、效率增长、数智升级"来构建新质生产力,以推动企业的持续发展和竞争力提升。

对新质生产力的认知

新质生产力是指企业在数字化时代通过运用新一代信息技术和数字化手段对传统生产力进行改造和升级,从而形成的具有更高效率、更高质量和更强创新能力的生产力形态。对于万和新电气而言,新质生产力主要体现在以下几个方面:

新质劳动对象:通过数字化转型,万和新电气能够创新业务模式,优化经销商运营,将业务链延伸到 C 端,提升终端运营和服务运营能力,从而实现对劳动对象的全面升级。

新质劳动资料:数字化平台的建设、智能制造的推进以及数据资产的积累和运用,为万和新电气提供了更加高效、精准和智能的劳动资料,极大地提升了生产效率和产品质量。

新质劳动者:通过数字化技术武装人才和引入数字代言人,万和新电气打造了一支具备数字化技能和创新思维的高素质劳动者队伍,为企业的发展注入了新的活力。

新质生产力解构

(1)新质劳动对象

① 燃气热水器产品为行业标杆

坚持技术创新、坚持精益制造、坚持高品质服务,是万和工匠精神的根本,以此为基础,通过组织变革与人才升级、"三个一代"与五大体系深入建设,构建进一步支撑"产品驱动"的体系机制,同时针对五大产品群,重点布局十大核心技术,以实

第 10 章 锐意改革 勇立潮头 灯塔企业新质生产力构建实践解构

现技术领先，有力推动了各品类的产品结构升级，真正实现产品驱动。

同时，持续完善全面对标体系、全面体验管理体系、全生命周期研发体系、技术创新与共赢生态体系与标准化体系等五大体系，通过"三个一代"与五大体系对产品和研发体系进行一盘棋式的全面管理；持续推进各品类的产品技术规划，牵引各品类的"大结构、小结构、新结构"的产品结构升级，通过新产品的布局与落地，实现产品驱动增长；采用"旗舰突破、组合收割"的增长方式，重点打造旗舰产品，实现市场持续增长与突破。

② 直面消费者的业务模式变革

以用户为中心，加速直面消费者的业务模式（DTC）变革，结合数据和数字化技术驱动的精细化运营，进一步倒逼营销、研发、生产、供应链、服务等全价值链上各项基础工作的提升，实现组织、业务协同在线，推动业务变革和可持续性发展，实现数智升级。

- 在营销端，通过深化业务模式变革，大力推进营销数字化，多终端、多渠道融合，协助构建快速市场反应能力，减少由于各级渠道博弈导致的资源损耗，使市场资源真正投放给终端。推进以产销衔接为主轴的产销订单模式，提升库存周转效率；启动数智化内容营销中台搭建项目，拉通产品、营销，提高达人分销效率、用户触达效率、转化效率及传播效率等；针对新零售模式，专注用户体验和经营，全面推广新渠道一盘货、一件代发，优化产品结构、降低全链条费用，让利用户和客户。
- 在研发端，强化研发标准化管理，持续改变思维，加大精简力度，从平台角度深入推进标准化。
- 在生产端，通过深度推进拉动式生产，大力推进智能制造项目，逐步构建 VBS 即万和卓越运营体系，坚持"一个万和、一个体系、一个标准"，分阶段开展多基地联合管理项目等，进一步提高生产制造效率。
- 在供应链端，面对汇率及大宗原材料价格波动、供应链采购管理等共性问题，多举措并行，进一步缩减交货周期、降低供货成本、提高供货质量、加强研发协同、提升数智化的建设水平。
- 在服务端，以用户为中心，建立了完善的服务体系和服务网络，大力推动用户之声（VOC）项目，提升用户体验，通过数字化手段快速响应和高效处理客户问题，提升客户满意度和忠诚度。

（2）新质劳动资料

万和把全面数字化、全面智能化作为公司持续的战略方向，打通全价值链业务数字化协同，通过重构工作方式、业务流程和业务模式，利用数据驱动业务改善。以用户为中心，积极推动"硬件+软件+内容+服务"的融合，深度连接用户需求，为用户提供更友好、更高效、更智能的生活体验，打造全触点用户综合体验。依托消费互联网和工业互联网，利用"产品+AIoT+内容+服务"的业务模式，逐步实现"智能单品→智能套系→智能化场景→智能化生态空间"的智能化变迁；通过将"精益化推进、自动化导入、数字化应用"三者相融合，实现"智能设备→数字化工厂"的智造升级。

① 数字营销中台

基于以用户为中心，建设一个全渠道营销业务运营平台，实现万和经销商或运营商（大B端）、分销商或终端门店、网点（小B端）、终端用户（C端）和服务网点（S端）的数字化连接和产品盈利分析，即FBbCS，建设全渠道商城（F to BC）、终端零售管理（F to C）、配送及售后模块（F to S）。

② 内容营销中台

营销要素从"人货场"升级为"人货场+内容"，将多种形态的内容流转在人、货、场各要素之间，并促进各种场景下的营销转化。打造集团全域账号的矩阵运营体系，无缝覆盖主流公域媒介、社媒、电商、投流内容一键分发与下架机制，实现数据自动回收与洞察。

用AIGC（生成或人工智能）辅助智能创作和安全管理，由导购/KOC/KOL/KOS（关键意见销售）内容共创任务系统，构建品牌自主内容生态体系，沉淀软文、图文、视频品牌模板库，提高品牌个性化的二次创造能力。

统一数据口径及评价模型，实现站外效果广告投放全链路数据可视和广告投放效果可评价，提升投放业务数字化、在线化水平。

③ 用户全旅程体验 VOC 平台

- 建立用户全旅程数字化管理和用户体验指标体系，根据收集的用户声音进行分类和情感分析，通过建模综合分析全渠道的数据，判定用户体验各指标的优劣情况，并做可视化呈现。
- 建立统一的用户声音收集平台，了解用户在使用产品或服务过程中的体验和问题。通过收集和分析用户的反馈，可以及时发现和解决问题，挖掘用户的需求、痛点和爽点，支撑产品（新品和老品）及营销策略落地，提高产品和服务的质量、可靠性以及竞争力，进而提升用户体验满意度，提高用户对企业的信任和忠诚度，从而推动业务的增长。

第 10 章 锐意改革 勇立潮头 灯塔企业新质生产力构建实践解构

- 建立统一的用户声音闭环平台，根据用户声音数据，自动分发或自助分发任务及分拣问题，按问题类型指派相对应的责任主体处理和推送消息，再改善问题并对此闭环跟踪。

④ 经营驾驶舱

通过构建集团经营分析框架，梳理经营分析指标体系，统一经营语言，利用大数据分析和人工智能等技术手段挖掘数据价值，为公司提供准确、实时、全方位的经营数据，从而提高决策效率与准确性，最终以数据推动业务改善，让数据成为公司的生产力。同时，公司还加强了对数据安全和隐私的保护，确保数据资产的安全性和合规性。

（3）新质劳动者

① 数字化武装人才

培养和引进具备数字化技能和创新思维的人才，推动企业的数字化转型进程。这些人才能够熟练运用各种数字化技术，为企业创新和发展提供智力支持。另外，公司也开展"万智汇聚、和创未来——AI"创新赋能大赛，通过外部专家对员工培训"松土"、过程辅导，通过 AI 技术激发员工创造力和提升个人技能，同时也挖掘和培养了具备前瞻性和创新能力的数字化人才，与员工共同探索 AI 在日常工作中的应用。

② 数字人

公司在 2023 年 8 月发布了厨卫行业首个数字代言人——Yona，该数字代言人为万和联合第三方共同打造的数字代言人，成为企业品牌超级 IP 形象，赋能营销场景、直播场景和生活场景。

此外，公司发布了 AI 数字互动云屏，在线下（展厅、终端门店等）布置数字人云屏，实现与 AI 对话，增加与客户的互动，强化品牌的智能化标签，提升消费者对品牌的黏性。公司还打造 AI 客服，定制化 AI 对话能力，通过大模型训练，接入官方各客服渠道，为每个消费者提供个性化的推荐和服务，提高消费者的满意度和忠诚度，增加用户黏性，并且实现数据的收集和分析。同时公司利用 RPA（机器人流程自动化）等流程自动化技术，替代一些重复性的劳动，提高工作效率，让员工能够专注于更有价值的工作。

公司以用户为中心，通过数字化转型构建新质生产力，打通全价值链业务的数字化协同，通过重构工作方式、业务流程和业务模式，利用数据驱动业务改善并深度融合业务，让业务透明看得见、管理有手段，实现高效率、高品质、低成本、快速交付和绿色环保的全价值链卓越运营，构建起万和的核心竞争力。

（案例来源：广东万和新电气股份有限公司）

10.7　高金食品：传统农牧制造业通过数字化转型焕发新质增长动能

企业背景

高金食品成立于 1996 年，历经近 30 年发展，现已成为一家集特色生猪养殖、屠宰、肉制品精深加工、预制菜研发生产、生鲜销售连锁、物流配送、进出口贸易于一体，全产业链运营的农业产业化国家重点龙头企业、世界肉类组织金牌会员单位、中国肉类协会副会长单位。聚焦猪肉及高品质肉类食品，高金食品建设特色生猪养殖基地，构建优质原料供应体系，引进国际先进肉类屠宰、分割加工、检化验设备，在全国布局高标准、现代化食品加工基地，从而打造贯穿从源头到终端的现代化肉制品产业链，持续为客户和消费者提供安全、健康、美味、便捷的食材。高金食品在全国拥有 12 个加工生产基地 [其中包括 10 个生鲜加工基地、2 个熟食 / 调理加工基地（遂宁、新乡）]、30 个卫星工厂，年屠宰能力 1 000 万余头，预制菜规划产能 25 万吨 / 年，产品远销 30 多个国家 / 地区，此外还有 4 个黑猪肉牧场及 3 个研发中心，年产值超百亿元。

中国猪肉消费市场环境很早就进入了红海竞争时期，而高金食品近几年业绩突飞猛进，2023 年销售规模增长超过 50%，在新冠病毒流行后能实现快速增长，高金食品改变了什么？做对了什么？

高金食品始终践行"以客户为中心"的经营理念，公司建立了成就客户价值的文化。为客户提供专享团队以及专属的产品方案，倡导做事先义后利，坚持为客户持续创造终身价值，并致力于成为一家充满活力、受人尊敬、永续发展的企业。

对新质生产力的认知

当前，中国食品行业处于由传统到现代、由人工到智能、由经验到科学的关键发展期。高金食品打造新质生产力的努力，不仅反映了行业探索高质量发展思路的深度思考，还折射出高金食品对推动中国农牧行业数智化升级，发展新质生产力，助力中国食品走向世界，助推社会经济发展的决心、恒心和担当。

高金食品的快速发展，从新质生产力的构建上，可以解构为数字化技术驱动的三个飞轮效应，即新质劳动对象、新质劳动资料和新质劳动者飞轮效应，如图 10-2 所示，通过数字化技术不断沉淀数字资产和体系工具，赋能各类阿米巴团队，以及经销体系的销售业务，即通过渠道融合、政策引导和客户资产的飞轮效应不断沉淀优质客户资产，形成新质劳动对象；基于技术底座、体系工具和数字资产的飞轮效应不断沉淀优质数字资产，形成新质劳动资料；通过目标引导、业绩驱动和团队资产的飞轮效应不断沉淀优质团队资产，形成新质劳动者；客户资产、数据资产和团队资产共同构成高金食品发展的自驱力。

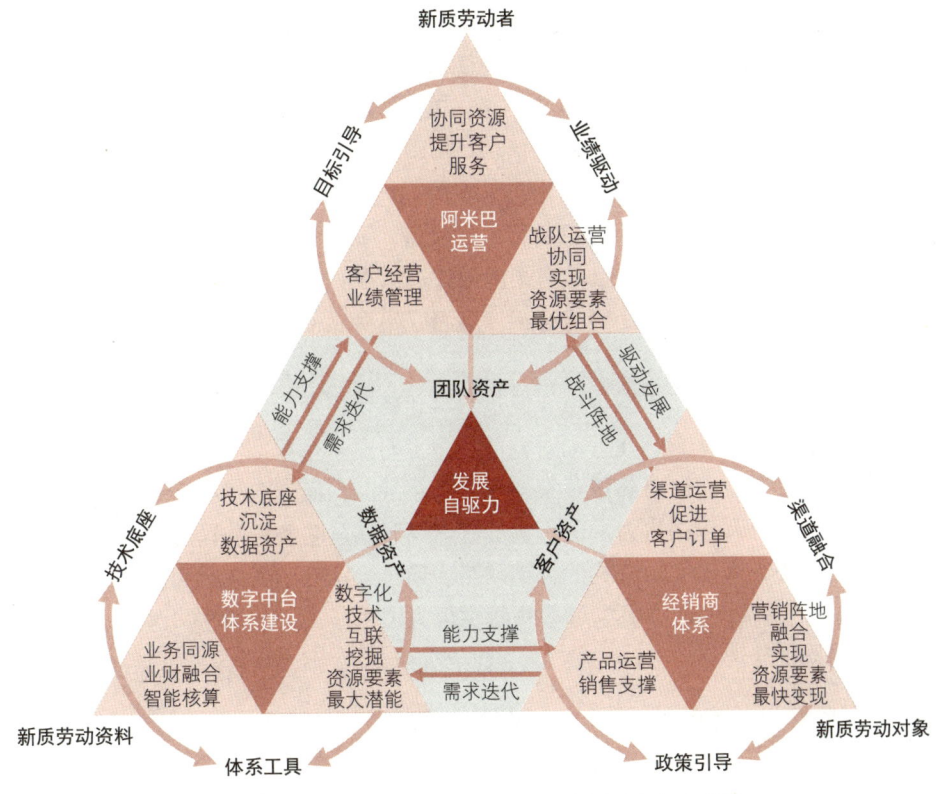

图 10-2 高金食品数字化技术驱动的新质生产力解构

高金食品作为食品企业代表，在新质生产力的构建过程中，推进了较多探索与尝试，利用数字化、区块链、IoT 等新质技术，在加工、存储、包装、智慧物流、全链路溯源等应用方面产生了一大批创新成果，如行业领先的仓储管理系统、阿米巴核算等。从 2003 年开始，高金食品大力开展信息化与数字化建设，全面提升研发、生产、营销、管理、核算和服务等各环节的数字化、智能化水平，在此过程中，已经积累了诸多实践经验。

新质生产力解构

（1）新质劳动对象

关于新质劳动对象的精细化管理、精益化创造，高金食品在新质劳动对象方面的探索主要集中在高品质黑猪养殖、加工；提供安全健康的生鲜猪肉、健康美味的罐头、预制菜等产品，致力于推动产品升级。

- **品牌化运作支撑产业线高质量延伸**：高金食品曾经是中国最大的猪肉出口企业，经过近30年的打造，逐渐确立作为行业标杆的指标体系。除母品牌高金食品外，旗下生鲜产品还有高金庄园黑猪品牌、悦跑山，主要产品有白猪、黑猪的鲜品、冻品及精细化包装产品；美食产品包括预制菜品牌巴蜀公社、厨好当等；午餐肉/罐头等各类肉制品；扣肉、红烧肉、肥肠等特色菜肴与预加工产品；高原黑猪衍生的黑猪油、午餐肉、烤肠等特色肉制品。熟食及预制菜方面，选择符合国家和欧盟卫生标准的设备，要求卫生条件好、机械自动化程度高，运行安全、可靠，且具有国内外先进水平。

- **以客户为中心引领营销网络全渠道运营**：高金食品主要采取的是线下全渠道品牌经营模式。覆盖渠道包括流通、生鲜连锁、商超、电商新零售、餐饮、特通、肉制品加工厂等全渠道。通过数字化转型探索，创新的业务模式，服务好大B、小B端客户，在劳动对象的拓宽上有更多想象空间。高金食品正是在品牌战略之下，通过总部按照渠道建立营销战队，通过各个战队建立以生产为主的综合战区和以销售为主的销售战区，同时在具备条件的销售战区建立前置仓加工中心，并建立矩阵式的营销网络。通过公司的业务中台为各个经销商、特通、加工厂、商超、餐饮等客户提供全方位的服务，围绕客户终身价值客户全生命周期管理。

（2）新质劳动资料

- **智能制造**：高金食品每个工厂投入2亿元以上打造自动化生产线工厂，运营现代人工智能运算模型，通过销售订单自动生成生产订单，进行自动生成排程，同时推算收购数量和最佳的加工模式，运用现代化技术进行数据自动采集，使整体效益最大化；此外，公司通过与海康威视合作打造海康智慧园区平台，以人脸识别技术进行库房盘点全程监控。

- **安全追溯**：高金食品主要围绕生猪屠宰和深精加工产品，与专业团队开发生产系统数字化建设，运用信息化手段，建立产品质量追溯体系，通过信息化手段建立了食品安全追溯体系在生鲜产品出厂时，每筐不同品类的产品都附有溯源二维码，微信扫码可直接查询养殖场信息、生产时间、屠宰地点、瘦肉精结果等，真正做到每筐溯源，建成全程可追溯管理流程体系、透明化可追溯体系，确保产品质量全程可控可查。为消费者提供全面、透明、统一的溯源信息服务，实现公司产品"源头可溯、去向可查、责任可究"。

- **冷库储运**：高金食品新投入的工厂将物联网技术和信息系统相结合建设智能立体冷库。智能冷库由计算机控制实行全自动化控制，利用 WMS 与 ERP 系统相结合，规范管理库存，拥有万吨冷库仓储能力。高金食品还搭建了系统化冷链运力，自有车辆 300 多辆，注册车辆 900 多辆，覆盖全国物流信息化平台，保证了配送环节的低温要求。
- **数字营销**：基于重构 IT 系统的需求，高金食品贯彻以业务增长为核心的指导思想，沿着总体体系化建设的思路，整合串联公司的组织协同需求，赋能内部与外部连接工具，沉淀统一认可主数据，打磨数字营销闭环，推动产销协同、营销一体，打造新的增长引擎发动机。
- **业务在线化**：用钉钉推动在线员工管理，以业务中台保证交易业务在线化；用企业微信＋小程序实现销售数字化、总部赋能管理及与外部顾客的数字链接。
- **产品在线**：公司打造的业务中台保证了所有的产品状态随时可查。
- **数字化基座**：系统"拆烟囱、建底座"，建设统一的商品中心、客商中心、订单中心、用户中心、库存中心、支付中心、结算中心、组织中心、价格中心等共用能力。对接屠宰系统、SRM 采购系统各方系统数据源。
- **建立财管同源的财务中台**：基于数字化基座中的同源业务事项，实现财务多目的核算与管理的同源。同一业务事项，按财务报告目的、管理报告目的、税务报告目的可平行多套核算。同源业务单据按核算目的分发至法人核算账簿与管理核算账簿，协助财务人员从人工核对转为智能核对，确保两边数据的准确性和权威性。在多业务系统与各核算系统之间形成一个"精细＋多维＋实时"的数据采集与核算平台。整合财务、业务数据，提供利益相关方所需的完整的数据和报表。
- **建立阿米巴核算体系**：公司从 2016 年开始实施阿米巴核算模式。进行阿米巴核算，必须是阿米巴理念加算盘两条腿走路，二者缺一不可。通过数据中台和阿米巴系统每天自动生成阿米巴报表并自动推送给各对应的需求者，同时进行基准的自动分析。
- **数据资产**：经过多年的数字化运营实践，高金食品已经完成主数据清洗和规范，累计沉淀了经营多年的多渠道交易数据、上万条客户数据、数千万条各类标签数据，以及数亿条顾客交互数据，建立起统一的物料商品数据、统一的供应商档案和统一的客户档案、统一的核算科目体系、统一的核算和管理制度和统一的审批流程。

（3）新质劳动者

- **数字化赋能阿米巴战队活力激发**：高金食品通过阿米巴核算和数字化工具的建

设与推广，建立以阿米巴核算为抓手、利益共享、风险共担的经营机制，支撑总部按照渠道建立的营销战队，以及形成以生产为主体的综合战区和以销售为主的销售战区，一直下探到商超一线促销人员，完成全员在线，每个阿米巴组织通过每天推送的阿米巴报表可以看到自己的经营业绩状况和任务完成情况，可以娴熟地使用企业微信和导购小程序与消费者链接并向其提供服务，同时在线代客下单、交易等；每天可以及时精确地计算自己的收入指标；生产公司通过计件薪酬，当天可以知道自己的计件工资；培训部门通过在线培训赋能一线。

- **统一数字化运营部门支撑一线战斗**：高金食品为推动数字化转型发展，建设了专门的数字化运营中心，赋能业务发展，以此推动整体组织建立数字化认知，培养更多用数字化"武装"的新质劳动者推动力量。经销商、供应商、中台、数据等线条都是依整个公司底层逻辑进行建设，有效地串联起整个公司各个部门的协作网络，让数字化营销在业务互联、精准营销、管理提效等方面持续产生价值。数字化运营中心建立"业务+技术+数据"的职能组织三角，其中业务更是以经销商运营管理为抓手，辅以数字化技术驱动组织协同执行落地，通过数据的统一和传递，强化数据中心价值。

在其他方面，数字化也充分赋能了运营和决策过程。比如，生产部门通过"一物一码"优化生产计划，溯源生产环节，管控渠道库存等；品牌部门通过数字化工具传递品牌物料，实践精准营销闭环；各管理层通过在线报表，监控销售，优化策略等。

综上，高金食品通过数字化转型的实践，在企业新质生产力的打造上持续实践，并取得了对企业运营各环节的实质成果。高金食品通过业务中台实现交易在线化、业务一体化和运营数字化，财务中台实现财管同源一体化，公司正在向下一个数字化阶段——决策智能化方向完善。高金食品通过阿米巴核算，加强员工对数字化的认知，持续拥抱创新。在不久的将来，在数据价值挖掘、人工智能全面使用、超级数字工厂建设等方面，高金食品还有巨大的想象空间。基于数字科技驱动力量，逐步形成新质生产力的框架和基础能力，数据要素对传统业务的改造、创新业务模式和场景的赋能作用逐渐凸显，逐步成为新质增长动能，支撑高金食品以坚定的信心做中国领先的猪肉服务商。

（案例来源：四川高金食品股份有限公司）

后　记

不忘初心　砥砺前行

在撰写《韧性增长：消费企业智胜未来的新质生产力》这本书的过程中，我深感中国消费企业在目前不确定市场环境下，面向未来构建新质生产力的重要性和复杂性。在撰写过程中，我将自己代入多个角色，去设身处地地尝试回答中国消费企业的"五大时代拷问"：在这样的大变局时代，我们将会面对什么样的市场？什么样的增长形态才能适应市场发展？企业未来的增长动力在哪里？如何构建支撑增长的内生动力？组织如何适应越来越剧烈的变化？回答这个问题要有不同的视角。第一个是企业所有者视角，无论是产值千亿规模的行业龙头还是几亿的行业新秀，都希望企业能够保持韧性增长，能在快速变化的未来市场中闲庭信步；第二个是企业服务者视角，希望企业能够逐步构建起深根固柢的韧性能力，比如支撑业务模式创新的机制、数字化运营能力和组织变革力等；第三个是企业管理研究者视角，希望企业具备追本溯源的思辨能力，探根求真，不追风不跟风，保持好战略定力和行动节奏。正如前言所述，"五大时代拷问"没有标准答案，本书更期望的是抛砖引玉，为读者提供多个看待问题的视角以及我理解的答案，引发大家的共鸣和思考，因此相对而言，答案本身已经没有那么重要。我相信，看完本书的读者一定已经有了自己对"五大时代拷问"的答案。

上面三个不同视角源自我从事企业服务二十多年、在消费行业战略运营和数字化领域服务十多年的心路历程。我从战略和运营咨询，一路下探到数字化咨询、国外软件实施和自主创新软件平台研发；从咨询顾问一路成长为消费零售行业咨询和数字化业务领导合伙人；从国内数据服务商到国际咨询机构，再到自主创新国产软件企业，深入服务过超百家企业，其中既有超千亿规模的行业龙头，又有产值十亿的行业新秀。复合多面的工作经历给了我立体多元的视角，始终坚持的消费行业和数字化这两条主线让我深刻谨记衷心期望消费行业持续蓬勃发展的初心。在本书撰写的过程中，我有机会将自己对消费行业长期关注、思考和研究的成果进行系统梳理，也有机会发现自己在经验、认知和思考方面的不足和缺憾，让我自身不断地精进，为日新月异的消费行业贡献自己的绵薄之力。梳理过往不易，解剖自己更难，行动起来难上加难，"廿年经历、四年思考、半年成书"的痛苦和兴奋、煎熬和解脱、彷徨和释然，愈发让我理解"知行合一"的道理，愈发让我深感"与其坐而论道，不如起而行之"的重要性。

韧性增长： 消费企业智胜未来的新质生产力

感谢我的家人，尤其是我的爱人，家人的理解和支持是我这几十年全国奔波的动力和源泉，把这本书送给我儿子作为"幼学之年"的礼物，希望能给他的漫漫成长道路添加一份坚守和坚持的思想助力。

感谢我的老师，是他们教会了我持续学习和精进，二十年后再思考所学所得又是另一番感悟。今年是上海交通大学安泰经济与管理学院成立四十年，也是我MBA毕业二十年，作为献给母校和自己的一份礼物，作为交大学子谨记"饮水思源、爱国荣校"校训的回馈。

感谢时代和行业，这个波澜壮阔的时代给了我自由驰骋的高天，咨询和软件行业给了我匍匐前行的厚土；消费行业给了我深度思考的丽日；感谢我服务过的所有客户，给了我起而行之的祥云。

感谢CDO学堂，怀念和珍惜与每一期同学共度的每一刻时光中的思想激荡。

在本书的撰写过程中，我得到了许多人的帮助和支持，感谢提供案例素材的七家企业，这些翔实的内容使本书更加丰富和充实。感谢我的同事和朋友们，他们的宝贵建议和洞察使本书内容更加完善和扎实；我还要特别感谢编辑和出版社团队，他们的专业指导和辛勤工作为本书的出版提供了有力保障。

虽然本书已经完稿并即将与读者见面，但我的研究和探索并不会停止。**本书希望能够为读者提供一个新的全面而深入的视角看待中国消费行业及其未来，抛砖引玉，引发大家对这个行业更多的关注和思考。**希望消费企业当家人也不忘初心，直面如此重要而复杂的时代难题，追本溯源，就"五大时代拷问"不停追问自己企业的答案。希望有更多力量加入研究消费行业的队伍，加入服务消费企业的行列中来。

受限于篇幅，本书并未对每个细分行业、细分品类及数字化运营的每个领域进行深入分析，后续若有机会，我会在本书的框架下继续深入，为读者提供更多有价值的观点和洞察。限于本人经验和认知有限，书中难免有偏颇之处，还望读者多见谅。衷心希望更多的读者与我交流和讨论，共同推动消费行业的发展与进步。虽然我知道越深度思考，问题会越复杂，头绪会越纠缠，过程也会越痛苦，答案也会越多元，但我相信这个过程只要是对行业有贡献、对客户有价值，都是值得的。

最后，衷心感谢每一位阅读本书的读者朋友。希望本书能够为您带来启发和帮助，让我们一起把握住大变局中酝酿的时代机遇，基于行业发展的高天厚土和丽日祥云，不忘初心，砥砺前行。前进的路上有更多伙伴同行，会走得更稳健、更坦然！

毛健
2024年6月